Kohlhammer

Die Autoren

Prof. Dr. Edgar Geissner, Dipl.-Psych., Psychologischer Psychotherapeut, Supervisor. Ludwig-Maximilians-Universität München, Department Psychologie, Fachgebiet Klinische Psychologie und Psychotherapie. Langjährige klinische Tätigkeiten im ambulanten und stationären Kontext, 20 Jahre in leitender Position. Forschung, Lehre und Ausbildung zu einem breiten psychologisch-psychotherapeutischen Themenspektrum. Test- und Fragebogenentwicklungen.

Dr. Stefan Koch, Dipl.-Psych., Psychologischer Psychotherapeut, Supervisor, Weiterbildungsermächtigung für Psychotherapie im Gebiet Verhaltenstherapie/Erwachsene. Leitender Psychologe der Schön Klinik Roseneck, Prien am Chiemsee. Klinische Schwerpunkte, Publikationen und Dozententätigkeit u.a. zur psychotherapeutischen Nutzung der Test- und Fragebogendiagnostik, zu Zwangsstörungen sowie zu berufsbezogenen Interventionen.

Prof. Dr. Manfred Schmitt, Dipl.-Psych., Professor i. R., Rheinland-Pfälzische Technische Universität Kaiserslautern-Landau (RPTU-Standort Landau), Fachbereich Psychologie, Fachgebiet Differentielle Psychologie und Psychologische Diagnostik. Vorangegangene Professuren für Entwickungspsychologie (Saarbrücken), Methodenlehre (Magdeburg) und Sozialpsychologie (Trier). Forschung zu methodischen, diagnostischen, sozial-, persönlichkeits- und pädagogisch-psychologischen Themen.

Edgar Geissner
Stefan Koch
Manfred Schmitt

Psychotherapieerfolg messen und beurteilen

Ein Handbuch

Verlag W. Kohlhammer

1. Auflage 2025

Gesamtherstellung: W. Kohlhammer GmbH, Heßbrühlstr. 69, Stuttgart
produktsicherheit@kohlhammer.de

Print:
ISBN 978-3-17-042771-6

E-Book-Formate:
pdf: ISBN 978-3-17-042772-3
epub: ISBN 978-3-17-042773-0

Inhalt

1 Therapieerfolg messen und beurteilen – thematische Hinführung

1.1 Anliegen

Die Bestimmung des Erfolgs durchgeführter Psychotherapien ist relativ unaufwändig, nicht schwierig und macht, wenn man die Ergebnisse sieht, im Allgemeinen viel Freude – wir werden es in diesem Buch zeigen. Patient:innen erhalten Auskunft über erreichte Fortschritte, Psychotherapeut:innen beurteilen Zwischenstand, Therapiezielerreichung und Erfolgserhaltung, Kostenträger und Versicherte erfahren belegbar, dass bezahlte Leistungen erbracht und wirksam sind. Therapieerfolg erfassen (messen, interpretieren) ist Bestandteil der Behandlung.

Psychotherapeut:innen finden hierzu nützliche Hinweise in diesem Handbuch – Praxisbedürfnisse und -erfordernisse stehen dabei im Vorder-, Wissenschaft und Forschung im Hintergrund. Insofern ist dies nicht in erster Linie ein Lehr- und Studientext im MSc-Studium, sondern ein Leitfaden für die Behandlungspraxis. Ein Durcharbeiten von vorn bis hinten ist nicht zwingend, man findet benötigte Informationen gut durch Hineinlesen und Nachschlagen da und dort. Auf den Umstand, dass bei dem/der Praktiker:in akademische Prüfungsleistungen zu Diagnostik und Evaluation einige Zeit zurückliegen dürften, wird Rücksicht genommen. In Kapitel 2 und – falls erforderlich – auch jeweils an Ort und Stelle werden notwendige Voraussetzungen nochmals aufgenommen und erläutert. Leser:innen werden nicht mit der Referierung internationaler wissenschaftlichen Diskurse und Spezialfragestellungen überfrachtet: Die Darstellung im Dienste der psychotherapeutischen Alltagspraxis hat Priorität. Materialien/Instrumente zur Therapieerfolgsmessung und -beurteilung werden mit Fundstelle(n) oder Zitation nutzerfreundlich belegt. Bei der Auflistung der übrigen verwendeten Literatur wollten die Autoren sparsam sein, dies gelang nur bedingt.

In der zeitgenössischen Malerei gilt es als inopportun zu fragen: »Was hat das Bild zu bedeuten?« Angemessener fragt man die Künstlerin/den Künstler: »Wie ist das Werk entstanden?« Bei der Entstehung des vorliegenden Werkes war eine grundsätzliche Frage, wieso man Therapieerfolg (überhaupt) messen sollte. Auch Rückmeldungen wie »Jetzt hat sich meine Patientin von der ersten Anmeldung bis zum tatsächlichen Therapiebeginn im Fragebogen schon deutlich verbessert, ohne dass nur eine einzige Sitzung stattgefunden hat, wie ist das zu verstehen, was heißt das für mein Tun?« oder »Frage an die Experten: Was für ein Verfahren nimmt man am besten zur Therapieauswertung bei Störung X?« haben gezeigt, dass in der Praxis ein Bedarf nach Wissen zur Auswertung des Therapieerfolgs besteht. Anliegen dieser Art sind wir bereits in Zeitschriftenbeiträgen nachgegangen: 2021 zu störungsspezifischen Messinstrumenten für die Evaluation von Psychotherapien (Geissner & Koch, 2021), im gleichen Jahr zu geeigneten Messzeitpunkten in der Evaluation von Psychotherapie (Geissner, Ivert & Schmitt, 2021) und 2023 zu Fug und Unfug in der Auswertung von Psychotherapien einschließlich Tipps und Empfehlungen für die Praxis (Geissner & Schmitt, 2023a, b). Wir knüpfen an diese Arbeiten an, nehmen aber die Gelegenheit wahr, Infos und Empfehlungen zu den diagnostischen Standards, den Instrumenten und deren Anwendung für die psychotherapeutische Praxis nun breiter und vertiefter darzustellen.

Im Abschlussbericht über den 2. Deutschen Psychotherapiekongress 2023 an den Schirmherrn, Gesundheitsminister Karl Lauterbach, wird u. a. festgehalten: »In der Routineversorgung werden noch zu selten Instrumente eingesetzt, die die Wirksamkeit der Behandlung überprüfen« (Brakemeier et al., 2023, S. 8). Wir möchten dazu beitragen, diesem Defizit Abhilfe zu schaffen.

1.2 Warum ist standardisierte Fragebogendiagnostik in der Auswertung von Psychotherapien wichtig?

»Ob mein Patient sich am Ende der Behandlung verbessert hat, das sehe (spüre) ich auch so, da brauche ich keine Fragebogenmessungen.« Nein, diese immer mal wieder geäußerte Auffassung ist leider meist nicht richtig. Damit kann man sogar ziemlich daneben liegen, wie aus den folgenden Beispielen ersichtlich wird: In einer Studie an 200 stationären Angstpatient:innen mit Agoraphobie/Panikstörung wurden die Patient:innen am Ende des Aufenthalts u. a. gefragt: »Haben Sie Ihre Therapieziele erreicht?« Hierzu gaben 20 % der Befragten an »Ja, sehr gut erreicht« und 33 % »Ja, gut erreicht«. 47 % der Befragten hingegen urteilten mit »Nein, weniger gut bzw. gar nicht erreicht«. Dies ist kein wirklich umfassender Behandlungserfolg, aber in der Praxis muss man damit rechnen. Immerhin waren die Patient:innen stationär, hatten also eventuell eine hartnäckige Problematik, die mit ambulanter Therapie nicht wirksam genug beeinflussbar war.

Soweit so (mittel-)gut, aber: Auch die Therapeut:innen dieser Patient:innen wurden befragt, ohne dass ihnen die Patient:innenangaben bekannt waren. Und hier lautete das Ergebnis: »Patient:in hat seine/ihre Ziele sehr gut erreicht« 61 % und »… hat sie gut erreicht« 37 %. Lediglich verschwindend geringen 2 % der Patient:innen wurde somit von den Therapeut:innen attestiert, die Therapieziele nicht erreicht zu haben. Dies ist eine Differenz von 45 % gegenüber den Aussagen der Patient:innen. Die therapeutische Einschätzung, »eine Verbesserung sehe (spüre) ich auch so«, ist vor diesem Hintergrund fragwürdig. Was war da los? Man weiß es nicht sicher – therapeutische Überheblichkeit, saloppe Bearbeitung der Abschlussdokumentation, ein Klima der Angst und Einschüchterung in der Klinik (sich als Behandler:in nichts zuschulden kommen lassen, nicht erfolgreich genug gewesen zu sein)? All das und mehr kann eine Rolle gespielt haben. Der Schluss liegt jedenfalls nahe, besser (auch) die Betroffenen selbst zu befragen (Geissner, Bach & Ivert, 2010; Geissner & Ivert, 2019).

Gestützt wird dieser Befund durch die Ergebnisse einer Studie von Hannan et al. (2005), derzufolge 40 % der Therapeut:innen einer Interventionsstudie eine Verschlechterung des Störungsausmaßes ihrer Patient:innen fälschlicherweise als Verbesserung fehlinterpretierten (Replikation der Ergebnisse durch Hatfield, McCullough, Plucinski & Krieger, 2010). Können Therapeut:innen wirklich ohne die Verwendung von geeigneten Messinstrumenten sehen, dass ihre Patient:innen einen Behandlungserfolg hatten?

Geissner und Koch (2021) schlugen daher in der genannten Überblicksarbeit für das »Psychotherapeutenjournal – Organ der deutschen Psychotherapeutenkammern« eine Sammlung von Verfahren zur Therapieerfolgsmessung von A bis Z, also von Angst bis Zwang vor. Diese sollte neben der Absicherung der psychologischen Diagnostik vor allem der Evaluation/Outcomebestimmung dienen. Die Darstellung erfolgte störungsspezifisch unter Zugrundelegung eines definierten Kriterienkatalogs und unter Beachtung rechtlicher und administrativer Grundlagen. Zunächst wurde der Einfachheit halber pro Störung nur ein Verfahren ausgewählt. Dies sollte nichts über die Eignung weiterer Verfahren implizieren. War hier für die Bereiche Angst und Depression eine Entscheidung erforderlich, so erübrigte sich dies in einer Anzahl anderer Bereiche aber mangels verfügbarer Alternativen.

Im vorliegenden Text diente diese erste Übersicht (Geissner & Koch, 2021) als Ausgangsbasis. Sie wurde sodann durch zusätzliche geeignete Verfahren erweitert und auch durch Hinzunahme weiterer Störungsbereiche ergänzt. Überdies werden nun auch Verfahren beschrieben, die nicht störungsspezifisch, sondern störungsübergreifend sind, daneben auch mehrdimensionale und – in exemplarischer Auswahl – Verfahren, die Einflussfaktoren für ein Therapieergebnis thematisieren.

Therapieerfolg soll – so unsere obigen Überlegungen – allein schon aus fachlicher Sicht gemessen und beurteilt werden, aber auch Kostenträger und Gesundheitspolitik werden dies künftig stärker einfordern, und es wird in der elektronischen Patientenakte eine Rolle spielen (Bundespsychotherapeutenkammer, 2025, S. 11). Laut einer Recherche des Instituts für Qualitätssicherung und Transparenz im Gesundheitswesen (IQTIG) schien in der Vergangenheit nur bei 15 % der Psychotherapien eine Evaluation stattgefunden zu haben. Jedenfalls wurden die entsprechenden honorarbezogenen Positionen nur in dieser Größenordnung als Leistung abgerechnet (IQTIG, 2021, S. 83). Inwieweit dennoch darüberhinausgehende Messungen durchgeführt wurden, etwa auch im Rahmen von Gutachteranforderungen, bleibt dieser Auswertung zufolge unklar. Die Gründe für diese geringe Quote mögen unterschiedlich sein, aus fachlicher und versorgungsbezogener Sicht ist eine deutliche Erhöhung wünschenswert.

Und wir benötigen die Therapieerfolgsbeurteilung auch, um negativen Einstellungen der Öffentlichkeit gegenüber Psychotherapie begründet entgegenzutreten. Dazu ein typischer Fall: Die Frankfurter Allgemeine Zeitung (FAZ) kommentierte auf Seite 1 ihrer Ausgabe vom 28. Januar 2023 die Forderung der Bundespsychotherapeutenkammer nach mehr Kassensitzen für Psychotherapeut:innen (Argument der Kammer: »Um Wartezeiten zu reduzieren«) kritisch und mit süffisantem Unterton. Viele Psychotherapeut:innen, so hieß es, würden ihr Patient:innenkontingent gar nicht voll ausschöpfen. Sie würden bevorzugt »leichte Fälle« aufnehmen, die Rede war von »leicht depressiven Studenten mit Liebeskummer«. Klinisch »schwere Fälle« würden in die Warteschleife geschickt. Diese würden somit faktisch kaum unterkommen. Subtext: Wenn leichtere Fälle schneller behandelt oder auf nicht kassenleistungsbezogene Alternativen verwiesen würden, kämen die anderen schneller dran. Es gäbe dann auch keinen Anmeldestau, das Psychotherapieangebot an Kassensitzen würde damit ausreichen. Es würde – so die FAZ weiter – ohnehin jetzt schon genug Geld ausgegeben, das Kostenvolumen hätte sich in den letzten acht Jahren um ein Drittel nach oben entwickelt. Die Therapeutendichte sei zudem in begehrten Städten drei Mal so hoch wie nach Versorgungsberechnung eigentlich erforderlich. Subtext hier: Es wird künstlich Bedarf erzeugt oder hochgehalten. Schließlich sollte laut FAZ für leichte Fälle weniger Honorar gezahlt werden als für Schwerkranke (Eder, 2023).

Gegen eine solche Breitseite nützt es wenig, wenn in braven Gegenstatements etwa mit der Aufzählung von ICD-Diagnosen gekontert wird. Und auch die Begründung, ein vorgegebenes Stundenkontingent würde eingehalten, ist nicht besonders stark (Deutsche Psychotherapeuten Vereinigung, 2023). Das alleinige Vorhandensein einer oder mehrerer Diagnosen sagt wenig über die Intensität der Störung aus. Das Erreichen einer genehmigten Stundenzahl indiziert keinen Erfolg, sondern ist ein administrativ-wirtschaftliches Kriterium (▶ Kap. 7.8), kann als Argument daher leicht nach hinten losgehen. Gegen öffentliche Kritik, und seien es Vorurteile, müssen inhaltlich substantiellere Geschütze aufgeboten werden: Datengestützte, belegbare, anhaltende Erfolge, die Aufwand und Nutzen vergleichend berücksichtigen. Hier werden überzeugende Outcomebefunde benötigt.

Auswertungsergebnisse sind auch zur Kommunikation von Behandlungsschritten zwischen beteiligten Behandler:innen erforderlich. Nicht selten sind bei langwierigen, breit und intensiv ausgeprägten Störungsbildern mehrere ambulante, teils auch stationärer Behandler:innen beteiligt. Die Zusammenarbeit der verschiedenen Sektoren kann durch Standards, um die Symptomschwere und den Behandlungsfortschritt zu objektiveren, nicht nur profitieren, sie wäre schlicht geboten.

Hier scheint trotz Bedenken inzwischen ein gewisser Konsens zu bestehen, zumindest auf dem Papier. Allerdings reichen etwa patient:innenseitige Veränderungsbeurteilungen (»Im Vergleich zu früher sehe ich meine Probleme heute in einem anderen Licht«) nicht mehr aus. Selbsteinschätzungen dieser Art sind Scheinbeurteilungen für Erfolg, man würde es sich damit etwas einfach machen. Wer sähe ein Problem oder eine Sachlage »heute« nicht »in einem anderen Licht« als vor drei Monaten – selbst wenn Depression oder Angst weiter fortbestünden? Man bezeichnet Ansätze wie diesen als sogenannte direkte Verfahren der Veränderungsfeststellung (▶ Kap. 4.3). Sie gelten inzwischen als in keiner Weise ausreichend, allenfalls haben sie den Rang einer ergänzenden Information: Die Gefahr einer Fehleinschätzung der therapeutischen Bemühungen ist zu groß. Sinnvoll sind dagegen Ansätze, die das Thema Veränderung nicht explizit vorgeben. Die Untersuchung besteht hier aus der zwei- oder besser mehrmaligen Vorgabe des gleichen störungsbezogenen Instruments und dem Vergleich der erhaltenen Resultate (indirekte Messung). Dieses Vorgehen entspricht dem methodischen Standard und sollte für die Outcomebestimmung in der therapeutischen Praxis gelten (Lutz, Neu & Rubel, 2019). Der konkrete Störungsbezug muss dabei gegeben sein, wenn nicht, wären die erhaltenen Befunde verwaschen, uneindeutig oder gar irrelevant und könnten eigentlich erreichte Erfolge nicht richtig anzeigen.

Fragwürdig als alleiniges Kriterium sind auch reine Zufriedenheitsbeurteilungen, insbesondere in Kliniken (▶ Kap. 4.4). So wird mitunter gefragt: »Wie zufrieden sind Sie mit der Behandlung, die Sie erhalten haben, im Großen und Ganzen, mit dem Essen, dem Zimmer, den Therapien?« (Schmidt, 2008). Als Erfolgskriterium beim Störungs-/Krankheitsverlauf ist dies nicht geeignet. Die Verbesserung der klinischen Problematik bzw. der Vergleich mit dem initialen Grund für die Behandlungsaufnahme ist hierbei gar nicht thematisiert, somit wären Ergebnisse dieser Art bezogen auf die Therapieerfolgsbestimmung inhaltlich nicht valide. Zufriedenheit kann allenfalls als Mediatorvariable dienen, denn eine zufrieden-positive Grundhaltung kann zu Veränderungsschritten motivieren. Andererseits ist sie nicht spezifisch, man denke an Zufriedenheit mit Friseur:in, Autowerkstatt oder Wellnessoase. In Kliniken werden Angaben zur »Zufriedenheit« gemeinsam mit jenen zur »Weiterempfehlung« gern auf Homepages präsentiert, um die Bettenbelegung des Betreibers zu sichern.

1.3 Was sind die gesetzlichen und administrativen Vorgaben und Rahmenbedingungen bei der Auswertung von Psychotherapien?

Zur Bedeutung der Therapieerfolgsbestimmung gibt es in der jüngeren Zeit verschiedene offizielle Regelungen und Statements. So stellt der Gemeinsame Bundesausschuss G-BA (2021) in seiner Richtlinie über die Durchführung der Psychotherapie fest: »Die Richtlinie dient der Sicherung einer den gesetzlichen Erfordernissen entsprechenden ausreichenden, *zweckmäßigen* und *wirtschaftlichen* Psychotherapie der Versicherten und ihrer Angehörigen … zu Lasten der Krankenkassen« (Präambel). »Leistungen nach dieser Richtlinie erfordern für jede Patientin und jeden Patienten eine schriftliche *Dokumentation* des Datums der Leistungserbringung, der diagnostischen Erhebungen … sowie der *Ergebnisse* in der Patientenakte« (§ 38). »Ein Verfahren zur Dokumentation psychotherapeutischer Leistungen und zur *Evaluation der Prozess- und Ergebnisqualität* wird zwischen den Vertragspartnern (= Kassenärztliche Bundesvereinigung und Krankenkassen) vereinbart« (§ 39,2) (Hervorhebung EG, SK, MS).

Der Gemeinsame Bundesausschuss G-BA

Bezeichnung und Kürzel klingen zunächst ein wenig allgemein. Der G-BA, 2004 vom Gesetzgeber installiert und unter Rechtsaufsicht des Bundesgesundheitsministeriums stehend, hat im Wesentlichen die Aufgabe, Richtlinien im Rang unterhalb von Gesetzen zu erstellen, die für die gesetzlich Krankenversicherten und die Krankenkassen bindend sind. Sie gelten im ambulanten und stationären Bereich bei Ärzt:innen, Zahnärzt:innen und Psychotherapeut:innen. Von den einzelnen G-BA-Untergremien ist im vorliegenden Zusammenhang der Ausschuss für Fragen der Psychotherapie von Belang. Hier werden eine Vielzahl an Entscheidungen zur Psychotherapie getroffen, u. a. etwa bezüglich der einzelnen Therapieverfahren. Weitere Institute unterstützen den G-BA und arbeiten ihm zu. Hier ist das Institut für Qualitätssicherung und Transparenz im Gesundheitswesen (IQTIG) zu nennen.

Was wiederum macht das IQTIG? Das IQTIG nimmt Aufträge des G-BA entgegen, erstellt Dokumentationen, Übersichten und Berichte, etwa den Bericht »Qualitätssicherungsverfahren zur ambulanten psychotherapeutischen Versorgung gesetzlich Versicherter« (IQTIG, 2021; s. hierzu nächster Absatz).

Der G-BA verfügt über nicht unerhebliche Befugnisse, er kann medizinische oder psychotherapeutische Leistungen ausschließen oder einschränken, wenn der fachliche Nutzen, die Notwendigkeit oder die Wirtschaftlichkeit nicht nachgewiesen sind. Er kann aber auch neue/zusätzliche Leistungen konkretisieren im Sinne von festlegen. Schließlich entscheidet er über die Zulassung neuer Untersuchungs- und Behandlungsmethoden.

Das IQTIG äußerte sich zur Thematik dieses Handbuchs in einem 2021 erstellten Abschlussbericht u. a. folgendermaßen: »Ein zentrales patientenrelevantes Outcome ist die *Reduktion der Symptomatik*« (IQTIG, 2021, S. 43). »Hinsichtlich des Qualitätsmerkmals ›Einsatz von störungsspezifisch geeigneten, validierten Messinstrumenten und Dokumentation der Ergebnisse‹ empfehlen … nationale und internationale Leitlinien die *Anwendung quantitativer Messverfahren*« (ebd., S. 83). Und: »Das Behandlungsziel (der) Psychotherapie und die *Bewertung des Behandlungsergebnisses* orientieren sich wesentlich an den individuellen Bedürfnissen und Zielen der Patientinnen und Patienten. Zu den *patientenrelevanten Outcomes* … zählen die *Veränderung der Symptomatik im Sinne der Symptomlinderung bzw. -reduzierung*, die Veränderung der Funktionalität im Sinne einer Verbesserung … in Bereichen wie soziale Beziehungen, Arbeit oder Haushalt und … die Zielerreichung, d. h. das Erreichen individuell gesetzter Therapieziele. … Ergebnisse einer psychotherapeutischen Behandlung wie beispielsweise die Symptomverringerung sollten immer im Zusammenhang mit dem Erreichen der individuell formulierten Therapieziele beurteilt werden. Die *Verringerung der Symptomatik, Strategien zum Umgang mit Symptomen, Selbstmanagementfähigkeiten, das Erlernen* praktisch anwendbarer Fähigkeiten und Copingstrategien (sind) zentrale Effekte einer Psychotherapie« (ebd., S. 112) (Hervorhebung EG, SK, MS).

Etwa zeitgleich mit dem Abschlussbericht des IQTIG ging auch die Bundespsychotherapeutenkammer in der Musterweiterbildungsordnung auf das Thema Erfolgskontrolle ein und führt zum Tätigkeitsprofil von Psychotherapeut:innen u. a. aus: »Fachpsychotherapeut:innen sind an … *Maßnahmen zur Therapieerfolgskontrolle* beteiligt« (38. Deutscher Psychotherapeutentag, 2021, Dokument »Tätigkeitsprofile«, S. 4). Und unter dem Stichwort »Untersuchungsergebnisse« werden *»eingesetzte Testverfahren«* bzw. *»Besprechung erreichter Veränderungen am Therapieende gemeinsam mit dem/der Patient/in«* benannt (37. Deutschen Psychotherapeutentag, 2020, Empfehlungen zur Dokumentation psychotherapeutischer Behandlungen, S. 6, S. 9) (Hervorhebung EG, SK, MS).

Diese Aufgaben werden in der Folge u. a. auch im Weiterbildungs-Logbuch der einzelnen Kammern konkretisiert, etwa bei der Psychotherapeutenkammer Bayern (2023a; »Logbuch als Richtlinie zum Zweck der Dokumentation der Weiterbildung«): Es sollen »vertiefte Fachkenntnisse in Qualitätssicherung und Qualitätsmanagement unter Berücksichtigung berufs- und sozialrechtlicher Vorgaben erworben und angewendet (S. 7–8) werden. Der Therapieprozess ist zu monitoren (S. 38) und *Instrumente zur Evaluation der Psychotherapie sind anzuwenden«* (S. 39) (Hervorhebung EG, SK, MS).

Und der Neuerlass der Weiterbildungsordnung (Psychotherapeutenkammer Bayern, 2023b) sieht in § 7, 3 u. a. vor: »Erwerb von Kenntnissen, Erfahrungen und Fertigkeiten bei … der Erkennung von Störungen, … bei Maßnahmen der Qualitätssicherung, … bei der Begutachtung«.

Die Berufsordnung (§ 9) ergänzt hierzu: Therapieergebnisse müssen gesichert und dokumentiert werden. »Psychotherapeut:innen sind verpflichtet, … Untersuchungsergebnisse, Befunde und Wirkungen von Therapien aufzuzeichnen« (Psychotherapeutenkammer Bayern, 2014).

Inhaltlich fortgeschrieben sind diese Gesichtspunkte aus zuvor ergangenen gesetzlichen und ministeriellen Grundlagen, die bereits die Phase vor Beginn der Weiterbildung, also die universitäre Approbationsprüfung, betreffen: »Bei der Erteilung der Approbation muss eine Befähigung gegeben sein, eigene oder von anderen durchgeführte Maßnahmen der psychotherapeutischen Versorgung zu dokumentieren und zu evaluieren« (Psychotherapeutengesetz vom 15. November 2019, § 7, Absatz 3, Ziffer 3, veröffentlicht: Bundesgesetzblatt 2019, S. 1604 ff). Und bereits vorangehend: »Bei der Zulassung zur psychotherapeutischen Prüfung sind Kenntnisse in Dokumentation, Evaluierung und Organisation psychotherapeutischer Behandlungen nachzuweisen« (Approbationsordnung, Bundesministerium für Gesundheit am 4. März 2020, Anlage 2, Ziffer 5; veröffentlicht: Bundesgesetzblatt 2020, S. 474) (Hervorhebung EG, SK, MS).

Erwähnt werden soll an dieser Stelle schließlich auch der Deutsche Ethikrat, der in seiner Schrift »Patientenwohl als ethischer Maßstab für das Krankenhaus« die Notwendigkeit von Prozessqualität, *Ergebnisqualität* und *Qualitätsmessung* im Sinne sowohl subjektiver als auch objektiver Indikatoren betont (Deutscher Ethikrat 2016, S. 51–53) (Hervorhebung EG, SK, MS).

G-BA auf Qualitätssicherungswegen

Die Thematik des vorliegenden Handbuchs weist Berührungspunkte zu Qualitätssicherungsmaßnahmen des G-BA auf. Die Qualität der Krankenversorgung zu gewährleisten und entsprechende Grundprinzipien dafür aufzustellen, sollte niemals falsch sein – sofern diese Maßnahmen sachlich begründet sind und die Anwender:innen nicht bürokratisch über Gebühr beanspruchen (was die Bearbeitungssorgfalt mindern könnte). Im Zuge der Reform des am 15.11.2019 beschlossenen Psychotherapeutengesetzes wurde der G-BA beauftragt, ein Qualitätssicherungsverfahren für die ambulante psychotherapeutische Versorgung zu erarbeiten. Erwähnenswert ist hierbei, dass das Fachgebiet der Psychotherapie nicht das erste war, sondern zuvor bereits für 15 somatisch-medizinische Fachgebiete entsprechende Richtlinien ausgearbeitet wurden. Analog sollten nun für die psychotherapeutische Behandlung geeignete Indikatoren zur Struktur-, Prozess- und Ergebnisqualität erstellt werden; mit einer konkreten Vorlage hierzu wurde das IQTIG beauftragt.

Nach verschiedenen Zwischenschritten und Überarbeitungen legte der G-BA am 18.01.2024 eine verbindliche Regelung vor, die nach der Veröffentlichung im Bundesanzeiger ab 2025 für die Praxis gilt (Bundespsychotherapeutenkammer, 2024a; G-BA, 2024). Im Wesentlichen ist für die Psychotherapeut:innen eine fallbezogene Dokumentation mit verschiedenen Bearbeitungszeitpunkten vorgesehen. Ergänzend wird ein Patient:innenbogen verlangt, den diese am Ende der Therapie bearbeiten. Beides ist mit ca. 40 Items im Aufwand vertretbar. Auch der Einsatz psychometrischer Messverfahren wird erwähnt. In ▶ Kap. 8.1 dieses Handbuchs wird die Thematik nochmals aufgegriffen. Ein – allerdings nicht unumstrittener – Bonuspunkt für die Therapiepraxis kann darin gesehen werden, dass mittelfristig das bisherige Antrags- und Gutachterverfahren damit abgelöst werden soll.

Qualitätssicherung setzt Standards, bietet Sicherheit und Verlässlichkeit und ist für Patient:innen, Kostenträger und Gesellschaft in der heutigen Zeit ein legitimes Thema. Gleichwohl wurde von Kammern und Verbänden Kritik geübt (Höhner, 2022; Münnich-Hessel, 2023; Psychotherapeutenkammer Berlin, 2020). Im Ergebnis wird zunächst eine Erprobungsphase vorgeschaltet. Diese umfasst sechs Jahre und ist nur auf das Bundesland Nordrhein-Westfalen und dort nur auf Psychotherapeut:innen mit Kassenzulassung Erwachsene begrenzt (weitere Ausnahmen ▶ Kap. 8.1). Für die ersten zwei Jahre innerhalb des Sechs-Jahres-Zeitraums gelten liberale Regelungen. Nach Abschluss der Erprobung erfolgt ab 2031 eine Bewertung, die ggf. Modifikationen zur Folge hat, bevor bezüglich einer bundesweiten Implementierung entschieden wird.

Auch diese eingeschränkte und gestufte Einführung – zeitlich und regional begrenzt – fand Kritik, vielfach mit defensiver Argumentation, und wurde zunächst in Intention und Umsetzung abgelehnt (Bundespsychotherapeutenkammer, 2024b). Moderne Evaluationskonzepte würden hier andererseits mehr Chance und Nutzen des G-BA-Vorgehens betonen, zumal ein vorgeschalteter

Probelauf weitere Gelegenheit bietet, Schwachstellen zu identifizieren und die Maßnahme sinnvoll weiterzuentwickeln.

Für weitere Informationen verweisen wir auf den Abschlussbericht des IQTIG (2021, insbesondere Anhang B 6–7), ferner auf die Homepages des G-BA, der Bundespsychotherapeutenkammer (BPtK), der Deutschen Psychotherapeuten Vereinigung (DPtV) und der Deutschen Gesellschaft für Verhaltenstherapie-Berufsverband (DGVT-BV) – bei den beiden letztgenannten auch mit praxisgeeigneten Materialien zum konkreten Einsatz, wie er für Nordrhein-Westfalen gilt.

1.4 Welches sind die Kriterien bei der Auswahl der empfohlenen Outcome-Instrumente?

Zwar ist die Evaluation regulärer Psychotherapien erst zum Teil umgesetzter Standard, jedoch prinzipiell akzeptiert, wie Statements von Vertreter:innen verschiedener Richtlinienverfahren nahelegen (Stangier, 2019, für Verhaltenstherapie; Strauß, 2019, für Tiefenpsychologie oder Schiepek, Kratzer, Hülsner & Bachler, 2019, für Systemische Therapie).

Aber wie häufig sollte man messen? Untersuchungen zur Vorher-Nachher-Feststellung des Therapieerfolgs sind für die Patient:innen zumutbar, wenn sie nicht überhandnehmen und wenn sie gut erklärt und transparent gemacht werden. Ein Sitzung-für-Sitzung-Format störungsbezogener Messinstrumente ist dabei in der Praxis nicht erforderlich, würde auch zu wenig relevanten, oft schein-genauen und mitunter eher irritierenden Detailbefunden führen. Im Therapiealltag würde es den Abläufen, da umständlich und zeitaufwändig, entgegenstehen. Lutz et al. (2019) beziffern für eine solche Durchführung zusätzlich immerhin nochmals 20 Minuten nach der eigentlichen Therapiesitzung, was organisatorisch und/oder personell im Praxisalltag kritisch zusehen ist. Ein Vorher-Nachher-Vergleich für die Therapie insgesamt ist dagegen unmittelbar einsichtig, eine Erfolgserhaltungs-Feststellung in Form einer Nachbefragung ebenfalls. In späteren Kapiteln erläutern wir die diesbezügliche Systematik der Untersuchungszeitpunkte (▶ Kap. 2.3, ▶ Kap. 7.3). Verlängerungen über ein verbreitetes Standardausmaß von 30 Sitzungen (Summe aus Sprechstunde(n), Probatorik, KZT 1 und KZT 2) hinaus bedürfen nach derzeitiger Regelung der Begründung (Gutachterverfahren), und auch in diesen Fällen sind datengestützte Belege für eine Langzeittherapie oder eine darüberhinausgehende Fortführung nützlich.

Welche Verfahren kommen (nicht) in Betracht? Verfahren mit zweifelhafter Aussagekraft (z. B. MMPI, projektive »Tests«) zur Therapieerfolgsbestimmung einzusetzen, ist heute zu Recht in Frage zu stellen. Wenig zweckmäßig sind auch Verfahren, die über den intendierten Bereich hinaus andere Bereiche messen, um die es in der Therapie nicht geht. Diese mögen im Rahmen der Eingangsdiagnostik zur Gewinnung eines Überblicks und bei noch unklarer Befundlage in Ausnahmen vertretbar sein. Sorgfältige Anamnese, Exploration und Beobachtung liefern jedoch in aller Regel eine hinreichende Basis zu einer ersten Arbeitsdiagnose. Breitbandverfahren dagegen messen eine Anzahl an Bereichen, die letztlich weniger interessant sind, weil weder ein entsprechendes Leiden berichtet noch ein Behandlungsauftrag erteilt wurde (Beispiele ▶ Kap. 5). Sie erbringen unnütze Informationen. Wenn in neun von zehn Variablen derartige Informationen anfallen, in einer Variable aber eine klinisch relevante Ausprägung deutlich wird, besteht die Gefahr, dass die Breite des Ergebnisbilds das Ausmaß des klinisch relevanten Indikators verwischt. Und würden Breitbandinstrumente wiederholt (etwa am Therapieende) eingesetzt, resultierten bei den störungsfremden Bereichen unsystematische Effekte. Das störungsspezifische Ergebnisbild wäre nicht mehr prägnant, der Therapieerfolg unterbewertet.

Auf die Frage der gemischten oder blockweisen Vorgabe von Items bei Verfahren, die Skalen zu mehreren Störungsbereichen enthalten, gehen wir später ein (▶ Kap. 5.3.1). Bei klinischen Fragestellungen überwiegen – anders als dies etwa in der Persönlichkeitspsychologie der Fall ist – die Nachteile einer gemischten Vorgabe der Items jene einer blockweisen.

Problematisch ist die Zusammenfassung von Skalen mehrdimensionaler Fragebogenverfahren zu Gesamtwerten, die andererseits inhaltlich distinkte Störungen erfassen und sich faktorenanalytisch als unabhängig erwiesen haben. Verfechter solcher globaler Gesamtskalenwerte sprechen hier von einer angenommenen Gesamtbelastung. Ein solcher Wert ist inhaltlich nicht valide und ergibt verrauschte, in der Regel deutlich zu niedrig gewertete Befunde.

Wir haben im vorliegenden Text mit Priorität jene Outcome-Instrumente zusammengestellt, die störungsspezifisch und änderungssensitiv, praxisgeeignet und praxisbewährt sind, und die im Allgemeinen eine hinreichend gute Datengrundlage haben. Wo die Datengrundlage zu wünschen übrig ließ, wurde die entsprechende Auswahl als derzeit noch akzeptabel, quasi im Sinne einer best practice eingestuft. Zunächst 19 dieser Messinstrumente von Angst bis Zwang hatten wir 2021 vorgestellt. Sie können nach sorgfältigem Review-Verfahren und Redaktionsentscheid des Psychotherapeutenjournals als eine erste Richtschnur in der Therapieauswertung gelten (Geissner & Koch, 2021 plus ausführliches, frei zugängliches elektronisches Supplement). Dem begrenzt vorgegebenen Raum und weiteren organisatorischen Erwägungen geschuldet, wurden die Verfahren nur skizziert und für jeden Störungsbereich nur ein Repräsentant ausgewählt. Einige Störungsbereiche waren nicht repräsentiert. Wir nehmen im vorliegenden Handbuch nun die Gelegenheit wahr, die Verfahren inhaltlich und methodisch aussagekräftiger zu beschreiben. Auch wurden neben den bereits ausgewählten eine Reihe weiterer geeigneter Verfahren hinzugenommen.

An dieser Stelle noch ein wichtiger allgemeiner Hinweis: Als ein Problem kann der Übergang vom ICD-10 (WHO, 2010) zum ICD-11 (Hartig, 2024a, b; WHO, 2019) angesehen werden. Das ICD-11 wurde im Mai 2019 von der World Health Assembly der WHO verabschiedet und sollte am 1. Januar 2022 in Kraft treten. Die Mitgliedsstaaten sollen jedoch zunächst auf dieser Grundlage Krankheitsdaten sammeln und berichten. Danach soll in einem flexiblen, mindestens fünfjährigen Übergangszeitraum die neue Kodierung eingeführt werden. Das für Deutschland hierbei zuständige Bundesinstitut für Arznei- und Medizinprodukte (BfArM) rechnet damit, dass der Übersetzungs-, Qualitätssicherungs- und Übergangszeitraum »voraussichtlich noch längere Zeit in Anspruch nehmen wird« (BfArM-Mitteilungen, 2022, S. 1), Rief et al. (2023) gehen von frühestens 2027 aus. Wir orientieren uns daher in der ersten Auflage des Buches weiterhin am ICD-10 (WHO, 2010). Hinzuweisen ist auch darauf, dass ggf. mit einer künftigen Einführung des neuen Klassifikationssystems nicht mehr alle Messinstrumente bezüglich der Erfassung des neuen Gegenstands »passen« könnten. Dies zeichnet sich etwa für den Bereich der Persönlichkeitsstörungen ab, für den eine relativ grundlegende Neuordnung durchgeführt wird, wie dies in einer quasi parallelen Entwicklung etwa auch bei der aktuellen Version des Diagnostischen und Statistischen Manuals Psychischer Störungen (DSM V, 2018) der Fall war. Nachfolgende Auflagen müssten entsprechend adaptiert werden (▶ Kap. 8).

Die von uns ausgewählten Verfahren zur Evaluation von Psychotherapie betreffen den Erwachsenenbereich und decken die ICD-10-Gruppen F 1 bis F 5 ab. In der Gruppe F 6 gehen wir auf die emotional instabile Persönlichkeitsstörung ein und diskutieren die narzisstische Persönlichkeitsstörung (▶ Kap. 3). Die übrigen unter F 6 erwähnten Störungen werden summarisch behandelt (▶ Kap. 5). Im Bereich der ICD-10 F 63: Abnorme Gewohnheiten und Störungen der Impulskontrolle wurde exemplarisch die Computerspielabhängigkeit ausgewählt (▶ Kap. 3).

Die Beurteilungsgesichtspunkte, die wir zugrunde gelegt haben, sind am Ende dieses Abschnitts zusammengefasst. Wesentlich waren vor allem drei Punkte:

1. Die Passung des jeweiligen Untersuchungsinstruments auf die betreffende Störung sollte gegeben sein. Bei der Sichtung der existierenden Verfahren erwies sich dies manchmal als nicht optimal gewährleistet.
2. Es sollte eine Eignung im Sinne der Beurteilung von Therapiefortschritt bzw. der Reduktion im Ausmaß der Symptomatik bestehen (Änderungssensitivität), und erhaltene Messergebnisse sollten interpretierbar sein (Vorhandensein von Richtwerten, besser Normen).
3. Schließlich sollten die Messinstrumente therapieverfahrensübergreifend einsetzbar sein.

Die Recherchen ergaben für die gesichteten Verfahren hinsichtlich Entwicklungs-, Untersuchungs- und Analyseaufwand eine große Bandbreite, von methodisch aufwändig und mit guter Stichprobenbasis bis hin zu reinen Übersetzungen aus dem Englischen und/oder mit noch relativ geringer Datenbasis. Dessen ungeachtet sind die vorgestellten Messinstrumente in ihrem jeweiligen Bereich nach derzeitigem Stand fachlich als Verfahren der Wahl einzustufen, sie kommen für die Evaluation von Psychotherapien, wenn auch manchmal erst als best practice, in Betracht.

Für viele davon liegt daneben auch eine gewisse konsensuelle Grundlage aus Fachgesellschaften/Arbeitsgruppen vor, die sich inhaltlich der jeweiligen Störung widmen; teils existieren Empfehlungen oder Vorgaben der WHO, teils Nennungen in deutschen Leitlinien oder aber gute Erfahrungswerte aus publizierten Therapiestudien. In der Summe diente dies als weiterer Hinweis, konnte die Auswahl untermauern, war jedoch nicht allein ausschlaggebend. Erwähnenswert ist der Recherchebefund, dass zu den Oberbegriffen Angst und Depression auch Literaturbelege ermittelt wurden, manche davon zu recht spezifischen Teilbereichen, die nicht alle für psychotherapeutische Fragestellungen geeignet sind. Bei Angst beispielsweise betraf dies Instrumente für den Studienberatungskontext, Spezialthemen wie Bühnenangst oder auch Instrumente mit letztlich geringer Validität. Der Altersbereich bezog sich dabei zudem nicht immer auf das Erwachsenenalter (Hoyer, Helbig & Margraf, 2005). Bei anderen Störungsbereichen wiederum fanden sich noch relativ wenige Informationen. Die für die Auswahl der Verfahren maßgeblichen Gesichtspunkte werden im Kasten nochmals zusammengefasst.

Kriterien bei der Auswahl störungsbezogener Verfahren zur Evaluation von Psychotherapie

- Enger inhaltlicher Bezug zur Störung. Erfahrungswerte für Einsatz bei *Psychotherapiepatient:innen* vorhanden – nicht bei (studentischen) Freiwilligen aus Analogstudien.
- Eignung für Wiederholungsmessungen. Kein reines Screeninginstrument. Möglichst umgrenzter Zeitrahmen für die Beurteilung eingetretener Veränderungen nach Psychotherapie, z. B. »in der letzten Woche«.
- Dem aktuellen wissenschaftlichen Stand entsprechend. Keine Aufnahme allein aufgrund historischer Verdienste.
- Relevante Verbreitung des Verfahrens bei der jeweiligen Störung. In der Praxis bewährt. In Publikationen als anerkannt gewertet.
- In der Anwendung: Gute Einsetzbarkeit, fair, transparent, gut erläutert, übersichtlich, kurz genug, für die Therapiepraxis passend.
- Selbstrating-Verfahren (Anm.: In einem Fall – Psychosen – Fremdrating; ▶ Kap. 3.14). Items von den Patient:innen als prinzipiell nachvollziehbar, mit der Störung im Zusammenhang stehend verstanden.
- Aus psychometrisch-testtheoretischer Sicht (dimensionaler Aufbau, Item- und Skaleneigenschaften) vertretbar. Erfüllung der Gütekriterien, z. B. Zuverlässigkeit, Validität, Hinweise zur Änderungsbeurteilung (▶ Kap. 2).
- Unaufwändige Auswertung und Ergebnisinterpretation.
- Normen bzw. klinische Richtwerte vorhanden. Möglichst Referenzwerte sowohl von Patient:innen als auch von Personen ohne die jeweilige Störung.
- Kompatibel mit der klinischen Klassifikationssystematik.
- Eignung für die Psychotherapie-Richtlinienverfahren.
- Guter Repräsentant für den jeweils zu messenden Bereich.

1.5 Ausblick: Was erwartet die Leser:innen als nächstes?

Im folgenden Kapitel (▶ Kap. 2) möchten wir auf die Grundlagen der psychologischen Testentwicklung, Diagnostik und Evaluation eingehen. Wir knüpfen an prinzipiell bekannte Inhalte an, greifen Themen wie die Haupt- und Neben-Gütekriterien nochmals auf und vertiefen dies an einigen Stellen. Zum Verständnis unserer nachfolgenden Besprechung der Messinstrumente zur Beurteilung von Therapieerfolg ist es vorteilhaft, die in Kapitel 2 behandelten methodischen Grundlagen parat zu haben.

Die Vorstellung der Verfahren zur Messung und Beurteilung des Therapieerfolgs – störungsbezogen – schließt sich in einem längeren Kapitel (▶ Kap. 3) an. Jedes Instrument wird – i. d. R. ohne detaillierte Beschreibung der Störung selbst – zunächst in Grundzügen erläutert und bezüglich Aufbau, Gliederung, Items, Antwortskalierung, Berechnung von Messwerten und Instruktion beschrieben. Auch werden Informationen zu Bearbeitungsdauer, Zeitrahmen der Beurteilung, dem geprüften Altersbereich und ggf. zu weiteren Details des jeweiligen Merkmals gegeben. Die Darstellung der dimensionalen Analysen, der Zuverlässigkeits- und der Validitätsbelege schließen sich an. Wichtig sind sodann Befunde zur Änderungssensitivität. Richtwerte/Normen werden erläutert. Zur Interpretation erhaltener Befunde aus Einzeltherapien werden in eigenen Abschnitten jeweils die errechneten Kritischen Differenzen, Vertrauensintervalle und Grenzwerte für die Therapieerfolgsbestimmung (Cut-off-Werte) mitgeteilt. Abschließend erfolgt eine summarische Beurteilung, ergänzt um Informationen zum Bezug des Verfahrens (Manual, Artikel/Buchbeitrag, Homepage-, Research-Gate- oder Testarchiv-Hinweis, Angabe zu Verlag bzw. zur Testzentrale).

Neben den störungsspezifischen Verfahren (▶ Kap. 3) werden in einem eigenen Kapitel auch störungs*übergreifende* Verfahren vorgestellt (▶ Kap. 4). Im Anschluss besprechen wir mehrdimensionale Verfahren (▶ Kap. 5). Ein Kapitel mit Beispielen zu Verfahren, die Einflussfaktoren für Therapieergebnisse messen, komplettiert die Beschreibung der Messinstrumente (▶ Kap. 6).

Die Therapieerfolgsbeurteilung in der täglichen Praxis ist ein Gesichtspunkt, dem wir in einem eigenen Kapitel (▶ Kap. 7) ausführlich – auch anhand von Beispielen – nachgehen. Hierzu zählen die Themen Auswahl eines Verfahrens, Messzeitpunkte, Messhäufigkeit, der Gesamtbereich Durchführung-Auswertung-Interpretation, ferner die Rückmeldung an den Patienten/die Patientin, die schriftliche Kurzdarstellung, Überlegungen zum Gesichtspunkt Therapiedauer sowie Vergütungshinweise. Die Vorstellung sich abzeichnender Entwicklungen in der Konzeption und Strukturierung psychischer Störungen einschließlich der Auswirkungen auf die Therapieerfolgsbeurteilung (▶ Kap. 8) runden das Handbuch ab.

2 Methodische Grundlagen: Eine kleine Auffrischung zum Einstieg in die Messung und Beurteilung des Therapieerfolgs

In diesem Kapitel werden wichtige methodische Grundlagen der standardisierten Beurteilung von Therapieerfolg behandelt. Um eine psychische Störung zu diagnostizieren und die Wirksamkeit einer Therapie zu beurteilen, hat sich in der psychotherapeutischen Praxis neben der Diagnostik mittels der operationalisierten Diagnosekriterien in ICD (WHO, 2010, 2019) oder DSM (2018) die Verwendung von gut konstruierten Diagnoseinstrumenten bewährt. Dabei handelt es sich meistens um standardisierte Fragebögen, mit denen Selbsteinschätzungen von Patient:innen erhoben werden. Solche Fragebögen können sinnvoll durch andere Instrumente wie Beobachtungsverfahren, Fremdeinschätzungen, Expertenurteile und diagnostische Gespräche ergänzt werden. Da diese jedoch nicht immer den gleichen Standardisierungsgrad erreichen wie Fragebögen, sind Fragebögen in der psychotherapeutischen Anwendungspraxis und bei der Bewertung von Therapieerfolg unverzichtbar. Der sinnvolle Einsatz von Fragebögen verlangt die Einhaltung bestimmter Standards. Diese betreffen zum einen die Verfahren selbst und zum anderen ihre Auswertung sowie die Interpretation der Messergebnisse und die Wahl von Messzeitpunkten, die für sinnvolle und belastbare Aussagen empfehlenswert sind. In der klinischen Praxis verwendete Einzelitems wie z. B. zur Symptomeinschätzung von 0 = »nicht vorhanden« bis 100 = »stark vorhanden« oder Zielerreichungseinschätzungen von 0 = »gar nicht erreicht« bis 100 = »vollständig erreicht« sind zwar da und dort gebräuchlich, können jedoch die Verwendung standardisierter Fragebogeninstrumente bei der Erfolgsbeurteilung nicht ersetzen.

Wir stellen zunächst die Gütekriterien vor, denen Messinstrumente zur Evaluation einer Psychotherapie genügen müssen. Anschließend besprechen wir zwei wichtige Koeffizienten, die bei der Beurteilung des Therapieerfolgs verwendet werden, die kritische Differenz und den Grenzwert (meist auch als Cut-off-Wert bezeichnet), anhand dessen entschieden wird, ob eine Person auf einem kontinuierlichen Störungsmaß eine pathologische Ausprägung aufweist oder ihr Messwert im subklinischen Bereich liegt. Im letzten Abschnitt behandeln wir die Frage des optimalen Designs bei der Erhebung von Daten zur Beurteilung des Therapieerfolgs. Zur Vertiefung der hier behandelten Themen empfehlen wir die Lehrbücher von Eid und Schmidt (2014), Lutz et al. (2019) sowie Schmitt und Gerstenberg (2014), ferner die folgenden Kapitel aus einschlägigen Herausgeberwerken: Baldwin und Goldbert (2021); Lutz, de Jong, Rubel und Delgadillo (2021); Lutz, Glombiewski, Deisenhofer und Rubel (2021); Schmid und Reicherts (2015). Zum Verständnis der methodischen Grundlagen von Evaluation ist das Buch »Evaluation kompakt« von Gollwitzer, Pohl und Jäger (2023) zu empfehlen.

2.1 Gütekriterien

Psychologische Diagnostik ist aussagekräftig, wenn die verwendeten Instrumente die Gütekriterien erfüllen, die wir hier beschreiben. Die Erfüllung dieser Kriterien gehört zu berufsethischen Pflichten in der psychologischen Forschung und Praxis. Bezogen auf das Thema unseres Buches gilt, dass nur mit qualitativ anspruchsvollen Messinstrumenten der Therapieerfolg richtig beurteilt werden kann.

Diagnostische Instrumente können nie alle Gütekriterien perfekt erfüllen. Daraus folgt, dass auf die Verwendung eines Instruments nicht verzichtet werden muss, wenn es eines oder mehrere Gütekriterien nicht optimal erfüllt. Stattdessen sollte von den verfügbaren Instrumenten jenes verwendet werden, das den Gütekriterien insgesamt am besten genügt. Diese Empfehlung ist nicht immer leicht umzusetzen. Denn erstens gibt es keine Vorschrift, wie die einzelnen Gütekriterien am besten zu einem Gesamtmaß der Güte verrechnet werden sollten. Zweitens kann die Wichtigkeit der einzelnen Gütekriterien von Fall zu Fall und von Therapiephase zu Therapiephase variieren. Manchmal ist es wichtig, dass die relevanten Daten schnell und ohne großen Aufwand erhoben werden. In anderen Fällen, beispielsweise bei der abschließenden Beurteilung des Therapieerfolgs, ist es hingegen wichtig, dass die erhobenen Daten möglichst genau und vollständig sind. Beide Anforderungen lassen sich nicht gleichzeitig optimal erfüllen. Man muss also von Situation zu Situation abwägen, welches Gütekriterium wichtig und welches weniger wichtig ist. Und nicht zuletzt kann man zwischen Instrumenten, die unterschiedliche Gütekriterien unterschiedlich gut erfüllen, nur wählen, wenn es mehrere Instrumente gibt und wenn für diese Instrumente die nötigen Informationen vorliegen. Das ist beileibe nicht immer der Fall.

In der psychologischen Diagnostik wird zwischen Haupt- und Nebengütekriterien unterschieden, wobei diese Unterscheidung bis zu einem gewissen Grad beliebig ist. Zu den Hauptgütekriterien werden meistens Objektivität, Reliabilität und Validität gezählt. Hinter dieser Einordnung verbirgt sich die Auffassung, dass die Erfüllung weiterer Gütekriterien wenig wert ist, wenn es einem Instrument an Objektivität, Reliabilität und Validität fehlt. Zu den Nebengütekriterien gehören Normierung und Standardisierung, Fairness, Messäquivalenz, Ökonomie, Nützlichkeit und Akzeptanz. Bei der Beurteilung von Therapieerfolg kommt außerdem der Änderungssensitivität eines Instruments eine große Bedeutung zu. Wir werden bei der Besprechung von Instrumenten zur Messung psychischer Störungen den Schwerpunkt auf die Reliabilität, Validität, Änderungssensitivität sowie die Normierung und Standardisierung legen, da diese Gütekriterien bei der Evaluation von Psychotherapie eine besonders wichtige Rolle spielen.

2.1.1 Objektivität

Objektivität verlangt die Unabhängigkeit diagnostischer Feststellungen von der Person, die sie trifft (Schmitt & Gerstenberg, 2014). Eine diagnostische Einschätzung darf also nicht davon abhängen, wer ein Instrument anwendet und darauf aufbauend den Erfolg einer therapeutischen Maßnahme beurteilt. Objektivität wird in Durchführungsobjektivität, Auswertungsobjektivität und Interpretationsobjektivität unterteilt.

Durchführungsobjektivität bedeutet, dass die Erhebung standardisiert ist, also immer gleich abläuft, egal wer die Daten erhebt. Verletzt ist die Durchführungsobjektivität beispielweise, wenn ein/e Diagnostiker:in Rückfragen der untersuchten Person zulässt und beantwortet oder die Bedeutung von Items erklärt, während ein/e andere Diagnostiker:in Rückfragen nicht zulässt und keine Erklärungen gibt. Durchführungsobjektivität setzt die Existenz einer Instruktion voraus, die den Ablauf der Anwendung des Instruments vorschreibt. Allerdings können Instruktionen die Durchführungsobjektivität nur sicherstellen, wenn sie befolgt werden. Je weniger standardisiert ein Verfahren ist, desto geringer ist seine Durchführungsobjektivität. Ein unstrukturiertes Katamnesegespräch zur Beurteilung des Therapieerfolgs ist weniger objektiv als ein standardisierter Fragebogen. Daraus folgt aber nicht, dass ein Katamnesegespräch einem standardisierten Fragebogen auch in anderen Gütekriterien unterlegen ist.

Auswertungsobjektivität betrifft die Übertragung ursprünglicher Informationen in eine einheitliche Sprache, z. B. die Sprache der Zahlen. Auswertungsobjektivität ist gegeben, wenn diese Übertragung nicht davon abhängt, wer sie vornimmt. Ein einfaches Beispiel ist die Berechnung des Gesamtskalenwertes einer Skala aus den Antworten auf einzelne Items. Sofern eine Auswertungsinstruktion vorliegt und befolgt wird, sind Fehler hierbei eher unwahrscheinlich. Je weniger standardisiert ein Verfahren ist, desto schwieriger ist es, die Auswertungsobjektivität sicherzustellen. So wird die inhaltsanalytische Auswertung eines diagnostischen Gespräches immer auch davon abhängen, wer die Auswertung vornimmt.

Interpretationsobjektivität verlangt, dass unterschiedliche Diagnostiker:innen aus den gleichen diagnostischen Informationen die gleichen Schlussfolgerungen ziehen. Eine typische Schlussfolgerung in der Psychotherapie ist die Beurteilung des Therapieerfolgs am Ende einer Behandlung.

Wie lässt sich feststellen, ob das Gütekriterium der Objektivität erfüllt ist? Dazu gibt es viele Möglichkeiten. Um die Durchführungsobjektivität zu prüfen, könnte man diagnostische Erhebungen auf Video aufzeichnen und anschließend einschätzen, wie genau die Instruktion eingehalten wurde. Um die Auswertungsobjektivität zu prüfen, könnte man mehreren Psychotherapeut:innen die Aufzeichnung eines Abschlussgesprächs am Ende einer Therapie vorspielen und sie den Therapieerfolg einschätzen lassen. Wenn bei diesem Vorgehen kontinuierliche Daten erhoben werden, kann die Objektivität mittels der Intraklassenkorrelation bestimmt werden. Fallen binäre Daten an (z. B. Störung vorhanden versus nicht vorhanden; Therapie erfolgreich versus nicht erfolgreich), kann Cohens Kappa verwendet werden, das im nachfolgenden Kasten näher erläutert wird.

Cohens Kappa

Cohens Kappa beziffert den Anteil überzufälliger Übereinstimmungen zweier Beurteiler:innen bei einem binären Urteil (Therapieerfolg ja oder nein) und wird anhand der Formel

$$\kappa = \frac{p_o - p_e}{1 - p_e}$$

aus den bobachteten (p_o) und zufällig erwarteten (p_e) Übereinstimmungswahrscheinlichkeiten bestimmt. Diese Wahrscheinlichkeiten werden aus den Häufigkeiten einer Vierfeldertafel der vier möglichen Urteilskombinationen (ja/ja, ja/nein, nein/ja, nein/nein) berechnet. Die Vierfeldertafel in ► Tab. 2.1 enthält ein fiktives Beispiel. In den Zellen stehen die beobachteten Häufigkeiten der vier möglichen Urteilskombinationen und dahinter in Klammern die aufgrund der Randsummen erwarteten Häufigkeiten, die sich bei völliger Unabhängigkeit der Urteile, also zufällig, ergeben würden. Um die Wahrscheinlichkeiten zu berechnen, müssen die beobachteten Übereinstimmungen (ja/ja und nein/nein) und die zufällig erwarteten Übereinstimmungen addiert und durch die Gesamtzahl von Urteilen (100) dividiert werden. Für p_o ergibt sich ein Wert von 0,86, für p_e ein Wert von 0,50. Trägt man diese Werte in die obige Formel ein, ergibt sich für Kappa ein Wert von 0,72. Da Kappa maximal den Wert 1 (perfekte Übereinstimmung) erreichen kann, ist dies ein akzeptabler Wert. Kappa-Werte > 0,90 gelten als sehr gut, solche zwischen 0,80 und 0,90 als gut und solche zwischen 0,70 und 0,80 als ausreichend. Allerdings muss bei der Bewertung von Kappa immer auch das eingeschätzte Merkmal und die verfügbare Informationsbasis berücksichtigt werden. Je umfangreicher und aussagekräftiger die Daten, die zwei Urteilenden zur Verfügung stehen, desto strenger Maßstäbe dürfen an die Übereinstimmung angelegt werden.

Tab. 2.1: Datenbeispiel zur Berechnung von Cohens Kappa

		Urteil 1: Therapieerfolg		
		ja	nein	Summe
Urteil 2: Therapieerfolg	ja	38 (20)	2 (20)	40
	nein	12 (30)	48 (30)	60
	Summe	50	50	100

2.1.2 Reliabilität

Dieses Kriterium wird auch als Zuverlässigkeit oder Messgenauigkeit bezeichnet. Reliabilität bedeutet, dass das Ergebnis einer diagnostischen Erhebung repliziert wird, wenn man sie unter gleichen Bedingungen wiederholt (Schmitt & Gerstenberg, 2014). Angenommen, ein Item zur Messung von Schlafstörungen lautet: »Wie oft sind Sie letzte Nacht aufgewacht und hatten Schwierigkeiten, wieder einzuschlafen?« Zuverlässig wäre dieses Item, wenn eine Person bei mehrmaliger Vorgabe stets die gleiche Antwort geben würde. Allerdings gilt dies nur, wenn die Bedingungen sich nicht geändert haben. Dies gilt zunächst einmal für das gemessene Merkmal selbst. Wenn man die Frage einer Person an mehreren aufeinanderfolgenden Tagen stellt, sprechen abweichende Antworten nicht zwingend gegen die Zuverlässigkeit des Items. Denn es kann sein und ist ziemlich wahrscheinlich, dass die Schlafqualität von Nacht zu Nacht schwankt.

Das Beispiel veranschaulicht eine wichtige und leider nicht selten verletzte Voraussetzung für die faire Schätzung der Zuverlässigkeit diagnostischer Instrumente. Diese wird häufig, wie in unserem Beispiel, durch Messwiederholung bestimmt. Dabei wird einer Gruppe von Personen in einem gewissen zeitlichen Abstand ein Instrument zur wiederholten Bearbeitung vorgelegt und anschließend der statistische Zusammenhang dieser wiederholten Messungen (Retestkorrelation) berechnet. Die Retestkorrelation schätzt die Reliabilität aber nur korrekt, wenn das gemessene Merkmal bei allen Personen gleich geblieben ist (oder sich bei allen Personen um den gleichen Betrag geändert hat). Hat sich das Merkmal bei einigen Personen mehr oder weniger stark geändert, bei anderen nicht, vermischt die Retestkorrelation die echten Veränderungen mit den Messfehlern. Die Reliabilität wird deshalb unterschätzt. Dies hat Auswirkungen auf das Vertrauensintervall um individuelle Messwerte und die kritische Differenz zur Beurteilung des Therapieerfolgs, zwei statistische Kennwerte, die für die Beurteilung des Therapieerfolgs relevant sind und die wir in diesem Kapitel erläutern werden.

Wenn die Gefahr besteht, dass die Reliabilität wegen wahrer Veränderungen des gemessenen Merkmals unterschätzt wird, kann die Reliabilität durch den Vergleich der Messergebnisse von Teilen des Instruments bestimmt werden. Denn selten werden Instrumente verwendet, die nur aus einem Item bestehen. Die bekannteste Methode ist die Schätzung der Reliabilität an der internen Konsistenz der Items, der bekannteste Koeffizient hierfür ist Cronbachs Alpha. Allerdings schätzt Alpha, wie wir den Koeffizienten in diesem Buch der Einfachheit halber nennen, die Reliabilität nur korrekt, wenn die Items eindimensional sind, also alle das Gleiche messen. Ist diese Voraussetzung verletzt, wird die Reliabilität unterschätzt. Es kommt dann zu den gleichen Auswirkungen auf das Vertrauensintervall und die kritische Differenz wie bei der Unterschätzung der Reliabilität anhand der Retestkorrelation.

Neben der möglichst genauen Schätzung der Reliabilität eines diagnostischen Instruments sind Möglichkeiten der Reliabilitätssteigerung eine wichtige Frage. Sie stellt sich immer, wenn die Reliabilität als unzureichend beurteilt wird. Die einfachste Möglichkeit der Reliabilitätssteigerung besteht in der Testverlängerung. Wenn man mehrere Items, die das Gleiche messen, addiert, ist die Reliabilität der Summe höher als die Reliabilität der einzelnen Items. Je mehr Items addiert werden, desto höher ist auch die Reliabilität der Summe. Der Zugewinn ist allerdings nicht linear, da die Reliabilität eine obere Grenze hat. Um abzuschätzen, wie viel Reliabilität man durch Testverlängerung zugewinnt, kann man die Spearman-Brown-Formel verwenden. Wir werden die Formel aus Plätzgründen hier nicht erklären.

Interessierte Leser:innen seien auf das Lehrbuch von Eid und Schmidt (2014) verwiesen.

Das Testverlängerungsprinzip zur Steigerung der Reliabilität kann trotz seines Namens nicht nur auf Tests, sondern prinzipiell auf jedes diagnostische Instrument angewendet werden. Beispielsweise lässt sich die Reliabilität von Verhaltensbeobachtungen durch Aggregation der Einschätzungen mehrerer Beobachter:innen steigern. Deshalb ist die Kenntnis des Prinzips auch für Psychotherapeut:innen wichtig, z. B. wenn sich die Frage stellt, wie viel ein Mehr an Aufwand (Länge eines Fragebogens, Anzahl von Beobachtern) zur Steigerung der Reliabilität und somit zur Verkleinerung des Vertrauensintervalls um individuelle Messwerte und der kritischen Differenz sich lohnt.

Spätestens an dieser Stelle stellt sich die Frage, wie hoch die Reliabilität eines Messinstruments sein muss, damit es als messgenau gelten kann. Zur Auseinandersetzung mit dieser Frage ist es wichtig zu wissen, dass sich der Wertebereich gebräuchlicher Reliabilitätskoeffizienten von 0 bis 1 erstreckt. Diese Skalierung geht auf die Klassische Testtheorie (KTT) zurück, die Reliabilität als den Anteil der wahren Varianz an der Gesamtvarianz (wahre Varianz + Messfehlervarianz) definiert. Reliabilitäten über 0,90 gelten als sehr gut, Reliabiliäten zwischen 0,80 und 0,90 als gut und Reliabilitäten zwischen 0,70 und 0,80 als ausreichend. Dies ist aber eine willkürliche Setzung, denn die erreichbare Zuverlässigkeit hängt von Faktoren ab, die man als Entwickler:in eines Messinstruments nicht immer unter Kontrolle hat. Manchmal ist die Steigerung der Reliabilität auf ein gutes oder sehr gutes Niveau auch einfach zu teuer oder praktisch unmöglich. Deshalb muss in der Praxis von Fall zu Fall entschieden werden, mit welcher Reliabilität man sich zufriedengeben kann, möchte oder muss. Generell gilt, dass die Reliabilität des jeweils verwendeten Instruments so hoch wie möglich sein sollte. Dies lässt sich u. a. damit begründen, dass der Nachweis eines Therapieerfolgs anhand der kritischen Differenz (s. u.) umso leichter gelingt, je zuverlässiger das verwendete Störungsmaß ist. Eine möglichst hohe Reliabilität ist jedoch nicht nur wichtig, um Therapieerfolg zuverlässig nachweisen zu können, sondern auch für die Vertrauenswürdigkeit individueller Messwerte auf einem Störungsmaß. Im folgenden Kasten erklären wir die Berechnung des Vertrauensintervalls um individuelle Messwerte und den Einfluss der Reliabilität auf die Größe des Vertrauensintervalls.

Reliabilität und Vertrauensintervall um individuelle Messwerte

Da psychologische Messinstrumente nie vollkommen zuverlässig sind, ist jeder Messwert, den eine Person erzielt, mit einer gewissen Unsicherheit behaftet. Aufgrund des Messfehlers kann der wahre Wert größer oder kleiner sein als der gemessene Wert. Um abzuschätzen, in welchem Bereich um den gemessenen Messwert der wahre Wert mit einer gewissen Wahrscheinlichkeit liegt, muss das Vertrauensintervall (Konfidenzintervall) bestimmt werden. Dazu verwendet man folgende Formel:

$$x_m +/- z_{1-\alpha/2} \cdot SD(X) \cdot \sqrt{1 - Rel(X)}$$

Man benötigt zur Berechnung des Vertrauensintervalls um den individuellen Messwert x einer Person m drei Zahlen: Den z-Wert der Standardnormalverteilung, der dem gewählten Fehlerrisiko (Signifikanzniveau) α entspricht (1,96 für $\alpha = 5\,\%$ oder 2,58 für $\alpha = 1\,\%$), die Standardabweichung der Messwerte [$SD(X)$] und die Reliabilität des Messinstruments [$Rel(X)$].

Nehmen wir an, ein Störungsmaß sei normal verteilt, habe eine Standardabweichung von $SD(X) = 10$ und eine Reliabilität von $Rel(X) = 0{,}80$. In diesem Fall beträgt das 95 %-Vertrauensintervall ($\alpha = 5\,\%$; $z = 1{,}96$) um einen individuellen Messwert +/- 8,8. Hat eine Person m einen Messwert von $x_m = 50$ auf dem Störungsmaß erzielt, liegt ihr wahrer Wert mit 95 %-iger Wahrscheinlichkeit zwischen 42,2 und 58,8. Will man mit 99 %-iger Sicherheit ($\alpha = 1\,\%$; $z = 2{,}58$) wissen, in welchem Bereich der wahre Wert der Person liegt, wird das Vertrauensintervall größer und beträgt +/- 11,5.

Den Einfluss der Reliabilität auf die Vertrauenswürdigkeit individueller Messwerte kann man leicht sichtbar machen, indem man die Reliabilität auf $Rel(X) = 0{,}90$ erhöht. Das 95 %-Vertrauensintervall reduziert sich dann von +/- 8,8 auf +/- 6,2 und das 99 %-Vertrauensintervall von +/- 11,5 auf +/- 8,2.

2.1.3 Validität

Die Validität oder Gültigkeit eines diagnostischen Instruments besagt, wie gut es misst, was es messen soll (Schmitt & Gerstenberg, 2014). Ein Angstfragebogen soll die Schwere einer Angststörung messen und nicht die Schwere einer anderen Störung. Eine Korrelation zwischen Maßen für verschiedene Störungen spricht aber nicht zwingend gegen ihre Validität. Entscheidend ist vielmehr, wie häufig die Störungen gemeinsam auftreten. Je ausgeprägter die Komorbidität, desto höher müssen die Instrumente zur Messung der betroffenen Störungen auch korrelieren. Im folgenden Kasten erläutern wir eine häufig verwendete Methode zur Schätzung der Validität.

Multitrait-Multimethod-Validierung

Zum Nachweis der Validität eines Störungsmaßes reicht seine Korrelation mit einem Instrument für eine andere Störung nicht aus. Aussagekräftiger ist vielmehr das Muster von Korrelationen mit anderen Instrumenten für die gleiche Störung und mit Instrumenten für andere Störungen. Diese Validierungsstrategie wurde von Campbell und Fiske (1959) vorgeschlagen, wird in der diagnostischen Grundlagenforschung häufig verwendet und als Multitrait-Multimethod (MTMM)-Ansatz bezeichnet. Seine Logik besteht darin, dass mehrere Merkmale (Angst, Depression, Zwang) mit mehreren Methoden (Selbsteinschätzung, Expertenurteil, Verhaltensbeobachtung, verschiedene Fragebögen) gemessen und die Korrelationen zwischen allen Variablen anhand bestimmter Kriterien beurteilt werden. Wenn die verschiedenen Methoden zur Messung des gleichen Merkmals hoch miteinander korrelieren, spricht dies für ihre konvergente Validität. Wenn verschiedene Merkmale, die mit der gleichen Methode gemessen wurden, nicht oder gering miteinander korrelieren, spricht dies für die diskriminante Validität der Methoden. Allerdings gilt dies nur, wenn die Merkmale distinkt sind, also selbst nicht oder nur schwach miteinander zusammenhängen. Die Methode kann die Validität von Instrumenten aber nur näherungsweise schätzen. Sie stößt z. B. an ihre Grenzen, wenn neue und mutmaßlich bessere Instrumente vorgeschlagen werden. Wenn sie tatsächlich besser sind als die bereits vorhandenen, können sie mit diesen nicht sehr hoch korrelieren. Denn sonst würden sie das gleiche Messen wie die bereits vorhandenen Instrumente, und von einer Verbesserung könnte keine Rede sein.

Die Begriffe »konvergente Validität« und »diskriminante Validität« legen nahe, dass ein Instrument mehrere Validitäten haben kann. Das ist falsch. Ein Instrument kann nur eine Validität haben, nämlich die Genauigkeit, mit der es misst, was es messen soll. Man kann aber verschiedene Strategien der Schätzung der Validität eines Instruments unterscheiden. Der im Kasten geschilderte Multitrait-Multimethod-Ansatz ist eine davon. Eine weitere Methode ist die prädiktive Validierung. Hierbei wird die Validität eines Instruments für ein Merkmal anhand der Genauigkeit, mit der es ein theoretisch relevantes Kriterium vorhersagt, geschätzt. Daher rührt der Begriff der »Kriteriumsvalidität«. Eine in der klinischen Psychologie naheliegende Validierung von Störungsmaßen nutzt Interventionseffekte als Kriterium. Wenn eine Störung (z. B. Angststörung) mit einer indizierten Methode (z. B. Exposition) behandelt wird, dann bildet ein valides Instrument für die Störung den Behandlungserfolg ab. Für die Validität des Instruments spricht ein solcher Befund, wenn er spezifisch ist. Spezifisch ist die Messung eines Behandlungseffekts, wenn das verwendete Instrument nur auf die Behandlung der Störung reagiert, die es messen soll, nicht aber auf die Behandlung anderer Störungen.

Aus der Erläuterung der unterschiedlichen Validierungsstrategien dürfte deutlich geworden sein, dass die Bewertung von Validitätskoeffizienten schwieriger ist als die Bewertung von Reliabilitätskoeffizienten. Mindeststandards für eine akzeptable, gute und sehr gute Validität lassen sich kaum definieren. Jedoch gilt auch für die Validität eines Messinstruments die Regel, dass sie so hoch wie möglich sein sollte. Daraus folgt, dass bei der Evaluation von Psychotherapie immer jenes von mehreren Instrumenten – falls es sie gibt – verwendet werden sollte, für das die überzeugendsten Validitätsbelege vorliegen.

2.1.4 Zusammenhänge zwischen Objektivität, Reliabilität und Validität

Wie hängen die bisher besprochenen Gütekriterien zusammen? Eingeschränkte Objektivität kann sich negativ auf die Zuverlässigkeit eines Instrumentes auswirken. Das muss aber nicht immer so sein. Wenn ein/e Diagnostiker:in von der Durchführungs- oder Auswertungsinstruktion abweicht und dies immer in gleicher Weise, lässt sich das diagnostische Ergebnis replizieren. Es ist also zuverlässig. Es ist aber falsch, weil die Instruktion nicht befolgt wurde. Beeinträchtigt wird in diesem Falle also die Validität. Wenn verschiedene Patient:innen von verschiedenen Therapeut:innen untersucht werden und diese die Durchführungs- oder Auswertungsinstruktion in unterschiedlicher Weise verletzten, wirkt sich dies nicht nur auf die Objektivität, sondern auch die Reliabilität und die Validität nachteilig aus.

Häufig wird behauptet, dass Einschränkungen der Reliabilität eines Instruments automatisch auch seine Validität einschränken. Diese Behauptung ist meistens richtig, sie kann aber auch falsch sein. Wenn eine Störung sich aus mehreren Symptomen zusammensetzt, verlangt ihre valide Erfassung, dass möglichst alle Symptome erhoben werden. Wenn es sich dabei um Symptome handelt, die nicht immer gemeinsam auftreten, sondern bei unterschiedlichen Patient:innen in unterschiedlicher Kombination, sind die Korrelationen zwischen den Symptomen eingeschränkt. Diese Heterogenität reduziert die interne Konsistenz einer Skala, die sich aus den Symptomen zusammensetzt, und somit ihre Reliabilität. Durch den Verzicht auf die am wenigsten mit dem Gesamtskalenwert korrelierenden (d. h. am wenigsten trennscharfen) Symptome ließe sich zwar die Reliabilität der Skala erhöhen. Ihre Validität würde darunter aber leiden, weil die Störung nicht mehr in ihrer ganzen Breite erfasst würde.

2.1.5 Normierung und Standardisierung

Normierung: Bis auf wenige Ausnahmen wie die Reaktionszeit, die Körpergröße und das Körpergewicht sind psychologisch relevante Merkmale bestenfalls intervallskaliert (Schmitt & Gerstenberg, 2014). Sie haben also keinen natürlichen Nullpunkt. Daraus folgt, dass Differenzen zwischen Messwerten bedeutsam sind, nicht aber die Messwerte selbst. Aussagekräftig werden sie erst im interindividuellen Bezugsrahmen ihrer Häufigkeitsverteilung in einer Population oder Stichprobe. Ist diese Verteilung bekannt, lässt sich ein spezifischer Messwert einordnen und bewerten. Denn man weiß, wie viele Personen den gleichen Messwert aufweisen und wie viele einen größeren oder kleineren Messwert haben. Diese Möglichkeit der Einordnung ist bei der Diagnose einer Störung, der Beurteilung ihrer Behandlungsbedürftigkeit und der Evaluation einer Behandlung essentiell. Sie erlaubt es, einen Grenzwert des Störungsmaßes zu definieren, ab dem die Ausprägung der Störung als pathologisch gilt. Solche Grenzwerte werden auch als Cut-off-Werte bezeichnet. Wir werden später erläutern, wie sie bestimmt werden können.

Standardisierung: Nun haben Instrumente zur Messung psychischer Störungen nicht nur bestenfalls Intervallskalenqualität; sie sind in der Regel auch unterschiedlich skaliert. Das heißt, dass man die Messwerte, die mit unterschiedlichen Instrumenten gewonnen wurden, nicht direkt miteinander vergleichen kann, selbst wenn die Instrumente die gleiche Störung messen. Die Messwerte, die mit dem Fragebogen AKV (Körperbezogene Ängste, Kognitionen und Vermeidung) und dem BAI (Beck Anxiety Inventory) erhoben wurden, können nicht direkt verglichen werden, weil sie unterschiedliche Skalen verwenden. Um Messwerte vergleichen zu können, die mit unterschiedlichen Instrumenten gewonnen werden, müssen sie in Standardwerte transformiert werden. Dazu benötigt man, wie bei der Normierung, die Häufigkeitsverteilungen der Messwerte in der Population oder einer Referenzstichprobe.

Normierung und Standardisierung sind also zwei Seiten einer Medaille. Gemeinsam erlauben sie den Vergleich von Ausprägungen verschiedener Störungen zwischen und innerhalb von Personen. Man kann also sagen, dass Herrn Maiers Angststörung ausgeprägter ist als Frau Müllers Depression. Und man kann feststellen, dass Frau Hubers Zwangsstörung ausgeprägter ist als ihre Essstörung.

Standardisierung bedeutet, dass die Rohwerte in eine Skala transformiert werden, die für alle Merkmale und Instrumente eine einheitliche Bedeutung hat. Standardisierung kann durch lineare oder nicht-lineare Transformation der Rohwerte erfolgen. Bei linearen Transformationen bleibt die Form der Häufigkeitsverteilung erhalten. Durch nicht-lineare Transformationen ändert sie sich.

Alle linearen Standardskalen (*z*, *Z*, *T*, *IQ*, *C*) lassen sich durch lineare Transformation ineinander überführen. Die beiden wichtigsten linearen Standardskalen sind die *z*-Skala und die *T*-Skala. Die Transformationsgleichung der z-Skala lautet:

$$z_m = \frac{x_m - M(X)}{SD(X)}$$

In Worten: Der *z*-Wert einer Person *m* ist gleich ihrem Rohwert x_m abzüglich des Mittelwerts *M(X)* der Rohwerte, dividiert durch die Standardabweichung *SD(X)* der Rohwerte. Die Maßeinheit der *z*-Skala ist die Standardabweichung. Ein *z*-Wert von Null entspricht dem Mittelwert, also der durchschnittlichen Ausprägung des Merkmals oder der Störung. Ein *z*-Wert von 1 bedeutet, dass die Ausprägung des Merkmals oder der Störung um eine Standardabweichung über dem Mittelwert liegt. Die *z*-Skala spielt in der Inferenzstatistik eine wichtige Rolle. Ihre Verwendung in der angewandten Diagnostik hat aber den Nachteil, dass bei einer symmetrischen Verteilung der Rohwerte die Hälfte der *z*-Werte negativ ist. Dies kann zu Verwirrung führen, denn negative Ausprägungen einer Störung sind nicht anschaulich. Um negative Standardwerte zu vermeiden, wird in der angewandten Diagnostik statt der *z*-Skala meistens die *T*-Skala verwendet.

T-Werte lassen sich aus *z*-Werten anhand der folgenden Transformationsgleichung berechnen:

$$T = 50 + 10z$$

Da Standardskalen, wie alle Intervallskalen, unbegrenzt sind, sich also von $-\infty$ bis $+\infty$ erstrecken, sind negative *T*-Werte theoretisch möglich, wenn die Ausprägung des Merkmals mehr als fünf Standardabweichungen unter dem Mittelwert liegt. Die Wahrscheinlichkeit einer dermaßen geringen Ausprägung ist jedoch so gering, dass negative *T*-Werte praktisch nicht vorkommen. Die Maßeinheit der *T*-Skala ist 1/10 (ein Zehntel) der Standardabweichung. Beträgt die Differenz zwischen zwei *T*-Werten 1 ($T_1 - T_2 = 1$), unterscheiden sie sich um 1/10 Standardabweichung. Ein *T*-Wert von 40 bedeutet somit, dass die Ausprägung des Merkmals eine Standardabweichung geringer ist als der Mittelwert.

Die drei wichtigsten nichtlinearen Standardskalen sind die Prozentrangskala, die Stanine-Skala und die nichtlineare *T*-Skala, die im folgenden Kasten näher beschrieben werden. Von diesen wird die Prozentrangskala am häufigsten verwendet. In der Medizin, aber auch in der klinischen Psychologie ist sie wegen ihrer Anschaulichkeit beliebt.

Prozentränge, nichtlineare T-Werte und Stanine-Werte

Um T-Werte richtig zu interpretieren, muss man wissen, ob es sich um lineare oder nichtlineare T-Werte handelt. Wir erklären hier den Unterschied und beginnen mit der Transformation von Rohwerten in Prozentränge.

Prozentrangskala: Die Prozentrangskala entsteht durch die Flächentransformation einer Häufigkeitsverteilung von Rohwerten in eine Gleichverteilung (alle Prozentränge sind gleich häufig). Die Transformation geschieht wie folgt: Die diagnostizierten Personen werden anhand ihrer Messwerte geordnet und anschließend in 100 gleich große Kategorien unterteilt. Die Personen der untersten Kategorie mit dem Hundertstel der kleinsten Rohwerte bekommen den Prozentrang 1 zugeordnet. Die Personen der obersten Kategorie mit dem Hundertstel der größten Rohwerte bekommen den Prozentrang 100 zugeordnet. Und so weiter. Wenn die Häufigkeitsverteilung der Rohwerte Glockenform aufweist, bewirkt die Prozentrangskala eine Stauchung der Rohwerte an den Verteilungsenden und eine Spreizung der Rohwerte am Verteilungsgipfel. Seltene Rohwerte, die auf der Rohwerteskala deutlich unterschiedlich sind, werden zusammengefasst, häufige Rohwerte, die sich auf der Rohwerteskala nur wenig unterscheiden, werden ausdifferenziert und sind sich auf der Prozentrangskala weniger ähnlich als auf der Rohwerteskala. Der Unterschied zwischen den Prozenträngen 1 und 2 oder den Prozenträngen 99 und 100 ist auf der Rohwerteskala viel größer als der Unterschied zwischen den Prozenträngen 49 und 50. Diese Eigenschaft der Prozentrangskala muss bei der Interpretation von Prozentrangwerten unbedingt beachtet werden.

Nichtlineare T-Skala: Sie wird verwendet, um nicht-normalverteilte Rohwerte in normalverteilte *T*-Werte zu transformieren. Zunächst werden die Rohwerte in Prozentränge transformiert. Dann wird für jeden Prozentrang der *z*-Wert ermittelt, der ihm unter der Standardnormalverteilung entspricht. Diese *z*-Werte werden anschließend mit der gleichen Formel in *T*-Werte transformiert, die auch bei der linearen Transformation von Rohwerten über *z*-Werte in *T*-Werte verwendet wird (s. o.). Wichtig zu beachten ist, dass nichtlineare *T*-Werte ebenso wie Prozentränge einer lokalen Stauchung oder Streckung der Rohwerteskala gleichkommen, die umso ausgeprägter ist, je stärker die Rohwerteverteilung von einer Normalverteilung abweicht. Um nichtlineare *T*-Werte richtig zu bewerten, muss also die Verteilung der Rohwerte bekannt sein und berücksichtigt werden.

Stanine-Skala: Der Name dieser Skala setzt sich aus den englischen Worten »standard« und »nine« zusammen. Bei einem Mittelwert von 5 und einer Standardabweichung von 2 kann die Skala Werte von 1 bis 9 annehmen. Das Konstruktionsprinzip entspricht einer Kombination aus der Prozentrangskala und der nichtlinearen *T*-Skala. Schief verteilte Rohwerte werden per Flächentransformation so in Standardwerte überführt, dass sich eine (annähernde) Normalverteilung der Standardwerte ergibt. Im Unterschied zur nichtlinearen *T*-Skala kann die Stanine-Skala jedoch nur neun und nicht unendliche viele Werte annehmen. Sie ist also, wie die Prozentrangskala, diskret und im Vergleich zu den beiden anderen nichtlinearen Standardskalen recht grob. Das erhöht ihre Anschaulichkeit, erlaubt aber nur eine Differenzierung von Störungsausprägungen in neun Stufen. Die prozentuale Häufigkeit der Stanine-Werte ist in ▶ Tab. 2.2 wiedergegeben.

Zusammenhänge zwischen Prozentrangskala, z-Skala und T-Skala: Die drei am häufigsten verwendeten Standardskalen sind die nichtlineare Prozentrangskala und die beiden linearen Standardskalen *z* und *T*. Tabelle 2.3 gibt die Zusammenhänge dieser drei Skalen für ausgewählte Prozentrangwerte wieder (▶ Tab. 2.3).

Tab. 2.2: Prozentuale Verteilung von Stanine-Werten

Stanine-Wert	1	2	3	4	5	6	7	8	9
Häufigkeit	4 %	7 %	12 %	17 %	20 %	17 %	12 %	7 %	4 %

Tab. 2.3: Zusammenhänge zwischen Prozentrangskala, *z*-Skala und *T*-Skala

Prozentrang	1	5	10	16	50	84	90	95	99
***z*-Wert**	-2,33	-1,65	-1,28	1	0	1	1,28	1,65	2,33
***T*-Wert**	26,7	33,5	27,2	40	50	60	62,8	66,5	73,3

Ein äußerst wichtiges Thema bei der Normierung und Standardisierung von Messinstrumenten ist die Wahl der Population oder Referenzstichprobe, an der die Normierung vorgenommen wird. In der Klinischen Psychologie des Kindes- und Jugendalters muss entschieden werden, ob für unterschiedliche Altersgruppen unterschiedliche Störungsinstrumente benötigt werden und welcher Altersbereich für die Normierung eines Instruments angemessen ist. Unabhängig vom Alter der Patient:innen muss in der Klinischen Psychologie außerdem grundsätzlich entschieden werden, ob zur Diagnose einer Störung und zur Bewertung von Therapieerfolg ein Instrument verwendet werden kann, mit dem sich auch nichtpathologische Ausprägungen der Störung in der Gesamtbevölkerung messen lassen, oder ob für nichtpathologische und pathologische Ausprägungen unterschiedliche Instrumente benötigt werden. Damit zusammenhängend muss festgelegt werden, ob ein Instrument an einer Stichprobe aus der Gesamtpopulation oder an einer Stichprobe aus der Population von Personen mit pathologischen Ausprägungen des Merkmals normiert wird.

Wird das Instrument an einer Stichprobe aus der Gesamtpopulation normiert, bedeutet ein *T*-Wert von 50, dass das Merkmal durchschnittlich ausgeprägt ist, also keine Störung vorliegt. Wird das Instrument an einer Stichprobe aus der Population mit einer psychischen Störung normiert, bedeutet ein *T*-Wert von 50, dass eine Störung vorliegt und mittelgradig schwer ist. Bei der Anwendung der in ▶ Kap. 3 ausführlich vorgestellten Borderline Symptom-Liste (BSL) wird dies beispielsweise eine Rolle spielen, da für die BSL bislang nur eine Normstichprobe von Borderline-Patient:innen vorliegt. Bei der Bewertung von *T*-Werten muss deshalb unbedingt beachtet werden, wie das verwendete Instrument normiert wurde. Ideal ist es, beide Normierungen vorzunehmen. Ein Beispiel ist das erste Verfahren, das wir in ▶ Kap. 3 besprechen, nämlich der AKV (Fragebogen für Körperbezogene Ängste, Kognitionen und Vermeidung). Für den AKV liegen Stanine- und Prozentrangnormen sowohl für eine Stichprobe aus Angstpatient:innen als auch für eine Stichprobe von Personen ohne Angststörung vor.

Die Frage der Wahl einer Normierungspopulation stellt sich auch im Zusammenhang mit demographischen Merkmalen wie dem Geschlecht. Ist das Geschlecht mit den Rohwerten einer Störungsskala korreliert (werden also für Frauen stärkere Ausprägungen einer Störung gemessen als für Männer oder umgekehrt), ändert sich die Bedeutung von Standardwerten abhängig davon, ob das Instrument an einer Stichprobe aus der gemeinsamen Population von Frauen und Männern normiert wurde oder getrennt an Stichproben aus der Population von Männern und der Population von Frauen. Im ersten Fall sind die *T*-Werte von Männern und Frauen vergleichbar, im zweiten Falle nicht.

2.1.6 Fairness

Testfairness am Beispiel der Intelligenz und beruflichen Eignung

Die Interpretation von Gruppenunterschieden, deren Bedeutung wir im letzten Abschnitt für die Wahl einer Normierungsstrategie erläutert haben, entscheidet auch über das Gütekriterium der Fairness. Fair ist ein Messinstrument, wenn die mit ihm gewonnenen Messwerte nicht durch irrelevante Gruppenunterschiede beeinflusst werden (Schmitt & Gerstenberg, 2014). Besonders intensiv wurde dieses Gütekriterium im Zusammenhang mit Untersuchungen diskutiert, die Gruppenunterschiede in Intelligenztestwerten zwischen US-Amerikaner:innen afrikanischer und solchen europäischer Herkunft fanden. Diese Unterschiede fielen zu Ungunsten von Afroamerikaner:innen aus (Loehlin, Lindzey & Spuhler, 1975), waren gravierend und warfen die Frage auf, ob sie echt sind oder nicht (Gottfredson, 1997). Artifiziell (unecht) wären die Unterschiede z. B., wenn die typischen Aufgaben der verwendeten Intelligenztests aufgrund unterschiedlicher Sozialisations- und Bildungsbiographien (aber nicht aufgrund unterschiedlicher Intelligenz) Weißen leichter fallen würden als Schwarzen. Unfair wären die Unterschiede, wenn Schwarze und Weiße sich in einer wichtigen Auswirkung von Intelligenz wie dem Studien- oder Berufserfolg nicht unterscheiden würden, Schwarzen der Zugang zum Studium und zu guten Berufen aber mit der Begründung versagt würde, sie würden nicht über hinreichende kognitive Voraussetzungen verfügen. Diese gesellschaftlich enorm wichtige und gleichzeitig brisante Thematik wird bis heute kontrovers diskutiert und kann nicht als abschließend geklärt gelten. Das Beispiel zeigt nichtsdestotrotz besonders anschaulich, dass Gruppenunterschiede in einem gemessenen Merkmal wie der Intelligenz nicht per se unfair sind, sondern nur, wenn daraus positive oder negative Konsequenzen für Mitglieder der Gruppen folgen, die sachlich nicht gerechtfertigt sind.

Die Fairnessfrage stellt sich auch bei der Diagnostik von psychischen Störungen, da Störungen mitunter mit positiven (Zugang zu Behandlungsangeboten) und negativen (Stigmatisierung) Konsequenzen verbunden sind. Entscheidend ist auch hier die Frage, ob Gruppenunterschiede echt und relevant sind oder unecht und irrelevant. Wenn z. B. Männer geringere durchschnittliche Messwerte auf einer Störungsskala aufweisen als Frauen, wäre dieser Gruppenunterschied unecht, irrelevant und somit unfair, wenn Männer eine Tendenz aufweisen würden, die Symptome einer Störung zu untertreiben und Frauen eine Tendenz, sie zu übertreiben. In diesem Fall würde (einigen) Männern, die behandlungsbedürftig sind, die Behandlung verwehrt, weil sie wegen ihrer Verharmlosungstendenz den Cut-off-Wert für die Indikation einer Behandlung nicht erreichen. Andererseits würden einige Frauen, die nicht behandlungsbedürftig sind, in den »Genuss« einer Behandlung kommen, aber nur, weil sie zur Aggravation von Störungssymptomen neigen.

2.1.7 Messäquivalenz

Das Gütekriterium der Messäquivalenz oder Messinvarianz ist eng verwandt mit dem Kriterium der Fairness, mit diesem aber nicht identisch. Während Fairness nur die Vergleichbarkeit von Messwerten betrifft, die mit ein- und demselben Instrument in verschiedenen Gruppen gewonnen wurden, geht es bei Messäquivalenz auch um die Vergleichbarkeit von Messwerten unterschiedlicher Versionen eines Instruments (Schmitt & Gerstenberg, 2014). Die Frage der Messäquivalenz stellt sich insbesondere bei unterschiedlichen Sprachversionen eines Verfahrens. Viele Messinstrumente der Psychologie wurden ursprünglich in den USA entwickelt und anschließend in andere Sprachen übersetzt. Man kann nicht ungeprüft davon ausgehen, dass diese Übersetzungen die gleichen Messeigenschaften aufweisen wie das Original. Vielmehr sollte die Messäquivalenz sorgfältig empirisch geprüft werden, z. B. indem man einer Stichprobe von mehrsprachigen Personen die verschiedenen Sprachversionen zur Bearbeitung vorlegt. Die Prüfung der Messäquivalenz erfolgt anhand statistischer Modelle, die Messinvarianz unterschiedlich streng definieren. Falls keine Messäquivalenz besteht oder – wie bei vielen aus dem englischen Sprachraum übersetzten Instrumenten der Fall – keine Angaben zur Messäquivalenz vorliegen, müssen Einschränkungen der Vergleichbarkeit in Kauf genommen bzw. dürfen bestimmte Vergleiche nicht angestellt werden. Beispielsweise sollten Cut-off-Werte einer Sprachvariante nicht unreflektiert auf eine andere Sprachvariante übertragen werden, sondern für jede Sprachversion getrennt festgelegt werden. Wie das geht, erklären wir in ► Kap. 2.2.

2.1.8 Ökonomie

Dieses Gütekriterium verlangt, dass zur Schonung personeller und finanzieller Ressourcen sowie zur Minimierung der Belastung der diagnostizierten Personen von mehreren gleichwertigen Instrumenten dasjenige verwendet wird, das den geringsten Aufwand mit sich bringt (Schmitt & Gerstenberg, 2014). Dies gilt auch für die Störungsdiagnostik in der Klinischen Psychologie und somit die Evaluation von Therapien. Als Beispiel sei das Beck Depressions-Inventar (BDI-II; Hautzinger, Keller & Kühner, 2009, 2023) genannt, von dem es eine vereinfachte Version gibt (Schmitt & Maes, 2000; ▶ Kap. 3.6.2), die die gleiche Messgüte aufweist wie das Original (Schmitt et al., 2003). Im Gütekriterium der Ökonomie ist die vereinfachte Fassung dem Original jedoch deutlich überlegen. Eine Missachtung dieses Gütekriteriums kann jedoch damit gerechtfertigt werden, dass die Originalversion des BDI II bekannter und verbreiteter ist als seine ökonomischere Vereinfachung.

2.1.9 Nützlichkeit

Ein Messinstrument ist umso nützlicher, je weniger andere Instrumente es zur Messung eines Merkmals gibt (Schmitt & Gerstenberg, 2014). Besonders nützlich ist ein Instrument somit, wenn keine weiteren Instrumente vorliegen, die das Gleiche messen. In diesem Fall sind Entwicklungen weiterer Instrumente jedoch wünschenswert, um die Validierungsmöglichkeiten verbessern und aus den Alternativen jene auswählen zu können, die für den jeweiligen Verwendungszweck die besten Messeigenschaften aufweisen. Wenn aber bereits mehrere Instrumente für eine Störung vorliegen, ist die Entwicklung weiterer Instrumente alleine aus wirtschaftlichen Interessen der Autor:innen oder Verlage nicht nützlich. Wissenschaftlich rechtfertigen lässt sie sich nur, wenn die Neuentwicklungen bessere Messeigenschaften aufweisen als die bereits verfügbaren Instrumente.

2.1.10 Akzeptanz

Messinstrumente unterscheiden sich darin, wie gut sie von den untersuchten Personen akzeptiert werden (Schmitt & Gerstenberg, 2014). Persönlichkeitsinventare werden beispielsweise im Kontext der beruflichen Eignungsdiagnostik häufig nicht akzeptiert, weil viele Bewerber:innen entweder nicht verstehen oder entgegen empirischer Evidenz nicht glauben, dass solche Inventare zur Feststellung der beruflichen Eignung beitragen. Wenn in solchen Fällen die Beantwortung eines Fragebogens abgelehnt oder bewusst fehlerhaft vorgenommen wird, leidet die Qualität der Diagnostik. Akzeptanzprobleme sind auch bei der Diagnostik psychischer Störungen nicht ausgeschlossen. Man denke an Alkoholkonsum, Missbrauch und häusliche Gewalt, als peinliche wahrgenommene Zwangshandlungen und sexuelle Vorlieben, die aufgrund kultureller, religiöser oder familiärer Normen sozial unerwünscht sind.

2.1.11 Änderungssensitivität

Zur Messung von spontanen Änderungen eines Merkmals und solchen, die durch eine Psychotherapie bewirkt wurden, müssen die verwendeten Instrumente änderungssensitiv sein. Es versteht sich von selbst, dass dieses Gütekriterium für die Beurteilung der Wirksamkeit von Interventionsmaßnahmen essentiell ist. Zur Untersuchung der Änderungssensitivität gibt es mehrere Möglichkeiten (Schmitt & Gerstenberg, 2014). Sie unterscheiden sich darin, ob die Änderungssensitivität an durchschnittlichen Veränderungen festgemacht wird oder an individuellen Veränderungen. Die erste methodische Strategie wird in Studien zur Wirksamkeit von Psychotherapien verwendet (z. B. Diaz-Garcia et al., 2020). Man misst eine Störung vor und nach einer als wirksam bekannten Intervention und prüft, ob es zu einer Veränderung gekommen ist. Kommt es zu einer Veränderung, wird auf die Änderungssensitivität des verwendeten Messinstruments geschlossen. Zur Beurteilung des Ausmaßes der Änderungssensitivität verwendet man dabei Koeffizienten der Effektstärke, die wir im folgenden Kasten erläutern.

Effektstärke als Maß für Änderungssensitivität

Als Metrik für die Sensitivität eines Instruments, durchschnittliche Veränderungen durch eine psychotherapeutische Intervention abzubilden, lässt sich die Effektstärke d''_2 für abhängige Stichproben verwenden. Die Formel lautet (Eid, Gollwitzer & Schmitt, 2015):

$$d''_2 = \frac{M(D)}{SD(D)}$$

Im Zähler steht der Mittelwert der Differenzvariablen, deren Werte die individuellen Differenzen zwischen den Posttest- und den Prätestwerten sind. Dieser Mittelwert ist identisch mit der Differenz zwischen dem Mittelwert der Posttestwerte und dem Mittelwert der Prätestwerte. Im Nenner der Formel steht die Standardabweichung der Differenzvariablen. Nach der Konvention von Cohen (1988) gilt ein Effekt von $d''_2 = 0{,}14$ als klein, von $d''_2 = 0{,}35$ als mittel und von $d''_2 = 0{,}57$ als groß. Häufig wird statt der Effektstärke für abhängige Stichproben die Effektstärke für unabhängige Stichproben verwendet. Im Nenner steht dann statt der Standardabweichung der Differenzwerte die Standardabweichung der Vortestwerte oder die gepoolte Standardabweichung der Vor- und Nachtestwerte. Da sich die Effektstärken bei beiden Berechnungsmethoden unterscheiden, muss immer angegeben werden, welche Effektstärke verwendet wurde. Statistisch angemessen ist die Effektstärke d''_2, da die Messwerte von denselben Personen stammen, also abhängig sind.

Wie aber ist es um die Änderungssensitivität eines Instruments bestellt, wenn sich keine durchschnittliche Veränderung durch eine psychotherapeutische Maßnahme einstellt? Dieser Befund könnte bedeuten, dass die Intervention nicht wirksam war.

Er könnte aber auch bedeuten, dass das verwendete Störungsinstrument nicht änderungssensitiv war, z. B. weil in der Instruktion ein unangemessener Zeitrahmen für die Selbstbeschreibung vorgegeben wurde. Werden die Patient:innen beispielsweise aufgefordert anzugeben, wie sie sich »im Allgemeinen« fühlen oder verhalten, sind Veränderungen weniger wahrscheinlich oder schwächer als bei der Vorgabe eines Zeitrahmens von z. B. »in der letzten Woche.«

Um Veränderungen mit größerer Sicherheit auf die Intervention zurückführen zu können, sollte das Vorher-Nachher-Design eine Kontrollgruppe enthalten, die entweder keiner Intervention ausgesetzt wird oder einer Intervention, von der kein Effekt zu erwarten ist. Bei zufälliger Zuordnung der Patient:innen zu den Gruppen (randomisiertes Kontrollgruppendesign) wird ein valides und änderungssensitives Instrument nur eine Veränderung in der Interventionsgruppe aufzeigen (oder zumindest eine stärkere als in der Kontrollgruppe) und außerdem einen Unterschied zwischen der Interventionsgruppe und der Kontrollgruppe nach der Intervention, nicht aber vor der Intervention.

Latent-State-Trait-Theorie

Die Änderungssensitivität eines Instruments lässt sich auch ohne Intervention untersuchen. Hierfür eignet sich die Latent-State-Trait-Theorie (LSTT; Steyer, Mayer, Geiser & Cole, 2015; Steyer, Schmitt & Eid, 1999). Bei der LSTT handelt es sich um eine Erweiterung der Klassischen Testtheorie (KTT). Die KTT lässt sich auf die Messung von Eigenschaften (Traits) anwenden, also unveränderlichen Merkmalen. Sie nimmt an, dass sich der Messwert einer Person additiv zusammensetzt aus dem wahren Wert, der die echte Merkmalsausprägung bei dieser Person widerspiegelt, und einem unsystematischen Messfehler. Da der wahre Wert als vollkommen stabil angenommen wird, werden alle Veränderungen von Messwerten über Situationen und die Zeit auf Messfehler zurückgeführt. Wegen dieser Annahmen lässt sich die KTT nicht auf Messinstrumente für veränderliche Merkmale anwenden.

Die LSTT überwindet dieses Manko. Übereinstimmend mit der KTT nimmt sie an, dass sich jeder Messwert additiv in einen wahren Wert und einen Messfehler zerlegen lässt. Im Unterschied zur KTT nimmt die LSTT jedoch an, dass sich der wahre Wert auf den Moment der Messung in einer bestimmten Situation bezieht und sich deshalb über die Zeit und über Situationen ändern kann. Da kein in der Psychologie bekanntes Merkmal gänzlich instabil ist, wird der wahre Wert in der LSTT zerlegt in einen stabilen Anteil und einen veränderlichen Anteil. Der stabile Anteil spiegelt den Trait wider, der veränderliche Anteil alle systematischen Einflüsse, die über die Zeit und Situationen variieren. Dazu können auch Interventionsmaßnahmen gehören.

Aus diesen Annahmen der LSTT folgt, dass sich die Varianz der Messwerte in drei Komponenten zerlegen lässt:

1. Als Konsistenz wird der Varianzanteil bezeichnet, der mit dem zugrunde liegenden Trait erklärt werden kann.

2. Als Messgelegenheitsspezifität wird der Varianzanteil bezeichnet, der mit systematischen Einflüssen (Situationen, Kontexten, Interventionen) erklärt werden kann, die Veränderungen des Merkmals bewirken.
3. Als Unreliabilität wird der Varianzanteil bezeichnet, der durch unsystematische Messfehler generiert wird. Zur Schätzung dieser drei Koeffizienten werden Daten aus Untersuchungen benötigt, in denen das interessierende Merkmal wiederholt gemessen wurde.

Ein Vorteil der LSTT gegenüber der KTT bei der Beurteilung des Therapieerfolgs besteht darin, dass Reliabilitätsschätzungen auf der Grundlage der KTT die Reliabilität meistens unterschätzen. Denn erstens sind Störungsinstrumente so gut wie nie perfekt eindimensional – was sich mindernd auf die interne Konsistenz Alpha auswirkt. Zweitens unterliegen Störungen auch ohne Intervention differentiellen Veränderungen über die Zeit, was sich mindernd auf die Retestkorrelation auswirkt. Als Folge der Unterschätzung der Reliabilität eines Störungsinstruments vergrößern sich das Vertrauensintervall um individuelle Messwerte (► Kap. 2.1.2) und die kritische Differenz zum Nachweis von Therapieerfolg (► Kap. 2.2.3).

Im Bereich psychischer Störungen wurde die LSTT zur Bestimmung der Änderungssensitivität von Depressionsmaßen herangezogen (Allgemeine Depressionsskala; Beck Depressions-Inventar; Vereinfachtes Beck Depressions-Inventar; Self-Rating Depression Scale; Braun, Göllner, Rieger, Trautwein & Spengler, 2021; Mohiyeddini, Hautzinger & Bauer, 2002; Schmitt & Maes, 2000; Spaderna, Schmukle & Krohne, 2002). In diesen Studien war von Interesse, ob die Änderungssensitivität von der Länge des Zeitrahmens abhängt, der in der Instruktion vorgegeben wird (im Moment, in den letzten Tagen, in den letzten zwei Wochen, im Allgemeinen). Trotz erheblicher Unterschiede zwischen den Studien lassen ihre Ergebnisse zwei Tendenzen erkennen: Erstens war die Konsistenz bei einem kürzeren Zeitrahmen geringer als bei einem längeren. Hierzu spiegelbildlich war zweitens die Messgelegenheitsspezifität/Änderungssensitivität bei einem kürzeren Zeitrahmen größer als bei einem längeren. Die Änderungssensitivität von Selbsteinschätzungen depressiver Symptome nimmt also zu, wenn sich diese auf relativ kurz zurückliegende Zeiträume beziehen. Dieser Effekt dürfte damit zu erklären sein, dass Personen bei einem kurzen Zeitrahmen stärker auf ihr episodisches Gedächtnis zurückgreifen, bei einem längeren Zeitrahmen hingegen stärker auf ihr semantisches Gedächtnis. Der beschriebene Befund ist nicht nur für die Gestaltung von Depressionsmaßen relevant, sondern auch für die Gestaltung anderer Störungsmaße, die bisher keinen vergleichbaren LST-Analysen unterzogen wurden. Bei der Besprechung von Störungsmaßen in diesem Buch werden wir immer den Zeitrahmen angeben, der in der Instruktion des jeweiligen Instruments verwendet wird.

2.2 Grenzwerte und kritische Differenzen

2.2.1 Grenzwerte (Cut-off-Werte)

Cut-off-Werte bilden die Grenze zwischen unauffälligen und pathologischen Ausprägungen auf einem kontinuierlichen Störungsmaß. Grenzwerte werden manchmal auch zur Unterscheidung unterschiedlicher Schweregrade einer Störung definiert. Von der Erläuterung letzterer sehen wir hier ab, da sich die Logik der Festlegung von Grenzwerten zwischen Schweregraden einer Störung nicht vom einfacheren Fall der Differenzierung zwischen gesunden und kranken Personen unterscheidet. Grenzwerte werden benötigt, um die Behandlungsbedürftigkeit einer Störung und den Therapieerfolg festzustellen. Sinkt die Ausprägung der Störung in Folge einer Therapie unter den Grenzwert, kann die Störung als remittiert und die Therapie als erfolgreich gelten. Vereinzelt werden Grenzwerte von den Autor:innen eines Störungsinstruments auch oder nur aufgrund ihrer klinischen Erfahrung empfohlen. Wir halten dieses Vorgehen für weniger überzeugend als die empirische Grenzwertbestimmung. Betrachten wir zunächst die Grenzwertbestimmung anhand der Punktprävalenz.

Grenzwertbestimmung anhand der Punktprävalenz

Wenn man die Punktprävalenz einer Störung kennt, also die relative Häufigkeit ihres Auftretens in der Gesamtbevölkerung zu einem bestimmten Zeitpunkt, lässt sich der Grenzwert zwischen gesunden und an der Störung erkrankten Personen folgendermaßen bestimmen. Man zieht eine möglichst große und repräsentative Stichprobe (inklusive der Personen, die an der Störung leiden) aus der Population der Gesamtbevölkerung und erhebt bei allen Personen die individuelle Ausprägung der Störung mit dem Messinstrument, das zur Cut-off-Bestimmung verwendet werden soll. Der Cut-off-Wert ist bei diesem Vorgehen jener Messwert, der die Prävalenz in der Häufigkeitsverteilung der Messwerte markiert. Angenommen, die Punktprävalenz beträgt 1 %, dann ergibt sich, sofern die Messwerte normalverteilt sind, ein Cut-off-Wert, der einem z-Wert von 2,34, einem T-Wert von 73,4 oder einem Prozentrangwert von 99 entspricht. Erstaunlicherweise begegnet man dieser Grenzwertbestimmung in der Literatur nicht, was entweder daran liegt, dass zu wenig gesichertes Wissen über die Prävalenz der jeweiligen Störung existiert oder die erforderlichen Daten nicht vorliegen, z. B. weil ihre Erhebung mit beträchtlichen Kosten verbunden ist oder an anderen Hürden scheitert.

Alternativ zur Orientierung an der Punktprävalenz können Grenzwerte auch mittels eines Vergleichs von Messwerten eines Störungsmaßes in einer Stichprobe von Personen, die die Störung aufweisen (Kranke), mit Messwerten einer Stichprobe von Personen ohne die Störung (Gesunde) anhand von Diagnosekoeffizienten bestimmt werden.

2.2.2 Diagnosekoeffizienten

Diagnosekoeffizienten werden anhand einer Vierfeldertafel berechnet (Schmitt & Gerstenberg, 2014). Die beiden binären Variablen dieser Tafel sind »Gesunde« versus »Kranke« und »als gesund Diagnostizierte« versus »als krank Diagnostizierte«. Die Tafel hat vier Zellen. Richtig positive Fälle sind Kranke, die anhand des Störungsinstruments auch als krank diagnostiziert wurden. Falsch positive Fälle sind Gesunde, die fälschlich als krank diagnostiziert wurden. Richtig negative Fälle sind Gesunde, die auch als gesund diagnostiziert wurden. Falsch negative Fälle sind Kranke, die fälschlich als gesund diagnostiziert wurden. Anhand dieser Häufigkeiten lassen sich fünf Diagnosekoeffizienten berechnen. Dabei handelt es sich um Anteile, die Werte zwischen 0 und 1 annehmen können.

1. Sensitivität ist der Anteil der Kranken, die als krank diagnostiziert (richtig erkannt) wurden.
2. Spezifität ist der Anteil der Gesunden, die als gesund diagnostiziert (richtig erkannt) wurden.
3. Positiver prädiktiver Wert ist der Anteil der als krank Diagnostizierten, die krank sind.
4. Negativer prädiktiver Wert ist der Anteil der als gesund Diagnostizierten, die gesund sind.
5. Vorhersagerichtigkeit oder Trefferquote ist der Anteil richtiger Diagnosen.

Der Grenzwert entscheidet darüber, welcher Anteil von Personen als krank bzw. gesund diagnostiziert wurde. Wird der Grenzwert verschärft, sinkt die Sensitivität, denn es werden Personen übersehen, die die Störung aufweisen (falsch negative Fälle). Gleichzeitig steigt die Spezifität, denn es wird ein größerer Anteil der Gesunden als gesund diagnostiziert (richtig negative Fälle). Wird der Grenzwert liberalisiert, steigt die Sensitivität, denn es werden mehr Personen, die die Störung aufweisen, auch als gestört erkannt (richtig positive Fälle). Gleichzeitig sinkt die Spezifität, denn es werden mehr Gesunde als krank diagnostiziert (falsch positive Fälle).

Der Anteil zutreffender Diagnosen steigt mit der Validität eines Störungsinstruments. Je weniger valide es ist, desto mehr falsche Diagnosen werden gefällt. Die Validität des Störungsinstruments spielt deshalb für die Beurteilung des Therapieerfolgs eine sehr wichtige Rolle.

Sensitivität und Spezifität verhalten sich gegenläufig. Erhöht man die Sensitivität, geht dies auf Kosten der Spezifität und umgekehrt. Wie man den Grenzwert wählt, hängt davon ab, als wie schwerwiegend Fehldiagnosen der einen oder der anderen Art bewertet werden (Percevic, Bauer & Kordy, 2004). Wenn man vermeiden möchte, dass Störungen unbehandelt bleiben, muss man sich für eine hohe Sensitivität und somit einen niedrigen Grenzwert entscheiden. Wenn man vermeiden möchte, dass Personen ohne Störung durch die Diagnose einer Störung stigmatisiert werden und dass der Solidargemeinschaft unnötige Behandlungskosten entstehen, muss man sich für eine hohe Spezifität und somit einen höheren Grenzwert entscheiden. Wenn falsch positive und falsch negative Diagnosen als gleich problematisch bewertet werden, sollte man den Grenzwert so festlegen, dass Sensitivität und Spezifität gleich sind. Alternativ dazu kann der Grenzwert so gewählt werden, dass der Youden-Index (Sensitivität + Spezifität – 1) maximal ist.

ROC-Analyse

Ein mit dem beschriebenen Vorgehen verwandtes Verfahren ist die ROC-Analyse. ROC ist die Abkürzung von Receiver Operating Characteristic. Der Begriff stammt, wie auch die bereits erläuterten Konzepte der Sensitivität und Spezifität, aus der Signalentdeckungstheorie. Bei einer ROC-Analyse wird die Sensitivität (Anteil der richtig Positiven) auf der Y-Achse eines Koordinatensystems abgetragen, der Anteil der falsch Positiven auf der X-Achse. Für jeden Messwert werden die Sensitivität und der Anteil der falsch Positiver berechnet. Sie bilden die Koordinaten der Messwerte und beschreiben die ROC-Kurve des Instruments. Abbildung 2.1 enthält hypothetische ROC-Kurven für zwei Messinstrumente A und B (▶ Abb. 2.1). Je größer die Fläche unter der ROC-Kurve, desto valider ist das Instrument, denn desto präziser kann es die beiden Gruppen unterscheiden. Instrument A in Abbildung 2.1 ist valider als Instrument B. Je näher die ROC eines Messinstruments zur (gestrichelt eingezeichneten) 45-Grad-Diagonalen liegt, desto weniger valide ist es.

Die ROC-Kurven in Abbildung 2.1 lassen erkennen, dass sich die Sensitivität und der Anteil falsch Positiver nicht gleichmäßig ändern, wenn der Grenzwert verändert wird. Bei einem maximal strengen Grenzwert (linkes Ende der X-Achse) betragen die Sensitivität und der Anteil falsch Positiver Null. Der Grenzwert ist so streng, dass kein einziger Kranker entdeckt wird und schon gar kein Gesunder fälschlich als krank klassifiziert wird. Liberalisiert man den Grenzwert, schiebt ihn also auf der X-Achse nach rechts, steigt die Sensitivität zunächst stärker an als der Anteil falsch Positiver. An jenem Punkt, an dem die ROC-Kurve eine Steigung von 45 Grad erreicht, führt eine weitere Liberalisierung des Grenzwertes dazu, dass die Sensitivität langsamer zunimmt als der Anteil falsch Positiver. Dies ist unerwünscht. Ideal ist derjenige Grenzwert, bei dem sich der Zuwachs an Sensitivität und der Anstieg des Anteils falsch Positiver die Waage halten. Ab diesem Grenzwert würde jede weitere Steigerung der Sensitivität mit einem unverhältnismäßigen Zuwachs falsch Positiver erkauft. Der optimale Grenzwert lässt sich geometrisch bestimmen, indem man die 45-Grad-Diagonale parallel so verschiebt, dass sie die ROC-Kurve tangiert. In ▶ Abb. 2.1 sind die parallel verschobenen Diagonalen als kurze gestrichelte Linien eingezeichnet. Am Beispiel der Studie von Meule et al. (2023) zum Thema Essstörungen lässt sich die praktische Anwendung der ROC-Analyse nachvollziehen.

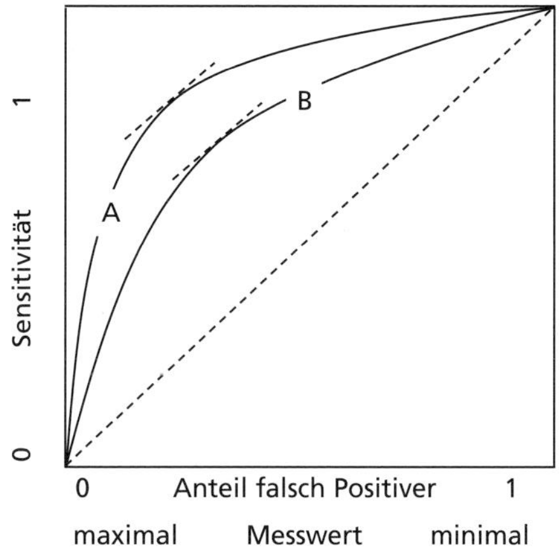

Abb. 2.1: Schematische Darstellung einer ROC-Analyse

2.2.3 Grenzwertbestimmung anhand von Mittelwerten und Standardabweichungen

Die Bestimmung von Grenzwerten anhand von Diagnosekoeffizienten und ROC-Analysen trifft man trotz ihrer überlegenen psychometrischen und statistischen Fundierung in der klinisch-psychologischen Literatur eher selten an. Häufiger werden Grenzwerte anhand der Mittelwerte und Standardabweichungen der Messwerte in Stichproben von Personen mit und ohne Störung bestimmt. Dieses Vorgehen ist unumgänglich, wenn Messwerte nur aus einer der beiden Gruppen vorliegen, also nur von gesunden Personen oder nur von Patient:innen.

Vorschläge zur Grenzwertbestimmung von Jacobsen und Truax (1991) und Lutz et al. (2019)

Fall 1 (Cut off 1): Liegen Referenzwerte aus Stichproben von Gesunden und Kranken vor, wird der Grenzwert zu ihrer Unterscheidung auf M(gesund) + M(krank)/2 festgesetzt. Dies bedeutet, dass Therapieerfolg als gegeben beurteilt wird, wenn der individuelle Störungswert nach der Therapie (oder bei einer späteren Katamnese) zwischen dem Mittelwert der kranken und dem Mittelwert der gesunden Referenzstichprobe liegt oder näher an letzterem. Diesen Grenzwert wenden wir bei der Besprechung von Störungsmaßen in diesem Buch bevorzugt an. Wir bezeichnen ihn als »Cut off 1« und berichten ihn, wenn die erforderlichen Daten in ausreichender Qualität vorliegen.

Fall 2 (Cut off 2): Liegen nur Referenzwerte aus einer Stichprobe gesunder Personen vor, schlagen Jacobsen und Truax (1991) einen Grenzwert zur Unterscheidung von Gesunden und Kranken von $M + 2SD$ (der Stichprobe Gesunder) vor. Therapieerfolg wird somit als gegeben erachtet, wenn der individuelle Störungswert einer Patientin/eines Patienten am Ende der Therapie (oder bei einer späteren Katamnese) nicht mehr als zwei Standardabweichungen über dem Mittelwert der gesunden Referenzstichprobe liegt. Dieser Grenzwert entspricht einem *T*-Wert von 70 und einem Prozentrang von 98 (in der Population der Gesunden) und ist deshalb ein mildes Kriterium für Therapieerfolg. Denn der Grenzwert bedeutet, dass bereits als geheilt gilt, wer nach Ende der Therapie zu den zwei Prozent der Gesunden mit den stärksten Ausprägungen auf dem Störungsmaß gehört. Wir halten diesen Grenzwert für zu liberal und schlagen stattdessen den Grenzwert $M + SD$ (der Stichprobe Gesunder) vor. Er entspricht einem *T*-Wert von 60 und einem Prozentrang von 84 (in der Population der Gesunden). Wir nennen diesen Grenzwert »Cut off 2« und berichten ihn, wenn nur Referenzwerte einer gesunden Stichprobe vorliegen.

Fall 3 (Cut off 3): Liegen nur Referenzwerte aus einer klinischen Stichprobe vor, wird der Grenzwert zur Unterscheidung von Gesunden und Kranken auf $M - 2SD$ festgelegt. Therapieerfolg wird somit als gegeben eingestuft, wenn der individuelle Störungswert einer Patientin/eines Patienten am Ende der Therapie (oder bei einer späteren Nachuntersuchung) mindestens zwei Standardabweichungen unter dem Mittelwert der klinischen Referenzstichprobe liegt.

2.2.4 Berücksichtigung des Vertrauensintervalls um individuelle Messwerte

Bei der Anwendung von Grenzwerten muss berücksichtigt werden, dass Messwerte durch Messfehler verfälscht sind. Deshalb sollten Grenzwerte nicht strikt im Sinne von »entweder über oder unter« gehandhabt werden. Vielmehr muss die Unzuverlässigkeit der Messwerte in Rechnung gestellt werden. Dies ist möglich, indem um den individuellen Messwert, der mit dem Grenzwert verglichen wird, das Vertrauensintervall gelegt wird, das wir oben eingeführt und statistisch definiert haben. Beim Vergleich des Messwertes mit einem Cut-off-Wert muss die Breite des Vertrauensintervalls berücksichtigt werden. Man kann vier Fälle unterscheiden:

1. Wenn der individuelle Messwert plus halbe Breite des Vertrauensintervalls unterhalb des Cut-off-Wertes im nicht-pathologischen Bereich liegt, kann der individuelle Messwert als »gesichert im nicht-pathologischen Bereich liegend« interpretiert werden.
2. Wenn der individuelle Messwert unterhalb des Cut-off-Wertes im nicht-pathologischen Bereich liegt und gleichzeitig der Cut-off-Wert innerhalb des Vertrauensintervalls, kann der individuelle Messwert als »wahrscheinlich im nicht-pathologischen Bereich liegend« interpretiert werden.«
3. Wenn der individuelle Messwert über dem Cut-off-Wert im pathologischen Bereich liegt und gleichzeitig der Cut-off-Wert innerhalb des Vertrauensintervalls, kann der individuelle Messwert als »wahrscheinlich im pathologischen Bereich liegend« interpretiert werden.
4. Wenn der individuelle Messwert minus halbe Breite des Vertrauensintervalls über dem Cut-off-Wert im pathologischen Bereich liegt, kann der individuelle Messwert als »gesichert im pathologischen Bereich liegend« interpretiert werden.

Angenommen, der individuelle Messwert auf einem Störungsmaß betrage am Ende der Therapie $x = 15$, das Vertrauensintervall betrage +/- 5 und der Grenzwert betrage Cut off = 21, dann würde dieser Grenzwert oberhalb des Vertrauensintervalls liegen und die Therapie könnte als »gesichert erfolgreich« bewertet werden.

2.2.5 Kritische Differenzen

Zur positiven Beurteilung des Therapieerfolgs ist die Unterschreitung des Grenzwertes (Cut off) unter Berücksichtigung des Vertrauensintervalls um den zu beurteilenden individuellen Messwert auf dem Störungsmaß eine hinreichende Bedingung. Allerdings sind Psychotherapien nicht immer so wirksam, dass alle behandelten Patient:innen nach Abschluss der Therapie den Grenzwert unterschreiten und zur Gruppe der Gesunden gezählt werden können. Muss die Therapie deshalb als gescheitert gelten? Ist die Unterschreitung des Grenzwertes also nicht nur eine hinreichende, sondern auch eine notwendige Bedingung, um die Therapie als erfolgreich zu beurteilen? Man kann diese Frage mit dem Argument verneinen, dass eine Therapie schon als erfolgreich beurteilt werden kann, wenn sie eine nachweisliche Verbesserung der Störung bewirkt hat. Nachweislich heißt in diesem Zusammenhang, dass eine kritische Differenz zwischen der individuellen Ausprägung der Störung vor der Therapie und nach der Therapie überschritten wird. Anders gesagt muss die Verbesserung so groß sein, dass sie nicht mehr auf zufällige Schwankungen der Störungsausprägung oder Messfehler zurückgeführt werden, sondern als echte Verbesserung bewertet werden kann. Die Formel zur Berechnung der kritischen Differenz (englisch: Reliable Change Index; RCI) lautet:

$$(x_2 - x_1)_{krit} = z_{1-\alpha/2} \cdot SD(X) \cdot \sqrt{2 \cdot [1 - Rel(X)]}$$

Man benötigt zur Berechnung der kritischen Differenz zwischen dem individuellen Messwert x_2 nach der Behandlung und dem individuellen Messwerte x_1 vor der Behandlung drei Zahlen: Den z-Wert der Standardnormalverteilung, der dem gewünschten Irrtumsrisiko α entspricht (1,96 für $\alpha = 5\,\%$ oder 2,58 für $\alpha = 1\,\%$), die Standardabweichung der Messwerte [*SD(X)*] in der Referenzstichprobe und die Reliabilität des Störungsmaßes [*Rel(X)*]. Die kritische Differenz steigt mit der Standardabweichung des Störungsmaßes und sinkt mit seiner Reliabilität. Therapieerfolg im Sinne der kritischen Differenz nachzuweisen gelingt also umso leichter, je weniger die Ausprägungen der Störung in der Referenzstichprobe streuen und je zuverlässiger das Störungsmaß ist. Deshalb ist außer der Validität des Störungsmaßes auch seine Zuverlässigkeit sehr wichtig, um Therapieerfolg fair beurteilen zu können.

Das Zahlenbeispiel in ► Tab. 2.4 veranschaulicht die beschriebenen Zusammenhänge für die Kombinationen von zwei Signifikanzniveaus (1,96 für $\alpha = 5\,\%$ oder 2,58 für $\alpha = 1\,\%$), zwei Standardabweichungen [$SD(X) = 10$ oder $SD(X) = 15$] und zwei Reliabilitäten [$Rel(X) = 0{,}80$ oder $Rel(X) = 0{,}90$]. Die kritischen Differenzen in der letzten Spalte sind auf ganze Zahlen gerundet. Die Beispiele zeigen, dass die kritische Differenz bei einem strengen Signifikanzniveau größer ist als bei einem weniger strengen, bei einer größeren Standardabweichung größer als bei einer kleinen und bei einer geringeren Reliabilität größer als bei einer höheren Reliabilität. Wie sich am Vergleich der Beispiele 2 und 7 erkennen lässt, können Unterschiede in der kritischen Differenz erheblich sein. Welchen Zusammenhang gibt es zwischen der kritischen Differenz und dem Vertrauensintervall um individuelle Messwerte? Diese Frage beantworten wir im folgenden Kasten.

Tab. 2.4: Zahlenbeispiel zur Berechnung der kritischen Differenz

Beispiel	$z_{1-\alpha/2}$	*SD(X)*	*Rel(X)*	$(x_2\text{-}x_1)_{krit}$
1	1,96	10	0,80	12
2	1,96	10	0,90	9
3	1,96	15	0,80	19
4	1,96	15	0,90	13
5	2,58	10	0,80	16
6	2,58	10	0,90	12
7	2,58	15	0,80	24
8	2,58	15	0,90	17

Vertrauensintervall und kritische Differenz

Die Formel zur Berechnung der kritischen Differenz weist große Ähnlichkeit mit der Formel zur Berechnung des Vertrauensintervalls um individuelle Messwerte auf (► Kap. 2.1.2). Diese Ähnlichkeit rührt daher, dass es sich bei der kritischen Differenz ebenfalls um ein Vertrauensintervall handelt, allerdings nicht um das Vertrauensintervall um individuelle Messwerte, sondern das Vertrauensintervall um individuelle Messwert*differenzen*. Liegt die Differenz zwischen zwei individuellen Messwerten außerhalb des Vertrauensintervalls, ist sie zuverlässig, signifikant, vertrauenswürdig und somit für die Feststellung einer wahren Veränderung kritisch – daher der Begriff der kritischen Differenz. Da jeder der beiden individuellen Messwerte, zwischen denen die Differenz gebildet wird, von einem Messfehler behaftet ist, fließt die Reliabilität des Störungsmaßes doppelt in die Berechnung der kritischen Differenz ein, während sie beim Vertrauensintervall um individuelle Messwerte nur einmal berücksichtigt werden muss. Diesen Unterschied kann man beim Vergleich der beiden Formeln leicht erkennen. Mathematisch bedeutet er, dass die kritische Differenz um den Faktor $\sqrt{2}$ (Quadratwurzel aus 2) größer ist als das Vertrauensintervall. Man muss somit das Vertrauensinterval mit 1,414 multiplizieren, um die kritische Differenz zu erhalten bzw. die kritische Differenz durch 0,707 dividieren, um das Vertrauensintervall zu erhalten.

Einseitiges oder zweiseitiges Irrtumsrisiko

Anders als bei der Berechnung des Vertrauensintervalls um individuelle Messwerte muss bei der Berechnung der kritischen Differenz entschieden werden, ob sie einseitig (gerichtet) oder zweiseitig (ungerichtet) sein soll. Im ersten Fall geht man davon aus, dass nur Verbesserungen zu erwarten sind. Für die Beurteilung des Therapieerfolgs bedeutet dies, dass man Verschlechterungen entweder für ausgeschlossen oder irrelevant hält oder sie unabhängig von ihrem Ausmaß als Beleg gegen die Wirksamkeit einer Therapie werten möchte. In diesem Fall muss das Irrtumsrisiko nicht auf positive und negative Veränderungen aufgeteilt werden. Dadurch ändern sich die z-Werte zur Berechnung der kritischen Differenz von 1,96 auf 1,65 (bei $\alpha = 5\%$) bzw. von 2,58 auf 2,05 (bei $\alpha = 1\%$). Gerichtete kritische Differenzen sind somit kleiner als ungerichtete, und zwar um den Faktor 1,65/1,96 = 0,84 (bei $\alpha = 5\%$) bzw. den Faktor 2,05/2,58 = 0,79 (bei $\alpha = 1\%$). Dadurch sinken die Ansprüche an den Nachweis der Wirksamkeit einer Therapie im Einzelfall. Von einigen Autor:innen werden gerichtete kritische Differenzen berechnet (z. B. Franke, 2014). Die meisten Autor:innen verwenden jedoch ungerichtete kritische Differenzen. Auch wir werden bei der Besprechung der Störungsmaße grundsätzlich ungerichtete Differenzen berichten oder berechnen.

Gegenläufige Auswirkungen der Reliabilität auf die Beurteilung des Therapieerfolgs anhand kritischer Differenzen und anhand von Grenzwerten

Je geringer die Reliabilität eines Störungsmaßes, desto größer die kritische Differenz und das Vertrauensintervall um individuelle Messwerte. Man beachte, dass die Reliabilität gegenläufige Auswirkungen auf die Erreichung der beiden Erfolgskriterien kritische Differenz und Grenzwert hat. Je geringer die Reliabilität, desto größer die kritische Differenz und desto schwieriger der Nachweis einer zuverlässigen Abnahme des Störungsausmaßes durch Therapie. Je geringer die Reliabilität, desto größer das Vertrauensintervall um individuelle Messwerte und desto größer deshalb auch die Wahrscheinlichkeit, dass der Grenzwert innerhalb des Vertrauensintervalls um einen individuellen Messwert auf dem Störungsmaß am Ende der Therapie zu liegen kommt. Schon allein wegen dieser gegenläufigen Auswirkungen der Reliabilität auf die Beurteilung des Therapieerfolgs ist es wichtig, zur Beurteilung des Therapieerfolgs beide Kriterien heranzuziehen. Es gibt aber noch weitere Gründe hierfür, die wir anschließend erläutern.

2.2.6 Kombinierte Erfolgskriterien

Grenzwerte und kritische Differenzen als Kriterien zur Beurteilung von Therapieerfolg werden durch unterschiedliche Faktoren beeinflusst. Beispielsweise wirkt sich der Mittelwertsunterschied zwischen einer gesunden und einer klinischen Stichprobe auf Cut off 1 aus, nicht aber auf die kritische Differenz. Umgekehrt hängt die kritische Differenz von der Reliabilität des Störungsmaßes und dem gewählten Signifikanzniveau ab. Dies gilt nicht für die Mittelwerte und Standardabweichungen, wenn diese zur Bestimmung von Grenzwerten herangezogen werden. Deshalb werden wir in diesem Buch bei der Besprechung von Störungsmaßen grundsätzlich beide Kriterien anwenden und empfehlen dies auch unserer Leser:innenschaft bei der Erfolgsbeurteilung ihrer Psychotherapien.

Lutz et al. (2019) kombinieren Grenzwerte mit der kritischen Differenz, um Therapieerfolg abgestuft zu beurteilen. Werden beide Kriterien erfüllt, wird die Verbesserung als statistisch und klinisch bedeutsam bewertet und der Therapieerfolg als optimal. Wird nur die kritische Differenz überschritten, nicht aber der Grenzwert erreicht, war die Therapie zwar erfolgreich im Sinne einer zuverlässigen Verbesserung; diese Verbesserung war aber nicht klinisch bedeutsam. Wird weder die kritische Differenz überschritten noch der verfügbare Grenzwert erreicht, war die Therapie nicht erfolgreich.

Diese abgestuften Einschätzungen des Therapieerfolgs entsprechen den Empfehlungen von Jacobsen und Truax (1991), die in der Medizin und in der Psychotherapieforschung häufig angewendet werden und wie folgt lauten: Wird infolge einer Intervention im entsprechenden Zielkriterium eine Veränderung größer als die kritische Differenz (RCI) erreicht, wird dies als »Response« (i. S. v. »positives Ansprechen auf die Behandlung«) bezeichnet. Wird darüber hinaus ein kritischer Grenzwert (Cut off) unterschritten, wird dies als »Remission« (i. S. v. »Heilung«) bezeichnet.

2.3 Wahl geeigneter Messzeitpunkte

Zur Beurteilung des Therapieerfolgs müssen Ausprägungen der behandelten Störung vor der Therapie mit der Ausprägung nach der Therapie verglichen werden. Zwei Messzeitpunkte, t_1 und t_2, sind also das Minimum. Sind zwei Messzeitpunkte aber auch ausreichend? Schon die Frage, ob ein Behandlungserfolg nachhaltig war, verlangt einen dritten Messzeitpunkt, t_3, in einem angemessenen zeitlichen Abstand zum Ende der Therapie (Follow up). Geissner et al. (2021) argumentieren, dass die drei genannten Messzeitpunkte nicht ausreichend sind. Grund für diese Einschätzung ist das Geschehen zwischen dem Entschluss, sich in Therapie zu begeben und dem Beginn der Therapie. Die Autoren argumentieren wie folgt:

Zum Zeitpunkt der Anmeldung (t_0) ist mit einer vergleichsweise drastischen Schilderung der Symptomatik zu rechnen. Denn erstens sollte zu diesem Zeitpunkt der Leidensdruck sehr stark sein, und zweitens verspricht eine drastische Schilderung der Belastung eine Behandlungszusage (McLeod, 2001, 2021). Zum Zeitpunkt der Aufnahme der Behandlung beispielsweise in einer Klinik (t_1) bewirkt die positive Erwartung einer erfolgreichen Behandlung im Zusammenspiel mit Sicherheitssignalen der Klinik und des Personals eine Beruhigung und verringert den akuten

Leidensdruck. Dies sollte sich in einer Schilderung der Störung niederschlagen, die weniger drastisch ausfällt als zum Zeitpunkt der Anmeldung (t_0). Des Weiteren kann wegen der drastischen Symptomschilderung zum Zeitpunkt der Anmeldung (t_0) mit einer Regression zur Mitte gerechnet werden, so dass eine wiederholte Messung der Störungsausprägung zu geringeren und realistischeren Messwerten auf dem Störungsinstrument führen sollte. Geissner et al. (2021) schlagen deshalb vor, t_0 in zwei Messzeitpunkte zu unterteilen, t_{01} und t_{02}. Ferner schlagen sie vor, den Therapieerfolg anhand der Differenz zwischen t_2 (Ende der Therapie) bzw. t_3 (Follow up) und t_{02} zu bewerten, also der zweiten Messung zum Zeitpunkt der Anmeldung. Der Grund hierfür ist, dass sich bei dieser zweiten Messung die Regression zur Mitte vollzogen hat und die Messwerte realistischer sind (auch ▶ Kap. 7.2).

In der Literatur findet man auch die Forderung, die Störungsausprägung möglichst häufig während der Therapie zu messen (Fortney et al., 2018; Herzog, Kaiser & Brakemeier, 2022; Lutz, Schwarz & Delgadillo, 2022; auch ▶ Kap. 7.3). Es gibt Argumente gegen, aber auch für diese Position. Gegen diese Empfehlung spricht, dass kurzfristige Schwankungen nicht nachhaltig sind, dass eine häufige Bearbeitung des Störungsinstruments Testeffekte wie nachlassende Motivation und Sorgfalt verstärken und die Erinnerung an vorherige Aussagen aktuelle Aussagen verfälschen kann, z. B. im Sinne von Konsistenz-, Assimilations- oder Kontrasteffekten (Widersprüche vermeiden, aktuelle Einschätzung an früherer ausrichten, aktuelle Einschätzung von früherer abgrenzen). Diese Effekte reduzieren die Validität des Störungsmaßes.

Für die Position häufiger Messungen der Störungsausprägung und anderer für die Therapie relevanter Informationen spricht erstens, dass alleine schon die regelmäßige Rückmeldung relevanter Daten z. B. über die Störungsausprägung zu einem adaptiven Verhalten von Patient:innen und Therapeut:innen mit positiven Auswirkungen auf den Interventionserfolg führen kann (Fortney et al., 2018). Zweitens können Informationen aus wiederholten Messungen genutzt werden, um Therapien über den Vergleich mit gut dokumentierten früheren Therapien individualisiert und adaptiv zu gestalten. Im Englischen werden solche datenbasierten Behandlungsansätze, auch in der Medizin, in der sie zunächst entwickelt wurden, als *Measurement Based Care* (MBC) bezeichnet (Fortney et al., 2018). Entsprechend lautet der Titel einer Überblicksarbeit im *Annual Review of Clinical Psychology* von Lutz et al. (2022): *Measurement-Based and Data-Informed Psychological Therapy.*

Zur Individualisierung können die vorhandenen Daten genutzt werden, indem ein/e Patient:in (Zielperson) der für ihn/sie optimalen Intervention zugeordnet wird. Adaptiv kann eine Intervention im Einzelfall gestaltet werden, indem ihr Verlauf so angepasst wird, dass optimale Effekte erzielt werden und unvorteilhaften Entwicklungen mit der Gefahr eines Abbruchs durch geeignete Gegenmaßnahmen begegnet wird. Das methodische Vorgehen kann man sich so vorstellen, dass für eine Zielperson nach Patient:innen in der Datenbank gesucht wird, die bereits behandelt wurden und die ihr in möglichst vielen relevanten Informationen so ähnlich wie möglich sind (nearest neighbors), aber mit spezifischen Interventionen und angepasst an die Erfordernisse in der jeweiligen Behandlungsphase behandelt wurden. Außerdem sind für die »nächsten Nachbarn« in der Datenbank der Verlauf und das Ergebnis der Intervention hinterlegt. Auf der Basis dieser Informationen können für die Zielperson diejenige Intervention bzw. diejenigen Behandlungsschritte ausgewählt werden, die sich für nächste Nachbarn optimal bewährt haben (Individualisierung). Anschließend kann der Verlauf der Therapie der Zielperson engmaschig mit dem Verlauf der Therapien der nächsten Nachbarn aus der Datenbank verglichen werden. Weicht der Verlauf der Therapie der Zielperson, gemessen anhand der störungsrelevanten Symptome, ungünstig vom Verlauf der optimal behandelten nächsten Nachbarn ab (man sagt, die Zielperson sei nicht mehr »on track«), bekommt der/die Therapeut:in eine entsprechende Rückmeldung und nach Möglichkeit Vorschläge zur Anpassung seines/ihres Vorgehens.

Es versteht sich von selbst, dass die Güte von MBC mit dem Umfang und der Qualität der in der Datenbank hinterlegten Informationen steht und fällt. Es dürfte weiterhin unstrittig sein, dass die Art der Informationen, die in solche Datenbanken eingespeist werden, mit größter theoretischer Sorgfalt auf der Basis fundierter psychotherapeutischer Modelle bestimmt werden muss. In dienstlichen Abhängigkeits- und Pflichtverhältnissen können daneben auch bislang noch nicht geregelte arbeitsrechtlich relevante Probleme tangiert sein (▶ Kap. 7.3). Ein Beispiel für ein datengestütztes Instrument der Individualisierung und Anpassung von Psychotherapien auf der Basis hochfrequenter Messdaten ist der Trierer Treatment Navigator (Lutz et al., 2023).

3 Die Verfahren zur Erfolgsbeurteilung – störungsspezifisch von A wie Agoraphobie bis Z wie Zwang

Vorbemerkung oder »Xylophonstimmer ist ein Beruf«

Die hier aufgeworfene Thematik wurde in der Magazin-Beilage der Süddeutschen Zeitung (12.05.2023, S. 8) in der Scherzrubrik »Die drei großen Lügen …« diskutiert, in diesem Fall zum Thema »… bei Stadt-Land-Fluss«. Was hat diese Frage mit dem vorliegenden Kapitel zu tun? Jede:r kennt die Buchstabenermittlung zu diesem Spiel, und wenn zufällig »X« gewählt wurde, sieht es bei Städtenamen außer Xanten nicht gut aus, ganz zu schweigen bei Berufe-Namen. Unsere »Von A bis Z»-Gliederung sucht nicht mit Akribie den Xylophonstimmer unter den Störungen oder Messverfahren, sondern hat Mut zur Lücke. Einige Buchstaben des Alphabets sind also nicht mit Messinstrumenten vertreten – einzelne andere dagegen mit mehreren. Für die A-bis-Z-Reihung halten wir das Kriterium »nach Störung« für sinnvoll. Eine alphabetische Reihung »nach Verfahrensnamen« wäre für Praxiszwecke weniger geeignet.

Wie wir in ▶ Kap. 1.1 dargelegt hatten, besteht eines unserer Anliegen darin, störungs*spezifische* Instrumente vorzustellen, die in der Beurteilung des Therapieerfolgs aussagekräftig, patienten- und auswertefreundlich sind sowie dabei für die Einzelfallarbeit geeignet. Sie sollen inhaltlich auf das Wesentliche fokussiert sein und ohne Ablenkung durch inhaltsferne Items bearbeitet werden können. Störungs*spezifische* Verfahren haben daher erste Priorität. Von dieser Regel machen wir nur wenige Ausnahmen: Mehrdimensionale Verfahren werden in einem hinteren Kapitel des Buches (▶ Kap. 5), sofern sie eine gewisse Verbreitung haben, ebenfalls erwähnt. Auch einige Verfahren, die keinen unmittelbaren Störungsbezug haben, also störungs*übergreifend* sind, werden beschrieben (▶ Kap. 4). Schließlich werden beispielhaft Verfahren zum Einsatz *innerhalb* der Behandlung skizziert (▶ Kap. 6), die den Rang von Voraussetzungen für Therapieerfolg haben.

Die Messverfahren in diesem Kapitel werden grundsätzlich nach folgender Systematik vorgestellt – geringfügige Abweichungen sind vereinzelt möglich: Wir starten jeweils mit einer allgemeinen Beschreibung, Hintergrund, ggf. Besonderheiten. Daran schließen sich Aufbau, Art der Items und Itembeispiele, ggf. inhaltliche Unterbereiche, ferner Skalierung, Bearbeitungszeit, Art und Weise der Wertermittlung und Auswertezeit an, auch – sofern bekannt – der Altersbereich, in dem das Instrument nachweislich verwendet werden kann, ferner der Zeitrahmen, auf den sich die Beantwortung beziehen soll. Wir skizzieren die dimensionale Struktur einschließlich dazu durchgeführter Analysen. Sodann folgen Abschnitte zur Zuverlässigkeit und zur Validität.

Die Änderungssensitivität hat einen spezifischen Bezug zum Titel »Psychotherapieerfolg messen und beurteilen« und wird infolgedessen gezielt thematisiert.

Die Mitteilung von Normen und ihrer Stichprobenbasis (Patient:innen, Normalpersonen) schließt sich an. Wenn dazu keine Informationen auffindbar waren, teilen wir als Richtwerte zumindest Mittelwerte und Streuungen (Standardabweichungen) der jeweiligen Skala mit.

Die Therapieerfolgsbeurteilung erfordert mindestens zwei Messungen (Vorher – Nachher; weitere Messungen sind darüber hinaus sinnvoll: ► Kap. 2.3, ► Kap. 7.2 und ► Kap. 7.3). Vergleiche zwischen Messungen erfordern die möglichst sichere Beurteilung, ob Veränderungen echt sind oder nur durch Messfehler und zufällige Schwankungen zustande gekommen sein könnten. Die kritische Differenz (engl.: Reliable Change Index) erlaubt eine solche Beurteilung. Wir teilen deshalb die kritische Differenz für jede Skala mit. Zu ihrer Berechnung werden die Reliabilität und die Streuung (Standardabweichung) der Skala benötigt (► Kap. 2.2.5). Zur Schätzung der Reliabilität wurde meistens die interne Konsistenz oder Homogenität einer Skala und zu deren Bestimmung der Alpha-Koeffizient nach Cronbach herangezogen. Lagen Angaben der Fragebogenautor:innen zur kritischen Differenz vor, was teilweise der Fall war, wurden diese nachberechnet und ggf. korrigiert (es fanden sich vereinzelt Abweichungen).

Mittlere Unterschiede und Veränderungen aus Gruppenstudien sind, auch wenn sie signifikant sind und großen Effekten entsprechen, in der Therapiepraxis bei der Beurteilung von einzelnen Patient:innen nicht relevant. Relevant sind vielmehr die kritische Differenz und der Cut-off-Wert (► Kap. 2.2.3 und ► Kap. 2.2.5): Soll beurteilt werden, ob die Therapie nicht nur hinsichtlich einer Vorher-Nachher-Veränderung erfolgreich war, sondern hinsichtlich des Erreichens eines nicht mehr pathologischen Störungsausmaßes, so ist die Verfügbarkeit einer solchen Cut-off-Grenze unerlässlich.

Zur Bestimmung der Grenze, ab der ein Wert nicht mehr als pathologisch gilt, haben wir drei einfach nachvollziehbare Kriterien verwendet, hier kurz wiederholt (zur genauen Definition ► Kap. 2.2.3): Cut off 1 ist die Mitte zwischen Normalstichproben- und Patient:innenstichprobenmittelwert, Cut off 2 der Wert, der sich aus der Addition des Mittelwerts der Normalstichprobe und einer Standardabweichungseinheit ergibt, Cut off 3 der Wert, der sich ergibt, wenn man vom Mittelwert der Patient:innenstichprobe zwei Standardabweichungseinheiten subtrahiert. Therapieerfolg kann damit belegt werden, dass zumindest eine der drei Grenzen – sie sind in der Regel nicht identisch – am Behandlungsende (und auch zum Zeitpunkt der Katamnese) unterschritten wird. Sofern eine Patient:innenstichprobe und eine Normalstichprobe vorliegen, teilen wir Cut off 1 mit. Liegen nur Daten einer Normalstrichprobe vor, teilen wir Cut off 2 mit. Liegen nur Daten einer Patient:innenstichprobe vor, teilen wir Cut off 3 mit.

Wenn individuelle Messwerte mit Cut-off-Werten verglichen werden, muss berücksichtigt werden, dass individuelle Messwerte fehlerbehaftet sind. Deshalb teilen wir zusätzlich zu kritischen Differenzen und Cut-off-Werten auch das Vertrauensintervall um individuelle Messwerte mit. Seine Berechnung wird in ► Kap. 2.2.4 erklärt. Die kritischen Differenzen, die Cut-off-Werte und die Vertrauensintervalle wurden in der großen Mehrzahl der Fälle für den vorliegenden Band neu berechnet.

Abschließend führen wir ein kurzes Resümee durch bzw. geben eine Empfehlung ab. Informationen zum Bezug (Testzentrale, ggf. Verlag, ZPID-Testarchiv, GESIS, Homepage des/der Autor:in bzw. des Instituts etc.) komplettieren die Beschreibung des Verfahrens jeweils.

Für die in Kapitel 3 vorgestellten Verfahren findet sich am Ende ein *Steckbrief* mit wichtigen Grunddaten (Kurzzusammenfassung des entsprechenden Textabschnitts). Dazu gehören der Name des Instruments, seine Bezugsquelle, Umfang des Verfahrens, Messwerte, Richtwerte/Normen, kritische Differenzen, Vertrauensintervalle um individuelle Messwerte und Cut-off-Werte. Wenn das Verfahren normiert ist, werden die Kennwerte (kritische Differenzen, Vertrauensintervalle, Cut-off-Werte) in der Metrik von Standardskalen (*T*-Werte, Prozentrang-Werte) im Steckbrief nochmals genannt. Wenn das Verfahren nicht normiert ist, werden sie in der Metrik der Messwerte mitgeteilt.

Die Verfahren werden in alphabetischer Reihenfolge vorgestellt, sodass wir mit »Agoraphobie« starten, gefolgt von »Alkohol« und »Aufmerksamkeitsstörung« und das Kapitel schließlich mit »Trauer« und »Zwang« beendet wird. Die Angsterkrankungen Generalisierte Angststörung bzw. Soziale Phobie finden sich im Verlauf an Ort und Stelle unter »G« bzw. »S«.

3.1 Agoraphobie und Panikstörung

In diesem Abschnitt wird zum einen das Fragebogenset AKV besprochen, in dem ein aus drei inhaltlichen Komponenten bestehendes Konzept der Angsterfassung realisiert ist; zum anderen mit dem BAI (▶ Kap. 3.1.2) ein globaleres Verfahren, welches Reaktionen der Person thematisiert, z. B. Herzrasen, nicht jedoch die Angstsituationen, z. B. Angst in größeren Menschenmengen. Beide Instrumentarien gelten international in der Behandlung der Angst als Standard.

3.1.1 Das Fragebogenset Körperbezogene Ängste, Kognitionen und Vermeidung (AKV)

Das Fragebogenset *AKV (Körperbezogene Aengste, Kognitionen und Vermeidung)* (Ehlers & Margraf, 2001) besteht aus drei Komponenten, nämlich einem Fragebogen zur Erfassung von körperlichen Symptomen der Angst, einem Fragebogen zur Erfassung von Gedanken, die im Zusammenhang mit Angst präsent sind, und einem Doppelfragebogen, in dem Vermeidungen (genauer Vermeidungsverhalten) erhoben werden: Vermeidungen, wenn man allein ist, und Vermeidungen, wenn eine Begleitung dabei ist. Dieses Fragebogenset gilt im Bereich der Angststörungs-Diagnosen F 40.0 (Agoraphobie), F 40.2 (spezifische Phobien) und F 41.0 (Panikstörung) – auch aufgrund seiner Differenziertheit – als erste Wahl. Komponenten daraus können auch bei ausgewählten anderen Angsterkrankungen, z. B. F 40.8

(Sonstige Phobische Störungen) zum Einsatz kommen, nicht jedoch bei F 41.1 (Generalisierte Angststörung) und F 40.1 (Soziale Phobien), die entsprechend in eigenen Abschnitten besprochen werden. Die Arbeiten zum AKV reichen, wie bei solchen Entwicklungen nicht unüblich, relativ weit zurück, stammen aus Mitte der 1980er Jahre, und wurden an der University of Pennsylvania, Philadelphia, von Dianne Chambless und ihrem Team durchgeführt. Bei der Übernahme ins Deutsche durch Anke Ehlers (Universität Oxford) und Jürgen Margraf (Universität Bochum) wurden die englischen Bezeichnungen für die Komponenten beibehalten: Body Sensations Questionnaire (BSQ; 17 Items), Agoraphobic Cognitions Questionnaire (ACQ; 14 Items) und Mobility Inventory (MI; 27 Items). In der Literatur findet sich aber auch manchmal eine ins Deutsche übertragene Beschreibung: Fragebogen zur Angst vor körperlichen Symptomen für das BSQ, Fragebogen zu angstbezogenen Kognitionen für das ACQ und Mobilitäts-Inventar für das MI, die sich jedoch weniger durchgesetzt haben. Zu beachten ist, dass dabei im Falle des ACQ eine begriffliche Verschiebung von»agoraphobic« zu »angstbezogen« vorliegt. Was das Mobility Inventory anbelangt, so sind dort Mobilitätseinschränkungen oder -hindernisse im Sinne von angsttypischen Vermeidungsverhaltensweisen gemeint. Die 27 Items des MI müssen zwei Mal ausgefüllt werden, Form A steht dabei für »allein« und Form B für »begleitet« (MI-A; MI-B). Kapitel 3 des entsprechenden Manuals gibt kurzgefasst weitere Hinweise (Ehlers & Margraf, 2001).

BSQ (Body Sensations Questionnaire): Es werden 17 körperliche Symptome der Angst vorgegeben wie etwa Herzklopfen; Schwindel; das Gefühl, keine Luft zu bekommen. Ein zusätzliches freies Feld findet sich am Ende, in welchem man weitere Symptome ergänzen kann, die zuvor nicht abgefragt wurden (zählt bei der allgemeinen Auswertung nicht mit). Bei der Bearbeitung ist anzugeben, wie viel Angst man vor Empfindung X hat. Die Antwortskalierung der Items ist 5-stufig von 1 = »nicht beunruhigt oder ängstlich durch diese Empfindung« bis 5 = »extrem ängstlich durch diese Empfindung«. Die Itemformulierungen sind kurz gehalten (kein vollständiger Satz) und benennen nur das jeweilige Symptom selbst, also z. B. Item 10: »flaues Gefühl im Magen«.

Zeitrahmen: Es gibt – abweichend von vielen Verfahren, die z. B. »bezogen auf die letzte Woche« vorgeben – keinen Zeitrahmen für die Beantwortung.

Ein Vorteil liegt darin, dass dadurch die Befindlichkeit, wie sie zum Zeitpunkt der Bearbeitung gegeben ist, erfasst werden kann. Dadurch besteht also im Prinzip eine Eignung für Veränderungserhebungen (eine Antwort »wie es grundsätzlich und immer« ist, ist damit nicht nahegelegt). Der Nachteil besteht in dieser Unschärfe des Zeitrahmens: »In dieser Sekunde?«, »In der letzten Woche?«. Zur Veränderungs- bzw. Therapieerfolgsbeurteilung kann es also sinnvoll sein, den Zeitrahmen für die Beantwortung der vorgegebenen körperlichen Symptome auf ca. die letzte Woche festzulegen (mit dem/der Patient:in zu besprechen). Ein bis zwei Wochen bzw. »in der letzten Zeit/in den letzten Tagen« sind auch bei anderen Evaluationsinstrumenten üblich.

Für alle Skalen des AKV-Sets gilt, dass die Itemwerte der jeweiligen Skala aufsummiert und sodann durch die Anzahl der Items dieser Skala (bei vollständiger Beantwortung also hier 17 Items) dividiert werden. So erhält man einen Skalenwert mit einer Wertespanne von 1 bis 5, die mit jener der Items übereinstimmt. Auf diese Weise entsteht ein per Augenschein relativ geringer numerischer Wert, bei dem auch die Nachkommawerte – ein wenig kontraintuitiv – eine relativ hohe Bedeutung haben können.

ACQ (Agoraphobic Cognitions Questionnaire): Hier werden 14 Aussagen vorgegeben, sie thematisieren Gedanken, besser Befürchtungen, die man bei Angst haben kann. Die Items sind dieses Mal in Sätzen formuliert und beginnen stets mit »Ich werde …«. Beispiele sind »Ich werde einen Herzanfall bekommen« oder »Ich werde vor Angst erstarren«. Die erwähnte begriffliche Verschiebung von »agoraphobic« zu »angstbezogen« ist im Prinzip sinnvoll und fasst Instruktion und Itemwortlaut besser zusammen als das Original (das Kürzel ACQ wird dennoch auch im Deutschen üblicherweise beibehalten). Wiederum ist ein zusätzliches freies Feld vorgesehen, in welchem man individuell pro Patient:in Gedanken bei Angst eintragen kann (es zählt auch hier nicht bei der allgemeinen Auswertung mit, soll aber laut Autoren dazu dienen, dies ggf. in der Therapiestunde zu thematisieren). Die Antwortskalierung ist analog zum BSQ von 1 = »Gedanke kommt nie vor« bis 5 = »Gedanke kommt immer vor«.

Für Zeitrahmen und Auswertung gilt das beim BSQ Erwähnte. Anders jedoch als beim BSQ legen Faktorenanalysen hier (im Amerikanischen und auch im Deutschen) eine Item-Struktur mit zwei unabhängigen Faktoren nahe. Diese Thematik wird im Manual nicht ganz eindeutig erörtert. Zwar lautet die Anweisung, einen ACQ-Gesamtskalenwert zu bilden, andererseits heißt es »darüber hinaus empfiehlt es sich«, nach Faktoren getrennte Summen zu bilden. Diese methodisch eigentlich angemessenere Vorgehensweise hat sich jedoch später weder in Studien noch in der gruppen- oder einzelfallbezogenen Auswertung durchgesetzt, sie wird auch innerhalb des Manuals eher knapp skizziert. Somit wird also in der Praxis ein ACQ-Gesamtskalenwert (Division der Summe der Itemwerte durch die Anzahl der Items) gebildet.

MI (Mobility Inventory): In dieser Komponente des AKV-Sets werden 27 Gelegenheiten vorgegeben, die typisch sind für Vermeidung (plus eine Position 28: »Andere, und zwar …«). Die Gelegenheiten gliedern sich in Orte (z. B. Supermarkt, Fahrstuhl, Parkhaus, offene/geschlossene Plätze), in Transportmittel (z. B. U-Bahn, Flugzeug, Auto) und in weitere Situationen, aus welchen die Flucht nur schwer oder nicht ohne Aufmerksamkeit zu erregen möglich wäre (z. B. Schlange stehen, Menschenmengen, weit weg von zu Hause sein). Die Anweisung an Patient:innen lautet: »Bitte geben Sie an, in welchem Ausmaß Sie aus Angst oder Unbehagen die folgenden Situationen oder Plätze vermeiden …«. Die Items sind nicht als Aussagen formuliert, sondern benennen die Situation, etwa beim 4. Item »Kaufhäuser« oder beim 16. »Untergrundbahnen«. Der Fragebogen ist anders gestaltet als das BSQ und das ACQ. Bei der Beantwortung müssen Zahlenwerte von 1 = »Vermeide niemals« bis 5 = »Vermeide immer« eingetragen werden. Die Praxiserfahrung zeigt, dass Patient:innen hier oft nur die zutreffenden Items ankreuzen und keine Zahlenwerte vergeben. Es ist daher wichtig darauf zu achten, dass keine fehlenden Werte entstehen.

Auf dem Fragebogenformular selbst findet sich eine Spalte »begleitet« und eine Spalte »allein«. Es ergeben sich somit zwei auswertungsrelevante Summen: Vermeidung in Begleitung, als MI-B bezeichnet, ist der addierte Wert (Angabe zwischen 1 und 5 pro Item) über alle Situationen hinweg. Vermeidung, wenn allein , als MI-A bezeichnet, ist der entsprechende Wert für die Modalität »allein«. Die Summen können differieren, wobei in der Modalität MI-A in der Regel höhere Werte erreicht werden als in der Modalität MI-B. Weder im Amerikanischen noch im Deutschen wurden Analysen zur dimensionalen Struktur des MI (z. B. Faktorenanalysen) durchgeführt. Die Summen- und Skalenwertbildung ist analog zu BSQ und ACQ.

Beim AKV-Set muss bei einer ersten Bearbeitung ein Zeitraum von 20 Minuten veranschlagt werden. Die fachgerechte Auswertung, Interpretation und Dokumentation werden gut zehn Minuten beanspruchen. Der Fragebogen muss bezüglich des erwünschten Zeitrahmens erläutert werden, dieser muss sodann für alle folgenden Messgelegenheiten identisch bleiben.

Untere Altersgrenze für die Verwendung des Verfahrens ist laut im Manual beschriebenen Stichproben 16 Jahre.

Dimensionale Struktur: Konstruktion und Überprüfung der Messeigenschaften der Skalen für die drei Komponenten des AKV erfolgten im Prinzip nach a-priori-Festlegungen.

Zuverlässigkeit: Für das BSQ beträgt die Skalenhomogenität nach Cronbach Alpha = 0,88, für das ACQ Alpha = 0,80 und für MI-A und MI-B jeweils Alpha = 0,95. (Teilweise liegen Befunde aus weiteren Stichproben vor, die in ihren Werten leicht variieren können.) Die Homogenitäten für MI sind als sehr gut zu bezeichnen, jene für BSQ als gut und jene für ACQ als befriedigend. Die Retestkorrelationen sind um einen Betrag bis zu $r_{tt} = 0{,}20$ niedriger, wobei die Messungen hier unsystematisch erfolgten, teils mit unkontrollierten Zeitintervallen von mehreren Wochen/Monaten mit fraglichen Veränderungen aufgrund von Interventionen oder anderen Einflüssen. Sie sind eher als Erhebungen zu einem zweiten Zeitpunkt zu bezeichnen, die wenig über eine entsprechende Messgenauigkeit aussagen. Wie wir in ▶ Kap. 2.1.2 dargelegt haben, werden diese Angaben aber nicht zwingend für die Beurteilung praxisrelevanter Informationen benötigt.

Validität: Zum Testgütebereich Validität liegen mittelgute und stärkere Befunde vor. Zu den mittelguten Hinweisen zählt eine Vielzahl an Korrelationen mit anderen Skalen, die im Bereich von $r = 0{,}40$ bis 0,50 liegen. Als mittelgut werden die Befunde auch deswegen apostrophiert, weil die Referenzmaße oft andere Angstfragebögen sind, die ihrerseits inhaltlich oder aufgrund ihrer Messeigenschaften nicht komplett zufriedenstellend sind und als Maßstab für ein neues Verfahren als nur bedingt geeignet gelten können. Zusammenhänge, die als konvergent gelten sollten (»soll hoch korrelieren«, z. B. mit Angstfragebögen), waren häufig nicht viel höher als solche, die als diskriminant angenommen waren (»soll nicht hoch korrelieren«, etwa mit Depression). Zu den mittelguten Validitätsbefunden sind auch Ergebnisse aus Regressionsanalysen zu zählen, in denen MI als Kriterium diente und BSQ, ACQ und einzelne andere Angstmaße als Prädiktoren. Der (relativ moderate) Anteil aufgeklärter Varianz bei den Angstpatient:innen betrug minimal 27,3 % und maximal 41,5 % (Beta-Gewicht der Prädiktoren für BSQ von 0,14 bis 0,39, für ACQ von 0,19 bis 0,30). Ein hier angenommenes theoretisches Zusammenhangsmodell ist andererseits ein wenig artifiziell (sind BSQ und ACQ Prädiktoren, und ist MI ein Kriterium?).

Zu den stärkeren Validitätsbefunden zählen Gruppen- und Verlaufsunterschiede. BSQ, ACQ und MI waren geeignet, zwischen Angstpatient:innen, Patient:innen mit anderen psychischen Störungen und Personen ohne klinische Angst zu unterscheiden. Dies ist überzeugend. Die drei AKV-Komponenten können auch sehr gut zwischen »Angst gegenwärtig« und »Angst remittiert« differenzieren (Ehlers & Margraf, 2001, S. 40). Sie sind geeignet, den Therapiefortschritt im Verlauf abzubilden.

Änderungssensitivität: Bei einer Stichprobe von $N = 49$ Angstpatient:innen, die 15 standardisierte (manualisierte) Sitzungen zur Angstbehandlung erhielten, konnte Therapieerfolg durch signifikante Reduktionen auf den AKV-Angstmaßen belegt werden (BSQ Diff. = -0,64, ACQ Diff. = -0,38, MI-A Diff. = -0,33 und MI-B Diff. = -0,41, Wertespanne 1 bis 5; Ehlers & Margraf, 2001, S. 43–44). Die Eignung des AKV-Sets zur Veränderungsmessung wird unterstrichen durch die Ergebnisse einer weiteren Studie, dieses Mal mit nicht a priori festgelegter Stundenzahl ($N = 452$; $M = 36$ Sitzungen), auch dort erwies sich das AKV-Set als geeignet zur Therapieerfolgsbestimmung (BSQ Diff. = -0,82, ACQ Diff. = -0,59, MI-A Diff. = -1,45 und MI-B Diff. = -0,94; Ehlers & Margraf, 2001, S 44–45). Die Ergebnisse beider Studien zeigen an, dass mehr Therapiestunden offensichtlich zu nochmals größerer Reduktion der Angst führen.

Richtwerte/Normen: Es liegt eine Prozentrang- und eine Stanine-Normierung (Hinweise ► Kap. 2.1.5) an gut 1200 Agoraphobie-/Panikstörungspatient:innen, 200 Kontrollpersonen und knapp 400 Patient:innen mit »anderen Angststörungen« vor, was eine gute Datenbasis darstellt.

Kritische Differenzen sollten anhand von Rohwerten berechnet werden. Stanine-Werte sind hierfür zu grob, da die Stanine-Skala nur neun Ausprägungsstufen unterscheidet (► Kap. 2.1.5). Kritische Differenzen werden von den Fragebogenautoren nicht mitgeteilt, daher wurden sie neu berechnet. Wenn wir die Irrtumswahrscheinlichkeit von 5 % zugrunde legen, lauten die kritischen Differenzen bei einer Wertespanne von 1 bis 5 gemäß Formel in ► Kap. 2.2.5 für BSQ: 0,70, für ACQ: 0,78, für MI-A: 0,67 und für MI-B: 0,56. Der Wert bei MI-B ist wegen geringerer Streuung niedriger als jener für MI-A, obwohl deren Alpha-Werte identisch sind.

Die berichteten Angaben sind jene Mindestdifferenzen, die zwischen zwei ermittelten Skalenwerten vorliegen müssen, um zuverlässig von einer Veränderung ausgehen zu können: etwa zwischen der Vorher- und der Nachher-Messung in der Therapie bzw. entsprechend in einer Katamneseuntersuchung.

Ein Vergleich der kritischen Differenzen mit den von Ehlers und Margraf (2001, S. 56) berichteten mittleren Behandlungseffekten führt zu den folgenden Ergebnissen: Die kritischen Differenzen sind größer als die mittleren Verbesserungen, die in der Stichprobe von $N = 49$ Angstpatient:innen mit 15 Therapiestunden erreicht wurden. Das heißt, dass die meisten Patient:innen dieser Behandlungsgruppe das Verbesserungskriterium der kritischen Differenz nicht erreichten. Hingegen wurden in der $N = 452$-Stichprobe von Angstpatient:innen mit mehr als 15 Therapiestunden bei drei der vier Skalen (BSQ, MI-A, MI-B) durchschnittliche Verbesserungen erzielt, die größer als die kritische Differenz waren. Das heißt, dass bei der/dem typischen Patient:in dieser Gruppe die Behandlung zu einer nachweislichen (also zuverlässig gemessenen) Verbesserung führte.

Von Rohwertangaben zu Normwerten (Ehlers & Margraf, 2001, S. 61–62): Für kritische Differenzen auf der Stanine-Skala kann man nur grobe Hinweise geben. Man suche an Ort und Stelle im Manual den Rohwert in der Patient:innenspalte auf (es werden »Von-bis«-Wertespannen aufgeführt) und lese links den Stanine-Wert ab. Als Faustregel lässt sich sagen, dass der Nachher-Wert um eine Standardabweichungseinheit geringer werden muss als der Vorher-Wert, um von einer nachweislichen Verbesserung sprechen zu können. Da bei der Stanine-Skala *eine* Standardabweichungseinheit *zwei* (!) Staninepunkten entspricht, müsste also z. B. eine Reduktion von vorher Stanine = 5 auf nachher Stanine = 3 vorliegen, um von einer substantiellen Verbesserung sprechen zu können.

Fällt die Differenz zweier Werte *nicht* größer aus als die kritische Differenz, kann eine Veränderung nicht zuverlässig belegt werden. Für eine Katamneseuntersuchung, z. B. nach einem halben Jahr, gilt dies analog, zumal die bei Therapieende gemessenen Werte sich wieder verschlechtert haben könnten. Zu beachten sind in diesem Zusammenhang unsere Ausführungen zu geeigneten Messzeitpunkten (▶ Kap. 2.3, ▶ Kap. 7.2 und ▶ Kap. 7.3), in welchen wir für eine möglichst frühe Eingangserhebung – bei Anmeldung, nicht bei Therapiebeginn – plädieren.

Vertrauensintervall um individuelle Messwerte: Bei der Interpretation der erhaltenen Messwerte muss auch das Vertrauensintervall berücksichtigt werden, in welches die Standardabweichung und die Homogenität der Skala einfließen (▶ Kap. 2.2.4). Das Vertrauensintervall beträgt bei einer Wertespanne von 1 bis 5 für einen ermittelten BSQ-Wert +/- 0,49 Punkte, für einen ACQ-Wert +/- 0,55 Punkte und für MI-A/MI-B-Werte +/- 0,48 bzw. 0,39 Punkte.

Cut off: Rangiert der/die Patient:in nach Abschluss der Behandlung auch wirklich im Bereich von Personen ohne die entsprechende Störung, was das erklärte Ziel der therapeutischen Bemühungen wäre? Während die kritische Differenz das Kriterium darstellt, anhand dessen eine Therapieverbesserung als verlässlich gemessen interpretiert werden darf, so besagt dies noch nichts darüber, ob auch von einer Störungsfreiheit (Remission) ausgegangen werden kann. Von einem hohen Störungsausmaß kommend, kann die Veränderung ausgeprägt sein und im zuverlässigen Bereich außerhalb der kritischen Differenz liegen. Dennoch kann die Störung fortbestehen: Der Cut-off-Wert wurde möglicherweise nicht unterschritten. Manchmal mag ein solches gemischtes Ergebnis aber trotzdem als ein gewisser Erfolg gewertet werden: Der/die Patient:in hat sich deutlich verbessert, kann sozusagen erst einmal damit leben.

Für Cut offs benötigt man idealerweise Daten von Personen ohne die entsprechende Störung. Gerade im Bereich Angst wird man bei Personen ohne Störung kaum unterstellen können, dass sie bei jedem Angstitem tatsächlich den geringstmöglichen Messwert aufweisen. Denn ein gewisses Angstausmaß kann bei jeder Person angenommen werden. Es ist daher von großem Vorteil, dass die AKV-Autoren eine Stichprobe von Personen ohne Angsterkrankung rekrutieren konnten, die die Messinstrumente ebenfalls bearbeiteten. Der Cut off ist hier definiert als die Mitte zwischen dem Mittelwert der Patient:innen und jenem der Kontrollpersonen, bei uns als Cut off 1 bezeichnet (► Kap. 2.2.3). Die Cut-off-Werte der einzelnen Komponenten des AKV lauten in Skalenwerten (Wertespanne von 1 bis 5, d. h. nicht Stanine) für BSQ: 2,19, für ACQ: 1,75, für MI-A: 2,24 und für MI-B: 1,71. Diese Grenzen erlauben die Interpretation als »im gesunden Bereich« versus »weiterhin im pathologischen Bereich« liegend.

Die im AKV-Manual (Ehlers & Margraf, 2001, S. 45) berichteten Mittelwerte am Ende der dort geschilderten Therapie lauten für BSQ $M = 2{,}02$, für ACQ $M = 1{,}68$, für MI-A $M = 1{,}67$ und für MI-B $M = 1{,}32$. Sie würden, wenn diese bei einem/einer Einzelpatient:in gewonnen worden wären, für alle vier Merkmale unterhalb des Cut off liegen und einen Therapieerfolg anzeigen. Zu beachten ist hier, dass es sich um Mittelwerte aus Gruppenstudien handelt. In diesen Gruppen erreichten viele Patient:innen Werte, die klar unter dem Cut off sind, andere erzielten diese Erfolge nicht. Mittelwerte aus Gruppenstudien werden daher primär nur zur Veranschaulichung herangezogen. Diese Anmerkung gilt in gleicher Weise für den Vergleich kritischer Differenzen für den Einzelfall mit mittleren Veränderungen in Gruppenstudien.

Empfehlung: Das AKV-Set wird zur Outcomebestimmung in der Behandlung der Agoraphobie und Panikstörung empfohlen.

Bezug: Das AKV-Set ist über die Testzentrale www.testzentrale.de (Suchfeldeingabe AKV) erhältlich.

Tab. 3.1: Steckbrief Fragebogen zu körperbezogenen Ängsten, Kognitionen und Vermeidung (AKV)

Steckbrief	
Name	Fragebogen zu körperbezogenen Ängsten, Kognitionen und Vermeidung (AKV)
Bezug	Manual und Untersuchungsmaterial über die Testzentrale verfügbar
Umfang	BSQ (Body Sensations Questionnaire): 14 Items; ACQ (Agoraphobic Cognitions Questionnaire): 17 Items; MI (Mobility Inventory): Skala allein: 27 Items, Skala begleitet: 27 Items
Messwerte	Aufsummierung der jeweiligen Itemwerte und anschließender Division durch die jeweilige Anzahl der Items der vier Skalenwerte: BSQ, ACQ, MI-A, MI-B (jeweilige Wertespanne von 1 bis 5)
Richtwerte/Normen	Prozentrang- und Stanine-Normen für gut N = 1200 Patient:innen mit Agoraphobie/Panikstörung, daneben für N = 208 Personen ohne Angststörung M (Patient:innen/Therapiebeginn): BSQ: 2,74; ACQ: 2,19; MI-A: 3,03; MI-B: 2,21
Kritische Differenz	BSQ: 0,70 Punkte; ACQ: 0,78 Punkte; MI-A: 0,67 Punkte; MI-B: 0,56 Punkte im jeweiligen Skalenwert
Vertrauensintervall	BSQ: +/- 0,49 Punkte; ACQ: +/- 0,55 Punkte; MI-A: +/- 0,48 Punkte; MI-B: +/-0,39 Punkte im jeweiligen Skalenwert

Tab. 3.1: Steckbrief Fragebogen zu körperbezogenen Ängsten, Kognitionen und Vermeidung (AKV) – Fortsetzung

Steckbrief	
Cut off	BSQ: 2,19 Punkte; ACQ: 1,75 Punkte; MI-A: 2,24 Punkte; MI-B: 1,71 Punkte im jeweiligen Skalenwert

3.1.2 Das Beck Anxiety Inventory (BAI)

Aaron T. Beck, Psychiater, kognitiver Psychotherapeut, Depressionsexperte der University of Pennsylvania, Philadelphia, entwickelte gemeinsam mit Robert A. Steer ein Instrument zur Erfassung von Angst – bei ihm mit dem spezifischen Ziel, die sich nach anfänglichem klinischem Eindruck oftmals nicht klar unterscheidbaren Bereiche Angst und Depression präziser zu erfassen. Gleichwohl blieb Depression stets sein inhaltlicher Hauptschwerpunkt, wir kommen beim Buchstaben D = Depression darauf zurück, wo wir u. a. das Beck Depressions-Inventar (BDI) besprechen. Der Angstfragebogen, der mit *Beck Anxiety Inventory (BAI)* ebenfalls seinen Namen trägt, wurde erst 1993 im Nachgang zum BDI (erste Version bereits 1961) publiziert, die deutsche Fassung stammt von Jürgen Margraf (Universität Bochum) und Anke Ehlers (Universität Oxford; erste Fassung 2007, aktualisiert 2012). Itemgleiche Vorversionen existierten bereits (Hütteroth, 2002). Das Instrument ist vor allem zur Messung der Angststörungen F 40.01 (Agoraphobie mit Panikstörung), F 41.0 (Panikstörung) und F 40.2 (spezifische Phobien) geeignet.

Gegenüber dem AKV-Set bestehen Nachteile, aber auch Vorteile. Ein wichtiger Nachteil ist darin zu sehen, dass sich die Inhalte mehrheitlich auf körperliche Phänomene der Angst beschränken. Sie sind der AKV-Komponente BSQ vergleichbar, erfassen somit schwerpunktmäßig den Aspekt körperbezogener Ängste bei Agoraphobie und Panikstörung. Es werden 21 Angstsymptome vorgegeben, deren Formulierungsgenauigkeit durch Rückübersetzung einer zuvor ins Deutsche übersetzten Form und den anschließenden Vergleich mit dem englischen Original sichergestellt wurde. Die Symptome werden nach Vorhandensein und Stärkegrad (0 = »überhaupt nicht« bis 3 = »stark«, Wertespanne der Gesamtsumme von 0 bis 63) beurteilt, »wenn man ängstlich ist«: Herzrasen/Herzklopfen, Schwindel, Erstickungsgefühl, Zittern, weiche Knie und Beine etc. sind Beispiele für körperliche Symptome. Auch einige kognitiv-emotionale Symptome werden – hier in Analogie zur AKV-Komponente ACQ – erfragt, wie etwa »Angst, die Kontrolle zu verlieren« oder »Befürchtung des Schlimmsten«. Die Itemvorgabe umfasst einzig die von 1 bis 21 aufgereihte Benennung der Symptome (z. B. »7. Herzrasen oder Herzklopfen«) ohne Einbettung in einen Satz. Auf der rechten Seite befinden sich die Antwortskalen.

Zeitrahmen: Die Instruktion hierzu lautet »in der letzten Woche einschließlich heute«.

Im Vergleich zum AKV-Set nicht abgebildet sind die vermiedenen Situationen und Gelegenheiten (dort in der Komponente MI-A/MI-B repräsentiert), ebenso fehlt die Abfrage von angsttypischen Gedanken wie »Ich werde mich in der Situation lächerlich machen«, die mit den Vermeidungsverhaltensweisen einhergehen können. Das BAI ist also inhaltlich schmäler und im Umfang kürzer, dies kann manchmal ein Vorteil sein. Zur Dauer der Bearbeitung durch die Patient:innen werden zwei bis drei Minuten ausreichen. Für die Auswertung, Interpretation und Dokumentation können rund fünf Minuten pro Anwendung veranschlagt werden. Für den Umgang mit fehlenden Werten wird vorgeschlagen, dort eine Null einzusetzen (Margraf & Ehlers, 2012, S. 39). Dies ist sonst in der Fragebogendiagnostik unüblich. Üblicher und angemessener ist die sogenannte Imputation fehlender Werte, im einfachsten Fall durch den Mittelwert aller beantworteten Items (Summe der Werte aller beantworteten Items dividiert durch deren Anzahl). Dieser Wert würde an derjenigen Stelle eingesetzt, an der ein Item ausgelassen wurde. Daraufhin würde erneut die Summe gebildet. Bei einem Verfahren mit 21 Items werden hierbei maximal zwei fehlende Werte als vertretbar gehalten.

Als untere Altersangabe für die Stichproben des Manuals findet sich 18 Jahre.

Die Arbeiten zur deutschen Version basierten ähnlich wie beim AKV-Set auf etwa 30 Einzelstudien – im Manual knapp zusammengefasst (Margraf & Ehlers, 2012, S. 22). Sie werden auch in unserer Beschreibung nur in wesentlichen für die Praxis relevanten Auszügen dargestellt. Darüber hinaus existiert im Deutschen eine unabhängige Replikationsstudie (Geissner & Hütteroth, 2018; Geissner, Hütteroth & Schröder, 2003; Hütteroth, 2002), deren Hauptergebnisse jeweils ergänzt werden.

Dimensionale Struktur: Für die dimensionale Struktur werden im Amerikanischen unterschiedliche Lösungen mit zwei bis vier Faktoren vorgeschlagen, im deutschen Manual finden sich diesbezüglich keine Angaben. Hütteroth (2002, S. 69–71) konnte in einer eigenen Studie Belege für eine eindimensionale Struktur aufzeigen, was zugleich den Vorteil einer unkomplizierten Durchführung in der Praxis bietet.

Zuverlässigkeit: Bezüglich der Zuverlässigkeit des BAI-deutsch wurden gute Messeigenschaften ermittelt: Margraf und Ehlers (2012) berichten Homogenitätswerte zwischen Alpha = 0,91 und 0,94, Geissner und Hütteroth (2018) ermittelten einen Homogenitätswert von Alpha = 0,93. Zur guten Reliabilität der Skala trägt ihre Länge mit 21 Items bei. Auch die Retestkorrelation (Zeitspanne wenige Tage; keine Intervention) ist relativ hoch und beträgt sowohl in den Angaben des Manuals als auch in der unabhängigen Replikation $r_{tt} = 0{,}78$.

Validität: Zum Thema Validität sind mittelgute und gute Befunde zu berichten. Mittelgute Belege betreffen die Korrelationen mit anderen Fragebögen, die im Bereich von $r = 0{,}40$ bis 0,50 liegen. Die Korrelationen zwischen dem BAI und als konvergent angenommenen Korrelaten unterscheiden sich nicht sehr von jenen, die als divergent angenommen waren (dagegen Geissner & Hütteroth, 2018, S. 122). Dies muss nicht gegen das BAI sprechen, es kann auch an der unzureichenden Qualität zur Messung der Korrelate liegen. Ein Beispiel ist etwa die mäßige Qualität des aus der differentiellen Psychologie bekannten und hier herangezogenen State Trait Anxiety Inventory STAI, welches eher Depression als Angst misst; $r_{BAI/STAI} = 0{,}59$; $r_{BDI/STAI} = 0{,}82$ (Geissner et al., 2003). Die Ergebnisse aus Diskriminanzanalysen zeigen eine korrekte Klassifikation von Angstpatient:innen versus Personen ohne Angststörung bei 70 % der Proband:innen (Margraf & Ehlers 2012, Tabelle 17), eine zufällige Zuordnungsrate würde allerdings auch bereits 50 % betragen.

Überzeugend sind vor allem die deutlichen Mittelwertunterschiede zwischen Angstpatient:innen und Personen ohne Angst (Margraf & Ehlers 2012, Tabelle 18, acht Einzelstudien), die für die Validität des BAI sprechen.

Änderungssensitivität: Das BAI erwies sich als änderungssensitiv in der Therapie (Margraf & Ehlers, 2012, Tabelle 19, sechs Einzelstudien). Geissner und Hütteroth (2018, S. 122–123) konnten diese Befunde in Analysen an drei eigenen Stichproben replizieren.

Richtwerte/Normen: Es liegen Prozentrang-Normen für Angstpatient:innen und für Personen ohne Angsterkrankung vor. Die Größe der Stichprobe mit Angst (im Manual als »*alle* Angststörungen« beschrieben) betrug $N = 1045$, davon speziell »mit Agoraphobie/Panikstörung« $N = 540$; die nichtklinische Stichprobe umfasste knapp 3000 Personen ohne Angst und wird nach Alter, Geschlecht, Bildungslevel, Beruf und Region als repräsentativ angegeben. Eine *z*- bzw. *T*- Standardisierung wurde nicht vorgenommen.

Kritische Differenzen: Aufgrund der hohen Skalenhomogenität und einer vergleichsweise kleinen Streubreite resultiert eine relativ geringe kritische Differenz, was sehr für die Eignung der Skala spricht. Auf Grundlage der Befunde im Manual und auch der Replikationsstudie beträgt diese 8,9 (gerundet 9) Punkte. Der Rückgang eines beispielsweise angenommenen BAI-Skalenwertes von 40 (entspricht einem PR von 83; Referenzgruppe Agoraphobie/Panikstörung) auf 30 (entspricht einem PR von 62) würde somit als zuverlässig bewertet werden dürfen, da die kritische Differenz von 9 Punkten überschritten wäre.

Allerdings ist zu beachten, dass in diesem Beispiel auch ein BAI-Wert von 30 weiter im pathologischen Bereich läge. Zur Beurteilung des Therapieerfolgs muss deshalb in einem weiteren Schritt der Cut off als Erfolgskriterium hinzugezogen werden. Bei Margraf und Ehlers (2012) werden Vorher-Nachher-Vergleiche mit dem BAI nur global und ohne einzelne Wertangaben berichtet. Anhand der bei Geissner und Hütteroth (2018) in der Replikation ermittelten Werte kann jedoch gezeigt werden, dass das kritische Differenz-Kriterium von 9 Punkten dort erreicht würde, wenn die jeweiligen Mittelwerte (3 Gruppenstudien) für Werte in einer Einzeltherapie stehen würden. Dies gilt für die Abschlussmessung am Therapieende und auch für die Erfolgserhaltung bei einem 6-Monats-Follow up.

Vertrauensintervall um individuelle Messwerte: Bei der Interpretation der erhaltenen Messwerte muss auch das Vertrauensintervall berücksichtigt werden, in welches die Standardabweichung und die Homogenität der Skala einfließen. Das Vertrauensintervall beträgt bei einer Wertespanne von 0 bis 63 für einen ermittelten BAI-Wert +/- 6,3 (gerundet 6) Punkte.

Cut off: Wie im Manual berichtet (Margraf & Ehlers, 2012, S. 51), fallen die Werte der Normalbevölkerung sehr niedrig aus, d. h. der BAI-Fragebogen hat eine hohe Trennschärfe für Patient:innen, aber nur eine geringe für Personen ohne Angstsymptomatik. In der Allgemeinbevölkerung unterscheiden sich Männer im BAI ($M = 2{,}4$; $SD = 4{,}5$) etwas von Frauen ($M = 3{,}8$; $SD = 5{,}7$). Die mittleren BAI-Werte der klinischen Gruppen liegen bei $M = 29$ (Geissner & Hütteroth, 2018; Margraf & Ehlers, 2012). Somit resultiert als Cut-off-Wert für Männer 13,3 und für Frauen 12,6 (Cut off 1 gemäß ▶ Kap. 2.2.3). Die Nachher-Messungen von Geissner und Hütteroth (2018) für drei klinische Gruppen lägen mit $M = 19$ bzw. 20 also nicht unter dem Cut off. Zwar handelt es sich um Mittelwerte aus Gruppenuntersuchungen, würden diese als Ergebnis der Abschlussmessung bei einer individuellen Therapie stehen, so wäre damit ein Therapieerfolg nicht belegt. Aus der Arbeit von Margraf und Ehlers (2012) liegen keine Kennzahlen aus Abschlussmessungen vor.

Grobklassifikation sensu Beck: In den Manualen zum BAI und auch – siehe Abschnitt Depression – zum BDI (▶ Kap. 3.6.1) sind im Original jeweils sogenannte Grobklassifikationen angegeben, wie ein Skalenwert zu interpretieren sei. Für das BAI werden Bereiche für »minimale« (0–7), »milde« (8–15), »moderate« (16–25) und »klinisch relevante« (26–63) Angst angegeben. Die Punktwert-Abstände zwischen den Kategorien sind, wie ersichtlich, sehr unterschiedlich. Ein »klinisch relevanter Angstwert« sollte demzufolge bei > 26 liegen und ohne weitere Differenzierung mit einer Spannweite von immerhin 37 Punkten bis zum höchsten Wert von 63 reichen. Wie diese Wertespannen festgelegt wurden, wird nicht berichtet; im deutschen Manual wurden sie übernommen. Dies wirft Fragen auf, die Einteilung scheint für Praxiszwecke – da nicht weiter begründet – nicht gut geeignet. Konkrete Implikationen entstehen u.a. auch bei der Interpretation erhaltener Werte anhand der Prozentrangtabellen: Ein BAI-Wert von 8 (gemäß obiger Vorgabe für »milde Angst« stehend) entspricht z.B. in der weiblichen Normalbevölkerung einem Prozentrang von über 80 (das wäre nicht mehr als »mild« zu bezeichnen), in der klinischen Referenzstichprobe dagegen einem Prozentrang von 6 (und daher als extrem gering zu werten; Margraf & Ehlers, 2012, S. 50). Wir raten explizit von dieser Klassifizierung ab, da sie keine datengestützte Grundlage besitzt.

Empfehlung: Das BAI (Beck Anxiety Inventory/deutsch) wird als Verfahren zur Outcomebestimmung in der Behandlung der Agoraphobie und Panikstörung mit Einschränkung empfohlen. Die Einschränkung besteht darin, dass Vermeidungsverhaltensweisen und vermiedene Situationen nicht gemessen werden können. Auch fehlen im Manual detailliertere Angaben zur Eignung in der Vorher-Nachher-Messung. Erste diesbezügliche Ergebnisse bei Geissner und Hütteroth (2018) sollten weiter untermauert werden.

Bezug: Das BAI ist über die Testzentrale www.testzentrale.de (Suchfeldeingabe BAI) oder den Pearson-Verlag (Homepageinformation) erhältlich.

Tab. 3.2: Steckbrief Beck Anxiety Inventory (BAI)

Steckbrief	
Name	Beck Anxiety Inventory (BAI)
Bezug	Manual und Untersuchungsmaterial über die Testzentrale verfügbar
Umfang	21 Items
Kennwerte	Skalenwert (Summe der Itemwerte, Wertespanne von 0 bis 63)
Richtwerte/Normen	Prozentrangnormen aus Stichproben von 540 Patient:innen mit Agoraphobie/Panikstörung, 3000 Personen ohne Angst (repräsentative Stichprobe), 1045 Patient:innen mit »verschiedenen Angststörungen« Angstpatient:innen zu Therapiebeginn: $M = 29$; $SD = 12{,}5$

Tab. 3.2: Steckbrief Beck Anxiety Inventory (BAI) – Fortsetzung

Steckbrief	
Kritische Differenz	9 Punkte im Skalenwert
Vertrauensintervall	+/- 6 Punkte im Skalenwert
Cut off	19 Punkte im Skalenwert

Eine Sammlung weiterer, inhaltlich mitunter sehr spezifischer oder mehr für Forschungszwecke geeigneter Messinstrumente zu Angst findet sich daneben bei Hoyer, Helbig und Margraf (2005). Wir beschränken uns auf die beiden hier vorgestellten Verfahren mit sorgfältiger Fundierung und guter Einsetzbarkeit in der psychotherapeutischen Praxis.

3.2 Alkohol

Wie im Psychotherapeutenjournal 4/2021 (S. 315) hervorgehoben »(hat sich) auf der Basis der Empfehlungen der WHO und von Übersichtsarbeiten der *AUDIT (Alcohol Use Disorders Identification Test)* bei alkoholbezogenen Störungen als maßgebliches Messinstrument durchgesetzt«.

Bevor wir zur eigentlichen Besprechung des AUDIT kommen, hier noch eine Vorbemerkung, da bei der Thematik Alkohol gewisse Besonderheiten zu beachten sind. Bekanntlich unterscheiden wir das Abhängigkeitssyndrom ICD-10 F 10.2 mit Craving, Kontrollverlust, körperlichem Entzugssyndrom, Toleranzentwicklung, gedanklicher Einengung, Vernachlässigungsverhalten etc. von Schädlichem Gebrauch ICD-10 F 10.1 (WHO, 2010), dort relativ vage beschrieben. Unter Zuhilfenahme des DSM-5 (2018) wird dies etwa bei Lindenmeyer (2021, S. 212) wie folgt präzisiert: wiederholter Konsum, der zur Vernachlässigung wichtiger Verpflichtungen führt; Situationen, in denen es zu einer körperlichen Gefährdung kommen kann; ständige oder wiederholte soziale Probleme; Zeitaufwand für Beschaffung; Aufgabe oder wenigstens Reduzierung von anderen Aktivitäten etc. Für beide Diagnosen ist ein Screening sinnvoll bzw. nötig, oft ergänzt um differentielle Profil- oder Schweregraderhebungen.

Die Behandlung des Abhängigkeitssyndroms (ICD-10 F 10.2) erfolgt nach einer psychosozialen Eingangs- bzw. Motivierungsphase in einem Dreischritt aus Entzug – Entwöhnung – Nachsorge und hat die Akzeptanz der Abhängigkeit als Krankheit und die Motivierung zur Suchtmittelabstinenz samt deren Erhalt, inkl. eines Rückfallmanagements, zum Ziel (Lindenmeyer, 2021). Hier ist eine quantitativ-fragebogengestützte Verlaufs- und Evaluationsmessung vielleicht interessant, aber letztlich etwas weniger relevant, denn das klar vorgegebene kategorische Zielkriterium bedeutet vollständige Alkoholabstinenz – im Gegensatz zu graduell reduziert oder abgestuft.

Die Behandlung eines schädlichen Alkoholkonsums (ICD-10 F 10.1) kann sich u. a. auch innerhalb eines Behandlungskontextes ergeben, in dem eine andere F-Störung die Indexproblematik darstellt, deretwegen ein/e Patient:in zur Psychotherapie kommt. Gilt bei Alkoholabhängigkeit im Allgemeinen die Behandlungsregel »Addiction comes first«, so wird dieses Prinzip bei schädlichem Gebrauch oft nicht indiziert oder durchzuhalten sein. Zudem könnte die positive Erwartung bestehen, dass sich eine erfolgreiche Behandlung der Indexproblematik auch symptomreduzierend auf den schädlichen Gebrauch auswirkt – und daher Psychotherapie hierfür nicht prinzipiell zu verweigern ist. Ein fortgesetzter Konsum sollte im Therapieverlauf auf lange Sicht dennoch Gegenstand der gezielten Thematisierung werden. Dabei und bei weiteren Fragestellungen können geeignete Messinstrumente zur Anwendung kommen.

Therapie und Versorgungsrahmen von Alkoholabhängigkeit (F 10.2) sind z. B. in der S-3-Leitlinie Screening, Diagnostik und Behandlung alkoholbezogener Störungen (AWMF, 2021; Langfassung) niedergelegt. Auf die Schwierigkeit der internationalen Vergleichbarkeit wird an einigen Stellen hingewiesen, da für Deutschland bestimmte Sonderbedingungen in der (hierzulande aufwändigeren) Versorgung gelten.

Neben dem im Screening-/Diagnostikprozess heute üblichen und von der WHO geförderten AUDIT stellte früher auch der Münchener Alkoholismus Test (MALT; Feuerlein et al., 1977) ein bewährtes Instrument dar, um eine klinische Verdachtsdiagnose durch einen standardisierten Fragenkatalog zu sichern. Heute können einige Details daraus als überholt gelten. Funke, Funke, Klein und Scheller (1987) kommt das Verdienst zu, die veraltete, wissenschaftlich nicht sehr gut begründete Jellinek-Typologie durch ein psychometrisch ausgereiftes Instrumentarium – das Trierer Alkoholismus Inventar (TAI) – zur differentiellen Profilerhebung und daraus abzuleitender spezifischer Therapieplanung abgelöst zu haben. Und ist die Diagnose Abhängigkeitssyndrom einmal gestellt, kann die Charakteristik des Schweregrads (Ausmaß der Entzugssymptomatik, der kognitiven Einengung, der Toleranzentwicklung etc.) mithilfe der Skala zur Erfassung der Schwere der Alkoholabhängigkeit (SESA; John, Hapke & Rumpf, 2001) weiter quantifiziert werden.

3.2.1 Der Alcohol Use Disorders Identification Test (AUDIT)

Der *Alcohol Use Disorders Identification Test* (AUDIT) wurde erstmals 1989 publiziert und ist mit Manual in seiner zweiten Auflage auf der Homepage der WHO frei verfügbar (Barbor, Higgins-Biddle, Saunders & Monteiro, 2001; Update: Reinert & Allen, 2007). Die deutsche Version des in 16 Sprachen vorliegenden Fragebogens und dessen Auswertungsschema – jeweils auf nur einer Seite – ist u. a. über die Homepage der Bundesärztekammer erhältlich (s. unter »Bezug«). Insbesondere die Alkoholismus-Forschungsgruppe der Psychiatrischen Abteilung der Universität Lübeck hat sich ausführlicher mit der Adaption für den deutschen Sprachraum beschäftigt (Dybek, 2008; Dybek et al. 2006). Der Fragebogen besteht aus zehn Items und ist in ein bis zwei Minuten zu beantworten und auch auszuwerten. Acht Items haben eine fünfstufige Wertespanne von 0 bis 4, zwei sind dreistufig und mit 0, 2 oder 4 zu bepunkten. Nach Aufsummierung der Itemwerte ergibt sich eine Wertespanne von 0 bis 40.

Zeitrahmen: Fünf Fragen haben den Zeitrahmen »Wie oft haben Sie im letzten Jahr ...«. Ein Beispiel wäre »Wie oft haben Sie im letzten Jahr morgens Alkohol getrunken, um in Schwung zu kommen«. Zwei andere erfragen ebenfalls »wie oft«, aber ohne die Eingrenzung »im letzten Jahr« (»... haben Sie an einem Tag mehr als 6 alkoholische Getränke getrunken?«). Zwei Fragen haben einen zusätzlichen sozialen Bezug (z. B.: »Wegen Alkoholkonsums angesprochen« worden zu sein). Und die erste Frage erfasst die Häufigkeit des Konsums: »Wie oft trinken Sie Alkohol?«. Vorab ist im Kopf des Fragebogens definiert, was »ein Glas Alkohol« ist, nämlich »z. B. 0,33 l Bier oder 0,25 l Wein«. Dies ist uneindeutig, da der Unterschied in der Grammzahl Alkohol zwischen beiden Angaben – südeuropäischer Rotwein weist z. B. nicht selten 13,5 % auf – erheblich ist.

Dimensionale Struktur: Zur faktoriellen Validität liegen unterschiedliche Befunde vor, und nur in einer Analyse ergab sich eine einfaktorielle Struktur, während in anderen Studien eine zweifaktorielle Lösung (Faktor 1: »consumption«; Faktor 2: »adverse consequences«; Reinert & Allen, 2007) vorgeschlagen wurde. Dennoch scheint aus pragmatischen Gründen die einfache Aufsummierung aller Items bevorzugt worden zu sein, die sich nachfolgend auch breit etablieren konnte.

Da bei der Hälfte der Items der Bezugsrahmen »im letzten Jahr« vorgegeben ist, erübrigt sich eine wöchentliche oder monatliche Vorgabe. Die wiederholte Vorgabe macht Sinn, wenn man bei der Vorlage des Fragebogens ein längeres Intervall vorsieht, also ein Jahr oder wenigstens mehrere Monate. Dies impliziert in der Therapiepraxis neben Sprechstunde(n) und Probatorik mindestens KZT 1 und 2, also 30 Sitzungen, die sich meist bis zu einem Dreivierteljahr erstrecken. Zum AUDIT als Evaluationsinstrument ist die Befundlage begrenzt. Katamnesedaten aus Reha-Aufenthalten liegen vor, jedoch in der Regel für das Kriterium volle Abstinenz. Die Erfolgsquote nach diesem Kriterium ist mit 25 bis 49 % als allenfalls mäßig gut zu bezeichnen – vor allem gemessen am Aufwand (AWMF-S 3-Leitlinie, Langfassung, 2021, S. 334).

Zuverlässigkeit: Die Reliabilität des AUDIT wird international in einem Range von Alpha = 0,75 bis 0,94 angegeben, im Deutschen (Dybek, 2008) wird Alpha = 0,83 berichtet. Die Retestkorrelationen (international, Zeitabstand ein bis drei Wochen) rangieren zwischen r_{tt}= 0,84 und 0,93. Im Deutschen wurde ein Wert von r_{tt} = 0,81 (Dybek, 2008) ermittelt.

Validität: Für die Validitätsbelege gilt im Gesamtspektrum der Alkoholismusstudien die Besonderheit, dass schwerpunktmäßig Analysen zu Sensitivität und Spezifität durchgeführt wurden. Korrelationen mit anderen Instrumenten werden zwar ebenfalls berichtet (zur Übersicht etwa Reinert & Allen, 2007: Korrelation des AUDIT mit inhaltlich verwandten Fragebögen im Bereich von r = 0,47 bis 0,78). Die Validität wird jedoch darüber belegt, wie trennscharf der Fragebogen zuvor definierte Gruppen an ICD-10 F 10.1- bzw. F 10.2-Diagnosen im Vergleich zu Normalpersonen differenzieren kann: Wie ist seine Genauigkeit im Sinne von Sensitivität (Anteil der Kranken, die mit dem Instrument entdeckt werden) und Spezifität

(Anteil der Gesunden, die entdeckt werden)? Die Werte bei Dybek (2008) weisen mit 85 bis 90 % für Sensitivität und über 90 % für Spezifität auf eine gute Validität hin.

Änderungssensitivität: Bezüglich einer Eignung für die Veränderungsmessung stehen nur Hinweise aus den Befunden von Dybek (2008, Tabelle 6.1) zur Verfügung, in welchen die Werte von sogenannten Screening-Positiven (SP) jenen von Screening-Negativen Alkoholkonsument:innen (SNAK) gegenübergestellt sind, letztere können grob als Indikatoren für zu erreichende Zielwerte dienen. In der Gruppe SP ($N = 1100$) wurde ein AUDIT-Mittelwert von $M = 9$ ($SD = 5{,}5$) gemessen, die Gruppe SNAK ($N = 99$) erreichte $M = 2{,}3$ (SD = 1,1).

Richtwerte/Normen: Der AUDIT-Fragebogen wurde bisher nicht normiert. Zur Berechnung von Standardwerten (*T*-Werte) muss deshalb auf die o. g. Mittelwerte und Standardabweichungen zurückgegriffen werden.

Kritische Differenzen: Zur Berechnung der kritischen Differenzen benötigen wir den deutschen Alpha-Wert (0,83) und die Standardabweichung in der o. g. klinischen Gruppe SP. Unter Anwendung der Formel für kritische Differenzen errechnen wir einen Wert von 6,2 (gerundet 6) AUDIT-Punkten. Würde eine Person bei der ersten Messung einen AUDIT-Wert von z. B. 9 erzielen, etwa entsprechend dem Mittelwert der Gruppe SP bei Dybek (2008), so wäre eine Reduktion von mindestens 6 Punkten auf dann 3 Punkte ein Hinweis auf eine verlässlich gemessene Verbesserung bei der zweiten Messung. Nach internationalen Grenzwertempfehlungen (s. u.) würde dies eine Reduktion vom mittleren Level an Alkoholproblemen auf den Bereich »kein Verdacht auf alkoholbezogene Probleme« indizieren.

Vertrauensintervall um individuelle Messwerte: Bei der Interpretation individueller Messwerte und in der Anwendung für die Cut-off-Beurteilung muss das Vertrauensintervall in Rechnung gestellt werden, dieses beträgt hier +/- 4,4 Punkte, gerundet 4 Punkte.

Cut off: In der Alkoholismusforschung ist der genaue AUDIT-Grenzwert bezüglich noch unproblematischen Alkoholkonsums Gegenstand von Diskussionen. Bei einer Wertespanne von 0 bis 40 wird international ein AUDIT-Grenzwert von 8 angegeben (AWMF, 2021; Barbor et al., 2001; Reinert & Allen, 2007). Für Deutschland hingegen wird ein Wert von 5 empfohlen (AWMF S-3-Leitlinie, 2021; Dybek, 2008). Für den internationalen AUDIT-Wert von 8 ist im Originalmanual (Barbor et al., 2001) und in Nachfolgearbeiten – neben einer ersten Augenschein-Plausibilität – kein weiterer aus Forschungsdaten ableitbarer Hinweis ersichtlich. Der Grenzwert scheint das Ergebnis einer WHO-Expert:innenfestlegung zu sein. Die dort definierten Bereiche setzen sich fort mit »bis 15 = mittleres Level an Alkoholproblemen«, »bis 19 = hohes Level an Alkoholproblemen« und »20 bis 40 = Abhängigkeit« (Barbor et al. 2001). Dybek (2008, S. 62) berichtet den Befund, wonach unter Annahme eines Cut offs von 5 gute Sensitivitäts-/Spezifitätsraten erzielt werden konnten. Generell wurden die Grenzwerte über die Jahre strenger, ein Blick in die Daten zum MALT (Feuerlein et al., 1977) aus den 1970er Jahren mag dies verdeutlichen.

Cut-off-Werte für Therapieerfolg sind somit 8 Punkte (WHO-Expertenfestlegung) bzw. 5 Punkte (Empfehlung für Deutschland). Auf Basis der Daten der Gruppen SP versus SNAK (Dybek, 2008) würden gerundet 6 Punkte errechnet.

Wie eingangs des Abschnitts zum Thema Alkohol ausgeführt, kann es Sinn machen, einen schädlichen Alkoholkonsum bei jenen Patient:innen im Blick zu haben, die sich wegen einer anderen F-Diagnose in Psychotherapie begeben. Die Items des AUDIT sind – etwa im Gegensatz zu SESA (John et al., 2001) und TAI (Funke et al., 1987) – im Wortlaut sehr gut auf die Beantwortbarkeit sowohl durch Patient:innen als auch durch die Normalbevölkerung ausgelegt. Es besteht somit eine Eignung einerseits für epidemiologische Studien, andererseits auch bei Verdacht auf missbräuchlichen Konsum innerhalb des Rahmens einer Psychotherapie. Unter Mit-Beachtung des Themas Alkohol bereits bei Therapiebeginn könnte der AUDIT im weiteren Behandlungsverlauf auf längere Sicht wiederholt werden und könnten entsprechende Messwertvergleiche in die Therapie einfließen.

Empfehlung: Das Verfahren AUDIT kann als Messinstrument der Wahl zur Outcomebestimmung in der (Mit-)Behandlung alkoholbezogener Störungen empfohlen werden. Der relativ große zeitliche Bezugsrahmen für die Beurteilung ist zu berücksichtigen.

Bezug: Homepage der Bundesärztekammer https://www.bundesaerztekammer.de/fileadmin/user_upload/_old-files/downloads/AlkAuditFragebogen.pdf; für das englischsprachige Manual (Barbor et al., 2001) siehe Homepage der WHO (beide kostenfrei).

Tab. 3.3: Steckbrief Alcohol Use Disorders Identification Test (AUDIT)

Steckbrief	
Name	Alcohol Use Disorders Identification Test (AUDIT)
Bezug	Fragebogenformular: Homepage der Bundesärztekammer Englisches Manual: Homepage der WHO
Umfang	10 Items
Messwerte	Skalenwert (Summe der Itemwerte, Wertespanne von 0 bis 40)
Richtwerte/Normen	Keine Normwerte verfügbar Richtwerte: 1100 Screening-Positive: $M = 9$; $SD = 5{,}5$; 99 Screening-Negative: $M = 2{,}3$; $SD = 1{,}1$
Kritische Differenz	6 Punkte im Skalenwert
Vertrauensintervall	+/- 4 Punkte im Skalenwert
Cut off	6 Punkte im Skalenwert (Empfehlung WHO 8 Punkte für »Verdacht« versus »kein Verdacht«)

3.3 Aufmerksamkeitsdefizit-/Hyperaktivitätsstörungen (ADHS) im Erwachsenenalter

Eine Aufmerksamkeitsdefizit-/Hyperaktivitätsstörung (ADHS; ICD-10 F 90.x; WHO, 2010) ist durch die zentralen Merkmale einer erhöhten Unaufmerksamkeit, Impulsivität und Hyperaktivität gekennzeichnet. Charakteristisch für die Symptomatik im Erwachsenenalter sind dabei vor allem anhaltende Aufmerksamkeits- und Gedächtnisstörungen, innere Unruhe, erhöhte Impulsivität inklusive erhöhter emotionaler Labilität, Reizbarkeit, ein negatives Selbstkonzept bzw. geringeres Selbstvertrauen und weniger gute soziale Beziehungen. Für die Diagnose wird gefordert, dass entsprechende Symptome rückblickend bereits vor dem 6. Lebensjahr (ICD-10; WHO, 2010) bzw. mindestens vor dem 12. Lebensjahr (DSM-5, 2018) vorgelegen haben sollten. Nach ICD-10 wird eine Einfache Aktivitäts- und Aufmerksamkeitsstörung (ICD-10 F90.0) von einer Hyperkinetischen Störung des Sozialverhaltens (ICD-10 F90.1) unterschieden. Unter begrifflicher wie auch die Diagnosekriterien betreffender Annäherung an die Kriterien der DSM-5 (2018) wird diese Störung zukünftig in ICD-11 (WHO, 2019) als Aufmerksamkeitsdefizit- und Hyperaktivitätsstörung (ADHS; 6 A06) bezeichnet werden. Hierbei wird ein vorwiegend durch Unaufmerksamkeit gekennzeichnetes Erscheinungsbild (6 A06.0), ein vorwiegend hyperaktiv-impulsives Erscheinungsbild (6 A0 A.1) und ein kombiniertes Erscheinungsbild (6 A0 A.2) unterschieden werden, welche sich über die Lebensspanne wandeln könnten. Und schließlich ist eine Vereinheitlichung bezüglich Mindestdauer der Symptomatik (länger als sechs Monate) und einheitlich ein Manifestationsalter vor dem 12. Lebensjahr geplant (für eine vergleichende Übersicht s. Rösler, Retz-Junginger, Retz & Stieglitz, 2021; S. 8 ff.).

Als Punktprävalenz der ADHS im Erwachsenenalter berichten DeZwaan und Kolleginnen (2012) auf Basis einer bevölkerungsrepräsentativen deutschen Stichprobe 4,7 %, wobei davon ausgegangen wird, dass 60 bis 70 % der ADHS im Kindesalter bis ins Erwachsenenalter persistieren (Kessler et al., 2005). Die Diagnostik der AHDS im Erwachsenenalter wird durch sehr hohe Komorbiditätsraten (um 75 %) erschwert, beispielsweise mit Depressionen, Suchterkrankungen, Essstörungen, Zwangsstörungen und Borderline-Persönlichkeitsstörungen (Van Voorhees, Hardy & Kollins, 2011). Diese psychischen Komorbiditäten bzw. ADHS-Folgeerkrankungen sind im Erwachsenenalter sehr oft Hauptanlass für die Inanspruchnahme von Behandlung.

Aufgrund der hohen Komorbiditätsraten ist bei der (Differenzial-)Diagnostik der ADHS im Erwachsenenalter die Verwendung standardisierter Instrumente von besonderer Bedeutung, ebenso wie zur diagnostischen Absicherung der spezifischen Indikation für eine begleitende Medikation mit Methylphenidat und zur Bestimmung des Behandlungserfolgs ADHS-spezifischer psychotherapeutischer Behandlungselemente (Philipsen & Rosen, 2020).

Standardisierte Diagnostik der ADHS ist auch für eine valide Ausschlussdiagnostik von Bedeutung, beispielsweise um zu verhindern, dass eine ADHS-Diagnose erschlichen wird, um einen Nachteilsausgleich in Schule und Berufsausbildung zu erhalten oder zur Rechtfertigung eines anderweitig begründeten Leistungsversagens. Ferner gilt es, durch die Diagnosestellung einen missbräuchlichen Zugang zu Methylphenidat zu verhindern, welches aufgrund des hohen Missbrauchspotentials dem Betäubungsmittelgesetz unterliegt.

Sollten entsprechende Symptome erst im Erwachsenenalter diagnostiziert werden bzw. in Behandlung führen, wird ein mehrschrittiges diagnostisches Vorgehen empfohlen (AWMF, 2017; Rösler et al., 2006; Stieglitz & Rösler, 2015). Zur Diagnostik und Verlaufsmessung der ADHS im Erwachsenenalter bieten die *Homburger ADHS-Skalen für Erwachsene (HASE*; Rösler et al., 2021) das im deutschen Sprachraum wohl am weitesten verbreitete Instrumentarium, welches neben Selbsteinschätzungsinstrumenten auch standardisierte Instrumente zur Befragung von Bezugspersonen sowie ein standardisiertes Interview enthält (*Wender-Reimherr-Interview, WRI). Das WRI ist* mit der 2. Auflage der HASE auch als Selbsteinschätzungsinstrument *Wender-Reimherr Selbstbeschreibung (WR-SB)* verfügbar (Retz-Junginger, Giesen, Phillip-Wiegmann, Rösler & Rest, 2017; Rösler et al., 2021), auch z. B. um das Kriterium einer situationsübergreifenden Persistenz der Symptomatik in mehreren Lebensbereichen zu erheben. Zur Objektivierung kognitiver Leistungsstörungen werden zusätzlich neuropsychologische Leistungstestungen empfohlen (Heine & Exner, 2021), zum Beispiel mithilfe der Testbatterie zur Aufmerksamkeitsprüfung (TAP; Zimmermann & Fimm, 2017).

Im Bereich der Selbsteinschätzungsinstrumente wird zur Objektivierung der Diagnose und der Schwere der ADHS im Erwachsenenalter vor allem die Kombination der beiden Instrumente *ADHS-Selbstbeurteilung (ADHS-SB)* und die *Wender Utah Rating Scale (WURS-K)* zur retrospektiven Beurteilung einer ADHS-Symptomatik im Jugendalter, beide Bestandteil der *Homburger ADHS-Skalen für Erwachsene (HASE*; Rösler et al., 2021), empfohlen (z. B. Paucke et al., 2018). Daher sollen diese beiden Instrumente im Folgenden ausführlicher dargestellt werden.

3.3.1 Die ADHS-Selbstbeurteilung (ADHS-SB)

Die *ADHS-Selbstbeurteilung (ADHS-SB; in: Rösler et al., 2021)* erhebt als Eigenentwicklung der Arbeitsgruppe um Michael Rösler (Universitätsklinikum des Saarlandes, Homburg/Saar) die ICD-10-Kriterien der ADHS bzw. die 18 Kriterien der DSM-IV (APA, 2000), welche in ihrer Formulierung für den Erwachsenenbereich adaptiert wurden (Rösler et al., 2004). Zur Bestimmung der Schwere der aktuellen ADHS-Symptomatik wird die Ausprägung der 18 Symptome auf einer Antwortskala von 0 = »trifft nicht zu« bis 3 = »schwer ausgeprägt« eingeschätzt. Vier weitere Items, welche nicht in die Skalenbildung eingehen, erheben zusätzliche Selbsteinschätzungen zu den Diagnosekriterien des Manifestationsalters vor dem 12. Lebensjahr und dem Ausmaß der Generalisierung der Schwierigkeiten auf mehrere Lebensbereiche sowie der Minderung der Lebensqualität und der negativen sozialen Konsequenzen infolge der Symptomatik. Zur Auswertung können ein Gesamtskalenwert (alle 18 Kriterien, Wertespanne von 0 bis 54) sowie Skalenwerte für drei Symptombereiche der ADHS bestimmt werden. Für die Bearbeitung der ADHS-SB werden maximal zehn Minuten benötigt. Die Auswertung (Berechnung des Gesamtskalenwertes und der vier Skalenwerte, Bestimmung der Normwerte) erfordert weitere fünf Minuten.

Symptombereiche und Beispielitems der ADHS-Selbstbeurteilung (ADHS-SB)

- Unaufmerksamkeit (9 Items, Wertespanne von 0 bis 27): »Ich bin unaufmerksam gegenüber Details oder mache Flüchtigkeitsfehler bei der Arbeit.«
- Überaktivität (5 Items, Wertespanne von 0 bis 15): »Ich fühle mich innerlich unruhig.«
- Impulsivität (4 Items, Wertespanne von 0 bis 12): »Ich bin ungeduldig und kann nicht warten, bis ich an der Reihe bin (z. B. beim Einkaufen).«

Nach ICD-10-Forschungskriterien werden zur Diagnose einer ADHS mindestens sechs Kriterien aus dem Bereich Unaufmerksamkeit sowie mindestens drei Kriterien aus dem Bereich Überaktivität und mindestens ein Kriterium aus dem Bereich Impulsivität gefordert. Zusätzlich kann auf dem Auswertungsblatt durch Zusammenfassung der Skala »Überaktivität« und der Skala »Impulsivität« ein Wert für Überaktivität plus Impulsivität (Wertespanne von 0 bis 27) berechnet werden, so dass – künftig – nach ICD-11 (WHO, 2019) bei jeweils erhöhten Werten das Hyperaktiv-impulsive Erscheinungsbild (ICD-11 6 A06.1), das Aufmerksamkeitsgestörte Erscheinungsbild (ICD-11 6 A06.0) oder bei erhöhten Werten beider Bereiche das kombinierte Erscheinungsbild (ICD-11 6 A06.2) diagnostiziert werden kann. Die Kriterien werden erfüllt, wenn im entsprechenden Bereich Selbsteinschätzungen > 0 gegeben werden.

Darüber hinaus ist innerhalb der Skalen des HASE eine an den 18 Kriterien der ADHS orientierte standardisierte Fremdeinschätzungsvariante *Diagnostische Checkliste zur ADHS* für Expert:innen verfügbar, welche in Verbindung mit analogen Schweregradeinschätzungen als ADHS-DC-Q (Q = quantitativ) bezeichnet wird (in Rösler et al., 2021). Diese Version kommt vor allem in Therapiestudien zum Einsatz, verfügt allerdings über keine eigene Normierung.

Zeitrahmen: In der Instruktion wird zur Einschätzung der Symptome »in den letzten 7 Tagen« aufgefordert.

Dimensionale Struktur: Die Skalenbildung wird mit den Ergebnissen einer Itemanalyse auf Basis der Daten von Patient:innen einer Schweizer Spezialambulanz (N = 217) begründet. Im Handbuch werden Trennschärfekoeffizienten für die drei Skalen und eine Gesamtskala berichtet.

Zuverlässigkeit: Die internen Konsistenzen der drei Skalen erfüllten in mehreren Stichproben der Autoren mit Alpha von 0,72 bis 0,89 die Mindestanforderungen (Rösler et al., 2021), bei guter interner Konsistenz der Gesamtskala (Alpha von 0,88 bis 0,90). Außerdem werden Retestkorrelationen in Höhe von r_{tt} = 0,78 bis 0,89 berichtet (6 Wochen, N = 30 einer gemischt-psychiatrischen Patient:innengruppe).

Validität: Als Belege der konvergenten Validität werden signifikante Zusammenhänge mit anderen Selbst- und Fremdeinschätzungsmaßen zur Erfassung der ADHS im Erwachsenenalter berichtet (Rösler et al., 2004; Stieglitz, unveröffentlicht, in Rösler et al., 2021). So fanden sich Korrelationen mit korrespondierenden Skalen der Conners ADHD Adult Rating Scale (CAARS; Christiansen et al., 2014) und dem Wender-Reimherr-Interview (WRI; in Rösler et al., 2021) in Höhe von $r = 0{,}52$ bis 0,79. Auch korrelierte der Gesamtskalenwert des ADHS-SB mit dem WURS-K (siehe die Darstellung im Anschluss) als Instrument der retrospektiven Beurteilung der Symptomatik im Jugendalter bei $r = 0{,}58$ in zu erwartender Höhe. Als Hinweise für die diskriminante Validität werden vergleichsweise niedrigere Zusammenhänge mit Persönlichkeitsmerkmalen (NEO-FFI; Borkenau & Ostendorf, 1993) in Höhe von $r = 0{,}03$ bis 0,49 angeführt, wobei die dort (immer noch relativ) hohen Zusammenhänge für Neurotizismus bzw. (negativ) Gewissenhaftigkeit auch auf inhaltliche Überlappungen zurückzuführen sein mögen.

Änderungssensitivität: Im Handbuch (Rösler et al., 2021) werden keine Belege der Änderungssensitivität gegeben. Die Instruktion (»innerhalb der letzten 7 Tage«) legt jedoch eine Eignung der *ADHS-SB* zur Veränderungsmessung nahe. Dabei postulieren die Autoren, dass eine erfolgreiche Behandlung der ADHS sich neben der Symptomatik selbst auch in einer Verbesserung der Lebensqualität und einer Reduktion der sozialen Folgen und psychischen Komorbiditäten niederschlagen sollte (s. a. Heine & Exner, 2021).

Als Beispiel für die Verwendung der ADHS-SB zur Veränderungsmessung wurde das Verfahren in einer deutschen Multicenter-Studie zur Evaluation eines strukturierten Gruppentherapieprogramms eingesetzt (Philipsen et al., 2007; $N = 72$ ADHS-Patient:innen aus vier deutschen Behandlungszentren). Als Ergebnis konnte eine signifikante, wenngleich nur moderate Reduktion des durchschnittlichen Gesamtskalenwertes von 23,3 ($SD = 5{,}4$) zu Behandlungsbeginn auf 19,3 ($SD = 6{,}0$) zu Behandlungsende ermittelt werden. Dieses Behandlungsergebnis würde – auf den Einzelfall bezogen – nicht einer signifikanten Veränderung entsprechen, d. h. die Differenz zwischen Behandlungsbeginn und Behandlungsende war geringer als die kritische Differenz von 10 Punkten im ADHS-SB (s. u.). Studien zur Wirksamkeit psychotherapeutischer wie auch medikamentöser Behandlungen der ADHS verwenden häufig auch Expertenratings (Knouse et al., 2017; Safren et al., 2010).

Richtwerte/Normen: In der aktualisierten Version der HASE (Rösler et al., 2021) liegen bislang Prozentrang- und Stanine-Normen für den Gesamtswert und die einzelnen Skalen aus einer Stichprobe der Allgemeinbevölkerung ($N = 640$, deutschsprachige Schweiz; Mörstedt, Corbisiero & Stieglitz, 2016). Ausgehend von signifikanten Altersunterschieden werden zusätzlich altersspezifische Normwerte für die Altersgruppen 18 bis 19 Jahre, 20 bis 39 Jahre, 40 bis 64 und über 64 Jahre angeboten. Perspektivisch wären auch Normwerte für eine klinische Vergleichsgruppe wünschenswert. Ferner werden im Testhandbuch Referenzwerte aus verschiedenen Patient:innenstichproben mitgeteilt, welche zur ADHS-Abklärung zwei Spezialambulanzen aufsuchten, z. B. ein Mittelwert von $M = 31{,}4$ ($SD = 10{,}4$) im ADHS-SB (168 deutsche Ambulanzpatient:innen; Rösler et al., unveröffentlicht; in: Rösler et al., 2021).

Kritische Differenzen: Ausgehend von den im Handbuch verfügbaren Verteilungskennwerten der ADHS-SB (Gesamtskalenwert) in einer Gruppe von 168 Patient:innen einer deutschen ADHS-Ambulanz (Rösler et al., 2021, S. 34; Mittelwert $M = 31{,}4$; $SD = 10{,}4$) und einer internen Konsistenz von Alpha = 0,90 kann eine kritische Differenz = 9,1 (gerundet 9) berechnet werden. Somit sollte beispielsweise zur Feststellung einer statistisch bedeutsamen Veränderung vor versus nach Therapie im ADHS-SB eine Änderung von mindestens 9 Punkten im Gesamtskalenwert (Wertespanne von 0 bis 54) erreicht werden.

Vertrauensintervall um individuelle Messwerte: Mit den im Handbuch berichteten Reliabilitäten und Standardabweichungen der 168 Patient:innen einer ADHS-Ambulanz (Rösler et al., 2021; S. 34) können die Vertrauensintervalle berechnet werden. Skala »Unaufmerksamkeit« (*SD* = 5,7; Alpha = 0,89): Vertrauensintervall +/- 3,7 (gerundet +/- 4); Skala »Überaktivität« (*SD* = 4,0; Alpha = 0,72): Vertrauensintervall +/- 4,2 (gerundet +/- 4); Skala »Impulsivität« (*SD* = 3,4; Alpha = 0,78): Vertrauensintervall +/- 3,1 (gerundet +/- 3); Gesamtskala (*SD* = 10,4; Alpha = 0,90): Vertrauensintervall +/- 6,4 (gerundet +/- 6).

Cut off: Als Referenzwerte sind Verteilungswerte für Patient:innen einer ADHS-Ambulanz (Rösler et al., 2021) verfügbar, jedoch keine vergleichbaren Angaben zu Normalpersonen. Entsprechend kann aus dem Mittelwert der Patient:innengruppe (*M* = 31,4) minus zweimal deren Standardabweichung (2 x *SD* = 10,4) ein Cut off 3 = 10,6 (gerundet: 10) berechnet werden.

Im Behandlungsmanual werden Empfehlungen zu Grenzwerten gegeben. So erwies sich ein Cut off = 15 im Gesamtskalenwert ADHS-SB (Wertespanne von 0 bis 54) mit einer Sensitivität von 77 % und einer Spezifität von 75 % als optimal zu Unterscheidung von 48 ADHS-Patient:innen und 40 Kontrollpersonen. Für die Zielsetzung einer möglichst hohen Sensitivität wurde ein Cut off = 10 bestimmt (Sensitivität 88 %; Spezifität 67 %). Für die Zielsetzung einer möglichst hohen Spezifität wurde ein Cut off = 18 ermittelt (Sensitivität 65 %; Spezifität 93 %).

Paucke et al. (2018) konnten zeigen, dass die Diagnose einer ADHS im Erwachsenenalter mithilfe der Kombination von WURS-K (Cut off = 30) und ADHS-SB (Cut off = 18) mit einer Trefferquote von 83 % bei einer Sensitivität von 94 % und einer Spezifität von 56 % am besten vorhergesagt werden konnte. Entsprechend soll für die in der Psychotherapie häufigste Fragestellung nach dem Vorliegen einer behandlungsbedürftigen ADHS-Symptomatik – und zugleich als Kriterium der Therapieerfolgsmessung – ein Cut off von 18 im Gesamtskalenwert empfohlen werden. Für die einzelnen Skalen empfehlen die Autoren mangels empirisch bestimmter kritischer Werte einen Prozentrang PR > 75 in Bezug auf die Allgemeinbevölkerung. Die diesem PR entsprechenden Skalenwerte können den Normwerttabellen im Anhang des Behandlungsmanuals entnommen werden.

Empfehlung: Für die Schweregradbestimmung der ADHS im Erwachsenenalter kann die ADHS-SB als reliables und valides Instrument inkl. Interpretationsmöglichkeit anhand von Richtwerten empfohlen werden. Zur individuellen Veränderungsmessung kann das Instrument mit Einschränkungen empfohlen werden, da bislang noch zu wenige Belege der Änderungssensitivität vorliegen.

Bezug: Die ADHS-SB ist als Bestandteil der *Homburger ADHS-Skalen für Erwachsene* (*HASE*, Rösler et al., 2021) verfügbar und kann über die Testzentrale bezogen werden (www.testzentrale.de; Suchfeldeingabe HASE). Darüber hinaus finden sich die Items und das Auswertungsschema in Rösler et al. (2004) abgedruckt.

Tab. 3.4: Steckbrief ADHS-Selbstbeurteilung (ADHS-SB)

Steckbrief	
Name	ADHS-Selbstbeurteilung (ADHS-SB)
Bezug	Bestandteil der Homburger ADHS-Skalen für Erwachsene (HASE, Rösler et al., 2021), verfügbar über die Testzentrale
Umfang	18 Items
Messwerte	Drei Skalenwerte (Summe der Itemwerte): Unaufmerksamkeit (Wertespanne von 0 bis 27) Überaktivität (Wertespanne von 0 bis 15) Impulsivität (Wertespanne von 0 bis 12) Gesamtskalenwert der Schwere der ADHS-Symptomatik (Summe aller Itemwerte, Wertespanne von 0 bis 54)
Richtwerte/Normen	Prozentrang- und Stanine-Werte für die Gesamtskala und die Skalen (N = 640, Allgemeinbevölkerung der deutschsprachigen Schweiz), differenzierte altersspezifische Normen; Referenzwert ADHS-Patient:innen (Gesamtskalenwert): M = 31,4; SD = 10,4
Kritische Differenzen	9 Punkte im Gesamtskalenwert
Vertrauensintervall	Unaufmerksamkeit: +/- 4 Punkte im Skalenwert Überaktivität: +/- 4 Punkte im Skalenwert Impulsivität: +/- 3 Punkte im Skalenwert Gesamtskala: +/- 6 Punkte im Gesamtskalenwert
Cut off	18 Punkte im Gesamtskalenwert

3.3.2 Die Wender Utah Rating Scale (WURS-K)

Zur weiteren diagnostischen Absicherung einer ADHS sollten neben der Schweregradbestimmung der ADHS-Symptomatik anhand der ADHS-SB auch Fremdeinschätzungen relevanter Bezugspersonen im Kindesalter (Eltern, ältere Geschwister), Schulzeugnisse und das Ausmaß der Funktionseinschränkungen infolge der ADHS-Symptomatik abgeklärt werden. Hierfür bietet die deutsche Kurzform der *Wender Utah Rating Scale* (*WURS-K*, in Rösler et al., 2021) die Möglichkeit der retrospektiven Selbstbeurteilung von Symptomen im Kindesalter (8. bis 10. Lebensjahr) als Hinweis auf ADHS im Erwachsenenalter. Der gewählte Altersbereich wurde auch nach Änderung des Alterskriteriums im DSM-5 (neu: vor dem 12. Lebensjahr) belassen, u. a. um die weitere Gültigkeit von Normen und Referenzwerten sicherzustellen. Die ursprüngliche amerikanische Langform der WURS (Ward, Wender & Reimherr, 1993) umfasste 61 Items. Die deutsche Kurzform basiert auf einer Analyse einer deutschen Übersetzung der Langform, für welche eine Stichprobe von 416 diagnostisch gemischten psychiatrischen sowie forensischen Patient:innen der Universitätsnervenklinik Würzburg verwendet wurde (Retz-Junginger et al., 2002).

Die deutsche Kurzform WURS-K umfasst 21 Items plus vier Items zur Kontrolle von Verfälschungstendenzen. Die Items werden anhand 5-stufiger Einschätzungen von 0 = »trifft nicht zu« bis 4 = »stark ausgeprägt« beantwortet. Itembeispiele: »Als

Kind im Alter von 8 bis 10 Jahren …« »… war ich zappelig und nervös«, »… war ich unaufmerksam und verträumt«, »… hatte ich Wutanfälle und Gefühlsausbrüche«, »… war ich in Raufereien verwickelt«. Die Durchführung erfordert etwa zehn Minuten, die Auswertung etwa zwei Minuten.

Zur Auswertung kann für die 21 Items ein Skalenwert (Summe der Itemwerte, Wertespanne von 0 bis 84) gebildet werden. Grundgedanke der vier Kontrollitems ist die Abfrage von positiven Eigenschaften in entgegengesetzter Merkmalsrichtung (z. B. »… war ich gut organisiert, sauber und ordentlich«), aus welchen ein eigener Skalenwert gebildet werden kann (Wertespanne von 0 bis 16). Bei erhöhten Werten auf beiden Skalen wird zur Vorsicht bei der Interpretation geraten, da willkürliche Beantwortung, Antworttendenzen oder unterschiedliche Motive der Verfälschung zu befürchten sind.

Zeitrahmen: Die Instruktion einer retrospektiven Einschätzung von Symptomen der ADHS auf Basis der sogenannten Utah-Kriterien enthält als zeitlichen Bezug das 8. bis 10. Lebensjahr (»… entscheiden Sie jeweils, ob und wie stark diese Verhaltensweise, diese Eigenschaft oder dieses Problem als Kind im Alter von ca. 8 bis 10 Jahren … ausgeprägt war«).

Dimensionale Struktur: Die Itemauswahl erfolgte auf Basis der Itemtrennschärfen, mittleren Antwortausprägungen (Itemschwierigkeiten) und inhaltlichen Erwägungen. Die faktorenanalytische Überprüfung ergab eine 5-faktorielle Lösung (Varimax-Rotation mit 55 % Varianzaufklärung; Retz-Junginger et al., 2002; s. auch Retz-Junginger et al., 2003). Es wird dennoch die Berechnung eines Gesamtskalenwertes empfohlen.

Zuverlässigkeit: Als Interne Konsistenz wird ein Alpha = 0,91 berichtet. Die Retestkorrelation im Abstand von vier bis elf Wochen einer unbehandelten Patient:innengruppe ($N = 110$) erwies sich mit $r_{tt} = 0,90$ als sehr hoch (Retz-Junginger et al., 2003; Rösler et al., 2021, S. 20).

Validität: Der Zusammenhang der WURS-K mit ihrer Langform betrug $r = 0,94$. Als Hinweis auf die Konstruktvalidität werden Zusammenhänge zwischen WURS-K und gegenwärtig erhöhter Impulsivität ($r = 0,49$; Eysenck, Daum Schugens & Diehl, 1990) und Emotionalität ($r = 0,44$; Freiburger Persönlichkeits-Inventar) berichtet (Rösler et al., 2021; S. 21). Ferner werden Zusammenhänge der WURS-K mit dem Wender-Reimherr-Interview (WRI-Gesamtskalenwert; $r = 0,47$; Rösler et al., 2021, S. 28) und der aktuellen ADHS-Selbstbeurteilung aufgeführt (ADHS-SB Gesamtskalenwert, $r = 0,58$; Rösler et al., 2004).

Die amerikanische Originalversion der WURS erwies sich im Vergleich zu anderen ADHS-spezifischen Instrumenten (z. B. CAARS, ▶ Kap. 3.3.3) als das Verfahren mit der höchsten Sensitivität zur Identifikation von ADHS-Fällen, beispielsweise bei Patient:innen mit Substanzabusus (Dakwar et al., 2012). Zur Konstruktvalidität und faktorenanalytischen Bewährung der amerikanischen Kurzversion WURS-25 (von den deutschen Items abweichend) liegen allerdings auch kritische Befunde vor (Stanton & Watson, 2016).

Änderungssensitivität: Der retrospektiven Zielsetzung des Instruments entsprechend sind Veränderungsmessungen mit der WURS-K nicht sinnvoll.

Richtwerte/Normen: Als Referenzwerte werden Mittelwerte für verschiedene psychiatrische und forensische Vergleichsgruppen ($N = 1629$) berichtet, auch für eine gesunde Kontrollgruppe (*M* = 16,8; *SD* = 9,5; *N* = 362) sowie zu Patient:innen mit ADHS-Diagnose im Kindesalter (*M* = 40,9; *SD* = 11,3; *N* = 63) (Retz-Junginger et al., 2003; Rösler et al., 2021; S. 22). Es sind keine Normwerte verfügbar.

Vertrauensintervall um individuelle Messwerte: Mit der oben genannten Reliabilität (Alpha = 0,91) und Standardabweichung (*SD* = 11,3) kann ein Vertrauensintervall von +/- 6,6 (gerundet +/- 7) berechnet werden.

Cut off: Als Mitte zwischen dem Mittelwert der Kontrollgruppe (*M* = 16,8) und dem Mittelwert der Patient:innengruppe mit ADHS-Diagnose im Kindesalter (*M* = 40,9) kann ein Cut off 1 = 28,9 (gerundet: 29) im Skalenwert der WURS-K bestimmt werden. In einer Analyse kritischer Werte zur Unterscheidung von Proband:innen mit versus ohne ADHS-Diagnose (ROC-Analyse, vgl. ► Kap. 2.2.2) ermittelten Retz-Junginger et al. (2003) einen optimalen Grenzwert von 30 (Sensitivität 85 %, Spezifität 76 %). Dieser Cut off = 30 kann für die Praxis empfohlen werden.

Empfehlung: Das Verfahren WURS-K hat international weite Verbreitung gefunden und darf auch in der Praxis zur Kommunikation in Gutachten und Befundberichten als Standard angesehen werden. Als kritisch an dem Verfahren WURS-K gilt, dass bei retrospektiven Bewertungen möglicherweise mit Verzerrungen zu rechnen ist. Darüber hinaus enthielt die Validierungsstichprobe nur einen geringeren Anteil von Patient:innen mit gesicherter ADHS-Diagnose, jedoch einen hohen Anteil forensischer und anderer psychiatrischer Störungsbilder.

Bezug: Die WURS-K ist als Bestandteil der *Homburger ADHS-Skalen für Erwachsene* (*HASE*, Rösler et al., 2021) verfügbar und kann über die Testzentrale bezogen werden (www.testzentrale.de; Suchfeldeingabe HASE). Darüber hinaus finden sich der Fragebogen als Abdruck in Retz-Junginger et al. (2002; S. 837).

Tab. 3.5: Steckbrief Wender Utah Rating Scale (Kurzform) (WURS-K)

Steckbrief	
Name	**Wender Utah Rating Scale (Kurzform) (WURS-K)**
Bezug	Bestandteil der *Homburger ADHS-Skalen für Erwachsene* (*HASE*, Rösler et al., 2021), verfügbar über die Testzentrale
Umfang	21 Items
Messwerte	Skalenwert (Summer der Itemwerte, Wertespanne von 0 bis 84)
Richtwerte/Normen	Keine Normwerte verfügbar Gesunde Kontrollgruppe: M = 16,8; SD = 9,5 Patient:innen mit ADHS-Diagnose im Kindesalter: M = 40,9; SD = 11,3
Kritische Differenz	Keine Veränderungsmessung sinnvoll
Vertrauensintervall	+/- 7 Punkte im Skalenwert
Cut off	30 Punkte im Skalenwert

3.3.3 Die Conners Skalen zu Aufmerksamkeit und Verhalten für Erwachsene (CAARS)

Als Alternative zu den hier bereits dargestellten Selbsteinschätzungsinstrumenten stehen die *Conners Skalen zu Aufmerksamkeit und Verhalten für Erwachsene* (CAARS, englische Originalfassung Conners, Erhardt & Sparrow, 1999; deutsche Version Christiansen et al., 2014) zur Verfügung, die hier aufgrund ihrer weiten Verbreitung ebenfalls vorgestellt werden sollen. Das entsprechende Verfahren für das Kindes- und Jugendalter ist als *Conners Skalen zu Aufmerksamkeit und Verhalten – 3* (Conners 3; Lidzba, Christiansen & Drechsler, 2008) für den Altersbereich von 6 bis 18 Jahren verfügbar, so dass auch Vergleichsuntersuchungen über diese Altersbereiche hinweg möglich sind. Beide Instrumente basieren auf den international verbreiteten und in mehreren weiteren Sprachen verfügbaren *Conners Adult ADHD Rating Scales* (*CAARS*; Conners et al., 1999).

In der deutschen Version der CAARS (Christiansen et al., 2014) werden jeweils als Selbstbeurteilungsform (SB) sowie als Fremdbeurteilungsform (FB) eine Langform (CAARS-L; 66 Items), eine Kurzform (CAARS-K; 26 Items) und eine Screening-Version (CAARS-S; 30 Items) angeboten. Mit Blick auf die Hauptzielsetzung einer möglichst ökonomischen Schweregradbestimmung wollen wir uns hier auf die Kurzversion der CAARS in der Selbsteinschätzungsform (CAARS-K SB) konzentrieren. Diese Version erfasst mit Einschätzungen von 0 = »überhaupt nicht« bis 3 = »sehr stark/sehr häufig« die Ausprägung von vier Symptombereichen der ADHS, die im folgenden Kasten dargestellt werden (jeweils fünf Items; Berechnung von Skalenwerten durch Aufsummierung der jeweiligen Itemwerte; Wertespanne jeweils von 0 bis 15).

Die vier Skalen der Kurzform der Conners Skalen zu Aufmerksamkeit und Verhalten für Erwachsene (CAARS -K SB)

- Unaufmerksamkeit/Gedächtnisprobleme (»Ich bin bei alltäglichen Aktivitäten geistig abwesend«)
- Hyperaktivität/motorische Unruhe (»Ich fühle mich innerlich unruhig, selbst wenn ich stillsitze«)
- Impulsivität/emotionale Labilität (»Ich bin leicht aufbrausend«)
- Selbstkonzeptprobleme (»Ich vermeide neue Herausforderungen mangels Vertrauens in meine Fähigkeiten«)

Darüber hinaus wurden für die CAARS-K SB sechs Items der Langform (CAARS-L) übernommen, welche zusammen mit einer Auswahl von sechs Items der vier Skalen eine Schweregrad-Berechnung in einem Index ermöglicht (12 Items, Wertespanne von 0 bis 36). Eine entsprechende Erläuterung findet sich in Absatz Cut off.

Die Konstruktion der Kurzversion CAARS-K erfolgte anhand einer konfirmatorischen Faktorenanalyse, mit Auswahl jener fünf Items pro Skala mit den höchsten Ladungen auf ihrem latenten Faktor (Christiansen et al., 2011; Christiansen et al.,

2014, S. 78). Eine internationale Multicenterstudie konnte an einer $N = 591$-Stichprobe die 4-faktorielle Struktur replizieren, welche sich u. a. auch als unabhängig vom Geschlecht erwies (Wu, Nankoo, Bucks & Pestrell, 2023).

Im Manual werden Hinweise zur standardisierten Durchführung und Auswertung sowie Fallbeispiele gegeben. Für die Durchführung der CAARS-K wird eine Bearbeitungsdauer von fünf bis zehn Minuten benötigt. Zur Auswertung steht ein Auswerte- und ein Profilbogen zur Verfügung, mit dessen Hilfe die Auswertung etwa fünf Minuten erfordert.

Zeitrahmen: Die einleitende Instruktion des CAARS-K lautet: »In letzter Zeit traf das … zu«.

Dimensionale Struktur: Die dimensionale Struktur konnte in Faktorenanalysen mit der deutschen Version nur zum Teil repliziert werden. Mit dem Ziel der internationalen Vergleichbarkeit mit der amerikanischen Originalversion wurde die vierfaktorielle Struktur dennoch beibehalten (Christiansen et al., 2011).

Zuverlässigkeit: Für die Skalen und den Gesamtindex der CAARS-K werden gute interne Konsistenzen berichtet (Alpha, jeweils der erste Wert für die männliche und der zweite Wert für die weibliche Stichprobe; Christiansen et al., 2014, S. 92 ff.). Unaufmerksamkeit/Gedächtnisprobleme: 0,80/0,81, Hyperaktivität/motorische Unruhe: 0,81/0,81, Impulsivität/emotionale Labilität: 0,81/0,80, Selbstkonzeptprobleme: 0,88/0,85 und ADHS-Index 0,83/0,81.

Die Berechnung von Retestkorrelationen (4-Wochen-Intervall, Skalen der deutschen Langform) ergab hohe bis sehr hohe Stabilitäten von $r_{tt} = 0,84$ bis 0,92.

Validität: Als Hinweise auf die konvergente Validität werden im Testmanual (Christiansen et al., 2014) für die vier Skalen der deutschen Version mittlere bis hohe Zusammenhänge zwischen Selbsteinschätzungen und Fremdeinschätzungen durch eine Bezugsperson ($r = 0,36$ bis 0,70) berichtet ($N = 466$ erwachsene ADHS-Patient:innen). Die Zusammenhänge zwischen Selbsteinschätzungen und Fremdeinschätzungen, wenn sie von klinischen Expert:innen durchgeführt wurden, fielen höher aus ($r = 0,77$ bis 0,84). Anhand des ADHS-Index konnten 96 Patient:innen einer ADHS-Spezialambulanz von 96 gesunden Kontrollproband:innen mit einer Sensitivität von 71 % und einer Spezifität von 75 % erfolgreich klassifiziert werden. Die Skalen der deutschen Langform (CAARS-L) hingen jedoch nicht bzw. nur gering mit der retrospektiven Einschätzung einer ADHS-Symptomatik im Kindesalter zusammen (WURS-K; $r = -0,03$ bis 0,28; Christiansen et al., 2012). Als Belege für die diskriminante Validität werden geringe Zusammenhänge um $r = 0,30$ der deutschen Langform CAARS-L mit Depression (BDI-II) aufgeführt.

Ein Überblicksreview zur Validität der amerikanischen Originalversion der CAARS (Smyth & Meier, 2019) zeigt Schwächen beim Kriterium Validität auf, beispielsweise derart, dass Zusammenhänge mit anderen ADHS-Instrumenten (konvergente Validität) vergleichbar hoch ausfallen wie Zusammenhänge mit anderen psychischen Symptombereichen (diskriminante Validität). Die Ergebnisse deuten darauf hin, dass die CAAR-Skalen allein noch nicht ausreichend in der Lage sind, zwischen ADHS und anderen komorbiden Störungsbereichen zu differenzieren.

Änderungssensitivität: Das Handbuch enthält keine Angaben zur Änderungssensitivität. In einer deutschen Multicenterstudie (Philipsen et al., 2015) mit 419 ambulanten ADHS-Patient:innen im Alter von 18 bis 58 Jahren – verglichen wurde eine ADHS-spezifische Gruppenpsychotherapie (GPT) mit einer Gruppe Methylphenidat-Medikation incl. Psychoedukation und mit einer Plazebo-Bedingung – kam die CAARS-L-Fremdeinschätzungsversion zum Einsatz. Mit ihrer Hilfe wurde ein Mittelwert von 20,6 bei Aufnahme (alle Bedingungen) und ein Mittelwert von 17,6 (GPT) bzw. von 16,5 (Methylphenidatgruppe) bei Behandlungsende gemessen.

Richtwerte/Normen: Die Normierungsstichprobe zur Berechnung alters- und geschlechtsspezifischer Standardwerte (*T*-Werte sowie Prozentränge) besteht aus 1493 Erwachsenen der Normalbevölkerung (für CAARS-K SB: Christiansen et al., 2024, S.144 ff). Darüber hinaus liegen Vergleichswerte von 295 Patient:innen einer Spezialsprechstunde für ADHS im Erwachsenenalter und einer anonymen Online-Stichprobe von 574 Befragten vor (Christiansen et al., 2014). Hierdurch wird sowohl eine Beurteilung in Bezug auf die gesunde Allgemeinbevölkerung wie auch auf die Schwere der ADHS-Symptomatik bei den Betroffenen möglich. Die Ermittlung alters- und geschlechtsspezifischer Normen wurde durch höhere Selbsteinschätzungen von Männern gegenüber Frauen und allgemein höheren Werten von jüngeren Proband:innen (18 bis 29 Jahren) gegenüber älteren (30 bis 39 Jahre) erforderlich, was bei der Therapieerfolgsbestimmung gemischter Patient:innengruppen Schwierigkeiten bereiten kann.

Kritische Differenzen: Im Testmanual werden kritischen Differenzen nicht berichtet, auch fehlen Kennwerte, um eine Nachberechnung zu ermöglichen. Zur Abschätzung (ADHS-Index, Wertespanne von 0 bis 39) kann auf die Originalversion zurückgegriffen werden (nordamerikanische Stichprobe, $N = 1026$ ohne ADHS; vgl. Christiansen et al., 2014, S. 83): $M = 10,6$, $SD = 6,1$ (Männer) bzw. $M = 10,2$, $SD = 5,6$ (Frauen). Bei einer Reliabilität von Alpha = 0,83 (Männer) bzw. Alpha = 0,81 (Frauen) beträgt die kritische Differenz 6,9 Punkte (Männer) und 6,7 Punkte (Frauen), beide gerundet auf 7 Punkte.

Vertrauensintervall um individuelle Messwerte: Basierend auf den im vorhergehenden Absatz berichteten Referenzwerten (Christiansen et al., 2014, S. 83) kann ein Vertrauensintervall von +/- 4,9 Punkten (Männer) bzw. 4,8 Punkten (Frauen), beide gerundet auf 5 Punkte, berechnet werden.

Cut off: Zur Unterscheidung zwischen ADHS-Betroffenen und Vergleichspersonen ohne Störung wird der ADHS-Index empfohlen. Seine Entwicklung basiert auf einer Auswertung von 39 erwachsenen ADHS-Patient:innen und 39 gesunden Proband:innen. Hierbei konnten 30 Items identifiziert werden, welche am besten zwischen den beiden Gruppen differenzierten. Durch weitere Reduktion der Itemanzahl anhand einer Diskriminanzanalyse verblieben 12 Items, welche mit einer Sensitivität von 87 % und einer Spezifität von 85 % eine korrekte Klassifikation erlauben (Christiansen et al., 2014, S. 75 f.). Im Handbuch finden sich Normtabellen einer klinischen Normierungsstichprobe für diese Kurzversion (CAARS-k, Selbstbeschreibungsversion; Christiansen et al., 2014, S. 170 ff.). Beispiel: Ein Wert von 20 Punkten im ADHS-Index (Wertespanne von 0 bis 39) entspricht einem *T*-Wert = 40 (eine Standardabweichung unter dem Mittelwert). Dies gilt für Männer und Frauen der Altersgruppe 30 bis 39 Jahre. Mangels weiterer Hinweise im Manual kann $T = 40$ ersatzweise als Cut-off-Analogie vorgeschlagen werden.

Empfehlung: Das Selbsteinschätzungsinstrument CAARS dient ebenso wie das zuvor dargestellte Verfahren HASE vor allem der Objektivierung des aktuellen Schweregrades der ADHS. Die Gütekriterien beider Verfahren sind sowohl hinsichtlich der Stärken (z. B. Reliabilität, Verbreitung, Verfügbarkeit von Normwerten) wie auch ihrer Schwächen (z. B. Einschränkungen der diskriminanten Validität und Schwächen der faktoriellen Validität) vergleichbar. Für die CAAR-Skalen liegen kaum Angaben und empirische Belege zur Änderungssensitivität vor, die Therapieerfolgsbestimmung kann daher nicht gesichert durchgeführt werden. Im direkten Vergleich erscheinen das Handbuch wie auch die Handhabung (z. B. Skalenbildung und Bestimmung der Normwerte) der ADHS-SB des HASE handlicher zu sein als jene der CAARS. Die Berechnung des ADHS-Index ist wenig intuitiv, schränkt die Transparenz der bestimmten Kennwerte ein bzw. erschwert die Kommunizierbarkeit der Testergebnisse gegenüber Proband:innen, sie wurde nur an einer vergleichsweise kleinen Stichprobe validiert.

Bezug: Handbuch und Testbögen der verschiedenen Versionen der CAARS sind im Verlag Huber verfügbar und können über die Testzentrale bezogen werden (www.testzentrale.de; Suchfeldeingabe CAARS).

Tab. 3.6: Steckbrief Conners Adult ADHD Rating Scales (Kurzform) (CAARS-K)

Steckbrief	
Name	Conners Adult ADHD Rating Scales (Kurzform) (CAARS-K)
Bezug	Handbuch (Christiansen et al., 2014) und Testbögen verfügbar über die Testzentrale
Umfang	26 Items
Messwerte	ADHS-Index (Gesamtskalenwerte, Summe aller Itemwerte, Wertespanne von 0 bis 36) Skala Unaufmerksamkeit/Gedächtnisprobleme, Skala Hyperaktivität/motorische Unruhe, Skala Impulsivität/emotionale Labilität und Skala Selbstkonzeptprobleme jeweils Wertespanne von 0 bis 15
Richtwerte/Normen	Alters- und geschlechtsspezifische T-Werte und Prozentränge u. a. für die Allgemeinbevölkerung (N = 1493) bzw. Patient:innenstichprobe (N = 295)
Kritische Differenzen	ADHS-Index: 7 Punkte im Gesamtskalenwert
Vertrauensintervall	ADHS-Index: +/- 5 Punkte im Gesamtskalenwert
Cut off	T = 40 im ADHS-Index (vgl. Normtabellen)

3.4 Borderline-Persönlichkeitsstörungen

Die emotional-instabile Persönlichkeitsstörung (ICD-10 F60.3; WHO, 2010)) mit ihren Varianten des impulsiven Typus (F60.30) und des Borderline-Typus (F60.61) ist durch eine anhaltende Instabilität der Stimmung gekennzeichnet, verbunden mit Instabilität in weiteren Bereichen wie der Impulskontrolle, interpersonellen Beziehungen und des Selbstbildes. Da die Borderline-Störung mit ausgeprägtem nicht-suizidalem selbstverletzendem Verhalten, Dissoziation und Suizidalität einhergehen kann, stehen gezielte psychotherapeutische Hilfsangebote inzwischen vermehrt zur Verfügung.

In Deutschland war für die Behandlung der Borderline-Störung und die Einführung des dialektisch-behavioralen-Behandlungsansatzes (DBT; Bohus & Wolf-Arehult, 2012) die Arbeitsgruppe um Martin Bohus – Zentralinstitut für seelische Gesundheit (ZI) Mannheim –prägend. Da für die standardisierte Schwergradbestimmung bislang nur strukturierte Interviews wie der Borderline Personality Disorder Severity Index (Arntz et al., 2003) vorlagen, welche einen vergleichsweise hohen zeitlichen und personellen Aufwand mit sich bringen und geschultes Personal erfordern, ergab sich für die dortige Arbeitsgruppe Bedarf an einem handlichen diagnostischen Selbsteinschätzungsinstrument zur Schweregradbestimmung, vor allem auch zur Messung von Behandlungseffekten.

3.4.1 Die Borderline Symptom Liste (BSL-23)

Die aus der Arbeitsgruppe des ZI Mannheim hervorgegangene *Borderline Symptom-Liste* (*BSL*; Bohus et al., 2001; Bohus et al., 2007; Bohus et al., 2009) ist in deutscher Sprache und 18 weiteren Sprachen verfügbar. Zunächst wurde eine Langform entwickelt, welche als Selbsteinschätzungsfragebogen mit 95 Fragen sechs Facetten emotionaler Instabilität erfasst (Selbstwahrnehmung, Affektregulation, Autoaggressivität, Dysthymie, soziale Isolation, Intrusionen und Feindseligkeit; Bohus et al., 2001). Mittlerweile liegt mit *der Borderline Symptom-Liste* 23 (*BSL-23*; Bohus et al., 2009) eine Kurzversion zur Veränderungsmessung vor. Bei der Kürzung auf 23 Items bildete die Änderungssensitivität der einzelnen Items ein zentrales Kriterium, d. h. die Kurzform wurde mit dem Ziel einer möglichst guten Eignung zur Veränderungsmessung entwickelt (Bohus et al., 2009). Beispielsweise werden mit Bezug auf den Zeitraum »während der letzten Woche« Selbsteinschätzungen erfragt wie »dachte ich an Selbstverletzungen«, »stand ich innerlich unter Hochspannung«, »hasste ich mich selbst« und »wechselten meine Stimmungen in kurzer Zeit zwischen Angst, Ärger und Depression«.

Das Instrument wird zu Screening und Veränderungsmessung in der aktuellen S3-Leitlinie für Borderline-Persönlichkeitsstörungen empfohlen (DGPPN, 2022). Gemäß Leitlinie wird die Diagnosestellung auch für die Altersgruppe ab 12 Jahren vorgeschlagen. In entsprechenden Interventionsstudien (Mehlum et al., 2014) konnte sich der Einsatz der BSL-23 dort ebenfalls bewähren.

Die BSL-23 umfasst, wie die Bezeichnung nahelegt, 23 Items, daneben eine allgemeine Befindlichkeitseinschätzung (von 0 bis 100%). Darüber hinaus werden 11 Zusatzfragen zu selbstschädigendem Verhalten vorgelegt, welche allerdings nicht in die Berechnung des Skalenwertes eingehen.

Zur Auswertung werden die 23 Selbsteinschätzungen des Schweregrads der Symptome (von 0 = »überhaupt nicht« bis 4 = »sehr stark«) aufsummiert und diese Summe durch die Anzahl der Items dividiert. Dadurch ergibt sich ein Skalenwert mit der Wertespanne 0 bis 4.

Zeitrahmen: Der Fragebogeninstruktion entsprechend »während der letzten Woche«.

Dimensionale Struktur: Faktorenanalytisch konnte die Eindimensionalität belegt werden (Bohus et al., 2009; *N* = 379 Borderline-Patient:innen).

Zuverlässigkeit: Untersuchungen zur Reliabilität ergaben mit Alpha von 0,94 bis 0,97 eine hohe interne Konsistenz. Die Retestkorrelation nach einer Woche betrug r_{tt} = 0,82 (Bohus et al., 2009).

Validität: Belege für die Validität ergeben sich aus der Eignung des BSL-23 zur Unterscheidung von Patient:innen mit Borderline-Störung im Vergleich zu Patient:innen mit anderen Diagnosen. Beispielsweise erreichten Patient:innen mit einer emotional instabilen Persönlichkeitsstörung bedeutsam höhere Werte im BSL-23 als Patient:innen mit ADHS, Schizophrenie, Depression, Angststörungen oder PTSD (*d* = 0,77 bis 1,53).

Änderungssensitivität: Zum Beleg der Änderungssensitivität der BSL-23 werden Behandlungseffekte infolge 12-wöchiger stationärer DBT-Therapie mit einer Reduktion des durchschnittlichen Skalenwertes (Wertespanne von 0 bis 4) von *M* = 2,3 (*SD* = 0,9) auf *M* = 1,8 (*SD* = 1,0) angeführt (*d* = 0,47; *N* = 64 Patient:innen; Bohus et al., 2009). Dies entspräche, auf den Einzelfall bezogen (kritische Differenz, s.u.) einer bedeutsamen Veränderung.

Richtwerte/Normen: Anhand einer Normwerttabelle kann für den individuell erzielten Wert der entsprechende Prozentrangwert nachgeschlagen werden. Bei der Interpretation dieser aus Normwerten der Langform errechneten, insofern von den Autoren erst als vorläufig bezeichneten Prozentrangwerte ist zu berücksichtigen, dass es sich bei der Normierungsstichprobe um eine klinische Gruppe (560 Patient:innen mit Borderline-Störung) handelt, Normwerte in Bezug auf eine gesunde Vergleichsgruppe liegen noch nicht vor.

Validierte Referenzwerte liegen vor zur Bestimmung unterschiedlicher Schweregrade und Cut-off-Werte bei der Unterscheidung von Borderline-Patient:innen und anderen Diagnosegruppen bzw. Personen mit nicht-pathologischen Werten (Kleindienst, Jungkunz & Bohus, 2020). Beispiel: Erreicht ein/e Patient:in einen Prozentrang PR 50 (Skalenwert = 2,1; Wertespanne von 0 bis 4), so entspricht dieser Wert der Schweregradstufe schwere Symptomatik (1,9 bis 2,7). Als weitere Richtwerte liegen aus der Arbeit von Kleindienst et al. (2020) folgende Daten vor: Zu *N* = 317 Patient:innen der Borderline-Behandlungszentren Universität Freiburg und ZI Mannheim (*M* = 2,3; *SD* = 0,9) und zu *N* = 356 Personen einer gesunden Vergleichsgruppe (*M* = 0,1; *SD* = 0,2). Auf dieser Basis empfehlen Kleindienst et al. (2020) sechs Schweregradstufen: keine oder niedrige Symptomatik (0 bis 0,3); leichte Symptomatik (0,3 bis 1,1); moderate Symptomatik (1,1 bis 1,9); schwere

Symptomatik (1,9 bis 2,7); sehr schwere Symptomatik (2,7 bis 3,5); extrem schwere Symptomatik (3,5 bis 4).

Kritische Differenzen: Ausgehend von bekannten empirischen Verteilungskennwerten (Wertespanne von 0 bis 4; *SD* = 0,9; Alpha = 0,97; *N* = 379; Bohus et al., 2009) kann eine kritische Differenz = 0,4 berechnet werden. Bei der Veränderungsmessung mit der BSL-23, z. B. zwischen Behandlungsbeginn und Behandlungsende, ist somit für eine zuverlässig gemessene therapeutische Verbesserung eine kritische Differenz von mindestens 0,4 Punkten im Skalenwert erforderlich.

Vertrauensintervall um individuelle Messwerte: Auf Grundlage von Reliabilität (Alpha = 0,97) und Standardabweichung (*SD* = 0,9) kann ein Vertrauensintervall von +/- 0,3 (Wertespanne von 0 bis 4) berechnet werden.

Cut off: Als Mitte zwischen dem Mittelwert der Patient:innenstichprobe (*M* = 2,3) und dem Mittelwert der gesunden Vergleichsgruppe (*M* = 0,1) kann ein Cut off 1 = 1,2 berechnet werden (Wertespanne von 0 bis 4). Darüber hinaus liegen Ergebnisse von ROC-Analysen (▶ Kap. 2.2.2) zur Bestimmung von Cut-off-Werten bei der Unterscheidung von Borderline-Patient:innen und gesunder Allgemeinbevölkerung vor, welche einen Cut off von 0,6 (Sensitivität 97,2 %; Spezifität 97,8 %) ergaben. Zur Unterscheidung zwischen Patient:innen mit Borderline-Persönlichkeitsstörung und anderen klinischen Gruppen wird ein Grenzwert im Skalenwert von 1,5 empfohlen (Sensitivität 82,6 %; Spezifität 72,2 %; Kleindienst et al., 2020).

Empfehlung: Die Borderline Symptom Liste (BSL-23) ist als zuverlässiges, gut validiertes und änderungssensitives Standardinstrument zur Therapieerfolgsmessung bei Borderline-Störungen zu empfehlen. Ergänzend und mit spezifischerem Fokus auf borderlinespezifische Kognitionen sei auch der Fragebogen zu Gedanken und Gefühlen genannt (FGG, Renneberg & Seehausen, 2010).

Bezug: Die Kurzversion BSL-23 wird ebenso wie die Langform BSL-95 mit Quellenangaben zu wissenschaftlichen Originalarbeiten auf der Website des Zentralinstituts für Seelische Gesundheit (ZI Mannheim, online) zum Download zur Verfügung gestellt. Dort sind für die BSL-23 der Fragebogen, ein Auswertungsbogen und eine Prozentrang-Normwerttabelle verfügbar.

Tab. 3.7: Steckbrief Borderline Symptom Liste (Kurzform) (BSL-23)

Steckbrief	
Name	Borderline Symptom Liste (Kurzform) (BSL-23)
Bezug	Website des Zentralinstituts für Seelische Gesundheit (Mannheim)
Umfang	23 Items
Messwerte	Skalenwert (Summer der Itemwerte, Wertespanne von 0 bis 4)
Richtwerte/Normen	Prozentrangnormen aus einer Strichprobe von N = 560 stationären Patient:innen mit Borderline-Störung Borderline-Störung: M = 2,3; SD = 0,9 gesunde Vergleichsgruppe: M = 0,1; SD = 0,2
Kritische Differenz	0,4 Punkte im Skalenwert

Tab. 3.7: Steckbrief Borderline Symptom Liste (Kurzform) (BSL-23) – Fortsetzung

Steckbrief	
Vertrauensintervall	+/- 0,3 Punkte im Skalenwert
Cut off	0,6 Punkte im Skalenwert (Unterscheidung pathologischer und nicht-pathologischer Ausprägungen) 1,5 Punkte im Skalenwert (Unterscheidung von Patient:innen mit Borderline-Persönlichkeitsstörungen und anderen klinischen Gruppen

3.5. Computerspielabhängigkeit

Die Computerspielabhängigkeit (Internet Gaming Disorder) umfasst abhängiges Verhalten von Online-Computerspielen ohne Geld (d.h. kein pathologisches Glückspiel) als neue Diagnose des DSM-5 (2018; ICD-11 6C51; Müller, 2021, WHO, 2019). Diese spezifische Form stoffungebundenen Suchtverhaltens wird in der ICD-10 noch nicht selektiv aufgeführt. Hier findet sich im Bereich Abnorme Gewohnheiten und Störungen der Impulskontrolle (ICD-10 F63) lediglich das pathologische Spielen (ICD-10 F63.0, gemeint Glücksspiel um Geld). Das pathologische Spielverhalten bezieht sich dabei auf unterschiedlichste Spiele mit oder ohne Internetverbindung und auf unterschiedlichsten Geräten wie PC, Tablets, Spielekonsolen oder Smartphones (z.B. Strategiespiele, Online-Rollenspiele oder Shooterspiele). Vom Konzept der Internet Gaming Disorder abzugrenzen sind ferner exzessiver Konsum von Online-Medien inkl. Surfen, Nutzung sozialer Netzwerke, Internetpornographie und Online-Shopping. Die Kriterien der Internet Gaming Disorder orientieren sich dabei, ähnlich denen anderer stoffungebundener Süchte, an den Suchtkriterien stoffgebundener Abhängigkeitserkrankungen (z.B. ICD-10 F 10, Störungen durch Alkohol). Prävalenzschätzungen der deutschen Allgemeinbevölkerung ergeben 0,2 bis 0,5% der Erwachsenen, wobei Männer deutlich häufiger als Frauen betroffen zu sein scheinen und Jüngere deutlich häufiger als Ältere (Festl, Scharkow & Quandt, 2013). Anlass der Inanspruchnahme von Beratung und Behandlung ist zumeist nicht das Problemverhalten selbst, sondern seine sozialen Folgen wie Schulversagen, Jobverluste und partnerschaftliche Trennungen (Beutel, Hoch, Wölfling & Müller, 2011).

3.5.1 Die Computerspielabhängigkeitsskala (CSAS)

Die *Computerspielabhängigkeitsskala* (*CSAS*; Rehbein, Baier, Kleinmann & Mößle, 2015) erlaubt die Erfassung der diagnostischen Kriterien von abhängigem Computerspielverhalten als Selbst- wie auch Fremdbeurteilungsinstrument. Die Entwicklung des Instruments hat ihren Ursprung in der früheren deutschen Internetsuchtskala (ISS; Hahn & Jerusalem, 2010) und deren mehrschrittiger Überarbeitung u. a. in Hinblick auf die Kriterien der Internet Gaming Disorder nach DSM-5 (Rehbein et al., 2015, S. 22 ff.). Die Konstruktionsstichprobe umfasste 4535 Schüler:innen im Großraum Hannover.

Mit dem Verfahren liegt eine spezifische Version für Erwachsene von 16 bis 49 Jahren vor (CSAS-E bzw. Fremdeinschätzung durch Partner CSAS-FP), ferner eine spezifische Version für Jugendliche der 7. bis 10. Klassen (CSAS-J bzw. Fremdeinschätzung durch Eltern CSAS-FE). Zunächst wird die durchschnittliche täglich mit Computerspiel verbrachte Zeit abgefragt. Anschließend werden anhand von jeweils 18 Items neun Abhängigkeitskriterien im Umgang mit Computerspielen erhoben, z. B. die gedankliche Vereinnahmung durch das Computerspielen (»Meine Gedanken kreisen ständig ums Computerspielen, auch wenn ich gar nicht spiele«), Entzugserscheinungen (»Wenn ich längere Zeit nicht spiele, werde ich unruhig und nervös«), Toleranzentwicklung (»Ich muss immer länger spielen, um zufrieden zu sein«), Kontrollverlust (»Ich habe das Gefühl, meine Spielzeit nicht kontrollieren zu können«) und negative psychosoziale Folgen (»Weil ich so viel spiele, gibt es zu Hause oft ernsthaften Ärger und Streit«). Die Items werden anhand 4-stufiger Einschätzungen von 0 = »stimmt nicht« bis 3 = »stimmt genau« beantwortet.

Zur Auswertung anhand eines Auswertungsbogens stehen zwei Varianten zur Verfügung. Zum einen die kategoriale Auswertung: Hier kann die Erfüllung der diagnostischen Kriterien bestimmt werden. Ein Kriterium gilt dabei als erfüllt, wenn eines von jeweils zwei Items pro Bereich mit 3 = »stimmt genau« beantwortet wird. Die Erfüllung von zwei bis vier Kriterien wird als riskanter Gebrauch von Computerspielen bewertet, die Erfüllung von fünf bis neun Kriterien als abhängiges Verhalten im Sinne der Computerspielabhängigkeit (Internet Gaming Disorder).

Zum anderen die quantitative Auswertung, hier wird ein Skalenwert durch Aufsummierung der 18 Itemwerte gebildet (Wertespanne von 0 bis 54). Dabei stehen für die durchschnittliche tägliche Spieldauer ebenso wie für die Skalen CSAS-J und CSAS-E Normwerte (Stanine und Prozentränge) zur Verfügung.

Bei der gleichzeitigen Anwendung der Selbst- und der Fremdeinschätzungsversion können auch Abweichungen der beiden Perspektiven von therapeutischem Interesse und Gegenstand der weiterführenden Behandlung sein. Im Handbuch werden mehrere Fallbeispiele gegeben.

Selbst- und Fremdeinschätzungsversion unterscheiden sich nur in der Anrede und der Perspektive der Itemformulierungen. Der Hauptzielsetzung dieses Handbuchs entsprechend konzentriert sich die folgende Darstellung auf die Version des Selbsteinschätzungsinstrumentes für Erwachsene (CSAS-E). Für die Durchführung wie auch die Auswertung werden etwa fünf bis zehn Minuten angegeben.

Zeitrahmen: In der Instruktion wird ein vergleichsweise langer Zeitrahmen (»innerhalb der letzten 12 Monate«) verwendet. Hintergrund dieses Zeitrahmens ist der in den Diagnosekriterien des DSM-5 geforderte Zeitraum von mindestens 12 Monaten, innerhalb dessen mindestens fünf der spezifizierten Kriterien der Internet Gaming Disorder vorliegen sollten.

Dimensionale Struktur: Im Handbuch (Rehbein et al., 2015) wird eine Überprüfung der Faktorenstruktur auf Basis von N = 3423 Jugendlichen der Konstruktionsstichprobe berichtet. Diese ergab eine zweifaktorielle Lösung (Eigenwerte pro

Faktor > 1), wobei der erste Faktor einen bedeutsam höheren Anteil der Varianz erklärte als der zweite Faktor (51 % vs. 7 % Varianzaufklärung) und alle Items positiv auf dem ersten Faktor luden. Entsprechend kann die Berechnung eines Gesamtskalenwertes durch Aufsummierung aller Itemwerte als zulässig gelten.

Zuverlässigkeit: Für die CSAS-E (alle Altersgruppen, *N* = 609) wird eine interne Konsistenz von Alpha = 0,94 berichtet (Rehbein et al., 2015). Die Retestkorrelation wurde nur für die Version für Jugendliche bestimmt und betrug r_{tt} = 0,84 (4-Wochen, *N* = 231 Schüler:innen der 8. Jahrgangsstufe).

Validität: Als Validitätsbelege liegen Übereinstimmungen des CSAS mit der ebenfalls im Fragebogen erfassten durchschnittlichen täglichen Dauer der Computerspielnutzung vor (Kriteriumsvalidität): Die durchschnittliche Dauer korrelierte mit dem CSAS in einer Höhe von *r* = 0,51. Als unauffällig klassifizierte Schüler:innen berichteten durchschnittlich täglich 1 h 39 Minuten Computerspiel, als gefährdet klassifizierte Jugendliche durchschnittlich täglich 4 h 33 Minuten, als abhängig klassifizierte Jugendliche durchschnittlich 6 h 41 Minuten pro Tag (keine Angaben für Erwachsene berichtet).

Darüber hinaus korrelierte der CSAS mit einer Single-Item-Selbsteinschätzung »Glaubst Du, dass Du von Computerspielen abhängig bist (…)?« (4-stufige Antworten von »nein« bis »ja, massiv«) zu *r* = 0,49, wobei bei Personen, die die Frage verneinten, ein durchschnittlicher CSAS-Wert von *M* = 4,0 und bei Personen, die der Frage maximal zustimmten (»ja, massiv«) ein durchschnittlicher CSAS-Wert von *M* = 32,5 ermittelt wurde.

Als weitere Hinweise auf konvergente Validität berichteten Jugendliche bei Erfüllung der Abhängigkeitskriterien häufigeres Schulschwänzen, schlechtere Schulnoten und mehr Schlafprobleme. Sechstklässler:innen, die die Abhängigkeitskriterien erfüllten, wiesen eine erhöhte Impulsivität und eine erhöhte Depressivität auf. Für ältere als computerspielabhängig klassifizierte Jugendliche wurden erhöhte Suizidgedanken berichtet (Rehbein et al., 2015).

Änderungssensitivität: Aufgrund des vergleichsweise langen Beurteilungszeitraums (»innerhalb der letzten 12 Monate)« ist bei Verwendung des Instrumentes zur Veränderungsmessung ggf. die Instruktion anzupassen. Im Handbuch werden keine Belege für Änderungssensitivität aufgeführt. Mittlerweile liegen jedoch anderenorts berichtete Ergebnisse zur Evaluation eines kognitiv-verhaltenstherapeutischen Gruppentherapieprogramms bei Jugendlichen vor. Die Studie basierte auf *N* = 54 Jugendlichen von neun bis 19 Jahren, welche auf Basis subjektiver Einschränkungen (Selbstselektion) in der kategorialen Auswertung der CSAS-Selbstbeurteilung zu Behandlungsbeginn oder in der Fremdbeurteilung durch die Eltern (CSAS-FE) zu 55,8 % ein abhängiges Computerspielverhalten, zu 32,6 % einen riskanten Gebrauch und zu 11,6 % unproblematisches Computerspielverhalten aufwiesen. Bei der Selbsteinschätzungsskala »CSAS-J« wurde eine Reduktion von *M* = 16,8 (*SD* = 9,4) vor der Behandlung auf *M* = 9,8 (*SD* = 7,4) im 12-Monats-Follow-up erreicht, d. h. eine signifikante Veränderung (*d* = 0,75; Szasz-Janocha, Vonderlin & Lindenberg, 2019, 2020).

Richtwerte/Normen: Zur Interpretation individueller Testwerte liegen alters- und geschlechtsspezifische Normwerte (Stanine und Prozentrangwerte) für die durchschnittliche tägliche Spieldauer sowie den CSAS-Gesamtskalenwert vor. Die Normierungsstichprobe des CSAS-E basiert auf einer deutschlandweiten postalischen Repräsentativuntersuchung durch das Kriminologische Forschungsinstitut Niedersachsen an $N = 609$ in Bezug auf das Vorliegen einer Computerspielabhängigkeit gesunden Stichprobe von Erwachsenen (16 bis 30 Jahre: $N = 300$; 31 bis 49 Jahre: $N = 309$). Für diese Gruppe wird ein Durchschnittswert (CSAS-E) von $M = 3{,}7$ ($SD = 6{,}7$) berichtet. Nach Alter und Geschlecht wiesen Männer im Altersbereich von 16 bis 30 Jahre die höchsten Werte auf ($M = 6{,}2$; $SD = 8{,}7$), Frauen im Altersbereich von 31 bis 49 Jahre die niedrigsten ($M = 1{,}4$; $SD = 2{,}7$).

Kritische Differenzen: Im Handbuch werden kritische Differenzen für die unterschiedlichen Alters- und Geschlechtsgruppen berichtet (Rehbein et al., 2014, S. 43). Für alle Alters- und Geschlechtsgruppen zusammengefasst sollte für eine bedeutsame Veränderung ein Unterschied von mindestens 5 Punkten (Wertespanne von 0 bis 54) erreicht werden.

Vertrauensintervall um individuelle Messwerte: Auf Grundlage von Reliabilität (Alpha = 0,94) und Standardabweichungen der Referenzstichproben (z. B. $SD = 8{,}7$ für Männer von 16 bis 30 Jahren; $SD = 2{,}7$ für Frauen von 31 bis 49 Jahren) kann ein Vertrauensintervall von +/- 4,2 für Männer (gerundet +/- 4) bzw. +/- 1,3 für Frauen (gerundet 1) im CSAS-E berechnet werden.

Cut off: Bislang wurden keine CSAS-Mittelwerte für pathologische Ausprägungen der Computerspielabhängigkeit bei Erwachsenen berichtet, so dass auf dieser Basis keine Bestimmung von Cut-off-Werten möglich ist. Ausgehend von den im Handbuch berichteten Verteilungskennwerten der gesunden Normierungsstudie ($N = 609$; Rehbein et al., 2015) kann aus dem Mittelwert ($M = 3{,}7$) plus zweimal die Standardabweichung ($SD = 6{,}7$) ein Cut off 2 = 17,0 bestimmt werden. Außerdem ist anhand der Anzahl erfüllter Kriterien (kategoriale Auswertung) die Zuordnung zum unauffälligen, gefährdeten und pathologischen Bereich möglich. Ferner empfehlen die Autoren, Stanine-Werte (Spanne 1 bis 9) ≥ 8 als pathologisch zu interpretieren.

Empfehlung: Mit der Computerspielabhängigkeitsskala (CSAS) liegt eine sorgfältig entwickelte Skala zur Bestimmung der Kriterien bzw. der Schwere der Internet Gaming Disorder vor. Kritische Differenzwerte geben Anhalt für Fragestellung der Veränderungsmessung, auch wenn der sehr lange Zeitrahmen von 12 Monaten für die Anwendung zur Veränderungsmessung ungünstig ist. Zur Therapieerfolgsmessung stehen über die Studie von Szasz-Janocha et al. (2019, 2020) hinaus weitere Ergebnisse zur Bewährung des Instrumentes noch aus. Kritisch anzumerken ist, dass sich die Konstruktionsstichprobe, die bisherige Überprüfung der Faktorenstruktur und Untersuchungen zur Veränderungsmessung auf jugendliche Zielgruppen beschränken.

Bezug: Das Manual (Rehbein et al., 2015) sowie Testbögen in den vier genannten Varianten sind bei der Testzentrale verfügbar (www.testzentrale.de; Suchfeldeingabe CSAS).

Tab. 3.8: Steckbrief Computerspielabhängigkeitsskala – Selbsteinschätzungsversion für Erwachsene (CSAS-E)

Steckbrief	
Name	Computerspielabhängigkeitsskala – Selbsteinschätzungsversion für Erwachsene (CSAS-E)
Bezug	Manual von Rehbein et al. (2015) sowie Testbögen über die Testzentrale verfügbar
Umfang	18 Items
Messwerte	Skalenwert (Summer der Itemwerte, Wertespanne von 0 bis 54)
Richtwerte/Normen	Alters- und geschlechtsspezifische Normwerte (Männer 16 bis 30 Jahre; Frauen 31 bis 49 Jahre) einer deutschlandweiten Repräsentativbefragung (Allgemeinbevölkerung; *N* = 609) Durchschnittliche tägliche Spieldauer (Schüler:innen): Unauffällig *M* = 1 h 39 Minuten, gefährdet *M* = 4 h 33 Minuten, abhängig *M* = 6 h 41 Minuten CSAS-Referenzwerte Allgemeinbevölkerung: Männer 16 bis 30 Jahre: *M* = 6,2; *SD* = 8,7 Frauen 31 bis 49 Jahre: *M* = 1,4; *SD* = 2,7
Kritische Differenz	5 Punkte im Skalenwert (alters- und geschlechtsspezifische kritische Differenzen verfügbar)
Vertrauensintervall	+/- 4 Punkte im Skalenwert (Männer) bzw. +/- 1 Punkt (Frauen)
Cut off	17 Punkte im Skalenwert Kategoriale Auswertung: »unauffällig« = 1 Kriterium erfüllt, »riskanter Gebrauch« = 2 bis 4 Kriterien erfüllt, »abhängiges Gaming-Verhalten« = 5 bis 9 Kriterien erfüllt Quantitative Auswertung: Stanine-Wert ≥ 8

3.6 Depression

Depression ist innerhalb der psychotherapeutischen Versorgung noch weit vor den ebenfalls quantitativ bedeutsamen Störungen Angst/Soziale Phobie oder Schmerz die häufigste Diagnose. Dies u. a. auch, weil Depression eine vergleichsweise breite Kategorie darstellt. Zum einen fallen hierunter aus dem ICD-10 (WHO, 2010) die Gruppen F 32.x und F 33.x, zum anderen werden oft weitere Ziffern aus einem Spektrum hinzugerechnet etwa F 34.1 – Dysthymia, F 41.2 – Angst und depressive Störung gemischt, F 43.20/21 – Anpassungsstörung mit kurzer (F43.20) oder längerer (F43.21) depressiver Reaktion. Diagnosen aus dem Z-Bereich Z 73.0/Z 56.6 mit Burn-out- bzw. Arbeitsweltbezug werden manchmal ebenfalls in diesem Rahmen diskutiert, da Z-Diagnosen allein noch keine kassenrelevante Psychotherapieleistung bedingen. All dies kann zusätzlich zu hohen Fallzahlen beitragen. Geeignete Instrumente zur Vorher-Nachher-Messung sind entsprechend gefragt. Das weltweit anerkannte Standardverfahren ist das *Beck Depressions-Inventar (BDI)*, welches im nächsten Abschnitt vorgestellt wird. Ergänzend wird eine Weiterentwicklung beschrieben, welche BDI-Items verwendete und daraus eine Variante mit einem etwas anderen Format bereitstellte (*BDI-Vereinfacht* bzw. *BDI-V*). Des Weiteren beschreiben wir einen Kurzfragebogen aus neun Items (*PHQ-9*), der aufgrund seines geringen Umfangs häufiger in der Forschung, vor allem als Bestandteil innerhalb von umfangreicheren Fragebogenpaketen eingesetzt wird – die Kürze impliziert jedoch Nachteile in der Psychotherapiepraxis. Schließlich erwähnen wir ein Verfahren zur Erfassung von Depress*ivität* (im Sinne einer leichtergradigen depressiven Symptomatik), die *Allgemeine Depressions Skala (ADS*).

3.6.1 Das Beck Depressions-Inventar (BDI-II)

Das *BDI* bzw. *BDI-II* kann als weitestgehend zur klinisch-psychotherapeutischen Routine gehörend bezeichnet werden. Kaum ein/e Psychotherapeut:in wird es noch nicht eingesetzt oder im klinischen Kontext kennen gelernt haben. Aaron T. Beck und seine Arbeitsgruppe an der University of Pennsylvania, Philadelphia, haben bereits 1961 eine erste Version vorgestellt, welche später mit dem Coautor Robert A. Steer zusammen mit Manual bei einem Verlag veröffentlichte wurde (Beck & Steer, 1987). Eine revidierte Fassung (BDI-II) – nun auch unter zusätzlicher Mitarbeit von Gregory K. Brown – erschien im Jahr 1996 (Beck, Steer & Brown, 1996). Im Deutschen kam unter Federführung von Martin Hautzinger, Universität Tübingen, die ursprüngliche Version im Jahr 1994 heraus, einige Jahre später abgelöst durch die revidierte Fassung BDI-II (Hautzinger, Keller & Kühner, 2009; erneute Revision 2023).

Das Spezifikum des BDI – auch in der Version BDI-II beibehalten – ist die Vorgabe von 21 Item-*Blöcken.* Die Itemblöcke stellen eine thematisch umfassende Inventarisierung der klinischen Depression dar. Innerhalb der Blöcke findet sich abweichend zu anderen Instrumenten keine Schweregradskalierung wie z. B. von »leicht« bis »schwer« oder von »nie« bis »immer«, sondern eine qualitative Ausformulierung in ganzen Sätzen. Dies ist bei Itemblock 1 »Traurigkeit« zwar nahe an einer Ziffernreihenfolge (dort ansteigend mit »nicht«, »oft«, »ständig« …), aber bei anderen Itemblöcken wiederum nicht. Die Anker (nach Häufigkeit, nach Intensität, nach Zeitrelation – etwa: »im Vergleich zu früher bin ich …«) wechseln von Block zu Block und teilweise auch innerhalb der Blöcke. Dies mag eine sonst übliche Systematik in der Fragebogenkonstruktion verletzen, kann aber in gewisser Weise als klinisch plausibel durchgehen und wird in der Bearbeitung erfahrungsgemäß nicht als störend empfunden. Hinzu kommt, dass in Itemblock 16 »Schlaf« und Itemblock 18 »Appetit« jeweils kontrastierende Aussagenpaare vorgegeben sind, von denen eine Alternative gewählt werden muss, z. B »Ich schlafe viel weniger als sonst« versus »Ich schlafe viel mehr als sonst« – beides Indikatoren für Depression (analog für Appetit: »viel größer« versus »viel schlechter«).

Zeitrahmen: Der Zeitrahmen ist beim BDI-II »in den letzten zwei Wochen, einschließlich heute« (Hinweis: beim Beck-Angst-Inventar [BAI] – gleicher Erstautor – war es eine Woche, ► Kap. 3.1.2).

An den Sätzen innerhalb der Itemblöcke finden sich Ziffern von 0 bis 3, von denen die am besten zutreffende von der Person anzukreuzen ist. In der Auswertung wird ein Skalenwert durch Aufsummierung der Itemwerte gebildet (Wertespanne von 0 bis 63). Aus klinischer Sicht wird ausdrücklich darauf hingewiesen, nicht nur den Skalenwert zu ermitteln und zu interpretieren, sondern ganz besonders Itemblock 9, im BDI als »Selbstmordgedanken« bezeichnet, und Itemblock 2 »Pessimismus« anzuschauen. Wenn in Itemblock 9 die Werte 2 (»Möchte mich am liebsten umbringen«) oder 3 (»Würde mich umbringen, wenn ich Gelegenheit dazu hätte«) angekreuzt wurden, muss zwingend und zeitnah im Rahmen einer klinischen Untersuchung eine Suizidalitätsabklärung, unter Umständen auch verbunden mit weiteren Schritten, erfolgen. Ähnliches gilt, wenn in Itemblock 2 der Wert 3 angekreuzt wurde: »Ich glaube, dass meine Zukunft hoffnungslos ist und nur noch schlechter wird« (Hautzinger et al., 2009, S. 17).

Als Bearbeitungszeit werden fünf bis zehn Minuten genannt, wobei Patient:innen mit sehr schwerer Depressionsausprägung oder einer komorbiden Zwangserkrankung »häufig auch länger brauchen« (Hautzinger et al., 2009, S. 15). Auf etwa fünf Minuten kann die Zeit für die Auswertung, Interpretation und Dokumentation seitens der Psychotherapeutin/des Psychotherapeuten veranschlagt werden.

Für Depressionspatient:innen ($N = 288$) wird im Manual[1] ein Mittelwert von $M = 24{,}4$ ($SD = 13{,}2$) angegeben, für ehemals Depressive ($N = 92$) ein Mittelwert von $M = 12{,}9$ ($SD = 9{,}6$) und für Gesunde ($N = 582$) ein Mittelwert von $M = 7{,}4$ ($SD = 7{,}3$; Hautzinger et al., 2009, S. 20). Die Autoren geben auch Werte für akut schwer Depressive am Anfang der stationären Behandlung an ($N = 58$). Dort wurde ein durchschnittlicher BDI-II Skalenwert von $M = 33{,}8$ ($SD = 10{,}4$) ermittelt.

Es gibt keine Geschlechts- und Bildungsunterschiede.

Als Altersbereich geben die Autoren ab 13 Jahre an.

Dimensionale Struktur: Ist das BDI/BDI II eindimensional, und darf somit ein Skalenwert als Summe aller Itemwerte gebildet werden? Sowohl im Amerikanischen als auch im Deutschen legen Faktorenanalysen zwar eine zweifaktorielle Struktur nahe. Da die beiden Faktoren – nach schiefwinkeliger Rotation – mit $r = 0{,}68$ (deutsch) und $r = 0{,}69$ (USA) – relativ hoch korreliert sind, sprechen sich die Autoren für die Bildung eines Skalenwertes aus. Dies ist im Prinzip zulässig. Die Unterscheidung zwischen den beiden Faktoren ist somit in der Praxis nur von sekundärer Bedeutung. Man kann die Items aber grob in somatisch-affektiv (z. B. Energieverlust, Verlust von Freude) und kognitiv (Versagensgefühle, Selbstablehnung) unterteilen.

Zuverlässigkeit: Die Reliabilität ist mit Alpha = 0,93 als sehr gut zu bezeichnen, auch die Retestkorrelation (Abstand drei Wochen) ist mit $r_{tt} = 0{,}78$ hoch. Wir betrachten hier zwar primär die Werte bei Patient:innen, nicht bei gesunden Personen, aber auch deren im Manual berichtete Werte sprechen für eine hohe Zuverlässigkeit des Instruments.

Validität: Welche Validitätshinweise sprechen für die Güte und Nützlichkeit des BDI-II? Es liegen zahlreiche Studien vor – die Mehrzahl aus Untersuchungen an

1 Alle statistischen Angaben beziehen sich auf die zweite Auflage von 2009, die im deutschsprachigen Raum breitflächig im Einsatz ist. Eine dritte Auflage ist seit 2023 verfügbar.

Patient:innen, aber auch einige an Personen ohne Störung (Hautzinger et al., 2009, S. 11–13). Wir beschränken uns auf den deutschsprachigen Bereich. Vorab sei angemerkt, dass Beck und sein Team auch Studien zum Vergleich des BDI-II mit der ursprünglichen BDI-Version durchführten, die Ähnlichkeit erwies sich mit $r = 0{,}93$ als erwartungsgemäß sehr hoch (Hautzinger et al., 2009, S. 10). Da diese Korrelation gleich hoch ist wie die Reliabilität des BDI-II, könnte man beide Verfahren auch sehr gut als Paralleltests einsetzen.

Häufig werden konvergente und diskriminante Korrelationen zur Beurteilung der Validität eines Instruments herangezogen. Wichtig ist dabei, dass a priori festgelegt wird, welche Merkmale hoch und welche niedrig mit dem Zielmerkmal korrelieren sollen (vgl. ► Kap. 2.1.3 dieses Bands). Der Unterschied zwischen konvergent und diskriminant sollte also ersichtlich und überzeugend begründet sein. Diese Anforderung wird bei der Validierung des BDI-II jedoch nicht ganz optimal erfüllt (Hautzinger et al., 2009, S. 24–26). Wir können den Angaben entnehmen, dass es eine hohe Übereinstimmung mit Fremd- bzw. Expert:innenbeurteilungsverfahren und auch mit dem Kurzfragebogen PHQ-9 gibt ($r = 0{,}68$ bzw. $r = 0{,}72$) sowie geringe Zusammenhänge mit einem von depressiven Symptomen zu unterscheidenden persönlichkeitspsychologischen Maß für Selbstaufmerksamkeit ($r = -0{,}03$). Es gibt aber auch eine Grauzone mit mittelhohen Korrelationen von $r = 0{,}40$ bis 0,50, die in beide Richtungen (konvergent oder diskriminant) interpretiert werden könnten.

Eine Stärke des BDI-II besteht darin, dass es klar zwischen Gruppen unterscheiden kann. Akut erkrankte und genesene Patient:innen unterschieden sich in den Validitätsstudien charakteristisch voneinander. Dies galt ebenso für Depressive im Vergleich zu Personen ohne depressive Störung.

Änderungssensitivität: Für den Verlauf einer Behandlung liegen erste Daten vor (Hautzinger et al., 2009, S. 26). Diese müssen aber durch weitere Daten aus Vorher-Nachher-Messungen bei Psychotherapien ergänzt werden.

Richtwerte/Normen: Im Deutschen liegen Normen für Depressionspatient:innen ($N = 288$) und für Personen ohne Depression ($N = 582$) vor. Die Datenbasis für die Normierung kann somit als relativ gut bezeichnet werden. Leider wurden keine z- und T-Standardisierungen vorgenommen. Es werden lediglich Prozentränge (PR) angegeben (Hautzinger et al., Tabelle 11). Diese bieten eine akzeptable Orientierung.

Kritische Differenzen: Aufgrund der hohen Skalenhomogenität von Alpha = 0,93 resultiert bei einer Streubreite für die klinische Gruppe von $SD = 13{,}2$ eine kritische Differenz von 9,7 (gerundet 10) Punkten (Wertespanne von 0 bis 63). Zwei Messungen müssen also um 10 BDI-Punkte auseinander liegen, um einen Unterschied zuverlässig anzeigen zu können. Zu beachten ist andererseits, dass ein Rückgang von anfangs beispielsweise 37 Punkten (entspricht Prozentrang 85) auf 27 Punkte am Behandlungsende (Prozentrang 60) zwar außerhalb der kritischen Differenz läge, gleichzeitig wäre ein BDI II-Wert von 27 jedoch weiterhin im Bereich einer relativ hohen depressiven Symptomatik. Hier ist, wenn das Kriterium der kritischen Differenz erreicht ist, im Weiteren das Cut-off-Kriterium (s. entsprechender Absatz) zur Beurteilung des Behandlungserfolgs wichtiger (dieses würde im beschriebenen fiktiven Beispiel nicht erreicht).

Korrektur zum deutschen BDI-Manual: Die Berechnung der kritischen Differenz im BDI II-Manual (Hautzinger et al., 2009, S. 29–30) müsste leicht korrigiert werden, der dort angegebene Wert von 7,7 (gerundet 8) Punkten ist zu gering.

Vertrauensintervall um individuelle Messwerte: Bei der Interpretation individueller Messwerte und in der Anwendung bezüglich der Cut-off-Beurteilung ist das Vertrauensintervall zu berücksichtigen, dieses beträgt hier +/- 6,8 Punkte, gerundet 7 Punkte.

Cut off: Wir haben bereits oben die Mittelwerte für Depressive und für Personen ohne Depression in den Untersuchungen der Fragebogenautoren berichtet. Die durchschnittlichen Werte der Normalbevölkerung betragen erwartungsgemäß nicht Null, sind mit $M = 7{,}4$ ($SD = 7{,}3$) aber doch relativ niedrig. Demgegenüber wird für die Depressionsgruppe $M = 24{,}4$ als Durchschnittswert angegeben ($SD = 13{,}2$). Somit resultiert für Cut off 1 ein Wert von 15,9, gerundet 16 BDI-Punkten. Dieser Wert sollte erreicht sein, um am Ende von einer erfolgreichen Behandlung sprechen zu können.

Nichtempirische Richtwerte: Beck et al. (1996) empfehlen daneben auch eigenerstellte Grenzwerte zur kategorialen Unterscheidung von Schweregraden der Depression. Diese Schwellenwerte sind im psychiatrischen und klinisch-psychologischen Feld seit der Veröffentlichung der ursprünglichen BDI-Version verbreitet. Galt früher die Frage »über oder unter BDI = 18« als gebräuchliche Heuristik zur Feststellung der Behandlungsbedürftigkeit, so wurde dieser Richtwert im Zuge der Revision (BDI-II) auf 20 heraufgesetzt. Der Wert resultierte bei der Fragebogenentwicklung aus einer US-Expert:innenbeurteilung zur Depressionsschwere der Patient:innen, die unabhängig vom individuellen BDI-Wert vorgenommen wurde. Das subjektive Expert:innenurteil und der individuelle BDI-Wert wurden einander zugeordnet ($N = 127$ Patient:innen). Basierend darauf wurden fünf Schweregradstufen von »keine Depression« bis »schwere Depression« vorgeschlagen (Hautzinger et al., 2009, S. 16). Beck et al. (1996) bewerten einen BDI-II-Wert von 0 bis 8 als »keine«, von 9 bis 13 als »minimale« und von 14 bis 19 als »leichte Depression«. Demgegenüber gelten die Schweregrade von 20 bis 28 = »mittelschwer« und von 29 bis 63 = »schwer« als behandlungsbedürftig. Diese Intervallgrenzen sind nicht weiter erläutert, sind bzw. waren aber oftmals übliche und nicht weiter hinterfragte Praxis und wurden auch vom deutschen Autorenteam übernommen. Unser oben errechneter Cut-off-Wert von 16 wäre nach dieser Einstufung somit dem Bereich leichte Depression zuzuordnen.

Empfehlung: Für die Depressionsbehandlung ist das BDI-II erste Wahl in der Therapieerfolgsbestimmung. Künftige Forschung sollte noch mehr Belege zur Änderungssensitivität erbringen.

Bezug: Das Verfahren ist über die Testzentrale www.testzentrale.de (Suchfeldeingabe BDI-II) oder den Pearson-Verlag (dortige Homepage) erhältlich.

Tab. 3.9: Steckbrief Beck Depressions Inventar II (BDI-II)

Steckbrief	
Name	Beck Depressions Inventar II (BDI-II)

Tab. 3.9: Steckbrief Beck Depressions Inventar II (BDI-II) – Fortsetzung

Steckbrief	
Bezug	Manual und Untersuchungsmaterial über die Testzentrale oder den Pearson Verlag verfügbar
Umfang	21 Itemblöcke, pro Block 4 in der Intensität ansteigende Aussagen
Messwerte	Skalenwert (Summe der Blockwerte, Wertespanne von 0 bis 63)
Richtwerte/Normen	Prozentrangnormen für $N = 288$ Depressive und $N = 582$ Personen ohne Depression Patient:innen mit Depression: $M = 24{,}4$; $SD = 13{,}2$
Kritische Differenz	10 Punkte im Gesamtskalenwert
Vertrauensintervall	+/- 7 Punkte im Skalenwert
Cut off	Empirisch: 16 Punke im Skalenwert Daneben existiert eine ins Deutsche übernommene nichtempirische Stufeneinteilung der Autoren des US-Originals.

3.6.2 Das vereinfachte Beck Depressions-Inventar (BDI-V)

Aufgrund seines Itemformats (jedes Symptom wird blockweise durch vier zunehmend gravierende Ausprägungen abgebildet) hat der BDI-II im Vergleich zu vielen klinischen und nichtklinischen Fragebögen den Nachteil einer etwas geringeren Ökonomie. Dieser Nachteil mag in der klinischen Einzelfalldiagnostik irrelevant sein. Bei großen epidemiologischen Studien hingegen wirkt er sich negativ auf die Erhebungskosten und die Beanspruchung der Befragten aus, vor allem, wenn noch weitere Merkmale erhoben werden. Schmitt und Maes (2000) haben deshalb im Rahmen einer Längsschnittstudie ($N > 2500$) zur Befindlichkeit in Deutschland nach der Wiedervereinigung eine *Vereinfachung des BDI (BDI-V)* vorgeschlagen. Sie besteht darin, dass die vier Aussagen pro Symptom (Original-BDI) durch ein einziges Item ersetzt wurden. Beispielsweise wird im Original-BDI das Symptom Schuldgefühle mit den folgenden vier zunehmend gravierenden Aussagen erhoben: 0 = »Ich habe keine Schuldgefühle«; 1 = »Ich fühle mich oft schuldig wegen Dingen, die ich getan habe oder hätte tun sollen«; 2 = »Ich habe fast immer Schuldgefühle«; 3 = »Ich habe immer Schuldgefühle«. Im BDI-V werden diese Aussagen zu einer einzigen zusammengefasst, also in diesem Fall (Item 5): »Ich habe Schuldgefühle.« Beantwortet werden die Items des BDI-V anhand einer fünfstufigen Häufigkeitsskala von 0 = »nie« bis 5 = »fast immer«. Das »Appetit«-Item (Nr. 18) des Original-BDI wurde ausgespart, da es die geringste Trennschärfe besitzt. Das BDI-V umfasst somit 20 Items. Während das BDI-V (ohne das Appetit-Item) inhaltsgleich mit dem Original BDI (erste Fassung Beck & Steer, 1987) ist, entspricht sein Format mit Ausnahme unterschiedlich vieler Stufen der Antwortskala dem der später beschriebenen Allgemeinen Depressionsskala ADS (Hautzinger, Bailer, Hofmeister & Keller, 2012; s. u.). Zur Ermittlung des BDI-V-Skalenwertes müssen die 20 Itemwerte aufaddiert werden (Wertespanne von 0 bis 100).

Zeitrahmen: Die Instruktion des BDI-V lautet: »In diesem Fragebogen geht es um Ihr gegenwärtiges Lebensgefühl. Bitte geben Sie zu jeder Frage an, wie häufig Sie die genannte Stimmung oder Sichtweise erleben.« Für den Einsatz in der klinischen Diagnostik lässt sich diese Instruktion durch die Vorgabe eines Zeitraums abändern (»... wie häufig Sie die genannte Stimmung oder Sichtweise in den letzten beiden Wochen erlebt haben«).

Dimensionale Struktur: Die von Schmitt und Maes (2000) durchgeführte Faktorenanalyse ergab unter Zugrundelegung des Kaiser-Kriteriums (Eigenwert >1) einen varianzstarken ersten Faktor und drei weitere varianzschwache Nebenfaktoren. Da die Items mit Ausnahme des Sexualitätsitems zudem Rasch-homogen sind (Sauer, Schmitt & Ziegler, 2013), kann das BDI-V als annähernd eindimensional gelten.

Zuverlässigkeit: In der großen Stichprobe von Schmitt und Maes (2000) ergab sich eine Reliabilität des BDI-V von 0,95. Geschätzt wurde sie mittels einer Latent-State-Trait-Analyse der längs- und querschnittlichen Kovarianzen von Testhälften. Dieses Vorgehen hat im Vergleich zu anderen Schätzungen den Vorteil, dass die Reliabilität weder durch unvollständige Homogenität noch durch wahre Veränderungen unterschätzt wird (► Kap. 2.1.11).

Validität: Schmitt et al. (2003) untersuchten die Validität des BDI-V an einer demographisch heterogenen Gelegenheitsstichprobe ($N = 200$) und an drei klinischen Stichproben (Depression, $N = 60$; Angst- und Essstörungen, $N = 11$; Schizophrenie, $N = 40$). Die Reliabilität des BDI-V überstieg in diesem Datensatz jene des Original-BDI und aller anderen Depressionsskalen. Mittels der damals aktuellen deutschen Fassung (CIPS, 1996) der Hamilton Depression Scale HAMD (Hamilton, 1967) wurde in den klinischen Stichproben ein Expertenrating der Depression erhoben. In der klinisch unauffälligen Stichprobe wurden zusätzlich zum BDI-V und dem Original-BDI vier weitere Selbstbeschreibungsmaße der Depression verwendet: (1) Die Depressionsskala der Kurzform des MMPI (Gehring & Blaser, 1993); (2) die Allgemeine Depressionsskala ADS von Hautzinger und Bailer (1993; s. u.); (3) die Depressivitäts-Skala DS nach Von Zerssen (1976), (4) die Self-Rating Depression Scale SDS von Zung (1965) in der deutschen Fassung des CIPS-Handbuchs (CIPS, 1996).

Für die Validität des BDI-V sprechen folgende Ergebnisse der Studie: Das BDI-V konvergierte in der Gesamtstichprobe mit dem Original-BDI sowohl auf der Ebene der einzelnen Symptome (durchschnittliche Korrelation $r = 0{,}70$) als auch auf der Ebene des Skalenwertes ($r = 0{,}91$). Darüber hinaus korrelierten beide BDI-Versionen in der klinisch unauffälligen Stichprobe ähnlich hoch mit den weiteren Selbstbeschreibungsmaßen der Depression (durchschnittliche Korrelation $r = 0{,}70$) und in den klinischen Stichproben mittelhoch ($r = 0{,}50$) mit dem Expertenrating. BDI-V und Original-BDI differenzieren ähnlich gut zwischen klinisch unauffälligen Personen und Patient:innen mit einer depressiven Primär- oder Sekundärsymptomatik. Vergleichbar gut gelingt mit beiden Versionen auch die Differenzierung klinischer Gruppen. Eine konfirmatorische Faktorenanalyse ergab in der klinisch unauffälligen Stichprobe eine geringfügige Abweichung von perfekter Messäquivalenz ($1{,}00 \leq r \leq 0{,}95$). Diese Abweichung ist für die klinische Praxis unerheblich. Mit dem BDI-V steht somit ein Instrument zur Verfügung, das mindestens gleich gute Messeigenschaften aufweist wie das Original-BDI, diesem in der Messökonomie aber überlegen ist und daher z. B. auch für (epidemiologische) Screenings an großen Stichproben empfohlen werden kann.

Änderungssensitivität: Die Änderungssensitivität wurde von Schmitt und Maes (2000) gemeinsam mit der Reliabilität unter Verwendung von Latent-State-Trait-Analysen (▶ Kap. 2.1.11) geschätzt. Dabei ergab sich eine Änderungssensitivität (Messgelegenheitsspezifität) von 0,26. Dies bedeutet, dass ein Viertel der Varianz der Messwerte auf individuelle Unterschiede in systematischen intraindividuellen Veränderungen zurückgeführt werden kann.

Richtwerte/Normen: Normiert wurde das BDI-V von Schmitt, Altstötter-Gleich, Hinz, Maes und Brähler (2006) an einer Stichprobe von insgesamt N = 4494 Personen. Die Stichprobe setzte sich zusammen aus Stichproben der Studie von Schmitt und Maes (2000), der klinisch unauffälligen Stichprobe und der klinischen Stichprobe Depressiver aus der Studie von Schmitt et al. (2003) sowie der Stichprobe einer Mehrthemenumfrage des Coautors Elmar Brähler. Gemäß wichtigen demographischen Merkmalen war die Gesamtstichprobe näherungsweise bevölkerungsrepräsentativ. Die Verteilungskennwerte des BDI-V Skalenwertes betrugen bei Männern M = 18,8 und SD = 13,5 (N = 2498), bei Frauen M = 22,3 und SD = 14,7 (N = 2076). In der klinisch unauffälligen Stichprobe (N = 200) der Studie von Schmitt et al. (2003) betrug der Mittelwert M = 20,4 (SD = 14,2), in der klinischen Stichprobe (N = 60) war er mit M = 53,7 (SD = 14,9) massiv erhöht. Als Standardwerte teilen Schmitt et al. (2006) Prozentränge, z-Werte und T-Werte mit, und zwar für die Gesamtstichprobe sowie getrennt für Männer und Frauen.

Kritische Differenzen: Als kritische Differenzen ermittelten die Autoren 8,8 Punkte (gerundet 9 Punkte) für die Gesamtstichprobe sowie 8,3 Punkte (gerundet 8 Punkte) für Männer und 9,1 Punkte (gerundet 9 Punkte) für Frauen. Angesichts des hohen Mittelwertes in der klinischen Gruppe kann bei einer Verbesserung allein um diese Werte jedoch noch nicht von einer erfolgreichen Therapie gesprochen werden.

Vertrauensintervall um individuelle Messwerte: Bei der Interpretation individueller Messwerte und der Anwendung des Cut-off-Wertes muss das Vertrauensintervall in Rechnung gestellt werden. Dieses beträgt laut Schmitt et al. (2006) +/- 5,9 für Männer und +/- 6,4 für Frauen, gerundet für beide Geschlechter +/- 6.

Cut off: Ein Grenzwert zur Unterscheidung von klinischen und unauffälligen Ausprägungen der Depression bzw. Depressivität wurde von Schmitt et al. (2006) nur für die Gesamtstichprobe vorgeschlagen, da die Teilstichproben der Männer und Frauen in der klinischen Gruppe für eine zuverlässige Festlegung von separaten Grenzwerten zu klein erschienen. Bei einem BDI-V-Wert von 35 (Wertespanne von 0 bis 100) sind Sensitivität (0,92) und Spezifität (0,91) hoch und ausgeglichen. Bei diesem Grenzwert werden also gleich viele richtig positive wie richtig negative Diagnosen gefällt und entsprechend gleich viele falsch positive wie falsch negative Diagnosen.

Empfehlung: Das BDI-V kann als kurze und einfache Alternative zum BDI II für die Praxis empfohlen werden.

Bezug: Items und Layout des BDI-V findet man z. B. bei Schmitt et al. (2003). Das Copyright liegt bei den Autoren Manfred Schmitt und Jürgen Maes, die eine unentgeltliche Nutzung des BDI-V gestatten. Ein Manual gibt es nicht. Alle zum

Verständnis und zur Handhabung des Instruments erforderlichen Angaben sind hier aufgeführt bzw. in den zitierten Publikationen enthalten.

Tab. 3.10: Steckbrief Vereinfachtes Beck Depressions Inventar (BDI-V)

Steckbrief	
Name	Vereinfachtes Beck Depressions Inventar (BDI-V)
Bezug	Items und Layout: Schmitt et al. (2003)
Umfang	20 Items
Messwerte	Skalenwert (Summe der Itemwerte, Wertespanne von 0 bis 100)
Richtwerte/Normen	Normierung anhand einer Bevölkerungsstichprobe; *T*-Werte, Prozentränge, auch getrennt für Männer und Frauen Gesamtbevölkerung Frauen (N = 2076): M = 22,3; SD = 14,7 Gesamtbevölkerung Männer (N = 2418): M = 18,8; SD = 13,5 Patient:innen mit Depression (N = 60): M = 53,7; SD = 14,9
Kritische Differenz	9 Punkte im Skalenwert bei Frauen 8 Punkte im Skalenwert bei Männern
Vertrauensintervall	+/- 6 Punkte im Skalenwert
Cut off	35 Punkte im Skalenwert

3.6.3 Der Patient Health Questionnaire – Depression (PHQ-9)

Der neun Items umfassende *Patient Health Questionnaire – Depression (PHQ-9)* ist eine von mehreren Skalen innerhalb des Gesundheitsfragebogens für Patient:innen (PHQ-D), welcher als deutsche Übersetzung von Löwe, Spitzer, Zipfel und Herzog (2002) seinen Ursprung im Patient Health Questionnaire hat (PHQ; Spitzer, Kroenke, Williams & Group, 1999). Das PHQ wurde in den USA als Screeninginstrument für psychische Störungen in der allgemeinmedizinischen Praxis entwickelt. Das Gesamtinstrumentarium des PHQ ist relativ umfangreich und umfasst Screening-Module für acht Bereiche: Depression, Panikstörung, Ängstlichkeit, somatoforme Störungen, Binge-Eating-Störung, Bulimia nervosa, Alkoholabusus und häufige psychosoziale Stressoren (insgesamt 78 Items).

Zum Screening bei Depression wurde auch eine Version ohne Suizidalitätsitem verwendet und validiert (PHQ-8; Kroenke et al., 2009), beispielsweise zur Evaluation von Online-Interventionen, wenn haftungsrechtlich keine unmittelbare Auswertung und fachliche Abklärung der Suizidalität bzw. Möglichkeiten der Krisenintervention sichergestellt werden können. Dieses wegzulassen, wäre im psychotherapeutischen Kontext jedoch nicht sinnvoll.

Mit der Depressionsskala PHQ-9 werden anhand von neun Fragen (4-stufige Selbsteinschätzungen von 0 = »an keinem Tag« bis 3 = »beinahe jeden Tag«) Symptome einer Major Depression nach DSM-IV (APA, 2000) erhoben (z. B. Niedergeschlagenheit, Schwermut oder Hoffnungslosigkeit; Wertespanne von 0 bis 27). Da Kriterien einer Major Depression erhoben werden, ist auch eine klassifikatorische Auswertung möglich. Die deutsche Validierungsstudie (Gräfe, Zipfel, Herzog & Löwe, 2004) basierte auf 357 Patient:innen verschiedener Universitätsambulanzen und allgemeinmedizinischer Hausarztpraxen in Heidelberg sowie 171 psychosomatischen Patient:innen der psychosomatischen Ambulanz der dortigen Universität. Die Beantwortung des PHQ-9 dauert ca. drei Minuten, die Auswertung etwa eine Minute.

Zeitrahmen: Die Instruktion lautet: »Wie oft fühlten Sie sich im Verlauf der letzten zwei Wochen durch die folgenden Beschwerden beinträchtigt?«

Dimensionale Struktur: In einer britischen Versorgungsstudie mit 1078 Patient:-innen zu Beginn einer ambulanten Routinebehandlung konnte eine einfaktorielle Struktur belegt werden (42 % Varianzaufklärung; Faktorladungen der einzelnen Items von 0,54 bis 0,71), die auch bei Behandlungsende stabil blieb (Cameron, Crawford, Lawton & Reid, 2008).

Zuverlässigkeit: In der deutschen Validierungsstudie (Gräfe et al., 2004) erreichte das PHQ-9 mit Alpha = 0,88 eine gute interne Konsisistenz.

Validität: In der deutschen Validierungsstudie (Gräfe et al., 2004) dienten standardisierte SKID-I Interviews (Wittchen, Zaudig & Fydrich, 1997) als Kriterium. Von den 357 allgemeinmedizinischen Patient:innen erfüllten nur *N* = 22 Patient:-innen (6,2 %) die Kriterien einer Major Depression bzw. *N* = 33 (9,2 %) die Kriterien einer anderen depressiven Störung. Auch von den 171 psychosomatischen Patient:innen erfüllte nur ein Teil (*N* = 50, 29,2 %) die Kriterien einer Major Depression bzw. *N* = 32 (18,7 %) die Kriterien einer anderen depressiven Störung. Das Screening auf das Vorliegen einer depressiven Störung (alle depressiven Störungen, klassifikatorische Auswertung) mit dem PHQ-9 erreichte bei kategorialer Auswertung (d. h. der nach DSM-IV erforderlichen Anzahl von Kriterien einer depressiven Episode) in der allgemeinmedizinischen Gruppe eine Sensitivität von 75 % (Spezifität 90 %) bzw. in der psychosomatischen Gruppe eine Sensitivität von 78 % (Spezifität 70 %). Im direkten Vergleich mit anderen Depressionsskalen wie dem BDI-II und der Hospital Anxiety and Depression Scale HADS (Zigmond & Snaith, 1983) korrelierten diese Depressionsskalen mit *r* = 0,73 bis 0,85 mit dem PHQ-9 (Zhao, Chan & Lo, 2017; *N* = 207), in einer britischen Studie der ambulanten Routineversorgung (HADS, Cameron et al., 2008; *N* = 454) zu *r* = 0,68. Löwe et al. (2004c) berichten für die deutschen Version und die HADS-Depressionskala eine Korrelation von *r* = 0,74.

Änderungssensitivität: Die Änderungssensitivität des PHQ-9 konnte u. a. in einer Untersuchnung von Löwe, Kroenke, Herzog und Gräfe (2004b) gezeigt werden. Daneben kam das PHQ-9 in einer Reihe von Verlaufsuntersuchungen zum Einsatz, z. B. bei Cameron et al. (2008; *N* = 544, ambulante Routineversorgung), in welcher es praktisch identisch hohe Behandlungseffekte abbildete wie die Fremdrating Hamilton Depression Scale (*d* = 0,99 versus *d* = 1,0).

Richtwerte/Normen: Normwerte liegen nicht vor. Als Referenzwert wird in der deutschen Validierungsstichprobe (Gräfe et al., 2004) ein Mittelwert von *M* = 17,9 (*SD* = 4,5) berichtet. Für Patient:innen ohne depressive Störung betrug der dortige Mittelwert *M* = 5,9 (*SD* = 4,2). Für die USA schlagen Kroenke, Spitzer und Williams (2001; *N* = 580 allgemeinmedizinische Patient:innen) folgende Schweregradstufen vor, welche auch im deutschen Manual genannt werden: 0 bis 4 = »keine bzw. minimale Depression«, 5 bis 9 = »leichte bzw. unterschwellige Depression«, 10 bis 14 = »mittelgradige Depression«, 15 bis 20 = »ausgeprägte Depression« und 20 bis 27 = »schwerstgradige Depression«.

Kritische Differenzen: Aus der deutschen Validierungsstudie von Gräfe et al. (2004) können die zur Berechnung erforderlichen Verteilungskennwerte einer depressiven bzw. der nicht-depressiven Stichprobe entnommen werden. Für eine signifikante Veränderung, z. B. im Rahmen einer Psychotherapie, ist eine Differenz von mindestens 4,3 Punkten (gerundet 4 Punkte, Wertespanne von 0 bis 27) erforderlich.

Vertrauensintervall um individuelle Messwerte: Auf Grundlage von Reliabilität (Alpha = 0,88) und Standardabweichung der Patient:innengruppe (*SD* = 4,5) kann ein Vertrauensintervall von +/- 3,1 (gerundet 3) berechnet werden.

Cut off: Aus der Mitte zwischen dem Mittelwert einer nichtpathologischen (*M* = 5,9) und jenem einer pathologischen Stichprobe (*M* = 17,9) ergibt sich ein Cut off 1 = 11,9 (gerundet: 12). Damit einher gehen weitere, annähernd gleiche Angaben. Für das Screening auf Vorliegen einer Major Depression wird ein optimales Verhältnis von Sensitivität und Spezifität bei einem Cut off = 11 berichtet (Sensitivität 98 %, Spezifität 61 %, psychosomatische Patient:innen; Gräfe et al., 2004), bei Löwe und Kollegen (2004a) Cut off = 12, für die Kurzversion ohne Suizidalitäts-Item (US-Erhebung, *N* = 198 678) Cut off = 10.

Empfehlung: Das PHQ-9 wurde als kurzes Screeninginstrument – besonders auch für den außerklinischen Kontext – entwickelt. Für klinische Fragestellungen im engeren Sinne (Psychotherapien) wird mit dem Beck Depressions-Inventar (BDI/ BDI II) ein breiteres Spektrum depressiver Symptome erhoben, dieses soll daher vorrangig für die Therapieerfolgsmessung empfohlen werden.

Bezug: Das deutschsprachige Manual der Komplettversion des PHQ-D (Löwe et al., 2002) wie auch die Kurzform sowie der Fragebogen sind auf der Website des Universitätsklinikums Heidelberg verfügbar.

Tab. 3.11: Steckbrief PHQ-9 – Patient Health Questionnaire (PHQ), Skala Depressivität

Steckbrief	
Name	PHQ-9 – Patient Health Questionnaire (PHQ), Skala Depressivität
Bezug	Manual von Löwe et al. (2002) online auf der Website des Universitätsklinikums Heidelberg verfügbar
Umfang	9 Items
Messwerte	Skalenwert (Summe der Itemwerte, Wertespanne von 0 bis 27)
Richtwerte/Normen	Keine Normwerte verfügbar Patient:innen mit Major Depression gemäß DSM: *M* = 17,9; *SD* = 4,5 Gesunde Vergleichsgruppe: *M* = 5,9; *SD* = 4,2
Kritische Differenz	4 Punkte im Skalenwert
Vertrauensintervall	+/- 3 Punkte im Skalenwert
Cut off	12 Punkte im Skalenwert

3.6.4 Die Allgemeine Depressionsskala (ADS)

Unter Umständen kann es in der Psychotherapie interessant sein, auch Unterschiede einer leichter ausgeprägten Depressionsproblematik (*Depressivität*) zu differenzieren. Die als »sehr klinisch« geltenden Items des BDI/BDI-II könnten sich der berichteten Problematik gegenüber manchmal als nicht angemessen erweisen und deshalb zu Bodeneffekten führen. Die Gründe mögen unterschiedlich sein: Diminutions-(Abschwächungs-)tendenzen; gefühlsmäßige Ablehnung; ein Behandlungsauftrag, bei dem Depression zunächst als nicht im Vordergrund stehend berichtet wird etc. Um einen Bodenwert zu vermeiden, der zudem den Verlauf nicht gut abbilden würde (ein niedriger Wert kann trotz erfolgreicher Behandlung nicht nochmals deutlich niedriger ausfallen), könnte ein sinnvolles Feintuning mit einem Instrument erreicht werden, welches im Wording weniger ausgeprägt klinisch ist. Die Tübinger Arbeitsgruppe um Martin Hautzinger legte hierzu die *ADS (Allgemeine Depressionsskala)* (erste Auflage: Hautzinger & Bailer, 1993; zweite Auflage: Hautzinger et al., 2012) vor, die eine Übernahme der Center of Epidemiological Studies Depression Scale (CES-D) von Lenore Sawyer Radloff vom National Institute of Health NIH, Bethesda, Maryland darstellt (Radloff, 1977). Worauf die amerikanische Bezeichnung schon hindeutet, war die Skala zunächst als Instrument innerhalb epidemiologischer Studien gedacht, fand aber über die Jahre breiten Einsatz in der Vorher-Nachher-Messung – dezidiert auch im Rahmen von Psychotherapien.

Klinische Stichproben waren in den Studien von Radloff und Kolleg:innen stets mitbeteiligt: Die Intention bestand darin, Depressionsitems mit Eignung sowohl für die Bevölkerung als auch für klinische Fälle zu formulieren und in einem geeigneten Messinstrument zusammenzufassen (Hautzinger et al., 2012, S. 11). Die CES-D-(englisch) bzw. ADS-Skala (deutsch) gehört zu den weltweit am meisten eingesetzten Verfahren und ist in vielen großen Sprachen wie Englisch, Mandarin, Spanisch, Französisch, Hindi, Japanisch, Deutsch, Türkisch bis hin zu kleineren Sprachen wie Armenisch oder Jamaikanisch-Kreolisch (Hautzinger et al., 2012, S. 14) verfügbar. Die interessanten Informationen hierzu überspringen wir, verweisen auf das Manual und widmen uns der deutschen Version.

Beim Fragebogeneinsatz ist gerade auch an einen Personenkreis zu denken, für den die etwas weniger auf klinische Depression (ICD-10 Gruppe F 32/33) fokussierten Diagnosen in Betracht zu ziehen sind: F 34.1 – Dysthymia, F 41.2 – Angst und depressive Störung gemischt, F 43.21 – Anpassungsstörung mit depressiver Reaktion oder Z 73.0/Z 56.6 mit Burn-out- bzw. Arbeitsweltbezug. Der Fragebogen umfasst 20 Aussagen, die mit 0 = »selten« bis 3 = »meistens, die ganze Zeit« zu beantworten sind, woraus eine Wertespanne von 0 bis 60 des Gesamtskalenwerts (Summe aller Items) resultiert.

Zeitrahmen: Die Formulierung bezüglich des Zeitrahmens lautet für alle Aussagen: »Während der letzten Woche…«. Die meisten Items (16 Items) sind in depressive Richtung gepolt (»… konnte ich meine trübsinnige Laune nicht loswerden, obwohl mich meine Freunde/meine Familie versuchte/n aufzumuntern«), vier Items sind umgekehrt gepolt (»… war ich fröhlich gestimmt«; eine Folie mit Auswerteschlüssel zwecks inverser Bepunktung der positiven Items liegt bei). Die typischen depressiv-getönten Inhalte sind in den 20 Aussagen abgebildet.

Neben allgemeinen Verbesserungen liegt die Besonderheit der 2. Auflage verglichen mit der ersten (Hautzinger & Bailer, 1993) in der Aufnahme zusätzlicher Stichproben: So wurde die ADS gemeinsam mit anderen Merkmalen 2006 im Rahmen einer Repräsentativerhebung an der deutschen Bevölkerung eingesetzt ($N > 2000$; Hautzinger et al. 2012, S. 22 ff.). Die im Weiteren berichteten Befunde zur Fragebogenentwicklung beziehen sich in der Regel auf die neu rekrutierten Stichproben.

Die Bearbeitung des Fragebogens dürfte bei ca. fünf Minuten liegen. Für Auswertung, Interpretation und Dokumentation werden in der Regel ebenfalls fünf Minuten genügen. Die Verwendung der Folienschablonen ist nicht unbedingt erforderlich, sobald der/die Auswerter:in mit den vier zu invertierenden Items vertraut ist.

Für die ADS ist der Einsatz ab einem Alter von 18 Jahren geprüft. In einem Ergänzungskapitel wird zusätzlich auch über den Einsatz bei 12- bis 17-Jährigen berichtet (Hautzinger et al., 2012, S. 30 ff. und Tabelle A-4, S. 58).

Für die ADS existiert eine Kurzform aus 15 Items. Der Zeitgewinn ist, da nur fünf Items weniger beantwortet werden müssen, sehr gering.

Dimensionale Struktur: Analysen zur dimensionalen Struktur fallen etwas uneindeutig aus. Sowohl in der englischsprachigen als auch in der deutschen Version wurden Faktorenanalysen mit orthogonaler Rotation und somit unkorrelierten Faktoren durchgeführt (je nach Analyse zwei bis vier extrahierte Faktoren), die daher unabhängige Skalen nahelegen. Dennoch wurde im Original die Verwendung in Form einer Gesamtskala empfohlen, was methodisch nicht sinnvoll ist. Die deutsche Autorengruppe betont, möglichst nahe am Original bleiben zu wollen – eine faktorenanalytische Untersuchung wurde zwar vorgenommen, wäre daher also nicht zwingend gewesen. Die Ergebnisse werden hier nicht im Detail besprochen, im Amerikanischen und im Deutschen wird die CES-D/ADS (nur) in Form der Gesamtskala verwendet.

Zuverlässigkeit: Die Homogenität der Skala nach Cronbach beträgt Alpha = 0,92. Zur Retestkorrelation wird dagegen ein vergleichsweise geringer Wert von $r_{tt} = 0{,}58$ mitgeteilt. Allerdings war der Zeitabstand zwischen den Messzeitpunkten mit drei Monaten so groß, dass mit wahren Änderungen der Depressivität gerechnet werden musste und die Retestkorrelation insofern eine angemessene Reliabilitätsschätzung nicht erlaubt.

Validität: Es werden hohe Korrelationen mit anderen Selbstrating-Depressionsinstrumenten berichtet (BDI bis $r = 0{,}88$, PHQ-9 bis $r = 0{,}70$). Mit Fremdratingverfahren fielen die Korrelationen niedrig aus (um $r = 0{,}40$). Allerdings waren diese Instrumente auch nicht unmittelbar für Untersuchungen an Nicht- oder Geringdepressiven ausgelegt. Für die ADS spricht, dass sie sehr gut den Unterschied zwischen Personen ohne versus mit Depressivität abbilden kann, hierzu wurden mit $M = 11{,}7$ ($SD = 9$) versus $M = 29{,}7$ ($SD = 13{,}1$) bedeutsame Ausprägungsunterschiede ermittelt.

Änderungssensitivität: Für unsere Evaluations-Zwecke wichtig – die ADS ist änderungssensitiv. Sie kann Therapiefortschritte sowohl bei Pharmakotherapie als auch bei Psychotherapie abbilden, für die ein Rückgang von durchschnittlich 18 bis 20 Punkten zu verzeichnen war (Wertespanne von 0 bis 60). Überdies konnte gezeigt werden, dass erfolgreich behandelte Patient:innen am Therapieende ADS-Werte im

Bereich klinisch unauffälliger Personen erzielten. »Die ADS wird gerne als Prozessmaß eingesetzt«, so die Autoren (Hautzinger et al., 2012, S. 29).

Richtwerte/Normen: Bei den Entwicklungsarbeiten zur 2. Auflage stand eine große bevölkerungsrepräsentative Stichprobe (N = 2005) zur Verfügung. Die Autoren haben auf dieser Grundlage Prozentrangnormen für Männer und für Frauen ermittelt (geringfügige Unterschiede: Frauen M = 12,3 und SD = 9,3; Männer M = 11,0 und SD = 8,7), ferner für sieben Altersgruppen. Die ADS ist dezidiert auch für den Einsatz im prä-, sub- und nichtklinischen Bereich gedacht, daher ist hier der Vergleich mit Werten einer Referenzstichprobe der Allgemeinbevölkerung ohne Störung sinnvoll. Tabellen mit Richtwerten für depressive Patient:innen sind im Manual dem ADS-Kerngedanken entsprechend nicht angegeben.

Kritische Differenzen: Ausgangspunkt sind die Skalenhomogenität – Alpha = 0,92 – und die Standardabweichungen (Frauen SD = 9,3, Männer SD = 8,7; Hautzinger et al., 2012, Tabelle 8). Wir tragen die Werte in die Formel ein und ermitteln für Frauen einen kritischen Differenzwert von 7,3 Punkten (gerundet 7 Punkte) und für Männer einen von 6,8 Punkten (gerundet auf ebenfalls 7 Punkte). Veränderungen von mindestens 7 Punkten sprechen also dafür, dass der Unterschied zwischen zwei Messungen zuverlässig ist und nicht auf Messfehlern oder zufälligen Schwankungen beruht. Ein Mindestunterschied von 7 ist bei einer Wertespanne von 0 bis 60 nicht viel und spricht für die Qualität der ADS. Die im Abschnitt Änderungssensitivität angegebenen mittleren Veränderungen in Therapiegruppen würden, wenn sie bei einem Einzelfall gewonnen worden wären, das kritische Differenz-Kriterium erfüllen.

Vertrauensintervall um individuelle Messwerte: Bei der Interpretation individueller Messwerte und in ihrer Beurteilung anhand von Cut-off-Kriterien ist das Vertrauensintervall zu berücksichtigen, dieses beträgt hier für Frauen +/- 5,1 Punkte, gerundet 5 Punkte, und für Männer +/- 4,8 Punkte, gerundet ebenfalls +/- 5 Punkte.

Cut off: Der Tabelle 8 des Manuals (Hautzinger et al., 2012, S. 23) entnehmen wir nochmals die Mittelwerte der repräsentativen Bevölkerungsstichprobe sowie einer Stichprobe (N = 274), die dort als »Stichprobe depressiver Patient:innen aus verschiedenen Therapiestudien« bezeichnet wird (Frauen M = 31,0; Männer M = 28,2). Die Grenzwerte nach Kriterium Cut off 1 betragen für Frauen 18,7 Punkte, gerundet 19 Punkte, und für Männer 17,2 Punkte, gerundet 17 Punkte. Eine Therapie kann also als erfolgreich gelten, wenn Patient:innen am Ende der Behandlung ADS-Werte unterhalb von 19 (Frauen) bzw. 17 (Männer) Punkten erzielen. Bei Hautzinger et al. (2012, S. 29) werden aus Nachhermessungen von Therapien ADS-Werte zwischen 16 und 18 Punkten bzw. 12 und 16 Punkten zitiert (Mittelwerte aus Gruppenstudien). Diese Werte würden – wären sie am Therapieende in einem Einzelfall erhoben worden – bei Frauen und Männern unterhalb der jeweiligen Cut-off-Grenzen liegen und dürften somit als Hinweis für eine erfolgreiche Therapie gelten.

Grenzwert-Angabe der Fragebogenautoren: Im ADS-Manual wird ein Richtwert (dort ebenfalls als Grenzwert bezeichnet) von 22 Punkten angegeben, der etwas höher als unser Cut-off-Wert von 19 Punkten für Frauen ist (Hautzinger et al. 2012, S. 48). Dieser Wert wird von den Autoren für Screening-Untersuchungen empfohlen. Sie raten dazu, einen Skalenwert ≥ 22 Punkte als Hinweis zu nehmen, dass möglicherweise Depressivität vorliegt, der weiter nachgegangen werden sollte.

Empfehlung: Die ADS wird in der Messung von Depress*ivität* empfohlen. Hinweis: Im Gutachterverfahren (LZT und Fortführung) könnte die Verwendung der ADS nicht ausreichend sein. Um eine längere Therapie argumentativ zu untermauern (was bei einer vergleichsweise milden Depress*ivität* eine Ausnahme darstellen dürfte), sollten das klinischere BDI-II und seine Kennwerte zur Anwendung kommen.

Bezug: Das Verfahren ADS ist über die Testzentrale www.testzentrale.de (Suchfeldeingabe ADS) erhältlich.

Tab. 3.12: Steckbrief Allgemeine Depressionsskala (ADS)

Steckbrief	
Name	Allgemeine Depressionsskala (ADS)
Bezug	Manual und Untersuchungsunterlagen über die Testzentrale
Umfang	20 Items
Messwerte	Skalenwert (Summe der Itemwerte, Wertespanne von 0 bis 60)
Richtwerte/Normen	Bevölkerung (repräsentativ N = 2005): Prozentrangnormen für Frauen und Männer Patient:innen mit Depression: N = 274 Frauen: M = 31,0; SD = 13,3 Männer: M = 28,2; SD = 12,8
Kritische Differenz	7 Punkte im Skalenwert
Vertrauensintervall	+/- 5 Punkte im Skalenwert
Cut off	Frauen 19 Punkte, Männer 17 Punkte im Skalenwert

3.7 Dissoziative Störungen

Unter den Bereich der Dissoziativen Störungen wird ein facettenreiches Spektrum von Symptomen gefasst, von den dissoziativen Bewusstseinsstörungen (z. B. dissoziative Amnesie, dissoziative Fugue, nicht-epileptische Krampfanfälle und dissoziative Bewegungsstörungen) über Konversionsstörungen mit pseudoneurologischer Symptomatik bis zu den Depersonalisations-Derealisationsstörungen. Der Begriff Dissoziation geht dabei zurück auf frühere Vorstellungen einer belastungsbedingten Abspaltung bestimmter Erlebnisinhalte aus dem Bewusstsein. Allgemein wird Dissoziation definiert als »teilweiser oder völliger Verlust der normalen Integration von Erinnerungen an die Vergangenheit, des Identitätsbewusstseins, der unmittelbaren Empfindungen sowie der Kontrolle von Körperbewegungen« (ICD-10; WHO, 2010). Neben der Diagnosekategorie der dissoziativen Störungen ist die Berücksichtigung dissoziativer Symptome auch für die Diagnostik und Behandlung anderer Diagnosebereiche von Bedeutung, etwa Posttraumatische Belastungsstörung, Borderline-Persönlichkeitsstörung oder neurologische Erkrankungen mit begleitenden kognitiven Funktionsstörungen und Bewusstseinsstörungen. Das Vorliegen einer dissoziativen Symptomatik gilt als negativer Prädiktor für den Behandlungserfolg (Kleindienst et al., 2011).

Für standardisierte Selbsteinschätzungsinstrumente zur Erfassung der Schwere dissoziativer Symptome ergeben sich einige Besonderheiten, die hier genannt werden sollen: Zum einen gibt es unterschiedliche Traditionen, welche psychopathologischen Symptome als dissoziativ klassifiziert werden und in welchen sich die Diagnosesysteme wie auch die verfügbaren standardisierten Instrumente unterscheiden: Von Störungen der kognitiven Kontrolle (z. B. dissoziative Amnesien), über Störungen der emotionalen Kontrolle (z. B. Gefühl der emotionalen Taubheit) bis hin zu körperlichen Symptomen (z. B. dissoziativen Bewegungsstörungen). Eine weitere, in der psychometrischen Erfassung der dissoziativen Symptomatik nicht abschließend geklärte Frage ist, ob die erfassten Symptome eher einen Zustand (state) oder eher eine Persönlichkeitseigenschaft (trait) darstellen (Spitzer, Stieglitz & Freyberger, 2021, S. 21). Für die Erfassung einer Persönlichkeitseigenschaft (trait) im Sinne einer erhöhten Vulnerabilität für Symptome der Dissoziation sprechen hohe Stabilitäten bei Messwiederholungen (Retestkorrelationen in Höhe von r_{tt} = 0,79 bis 0,96). Für die Erfassung eines Zustandes (state) im Sinne einer akuten Störung werden hingegen hohe Korrelationen mit anderen psychopathologischen Akutsymptomen angeführt (Spitzer et al., 2021, S. 67).

Ferner scheint es kulturelle Unterschiede im selbsteingeschätzten Ausmaß und der Art der Selbstbeschreibung dissoziativer Symptome zu geben, z. B. werden für angloamerikanische Stichproben höhere Werte berichtet als für mitteleuropäische Untersuchungsgruppen. Zu berücksichtigen ist auch, dass dissoziative Symptome oftmals außerhalb der bewussten Wahrnehmung liegen und anfällig für Verzerrungen der Selbstwahrnehmung sind. Zudem wird berichtet, dass Betroffene ihre dissoziative Symptomatik tendenziell eher unterschätzen bzw. dissimulieren, z. B. im Rahmen der Vermeidung traumatischer Erinnerungen und auslösender Stimuli oder aus Angst, aufgrund dissoziativer Symptome als »verrückt« beurteilt zu werden. Dissoziative Symptome sind ein in der Allgemeinbevölkerung wie auch bei klinischen Gruppen vergleichsweise seltenes Phänomen, d. h. wenige oder wenig intensiv berichtete Symptome können bereits psychopathologisch auffällig sein.

3.7.1 Der Fragebogen zu Dissoziativen Symptomen – Kurzform (FDS-20)

Der *Fragebogen zu Dissoziativen Symptomen – Kurzform (FDS-20*; Spitzer et al., 2021) hat mit 20 Items zur Selbstbeurteilung seinen Ursprung in der amerikanischen Dissociative Experiences Scale (DES; Bernstein & Putnam, 1986) und einer deutschen Langform, dem Fragebogen zu Dissoziativen Symptomen FDS (Spitzer et al., 2021, 44 Items). Als Kurzversion wurde der FDS-20 zum Screening und zur ökonomischen Veränderungsmessung entwickelt. Das Verfahren erlaubt die Bestimmung der Schwere dissoziativer Symptome, auch im Verlauf, wie sie im Rahmen dissoziativer Störungen (ICD-Gruppe F 44.x; WHO, 2010) und als Begleitsymptomatik bei anderen psychischen Störungen auftreten können (Lyssenko et al., 2018).

Das Instrument wird für den Altersbereich > 18 Jahre empfohlen (es wird ein Verbal-IQ > 80 vorausgesetzt). Durchführung und Auswertung gestalten sich problemlos. Da mittlerweile mehrere psychometrisch überprüfte Übersetzungen der englischsprachigen Originalversion (Bernstein & Putnam, 1986) vorliegen, ist das Verfahren auch für internationale Vergleiche gut geeignet.

Die Auswahl der zu beurteilenden Symptome orientiert sich an der Klassifikation der ICD-10 (WHO, 2010) bzw. der mit Einführung der ICD-11 (WHO, 2019) anstehenden Aktualisierung, welche pseudoneurologische Konversionssymptome, dissoziative Symptome und Depersonalisation/Derealisation in einer gemeinsamen Diagnosekategorie zusammenfasst und somit (im Unterschied zur Terminologie des DSM) die Begriffe Dissoziation und Konversion praktisch synonym verwendet. Der FDS-20 erfasst ein vergleichsweises breites Spektrum an Symptomen (s. nachfolgender Kasten). In der Entwicklung wurden Items nach dem Kriterium »höchste Trennschärfe« ausgewählt. Inhaltlich umfasst das Instrument Fragen zu vier Bereichen[2].

Symptombereiche im Fragebogen zu dissoziativen Symptomen (FDS-20, Spitzer et al., 2021)

- *Gedächtnisstörungen* (Amnesien, 2 Items): »Einige Menschen stellen manchmal fest, dass sie Dinge getan haben, an die sie sich nicht erinnern können.«
- *Phänomene der Bewusstseinseinengung* (Absorption, 6 Items): »Einige Menschen stellen zeitweise fest, dass sie sich so sehr in eine Fantasiegeschichte oder einen Tagtraum hineinversetzten, dass sie den Eindruck haben, diese geschähen wirklich.«
- *Entfremdungs- bzw. Unwirklichkeitserleben* in Bezug auf sich selbst oder die unmittelbare Umgebung (Depersonalisation und Derealisation, 6 Items): »Einige Menschen haben zuweilen das Gefühl, dass andere Personen, Gegenstände und die Welt um sie herum nicht wirklich sind.«
- *Pseudoneurologische Symptome* (Konversion, 4 Items): »Einige Menschen stellen gelegentlich fest, dass ihre Beine oder Arme sehr schwach sind oder sie ihre Gliedmaßen gar nicht mehr bewegen können, ohne dass ein Arzt eine körperliche Ursache finden konnte.«

Die in jeder Frage wiederholte Instruktion lautet »Kennzeichnen Sie bitte, wie häufig Ihnen dies passiert.« Die Fragen sollen mit einer Einschätzung von 0 = »niemals« bis 100 = »immer« beantwortet werden, wobei die Häufigkeiten in Zehnerschritten dargeboten und anzukreuzen sind. Da sich entgegen den theoretischen Annahmen die vier Facetten in Faktorenanalysen nicht eindeutig bestätigen ließen, wird in der Auswertung die Bestimmung eines Skalenwertes (Summe aller Item-

2 Zwei weitere Items konnten keinem der vier Bereiche zugeordnet werden und gingen bereits in der Langform nur in den Gesamtwert ein.

werte dividiert durch deren Anzahl, Wertespanne von 0 bis 100) empfohlen. Die Verteilungskennwerte wurden an einer diagnostisch gemischten Stichprobe von N = 1289 Patien:innten einer psychiatrischen Universitätsklinik und einer psychosomatischen Klinik ermittelt (Spitzer et al., 2021, S. 68 ff.).

Zeitrahmen: In der Fragebogeninstruktion wird ein Bewertungszeitraum »in den letzten zwei Wochen« vorgegeben.

Dimensionale Struktur: Die faktorenanalytische Überprüfung der 20 Items basierte auf der Konstruktionsstichprobe einer diagnostisch gemischten Patient:-innengruppe (Durchschnittsalter 36 Jahre, 74 % weiblich) mehrerer stationärer Einrichtungen (N = 1289; Spitzer et al., 2021, S. 69). Bei insgesamt drei Faktoren mit Eigenwert > 1 (1. Faktor: 42 % Varianzaufklärung) fanden sich für alle 20 Items Ladungen auf dem ersten Faktor zwischen 0,50 und 0,74, was die Autoren als Hinweis auf Eindimensionalität und Rechtfertigung eines Skalenwertes interpretieren.

Zuverlässigkeit: Für den FDS-20 wird mit Alpha = 0,93 eine hohe interne Konsistenz berichtet.

Validität: Im Handbuch (Spitzer et al., 2021) werden Angaben zur konvergenten und diskriminanten Validität berichtet. Darüber hinaus liegen umfassende Validitätsbefunde zur Langform des FDS vor. Die Korrelationen mit Skalen der Symptom-Checklist-90 (Franke, 2014) betragen r = 0,42 bis 0,62 und mit einem SCL-Gesamtskalenwert r = 0,64. Patient:innen mit Borderline-Störung und mit Posttraumatischer Belastungsstörung erreichten im FDS-20 die höchsten Mittelwerte. Männer berichteten signifikant niedrigere Werte als Frauen.

Änderungssensitivität: Der FDS-20 zeigte zwischen Aufnahme- und Entlassungszeitpunkt einer stationären Therapie eine gewisse Stabilität (r_{tt} > 0,63; bei Zwischenmessungen nach 14 bis 16 Tagen r_{tt} = 0,71 bis 0,88). Durchschnittliche Veränderungen zwischen Aufnahme- und Entlassungszeitpunkt fielen gering aus (d = 0,28). Dies kann allerdings auch auf eine vergleichsweise hohe Streuung und einen geringen Mittelwert zu Beginn der Therapie zurückzuführen sein (bei Aufnahme: M = 16,5; SD = 15,8; Wertespanne von 0 bis 100). Hier sind weitere Studien erforderlich.

Richtwerte/Normen: Für die FDS-Langform enthält das Testmanual Tabellen zur Umrechnung von Rohwerten in Prozentrangwerte. Für die Kurzform FDS-20 liegt bislang keine Normierung vor. Zur Orientierung werden im Testmanual Verteilungskennwerte verschiedener Referenzstichproben berichtet, beispielsweise einer gesunden studentischen Stichprobe (N = 56; M = 5) und verschiedener klinischer Referenzgruppen (PTSD-Patient:innen: N = 118, M = 22; Borderline-Patient:innen: N = 158, M = 26; Patient:innen mit dissoziativen Störungen: N = 12, M = 13 [aus einem Diagramm abzulesen, keine Angaben zur Streuung]). Im Manual als niedrig-dissoziativ bezeichnete Patient:innen (N = 833) erreichten M = 14,5 und SD = 14,1, dort als hoch-dissoziativ bezeichnete Patien:tinnen (N = 400) M = 22,4 und SD = 18,0 (Spitzer et al., 2021, S. 70).

Kritische Differenzen: Die kritische Differenz sollte aufgrund unterschiedlicher Standardabweichungen gruppenweise ausgegeben werden: Sie beträgt für die Gruppe der laut Manual niedrig-dissoziativen Patient:innen 10,3 (gerundet 10) bzw. für die dortige Gruppe der hoch-dissoziativen Patient:innen 13,2 (gerundet 13)

Punkte. Die Angaben beziehen sich auf den Skalenwert mit der Wertespanne von 0 bis 100.

Vertrauensintervall um individuelle Messwerte: Auf Grundlage von Reliabilität (Alpha = 0,93) und Standardabweichungen (niedrig-dissoziative Referenzstichprobe mit *SD* = 14,1; hoch-dissoziative Referenzstichprobe mit *SD* = 18,0) kann ein Vertrauensintervall von +/- 7,3, gerundet +/- 7 Punkte, für die niedrig-dissoziative Gruppe bzw. +/- 9,3, gerundet +/- 9 Punkte, für die hoch-dissoziative Gruppe berechnet werden.

Cut off: Als Grenzwert, bei dem mit gleicher Wahrscheinlichkeit eine Zugehörigkeit zur klinischen bzw. zur gesunden Gruppe besteht, kann auf Basis der gesunden studentischen Gruppe (*M* = 5) und der klinischen Gruppe hoch-dissoziativer Patient:innen (*M* = 22,4) ein Cut off 1 = 13,7 Punkte, gerundet 14 Punkte, berechnet werden.

Empfehlung: Der FDS-20 (Fragebogen zu dissoziativen Symptomen), Kurzform des FDS, kann als Instrument zur Therapieerfolgsmessung empfohlen werden, wobei die Änderungssensitivität noch weiter untermauert werden sollte. Zu beachten ist, dass die Varianz an dissoziativer Symptomatik innerhalb verschiedener Diagnosegruppen – dissoziative Störungen, Posttraumatische Belastungsstörungen, Borderline-Persönlichkeitsstörungen – hoch ist. Auch raten die Autoren davon ab, Therapieverläufe zu beurteilen, wenn ein Eingangswert < 12 vorliegt.

Bezug: Der FDS-20 (Fragebogen zu Dissoziativen Symptomen) wurde zusammen mit dessen Langform (FDS) als Testmappe mit Handbuch und Testbögen im Hogrefe Verlag veröffentlicht und kann über die Testzentrale bezogen werden (www.testzentrale.de; Suchfeldeingabe FDS).

Als weiterer Fragebogen ist die im Kontext der dialektisch-behavioralen Therapie DBT entwickelte Dissoziations-Spannungs-Skala DSS (Stiglmayr, Braakmann, Haaf, Stieglitz & Bohus, 2003; Stiglmayr et al., 2010) zu erwähnen, welche sich allerdings eingeschränkter an Aspekten der Akutausprägung der dissoziativen Symptomatik orientiert (bis dato noch nicht eigenständig veröffentlicht).

Tab. 3.13: Steckbrief Fragebogen zu Dissoziativen Symptomen (Kurzform) (FDS-20)

Steckbrief	
Name	Fragebogen zu Dissoziativen Symptomen (Kurzform) (FDS-20)
Bezug	Manual von Spitzer, Stieglitz & Freyberger (2021) mit Testbögen über die Testzentrale verfügbar
Umfang	20 Items
Messwerte	Skalenwert (Summe der Itemwerte, dividiert durch die Anzahl der Itemsl, Wertespanne von 0 bis 100)
Richtwerte/Normen	Keine Normwerte verfügbar (bzw. nur für eine Langform) PTSD-Patient:innen: *M* = 22 Borderline-Patientinnen: *M* = 26 Patient:innen mit dissoziativen Störungen: *M* = 13 niedrig-dissoziative Patient:innen: *M* = 14 hoch-dissoziative Patient:innen: *M* = 22

Tab. 3.13: Steckbrief Fragebogen zu Dissoziativen Symptomen (Kurzform) (FDS-20) – Fortsetzung

Steckbrief	
Kritische Differenz	niedrig-dissoziative Patient:innen 10, hoch-dissoziative Patient:-innen 13 Punkte im Skalenwert
Vertrauensintervall	niedrig-dissoziative Patient:innen +/- 7, hoch-dissoziative Patient:-innen +/- 9 Punkte im Skalenwert
Cut off	14 Punke im Skalenwert (klinische Gruppe hoch-dissoziativer Pati-ent:innen)

3.8 Essstörungen

3.8.1 Das Eating Disorder Inventory-2 (EDI-2)

Magersucht – restriktiv (ICD-10, F 50.00), Magersucht – purging Type (F 50.01) und Bulimie (F 50.2) sind die wesentlichen Essstörungen gemäß ICD (WHO, 2010), hinzu kommt die Binge Eating Disorder, die bislang meist unter F 50.8 subsumiert wird. Neben einigen Checklisten, standardisierten Interviews und Instrumenten für spezielle Fragestellungen – etwa zu sogenannten Eating Attitudes (Garner & Garfinkel, 1979) – ist das *Eating Disorder Inventory 2 (EDI-2)* international gebräuchlich. Es will die »Diagnosestellung nicht ersetzen« (Paul & Thiel, 2005), dient vielmehr dazu, die Facetten der Essstörungen in ihrer Breite zu erfassen, macht sie quantifizierbar und ist in der Outcomebestimmung wichtig. Bei Studien im Bereich Essstörungen werden die Ergebnisse meist auf der Basis von EDI-Messungen berichtet. David Garner, ehemals York University, Toronto, publizierte mit seinem Team eine erste 64-Item-Fassung im Jahr 1983 sowie eine erweiterte zweite Fassung acht Jahre später (EDI-2). Die deutsche Version – manualisiert und in einer Testmappe – erschien in der Autorenschaft der Essstörungsforscher Thomas Paul (Bad Bramstedt und Hamburg) und Andreas Thiel (Rothenburg a. d. Wümme) im Jahr 2005. Die Items des Fragebogens wurden übersetzt, blind rückübersetzt, auf sprachliche Genauigkeit geprüft und dann freigegeben. In der Praxis sind beide Varianten, also jene mit 64 und – erweitert – jene mit 91 Items gleichberechtigt im Einsatz, wobei die kürzere etwas häufiger verwendet wird. Der 64-Item-Wortlaut ist auch in der Version EDI-2 unverändert enthalten. Die Items sind im EDI acht bzw. im EDI-2 elf Skalen zugeordnet. Die Skalen sind unterschiedlich lang, umfassen im Mittel acht Items, wobei die kürzeste Skala aus sechs und die längste aus elf Items besteht.

Dem Itemformulierungs- und -selektionsprozess lag eine deduktiv-induktive Mischung aus theoretischer Ableitung (z. B. basierend auf dem Ansatz der bekannten Essstörungstherapeutin Hilde Bruch; Bruch 1978/1982) und Niederschriften aus Expert:innenbeobachtungen zugrunde. Zuerst wurden die Dimensionen festgelegt, daraufhin wurden zu den Dimensionen Itempools erarbeitet. Als schwach bewertete Items (Hauptkriterium war die Höhe der Trennschärfekoeffizienten) und Items mit uneindeutiger Zuordnung zu Dimensionen wurden in einem Optimierungsprozess aus mehreren Bearbeitungsschritten aussortiert (Paul & Thiel, 2005).

Die Dimensionen des EDI sind zum einen manifest auf Essverhalten, Gewicht und Aussehen bezogen: Schlankheitsstreben, Bulimie, Unzufriedenheit mit dem Körper. Andere hingegen beinhalten Phänomene, die als Bedingungsfaktoren für Essstörungen angenommen werden: Ineffektivität (im Sinne eines generellen Unzulänglichkeitsgefühls), Perfektionismusstreben, Misstrauen, Mangel an interozeptiver Wahrnehmung und Angst vor dem Erwachsenwerden. Die im EDI-2 hinzugekommenen Skalen lauten Askese, Impulsregulation und Soziale Unsicherheit. Zu beachten ist, dass im Einsatz bei den drei Essstörungserkrankungen Magersucht, Bulimie und Binge Eating Disorder unterschiedliche Summenwerte auf den einzelnen Skalen zu erwarten sind. Im Vergleich zu anderen in diesem Kapitel besprochenen Verfahren ist das EDI-2 recht umfangreich, auch in der Interpretation der Befunde etwas umständlich. Zu den Skalen werden jeweils separate Werte ermittelt. Nicht sinnvoll ist es, einen EDI-Gesamtskalenwert zu bestimmen.

Die Items des Fragebogens werden in gemischter Abfolge vorgegeben. Dies ist für die Patient:innen etwas intransparent, zumal bei manchen Skalen ein expliziter Essstörungsbezug auf den ersten Blick nicht gegeben ist. Die Auswertung ist vergleichsweise aufwändig: Es gibt jedoch Folien mit einem Item-Skala-Zuordnungsschlüssel, die zur Wertermittlung auf die jeweilige Fragebogenseite aufgelegt werden. Einige Items sind in Störungsrichtung formuliert (»Ich habe fürchterliche Angst, an Gewicht zuzunehmen«), andere in gesunde Richtung (»Ich bin mit meiner Figur zufrieden«). Dies ist auf den Folien berücksichtigt. Auf den ersten drei Seiten des Fragebogens sind die Items der Version 1 des EDI aufgelistet, die später hinzugekommenen Items des EDI-2 befinden sich auf Seite 4.

Die Anweisung lautet, bei der jeweiligen Aussage eine Zahl zwischen 1 = »nie« und 6 = »immer« anzugeben. Skalen mit sechs Items haben eine Wertespanne von 6 bis 36, Skalen mit elf Items entsprechend eine von 11 bis 66.

Zeitrahmen: Es gibt keinen Zeitrahmen für die Beantwortung. Dieser muss von der/dem Untersucher:in festgelegt und dann über die Messzeitpunkte konstant gehalten werden. Zur Bearbeitungszeit (91 Item-Version) geben die Autoren 20 Minuten an. Für Auswertung, Interpretation und Dokumentation sollten mindestens zehn Minuten veranschlagt werden.

Der geprüfte Einsatzbereich des EDI ist ab 16 Jahren (Paul & Thiel, 2005, Tabelle A 2, S. 32).

Den im Folgenden skizzierten Skalenanalysen liegt eine zusammengesetzte Stichprobe aus $N = 463$ Patientinnen mit Magersucht oder Bulimie zugrunde. Eine Binge-Eating-Disorder-Stichprobe ($N = 30$) wurde erst später ergänzt und ging aufgrund der geringen Größe nicht in alle Analysen ein.

Dimensionale Struktur: Die Skalenkonstruktion wurde zuvor beschrieben. Die Zuordnung von Items zu Skalen erfolgte a priori (Paul & Thiel, 2005, S. 11). Hinweise dazu, dass die jeweilige a priori-Dimension auch mit den ihr zugeordneten Items tatsächlich sinnvoll gemessen wird, ergeben sich aus den Gütekennwerten.

Zuverlässigkeit: Die Skalenhomogenitäten der ersten Version des EDI liegen über Alpha = 0,82 (bis zu Alpha = 0,93), die im EDI-2 hinzugekommenen Skalen haben etwas schwächere Homogenitätswerte (Alpha < 0,80). Retestkorrelationen (Abstand sieben Tage) wurden auf der Essstörungs-Spezialstation einer Psychosomatischen Klinik erhoben und rangieren zwischen $r_{tt} = 0{,}81$ und $r_{tt} = 0{,}89$.

Validität: Die Autoren interpretieren aufgrund eigener Faktorenanalysen eine Lösung mit sieben Faktoren und 54 % Varianzaufklärung als relativ angemessen. Diese Lösung deckt sich nur teilweise mit den a priori-Skalen von Garner aus den Jahren 1983 und 1992. Die Ausführungen dazu sind im Manual relativ knapp dargestellt (Paul & Thiel, 2005, S. 21–22). Die konvergente Validität des EDI-2 wurde anhand des Fragebogens zum Essverhalten FEV (Pudel & Westenhöfer, 1989) untersucht, ergab jedoch – da die gemessenen Merkmale nicht optimal vergleichbar sind – keine durchgängig zufriedenstellenden Validitätshinweise. Zu Korrelationen mit den neun Skalen der Symptom-Checklist-90 und des Beck Depressions-Inventars wurden keine Hypothesen formuliert, welche EDI-Merkmale mit welchen SCL-/BDI-Merkmalen hoch respektive niedrig korrelieren sollen. Der Sinn der diesbezüglichen Analysen bleibt etwas unklar, denn diese Referenzmaße habe nach Augenschein keinen Bezug zu Essstörungen. Dies geht im Übrigen einher mit einem uneindeutigen Ergebnisbild, was von den Autoren eingeräumt wird.

Hingegen ergaben sich Validitätsbelege aus spezifischen Werten für Kriteriumsgruppen: Zunächst unterscheiden sich alle klinischen Gruppen deutlich von Kontrollgruppen ohne eine Essstörung. Diskriminanzanalysen erbrachten eine Trefferrate »Essstörungen/allgemein versus alle anderen Untersuchungsteilnehmerinnen« von knapp 85 %. Eine Binnenanalyse innerhalb der Essstörungsgruppen zeigte überdies 61 % richtige Zuordnungen für Anorexie, 87 % für Bulimie und 95 % für Kontrollgruppenpersonen.

Änderungssensitivität: Befunde zur Änderungssensitivität des EDI bei Interventionen (Vorher-Nachher-Messungen) sind im Manual nicht angegeben, finden sich aber in der Fachliteratur. Als Beispiele für die EDI-Änderungssensitivität sind folgende Arbeiten zu nennen: Baltruschat, Geissner und Bents (2006) für stationäre Behandlung der Bulimie; Böse (2002) für Körperbildtherapie bei Essgestörten; Böse, Beisel und Geissner (2005) für Konfrontationsverfahren bei Magersucht und Bulimie; Fichter, Quadflieg, Crosby und Koch (2017) für den Langzeitverlauf von Magersuchtpatientinnen; Fichter, Quadflieg und Hedlund (2008) analog für den Langzeitverlauf von Bulimiepatientinnen; Geissner, Bauer und Fichter (1997) für die Effekte von Videokonfrontation in der Behandlung der Magersucht; Jacobi et al. (2005) für Effekte eines internetgestützten Essstörungsprogramm sowie Köster, Dannigkeit und Tuschen-Caffier (2005) für eine sekundärpräventive Schulung bei Essstörungsgefährdeten. In all diesen Studien konnte das EDI/EDI-2 die erzielten Verbesserungen nach der jeweiligen Intervention anzeigen, weswegen von Änderungssensitivität des Instruments ausgegangen werden kann.

Richtwerte/Normen: Die Autoren geben Normen für Essgestörte sowie für Frauen ($N = 186$) und Männer ($N = 102$) ohne Essstörungen an. Anzumerken ist, dass keine klinische Männerstichprobe vorliegt. Im engeren Sinne klinische Normen beschränken sich somit auf Frauen und werden berichtet für Magersucht-restriktiv ($N = 146$), für Magersucht-purging type ($N = 100$) und für Bulimie ($N = 217$). Den erzielten elf Skalenwerten werden jeweils Prozentränge in 5-%-Schritten zugeordnet (Paul & Thiel, 2005, S. 46–48). Die Stichprobe Binge Eating Disorder ist mit $N = 30$ relativ klein, es wird im Fall dieser Störung nur auf Mittelwerte und Standardabweichungen verwiesen (Paul & Thiel, 2005, Tabelle A 2, S. 32).

Kritische Differenzen: Als Datenbasis nehmen wir die zusammengesetzte Stichprobe aus $N = 463$ Essstörungspatientinnen mit Magersucht-restriktiv, Magersucht-purging type und Bulimie, für die skalenweise Homogenitätswerte berichtet werden (Tabelle A 3, nur über die drei Gruppen aggregiert verfügbar; Paul & Thiel, 2005, S. 33), ferner aus Tabelle A 7 die Standardabweichungen (hier pro Störung verfügbar). Die Mittelwerte und Standardabweichungen der elf Skalen unterscheiden sich erwartungsgemäß zwischen den klinischen Gruppen, es werden daher für elf Skalen und drei klinischen Gruppen (Magersucht-restriktiv, Magersucht-purging type und Bulimie) 33 kritische Differenzen angegeben (▶ Tab. 3.14). Für die Anwendung auf Einzelfälle müssen die Werte gerundet werden.

Tab. 3.14: Kritische Differenzen für elf Skalen des Eating Disorder Inventory-2

Skala, Zahl der Items, Wertespanne	Magersucht – restriktiv	Magersucht – purging type	Bulimie
1 Schlankheitsstreben (7 Items; von 7 bis 42)	8,8	7,4	6,0
2 Bulimie (7 Items; von 7 bis 42)	4,3	6,6	3,9
3 Unzufriedenheit mit dem Körper (9 Items; von 9 bis 54)	8,2	7,8	3,4
4 Ineffektivitätsgefühl (10 Items; von 10 bis 60)	9,2	8,7	8,2
5 Perfektionismus (6 Items; von 6 bis 36)	7,7	8,4	7,2
6 Misstrauen (7 Items, von 7 bis 42)	6,6	7,0	7,1
7 Mangel/interozeptive Wahrnehmung (10 Items; von 10 bis 60)	9,5	10,2	9,2
8 Angst vor dem Erwachsenwerden (8 Items, von 8 bis 48)	7,6	9,6	7,8
9 Askese (8 Items; von 8 bis 48)	7,8	10,1	8,0
10 Impulsregulation (11 Items; von 11 bis 66)	9,2	10,9	9,9
11 Soziale Unsicherheit (8 Items; von 8 bis 48)	7,8	7,7	9,0

Anmerkung. $N = 463$ gesamt, $N = 146$ Magersucht/restriktiv, $N = 100$ Magersucht/purging, $N = 217$ Bulimie; Kritische Differenzen bezogen auf Skalenwerte (Summe der Itemwerte)

Vertrauensintervall um individuelle Messwerte: Bei der Interpretation der erhaltenen Messwerte muss das Vertrauensintervall berücksichtigt werden, in welches Standardabweichung und Homogenität der Skala einfließen. Die Vertrauensintervalle für die 11 Skalen unterscheiden sich nach klinischen Gruppen und sind daher in ▶ Tab. 3.15 einzeln aufgelistet. Für die Anwendung auf Einzelfälle müssen die Werte gerundet werden.

Tab. 3.15: Vertrauensintervalle für 11 Skalen des Eating Disorder Inventory-2

Skala, Zahl der Items, Wertespanne	Magersucht – restriktiv	Magersucht – purging type	Bulimie
1 Schlankheitsstreben (7 Items; von 7 bis 42)	+/- 6,2	+/- 5,2	+/- 4,3
2 Bulimie (7 Items; von 7 bis 42)	+/- 3,1	+/- 4,8	+/- 4,1
3 Unzufriedenheit mit Körper (9 Items; von 9 bis 54)	+/- 5,8	+/- 5,6	+/- 4,7
4 Ineffektivitätsgefühl (10 Items; von 10 bis 60)	+/- 6,7	+/- 6,2	+/- 6,2
5 Perfektionismus (6 Items; von 6 bis 36)	+/- 5,5	+/- 6,0	+/- 5,4
6 Misstrauen (7 Items; von 7 bis 42)	+/- 4,9	+/- 5,1	+/- 4,7
7 Mangel/interozeptive Wahrnehmung (10 Items; von 10 bis 60)	+/- 6,8	+/- 7,4	+/- 6,9
8 Angst vor dem Erwachsenwerden (8 Items; von 8 bis 48)	+/- 5,5	+/- 6,8	+/- 4,8
9 Askese (8 Items; von 8 bis 48)	+/- 5,9	+/- 7,4	+/- 4,6
10 Impulsregulation (11 Items; von 11 bis 66)	+/- 6,7	+/- 7,8	+/- 7,7
11 Soziale Unsicherheit (8 Items; von 8 bis 48)	+/- 4,8	+/- 5,5	+/- 6,7

Anmerkung. N = 463 gesamt, N = 146 Magersucht/restriktiv, N = 100 Magersucht/purging, N = 217 Bulimie; Vertrauensintervalle bezogen auf Skalenwerte (Summe der Itemwerte)

Cut off: Dem EDI-2-Handbuch (Paul & Thiel, 2005, Tabelle A7, S. 39) entnehmen wir die Mittelwerte der drei Störungsgruppen (N = 146 Magersucht-restriktiv; N = 100 Magersucht–purging type und N = 217 Bulimie) sowie der weiblichen Kontrollgruppe ohne Essstörungen (N = 186) und berechnen Cut off 1, die Mitte zwischen den beiden Mittelwerten skalenweise und für jede der drei Essstörungen. So erhalten wir den Hinweis, ob die Patientin auf der jeweiligen Skala bei der Outcome-Messung am Therapiende einen Wert im Bereich gesunder Personen erreicht hat. Die Werte für Cut off 1 finden sich in ▶ Tab. 3.16 Für die Anwendung auf Einzelfälle müssen die Werte gerundet werden.

Tab. 3.16: Cut-off-Werte für elf Skalen des Eating Disorder Inventory-2

Skala und Wertespanne	Magersucht – restriktiv	Magersucht – purging type	Bulimie
1 Schlankheitsstreben (von 7 bis 42)	21,5	25,0	25,4
2 Bulimie (von 7 bis 42)	11,8	17,2	20,8
3 Unzufriedenheit mit dem Körper (von 9 bis 54)	32,9	36,0	37,2
4 Ineffektivitätsgefühl (von 10 bis 60)	29,5	31,4	30,9
5 Perfektionismus (von 6 bis 36)	19,0	19,7	19,1
6 Misstrauen (von 7 bis 42)	21,1	22,2	22,1
7 Mangel an interozeptiver Wahrnehmung (von 10 bis 60)	27,5	30,4	28,5
8 Angst vor dem Erwachsenwerden (von 8 bis 48)	24,2	30,4	28,5
9 Askese (von 8 bis 48)	19,9	21,9	21,3
10 Impulsregulation (von 11 bis 66)	25,7	27,5	27,7
11 Soziale Unsicherheit (von 8 bis 48)	25,3	26,5	26,6

Anmerkung. Magersucht-restriktiv *N* = 146, Magersucht-purging *N* = 100, Bulimie *N* = 217, Kontrollgruppe ohne Essstörung *N* = 186; Cut-off-Werte bezogen auf Skalenwerte (Summe der Itemwerte)

Empfehlung: Das Verfahren EDI/EDI-2 kann zum Einsatz in der Behandlung von Essstörungen empfohlen werden. Hierbei kann die 64-Item-Version verwendet werden, da die 91-Item-Fassung für den Psychotherapiealltag relativ lang ist, kaum zusätzliche essstörungsspezifische Information bietet und die drei zusätzlichen Skalen eine geringere Messgüte aufweisen.

Bezug: Das Verfahren ist über die Testzentrale www.testzentrale.de (Suchfeldeingabe EDI-2) erhältlich.

Tab. 3.17: Eating Disorder Inventory-2 (EDI-2)

Steckbrief	
Name	Eating Disorder Inventory-2 (EDI-2)
Bezug	Manual und Untersuchungsunterlagen über die Testzentrale
Umfang	64 Items in der Fassung mit 8 Skalen, 91 Items in der erweiterten Fassung mit 11 Skalen
Messwerte	8 bzw. 11 Skalenwerte (Summe der jeweiligen Itemwerte), unterschiedliche Itemanzahl (6 bis 11), Wertespanne davon abhängig von 6–36 bis 11–66

Tab. 3.17: Eating Disorder Inventory-2 (EDI-2) – Fortsetzung

Steckbrief	
Richtwerte/Normen	Prozentränge in 5er-Schritten für Magersucht-restriktiv, für Magersucht-purging type und für Bulimie (nur Frauen); Prozentränge für Personen ohne Essstörung (Frauen und Männer); für Binge Eating Disorder Mittelwerte und Standardabweichungen
Kritische Differenz	33 Angaben: 11 Skalen und 3 Störungsgruppen (▶ Tab. 3.14)
Vertrauensintervall	33 Angaben: 11 Skalen und 3 Störungsgruppen (▶ Tab. 3.15)
Cut off	33 Angaben: Cut off 1 für 11 Skalen und 3 Störungsgruppen (▶ Tab. 3.16)

3.8.2 Das Eating Disorder Examination Questionnaire (EDE-Q)

Eine etwa gleich alte kürzere Alternative zum Eating Disorder Inventory stellt das *Eating Disorder Examination-Questionnaire (EDE-Q)* des Oxford-Psychiaters und Essstörungsforschers Christopher Fairburn (1994) dar. Es handelt sich um die Selbsteinschätzungsvariante (Questionnaire) der im Jahr zuvor vom selben Autor publizierten Interviewvariante (Examination). Letztere erwies sich in der Durchführungspraxis – zumal bei mehreren Patient:innen im gleichen Zeitraum und/oder wiederholter Vorgabe – als zu umständlich. Interessanterweise wurden, das sei am Rande erwähnt, in der Selbsteinschätzungsform höhere Werte gewonnen als in der durch die Kliniker:innen durchgeführten Interviewform. Die deutschen Psychologinnen Anja Hilbert (Universität Leipzig) und Brunna Tuschen-Caffier (Universität Freiburg) verantworteten die Übertragung für den deutschen Sprachraum durch Publikation einer Reihe von Zeitschriftenbeiträgen (zentral hierbei: Hilbert, Tuschen-Caffier, Karwautz, Niederhofer & Munsch, 2007) und die Erstellung eines Manuals (Hilbert & Tuschen-Caffier, 2006, 2016). Die Items wurden übersetzt, geprüft rückübersetzt und sodann für die weitere Anwendung freigegeben. Fairburn sowie Hilbert und Tuschen-Caffier betonen in ihren Beiträgen, dass ein explizites Anliegen darin bestand, nahe an den Essstörungskriterien der ICD und des DSM zu bleiben, dies unterscheidet den EDE-Q etwas vom breiter angelegten EDI-2. Das EDE-Q hat in den letzten Jahren an Verbreitung in der Essstörungstherapie gewonnen. Inzwischen liegen auch Replikationen, Versionen für weitere Sprachen, Kurzformen und eine Variante für Jugendliche vor (Rodrigues, Vaz, Silva, Conceia & Machado, 2019).

Der Fragebogen umfasst 28 Items. 22 davon haben eine siebenstufige Skalierung von 0 = »kein Tag« bis 6 = »jeden Tag«. Sie sind vier Skalen zugeordnet. Weitere sechs Items, sie werden im EDE-Q als Kernitems bezeichnet, verlangen eine freie Häufigkeitsangabe (»Wie oft haben Sie in den letzten 4 Wochen erbrochen, um das Gewicht zu kontrollieren?«), sie sind keiner Skala zugeordnet. Die vier Skalen lauten »Restraint – Gezügeltes Essen« (5 Items), »Eating Concern – Essensbezogene Sorgen« (5 Items), »Weight Concern – Gewichtssorgen« (5 Items) und »Shape Concern

– Figursorgen« (8 Items). Ungewöhnlicherweise muss ein Item auf zwei der vier Skalen gewertet werden, durch diese Zweifachverwendung ergeben sich nicht die erwähnten 22, sondern quasi 23 Items. Die Items sind laut Autorinnen für den Einsatz bei Magersucht, Bulimie und atypischen Essstörungen geeignet, die vier Dimensionen, denen sie zugeordnet sind, werden als zentrale psychologische Bedingungsfaktoren verstanden. Wie beim zuvor beschriebenen EDI/EDI-2 sind auch hier diagnosebezogen (z. B. Magersucht versus Bulimie) unterschiedliche Werte pro Skala zu erwarten, dies ist konstitutiv für die jeweils spezifische Symptomatik. Von den sechs Fragen ohne Skalenzuordnung (den Kernitems) sind fünf eher für Bulimie und atypische Essstörungen geeignet, eine Frage eher für restriktive Anorexie.

Zeitrahmen: Die Angabe zum Zeitrahmen lautet: »Die folgenden Fragen beziehen sich ausschließlich auf die letzten 4 Wochen (28 Tage)« (Hilbert & Tuschen Caffier, 2006, S. 8).

Die Autorinnen geben eine Eignung im Rahmen der klinisch-therapeutischen Praxis und zu Forschungszwecken an (Erwachsene und Jugendliche; Hilbert & Tuschen-Caffier, 2006, S. 7). Für die Bearbeitung des Fragebogens werden weniger als 15 Minuten genannt.

Zur Auswertung muss ein Item-Skala-Zuordnungsschlüssel verwendet werden. Es werden vier Skalenwerte gebildet, dies erfolgt durch Aufsummierung der Itemwerte der jeweiligen Skala und anschließende Division dieses Wertes durch die jeweilige Anzahl der Items. Dadurch resultiert eine Wertespanne von 0 bis 6 pro Skala. Für die Auswertung müssen mindestens fünf Minuten veranschlagt werden. Es ist sinnvoll, die vier Skalenwerte separat zu interpretieren. Die Autorinnen erwähnen auch einen Gesamtskalenwert (Summe aller Itemwerte). Da die Skalen theoretisch unabhängig sind, empfiehlt sich die Ermittlung eines solchen Gesamtskalenwertes aber nicht. Ausgeprägt magersüchtige Patient:innen könnten z. B. durch niedrige Werte auf bulimienahen Items niedrige EDE-Gesamtskalenwerte erzielen, auch wenn ihre Symptomatik erheblich ist. Die Bildung eines Gesamtskalenwertes würde hier zu einer problematischen Nivellierung führen, d. h. den Ernst der Lage weniger gravierend erscheinen lassen, als der klinische Befund tatsächlich wäre. Weniger stark ausgeprägte Antworten auf inhaltlich weniger relevanten Items würden somit das Bild verzerren.

Die als Kernitems bezeichneten Aussagen sollen den Autorinnen zufolge nur einzeln inspiziert werden, gehen also in keine Skala mit ein.

Dimensionale Struktur: Eine Faktorenanalyse mit orthogonaler Rotation (gemeinsam an $N = 300$ Patient:innen und $N = 400$ nichtklinischen Vergleichspersonen; Hilbert et al. 2007) erbrachte drei unabhängige Faktoren als beste Lösung, mit einer 72-%-igen Varianzaufklärung. Die Skala »Gezügeltes Essen« und die Skala »Essensbezogene Sorgen« ließen sich als separate Faktoren bestätigen, die Skalen »Gewichtssorgen« und »Figursorgen« werden jedoch gemeinsam durch einen Faktor gespeist. Die Autorinnen plädieren ungeachtet dessen für die Beibehaltung der konzeptuell durch Fairburn (1994) vorgegebenen Struktur mit separater Messung von Skala »Gewichtssorgen« und Skala »Figursorgen«.

Anzumerken ist, dass die von Hilbert et al. (2007) vorgenommene orthogonale Rotation der Hauptkomponenten nicht optimal war, denn die vier Faktoren können allein aus inhaltlich-störungsbezogenen Gründen kaum unkorreliert sein – was aber der Vorannahme bei der orthogonalen Rotation entspräche. Eine prinzipiell kaum aufwändigere schiefwinkelige Rotation, die die Korreliertheit der Faktoren vorsieht, wäre angemessener gewesen. Möglicherweise hätten sich so auch Gewichtssorgen und Figursorgen bei den Faktoren trennen lassen.

Es ist jedoch darauf hinzuweisen, dass dieser Einwand vereinzelt auch andere in diesem Handbuch besprochene Verfahren beträfe.

Zuverlässigkeit: Die Skalen-Homogenitäten können den Angaben bei Hilbert et al. (2007, Tabelle 1, S. 147–148) für eine Stichprobe aus $N = 214$ Essstörungspatient:-innen entnommen werden und lauten für »Gezügeltes Essen« Alpha = 0,82, für »Essensbezogene Sorgen« Alpha = 0,72, für »Gewichtssorgen« Alpha = 0,82 und für »Figursorgen« Alpha = 0,91. Die Retestkorrelationen (Zeitabstand drei Monate) lauten $r_{tt} = 0{,}67$ (gezügeltes Essen), $r_{tt} = 0{,}82$ (essensbezogene Sorgen), $r_{tt} = 0{,}80$ (Gewichtssorgen) und $r_{tt} = 0{,}85$ (Figursorgen).

Validität: Es wurden hohe Korrelationen mit jeweils konzeptverwandten Skalen (Hilbert et al., 2007, S. 150) des Eating Disorder Inventory-2 (Paul & Thiel, 2005), des Fragebogens zum Figurbewusstsein (Waadt, Laessle & Pirke, 1993) und des Fragebogens zum Essverhalten (Pudel & Westenhöfer, 1989) ermittelt, daneben hohe Zusammenhänge (r = 0,73 bis 0,86) mit der Interviewform des EDE. Neben den korrelativen Befunden ergaben die Messungen deutliche Gruppenunterschiede zunächst zwischen Essgestörten und Personen ohne Essstörungen für die vier Skalen. Darüber hinaus lassen sich die Essstörungsgruppen Magersucht, Bulimie und atypische Essstörung anhand spezifischer Messwertprofile gut trennen.

Änderungssensitivität: Die Änderungssensitivität wurde anhand von Vorher-Nachher-Messungen einer hinsichtlich Essstörungsdiagnosen und Behandlungssetting (ambulant/stationär) zusammengesetzten Stichprobe aus $N = 82$ Patientinnen belegt (Hilbert et al., 2007, S. 151, global mit »große Effekte« bezeichnet). Auch im Einsatz bei einem internetgestützten Programm (Jacobi et al., 2005) und in der sekundärpräventiven Schulung (Köster et al., 2005) erwiesen sich die EDE-Q Skalen im Vorher-Nachher-Vergleich als änderungssensitiv.

Richtwerte/Normen: Derzeit liegen noch keine Normen, sondern nur skalenbezogene Mittelwerte und Standardabweichungen aus den Stichproben der deutschen Fragebogenentwicklung vor: $N = 105$ Patient:innen mit Magersucht, $N = 55$ Patient:innen mit Bulimie und $N = 54$ Patient:innen mit atypischer Essstörung. Ebenfalls berichtet werden zum Vergleich die Werte für $N = 409$ Personen ohne Essstörung (Hilbert & Tuschen-Caffier, 2006, Tabelle 2, S. 6). In der eigenen Therapiepraxis müssen daher die individuellen Werte der behandelten Patient:innen durch Hinzuziehung der von Hilbert und Tuschen-Caffier berichteten Kennwerte beurteilt werden.

Kritische Differenzen: Obwohl die drei klinischen Essstörungsgruppen unterschiedliche Werte auf den vier EDE-Skalen erzielt haben, werden fast identische kritische Differenzen ermittelt. Dies gilt für Skala 1 bis 3, die empirische kritische Differenzwertespanne reicht von 1,7 bis 2,1. Für Skala 4 »Figursorgen« beträgt die kritische Differenz bei den drei Störungsgruppen 1 Punkt (Wertespanne der EDE-Skalen von 0 bis 6).

Ein Beispiel: Der Mittelwert der Stichprobe bei Hilbert und Tuschen-Caffier (2006, Tabelle 3, S. 6) betrug für Anorexiepatient:innen auf der Skala »Gezügeltes

Essen« $M = 4$. Erreicht ein/e Magersuchtpatient:in diesen Wert am Anfang der Therapie, müsste, um von einer zuverlässig gemessenen Veränderung sprechen zu können, ihr Wert bei der Nachher-Messung mindestens 2 Punkte weniger betragen.

Vertrauensintervall um individuelle Messwerte: Bei der Interpretation der erhaltenen Messwerte ist das Vertrauensintervall zu berücksichtigen (Einbezug von Standardabweichung und Homogenität der Skala). Die Vertrauensintervalle für die vier EDE-Skalen unterscheiden sich nach klinischen Gruppen leicht und sind in ▶ Tab. 3.18 einzeln aufgelistet.

Tab. 3.18: Vertrauensintervalle für vier Skalen des Eating Disorder Examination-Questionnaire

Skala	Anorexie	Bulimie	atypische Essstörung
1 Gezügeltes Essen	+/- 1,4	+/- 1,4	+/- 1,5
2 Essensbezogene Sorgen	+/- 1,5	+/- 1,4	+/- 1,5
3 Gewichtssorgen	+/- 1,4	+/- 1,5	+/- 1,3
4 Figursorgen	+/- 0,9	+/- 1,1	+/- 0,9

Anmerkung. Anorexie *N* = 105, Bulimie *N* = 55, atypisch *N* = 54; Vertrauensintervalle bezogen auf Skalenwerte (Summe der Itemwerte dividiert durch die Anzahl der Items pro Skala)

Cut off: Die Daten erlauben, dass Cut off 1 – die Mitte zwischen klinischem und nichtklinischem Mittelwert für die drei Diagnosegruppen herangezogen werden kann. Die Wertespanne der EDE-Skalen reicht von 0 bis 6 Punkte. Niedrigere Werte als die in ▶ Tab. 3.18 aufgeführten Angaben würden in der Abschluss- bzw. der Katamnesemessung einen Therapieerfolg anzeigen.

Tab. 3.19: Cut-off-Werte für vier Skalen des Eating Disorder Examination-Questionnaire

Skala	Anorexie	Bulimie	atypische Essstörung
1 Gezügeltes Essen	2,67	2,09	2,15
2 Essensbezogene Sorgen	2,07	1,83	1,68
3 Gewichtssorgen	2,68	2,43	2,70
4 Figursorgen	3,08	2,92	3,14

Anmerkung. Anorexie *N* = 105, Bulimie *N* = 55, atypisch *N* = 54, nichtklinische Vergleichsgruppe *N* = 409; Cut-off-Werte bezogen auf Skalenwerte (Summe der Itemwerte dividiert durch die Anzahl der Items pro Skala)

Empfehlung: Das Verfahren kann zum Einsatz in der Behandlung von Essstörungen mit Abstrichen empfohlen werden. Die Essstörungen werden weniger facettenreich gemessen als bei EDI/EDI-2. Es liegen nur Mittelwerte und Streuungen vor, keine Normen.

Bezug: Das EDE-Q mit Kurzmanual, Fragebogen und Auswertungsbogen ist von der Homepage der Deutschen Gesellschaft für Verhaltenstherapie DGVT (https://www.dgvt-verlag.de/open-access downloadbar.

Eine ebenfalls existierende um acht Items reduzierte EDE-Kurzform bringt in der Praxis kaum Ersparnis und basiert auf einer weniger guten Datengrundlage.

Tab. 3.20: Eating Disorder Examination-Questionnaire (EDE-Q)

Steckbrief	
Name	Eating Disorder Examination-Questionnaire (EDE-Q)
Bezug	Homepage der Deutschen Gesellschaft für Verhaltenstherapie-DGVT; Homepage des Verlags für Psychologie-VfP
Umfang	22 Items, davon ein Item auf zwei Skalen zu werten; zuzüglich 6 freie, nicht einer Skala zugeordnete »Kernitems«
Messwerte	Skalenwerte (Summe der jeweiligen Itemwerte, dividiert durch die Anzahl der Items; Wertespanne von 0 bis 6): »Gezügeltes Essen« (5 Items), »Essensbezogene Sorgen« (5 Items), »Gewichtssorgen« (5 Items), »Figursorgen« (9 Items)
Richtwerte/Normen	Keine Normwerte verfügbar Insgesamt 4 x 3 skalenbezogene Mittelwerte und Standardabweichungen (4 Skalen, 3 Essstörungsdiagnosen)
Kritische Differenz	Skala 1 bis 3: 2 Punkte im jeweiligen Skalenwert, Skala 4: 1 Punkt im Skalenwert (für alle drei Diagniosen gültig)
Vertrauensintervall	Für 4 Skalen und 3 Störungsgruppen (▶ Tab. 3.18) Skala 1 bis 3: +/- 1,4 bis 1,5 Punkte im jeweiligen Skalenwert; Skala 4: +/- 1 Punkt
Cut off	Für 4 Skalen und 3 Störungsgruppen 12 spezifische Cut-off-Werte (▶ Tab. 3.19).

3.9 Generalisierte Angststörung

Die Generalisierte Angststörung (GAS) hat als Hauptcharakteristikum das übertriebene Sich-Sorgen-Machen zum Thema (ICD 10 F 41.1, A-Kriterium; WHO, 2010), verbunden mit physiologischen Symptomen bzw. gedanklich-konzentrativer Einengung (B-Kriterium). In der Punktprävalenz (»Heute«) leidet rund 1 % an der Störung, und bezogen auf mindestens ein Mal im Leben (Lebenszeitprävalenz) bis zu 4 %. Die Störung kommt also nicht extrem häufig vor. Der Begriff »generalisiert« wird hin und wieder unrichtig verwendet für umfassendes (d. h. als generalisiert verstandenes) Vermeidungsverhalten des Patienten/der Patientin. Hier könnte es zu diagnostischen Fehlschlüssen kommen, denn die Vielzahl berichteter angstrelevanter Situationen und Gelegenheiten, die aufgrund der Angst vermieden werden, ist in der Regel mit Agoraphobie oder Sozialer Phobie zutreffender beschrieben als mit Generalisierter Angststörung. Möglicherweise ist daher die Rate von 4% (Lebenszeitprävalenz) nochmals zu hinterfragen. Hinzuweisen ist des Weiteren auf den Umstand, dass sich Patient:innen mit einer Generalisierten Angststörung selten im stationären Kontext finden, eher begeben sie sich in ambulante Behandlung, und auch dort zunächst wegen anderer im Vordergrund wahrgenommener Probleme. Einer Behandlung der GAS-Thematik steht häufig im Weg, dass das Sich-Sorgen-Machen bei den Patient:innen positiv konnotiert sein kann: Die Sorgen werden als berechtigt apostrophiert.

GAS-Diagnosen müssen verifiziert und differentialdiagnostisch abgesichert werden. Alternativ wäre hier auch zu denken an Ruminieren bei Depression, rigides Durchdenken von Erledigungslisten bei zwanghafter Persönlichkeit, hypochondrische Krankheitssorgen oder Sorgen im Zusammenhang mit Zwangsgedanken, in diesem Fall aufgehängt an der Befürchtung eines Unglücks, für das man Verantwortung tragen könnte. Die Störung ist meist nicht generalisiert im Sinne einer angstbezogenen Breite, zentral ist vielmehr eher eine thematisch eingeschränkte, aber intensive und zeitlich mitunter ausgedehnte Beschäftigung mit den Sorgen. Diese können etwa darum kreisen, dass einem Familienangehörigen etwas passiert bzw. über Widrigkeiten des (täglichen) Lebens, die mit Gefahren in Zusammenhang gesehen werden. GAS-Patient:innen können sich dabei um ähnliche Dinge wie andere Personen sorgen, nur dabei sehr ausgeprägt. Verbunden mit Sorgen-Gedanken und Sorgen-Gefühlen sind auf der Verhaltensebene Rückversicherungen wie z. B. wiederholtes Telefonieren oder Nachfragen, ob alles in Ordnung ist bzw. Kinder *immer* zu begleiten. Das Denken umfasst die metakognitive Überzeugung, dass es gut ist und hilft (»dann passiert nichts«), wenn man Zeit mit dem Sich-Sorgen verbringt (Becker & Margraf, 2002; Gerlach & Stevens, 2014). Damit zusammen hängt naheliegenderweise die Persönlichkeitsdisposition, ungewisse Situationen schwer ertragen zu können (Gerlach, Andor & Patzelt, 2008).

Zur Messung der Generalisierten Angststörung und zur Beurteilung des Behandlungserfolgs stehen im Prinzip zwei Instrumente zur Verfügung, der *Metakognitionsfragebogen-30 (MKF-30)*, Original von Wells und Cartwright-Hutton (2004), deutsch von Arndt, Patzelt, Andor, Hoyer und Gerlach (2011), und das *Penn State Worry Questionnaire (PSWQ)*, Original von Meyer, Miller, Metzger und Borcovec (1990), deutsch von Glöckner-Rist und Rist (2014) bzw. Stoeber (1995). Beide sind rasch beantwortbar (MKF: 30 Items; PSWQ: 16 Items) und können auch gemeinsam vorgelegt werden, wie es in der klinischen Praxis vielfach ohnehin üblich ist (Gerlach, 2023).

3.9.1 Der Metakognitionsfragebogen-30 (MKF-30)

Adrian Wells von der University of Manchester gilt als Vater der Metakognitiven Therapie und hat die Bedeutung des Themas »Gedanken über Gedanken« im Rahmen seiner Arbeiten zu Depression, Zwang, Sozialer Phobie und im vorliegenden Fall zu Generalisierter Angststörung vor einiger Zeit bereits ausführlich beschrieben (Wells 1995). Eine frühe Form eines als Worry-Scale bezeichneten Fragebogens legte er 1994 vor, das hier besprochene Instrumentarium *Metacognitive Questionnaire* dann 2004 nach zwischenzeitlichen Verbesserungs- und Kürzungsprozeduren (Wells & Cartwright-Hutton, 2004). Eine Arbeitsgruppe der Universitäten Münster, Köln und Dresden (Arndt et al., 2011) übernahm die Übersetzung.

Der Fragebogen besteht, wie seine Bezeichnung bereits nahelegt, aus 30 Aussagen (Sorgengedanken), die fünf Skalen zugeordnet sind. Beispiele sind: »Ich denke viel über meine Gedanken nach«, »Die Sorgen machen mich beinahe krank«, »Sich Sorgen hilft mir, mit Situationen fertig zu werden«. Die Antwortskalierung ist vierstufig von 1 = »stimme nicht zu« bis 4 = »stimme stark zu«.

Zeitrahmen: Ein Zeitrahmen wird nicht vorgegeben.

Der Fragebogen ist rasch in drei Minuten auszufüllen. Es werden fünf Skalenwerte durch Aufsummierung der jeweiligen Itemwerte gebildet. Ein Item-Skala-Zuordnungsschlüssel ist verfügbar. Auswertung, Interpretation und Dokumentation durch den/die Therapeut:in benötigen rund fünf Minuten.

Dimensionale Struktur: Laut Arndt et al. (2011) gibt das englische Original fünf Faktoren bzw. Skalen mit je sechs Items vor, die als unterscheidbare Störungskomponenten zu verstehen sind. Im Deutschen folgte die Faktorenanalyse einem zweistufigen Modus – Stufe 1 exploratorisch ($N = 1155$), Stufe 2 konfirmatorisch ($N = 1186$) – allerdings nicht bei Patient:innen, sondern nur bei Studierenden der Universität Münster, laut Autoren »über alle Fächer hinweg«. Um nicht weiter ins Detail der Analysemethodik Latenter-Variablen-Ansätze (konfirmatorische Faktorenanalyse) zu gehen, wird hier nur der Kennwert Anpassungsgüte des 5-Faktoren-Gesamtmodells berichtet, für den ein Comparative Fit Index von CFI = 0,96 errechnet wurde. Dies ist als gutes Ergebnis zu werten und belegt die Sinnhaftigkeit der Struktur aus fünf Faktoren und sechs Items pro Faktor auch im Deutschen (für weitere Informationen zur Methode der konfirmatorischen Faktorenanalyse: Schermelleh-Engel, Moosbrugger & Müller, 2003). Die fünf Subskalen (Wertespanne jeweils von 6 bis 24) sind:

- Faktor/Skala 1 »Unkontrollierbarkeit und Gefährlichkeit des Sorgens«
- Faktor/Skala 2 »Positive Überzeugungen (i. S. von Sich-Sorgen ist nützlich)«
- Faktor/Skala 3 »(Geringes) Vertrauen in das Gedächtnis«
- Faktor/Skala 4 »(Übermäßige) kognitive Selbstaufmerksamkeit«
- Faktor/Skala 5 »Bedürfnis nach Kontrolle (der Gedanken)«

Zuverlässigkeit: Folgende Homogenitätswerte nach Cronbach werden berichtet: (1) Unkontrollierbarkeit/Gefährlichkeit: Alpha = 0,81; (2) Positive Überzeugungen: Alpha = 0,83; (3) (Geringes) Vertrauen: Alpha = 0,79; (4) Selbstaufmerksamkeit: Alpha = 0,76 und (5) Bedürfnis nach Kontrolle: Alpha = 0,63 (Arndt et al., 2011). Retestkorrelationen werden nicht mitgeteilt.

Validität: Relativ hohe positive Korrelationen wurden vor allem für MKF-Skala 1 »Unkontrollierbarkeit/Gefährlichkeit« ermittelt, u. a. mit dem Skalenwert des Penn State Worry Questionnaire (nachfolgender Abschnitt) mit $r = 0,64$, ebenso zu weiteren konzeptverwandten Maßen. Für die MKF-Skala »Bedürfnis nach Kontrolle« werden mittelhohe Korrelationen angegeben, etwa mit dem Merkmal (In-)Toleranz für ungewisse Situationen (Gerlach et al., 2008) mit $r = 0{,}45$. Für die MKF-Skalen 2 bis 4 wurden einige mittelhohe, mehrheitlich jedoch niedrige Zusammenhänge mit konzeptverwandten Messinstrumenten ermittelt. An der Abteilung Klinische Psychologie und Psychotherapie der Universität Köln (Homepage Alexander Gerlach; abgerufen 10. 8. 2023) werden in Tabelle »Auswertung und Interpretationshilfe« den Daten von 33 konsekutiv an der Ambulanz behandelten GAS-Patient:innen die Werte von 34 nach Alter und Geschlecht gematchten Kontrollpersonen gegenübergestellt. Die numerisch deutlichen Mittelwertunterschiede zwischen diesen Gruppen sind nach Augenschein plausibel, es finden sich jedoch keine Informationen zu ihrer statistischen Signifikanz.

Änderungssensitivität: Informationen zur Eignung des Metakognitionsfragebogens MKF-30 in der Vorher-Nachher-Messung bei Therapie finden sich in einer Studie der kooperierenden Arbeitsgruppe Münster (Krzikalla, Morina, Andor, Nohr & Buhlmann, 2023). Dort beantworteten 59 Patient:innen mit der Diagnose Generalisierte Angststörung (GAS), die konsekutiv an der dortigen Ambulanz aufgenommen wurden, u. a. die Skalen 1 – Unkontrollierbarkeit/Gefährlichkeit und 2 – Positive Überzeugungen des MKF-30 (nicht jedoch die Skalen 3 bis 5). Bei einer Wertespanne von 6 bis 24 wurde für die Skala »Unkontrollierbarkeit/Gefährlichkeit« eine durchschnittliche Reduktion von 17 auf 10 Punkte ermittelt ($p < 0{,}01$) und für die Skala »Positive Überzeugungen« von 11 auf 9 ($p < 0{,}02$).

Richtwerte/Normen: Zum MKF-30 liegen keine Normen vor. Mittelwerte und Standardabweichungen für die Skalen 1 bis 5 des MKF-30 können der Homepage der Abteilung Klinische Psychologie und Psychotherapie der Universität Köln (Leitung Professor Gerlach), entnommen werden: https://www.hf.uni-koeln.de/36834.

Kritische Differenzen: Wir beziehen uns auf die bei Arndt et al. (2011) berichteten Angaben zu den Homogenitäten und Standardabweichungen, die für die Kritische-Differenz-Formel benötigt werden, und ermitteln bei einer Wertespanne von 6 bis 24 folgende kritische Differenzen: MKF-Skala 1 »Unkontrollierbarkeit/Gefährlichkeit« 3,5 Punkte; Skala 2 »Positive Überzeugungen« 3,6 Punkte; Skala 3 »Geringes Vertrauen« 3,5 Punkte; Skala 4 »Selbstaufmerksamkeit« 4,1 Punkte und Skala 5 »Bedürfnis nach Kontrolle« 4,8 Punkte.

Da individuelle Skalenwerte ganzzahlig sind, sollten die kritischen Differenzen auf- oder abgerundet werden, sie würden also für die Skalen 1 bis 4 vier Punkte betragen, für Skala 5 fünf Punkte. Eine Reduktion um sieben Punkte für Skala 1, wie sie beispielsweise für die Mittelwerte der Gruppenstudie von Krzikalla et al. (2023; s. Abschnitt Änderungssensitivität) berichtet wurde, erfüllt somit – würde es sich um eine Einzeltherapieauswertung handeln – das Kriterium der kritischen Differenz sehr gut.

Vertrauensintervall um individuelle Messwerte: Bei der Interpretation der erhaltenen Messwerte ist das Vertrauensintervall zu berücksichtigen, in welches Standardabweichung und Homogenität der Skala einfließen. Die Vertrauensintervalle für die fünf Skalen des Metakognitionsfragebogens lauten bei einer Wertespanne von 6 bis 24: Skala 1 »Unkontrollierbarkeit/Gefährlichkeit« +/- 2,5 Punkte; Skala 2 »Positive

Überzeugungen« +/- 2,6 Punkte; Skala 3 »Geringes Vertrauen« +/- 2,6 Punkte; Skala 4 »Selbstaufmerksamkeit« +/- 2,9 Punkte und Skala 5 »Bedürfnis nach Kontrolle« +/- 3,4 Punkte. Aufgrund individuell ganzzahliger Skalenwerte kann auf ein Vertrauensintervall von +/- 3 Punkten gerundet werden.

Cut off: Zur Beurteilung, ob Patient:innen am Ende der Behandlung noch Werte erzielen, die einer Generalisierten Angststörung entsprechen, oder aber im Bereich von Personen ohne Störung liegen, beziehen wir uns auf die bei Gerlach (Homepage, Abrufdatum 10.8.2023) gemachten Angaben für *N* = 33 GAS-Patient:innen im Vergleich zu *N* = 34 Personen ohne eine GAS. Cut off 1, der halbe Abstand zwischen dem Mittelwert der GAS-Gruppe und dem Mittelwert der Gruppe ohne Störung beträgt für MKF-Skala 1 »Unkontrollierbarkeit/Gefährlichkeit« 12 Punkte, für Skala 2 »Positive Überzeugungen« 10 Punkte, für Skala 3 »Geringes Vertrauen« 9.5 Punkte, für Skala 4 »Selbstaufmerksamkeit« 13 Punkte und für Skala 5 »Bedürfnis nach Kontrolle« 10 Punkte (alle Werte gerundet, Wertespanne bei allen fünf Skalen von 6 bis 24).

Empfehlung: Der Metakognitionsfragebogen MKF-30 kann mit Abstrichen als Verfahren zur Outcomebestimmung in der Behandlung der Generalisierten Angststörung (GAS) empfohlen werden. Die Datenbasis für Patient:innen mit diagnostizierter GAS ist noch gering. Auch fehlt eine Normierung bzw. diese hätte bei 33 (Homepage-Information, Universität Köln) bzw. 59 Patient:innen (Krzikalla et al., 2023) noch keine ausreichende Zuverlässigkeit. Des Weiteren wurde die Änderungssensitivität bislang nur für die MKF-Skalen 1 und 2 belegt (Krzikalla et al., 2023). Vor dem Einsatz in der Psychotherapie muss der Zeitrahmen mit dem/der Patient:in festgelegt werden, z. B. »bezogen auf die letzte Woche«.

Bezug: Fragebogen, Auswertungsschlüssel und Richtwerte finden sich auf der Homepage der Abteilung Klinische Psychologie und Psychotherapie, Universität Köln, und können dort heruntergeladen werden: https://www.hf.uni-koeln.de/36834.

Tab. 3.21: MKF-30 – Metakognitionsfragebogen-30 zur Messung der Generalisierten Angststörung (GAS)

Steckbrief	
Name	MKF-30 – Metakognitionsfragebogen-30 zur Messung der Generalisierten Angststörung (GAS)
Bezug	Fragebogen und Informationen über https://www.hf.uni-koeln.de/36834 Ergänzende Fachpublikationen Arndt et al. (2011) bzw. Krzikalla et al. (2023)
Umfang	30 Items
Messwerte	Skalenwerte für 5 Skalen (Summe der jeweiligen Itemwerte, Wertespanne jeweils von 6 bis 24)
Richtwerte/Normen	Keine Normwerte verfügbar Mittelwerte und Standardabweichungen für 33 GAS-Patient:innen und 34 Personen ohne GAS

Tab. 3.21: MKF-30 – Metakognitionsfragebogen-30 zur Messung der Generalisierten Angststörung (GAS) – Fortsetzung

Steckbrief	
	Für Patient:innen: Skala 1 Unkontrollierbarkeit/Gefährlichkeit *M* = 9,56; *SD* = 2,96, Skala 2 Positive Überzeugungen *M* = 10,91; *SD* = 3,17, Skala 3 Geringes Vertrauen *M* = 9,14; *SD* = 2,91, Skala 4 Selbstaufmerksamkeit *M* = 12,83; *SD* = 3,05 und Skala 5 Bedürfnis nach Kontrolle *M* = 9,14; *SD* = 2,91
Kritische Differenz	Skala 1 bis 4: 4 Punkte im jeweiligen Skalenwert; Skala 5: 5 Punkte im Skalenwert
Vertrauensintervall	Für alle Skalen gerundet +/- 3 Punkte im jeweiligen Skalenwert
Cut off	Skala 1: 12 Punkte, Skala 2: 10 Punkte, Skala 3: 10 Punkte, Skala 4: 13 Punkte und Skala 5: 10 Punkte im jeweiligen Skalenwert

3.9.2 Das Penn State Worry Questionnaire (PSWQ)

Das *Penn State Worry Questionnaire (PSWQ)* einer Autorengruppe um Tom Borcovec der (sic) Penn State University, State College, Pennsylvania (Meyer et al., 1990; deutsch: Glöckner-Rist & Rist, 2014; Stöber, 1995) gilt nur bedingt als dezidiert klinisches Instrument, obwohl es auch in klinischen Settings eingesetzt wurde. Itembeispiele sind: »Wenn ich erst einmal anfange mir Sorgen zu machen, kann ich nicht mehr damit aufhören« oder »Ich war schon immer jemand, der sich viele Sorgen macht«. Denn ein gewisser Nachteil besteht im Rahmen der Outcomebestimmung darin, dass die befragten Personen antworten sollen, wie es »typisch« für sie ist. Es wird also eine Eigenschaft abgefragt. Ob sich diese jedoch innerhalb einer zeitlich umgrenzten Psychotherapie ändert, bleibt unklar: Sind erzielte Verbesserungen durch die Intervention begründet oder innerhalb von Schwankungen bei der Messung der Eigenschaft? Der Persönlichkeitspsychologe Joachim Stöber (1995) benennt diesen Umstand und führt aus, dass ein ursprüngliches (Forschungs-)Interesse tatsächlich darin bestanden hatte, ein zeit- und situations*un*abhängiges Instrument zu entwickeln, bei dem an die Eignung zur Evaluation von Psychotherapie nicht gedacht war.

Zeitrahmen: Demzufolge fehlt ein Zeitrahmen, denn man soll antworten, wie es grundsätzlich und immer ist.

Das PSWQ besteht aus 16 Items, von denen fünf invers gepolt sind (Glöckner-Rist & Rist, 2014). Die Skalierung ist 5-stufig und reicht von 1 = »überhaupt nicht typisch für mich« bis 5 = »äußerst typisch für mich«. Nach Umpolung der fünf invers gepolten Items wird der Skalenwert durch Aufsummierung der Itemwerte gebildet, woraus sich eine Wertespanne von 16 bis 80 ergibt.

Bearbeitungs- und Auswertungsdauer betragen jeweils maximal zwei bis drei Minuten.

Dimensionale Struktur: Analysen hierzu (Glöckner-Rist & Rist, 2014) legten zwar zwei Faktoren nahe, aber ein Faktor lud alle positiv gepolten und der andere alle negativ gepolten Items. Die Faktoren haben somit keine inhaltliche Bedeutung und sprechen deshalb auch nicht für die Verwendung von zwei Subskalen. Zu ähnlichen Ergebnissen gelangten auch Analysen von Stöber (1995).

Zuverlässigkeit: Bei Stöber (1995) wird ein Homogenitätswert von Alpha = 0,86 berichtet. Krzikalla et al. (2023) ermittelten Alpha = 0,83. Retest-Korrelationen werden nicht berichtet.

Validität: Stöber (1995) setzte verschiedene konstruktverwandte Fragebögen ein und konnte mittelhohe Korrelationen ermitteln, z. B. mit der Trait-Variante des State-Trait-Anxiety-Inventory in Höhe von $r = 0{,}62$. Glöckner-Rist und Rist (2014) berichten Zusammenhänge zwischen dem PSWQ und Werten auf dem Whiteley-Index für Hypochondrie (Krankheitsängste und -überzeugungen, ▶ Kap. 3.10.1) sowie dem Beck Depressions-Inventar bei Patient:innen mit depressivem Ruminieren. Arndt et al. (2011) fanden hohe Korrelationen zwischen PSWQ-Werten und jenen auf der Skala »Unkontrollierbarkeit/Gefährlichkeit« des MKF-30.

Änderungssensitivität: Krzikalla et al. (2023) konnten für 59 GAS-Patient:innen einer Psychotherapieambulanz signifikante Reduktionen auf dem Penn State Worry Questionnaire von durchschnittlich $M = 64$ auf $M = 51$ (Wertespanne von 16 bis 80; $p < 0{,}001$) ermitteln.

Richtwerte/Normen: Zum Penn State Worry Questionnaire liegen keine Normen vor. Richtwerte können – wie für das Verfahren MKF-30 – über die Homepage der Abteilung Klinische Psychologie und Psychotherapie, Universität Köln, eingesehen werden. Die dortige klinische Gruppe ($N = 33$ Patient:innen mit einer Generalisierten Angststörung) erzielte einen PSWQ-Mittelwert von $M = 63{,}4$ ($SD = 8{,}24$), die nach Alter und Geschlecht gematchte Kontrollgruppe ohne GAS ($N = 34$) einen Mittelwert von $M = 35{,}4$ ($SD = 8{,}83$). Die Patient:innen der Universität Köln rangieren somit fast gleichauf mit den Eingangswerten der GAS-Patient:innen der Universität Münster ($M = 64$; Krzikalla et al. 2023). Die Analysestichproben bei Glöckner-Rist und Rist (2014) bzw. Stöber (1995) bestanden nicht aus klinischen Fällen.

Kritische Differenzen: Wir verwenden die Angaben zu den Kennwerten Alpha und Standardabweichung der deutschen Erstversion (Stöber, 1995) und ermitteln für das PSWQ 9,6 (gerundet 10) Punkte. In der Therapiestudie von Krzikalla et al. (2023) wurden 13 Punkte als kritische Differenz errechnet (s. Abschnitt Änderungssensitivität). Ein solcher Unterschied würde, hätte man ihn aus Vorher-Nachher-Werten einer Einzelperson gewonnen, für eine zuverlässig gemessene Verbesserung des GAS-Wertes sprechen.

Vertrauensintervall um individuelle Messwerte: Bei der Interpretation der erhaltenen Messwerte muss das Vertrauensintervall berücksichtigt werden, dieses beträgt für den PSWQ-Skalenwert gerundet +/- 7 Punkte.

Cut off: Zur Ermittlung des Grenzwertes, demzufolge ein/e Patient:in am Ende der Behandlung noch Werte innerhalb des Bereichs der Störungsgruppe erzielt hat oder aber sich in den Bereich der Gruppe ohne Störung verbessern konnte, ziehen wir die Kennwerte der bereits in ▶ Kap. 3.9.1 genannten Homepage heran. Als Cut off 1 (Mitte zwischen dem Mittelwert der Patient:innegruppe und jenem der Personen ohne Störung) wird der PSWQ-Wert 49 errechnet (M/GAS = 63,4; M/Kontrollgruppe = 35,4). Der bei den Patient:innen der Studie von Krzikalla et al. (2023) erreichte PSWQ-Mittelwert betrug bei der Nachher-Messung $M = 51$. Eine Einzelperson mit diesem Wert hätte also den Cut off von 49 PSWQ-Punkten knapp nicht erreicht. Das Vertrauensintervall von +/- 7 Punkten sollte dabei jedoch (begünstigend) beachtet werden.

Empfehlung: Mit Abstrichen kann das Penn State Worry Questionnaire (PSWQ) bei der Outcomebestimmung von GAS-Behandlungen empfohlen werden. Die Nachteile (Trait-Charakter, bisher geringe klinische Datenbasis, keine Normen) wurden besprochen. Der Vorteil liegt in der Kürze, weswegen es gut mit dem MKF-30 kombiniert werden kann – was in der Praxis auch derzeit nicht unüblich ist. International ist das PSWQ stark verbreitet, zumal es nicht auf klinisch-psychotherapeutische Fragestellungen beschränkt ist.

Bezug: Das PSWQ ist gemeinsam mit einem Manual (Glöckner-Rist & Rist, 2014) von der Homepage des Instituts GESIS (GESIS – Leibnizinstitut für Sozialwissenschaften der Gesellschaft sozialwissenschaftlicher Infrastruktureinrichtungen, Köln und Mannheim) herunterladbar: www.gesis.org/zis. Weitere Hinweise finden sich ähnlich wie für den MKF-30 auch unter https://www.hf.uni-koeln.de/36834, Abt. Klinische Psychologie und Psychotherapie der Universität Köln.

Tab. 3.22: Steckbrief Penn State Worry Questionnaire (PSWQ)

Steckbrief	
Name	Penn State Worry Questionnaire (PSWQ)
Bezug	Glöckner-Rist und Rist (2014) unter GESIS www.gesis.org/zis
Umfang	16 Items
Messwerte	Skalenwert (Summe der Itemwerte, Wertespanne von 16 bis 80)
Richtwerte/Normen	Keine Normwerte verfügbar Patient:innen: M = 63,4; SD = 8,24
Kritische Differenz	10 Punkte im Skalenwert
Vertrauensintervall	+/- 7 Punkte im Skalenwert
Cut off	49 Punkte im Skalenwert

An dieser Stelle auch der Hinweis zu einem Verfahren, welches aufgrund seiner Bezeichnung leicht der Generalisierten Angststörung zuzurechnen wäre.

Anmerkung zum Fragebogen GAD-7

Der Kurzfragebogen GAD-7 (Loewe et al., 2007) ist trotz seiner Bezeichnung kein Instrument zur Messung der Generalisierten Angststörung. Nur zwei der sieben Items thematisieren das Thema Sorgen (»kann Sorgen nicht stoppen« und – sehr ähnlich – »leide unter übermäßigen Sorgen«), fünf andere dagegen nicht. Diese anderen Items thematisieren eine allgemeinere und im Prinzip für jede Angstdiagnose geltende Ängstlichkeit: Anspannung, Schwierigkeit zu *ent*spannen,

Rastlosigkeit, Gereiztheit und Gefühl der Angst. Die Symptome gelten *auch* für die Generalisierte Angststörung, aber nicht nur, sind somit nicht spezifisch genug. Sie finden sich entsprechend in der Auflistung der 22 B-Symptome der GAD/GAS (vgl. ICD-10 F 41.1; WHO, 2010) auch nur im hinteren, wahlfreien Bereich. Eine Ähnlichkeit besteht im Übrigen zur »Skala 5 – Ängstlichkeit« (Angstgefühle) der Symptom Checklist 90 (Franke, 2014) und zu Items des Beck-Angst-Inventars (▶ Kap. 3.1.2; s. a. Geissner & Hütteroth, 2018; Margraf & Ehlers, 2012). Da die GAS-Kernsymptomatik nur in der Minderzahl der sieben Items getroffen ist, wird vom Einsatz des GAD-7-Fragebogens als spezifischem GAS-Maß abgeraten (Gerlach, 2023).

Das zeigt sich auch in der Forschungspraxis in Großbritannien: Der GAD-7-Fragebogen soll dort diagnoseübergreifend bei jedweder Studie zum Thema Angst eingesetzt werden, für die nationale Fördermittel beantragt werden (Barkham, 2023). Gemeint ist hier die Breite aller Angststörungen und nicht ausschließlich GAD/GAS. Eine Spezifität des Instruments für GAS wird also in Großbritannien nicht angenommen. Der GAD-7-Fragebogen ist daher eher als Maß für ängstliches Befinden in einem allgemeineren Sinne einzustufen. Er dient als kurzes, begleitendes Forschungsinstrument bei epidemiologischen und präventionsmedizinischen Fragen, im Rahmen der Outcomebestimmung bei GAS-Therapien ist er weniger geeignet.

3.10 Hypochondrie

Die hypochondrische Störung F 45.2 ist im ICD 10 (WHO, 2010) innerhalb der Gruppe Somatoforme Störungen beschrieben. Mit Einführung der ICD-11 (WHO, 2019) wird diese Diagnose dem Bereich der Zwangsspektrumsstörungen zugeordnet. Im internationalen Konsens gelten Krankheitsängste bzw. die Überzeugung, an einer schweren körperlichen Erkrankung zu leiden, als Kernmerkmale. Bei ca. 1 % der Bevölkerung kann eine Hypochondrie diagnostiziert werden (Rief, 2023). Diese Angabe beschreibt die Quote an Patient:innen mit einer manifesten Störung, beziffert also nicht die subklinische Quote mit gelegentlichen, zeitlich und nach Intensität eingrenzbaren hypochondrischen Phänomenen (bei 8 %; Rief, 2023). Somatoforme Störungen zeichnen sich im Unterschied zur hypochondrischen Störung dadurch aus, dass die Betroffenen unter körperlichen Symptomen leiden, die medizinisch oftmals nicht oder in Relation zum Leiden nicht vollständig erklärbar sind. Bei Hypochondrie stehen die diesbezüglichen Ängste und Überzeugungen im Vordergrund. Eine körperliche Symptomatik ist nicht vorhanden bzw. muss es nicht zwingend sein.

Wolfgang Hiller (Universität Mainz) und Winfried Rief (Universität Marburg) haben mit der Fragebogenmappe *Internationale Skalen für Hypochondrie* zwei Verfahren in einer deutschen Adaption vorgelegt: Enthalten ist dort der *Whiteley-Index*

(*WI*; Original Pilowsky, 1967) und die *Illness Attitude Scales* (*IAS*; Original Kellner, 1986; deutsch: Hiller & Rief, 2004). Von diesen hat sich – nicht zuletzt aufgrund der Kürze und Einfachheit – der Whiteley-Index stärker durchgesetzt (Rief, 2023).

3.10.1 Der Whiteley-Index (WI) zur Messung der Hypochondrie

Der *Whiteley-Index* besteht aus 14 relativ rasch mit »ja« oder »nein« zu beantwortenden Fragen. Itembeispiele: »Wenn Sie auf eine Krankheit aufmerksam gemacht werden (durch Radio, Fernsehen, Zeitung oder einen Bekannten), machen Sie sich dann Sorgen, dass Sie diese Krankheit auch bekommen könnten?« oder »Können Sie dem Arzt nur schwer glauben, wenn er Ihnen sagt, dass kein Grund zur Besorgnis besteht?« Hinweise zum Einsatz in der Praxis finden sich auf einem beigefügten (Auswerte-)Bogen, auf den die Werte des Patienten bzw. der Patientin übertragen werden. Die Auswertung ist einfach, die Skalenwerte sind als Anzahl der mit »ja« beantworteten Items definiert. Durchführung und Auswertung nehmen nicht mehr als zwei bis drei Minuten in Anspruch.

Zeitrahmen: Ein Zeitrahmen wird nicht vorgegeben.

Dimensionale Struktur: Trotz seiner Kürze ist der Fragebogen nicht eindimensional. Verschiedene faktorenanalytische Befunde – international und im Deutschen – legen in aller Regel eine 3-dimensionale Struktur nahe, im Deutschen sind dies die Faktoren Krankheitsängste, somatische Beschwerden und Krankheitsüberzeugungen (Rief, Hiller, Geissner & Fichter, 1994). Ein Problem stellt dabei, wie leicht zu sehen ist, Faktor 2 – Somatische Beschwerden dar, auf dem z. B. das Item lädt: »Finden Sie, dass Sie von einer Vielzahl unterschiedlicher Symptome geplagt werden?« Die Ausarbeitung des ICD-10 Kapitels F 45 (WHO, 2010) erfolgte deutlich später als Pilowskys initiale Publikation von 1967. Faktor 2 des WI würde daher heute eher die Diagnosen F 45.0 Somatisierungsstörung oder F 45.1 undifferenzierte Somatisierungsstörung indizieren. Die deutschen Autoren entschlossen sich hier, einen Whiteley-Index Gesamtscore (Gesamtskalenwert) nahe am Original zu empfehlen. Daneben ermöglichen sie aber auch die Verwendung der drei Skalen (Hiller & Rief, 2004, S. 19–22). Nach den Kriterien Einfachheit und internationale Vergleichbarkeit mag sich die Gesamtskala anbieten, auch wenn damit kein Wert für eine reine Hypochondrie, also ohne somatoforme Symptomatik, gemessen wird. Eine inhaltlich treffendere Messung der Hypochondrie-Kernthematik ließe sich mit den beiden Skalen Krankheitsängste (6 Items) und Krankheitsüberzeugungen (4 Items) erreichen. Eine weitere, von den Autoren diskutierte WI-Variante aus zehn Items bleibt demgegenüber uneindeutig, da das Problem der nicht passenden Somatisierungs-Dimension dort ebenfalls nicht gelöst ist (Hiller & Rief 2004, S. 32–33).

Zuverlässigkeit: Die Homogenitätswerte, ermittelt an $N = 677$ Patient:innen, betragen Alpha = 0,80 für die 14-Item-Gesamtskala bzw. Alpha = 0,76 für Krankheitsängste und Alpha = 0,51 für Krankheitsüberzeugungen. Die Retestkorrelationen (Zeitabstand 72 Stunden) betragen r_{tt} = 0,83 (gesamt), r_{tt} = 0,81 (Krankheitsängste) und r_{tt} = 0,69 (Krankheitsüberzeugungen). Die Autoren schränken ein, dass sich mit kurzen Skalen oft nur geringe Alpha-Koeffizienten erreichen lassen, so auch hier im Falle der aus vier Items bestehenden Skala »Krankheitsüberzeugung« (Hiller & Rief 2004, S. 23).

Validität: Die Gesamtskala des WI korrelieren mit verschiedenen klinischen Skalen, wie z. B. den Skalen »Somatisierung« und »Ängstlichkeit« der *Symptom-Checklist-90*, den Skalen »Gesundheitssorgen und Körperliche Beschwerden« des *Freiburger Persönlichkeitsinventars* und weiteren, weniger gebräuchlichen Instrumenten, z. B. zum Thema Krankheitsfurcht. Für inhaltlich distale Merkmale liegen Korrelationen um +/- null vor, etwa in Bezug auf die Skalen »Offenheit« oder »Soziale Orientierung« des FPI-R (Hiller & Rief 2004, S. 26–31). Die Übereinstimmung zwischen der Beurteilung der Hypochondrie mittels klassifikatorischer klinischer Instrumente wie SKID und dem Whiteley-Index ist mit einer Sensitivität von 78 % und einer Spezifität von 70 % zufriedenstellend. Ferner konnten Patient:innen mit Hypochondrie und Patient:innen »mit anderen psychosomatischen Erkrankungen« aufgrund der unterschiedlichen WI-Werte gut getrennt werden (Hiller & Rief 2004, S. 21).

Änderungssensitivität: Eine Stichprobe von $N = 261$ Patient:innen wurde bei Aufnahme und Entlassung während eines stationären psychosomatischen Klinikaufenthalts (Dauer: sechs bis acht Wochen) untersucht und zeigte statistisch bedeutsame Wertereduktionen auf der Whiteley Index-Gesamtskala (von $M = 6{,}29$ auf $M = 4{,}58$; Wertespanne von 0 bis 14) sowie auf den WI-Skalen Krankheitsängste (von $M = 2{,}98$ auf $M = 2{,}01$; Wertespanne 0 bis 6) und Krankheitsüberzeugungen (von $M = 1{,}37$ auf $M = 1{,}05$; Wertespanne von 0 bis 4; Hiller & Rief 2004, S. 19).

Richtwerte/Normen: Stichprobenbasis für die Normierung des Whiteley-Index sind nicht Patient:innen mit einer Hypochondrie im engeren Sinne, sondern N = 743 Patient:innen, die für einen stationären Aufenthalt in einer psychosomatischen Klinik angemeldet waren und die im Vorfeld postalisch befragt wurden, ob »in irgendeiner Form Hinweise auf körperliche Beschwerden« vorlägen (Patient:innen mit Essstörungen und Patient:innen mit Tinnitus wurden dabei für die weitere Auswertungen ausgeschlossen; Hiller & Rief 2004, S. 20). Die Skalenwerte (Gesamtskala, Skala »Krankheitsängste«, Skala »Krankheitsüberzeugungen«) der Patient:innen mit Hinweisen auf solche körperlichen Beschwerden – also nicht im engeren Sinne Hypochondrie – wurden in Prozentränge umgerechnet. Diese Normwerte sind in ihrer Aussagekraft jedoch eingeschränkt, da die Normierungsstichprobe aus Patient:innen mit körperlichen Beschwerden bestand und Patient:innen mit Hypochondrie im engeren Sinn auf den Skalen Krankheitsängste und Krankheitsüberzeugungen und damit auch auf der Gesamtskala höhere Werte aufweisen dürften.

Zum Vergleich liegen auch WI-Werte und Prozentränge für die Allgemeinbevölkerung aus einer repräsentativen Stichprobe vor ($N = 2050$; Hiller & Rief 2004, S. 71). Vergleichswerte wurden dort für die WI-Gesamtskala ermittelt, nicht für die drei einzelnen Skalen, eine Einschränkung in der Brauchbarkeit bezüglich einer präzisen Bestimmung der Hypochondrie.

Kritische Differenzen: Zur Ermittlung der kritischen Differenzen bezogen auf die Gesamtskala und die Skalen »Krankheitsängste« und »Krankheitsüberzeugungen« ziehen wir die die Stichprobe der $N = 261$ Patient:innen heran (s. Abschnitt Änderungssensitivität). Wie geschildert, differieren die Reliabilitätsschätzungen mittels Alpha und Retestkorrelationen zugunsten letzterer. Wir halten es für vertretbar, denjenigen Reliabilitätsschätzer zu nehmen, der am höchsten ausfällt. Als kritische Differenzen errechnen wir daher für die WI-Gesamtskala (Wertespanne von 0 bis 14) 2,7 und gerundet 3 Punkte, für die Skala »Krankheitsängste« (Wertespanne von 0 bis 6) 1,8 und gerundet 2 Punkte sowie für Skala »Krankheitsüberzeugungen« (Wertespanne von 0 bis 4) 1,3 und gerundet 1 Punkt. Die in der genannten Studie der Autoren an $N = 261$ Patient:innen ermittelten durchschnittlichen Veränderungen (Gesamtskala: 1,7 Punkte; Skala »Krankheitsängste«: 0,97 Punkte; Skala »Krankheitsüberzeugungen«: 0,32 Punkte) sind geringer als die kritischen Differenzen. Bei einem typischen Mitglied dieser Stichprobe war die Therapie nach dem Kriterium der kritischen Differenz somit nicht erfolgreich.

Vertrauensintervall um individuelle Messwerte: Bei der Interpretation der erhaltenen Messwerte muss auch das Vertrauensintervall berücksichtigt werden, in welches Standardabweichung und Reliabilität der Skala einfließen. Die Vertrauensintervalle betragen für die WI-Gesamtskala +/- 1,9 (gerundet 2) Punkte, für die Skala »Krankheitsängste« +/- 1,3 (gerundet 1) Punkte und für die Skala »Krankheitsüberzeugungen« +/- 0,9 (gerundet 1) Punkt.

Cut off: Zur Berechnung von Cut off 1 ziehen wir wiederum die Stichprobe der $N = 261$ Patient:innen heran und als Vergleichsgruppe ohne Störung die Stichprobe aus der Allgemeinbevölkerung (Hiller & Rief 2004, Tabelle A5, S. 19). Als Cut off 1 (Mitte zwischen den Mittelwerten dieser beiden Gruppen) ergeben sich für die WI-Gesamtskala 4,36 Punkte, für die Skala »Krankheitsängste« 2,17 Punkte und für die Skala »Krankheitsüberzeugung« 0,90 Punkte. Würden in einer Einzelpsychotherapie Nachher-Werte erreicht, die den Mittelwerten der Patient:innstichprobe am Ende des stationären Klinkaufenthalts entsprechen, würde für die Skala »Krankheitsängste« der Cut off erreicht. Für die Skala »Krankheitsüberzeugungen« und für die WI-Gesamtskala würde der Cut off nicht erreicht.

Empfehlung: Der WI kann als Verfahren zur Outcomebestimmung in der Behandlung der Hypochondrie mit Einschränkungen empfohlen werden. Für den Bereich Krankheitsängste ist die Befundlage relativ gut. Die Skala »Krankheitsüberzeugung« ist mit vier Items kurz, dies führt zu schwächeren Gütekennwerten. Für die WI-Gesamtskala gilt als Manko, dass Items zu somatischen Beschwerden viel Rauschen erzeugen. Man würde Hypochondrie dann nicht mehr gezielt und valide genug messen. (Somatische Beschwerden werden mithilfe des Fragebogens SOMS gemessen, ▶ Kap. 3.18) Überdies ist die klinische Normierungsstichprobe jener Personen, die lediglich Hinweise auf Körperbeschwerden genannt hatte, als Stellvertretung für Patient:innen mit einer bestehenden Hypochondrie nicht gut geeignet.

Bezug: Das Verfahren ist – gemeinsam mit den Illness Attitudes Scales – über die Testzentrale www.testzentrale.de (Suchfeldeingabe: Internationale Skalen für Hypochondrie) erhältlich. Der Itemwortlaut der Standardversion mit 14 Items, darin auch die sechs Items der Skala »Krankheitsängste«, ferner Ergebnisse zu Faktorenanalyse, Validierung und vorläufigen Richtwerten können auch einem früheren Zeitschriftenbeitrag entnommen werden (Rief et al., 1994).

Tab 3.23: Whiteley Index zur Messung der Hypochondrie (WI)

Steckbrief	
Name	Whiteley Index zur Messung der Hypochondrie (WI)
Bezug	Manual und Untersuchungsunterlagen über die Testzentrale
Umfang	Gesamtskala 14 Items, Skala Krankheitsängste 6 Items, Skala Krankheitsüberzeugungen 4 Items
Messwerte	Gesamtskalenwert (Summe der mit Ja zu beantwortenden Items, Wertespanne von 0 bis 14) Skala Krankheitsängste (Wertespanne von 0 bis 6) Skala Krankheitsüberzeugungen (Wertespanne von 0 bis 4)
Richtwerte/Normen	Prozentrangangnormen für allgemeine Psychosomatikpatient:-innen (keine spezifischen Normen für Hypochondrie) Prozentrangnormen für eine Allgemeinbevölkerungsstichprobe
Kritische Differenz	Gesamtskala: 3 Punkte im Gesamtskalenwert Skala Krankheitsängste: 2 Punkte im Skalenwert Skala Krankheitsüberzeugungen: 1 Punkte im Skalenwert
Vertrauensintervall	Gesamtskala: +/- 2 Punkte im Gesamtskalenwert Skala Krankheitsängste: +/- 1 Punkt im Skalenwert Skala Krankheitsüberzeugungen: +/- 1 Punkt im Skalenwert
Cut off	Gesamtskala: 4,36 Punkte im Gesamtskalenwert Skala Krankheitsängste: 2,17 Punkte im Skalenwert Skala Krankheitsüberzeugungen: 0,9 Punkte im Skalenwert

3.11 Manie bzw. Bipolare Störung

Für die bipolaren Erkrankungen der ICD-10 Gruppe F 30.0 (Hypomanie), F 30.1 (Manie ohne psychotische Symptome) und F 31.x (bipolare affektive Störung; WHO, 2010) wird eine Lebenszeitprävalenz unter 1 % angegeben, in der Punktprävalenz (»heute«) nochmals weniger. Psychotherapie, Psychoedukation und längerfristige kontextuelle Ansätze wie psychosoziale Beratung und Betreuung sind sinnvoll und wirksam, auch wenn der Schwerpunkt auf Pharmakotherapie liegt (Deutsche Gesellschaft für Psychiatrie, Psychotherapie, Psychosomatik und Nervenheilkunde DGPPPN, 2019, S 3-Leitlinie Diagnostik und Therapie bipolarer Störungen). Evaluation und bereits auch die Untersuchung zu Beginn einer Behandlung sind bei bipolaren Patient:innen mit zwei konkreten Schwierigkeiten konfrontiert: Zum einen sind ungenaue (unsorgfältige, aggravierende oder diminuierende, manchmal auch nicht vollständig ernst genommene) Fragebogenbearbeitungen möglich. Zum anderen gibt es große Schwankungen im Ausmaß der akut bestehenden Problematik. Fremdratingverfahren durch erfahrene Kliniker:innen sollten Selbsteinschätzungen bei der Outcome-Bestimmung von Manie/bipolarer

Störung grundsätzlich ergänzen. Gleichwohl plädieren Fachleute dafür, Patient:innen, die an dieser Störung leiden, auch im Sinne einer Wahrnehmungs- und Introspektionsschulung zu sensibilisieren, wobei die zentralen Erläuterungen angemessen und mit ausreichend Zeit zu geben seien (Bernhard & Meyer, 2012, S. 324–330; Meyer, 2021a, S. 101). Nicht sinnvoll ist es in aller Regel, Fragebögen mit nach Hause zu geben, sie gehen leicht verloren oder werden für den nächsten Termin vergessen. Besser ist die Bearbeitung in der Praxis oder Einrichtung, um den/die Patient:in durch strukturierte Rahmenbedingungen unterstützen zu können.

3.11.1 Die Altman Self Rating Mania Scale (ASRM)

Bei den Selbstbeschreibungsinstrumenten geht der Trend international zur *Altman Self Rating Mania Scale (ASRM)* (Meyer, 2021b), im Deutschen bei Bernhard und Meyer (2012, S. 330) oder bei Thiele (2017, S. 43, auch online) verfügbar. Ein eigenes Manual und eine verlagspublizierte Fragebogen-Mappe gibt es nicht. In der psychiatrischen bzw. der klinisch-psychologischen Praxis wie auch in der Forschung wird die ASRM-Selbsteinschätzung des Patienten bzw. der Patientin oft abgesichert durch eine Fremdeinschätzung mittels der Young Mania Rating Scale (YMRS; Meyer & Hautzinger, 2013).

Edward G. Altman und Kollegen von der University of Illinois, Chicago, konnten 1997 eine erste, empirisch ausreichend gesicherte Version der ASRM publizieren. Eine Besonderheit bestand in dieser Studie darin, dass dort zunächst eine ausführliche Liste verschiedenster Symptome (Items) vorgegeben wurde. Diese sollte von einer breiteren psychiatrischen Patient:innenstichprobe bearbeitet werden, bei der auch andere Erkrankungen wie Depression, Schizophrenie und schizoaffektive Störungen diagnostiziert worden waren. Über diesen Itempool wurde eine Faktorenanalyse durchgeführt, und nur aus Faktor 1 dieses Pools, der durch Items repräsentiert war, die (hypo-)manische Symptome erfassten, wurde die spätere Mania-Scale entwickelt. Die anderen Faktoren und deren dazugehörige Items wurden im Verlauf nicht weiterverfolgt.

Die ASRM-Skala dürfte den meisten psychologischen und psychiatrischen Kliniker:innen in Struktur und Gestaltung prinzipiell vertraut sein, denn sie weist Ähnlichkeit mit dem formalen Aufbau des Beck Depressions-Inventars BDI/BDI II (► Kap. 3.6.1) auf. Pro Itemblock werden fünf Aussagen vorgelegt, denen aufsteigend ein Zahlenwert zugeordnet ist (0 bis 4). Im Unterschied zum BDI gibt es hier nur fünf Itemblöcke (insgesamt daher 25 Aussagen), die auch problemlos auf eine Fragebogenseite passen.

In der Instruktion werden die Personen aufgefordert anzugeben, welcher Satz jeweils ihre Stimmung am besten beschreibt. Itemblock 1 erfasst »sich glücklich oder aufgekratzt« fühlen, Block 2 erfasst »sich selbstbewusst« fühlen, Block 3 erfasst »wenig (bis hin zu gar kein) Schlaf«, Block 4 erfasst »Redefluss« (»mehr« bis hin zu »ununterbrochen sprechen«) und Block 5 erfasst »aktiver sein als sonst« (bis hin zu »sich herumtreiben«). Die Wertespanne der Skala (Summe über alle fünf Itemblöcke) erstreckt sich von 0 bis 20. Bernhardt und Meyer (2012) plädieren bezüglich der Vorgabehäufigkeit der ASRM für eine monatliche oder sogar wöchentliche Bearbeitung, dies würde – unter einem didaktischen Gesichtspunkt – der Struktur des Patienten bzw. der Patientin dienen.

Zeitrahmen: Der Zeitrahmen bei der ASRM ist »während der letzten Woche«. Die Bearbeitungs- wie auch die Auswertungszeiten sind kurz und betragen wenige Minuten.

Angaben zu Zuverlässigkeit und Validität bzw. zu den Richtwerten sind begrenzt vorhanden. Sie finden sich bei Altman et al. (1997) sowie für den deutschen Sprachraum bei Thiele (2017). Zwischen beiden Studien besteht ein Unterschied: Altman et al. (1997) untersuchten akut bipolare Patient:innen, während Thiele auf eine Gruppe prinzipiell als bipolar diagnostizierter Patient:innen zurückgriff, die bei Befragung zu einem größeren Teil subklinisch waren. Thieles Patient:innen nahmen im Rahmen eines spezifischen regionalen Bipolar-Programms in Graz halbjährlich an Versorgungssprechstunden teil. Somit kann davon ausgegangen werden, dass aufgrund psychosozialer und i. d. R. pharmakologischer Betreuung weniger hohe Ausprägungen bei deren Messung bestanden. Die Stichprobe Graz war mit $N = 270$ umfangreicher als die Stichprobe Altman et al. mit $N = 34$.

Zuverlässigkeit: Als Homogenitätswert wurde für die ASRM-Skala Alpha = 0,79 ermittelt, was in Anbetracht der Kürze als noch zufriedenstellend bezeichnet werden kann. Die Retest-Korrelation (innerhalb von sieben Tagen) ist beachtlich hoch und wird mit $r_{tt} = 0{,}86$ angegeben (Altman et al., 1997).

Validität: In erster Linie ist hier die Zusammenhangshöhe mit Fremdrating-Verfahren zu nennen. Die Korrelationen (Altman, 1997; Thiele, 2017) liegen durchweg oberhalb von $r = 0{,}70$, was als guter Wert zu bezeichnen ist. Ein weiterer die Güte der Skala stützender Befund stammt aus einer Regressionsanalyse mit dem Fremdrating-Wert der Young Mania Rating Scale (YMRS) als Kriterium und den fünf ASRM-Items als Prädiktoren. Dabei erwies sich interessanterweise Itemblock 4 »Rededrang« als wichtigster Prädiktor. Auch Itemblock 3 »Vermindertes Schlafbedürfnis« war statistisch bedeutsam. Ähnlich wie bei einzelnen anderen hier besprochenen Instrumenten wurden Analysen zu Sensitivität und Spezifität durchgeführt, welche korrekte Zuordnungsraten von 85,5 % (Sensitivität) bzw. von 87,3 % (Spezifität) belegten. Meyer et al. (2020) berichten in einem Review ohne spezifisch dargestellte Analysen von 92 % richtigen Zuordnungen. Als Cut off war hier ein Skalenwert von 6 gewählt worden (Wertespanne von 0 bis 20). Die ASRM-Skala konnte außerdem gut zwischen Gruppen mit Bipolar-Diagnose und solchen mit anderen klinischen Diagnosen unterscheiden. Bei einer Post-Treatment-Messung nach einem Jahr zeigte sich überdies ein signifikanter Unterschied zwischen den Gruppen ($t = 4.42$; $p < 0{,}001$; Altman et al., 1997, S. 951).

Richtwerte/Normen: Es liegen wenige Daten für die Bewertung von durchgeführten Psychotherapien vor. Während für die Stichprobe Graz (Thiele, 2017) ein Mittelwert von $M = 2{,}40$ bei einer Standardabweichung von $SD = 3{,}27$ (Verteilungsschiefe!) angegeben ist, berichten Altman et al. (1997) für ihre Patient:innen einen Mittelwert von $M = 9$ und eine Standardabweichung von $SD = 3{,}6$. Wie zu sehen, unterscheiden sich die Mittelwerte beträchtlich. Dies liegt am Unterschied in der Akuitität der jeweiligen Studienteilnehmer:innen. Weitere Angaben im Sinne von Referenzwerten liegen nicht vor, auch keine Vergleichswerte von Personen ohne Störung.

Kritische Differenzen: Trotz der deutlich unterschiedlichen Skalenmittelwerte in den beiden Stichproben resultieren für die kritischen Differenzen Werte, die nicht weit auseinander liegen. Denn die für die Formel benötigten Standardabweichungen sind ähnlich und die Reliabilität identisch. Die kritischen Differenz-Werte lauten bei einer Wertespanne von 0 bis 20 für die Stichprobe Altman et al. (1997) 3,7 und für die Stichprobe Graz 3,4 (Thiele, 2017). Unterschiede ab 4 können somit als zuverlässig gemessen gelten.

Vertrauensintervall um individuelle Messwerte: Das Vertrauensintervall, berechnet aus Standardabweichung und Homogenität – hier wurde die Retestkorrelation verwendet –, beträgt +/- 2,5 Punkte (Datensatz Thiele, 2017) bzw. +/- 2,7 Punkte (Datensatz Altman et al., 1997; jeweils gerundet 3 Punkte).

Cut off: Als Grenzwert für eine (hypo-)manische Symptomatik war früher bereits ein ASRM-Skalenwert von 6 festgelegt (Altman et al., 1997; Meyer et al., 2020). Dies geht im Großen und Ganzen auch mit den Cut-off-Bestimmungen für dieses Handbuch einher. Würde man Cut off 2 (Mittelwert plus 1 Standardabweichungseinheit) bei den subakuten Patient:innen der Untersuchung von Thiele (2017) bestimmen, läge dieser bei 5,67. Die in der akuten Phase untersuchten Patient:innen bei Altmann et al. (1997) erzielten im Mittel den Wert von 9. Die Mitte zwischen dem Mittelwert dieser und jenem der subakuten Patient:innen (2,4; Stichprobe Graz) läge wiederum bei 5,7. Somit lässt sich der klinisch festgelegte Cut off von 6 auch empirisch begründen.

Empfehlung: Zum Verfahren ASRM sind noch weitere Entwicklungsarbeiten nötig. Das Verfahren wird als derzeit best practice eingestuft. Zur Thematik Bipolar I/Bipolar II liegen keine Informationen vor.

Bezug: Die deutsche Fragebogen-Version ist bei Bernhardt und Meyer (2012, S. 330) abgedruckt bzw. aus Thiele (2017, S. 43) downloadbar. Beide Versionen sollten für den konkreten Einsatz bei Patient:innen gestaltungstechnisch nachbearbeitet werden.

Tab. 3.24: Steckbrief Altman Self Rating Mania Scale (ASRM)

Steckbrief	
Name	Altman Self Rating Mania Scale (ASRM)
Bezug	Untersuchungsunterlagen: Bernhardt und Meyer (2012) bzw. Thiele (2017)
Umfang	5 Itemblöcke, pro Block 5 Aussagen
Messwerte	Skalenwert (Summe aller Blockwerte, Wertespanne von 0 bis 20)
Richtwerte/Normen	Keine Normwerte verfügbar M = 2,40; SD = 3,27 (Stichprobe Thiele, 2017, vorwiegend subakut) M = 9; SD = 3,6 (Stichprobe Altman et al., 1997, akut)
Kritische Differenz	4 Punkte im Skalenwert
Vertrauensintervall	+/- 3 Punkte im Skalenwert
Cut off	6 Punkte im Skalenwert

3.12 Narzisstische Persönlichkeitsstörung

»Narzissmus« oder »Narzisst« hat heutzutage den Rang einer »inflationär verwendeten zeitgeistigen Laiendiagnose« (Herrmann, 2023, S. 12). Ähnlich wie »toxisch«, »spalten«, »gekränkt«, »getriggert« oder »(früh-)gestört« hat »Narzisst« in das alltagssprachliche Kampfvokabular Einzug gehalten und gilt als Beispiel für concept creep (Haslam, Tse & De Deyne 2021).

Neben der begrifflichen Entwertung ist auch die Lage bei geeigneten Verfahren zur Outcome-Bestimmung nicht sehr zufriedenstellend – eines davon soll hier Erwähnung finden.

Mit der Narzissmusthematik bzw. deren Erfassung beschäftigen sich in der wissenschaftlichen Psychologie vor allem die Sozialpsychologie (z. B. die Arbeitsgruppe um Hans-Werner Bierhoff, Universität Bochum; die Arbeitsgruppe um Carolyn Morf, Universität Bern) und die Persönlichkeitspsychologie (z. B. die Arbeitsgruppe um Mitja Back, Universität Münster), die jeweils unterschiedliche Facetten und Varianten von Narzissmus in der Person und die Auswirkungen auf soziale Systeme untersuchen. Im Rahmen der Psychotherapie ist Claas Hinrich Lammers, Klinik Hamburg-Ochsenzoll, als wichtiger Vertreter zu nennen, der sich mit klinischen Narzissmus-Facetten befasst (Lammers, 2021).

Bekanntlich unterscheidet man einen sogenannten grandiosen Narzissmus von einem vulnerablen Narzissmus (Kurzübersicht: Bierhoff, Brailovskaja & Rohmann, 2019). Beim grandiosen Narzissmus kommt in der Messung häufig das Narcicisstic Personality Inventory-NPI aus 40 Items zum Einsatz (deutsche Version: Schütz, Markus & Sellin, 2004). Für klinische Fragestellungen ist es aufgrund des milderen Itemwortlauts allerdings weniger geeignet. Dies gilt auch für einige weitere bei Bierhoff et al. (2019) skizzierte Verfahren.

3.12.1 Das Pathological Narcissism Inventory (PNI)

Prinzipiell in Betracht käme für die ICD-10-Diagnose F 60.80 (WHO, 2010) das *Pathological Narcissism Inventory (PNI)*, im Amerikanischen erstmals von Aaron L. Pincus von der Penn State University, State College, Pennsylvania, vorgestellt (Pincus et al., 2009). Die deutschsprachige Referenzarbeit wurde von Morf et al. (2017) verfasst. Pincus et al. (2009) entwickelten das aus 52 Aussagen bestehende Verfahren nach a priori festgelegten inhaltlichen Facetten, wie es dort heißt: »based on literature and clinical studies« (Pincus et al., 2009, S. 367). Folgende Bereiche werden hierzu beschrieben: Zum einen der vulnerable Narzissmus mit drei Skalen, die als »Suche nach Beachtung«, »Selbstentwertung« und »Das-Selbst-verstecken« bezeichnet werden, zum anderen der grandiose Narzissmus mit vier Skalen. Diese lauten »ausbeuterisch/manipulativ«, »aufopfernde Selbstaufwertung«, »grandiose Fantasien« und »Berechtigungswut«. Die Skalen bestehen aus 5 bis 12 Items. Sie sind mit 1 = »trifft überhaupt nicht auf mich zu« bis 6 = »trifft vollkommen auf mich zu« zu beantworten (z. B. »Ich ärgere mich über Menschen, die sich nicht dafür interessieren, was ich tue« bzw. »Es passiert mir oft, dass ich andere um das beneide, was sie erreicht haben«). Pro Skala werden Skalenwerte aus der jeweiligen Summe der Items gebildet, die durch die Itemzahl der Skala dividiert wird (Wertespanne von 1 bis 6).

Das Verfahren wurde in mehrere Sprachen übersetzt. Die Datenbasis im Deutschen ist für klinische Zwecke bislang noch nicht ausreichend: Von den vier Stichproben (Morf et al., 2017) bestanden drei aus Studierenden ohne diagnostizierte Problematik, die im Rahmen des regulären Universitätsbetriebs der Universität Bern, also nicht als Patient:innen (z. B. der dortigen Hochschulambulanz), rekrutiert wurden. Dies ist für Zwecke der Psychotherapieevaluation nicht optimal, immerhin sollte *pathological* narcissism gemessen werden. Auch im amerikanischen Original – das sei an dieser Stelle angemerkt – wird lediglich von einer studentischen Stichprobe berichtet, sie wird ohne weitere Spezifizierung als $N > 700$ apostrophiert. Mit den von Morf et al. (2017) erhobenen Daten wurden Faktorenanalysen durchgeführt, um eine bei Pincus et al. (2009) postulierte Struktur aus vier Dimensionen zu replizieren. Was auch gelang – denn hier (Universität Bern) wie dort (Penn State University) galt die Auskunft von Studierenden mit vergleichbaren soziodemographischen Merkmalen und ohne diagnostizierte Störung als Basis. Daran schloss sich für den deutschen Sprachraum eine große Zahl an Merkmalsvergleichen an (PNI korreliert mit 23 – teils nochmals mehrdimensional untergliederten – Persönlichkeitsfragebögen). Die Formulierung gezielter Hypothesen oder Erwartungen ist in der diesbezüglichen Literatur nicht zu eruieren.

Nun zur vierten Stichprobe aus der Arbeit von Morf et al. (2017), die als für klinische Zwecke relevant gelten könnte. Sie wurde an einer psychosomatischen Klinik rekrutiert. Die $N = 214$ Patient:innen litten in der Erstdiagnose zu 66 % an Depression, zu 14 % an einer Borderline-Persönlichkeitsstörung und zu 13 % an einer Posttraumatischen Belastungsstörung. *Kein/e* Patient:in litt an einer Narzisstischen Persönlichkeitsstörung in der Erstdiagnose, und nur zwei in der Zweitdiagnose. Die Mittelwerte dieser in der Klinik gewonnenen Stichprobe, die somit bis auf zwei Patient:innen keine entsprechende Persönlichkeitsstörung aufwies, unterschieden sich demzufolge auch kaum von der studentischen Stichprobe Bern. Bei einer Wertespanne von 1 bis 6 lagen die mittleren Werte der Patient:innen lediglich um 0,4 Punkte über dem Mittelwert der studentischen Stichprobe. Ungeachtet dessen stufen die Autor:innen den deutschsprachigen PNI-Fragebogen als gutes Assessment-Tool und als »valuable measure for narcissistic pathology« ein (Morf et al. 2017, S. 438). Diese Interpretation darf als etwas großzügig bezeichnet werden, da eine empirische Untermauerung der Aussage nicht mitgeliefert wird.

Auch wenn die Arbeit in einem relativ guten Journal (*Assessment*; IF = 4) zum Druck angenommen wurde, bleiben folgende Punkte offen: Für das Verfahren konnte eine Eignung im klinischen Einsatz bei der relevanten Patient:innengruppe mit narzisstischen Persönlichkeitszügen oder – mehr noch – einer diesbezüglichen Störung mangels entsprechender Datenbasis nicht aufgezeigt werden. Hinweise zur Unterscheidung zwischen Patient:innen mit versus ohne Narzissmus fehlen. Auch wurde bislang keine Therapiestudie berichtet, aus der sich hätte ergeben können, dass das Pathological Narcissism Inventory PNI die bei einer Behandlung erzielten Änderungen zuverlässig wiedergeben kann. So ist eine aussagekräftige Interpretation ermittelter Fragebogenwerte in der Psychotherapiepraxis bisher kaum möglich, etwa die Einordnung gemäß Vergleichs- oder Normwerten. Die alleinige Vorgabe des PNI bei evtl. für eine Messung in Frage kommenden Patient:innen könnte zwar illustrativ sein, es fehlen aber bis dato psychometrische Befunde, die den Nutzen des PNI aufzeigen könnten.

Empfehlung: Als Verfahren zur Outcomebestimmung in der Psychotherapie kann eine Empfehlung für das Pathological Narcissism Inventory PNI derzeit nicht ausgesprochen werden.

Es sei darauf hingewiesen, dass der Bereich Persönlichkeitsstörungen in der Version 11 des ICD (WHO, 2019) neu strukturiert und die diesbezügliche Praxisumsetzung ab 2027 angekündigt wurde (▶ Kap. 8).

Bezug: Die Skala ist bei der Erstautorin der deutschsprachigen Referenzarbeit (Homepage Prof. Dr. Carolyn Morf, Sozialpsychologie, Universität Bern) nach vorheriger Registrierung erhältlich. Weitere Informationen sind Pincus et al. (2009) bzw. Morf et al. (2017) zu entnehmen.

Steckbrief: entfällt

3.13 Posttraumatische Belastungsstörung

Eine Posttraumatische Belastungsstörung (PTBS, ICD-10 F43.1; WHO, 2010) und ihre Erscheinungsformen sind charakterisiert durch das Vorliegen einer oder mehrerer traumatischer Erfahrungen. Das A-Kriterium lautet: ein belastendes Ereignis oder eine Situation außergewöhnlicher Bedrohung oder katastrophenartigen Ausmaßes, die bei fast jedem eine tiefe Verzweiflung hervorrufen würde. Während Erfahrungen dieser Art ganz unterschiedliche psychische Symptome und Krankheitsbilder zur Folge haben können, z. B. auch Angststörungen oder affektive Störungen, entwickelt ein Teil der Betroffenen eine spezifische Traumafolgesymptomatik, die gekennzeichnet ist durch die vier Symptombereiche Intrusionen, Vermeidung, negative Veränderungen in Kognitionen und Stimmung sowie Hyperarousal (DSM-5, 2018).

Mit Einführung der ICD-11 (WHO, 2019) wird über die Diagnose einer (einfachen) PTBS hinaus auch die komplexe Posttraumatische Belastungsstörung (k-PTBS) eingeführt werden. Darunter werden charakteristische Funktionsstörungen infolge wiederholter Traumatisierung gefasst, z. B. infolge wiederholter frühkindlicher Gewalt- und Missbrauchserfahrungen (First, Reed, Hyman & Saxena, 2015; Schäfer et al., 2019). Anhalt für die Häufigkeit von PTBS und k-PTBS gibt beispielweise eine für die bundesdeutsche Bevölkerung repräsentative Studie an 2426 Befragten (Alter 14 bis 99 Jahre). Diese Studie fand eine 1-Monats-Prävalenzrate für PTBS von 1,5 % sowie für k-PTBS von 0,5 % (Maercker, Hecker, Augsburger & Kliem, 2018). Zur (k-)PTBS-Diagnosestellung wird die ausführliche Erhebung im Rahmen eines Anamnesegesprächs unabdingbar sein, ergänzt um ein standardisiertes Interviewverfahren, z. B. die Clinician-Administered PTSD Scale für DSM-5 (CAPS-5; Cwik, Woud & Schnyder, 2020; Krüger-Gottschalk et al., 2022), ferner standardisierte Selbsteinschätzungsinstrumente zur Objektivierung der Schwere der posttraumatischen Symptomatik. Ein solches Vorgehen wird auch in der S3-Leitlinie Posttraumatische Belastungsstörungen empfohlen (Schäfer et al., 2019), allerdings noch ohne Benennung standardisierter Verlaufsinstrumente.

Das Vorliegen von mindestens einer traumatischen Erfahrung ist Voraussetzung für die Diagnose einer PTBS (A-Kriterium). Falls es sich eindeutig um ein einmaliges, von dem/der Betroffenen klar beschriebenes, zeitlich genau eingrenzbares Ereignis wie einen Unfall oder eine einmalige Gewalterfahrung handelt, wird keine zusätzliche standardisierte Erhebung des auslösenden Ereignisses erforderlich sein. Liegen jedoch Anhaltspunkte für mehrere Ereignisse oder mehrere Arten traumatisierender Erfahrungen vor, wie für die komplexe Posttraumatische Belastungsstörung charakteristisch, dann ist zunächst die diagnostische Klärung von Art und Umfang traumatischer Erfahrungen in ihrer Gesamtheit sinnvoll.

Hierzu können zwei Instrumente dienen, die allerdings nicht für Evaluation/ Therapieoutcome bestimmt sind, sondern nur ein Mal zu Behandlungsbeginn.

Live-Event Checklist (LEC-5): Die *Live-Event Checklist (LEC-5*; Weathers et al., 2013; Vorversion Gray, Litz, Hsu & Lombardo, 2004) erlaubt die standardisierte Abfrage potentiell traumatisierender Erfahrungen. Sie ist so konstruiert, dass insgesamt 17 mögliche Ereignisse (z. B. Verkehrsunfall, gewalttätiger Angriff, sexueller Übergriff oder Kampfhandlungen bzw. Aufenthalt in einem Kriegsgebiet) daraufhin beurteilt werden, ob bzw. in welcher Form dieses Ereignis erlebt wurde, beispielsweise »mir persönlich zugestoßen«, »Zeuge davon gewesen«, »davon erfahren« oder »im Rahmen meines Berufs«. Die (nichtnumerische) Auswertung erfolgt auf der Ebene der einzelnen Items und gibt eine erste Orientierung über Spektrum und Ausmaß traumatischer Erfahrungen. Der Einsatz des Instruments erwies sich als nützlich, weil PTBS-Patient:innen häufig doch mehr als eine traumatische Erfahrung berichten, wenn der/die Behandler:in gezielt anhand einer Liste vorgeht.

Childhood Trauma Questionnaire (CTQ): Das *Childhood Trauma Questionnaire (CTQ*; Klinitzke, Romppel, Häuser, Brähler & Glaesmer, 2012, online verfügbar) erlaubt die standardisierte Erfassung prägender traumatischer Erfahrungen aus der Kindheit anhand von Selbsteinschätzungen. Das Instrument umfasst 25 Items (Instruktion: »Als ich aufwuchs …«, 5-stufige Antworten von 1 = »trifft auf mich überhaupt nicht zu« bis 5 = »trifft auf mich sehr häufig zu«), welchen fünf Formen früher Traumatisierung zugeordnet werden (s. nachfolgender Kasten). Drei Kontrollitems dienen der Beurteilung einer Bagatellisierungstendenz. Zur Auswertung werden die fünf Items jeder Skala aufsummiert (Wertespanne von 5 bis 25; keine Gesamtsumme). Die Autoren schlagen vier Schweregradstufen vor (Häuser, Schmutzer, Brähler & Glaesmer, 2011). Da mithilfe des CTQ Selbsteinschätzungen aus Erwachsenenperspektive im Rückblick auf frühere traumatische Erfahrungen erhoben werden, ist das Instrument nicht für die Verlaufsmessung in einer heutigen Psychotherapie gedacht (Klinitzke et al., 2012).

Fünf Formen früher Traumatisierung gemäß Childhood Trauma Questionnaire (CTQ)

- emotionaler Missbrauch (»... bezeichneten mich Personen aus meiner Familie als dumm, faul und hässlich«)
- körperlicher Missbrauch (»... schlugen mich Personen aus meiner Familie so stark, dass ich blaue Flecken oder Schrammen davontrug«)
- sexueller Missbrauch (»... belästigte mich jemand sexuell«)
- emotionale Vernachlässigung (invertiert: »... hatte ich das Gefühl geliebt zu werden«)
- körperliche Vernachlässigung (invertiert: »... gab es jemanden, der mich zum Arzt brachte, wenn ich es brauchte«)

3.13.1 Die Posttraumatic Stress Disorder Checklist for DSM-5 (PCL-5)

Die *Posttraumatic Stress Disorder Checklist for DSM-5 (PCL-5)* erlaubt die Bestimmung der Schwere einer posttraumatischen Belastungsstörung auf Basis der aktuellen Diagnosekriterien nach DSM-5 (2018). Das Instrument ist die Revision einer früheren Fragebogenversion, welche auf den diagnostischen Kriterien der PTSD nach DSM-IV basierte (PCL; APA, 2000; Weathers, Litz, Huska & Kaene, 1994). Die Hauptunterschiede zur Vorversion liegen vor allem in der Integration einer vierten Skala für den mit DSM-5 neu hinzugekommen Symptombereich der negativen Kognitionen und Emotionen und im Austausch bzw. der Neuformulierung einzelner Symptome der PTSD, welche mit DSM-5 geändert wurden (z.B. die Ergänzung selbstschädigenden Verhaltens). Mit der PCL-5 liegt nunmehr eine einheitliche Version vor, während die frühere PCL mehrere Versionen umfasste, und zwar für militärisches Personal, für die zivile Bevölkerung und für spezifische Ereignisse. Mittlerweile sind Übersetzungen in mehrere Sprachen verfügbar. Anhand von 20 Selbsteinschätzungen (5-stufig von 0 = »überhaupt nicht« bis 4 = »sehr stark«) wird die Schwere von Symptomen der PTBS beurteilt.

Skalen und Itembeispiele der Posttraumatic Stress Disorder Checklist for DSM-5 (PCL-5)

- Intrusionen (5 Items, Wertespanne von 0 bis 20): »... wiederholte, beunruhigende und sich aufdrängende Erinnerungen an das Ereignis?«
- Vermeidungen (2 Items, Wertespanne von 0 bis 8): »... Vermeidung von Erinnerungen, Gedanken oder Gefühlen in Bezug auf das belastende Ereignis?«
- negative Kognitionen und Emotionen (7 Items, Wertespanne von 0 bis 28): »... starke negative Gefühle, wie zum Beispiel Angst, Schrecken, Ärger, Schuld oder Scham?«

- Hyperarousal (6 Items, Wertespanne von 0 bis 24): »... reizbares Verhalten, Wutausbrüche oder aggressives Verhalten?«

Da in die Berechnung der vier Skalenwerte (Summe der Itemwerte) eine unterschiedliche Anzahl von zwei bis sieben Items eingeht, ergeben sich unterschiedliche Wertespannen. Daneben kann durch Summierung aller 20 Itemwerte ein Gesamtskalenwert (Wertespanne von 0 bis 80) bestimmt werden. Dieses Vorgehen ist insofern nicht unkritisch, da hierdurch die unterschiedlichen Kriterien der PTBS in unterschiedlicher Gewichtung (Itemanzahl) in diesen Wert eingehen.

Zeitrahmen: Selbsteinschätzungen von Symptomen der PTBS in Bezug auf den letzten Monat.

Dimensionale Struktur: Überprüfungen der faktoriellen Validität ergaben für die englische wie auch die deutsche Version bislang keine einheitlichen Ergebnisse (Krüger-Gottschalk et al., 2017).

Zuverlässigkeit: Für die deutsche Version, welche in einer multizentrischen Erhebung an insgesamt 341 Patient:innen mit traumatischen Erfahrungen untersucht werden konnte (Krüger-Gottschalk et al., 2017), wird eine sehr gute interne Konsistenz für die Gesamtskala berichtet (Alpha = 0,95). Interne Konsistenzen (Alpha) der vier Skalen lagen dabei im akzeptablen Bereich (Intrusionen: 0,89, Vermeidungen: 0,79, negative Kognitionen und Emotionen: 0,86 und Hyperarousal: 0,84). Die Retestkorrelation der Gesamtskala betrug bei einem Messzeitintervall von drei Wochen $r_{tt} = 0{,}91$.

Validität: Für die englische Version wurden akzeptable Übereinstimmungen mit dem strukturierten Interview CAPS-5 gefunden. Als weitere Belege der konvergenten Validität berichten Blevins, Weathers, Davis, Witte und Domino (2015) hohe Zusammenhänge ($r = 0{,}74$ bis 0,85) mit anderen bewährten PTSD-Instrumenten wie der Posttraumatic Distress Scale (PDS; Foa, 1995) und geringere Zusammenhänge ($r = 0{,}31$ bis 0,60) mit konstruktferneren Instrumenten wie Skalen des Personality Assessment Inventory (PAI; Morey, 2007) – hier als Beleg der diskriminanten Validität.

Für die deutsche Version konnten Krüger-Gottschalk und Kollegen (2017) ebenfalls einen hohen Zusammenhang mit dem klinischen Interview zeigen (CAPS-5, $r = 0{,}77$). Zusammenhänge zwischen der PCL-5 und Depression (BDI-II) fielen ebenfalls hoch aus. Dies weist allerdings darauf hin, dass beide Instrumente aufgrund der hohen konzeptionellen Überlappung (vor allem Skala 3 »Negative Kognitionen und Emotionen«) wie auch aufgrund der hohen Komorbidität der beiden Diagnosebereiche nur eingeschränkt geeignet sind, zwischen einer PTBS und einer depressiven Symptomatik zu differenzieren.

Richtwerte/Normen: Bislang liegen keine Normwerte vor. Die deutsche Validierungsstudie (Krüger-Gottschalk et al., 2017) berichtet Referenzwerte einer multizentrisch erhobenen Patient:innengruppe von $N = 341$ Trauma-Betroffenen (mindestens ein traumatisches Erlebnis im LEC-5), von welchen 61,6 % im strukturierten Interview (CAPS-5) die Kriterien der PTBS nach DSM-5 erfüllten (► Tab. 3.25).

Tab. 3.25: Referenzwerte für die PCL-5-Gesamtskala und die einzelnen Skalen (aus: Krüger-Gottschalk et al., 2017, S. 5)

	Mittelwert (*M*)	**Standardabweichung (*SD*)**
Gesamtskala (Wertespanne von 0 bis 80)	39,1	20,0
Skala Intrusionen (Wertespanne von 0 bis 20)	10,6	5,8
Skala Vermeidungen (Wertespanne von 0 bis 8)	4,6	2,6
Skala Negative Kognitionen und Emotionen (Wertespanne von 0 bis 28)	12,9	7,4
Skala Hyperarousal (Wertespanne von 0 bis 24)	11,1	6,2

Änderungssensitivität: Die Änderungssensitivität der amerikanischen Originalversion wurde an einer großen Stichprobe Militärangehöriger mit PTSD evaluiert, u. a. in Bezug auf Übereinstimmungen mit Veränderungen im klinischen Interview (Wortmann et al., 2016; Marx et al., 2022). Die Ergebnisse zeigen beispielsweise eine hohe Übereinstimmung der mittels der PCL-5 und der mittels des standardisierten Interviews bestimmten Veränderungen (PTSD Symptom Scale Interview PSS-I; Foa, Riggs, Dancu & Rothbaum, 1993; $r = 0{,}72$).

Kritische Differenzen: Anhand der vorliegendenden Reliabilitäten und Standardabweichungen (Krüger-Gottschalk et al., 2017) können für die einzelnen Skalen die folgenden kritischen Differenzen berechnet werden: Intrusionen (*SD* = 5,8; Alpha = 0,89): kritische Differenz 5,3 (gerundet: 5); Vermeidungen (*SD* = 2,6; Alpha = 0,79): kritische Differenz 3,3 (gerundet: 3); negative Kognitionen und Emotionen (*SD* = 7,4; Alpha = 0,86): kritische Differenz 7,7 (gerundet: 8) und Hyperarousal (*SD* = 6,2; Alpha = 0,84): kritische Differenz 6,9 (gerundet: 7). Für die Gesamtskala wird eine kritische Differenz = 9,7 berichtet (Cloitre et al., 2021, S. 8, für USA). Ausgehend von bekannten empirischen Verteilungskennwerten der deutschen PCL-5 (Streuung in der klinischen Gruppe *SD* = 20,0; Alpha = 0,95; aus Krüger-Gottschalk et al., 2017) kann eine kritische Differenz = 12,4 (gerundet: 12) berechnet werden. Bei der Veränderungsmessung mit der PCL-5, z. B. zwischen Behandlungsbeginn und Behandlungsende, ist somit für eine statistisch bedeutsame therapeutische Verbesserung eine kritische Differenz von mindestens 12 Punkten im Gesamtskalenwert (Wertespanne von 0 bis 80) erforderlich.

Vertrauensintervall um individuelle Messwerte: Mit den bereits berichteten Reliabilitäten und Standardabweichungen (Krüger-Gottschalk et al., 2017) können die folgenden Vertrauensintervalle berechnet werden: Intrusionen: Vertrauensintervall +/- 3,8 (gerundet +/- 4); Vermeidungen: Vertrauensintervall +/- 2,3 (gerundet +/- 2); negative Kognitionen und Emotionen: Vertrauensintervall +/- 5,4 (gerundet +/- 5); Hyperarousal: Vertrauensintervall +/- 4,9 (gerundet +/- 5); PCL-5-Gesamt: Vertrauensintervall +/- 8,8 (gerundet +/- 9).

Cut off: Aufgrund fehlender Angaben für Verteilungskennwerte gesunder Vergleichsgruppen ist keine Berechnung von Cut off 1 möglich (Mitte zwischen dem Mittelwert einer gesunden Stichprobe und dem Mittelwert einer Patient:-

innengruppe). Aufgrund der vergleichsweise hohen Streuung in der Patient:-innengruppe (*M* = 39,1; *SD* = 20,0; ▶ Tab. 3.6) führt die Berechnung von Cut off 3 (Mittelwert der Patient:innengruppe minus 2 x *SD* der Patient:innengruppe) zu einem negativen Wert.

Eine ROC-Analyse (▶ Kap. 2.2.2) zur Vorhersage des Ergebnisses eines strukturierten Interviews (CAPS-5) aus PCL-5-Gesamtskalenwerten ergab einen optimalen Cut off = 33 mit einer hohen Sensitivität von 86 % und einer moderaten Spezifität von 68 % (Krüger-Gottschalk et al., 2017). Damit konnte der Wert aus einer vergleichbaren Analyse der amerikanischen Originalversion erfolgreich repliziert werden (Bovin et al., 2016).

Empfehlung: Die Posttraumatic Stress Disorder Checklist for DSM-5 (PCL-5) kann als 1. Wahl-Instrument zur Schweregradbestimmung und Psychotherapie-Verlaufsmessung empfohlen werden. Auch wenn bislang nur eingeschränkt Normen und Referenzwerte vorliegen, hat der Fragebogen gegenüber anderen Selbsteinschätzungsinstrumenten den Vorteil, die aktuellen Kriterien der PTBS (nach DSM-5, 2018) abzubilden.

Bezug: Die deutsche Version der PCL-5 (Krüger-Gottschalk et al., 2017) ist online verfügbar, z. B. unter: http://zep-hh.de/wp-content/uploads/2015/05/PCL-5.pdf

Tab. 3.26: Steckbrief Posttraumatic Stress Disorder Checklist for DSM-5 (PCL-5)

Steckbrief	
Name	Posttraumatic Stress Disorder Checklist for DSM-5 (PCL-5)
Bezug	Online verfügbar (Quelle: Krüger-Gottschalk et al., 2017)
Umfang	20 Items
Messwerte	Gesamtskalenwert (Summe der Itemwerte, Wertespanne von 0 bis 80) 4 Skalenwerte: Intrusionen, Vermeidungen, Negative Kognitionen und Emotionen und Hyperarousal
Richtwerte/Normen	Keine Normwerte verfügbar Referenzwerte (Patient:innen mit Traumatisierung): Gesamtskala (Wertespanne von 0 bis 80): *M* = 39,1; *SD* = 20,0 Skala Intrusionen (Wertespanne von 0 bis 20): *M* =10,6; *SD* = 5,8 Skala Vermeidungen (Wertespanne von 0 bis 8): *M* = 4,6; *SD* = 2,6 Skala Negative Kognitionen und Emotionen (Wertespanne von 0 bis 28): *M* = 12,9; *SD* = 7,4 Skala Hyperarousal (Wertespanne von 0 bis 24): *M* = 11,1; *SD* = 6,2
Kritische Differenz	Gesamtskalenwert (Wertespanne von 0 bis 80): 12 Skala Intrusionen (Wertespanne von 0 bis 20): 5 Skala Vermeidungen (Wertespanne von 0 bis 8): 3 Skala Negative Kognitionen und Emotionen (Wertespanne von 0 bis 28): 8 Skala Hyperarousal (Wertespanne von 0 bis 24): 7
Vertrauensintervall	Gesamtskalenwert (Wertespanne von 0 bis 80): +/- 9 Skala Intrusionen (Wertespanne von 0 bis 20): +/- 4 Skala Vermeidungen (Wertespanne von 0 bis 8): +/- 2

Tab. 3.26: Steckbrief Posttraumatic Stress Disorder Checklist for DSM-5 (PCL-5) – Fortsetzung

Steckbrief	
	Skala Negative Kognitionen und Emotionen (Wertespanne von 0 bis 28): +/- 5 Skala Hyperarousal (Wertespanne von 0 bis 24): +/- 5
Cut off	33 Punkte im Gesamtskalenwert

3.13.2 Der International Trauma Questionnaire (ITQ)

Das *International Trauma Questionnaire* (ITQ) stellt derzeit das am weitesten verbreitete Instrument zur Erfassung der Schwere und Verlaufsmessung der komplexen Posttraumatischen Belastungsstörung (k-PTBS) dar. Der Fragebogen besteht aus 18 Items, liegt in 28 Sprachen vor und ist frei verfügbar (The International Trauma Consortium, 2023). Die Entwicklung des Instrumentes wird bei Cloitre und Kollegen (2018) beschrieben. Es wurde auf Basis der Vorgaben der WHO zur Formulierung von Diagnosekriterien der k-PTBS entwickelt. Das Ziel war, ein möglichst kurzes Instrument zur Erfassung von sogenannten Kernmerkmalen der PTBS verfügbar zu haben (Teil A: sechs Items plus drei Items funktionaler Einschränkungen infolge der Kernmerkmale; Teil B – Störung der Selbstorganisation: sechs Items plus drei Items funktionaler Einschränkungen). Die Kriterien einer komplexen Posttraumatischen Belastungsstörungen werden erfüllt, wenn sowohl die Kernmerkmale einer PTBS als auch Störungen der Selbstorganisation vorliegen.

Erfassung der Kernmerkmale (Teil A): Zunächst wird mittels Freitextangabe die Art des traumatischen Ereignisses erfragt (»Bitte wählen Sie die Erfahrung aus, die Sie am meisten belastet und beantworten Sie die Fragen auf diese Erfahrung hin«). Diese wird ergänzt durch eine auf einer 6-stufigen Skala zu beantwortende Frage danach, wie lange das Ereignis zeitlich zurückliegt (»Wann fand dieses Ereignis statt?«; Angaben von »vor weniger als 6 Monaten« bis »vor mehr als 20 Jahren«). Im Anschluss werden drei Kernmerkmale der PTSD erhoben. Die Instruktion lautet »(…) wie sehr Sie dieses Problem im letzten Monat belastet hat«. Zur Beantwortung wird eine 5-stufige Skala von 0 = »gar nicht« bis 4 = »sehr stark« vorgegeben. Ein Kernmerkmal gilt als gegeben, wenn seine Stärke als 2 = »mittelstark« oder höher eingeschätzt wird. Bei der Auswertung muss zur Erfüllung der Kernmerkmale einer PTBS mindestens eins von jeweils zwei Symptomen der drei Kernmerkmale erfüllt sein. Darüber hinaus muss mindestens eine von drei Funktionseinschränkungen vorliegen (Itembeispiel: »Haben sich die oben genannten Probleme im letzten Monat (…) auf Ihre Beziehungen zu anderen Menschen oder Ihre sozialen Kontakte ausgewirkt?«). Das Antwortformat ist identisch (0 = »gar nicht« bis 4 = »sehr stark«; Kriterium erfüllt bei Werten ≥ 2).

Itembeispiele für PTBS-Kernmerkmale im International Trauma Questionnaire

- Wiedererleben im Hier und Jetzt (2 Items): »Intensive Bilder oder Erinnerungen (…), die manchmal auftauchen und bei denen Sie sich fühlen, als ob das Erlebnis jetzt und hier gerade noch einmal stattfindet.«
- Vermeidung (2 Items): »Vermeiden, dass etwas von außen an das Erlebnis erinnert (zum Beispiel Menschen, Orte, Gespräche, Dinge, Tätigkeiten oder Situationen).«
- Gefühl einer aktuellen Bedrohung (2 Items): »Sich kribbelig fühlen oder leicht erschreckbar sein.«

Erfassung der Störungen der Selbstorganisation (Teil B): Funktionale Einschränkungen infolge einer komplexen Traumatisierung werden in der ICD-11 (WHO, 2019) mit dem etwas sperrigen Begriff der Störungen der Selbstorganisation (disturbances in self-organisation, DSO) bezeichnet. Die Instruktion hierfür lautet: »Hier stehen Probleme oder Symptome, die bei Menschen auftreten können, die irgendwann einmal belastende oder traumatische Erlebnisse hatten. Die Aussagen beziehen sich darauf, wie Sie typischerweise fühlen, typischerweise über sich selbst denken und sich typischerweise mit anderen Menschen verhalten. Bitte geben sie an, wie sehr jede Aussage für Sie zutrifft.«

Itembeispiele für Störungen der Selbstorganisation (DSO) im International Trauma Questionnaire

- affektive Dysregulation (2 Items): »Ich fühle mich wie abgestumpft oder gefühlsmäßig taub.«
- negatives Selbstkonzept (2 Items): »Ich fühle mich wertlos.«
- problematische Beziehungen (2 Items): »Ich fühle mich wie weit entfernt oder abgeschnitten von anderen Menschen.«

Ein Symptom von Störungen der Selbstorganisation (DSO) gilt als gegeben, wenn seine Stärke als 2 = »mittelstark« oder höher eingeschätzt wird. Bei der Auswertung muss zur Erfüllung der Störungen der Selbstorganisation (DSO) mindestens eines von jeweils zwei Symptomen erfüllt sein. Darüber hinaus muss mindestens eine von drei Funktionseinschränkungen vorliegen. Zur Diagnose einer k-PTBS müssen sowohl die Kernmerkmale einer PTBS vorliegen als auch Störungen der Selbstorganisation (DSO) erfüllt sein. Es kann nur entweder die Diagnose einer PTBS oder einer k-PTBS vergeben werden, nicht beide Diagnosen.

Neben dieser kategorialen Beurteilung der Kriterien einer PTBS bzw. einer k-PTBS können zur Beurteilung des Schweregrades folgende Skalenwerte (Summe der Itemwerte) gebildet werden:

1. Skalenwerte der drei Kernmerkmale der PTBS: Wiedererleben im Hier und Jetzt, Vermeidung und Gefühl einer aktuellen Bedrohung (je zwei Items, Wertespanne von 0 bis 8) sowie ein Skalenwert für die Kernmerkmale der PTBS (alle sechs Items, Wertespanne von 0 bis 24).
2. Skalenwerte der drei Störungen der Selbstorganisation (DSO): affektive Dysregulation, negatives Selbstkonzept und problematische Beziehungen (je zwei Items, Wertespanne von 0 bis 8) sowie ein Skalenwert für die Schwere der Störungen der Selbstorganisation (DSO) (alle sechs Items, Wertespanne von 0 bis 24).
3. In einigen Studien (z. B. Cloitre et al., 2021) wird außerdem ein Gesamtskalenwert für die Schwere der k-PTSD vorgeschlagen (Summe der Skalenwerte Kernmerkmale und Störungen der Selbstorganisation, Wertespanne von 0 bis 48).

Zeitrahmen: Die Fragebogeninstruktion lautet »im letzten Monat«.

Dimensionale Struktur: Eine Reihe von Studien zur faktoriellen Validität des ITQ stützen die Berechnung der zwei Skalenwerte Kernmerkmale und Störungen der Selbstorganisation (DSO) und darüber hinaus die Unterscheidung von sechs spezifischen Skalen für die drei Kernmerkmale und die drei Störungen der Selbstorganisation (Hyland et al., 2017; Redican et al., 2021; deutsch Christen, Killikelly, Maercker & Augsburger, 2021).

Zuverlässigkeit: Für die Skala »Kernmerkmale der PTBS« wird eine gute interne Konsistenz berichtet (Alpha = 0,87), ebenso für die Skala »Störungen der Selbstorganisation (DSO)« (Alpha = 0,90; Camden, Petri, Jackson, Jeffirs & Weathers, 2023). Für die Gesamtskala, Wertespanne von 0 bis 48, wurde Alpha = 0,89 bis 0,94 ermittelt (Cloitre et al., 2021). Für die sechs spezifischen Skalen mit je zwei Items liegen nur Angaben aus einer früheren Version vor, mit im Großen und Ganzen zufriedenstellenden internen Konsistenzen (Wiedererleben im Hier und Jetzt: Alpha = 0,80; Vermeidung: Alpha = 0,63; Gefühl einer aktuellen Bedrohung: Alpha = 0,85; affektive Dysregulation: Alpha = 0,75; negatives Selbstkonzept: Alpha = 0,83 und problematische Beziehungen: Alpha = 0,79; Maercker et al., 2018).

Validität: In einer Interventionsstudie zur Evaluation eines Online-Skillstrainings für 254 U.S.-Veteranen mit einer hohen Rate mehrfacher Traumatisierungen (Cloitre et al., 2021) kamen sowohl der ITQ als auch die Posttraumatic Stress Disorder Checklist for DSM-5 (PCL-5), ferner die Difficulties in Emotional Regulation Scale (Gratz & Roemer, 2004) und das Inventory of Interpersonal Problems (Barkham et al., 1996) zum Einsatz. Den Erwartungen entsprechend korrelierten Kernmerkmale der PTBS hoch mit den PTSD-Skalen der PCL-5 (r = 0,75 bis 0,86) und niedriger mit Selbsteinschätzungen von Störungen der Emotionsregulation (r = 0,49) bzw. interpersonellen Problemen (r = 0,47). Ebenfalls erwartungskonform korrelierte Störungen der Selbstorganisation (DSO) höher mit Selbsteinschätzungen von Störungen der Emotionsregulation (r = 0,71) und interpersonellen Problemen (r = 0,63), hingegen etwas niedriger mit dem Schweregrad der PTBS-Symptomatik (Skalen der PCL-5; r = 0,55). Eine aktuelle Validierung der deutschen Version des ITQ mit sorgfältiger Analyse der Itemkennwerte findet sich in Christen et al. (2021).

Änderungssensitivität: Cloitre et al. (2021) berichten für die Online-Intervention bei U.S. Veteranen zwischen Beginn und Ende der Intervention eine Reduktion des Anteils der PTBS-Kriterien von 18,1 % auf 11 % sowie eine Abnahme des Anteils von k-PTBS-Diagnosen von 52,8 % auf 12,6 %. Vergleichbar mit dem Nachweis von Behandlungseffekten anhand der Gesamtskala ($d = 0{,}94$) konnten signifikante Behandlungseffekte auch bei Verwendung der Skala »Kernmerkmale« und der Skala »Selbstorganisation« gezeigt werden (▶ Tab. 3.27).

Tab. 3.27: Ergebnisse einer Anwendung des ITQ zur Verlaufsmessung (aus Cloitre et al., 2021)

	Skala Kernmerkmale der PTBS (Wertespanne von 0 bis 24)	**Skala Störung der Selbstorganisation (DSO) Wertespanne von 0 bis 24)**	**Gesamtskala (Wertespanne von 0 bis 48)**
Behandlungsbeginn	*M* = 15,8 (*SD* = 5,6)	*M* = 15,2 (*SD* = 5,5)	*M* = 31,0 (*SD* = 9,8)
Behandlungsende	*M* = 12,6 (*SD* = 6,2)	*M* = 10,5 (*SD* = 6,2)	*M* = 23,1 (*SD* = 11,9)
Effektstärke	*d* = 0,71	*d* = 0,86	*d* = 0,94

Richtwerte/Normen: Für das ITQ liegen bislang keine Normwerte vor. Eine erste Orientierung bei der Interpretation von Messwerten auf den Skalen »Kernmerkmale«, »Störungen der Selbstorganisation (DSO)« sowie auf der ITQ-Gesamtskala ist bislang nur anhand von Referenzwerten der amerikanischen Version möglich (▶ Tab. 3.27). Weitere Befunde zu Norm- und Referenzwerten stehen noch aus und wären zur quantitativen Interpretation wünschenswert.

Kritische Differenzen: Die Interventionsstudie von Cloitre und Kollegen (2021) berichtet für die amerikanische Version kritische Differenzen, welche als Orientierung für die deutsche Version dienen können: Skala »Kernmerkmale« (Wertespanne von 0 bis 24): 3,8 (gerundet: 4); Skala »Störung der Selbstorganisation«; Spanne 0 bis 24): 4,5 (gerundet: 5); Gesamtskala (Spanne 0 bis 48): 5,4 (gerundet: 5).

Vertrauensintervall um individuelle Messwerte: Mit den Reliabilitäten und Standardabweichungen (Cloitre et al., 2021) können die folgenden Vertrauensintervalle berechnet werden: Skala »Kernmerkmale der PTBS« (*SD* = 5,6; Alpha = 0,87): Vertrauensintervall +/- 4,0 (gerundet: +/- 4); Skala »Störung der Selbstorganisation« (*SD* = 5,5; Alpha = 0,90): Vertrauensintervall +/- 3,4 (gerundet: +/- 3); Gesamtskala (*SD* = 9,8; Alpha = 0,89): Vertrauensintervall +/- 6,4 (gerundet: +/- 6)

Cut off: Auf Basis der vorliegenden Referenzwerte der amerikanischen Version (Cloitre et al., 2021, s. Werte zu Behandlungsbeginn in ▶ Tab. 3.27) für eine traumatisierte Patient:innengruppe können entsprechend dem Vorgehen ohne verfügbare Referenzwerte einer gesunder Vergleichsgruppe die folgenden Cut-off-3-Werte (Mittelwert der Patient:innengruppe minus zwei Standardabweichungen) zur Unterscheidung pathologischer von nicht-pathologischen Werten berechnet werden: Skala »Kernmerkmale« (Wertespanne von 0 bis 24): Cut off = 4,7 (gerundet: 5); Skala

»Störung der Selbstorganisation« (Spanne 0 bis 24): Cut off = 4,2 (gerundet: 4); Gesamtskala (Spanne 0 bis 48): Cut off = 11,5 (gerundet: 12).

Für die kategoriale Beurteilung der Kriterien von PTBS bzw. k-PTBS siehe die oben beschriebenen Auswertungskriterien, d. h. zur Erfüllung des Kriteriums sollte pro Merkmal in mindestens einem von zwei Selbsteinschätzungen ein Wert ≥ 2 erreicht werden.

Empfehlung: Die mit Einführung der ICD-11 (WHO, 2019) mögliche Diagnosestellung einer komplexen Posttraumatischen Belastungsstörung (k-PTBS) zusätzlich zur bereits etablierten Diagnose einer Posttraumatischen Belastungsstörung (PTBS) wird ihren Nutzen haben, beispielsweise in der Konkretisierung traumaspezifischer Störungen der Selbstorganisation – DSO. Darüber hinaus ergeben sich verbesserte Möglichkeiten der wissenschaftlichen Untersuchung zur Wirksamkeit verschiedener traumaspezifischer Therapieansätze bei PTBS/k-PTBS. Der ITQ ist das aktuell aussichtsreichste Instrument in diesem noch vergleichsweise neuen Bereich, auch wenn die Handhabung bei der Auswertung nicht ganz einfach ist.

Auf die Darstellung der Impact of Event Scale (IES-R; Maercker & Schützwohl, 1998) wurde an dieser Stelle verzichtet, da sich dieses Verfahren an den älteren Diagnosekriterien der PTBS nach DSM-IV (APA, 2000) orientiert.

Zurecht wird das Risiko einer zu starken Aufweichung des Kriteriums »Ereignis oder Geschehen von außergewöhnlicher Bedrohung oder mit katastrophalem Ausmaß« (A-Kriterium) und einer möglicherweise zu häufigen Verwendung der Diagnose PTBS diskutiert (»Traumaschwemme«, Linden, 2011). So wird davor gewarnt, im Rahmen von Psychotherapien das Vorliegen einer posttraumatischen Belastungsstörung regelhaft zu überschätzen (Lindauer, Linden & Muschalla, 2022). Der systematische Einsatz standardisierter Fragebogeninstrumente wie PCL-5 und ITQ kann dazu beitragen, die Validität der Diagnose (k-)PTBS in der Routineversorgung zu verbessern und objektiv zu evaluieren.

Bezug: Die deutsche Version von Lueger-Schuster, Knefel & Maercker (2018) ist online z. B. unter www.psychologie.uzh.ch/dam/jcr:ad66be44-4cd9-44c3-9911-488253de04cc/ITQ-Fragebogen.pdf verfügbar.

Tab. 3.28: Steckbrief International Trauma Questionäire (ITQ)

Steckbrief	
Name	International Trauma Questionnaire (ITQ)
Bezug	Deutsche Version von Lueger-Schuster et al. (2018) online verfügbar
Umfang	18 Items
Messwerte	Skala Kernmerkmale der PTSD (Summe der Itemwerte, Wertespanne von 0 bis 24) Skala Störung der Selbstorganisation (DSO) (Summe der Itemwerte, Wertespanne von 0 bis 24) Gesamtskala (Summe der Itemwerte, Wertespanne von 0 bis 48)
Richtwerte/Normen	Keine Normwerte verfügbar Skala Kernmerkmale der PTSD: M = 15,8; SD = 5,6

Tab. 3.28: Steckbrief International Trauma Questionäire (ITQ) – Fortsetzung

Steckbrief	
	Skala Störung der Selbstorganisation (DSO): *M* = 15,2; *SD* = 5,5 Gesamtskala: *M* = 31,0; *SD* = 9,8
Kritische Differenzen	4 Punkte im Skalenwert Kernmerkmale der PTSD 5 Punkte im Skalenwert Störung der Selbstorganisation (DSO) 5 Punkte im Gesamtskalenwert
Vertrauensintervall	+/- 4 Punkte im Skalenwert Kernmerkmale der PTSD +/- 3 Punkte im Skalenwert Störung der Selbstorganisation (DSO) +/- 6 Punkte im Gesamtskalenwert
Cut off	5 Punkte im Skalenwert der Kernmerkmale der PTSD 4 Punkte im Skalenwert Störung der Selbstorganisation (DSO) 12 Punkte im Gesamtskalenwert

3.14 Psychosen

Abweichend von den anderen störungsspezifischen Messinstrumenten wird im Unterkapitel Psychosen ein Fremdratingverfahren besprochen, die *Positive and Negative Syndrome Scale for Schizophrenia (PANSS)*, die in diesem Bereich international wie auch im Deutschen als Standardverfahren gilt. Das Fremdratingformat hat sich in diesem Fall bewährt. Großflächige multizentrische Studien mit über 5700 Patient:innen einer belgisch-niederländischen Forschungsgruppe (Van der Gaag et al., 2005) konnten seine Eignung ebenso belegen wie jene einer deutschen Arbeitsgruppe (Leucht et al., 2006), in diesem Fall mit den Daten einer zusammengesetzten Stichprobe von über 4000 Patient:innen.

3.14.1 Die Positive and Negative Syndrome Scale for Schizophrenia (PANSS)

Die PANSS dient der Beurteilung von Patient:innen der Diagnosegruppen F 20 – Schizophrenie, F 22 – Anhaltende wahnhafte Störungen und F 25 – Schizoaffektive Störungen, Erkrankungen, unter welchen ca. 1% der Bevölkerung mindestens einmal im Leben – wenn auch nicht immer in voller Ausprägung – leidet. Die PANSS wurde von den New Yorker Klinikern Stanley R. Kay und Lewis A. Opler entwickelt und hatte zum Ziel, die Positiv- und Negativsymptomatik simultan und dimensional zu erfassen bzw. Therapieverläufe abzubilden. Zuvor basierte die Diagnostik auf einem Typuskonzept, demzufolge entweder die Positiv- oder die Negativsymptomatik dominiert. Diese Vorstellung wurde aufgrund der Arbeiten der einflussreichen Psychiaterin Nancy Andreasen aufgegeben (s. Kay, Opler & Lindenmayer, 1988; Moritz, Krieger, Bohn & Veckenstedt, 2017).

Die Besonderheit bei der Durchführung der PANSS besteht darin, dass die Werte vom Experten/von der Expertin während eines 30- bis 40-minütigen Interviews in einem Bogen eingetragen werden. Das Interview, Structured Clinical Interview for the Positive and Negative Syndrom Scale (SCI PANSS; Opler, Kay, Lindenmayer & Fiszbein, 1999), besteht aus 179 Fragen, die allerdings an verschiedenen Stellen nicht im vollen Umfang durchzugehen sind, sondern Sprungregeln aufweisen: Wenn eine inhaltlich übergeordnete Frage nicht zutrifft, dürfen bestimmte festgelegte Folgefragen übersprungen werden. Dies kürzt den Gesamtumfang ab. Gemäß Patient:-innenantwort muss die Einstufung vom Experten/von der Expertin sodann auf einem Bogen vorgenommen werden. Dieser umfasst 30 Items, pro Item wird die Beurteilung aufgrund einer bestimmten Kombination an Patient:innenantworten aus dem Interview vorgenommen. Der Expert:innenbogen ist in drei Teile gegliedert: Positivsymptomatik (7 Items), Negativsymptomatik (7 Items) und Globale Symptomatik (16 Items).

Im Teil Positivsymptomatik wird z. B. das Vorhandensein von Wahnideen oder Halluzinationen erfragt, im Teil Negativsymptomatik Affektverflachung oder passiver/apathischer Rückzug. Der Teil Globale Symptomatik ist relativ breit konzipiert und umfasst z. B. Manierismen, Desorientiertheit und eine so bezeichnete Selbstversunkenheit. Die Skalierung erstreckt sich von 1 = »fehlt« bis 7 = »extrem schwer«. Zu welchem Item die Fragen des Interviews gehören, ist im Interviewtext angegeben. Pro Untersuchung ist ein Exemplar des Expert:innenbogens zu verwenden, während das Interviewheft in der Regel mehrfach als Vorlage dienen kann (Moritz et al., 2017, S. 149–152; Opler et al., 1999). Es ist sinnvoll, sich während der Durchführung Notizen zu machen, um zu einer numerischen Einstufung auf dem 30-Item-Bogen zu gelangen. In der klinischen Praxis wird ein Gesamtskalenwert mit einer Wertespanne von 30 bis 210 Punkten ermittelt. Kay et al. (1988) verwendeten auch einzelne Skalenwerte: Skala »Positivsymptomatik« und Skala »Negativsymptomatik« (Wertespanne von 7 bis 49); Skala »Globale Symptomatik« (Wertespanne von 16 bis 112). Inzwischen ist die Verwendung dieser Variante weniger gebräuchlich.

Zeitrahmen: Als Zeitrahmen für die Symptomatik wird innerhalb des Interviews die Beurteilung »in der letzten Woche« erbeten.

Dimensionale Struktur: Die PANSS ist nicht – wie die Gliederung nahelegt – dreidimensional. Faktorenanalysen u. a. in den Studien von Hinkelmann (2003) oder Van der Gaag et al. (2006) konnten fünf Faktoren belegen. Bei Van der Gaag et al. (2006) waren dies (1) positive Symptome, (2) negative Symptome, (3) Desorganisiertheit, (4) Erregung und (5) emotionale Belastung. Moritz et al. (2017, S. 14) betonen, dass gerade die emotionale Belastung ein Bereich sei, der viel stärker als bisher berücksichtigt werden müsse.

Zuverlässigkeit: Zur Homogenität der PANSS werden die entsprechenden Koeffizienten von Kay et al. (1988) skalenweise berichtet: Für Positivsymptomatik Alpha = 0,83, für Negativsymptomatik Alpha = 0,85 und für Globale Symptomatik Alpha = 0,87. Die Retestkorrelationen wurden mit einem Zeitintervall von drei Monaten ermittelt und betragen: r_{tt} = 0,80 (Positivsymptomatik), r_{tt} = 0,68 (Negativsymptomatik) und r_{tt} = 0,60 (Globale Symptomatik).

Anders als bei Selbstbeschreibungsfragebögen ist es bei Interview-/Fremdratingverfahren wichtig, die Interrater-Übereinstimmung zu ermitteln. Kay et al. (1988, S. 101) ließen jeden Fall (*N* = 31 Patient:innen) simultan, aber unabhängig durch drei Expert:innen beurteilen und kamen durchschnittlich zu Interraterkorrelationen von *r* = 0,83 für Positivsymptomatik, *r* = 0,85 für Negativsymptomatik und *r* = 0,87 für Globale Symptomatik, was insgesamt als gut zu werten ist. Die aufwendige Studie einer Arbeitsgruppe der psychiatrischen Universitätsklinik Mainz (Müller, Rossbach, Davids, Wetzel & Benkert, 2000; *N* = 47 Rater mit unterschiedlichem Erfahrungsstand) gibt sehr hohe Übereinstimmungen für die Gruppe derjenigen Untersucher:innen an, die fünf und mehr Jahre klinische Erfahrung oder aber alternativ ein PANSS-Training durchlaufen hatten. Für die untrainierten oder weniger erfahrenen Beurteiler:innen waren die Übereinstimmungen schlechter. Dieser Befund legt nahe, dass beim PANSS eine gründliche Einarbeitung, ggf. die Hospitation bei erfahreneren Untersucher:innen anzuraten ist.

Validität: Kay et al. (1988) berichten hohe Korrelationen für PANSS-Positivsymptomatik und PANSS-Negativsymptomatik mit konzeptverwandten Maßen jeweils in Höhe von *r* = 0,77. Mit dem Clinical-Global-Impression-(CGI)-Wert korrelierte die Positivsymptomatik zu *r* = 0,65 und die Globale Symptomatik zu *r* = 0,52. Die Befunde von Leucht et al. (2006) an 1231 Patient:innen unterstützen den Zusammenhang zwischen PANSS-Gesamtskala und CGI (*r* = 0,68).

Änderungssensitivität: »Ihre Änderungssensitivität macht sie (die PANSS) zum Goldstandard in Interventionsstudien« (Moritz et al., 2017, S. 150).

Leucht et al. (2006, S. 2319) ermittelten in einer Wirksamkeitsstudie mit Olanzapin/Zyprexa und Amisulprid/Solian (*N* = 2656) eine Reduktion des durchschnittlichen PANSS-Gesamtskalenwertes von anfänglich *M* = 94 (*SD* = 19,4) auf *M* = 66,3 (*SD* = 19,8) nach sechs Wochen, was einer ungefähren Effektstärke von *d* = 1,5 entspricht. Die Korrelation der Veränderungswerte zwischen PANSS-Reduktionen und CGI-Reduktionen betrug den Autoren zufolge *r* = 0,54.

Richtwerte/Normen: In der amerikanischen Originalarbeit (Kay et al., 1988) wurden die Mittelwerte und Standardabweichungen zunächst skalenweise angegeben: *M* = 21,5 (*SD* = 7,2) für Positivsymptomatik; *M* = 23 (*SD* = 6,3) für Negativsymptomatik sowie *M* = 43,5 (*SD* = 9,1) für Globale Symptomatik. Würde man diese Mittelwerte zu einem heute üblicheren Gesamtmittelwert aufaddieren (*M* = 88, Wertespanne von 30 bis 210), würde dieser einer im Abschnitt Schweregradbeurteilung angegebenen »deutlichen Symptomatik« entsprechen. Die Werte für den deutschen Sprachraum gehen mit den amerikanischen Befunden in etwa einher: Die bis dato umfangreichste Stichprobe umfasst *N* = 4065 Patient:innen (Leucht et al., 2006), für diese wird der Mittelwert der Gesamtskala mit *M* = 94 (Standardabweichung *SD* = 19,4) angegeben. Auch dieser Wert liegt innerhalb des Bereichs einer deutlichen Symptomatik, der in der Schweregradbeurteilung mit 76 bis 95 Punkten definiert ist (s. Abschnitt *Cut off*).

Kritische Differenzen: Im Deutschen wird die kritische Differenz für den PANSS-Gesamtskalenwert mit 15,2 Punkten errechnet. Dies geht einher mit den klinischen Empfehlungen bei Moritz et al. (2017), die eine Verbesserung von 15 Punkten auf der Gesamtskala als verlässlichen Veränderungswert angeben. Darüber hinaus wird in der Arbeitsgruppe Moritz eine Verbesserung um 33 Punkte als »sehr guter Fortschritt« qualifiziert. Die im Abschnitt *Änderungssensitivität* berichtete Verbesserung um durchschnittlich 28 Punkte (errechnet aus den Stichprobenmittelwerten bei Leucht et al., 2006) würde somit im Einzelfall deutlich außerhalb des Kritische-Differenz-Wertes von 15 liegen und für ein gutes Behandlungsergebnis sprechen.

Vertrauensintervall um individuelle Messwerte: Bei der Interpretation der erhaltenen Messwerte ist das Vertrauensintervall zu berücksichtigen, in welches Standardabweichung und Homogenität der Skala einfließen. Das Vertrauensintervall für die Gesamtskala beträgt +/- 10,7 (gerundet: 11) Punkte.

Cut off (hier im Sinne von Schweregradbeurteilungen): Für die PANSS wurden Schweregrade definiert. Ein PANSS-Gesamtskalenwert (Wertespanne von 30 bis 210) bis 58 Punkte gilt als leichte Symptomatik. Bei 59 bis 75 Punkten geht man von einer mittelgradigen Symptomatik aus. 76 bis 95 Punkte kennzeichnen eine deutliche und Werte darüber eine schwere Symptomatik (Leucht et al. 2006; Moritz et al., 2017). Die bei Leucht et al. (2006) angegebenen Mittelwerte liegen bei der Vorhermessung mit $M = 94$ am oberen Rand einer deutlichen und bei der Nachhermessung im Bereich einer mittelgradigen Symptomatik ($M = 66$).

Empfehlung: PANSS und SCI-PANSS sind im Bereich Psychosen als Verfahren der Wahl zu empfehlen und entsprechen dem internationalen Standard (Leucht et al, 2006; Müller et al., 2000).

Bezug: Das Verfahren ist über Multi-Health Systems www.mhs.com (Reiter clinical assessments/schizophrenia) erhältlich, u. a. auch eine deutsche Übersetzung des Interviewwortlauts (gegen Gebühr; Gerhold, Huss & Luecke, 1999). Der Itemwortlaut des Expert:innenbogens und nützliche Praxis-Infos können Moritz et al., 2017, S. 149–152, bzw. online unter https://clinical-neuropsychology.de) entnommen werden. Verschiedene Studienversionen und Ad-hoc-Übersetzungen des Interviewhefts SCI-PANSS für den eigenen Gebrauch sind im Umlauf.

Tab. 3.29: Steckbrief Positive and Negative Syndrome Scale für Schizophrenia (PANSS)

Steckbrief	
Name	Positive and Negative Syndrome Scale für Schizophrenia (PANSS)
Bezug	Untersuchungsunterlagen über Multi Health Systems Systems www.mhs.com; Expert:innenbogen und Praxishinweise bei Moritz et al. (2017); https://clinical-neuropsychology.de
Umfang	Interview: 179 Fragen Expert:innen-Bogen: 30 Items
Messwerte	Gesamtskalenwert (Summe der Itemwerte, Wertespanne von 30 bis 210) Skalenwerte »Positivsymptomatik«, »Negativsymptomatik« und »Global-Symptomatik« optional (US-Version)
Richtwerte/Normen	Keine Normwerte verfügbar Patient:innen vor Behandlungsbeginn, Gesamtskala: $M = 94{,}0$; $SD = 19{,}4$
Kritische Differenz	15 Punkte im Gesamtskalenwert

Tab. 3.29: Steckbrief Positive and Negative Syndrome Scale für Schizophrenia (PANSS) – Fortsetzung

Steckbrief	
Vertrauensintervall	+/- 11 Punkte im Gesamtskalenwert
Cut off	Expert:innendefinierte Schwergrade (Gesamtskalenwert): bis 58 Punkte = leichte, 59–75 Punkte = mittelgradige, 76–95 Punkte = deutliche, über 95 = schwere Symptomatik

3.15 (Nicht-organische) Schlafstörungen

Schlafstörungen im Rahmen psychischer Erkrankungen sind sowohl als eigenständiger Diagnosebereich der nicht-organischen Insomnie (ICD-10 F51; WHO, 2010) wie auch als Begleitsymptomatik beispielsweise bei depressiven Störungen und Angststörungen von zentraler Bedeutung. Darüber hinaus werden Schlafstörungen sehr häufig im Rahmen von chronischem Stress und beruflicher Überlastung beschrieben. Von entsprechend hoher praktischer Relevanz ist die Objektivierung des Ausmaßes der Beeinträchtigung des Schlafes im Rahmen standardisierter Routinediagnostik.

3.15.1 Der Insomnia Severity Index (ISI)

Der *Insomnia Severity Index (ISI*; englische Originalversion: Morin, 1993; deutsche Version: Dieck, Morin & Backhaus, 2018) ist eine kurze und leicht auswertbare Skala zur Bestimmung der Schwere von Schlafstörungen. Das Instrument wird u. a. auch in der deutschen »S3-Leitlinie Nicht-erholsamer Schlaf/Schlafstörungen« und der Europäischen Leitlinie zur Bestimmung der Schwere und Verlaufsmessung von Schlafstörungen empfohlen (Riemann et al., 2017a; Riemann et al., 2017b). Für das Verfahren gibt es kein Handbuch, die Items sind in einem wissenschaftlichen Originalartikel (Dieck et al., 2018) in deutscher Sprache frei verfügbar.

Anhand von insgesamt sieben Items werden zunächst Einschlafstörungen, Durchschlafstörungen und Früherwachen beurteilt (von 0 = »keine Schwierigkeiten« bis 4 = »sehr starke Schwierigkeiten«). Sodann werden Zufriedenheit mit dem Schlaf, Beeinträchtigung von Alltagsfunktionen infolge der Schlafstörungen, Wahrnehmung dieser Alltagseinschränkungen durch andere Menschen sowie Besorgnis wegen der Schlafstörungen erfasst. Itembeispiele: »Wie zufrieden/unzufrieden sind Sie mit Ihrem aktuellen Schlafverhalten?« und »Wie besorgt/bedrückt sind Sie durch Ihre aktuellen Schlafschwierigkeiten?« Für die Auswertung wird ein Skalenwert als Summe der sieben Itemwerte berechnet (Wertespanne von 0 bis 28).

Zeitrahmen: Die Symptome von Schlafstörungen werden bezogen auf »die vergangenen zwei Wochen« beurteilt.

Dimensionale Struktur: Mehrere konfirmatorische Faktorenanalysen an Stichproben der deutschsprachigen Schweiz (1475 Jugendliche von 11 bis 16 Jahren, 862 Studierende sowie 533 Mitglieder der Polizei und Rettungsdienste) konnten über verschiedene Altersgruppen und beide Geschlechter die Eindimensionalität der Skala bestätigen und rechtfertigen die Bildung eines Skalenwertes (Gerber et al., 2016).

Zuverlässigkeit: Bezüglich der Messgenauigkeit der deutschen Version wird eine interne Konsistenz Alpha = 0,83 und eine Retestkorrelation von r_{tt} = 0,77 berichtet (*N* = 700 einer gemischten Stichprobe aus 416 Patient:innen eines Schlaftrainingsprogramms, die mittels Zeitungen und soziale Medien rekrutiert wurden, sowie 284 Proband:innen einer Allgemeinstichprobe; Dieck et al., 2018).

Validität: Zur Bewertung der Validität liegen Zusammenhänge mit anderen Schlafstörungsinstrumenten wie dem Pittsburgh Sleep Quality Index (PSQI) (Buysse, Reynolds, Monk, Berman & Kupfer, 1989; deutsch: Riemann & Backhaus, 1996) vor, aber auch hohe Zusammenhänge mit Depression (um *r* = 0,50) und Einschränkungen des psychischen Funktionsniveaus (Short Form des Health Survey, SF-12; *r* = -0,42) (Dieck et al., 2018; Gerber et al., 2016).

Richtwerte/Normen: Normwerte liegen nicht vor, jedoch Verteilungskennwerte des ISI-Skalenwertes (Wertespanne von 0 bis 28) einer Patient:innengruppe (*M* = 16,7; *SD* = 4,0) und einer gesunden Normalstichprobe (*M* = 9,8; *SD* = 5,4; Dieck et al., 2018). Bei der Beurteilung dieser Werte ist zu berücksichtigen, dass die Patient:innenstichprobe, die aus Insomniepatient:innen (Proband:innen eines Schlaftrainings) bestand, im Vergleich zu Patient:innen mit anderen schwerergradigen Diagnosen (z. B. depressiven Erkrankungen) eine vergleichsweise niedrige Symptombelastung berichten.

Für den ISI-Skalenwert werden Referenzangaben für vier Schweregrade vorgeschlagen (vgl. Dieck et al., 2018; S. 29; Morin, Belleville, Bélanger & Ivers, 2011): 0 bis 7 = »keine klinisch bedeutsame Insomnie«, 8 bis 14 = »subklinische Insomnie«, 15 bis 21 = »moderate Insomnie« und 22 bis 28 = »schwergradige Insomnie«. Diese Einteilung ist jedoch nicht empirisch validiert.

Änderungssensitivität: Der Insomnia Sleep Index erwies sich in einer systematischen Analyse der Behandlungsergebnisse von 145 Patient:innen einer Schlafstörungsklinik und 78 älteren Patient:innen in Behandlung mit verhaltensbezogener und medikamentöser Behandlung als sehr gut geeignet zur Abbildung von Veränderungen des Schlafs u. a. im Vergleich zu Schlaftagebüchern, Polysomnographie und Fremdeinschätzungen (Bastien, Vallières & Morin, 2001).

Kritische Differenzen: Ausgehend von veröffentlichten Verteilungskennwerten (Streuung der klinischen Gruppe *SD* = 4,0; Alpha = 0,83) kann eine kritische Differenz = 4,6 (gerundet: 5) berechnet werden. Für eine statistisch bedeutsame therapeutische Verbesserung des Ausmaßes an Schlafstörungen sollte somit die kritische Differenz (z. B. zwischen Behandlungsbeginn und Behandlungsende) von mindestens 5 Punkten im ISI-Skalenwert erreicht werden.

Vertrauensintervall um individuelle Messwerte: Auf Grundlage von Reliabilität (Alpha = 0,83) und Standardabweichung der Patient:innengruppe (*SD* = 4,0) kann ein Vertrauensintervall von +/- 3,2 (gerundet: 3) im ISI-Skalenwert berechnet werden.

Cut off: Als Mitte zwischen dem Mittelwert der gesunden Normalstichprobe und dem Mittelwert in der klinischen Patient:innengruppe (nach Dieck et al., 2018) ist ein Cut off 1 = 13,3 zu berechnen.

Daneben geben Dieck et al. (2018) anhand der beiden Gruppen nach ROC-Analysen (▶ Kap. 2.2.2) einen optimalen Cut off von 10 an. Die Sensitivität lag bei 91 %, die Spezifität bei 84 %. Für das Erreichen des nicht-pathologischen Bereichs, z. B. im Rahmen einer Therapie, sollte der ISI-Wert von 13 unterschritten werden, in der Praxis ist auch der etwas strengere Wert von 10 gebräuchlich.

Empfehlung: Mit dem Insomnia Severity Index (ISI) liegt ein unaufwändiges Selbsteinschätzungsinstrument vor, welches die Erfassung des Ausmaßes von Schlafstörungen erlaubt. Aufgrund seiner Kürze kann es sehr gut ergänzend zur Therapieerfolgsmessung in anderen Diagnosebereichen miterfasst werden, bei welchen die Besserung von Schlafstörungen ein wichtiges und prognostisch bedeutsames Nebenkriterium der Behandlung darstellt (z. B. bei affektiven Störungen).

Bezug: Die deutsche Version findet sich abgedruckt in Dieck et al. (2018).

Als alternatives Instrument zum ISI kann der *Pittsburgh Sleep Quality Index (PSQI)* (Buysse et al., 1989) verwendet werden, welcher 19 Items auf sieben Skalen umfasst. Die Auswertung des PSQI ist komplizierter, da hier Zeitangaben (z. B. zur Einschlafzeit und Latenz zum Einschlafen) zu verrechnen sind. Die deutsche Version des PSQI wurde von Backhaus, Junghanns, Broocks, Riemann & Hohagen (2002) überprüft.

Tab. 3.30: Steckbrief Insomnia Severity Index (ISI)

Steckbrief	
Name	Insomnia Severity Index (ISI)
Bezug	In Originalarbeit verfügbar (Dieck et al., 2018)
Umfang	7 Items
Messwerte	Skalenwert (Summe der Itemwerte, Wertespanne von 0 bis 28)
Richtwerte/Normen	keine Normwerte verfügbar Patient:innen mit Insomnie: *M* = 16,7; *SD* = 4,0 gesunde Normalstichprobe: *M* = 9,8; *SD* = 5,4
Kritische Differenz	5 Punkte im Skalenwert
Vertrauensintervall	+/- 3 Punkte im Skalenwert
Cut off	10 Punkte im Skalenwert

3.16 Schmerz

Unter chronischen Schmerzen leiden der Dokumentation von Nobis et al. (2020) zufolge 12 Millionen Menschen in Deutschland. In psychotherapeutische Behandlung begibt sich jedoch nur ein Teil von ihnen, einmal weil medikamentöse, physikalisch-therapeutische oder chirurgische Behandlungen als Verfahren der ersten Wahl indiziert sind oder als solche angesehen werden, teils auch, weil ein Nutzen psychotherapeutischer Ansätze in der Schmerztherapie noch nicht überall erkannt ist oder es an Psychotherapeut:innen mit entsprechender Expertise mangelt. Nicht wenige unter chronischen Schmerzen Leidende akzeptieren diese ein Stückweit als zum Leben dazu gehörend. Andere vertrauen auf die Kraft unwirksamer »Behandlungen« – Homöopathie, Heilpraktikerrituale, Esoterik – und erwarten von dort eine Wirkung, auch wenn diese auf Placebomechanismen basieren mag.

Andererseits ist chronischer Schmerz durchaus ein Thema in der Psychotherapie, etwa weil es gemeinsam mit einem anderen, primären Behandlungsauftrag eingebracht wird, häufig z. B. komorbid im Falle von Volksleiden wie Kopfschmerz/Migräne oder Rückenschmerz. Darüber hinaus hat das Interesse an psychotherapeutischer Schmerzbehandlung in den letzten Jahren allgemein zugenommen, dies betrifft Patient:innen wie Psychotherapeut:innen gleichermaßen (Kaiser, Gärtner & Nilges, 2023; Nobis et al. 2020). Für Psychotherapeut:innen sieht die Weiterbildungsordnung der Bundespsychotherapeutenkammer aufgrund klinischer Notwendigkeit und fachlichen Interesses nun z. B. die Ergänzung »Spezielle Schmerzpsychotherapie« als Option vor. Die diesbezüglichen Behandlungsprinzipien und -ansätze skizzieren Kaiser et al. (2023).

Chronische Schmerzen werden in der ICD-10 mit F 45.41 kodiert: Chronische Schmerzen – mit somatischen und psychischen Faktoren (Nilges, Rief, Treede & Zenz, 2021). Die Diagnose-Ziffer F 45.4 (anhaltende somatoforme Schmerzstörung; WHO, 2010) wird bei chronischen Schmerzen nicht mehr verwendet. Sie gilt als konzeptuell etwas vorbelastet, da dort eine Psychogenitätsannahme (… emotionale »Konflikte« …) mitschwingt, die in älteren Psychosomatik- und Psychotherapieschulen vertreten wurde, dem heutigen wissenschaftlichen Stand aber nicht mehr entspricht. F 45.41 ist bis auf weiteres gültig. Barke, Korwisi, Nilges, Rief und Treede (2023) weisen aber darauf hin, dass mit dem in einigen Jahren greifenden ICD-11 (WHO, 2019) das Thema Schmerz aus dem Kapitel F – Psychische Störungen herausgenommen und mit »Chronisch primäre Schmerzen und Chronisch sekundäre Schmerzen« eine eigenständige Einheit aufgemacht wird (Beispiele bei Barke et al., 2023).

Die Messung und Auswertung des Schmerzgeschehens bzw. seiner Behandlung erfolgt in bewährter Weise mittels der Schmerzempfindungs-Skala (SES) auf der einen und dem Fragebogen zur Erfassung der Schmerz-Verarbeitung (FESV) auf der anderen Seite. Aus letzterem ist in ▶ Kap. 3 der Bereich Schmerzbedingte psychische Beeinträchtigung relevant. Der Bereich Schmerzbewältigung wird später in ▶ Kap. 6 vorgestellt (Geissner, 1996, 2001).

3.16.1 Die Schmerzempfindungs-Skala (SES)

Die neuere psychologische und psychophysiologische Schmerzforschung geht auf die Arbeiten von Ronald Melzack (McGill University, Montreal, Kanada) zurück, der 1965 gemeinsam mit Patrick Wall (London) in der Zeitschrift *Science* einen wichtigen Beitrag über die Interaktion wahrnehmungsbezogener, psychophysiologischer und kognitiver Vorgänge bei Schmerz publizierte, und diesen Ansatz 1971 zusammen mit Warren Torgerson um ein konzeptuell ausdifferenziertes Messinstrument zum Schmerzerleben erweiterte. Über die Jahre fanden Modifikationen und Ergänzungen statt (Flor & Turk, 2011; Geissner, 1990: Mikro-/Makromodell des Schmerzes), ohne dass das Grundkonzept substantiell infrage gestellt wurde.

Wesentlich für das Thema Messung und Evaluation ist das von Melzack eingeführte Konzept einer Vielfaltigkeit der Schmerzempfindung. Es impliziert, dass Schmerz nicht mit einem Einzelitem 0 = »kein Schmerz« bis 100 = »maximaler Schmerz« erfasst werden kann. Solche Einzelitem-Messungen sind nicht valide und heute nicht mehr salonfähig. Melzack und Torgerson (1971) wählten stattdessen einen differenzierteren Ansatz mit 78 affektiven, sensorischen und evaluativen Schmerzdeskriptoren, später als McGill Pain Questionnaire MPQ bezeichnet. Dieses Instrument ist im angloamerikanischen Sprachraum sehr verbreitet, war aber – was in der Natur der sehr fein abgestimmten schmerzbezogenen Begrifflichkeit begründet ist – im Deutschen nicht gut replizierbar (Geissner, 1988). Auf Idee, Rahmenkonzept und Begriffs-Vorrat konnte jedoch aufgebaut und ein eigenständiges deutschsprachiges Verfahren – die *Schmerzempfindungs-Skala* (*SES*) (Geissner, 1996) – entwickelt werden, die inzwischen große Verbreitung gefunden hat. Intention war hierbei die Erhebung des umfassenden Charakters des individuell erlebten Schmerzes und die Abbildung von Veränderungen, nicht nur nach Psychotherapie, sondern auch nach Operationen, medikamentösen Interventionen, in der Prävention, für akute Schmerzzustände und für chronifizierte Formen.

Die Schmerzempfindungs-Skala besteht aus 24 Items. Teil A umfasst 14 Items, z. B. »Ich empfinde meine Schmerzen als quälend«, die auf einer Skala von 4 = »trifft genau zu« bis 1 = »trifft nicht zu« zu beantworten sind. Teil A wird als Affektive Schmerzempfindung bezeichnet. Teil B umfasst zehn Items, z. B. »Ich empfinde meine Schmerzen als schneidend« (gleiche Skalierung) und wird als Sensorische Schmerzempfindung bezeichnet. Die Sensorische Schmerzempfindung ist nochmals in drei Teilbereiche untergliedert: Rhythmik (3 Items, z. B.: »empfinde Schmerz als pochend«), lokales Eindringen (4 Items, z. B.: »empfinde Schmerz als stechend«) und Temperatur (3 Items, z. B.: »empfinde Schmerz als brennend«). Die Bearbeitung dauert drei bis vier Minuten. Die Auswertung (fünf bis sieben Minuten) geschieht getrennt nach »affektiv« und »sensorisch«, indem Skalenwerte (Summe der Itemwerte) gebildet werden. Affektiv und sensorisch dürfen ihrerseits nicht nochmals aufsummiert werden. Für die sensorische Schmerzcharakteristik dürfen andererseits Teilskalen gebildet werden, also getrennt nach Rhythmik, lokalem Eindringen und Temperatur. In Einzelfällen kann es sinnvoller sein, diese sensorischen Teilskalen zu verwenden.

Zwar sind die sensorischen Items semantisch gut differenziert und insofern leicht zuordenbar, aber zur Auswertung steht zusätzlich ein Item-Skala-Schlüssel zur

Verfügung. Auf dem Fragebogen werden unten die Skalenwerte eingetragen. Auf einer nachfolgenden Seite werden für die Rohwerte Möglichkeiten zur Übertragung in Standardwerte vorgeschlagen. Die entsprechende Auflistung hierzu findet sich im Manual zur SES ab Seite 113.

Zeitrahmen: Behandler:innen haben bezüglich des Zeitrahmens drei Möglichkeiten. Diese müssen vor Beginn festgelegt bzw. dürfen bei wiederholtem Einsatz im weiteren Verlauf nicht verändert werden. Zeitrahmenalternative 1 lautet: »Beurteilung der typischen Schmerzen in der letzten Zeit, d. h. ca. in den letzten 3 Monaten«. Alternative 2 lautet: »Typische Schmerzen in den letzten Tagen«. Alternative 3 lautet: »Schmerzen in dem Moment, in dem Sie den Bogen bearbeiten«. Für die Erfolgsbestimmung von Psychotherapie ist Alternative 2 in der Regel am besten geeignet. Die Alternativen 1 und 3 werden meist für andere Zwecke benötigt.

Als Besonderheit ist ferner zu erwähnen, dass neben der Standardversion auch drei sogenannte Survey-Versionen der SES – bestehend aus jeweils einem Einzelblatt – existieren. Bei diesen Versionen ist der Zeitrahmen bereits in der Überschrift festgelegt, bei einem Bogen lautet er also »in den letzten Tagen«, bei einem anderen »in diesem Moment« etc. Die beiden jeweils anderen Modalitäten sind dort nicht wählbar. Bei Survey-Versionen ist vor allem an einen breiteren Einsatz gedacht, etwa im Rahmen von epidemiologischen Studien. Ansonsten sind sie im Itemwortlaut identisch mit der Standardversion.

Die langjährige Erfahrung zeigt, dass Patient:innen manchmal nur die für sie genau zutreffenden Items ankreuzen (mit Wert 4 = »trifft genau zu«), die anderen Items aber überspringen. Es empfiehlt sich deshalb eine Durchsicht der abgegebenen Fragebögen auf solche Auslassungen hin – mit der Bitte um Nachbearbeitung. Für endgültig fehlende Werte gilt, dass bei der Skala »Affektiver Schmerz« maximal zwei Items nicht beantwortet sein dürfen. Hier muss eine Ersetzung (Imputation) durch den durchschnittlichen Skalenwert der beantworteten Items erfolgen. Bei der Skala »Sensorischer Schmerz« darf maximal ein Item fehlen. Wenn Teilskalen wie »Rhythmik« etc. in Auswertung und Interpretation verwendet werden, darf dort kein Item unbeantwortet bleiben. Anderenfalls wäre die Ermittlung von Messwerten für eine diesbezügliche Quantifizierung nicht aussagekräftig.

Die Eignung der Schmerzempfindungs-Skala wurde für den Altersbereich von 16 bis 80 Jahre geprüft. Einzelbefunde aus anderen Studien legen auch eine Einsatzmöglichkeit zwischen 14 und 16 Jahren nahe (Geissner, 1996, S. 19).

Dimensionale Struktur: Die dimensionale Analyse zu den Facetten der Schmerzempfindung wurde nicht exploratorisch mittels klassischer Faktorenanalyse durchgeführt, sondern konfirmatorisch mittels Strukturgleichungsmodellierung (LISREL). Die relevanten Informationen hierzu finden sich in Kapitel C des Manuals (Geissner, 1996. S. 31–50; allgemeine Hinweise zur Prozedur selbst auch bei Schermelleh-Engel et al., 2003). In einem mehrschrittigen Verfahren (Schritt 1: N = 331 Patient:innen zur initialen Strukturprüfung; Schritt 2: N = 216 Patient:innen zur Kreuzvalidierung; Schritt 3 N = 1050 Patient:innen zur Erprobung im Feld) wurden die oben beschriebenen Facetten der Schmerzempfindung empirisch gesichert. In einer Feinanalyse konnten die affektiven Anteile der Schmerzempfindung nochmals in »allgemeine Affektivität« (z. B. mit den Schmerzdeskriptoren grausam oder heftig) und in »affektiv-hartnäckig« differenziert werden (z. B. erschöpfend, lähmend).

Für Praxiszwecke ist aber die Zusammenfassung der beiden Komponenten zu affektivem Schmerzempfinden ausreichend bzw. wird im Manual sogar empfohlen (Geissner, 1996, S. 56–57). Somit sind für die weitere Arbeit in der klinischen Praxis die zwei Skalen »Affektiver Schmerz« und »Sensorischer Schmerz« bzw. innerhalb von Sensorischem Schmerz die Teilskalen »Rhythmik«, »Lokales Eindringen« und »Temperatur« festgelegt.

Zuverlässigkeit: Die Homogenitäts-Werte betragen für die Skala »Affektiver Schmerz« Alpha = 0,92 und für die Skala »Sensorischer Schmerz« Alpha = 0,81. Für die sensorischen Teilskalen »Rhythmik«, »Lokales Eindringen« und »Temperatur« betragen sie entsprechend Alpha = 0,85, Alpha = 0,72 und Alpha = 0,80 ($N = 1041$).

Die Retestkorrelationen für eine Teilstichprobe ($N = 50$), die den Fragebogen nach zwei Monaten noch einmal bearbeitete (Zeitfenster »typische Schmerzen in der letzten Zeit«; keine spezifische Behandlung in diesem Zeitraum), betragen $r_{tt} = 0{,}96$ für Affektiven Schmerz, $r_{tt} = 0{,}95$ für Sensorischen Schmerz, $r_{tt} = 0{,}95$ für Rhythmik, $r_{tt} = 0{,}89$ für Lokales Eindringen und $r_{tt} = 0{,}94$ für Temperatur. In einer unabhängigen Replikationsstudie (Schmerzzentrum Mainz; $N = 235$) konnten um nochmals etwa 0,04 verbesserte Homogenitäten (Alpha) ermittelt werden.

Validität: Zahlreiche Befunde zur faktoriellen Validität, zur konvergenten und diskriminanten Validität (Korrelationen mit theoretisch einschlägigen Referenzmaßen) sowie bezüglich spezifischer Gruppenunterschiede bei Krankheits- bzw. Schmerzlokalisationsgruppen aus Studien des Autors sowie aus Studien des Schmerzzentrums Mainz, der Abteilung Medizinische Soziologie der Universität Lübeck und im Fachgebiet Psychologie der Universität Trier belegen die Validität der Schmerzempfindungs-Skala. Auch in Experimenten mit induzierten Schmerzen (Universität Düsseldorf) zeigten sich theoretisch erwartete Ergebnisse, u. a. im Sinne einer Differenzierung zwischen Schmerz/sensorisch und Schmerz/affektiv (zusammenfassend Geissner, 1996, S. 59–80). Bei *induziertem* Schmerz zeigte sich sensorischer Schmerz bedeutsamer als affektiver, bei allen anderen (klinischen) Untersuchungen war es umgekehrt: Die SES kann dies aufzeigen. Die Äquivalenz zwischen einer Paper-Pencil-Version und einer computergestützten Version verdeutlichen Heuser und Geissner in einer Studie (1998; Programmierung: Dr. Jörg Heuser, unveröff.).

Änderungssensitivität: Die Änderungssensitivität der SES wurde in zahlreichen Studien belegt: (a) für Akutschmerz (Wundheilung nach Kniearthroskopie; Krankenhäuser Trier und Leipzig), (b) für ambulante psychotherapeutische Intervention (Universitäten Lübeck und Trier), (c) für stationäre psychosomatischen Behandlung (Kliniken Bad Dürkheim und Roseneck-Prien), (d) für stationäre multimodale, eher somatisch geprägte Behandlungen (Rheumaklinik Oberammergau; Schmerzzentrum Mainz), (e) für Suchtpatient:innen mit zusätzlich bestehender Schmerzproblematik (Klinik Daun, Eifel), (f) für ambulante Rückenschulprogramme (Universität Regenburg; Universität Tübingen) sowie (g) in der Medikamententestung (Firma Glaxo – Migräneschmerz; Firma Boehringer Mannheim – Krebsschmerz; Firma Mundipharma – Neurogene Schmerzen; ausführlich Geissner, 1996, S. 81–106). Insgesamt wurde die SES im Rahmen von Validierungs- und Änderungssensitivitätsstudien an über 4000 Schmerzpatient:innen eingesetzt. Wie aus dem Manual ersichtlich, werden bei großen Stichproben aufgrund der damit verbundenen

Teststärke auch geringe Reduktionen der Beschwerden signifikant: Für die Bewertung von Interventionen im Einzelfall sind solche Signifikanzen nicht zentral. Vielmehr müssen kritische Differenzen und Cut-off-Werte als Evaluationskriterien herangezogen werden (s. u.).

Richtwerte/Normen: Es werden allgemeine und spezielle Normwerte zur Verfügung gestellt (Manual: Tabellenwerk S. 113–125; Geissner, 1996). Die Standardisierung erfolgte – auf der Grundlage der Selbsteinschätzungen von 1048 Schmerzpatient:innen ohne Behandlung bzw. vor deren Beginn – in Form von *T*-Werten mit $M = 50$ und $SD = 10$. Ergänzend werden Prozentränge mitgeteilt. Die wichtigsten Tabellen beziehen sich auf affektiven Schmerz (Tabelle 61), sensorischen Schmerz (Tabelle 62) und die drei sensorischen Teilskalen (Tabellen 63–65). Anhand des ermittelten Messwerts auf der jeweiligen Skala kann der ihm zugeordnete *T*-Wert in den Normtabellen abgelesen werden. Dieser wird wiederum zur Dokumentation auf Seite 4 des Patient:innenbogens eingetragen.

Was die Komponente sensorischer Schmerz anbelangt, so kann es je nach Fragestellung oder somatischer Diagnose aussagekräftiger sein, anstelle des globaleren sensorischen Skalenwertes den Wert einer sensorischen Teilskala wie z. B. Schmerzangabe der Rhythmik als den relevanten Messwert zu interpretieren.

Aus der Gesamtstichprobe ($N = 1048$ Patient:innen) wurden darüber hinaus Teilstichproben mit bestimmten Schmerzen (Kopfschmerzen, rheumatische Schmerzen, neurogene Schmerzen, multiple Schmerzen) entnommen, für die ergänzend spezifische Normen berechnet wurden.

Kritische Differenzen: Wie im Abschnitt Reliabilität berichtet, sind die Retestkorrelationen höher als die Skalenhomogenitäten. Ähnlich wie beim Whiteley-Index zur Messung der Hypochondrie (▶ Kap. 3.10.1) ist es vertretbar, denjenigen Reliabilitätsschätzer zu nehmen, der am höchsten ausfällt.

Wichtig: Die kritischen Differenzen beziehen sich im vorliegenden Fall nicht auf die Rohwerte, sondern auf die *T*-Werte. Sie lauten für die Skala »Affektiver Schmerz« 5,5 Punkte, für die Skala »Sensorischer Schmerz« 6,2 Punkte, für »Rhythmik« 6,2 Punkte, für »Lokales Eindringen« 9,2 Punkte und für »Temperatur« 6,8 Punkte. Da es Nachkommastellen bei den Rohwerten nicht gibt und den Rohwerten in den Normtabellen nur ganzzahlige *T*-Werte zugeordnet sind, müssen die kritischen Differenzen zwischen *T*-Werten gerundet werden. Anhand der gerundeten kritischen Differenzen wird so ermittelt, ob der Unterschied zwischen zwei Erhebungen – vor und nach der Behandlung – als zuverlässig gemessen anzusehen ist (z. B. Affektiver Schmerz 5,5 Punkte: gerundet: 6 Punkte; Sensorischer Schmerz 6,2 Punkte: gerundet: 6 Punkte).

Vertrauensintervall um individuelle Messwerte: Bei der Interpretation der erhaltenen Messwerte ist das Vertrauensintervall zu berücksichtigen. Dieses beträgt für SES-affektiv 3,85 Punkte, für SES-sensorisch und für Rhythmik jeweils +/- 4,34 Punkte. Für Lokales Eindringen lautet es +/- 6,44 Punkte und für Temperatur +/- 4,76 Punkte (jeweils bezogen auf *T*-Werte). Gerundet sind die Werte für SES-affektiv und für SES-sensorisch bzw. Rhythmik 4 Punkte, für Lokales Eindringen 6 und für Temperatur 5 Punkte im *T*-Wert.

Cut off: Nach Transformation in *T*-Werte betragen die Mittelwerte aller Skalen $M = 50$. Zur Bestimmung des Grenzwertes, unterhalb dessen ein individueller *T*-Wert liegen muss, um eine Behandlung als erfolgreich bewerten zu können, ziehen wir Cut off 1 heran und nehmen dabei als Vergleichsgruppe ohne Schmerz die Angaben einer Stichprobe mit postoperativem Schmerz, und zwar nach einer Kniearthroskopie. Die Gruppe wurde am zweiten Tag nach dem Eingriff untersucht. Zu diesem Zeitpunkt hatte der Schmerz weitestgehend nachgelassen. Die Patient:innen hatten den Tag der Arthroskopie, an dem sie ebenfalls mittels SES untersucht wurden, als Tag mit Schmerz aber noch gut präsent, verfügten somit in der zweiten Untersuchung über einen Referenzeindruck.

Für Cut off 1, den halben Abstand zwischen dem Mittelwert am Tag des Eingriffs und dem Mittelwert am zweiten Tag danach, ergab sich durchgängig für die SES-Skalen ein Grenzwert von $T = 40$ (also eine Standardabweichungseinheit unterhalb des Mittelwerts). Dieser T-Wert sollte erreicht oder unterschritten werden, um eine Schmerzbehandlung – gleich welcher Art (psychotherapeutisch oder somatisch-medizinisch) – als erfolgreich werten zu können. Für Schmerz als nicht einfach zu behandelnde Störung kann ein Grenzwert von $T = 40$ als realistisches Zielkriterium nach einer Behandlung gelten. In vielen Therapiestudien mit angemessener Stichprobengröße konnten zwar signifikante Verbesserungen auf der Basis von Mittelwerten und Streuungen in Gruppen aufgezeigt werden. Wären diese Werte – aus der Nachher-Messung – in Einzeltherapien ermittelt worden, so wäre in vielen Fällen die Cut-off-Grenze von $T = 40$ nicht oder nur gerade eben erreicht (Geissner, 1996, S. 91–106, Kapitel Änderungssensitivität).

Empfehlung: Die Schmerzempfindungs-Skala (SES) wird zur differenzierten Erfassung des Schmerzgeschehens (Stichwort: Vielfaltigkeit des Schmerzes) und vor allem in der Beurteilung des Therapieerfolgs empfohlen. Dies gilt für alle psychotherapeutischen, medikamentösen, chirurgischen, physikalisch-therapeutischen und sekundärpräventiven Interventionen.

Bezug: Die Schmerzempfindungs-Skala SES ist über die Testzentrale (www.testzentrale.de) (Suchfeldeingabe SES) erhältlich.

Tab. 3.31: Steckbrief Schmerempfindungskala (SES)

Steckbrief	
Name	Schmerzempfindungs-Skala (SES)
Bezug	Manual und Untersuchungsunterlagen über die Testzentrale
Umfang	Skala Affektiver Schmerz 14 Items; Skala Sensorischer Schmerz 10 Items Sensorische Teilskalen: Rhythmik 3 Items; Lokales Eindringen 4 Items; Temperatur 3 Items
Messwerte	Skalenwert Affektiver Schmerz (Summe der Itemwerte, Wertespanne von 14 bis 56) Skalenwert Sensorischer Schmerz (Summe der Itemwerte, Wertespanne von 10 bis 40) Teilskalenwert Rhythmik (Summe der Itemwerte, Wertespanne von 3 bis 12) Teilskalenwert Lokales Eindringen (Summe der Itemwerte, Wertespanne von 4 bis 16)

Tab. 3.31: Steckbrief Schmerempfindungskala (SES) – Fortsetzung

Steckbrief	
	Teilskalenwert Temperatur (Summe der Itemwerte, Werbereich von 3 bis 12)
Richtwerte/Normen	Vollumfängliche Normierung mit *T*-Werten und Prozenträngen Zusätzlich Normen für Untergruppen wie Spannungskopfschmerz, Migräneschmerz, Rückenschmerz, rheumatischer Schmerz etc.
Kritische Differenz	Teilskalen Lokales Eindringen 9 bzw. Temperatur 7 *T*-Wertpunkte; alle anderen (Teil-)Skalen 6 *T*-Wertpunkte
Vertrauensintervall	Teilskalen Lokales Eindringen +/- 6 bzw. Temperatur +/- 5 *T*-Wertpunkte; alle anderen Skalen +/- 4 *T*-Wertpunkte
Cut off	Alle Skalen und Teilskalen: 40 *T*-Wertpunkte

3.16.2 Schmerzbedingte psychische Beeinträchtigung (FESV-Komponente 1)

Überlegungen zur Entwicklung von Instrumenten für die Erfassung der schmerzbedingten psychischen Beeinträchtigung basieren zum einen auf der Unterscheidung bezüglich des Leidensaspekts des Schmerzes (vgl. Skala »Affektiver Schmerz« der Schmerzempfindungs-Skala SES): *Eine* Entität des Erlebens ist der Schmerz selbst in seiner Vielfaltigkeit, eine andere die mit Schmerzen einhergehenden psychischen Beeinträchtigungen, z. B. Hilflosigkeits- oder Wutgefühle dem Schmerz gegenüber.

Zum Zweiten ist es wichtig, psychische Beeinträchtigungen mit Schmerzbezug von solchen ohne Schmerzbezug abzuheben. Depression kann bei einer Person allgemein, genauer schmerzunabhängig, vorhanden sein oder in Zusammenhang mit Schmerz stehen. Der Erfahrungsraum Schmerz kann daher so konzipiert werden, dass Schmerz, schmerzbedingte psychische Beeinträchtigung, aber auch allgemeine Beeinträchtigung als distinkte Bereiche beschrieben werden (die ihrerseits dennoch assoziiert sein können).

Wie in ► Kap. 3.16.2 zur Schmerzempfindungs-Skala (SES) skizziert, gilt in der modernen Schmerzforschung ein prozessuales Mehrkomponentenmodell des Schmerzgeschehens (Mikro-/Makromodell des Schmerzes, Geissner, 1988, 1990) als besonders plausibel. Neben der Schmerz*empfindung* spielen hier Komponenten der Schmerz*verarbeitung* eine wichtige Rolle. So wird dort etwa angenommen, dass die Konfrontation mit dauerhaftem oder häufig wiederkehrendem Schmerz bestimmte Bewältigungsreaktionen auslöst und das Zusammenspiel von Schmerz und Bewältigung in einem entsprechend variierenden Ausmaß an schmerzbedingter psychischer Beeinträchtigung resultiert. Der *Fragebogen zur Erfassung der Schmerzverarbeitung (FESV)* (Geissner, 2001) thematisiert daher auf der einen Seite die Komponente »Schmerzbedingte psychische Beeinträchtigung« und auf der anderen Seite die Komponente »Schmerzbewältigung«. Schmerzbewältigung wird in ► Kap. 6 dieses Bandes besprochen. Die Entwicklung dieses Modells stand im Einklang mit USamerikanischen Arbeiten, im Wesentlichen der Forschungsgruppen um Dennis Turk (University of Washington, Seattle) und Frank Keefe (Duke University, Durham, North Carolina; ausführlicher: FESV-Manual, Geissner, 2001).

Für unseren Zusammenhang, die Beurteilung des Psychotherapieerfolgs, benötigen wir aus dem FESV die Komponente »Schmerzbedingte psychische Beeinträchtigung«. Diese gilt neben der Schmerzempfindung als wichtiges Zielkriterium für Psychotherapie. Die Komponente Schmerz*bewältigung* hingegen ist kein explizites Zielkriterium, sondern ein Mediator: Erfolgreiche Schmerzbewältigung kann zur Reduktion der Schmerzempfindung und der schmerzbedingten Beeinträchtigung führen. Hierauf wird in ▶ Kap. 6 eingegangen.

Die Erfassung der Schmerzbedingten psychischen Beeinträchtigung gliedert sich in die drei Bereiche »Schmerzbedingte Hilflosigkeit und Depression« (HD; 5 Items), »Schmerzbedingte Angst« (AN; 4 Items) und »Schmerzbedingten Ärger« (ÄR; 5 Items). Die Fragen befinden sich skalenweise geordnet auf einem Bogen (Vor- und Rückseite), dieser ist mit FESV-BE (BE steht für die Komponente »Beeinträchtigung«) gekennzeichnet. Der ebenfalls in der Mappe enthaltene Bogen zur Messung der Komponente Schmerz*bewältigung* trägt die Bezeichnung FESV-BW. Die Items werden auf 6-stufigen Skalen von 1 = »stimmt überhaupt nicht« bis 6 = »stimmt vollkommen« beantwortet. Ein Itembeispiel für die Skala »HD« lautet: »Wegen meiner Schmerzen fühle ich mich dem Leben und seinen Schwierigkeiten manchmal nicht mehr gewachsen«. Ein Beispiel für Skala »AN«: »Wegen meiner Schmerzen fürchte ich mich mehr als früher davor, was noch alles auf mich zukommen könnte« sowie für Skala »ÄR«: »Wegen meiner Schmerzen bin ich wütend/verärgert«.

Durch Summierung der Items werden Skalenwerte gebildet, für HD und ÄR reicht deren Wertespanne von 5 bis 30, für AN von 4 bis 24. Auf der Rückseite des Bogens werden diese drei Skalenwerte in Felder eingetragen, zu welchen sodann aus dem Manual ablesbare *T*-Werte und Prozentränge als Standardwerte (Geissner, 2001, S. 86–87) ergänzt werden. Die Bildung eines Gesamtskalenwertes über die drei Skalen hinweg ist nicht vorgesehen. Die Bearbeitungszeit beträgt ca. vier Minuten, die Auswerte-, Interpretations- und Dokumentationszeit etwa fünf bis sechs Minuten. Die FESV-Komponente Schmerzbedingte psychische Beeinträchtigung mit ihren drei Skalen soll in der Behandlung gemeinsam mit der Schmerzempfindungs-Skala (SES) (Affektiver Schmerz und Sensorischer Schmerz) zu jedem Messzeitpunkt vorgelegt werden. Das Verfahren ist ab einem Alter von 18 Jahren geprüft.

Zeitrahmen: Der Zeitrahmen bezieht sich auf die typischen Schmerzen in den letzten Tagen.

Dimensionale Struktur: In einer mehrschrittigen konfirmatorischen Strukturanalyse (initiale Studie $N = 332$ Schmerzpatient:innen; erste unabhängige Modellprüfung an $N = 162$ Schmerzpatient:innen; abschließender, erneut unabhängiger Test zur Kreuzvalidierung des Modells an $N = 401$ Schmerzpatient:innen; Geissner, 2001, S. 39–53) konnten sowohl ein zuvor spezifiziertes Messmodell der Schmerzverarbeitung/gesamt als auch ein solches spezifisch für die Komponente Schmerzbedingte psychische Beeinträchtigung bestätigt werden. Die Korrelationen der latenten Faktoren der schmerzbedingten psychischen Beeinträchtigung waren mit $r = 0{,}89$ (HD/AN), $r = 0{,}69$ (AN/ÄR) und $r = 0{,}61$ (HD/ÄR) hoch, das Messmodell jedoch gut angepasst. HD, AN, ÄR erwiesen sich somit als psychologisch distinkt und die Skalen zu ihrer Erfassung als diskriminant valide.

Zuverlässigkeit: Die Skalen sind homogen, die Werte betrugen für Hilflosigkeit/ Depression (HD) Alpha = 0,91, für Angst (AN) Alpha = 0,93 und für Ärger (ÄR) Alpha = 0,91. Die Retestkorrelationen für eine unbehandelte Stichprobe ($N = 78$; Intervall acht Wochen) betrugen für HD $r_{tt} = 0{,}85$, für AN $r_{tt} = 0{,}86$ und für ÄR $r_{tt} = 0{,}84$.

Validität: In einer Faktorenanalyse eines breiten Spektrums an 19 verschiedenen schmerzbezogenen Variablen wurden HD, AN und ÄR zusammen mit (allgemeiner) Depressivität und Krankheitssorgen durch einen gemeinsamen Faktor gespeist. Sie hoben sich von einem unabhängigen Faktor der Schmerzempfindung, einem unabhängigen Faktor der Schmerzbewältigung (▶ Kap. 6) und einem unabhängigen Faktor der Funktionsbeeinträchtigung ab.

Zwischen Schmerzbedingter psychischer Beeinträchtigung und Alter bzw. Geschlecht bestehen keine bzw. sehr geringe Zusammenhänge.

Folgende Korrelationen mit theoretisch einschlägigen Referenzmaßen wurden ermittelt: Schmerzbedingte Hilflosigkeit und Depression mit Allgemeiner Depression (Fragebogen ADS) $r = 0{,}70$ und mit Affektivem Schmerzempfinden $r = 0{,}57$; Schmerzbedingte Angst mit allgemeiner Angst (Fragebogen STAI) $r = 0{,}53$ und mit Affektivem Schmerzempfinden $r = 0{,}46$; Schmerzbedingter Ärger mit der Ärger-Skala des Fragebogens Eigenschaftswörterliste (EWL) $r = 0{,}59$, mit der Skala Gereiztheit der Eigenschaftswörterliste (EWL) $r = 0{,}61$ und mit Affektivem Schmerzempfinden $r = 0{,}44$ (Geissner, 2001, S. 61–65).

Gruppenunterschiede: Eine Studie zur Schmerzmedikamentenwirksamkeit mit den beiden Ergebnisalternativen »Medikamente wirksam« versus »Medikamente nicht wirksam« ergab inhaltlich sinnvolle Unterschiede im Sinne höherer durchschnittlicher Beeinträchtigungswerte in der Gruppe Medikamente nicht wirksam. Eine Analyse der Beeinträchtigungsausprägung in fünf verschiedenen Krankheits-/ Schmerzlokalisationsgruppen ergab deutliche Unterschiede für Schmerzbedingte Hilflosigkeit und Depression und für Schmerzbedingte Angst (nicht für Schmerzbedingten Ärger): Patient:innen mit Kopfschmerzen und mit multiplen Schmerzen berichteten durchschnittlich stärkere Beeinträchtigungen als Patient:innen mit entzündlichen Rückenschmerzen (Bechterew-Erkrankung).

Änderungssensitivität: Bei $N = 44$ Schmerzpatient:innen mit durchschnittlich 13 Jahre bestehender Schmerzproblematik wurden im Vorher-Nachher-Vergleich eines integrativen sechswöchigen psychosomatischen Klinikaufenthalts signifikante Verbesserungen auf den drei Beeinträchtigungsskalen festgestellt. Auch im stationären Einsatz an Schmerzpatient:innen eines humanistisch-tiefenpsychologischen ($N = 115$), eines teilstandardisierten verhaltensmedizinischen ($N = 248$) und eines strukturierten Verhaltenstherapie-Programms ($N = 82$) konnte die Änderungssensitivität der drei Skalen HD, AN und ÄR belegt werden. Als indirekter Beleg gilt des Weiteren das Ergebnis einer Studie ($N = 47$), in der im Gegensatz zu den erwähnten Programmen *keine* psychologische Schmerztherapie im Einsatz war: Dort zeigten sich entsprechend auch keine Änderungen in den drei Beeinträchtigungsskalen (zusammenfassend Geissner, 2001). In Analysen zum längerfristigen Schmerzverlauf nach Absolvierung eines sechswöchigen stationären verhaltenstherapeutisch orientierten Programms (Klinger et al., 1999; $N = 60$; Follow-up-Messung nach neun Monaten) erwiesen sich die Skalen zur Schmerzbedingten psychischen Beeinträchtigung ebenfalls als änderungssensitiv.

Richtwerte/Normen: Es werden Normwerte auf der Basis von $N = 401$ Patient:innen mit chronischen Schmerzen – ohne Behandlung oder vor deren Beginn – zur Verfügung gestellt (Tabelle 34–36, S. 86–87 des Manuals; Geissner, 2001). Die Standardisierung erfolgte in Form von *T*-Werten ($M = 50$; $SD = 10$). Ergänzend werden Prozentränge mitgeteilt. Anhand der ermittelten Messwerte (Rohwerte) einer Patientin bzw. eines Patienten auf den Skalen HD, AN oder ÄR können die zugeordneten *T*-Werte und Prozentränge dem Tabellenwerk entnommen und auf der Rückseite des Patient:innenbogens notiert werden.

Kritische Differenzen: Im FESV-Manual (Geissner, 2001, S. 37) wurden für die drei Skalen der Schmerzbedingten psychischen Beeinträchtigung gerundet jeweils 11 *T*-Wertpunkte (nicht Rohwertpunkte) als kritische Differenz errechnet. Zu ihrer Berechnung wurden dort die Retestkorrelationen als Reliabilitätsschätzer herangezogen. Halten wir uns an die in diesem Handbuch praktizierte Regel, bei divergierenden Alpha- und Retest-Koeffizienten den besseren Wert zu verwenden, dürfen die im Manual berichteten kritischen Differenzen nachkorrigiert werden, denn bei Berechnung anhand von Alpha als Reliabilitätsschätzer fielen sie günstiger aus (s. Abschnitt Zuverlässigkeit).

Somit ergeben sich als *korrigierte* kritische Differenzen 8,3 *T*-Wertpunkte für die Skala »HD«, 7,3 *T*-Wertpunkte für die Skala »AN« und 8,3 *T*-Wertpunkte für die Skala »ÄR«. Man befindet sich also bei der Bewertung von Vorher-Nachher-Unterschieden mit rund 8 *T*-Wertpunkten und größer auf der sicheren Seite. Korrigiert sind Veränderungen daher auch dann als zuverlässig gemessen interpretierbar, wenn sie ca. 3 *T*-Wertpunkte unterhalb der ursprünglichen Manualangaben rangieren.

Vertrauensintervall um individuelle Messwerte: Bei der Interpretation der erhaltenen Messwerte ist das Vertrauensintervall zu berücksichtigen. Die diesbezüglichen Werte lauten für Schmerzbedingte Hilflosigkeit und Depression bzw. Schmerzbedingten Ärger +/- 5,81 (gerundet: 6) *T*-Wertpunkte, für Schmerzbedingte Angst 5,11 (gerundet: 5) *T*-Wertpunkte.

Cut off: Verfügbar sind Verlaufsdaten aus Behandlungsprogrammen, bei welchen nach Behandlungsende Reduktionen um 10 *T*-Wertpunkte auf dann zwischen $T = 40$ und $T = 45$ Punkten erzielt wurden. Daten von Personen ohne Schmerz, die für Cut off 1 und Cut off 2 benötigt würden, stehen nicht zur Verfügung. Das Cut-off-3-Kriterium, das wir hier verwenden müssen, weil ausschließlich klinische Daten vorliegen, sieht die Reduktion um zwei Standardabweichungseinheiten bezogen auf den Mittelwert von $M = 50$ *T*-Wertpunkten vor (▶ Kap. 2). Diese Zielvorgabe von 30 *T*-Wertpunkten würde in den geschilderten Programmen nicht erreicht. Eine Ausnahme stellt die Studie von Karwen, Klinger, Hahn und Apelt (1999) dar. Die Autorengruppe fand in einer sorgfältigen Falldokumentation bei neuropathischem Schmerz in der 6-Monatskatamnese 33 *T*-Wertpunkte für HD und 35 *T*-Wertpunkte für AN, die das Cut-off-3-Kriterium unter Beachtung des Vertrauensintervalls erreichen. Beim Merkmal ÄR wurden dagegen am Ende nur 42 *T*-Wertpunkte erzielt. Die Vorher-Nachher-Reduktionen waren mit 23 (HD) und 16 (AN) *T*-Wertpunkten deutlich, bei ÄR mit 6 *T*-Wertpunkten weniger ausgeprägt (zusf. Geissner, 2001, S. 68–74).

Empfehlung: Die Skalen der Schmerzbedingten psychischen Beeinträchtigung (Komponente 1 des Fragebogens zur Erfassung der Schmerzverarbeitung (FESV)) werden zum Einsatz in der differenzierten Erfassung des Schmerzgeschehens empfohlen. Sie sollen gemeinsam mit der Schmerzempfindungs-Skala (SES) vorgegeben werden. Einschränkend sollte angemerkt werden, dass Daten einer Vergleichsgruppe ohne Schmerzproblematik nicht verfügbar sind.

Bezug: Die Beeinträchtigungs-Skalen sind Bestandteil des Fragebogens zur Erfassung der Schmerzverarbeitung (FESV), der gemeinsam in einer Mappe auch Skalen zur Messung der Schmerzbewältigung (FESV-Komponente 2, in ► Kap. 6 vorgestellt) enthält. Der FESV ist über die Testzentrale www.testzentrale.de (Suchfeldeingabe FESV) erhältlich.

Tab. 3.32: Schmerzbedingte psychische Beeinträchtigung – Komponente 1 des FESV

Steckbrief	
Name	Schmerzbedingte psychische Beeinträchtigung – Komponente 1 des FESV
Bezug	Manual und Untersuchungsunterlagen über die Testzentrale
Umfang	Skala Schmerzbedingte Hilflosigkeit und Depression (HD) 5 Items Skala Schmerzbedingte Angst (AN) 4 Items Skala Schmerzbedingter Ärger (ÄR) 5 Items
Messwerte	Skalenwerte HD und ÄR (Summe der Itemwerte, Wertespanne von 5 bis 30) Skalenwert AN (Summe der Itemwerte, Wertespanne von 4 bis 24)
Richtwerte/Normen	Vollumfängliche Normierung mit *T*-Werten und Prozentrangangaben
Kritische Differenz	gerundet 8 *T*-Wertpunkte für HD, AN und ÄR
Vertrauensintervall	Skala HD und Skala ÄR +/- 6 *T*-Wertpunkte Skala AN +/- 5 *T*-Wertpunkte
Cut off	30 *T*-Wertpunkte

3.17 Sexualstörungen/Sexuelle Funktionsstörungen

Die Thematik Sexualstörungen ist im ICD-10 als Oberbegriff zu verstehen, zu welchem sexuelle Funktionsstörungen, Paraphilien und Geschlechtsidentitätsstörungen gezählt werden. Die Sexuellen Funktionsstörungen, um die es im Folgenden geht, sind im ICD-10-Kapitel F 52 (WHO, 2010) zusammengefasst und gliedern sich in Störungen der Appetenz (F 52.0, 52.20 und 52.7), Störungen der sexuellen Erregung (F 52.5) und Störungen bei Koitus (F 52.5, 52.6) bzw. Orgasmus (F 52.3, 52.4 und 52.11; Reiniger & Briken, 2021, S. 305). Die Behandlung »sollte sich für Psychotherapeut:innen nicht bedeutsam von der Behandlung anderer psychischer Erkrankungen unterscheiden, scheint aber andererseits eine besondere Herausforderung darzustellen, weil Sexualität, das Sprechen über Sexualität und eine exakte Diagnostik häufig noch mit Befangenheit und Scham besetzt sind« (Reiniger & Briken, 2021, S. 303). Bei Diagnostik und Evaluation bilden die Exploration und das strukturierte klinische Interview die Basis.

3.17.1 Das Sexual Behaviour Questionnaire (SBQ-G)

Messverfahren im Sinne standardisierter psychometrischer Verfahren gibt es kaum. Ein Fragebogen, der näherungsweise in Betracht kommt, ist das *Sexual Behaviour Questionnaire (SBQ-G*; Buchstabe G steht für »german«) in der deutschen Fassung von Matthias J. Müller (Müller 2007, 2016). Das Verfahren wurde erstmals von einer britischen Arbeitsgruppe publiziert (MacDonald et al., 2003) und durchlief für die deutsche Fassung einen Übertragungsprozess unter Beteiligung von je zwei Muttersprachlern – deutsch und englisch, jeweils männlich und weiblich. Das SBQ ist ein Selbstbeurteilungsinstrument für verschiedene Bereiche der Sexualität und sowohl bei Patient:innen als auch bei Personen ohne Störung einsetzbar. Er besteht zum einen aus sechs Items, die für Männer und Frauen gleich sind, zum anderen aus fünf Fragen nur für Männer und vier Fragen nur für Frauen. Jedes Item hat eine Inhaltsüberschrift und darunter in der Regel vier ausformulierte, in der Intensität gestufte Aussagen. Das zugrunde liegende Modell ist das 4-Stufenmodell von Masters und Johnson: Erregung, Plateau, Orgasmus und Rückbildung. Beispielitem für Männer und für Frauen im Bereich Wunsch nach Sex: »Ich hätte gerne Sex … weniger als 1 x pro Woche«, »… 1–3 x pro Woche«, »… mehr als 3 x pro Woche« bzw. »Ich habe kein Verlangen nach Sex«. Beispielitem nur für Männer: »Bekommen Sie eine Erektion?« – »niemals«, »gelegentlich«, »oft«, »immer« bzw. »Ich habe keinen Sex/keine Selbstbefriedigung«. Beispielitem nur für Frauen: »Haben Sie Schmerzen beim Sex?« – »niemals«, »gelegentlich«, »oft«, »immer« bzw. »Ich habe keinen Sex«. Für die Bearbeitung des Fragebogens sind etwa fünf Minuten erforderlich. Die Auswertung (Übertragung auf ein Profilblatt, Ermittlung eines Indexwerts) benötigt ebenfalls ca. fünf Minuten.

Die Besonderheit des SBQ, die ihn auch von anderen hier besprochenen Instrumenten abhebt, besteht darin, dass die Items primär einzeln ausgewertet werden sollen. Den Antwortalternativen werden Zahlenwerte zugeordnet: 0 und 1 gelten als auffällig, 2 und 3 als unauffällig (Informationen zur Zusammenfassung von 0 und 1 bzw. von 2 und 3 werden nicht gegeben). Für die in jedem der Itemblöcke zusätzlich vorgesehene Alternative »habe keinen Sex« entfällt die Auswertung. Daneben wird ein Mean Global Index of Sexual Dysfunction vorgeschlagen, der aus den Bereichen Wunsch nach Sex, Erregungsfähigkeit, Genussfähigkeit, Sexualleben-Zufriedenheit und Orgasmus-Zufriedenheit zusammengesetzt ist.

Zeitrahmen: Die Standardinstruktion lautet »in den letzten 3 Monaten«, sie kann jedoch gemäß Informationstext auch »mit variablem Zeitraum angeboten werden« (Müller, 2016).

Als Altersbereich gibt Müller (2016) 18 bis 80 Jahre an.

Dimensionen: Es wurden keine Faktoren- oder andere dimensionale Analysen durchgeführt.

Zuverlässigkeit: Homogenitätsangaben werden nicht berichtet. Die Stichprobe ist nicht sehr groß, sie bestand aus 12 Männern und 11 Frauen ohne berichtete sexuelle Funktionsstörung; das Alter der Frauen war im Median *Md* = 34 Jahre, das der Männer im Median *Md* = 40 Jahre. Für die Einzelitems wurden Übereinstimmungs-Koeffizienten von 0,71 für Männer und 0,79 für Frauen – Zeitabstand 10 bis 45 Tage – angegeben (Müller, 2016). Für den Mean Global Index berichtet Müller (2016) Übereinstimmungen von 0,88 (Männer) bzw. 0,86 (Frauen). Um welche Übereinstimmungskoeffizienten es sich dabei handelt und wie sie berechnet wurden, wird nicht spezifiziert.

Validität: Validitätsbefunde im empirischen Sinne finden sich nicht – »die Items zeigen eine hohe face validity« (Müller, 2016). Im Amerikanischen liegen Gruppenunterschiede zwischen 60 Gesunden und 60 Patient:innen mit einer schizophrenen Störung vor, allerdings nicht für Gesunde versus Personen mit einer Sexualstörung (Müller, 2016). Für die deutsche Stichprobe fand sich im für Frauen und Männer gemeinsamen Teil ein geringfügiger numerischer Unterschied in der Orgasmuszufriedenheit (Männer 1 Punkt höher als Frauen; ansonsten gleiche Angaben). Im Zeitabstand zwischen 10 und 45 Tagen wurden bei der zweiten Messung auf einigen Items numerisch geringfügige Verbesserungen um 1 Punkt ermittelt (z. B. für Männer: »die Erektion aufrechterhalten«). Der Mann-Whitney-U-Test indiziert höhere Werte bei der zweiten Messung für den Mean Global Index für Männer und Frauen (zusammenfassend Müller, 2007).

Wegen des eingangs angesprochenen Scham-Gesichtspunkt beim Thema (Reden über) Sex wurden auch Akzeptanzratings erhoben. Auf der Schulnoten-Skala wurde dabei die Note 2 erzielt, was laut Autor für wenig Scham bei den befragten Personen – diese hatten zuvor jedoch auch keine Störung berichtet – steht.

Normen/Richtwerte: In reduziertem Umfang liegen Daten aus der Studie von Müller (2007, S. 68) an 12 Männern und 11 Frauen ohne sexuelle Funktionsstörungen für zwei Messzeitpunkte vor, die für die Werte eigener Psychotherapien als grobe Orientierung dienen können. Über die Items hinweg beträgt der Median bei einer Wertespanne von 0 bis 3 jeweils *Md* = 2 (Männer und Frauen).

Kritische Differenzen, Vertrauensintervalle und Cut-off-Werte sind den Unterlagen nicht entnehmbar, auch stehen Grunddaten für deren Nachberechnung nicht zur Verfügung.

Empfehlung: Das SBQ kann derzeit nur mit Einschränkungen und mangels Alternativen empfohlen werden. Eine vom Autor angegebene face validity ist im Prinzip nachvollziehbar, eine Vorgabe bei Patient:innen bietet somit gewisse Ersthinweise. Wegen verschiedener Schwachpunkte kann man aber nicht von einem psychometrisch ausgereiften Messinstrument sprechen: Messwerte, die im Rahmen des eigenen Praxiseinsatzes gewonnen werden, können mangels Validierung und anwendbarer Referenzdaten nur näherungsweise interpretiert werden. Dieses betrifft sowohl den Vergleich der Werte einer/eines Patientin/Patienten mit einer Referenzgruppe als auch die Beurteilung erzielter Verbesserungen über die Zeit, etwa nach Psychotherapie. Weiterführende Literatur ist dem Übersichtskapitel von Reiniger und Briken (2021) zu entnehmen.

Bezug: Das Sexual Behaviour Questionnaire-G ist beim Open Test Archive des Leibniz Instituts für Psychologie – Zentrum für Psychologische Information und Dokumentation (ZPID; www.testarchiv.eu) erhältlich. Es werden zwei herunterladbare Dateien zur Verfügung gestellt, eine 6-seitige enthält die deutsche Fassung des Fragebogens einschließlich Profilblättern für Männer und Frauen, eine zweite (vier Seiten) die Testbeschreibung durch den deutschen Autor (Müller, 2016). Die Studie von Müller (2007) zwecks Einsichtnahme in die dortigen Vergleichswerte der Untersuchungsstichprobe ist nicht unmittelbar downloadbar, sondern müsste über die persönliche Homepage des Autors Matthias J. Müller, dortige Rubrik Zeitschriftenbeiträge mit der laufenden Nr. 136 oder unter Angabe der Fragebogenbezeichnung auf der Wissenschafts-Plattform/dem Dokumenten-Server Research Gate (dortiger Status »nicht frei downloadbar«, daher Angabe von »request full text« erforderlich) angefordert werden.

Tab. 3.33: Steckbrief Sexual Behaviour Questionnäire (SBQ-G)

Steckbrief	
Name	Sexual Behaviour Questionnaire (SBQ-G)
Bezug	Beschreibung und Untersuchungsunterlagen beim Testarchiv des Zentrums für Psychologische Information und Dokumentation ZPID (www.testarchiv.eu)
Umfang	Version für Männer: 11 Items Version für Frauen: 10 Items
Messwerte	Primär wird die Auswertung auf Einzelfragenebene empfohlen; vierstufige Skalierung, daneben eine Trifft nicht zu-Kategorie; Werte von 0 und 1 gelten als Indikator für auffällig, Werte von 2 und 3 als Indikator für unauffällig Ergänzend wird ein Mean Global Index (Gesamtskalenwert, Summe aller Itemwerte) vorgeschlagen
Richtwerte/Normen	Keine Normwerte verfügbar Richtwerte auf der Basis der Angaben von 12 Männern und 11 Frauen ohne sexuelle Funktionsstörung: Der Median (für Männer und Frauen) liegt über alle Items hinweg bei jeweils 2.
Kritische Differenz	Keine Angabe möglich
Vertrauensintervall	Keine Angabe möglich
Cut off	Keine Angabe möglich

3.18 Somatoforme Störungen

Kernmerkmal somatoformer Störungen ist das Leiden unter anhaltenden körperlichen Beschwerden, die von den Betroffenen als belastend und einschränkend erlebt werden. Ein zentrales Charakteristikum besteht dabei darin, dass diese nicht oder nicht hinreichend durch einen somatisch-medizinischen Krankheitsfaktor erklärt werden können. Nicht hinreichend ist als Beschreibungsmerkmal relativ unpräzise, könnte einen Psychosomatik-Bias begünstigen (s. Abschnitt Empfehlung), ist jedoch durch ICD-10 (WHO, 2010) so vorgegeben: »… erklärt nicht das Ausmaß der Symptomatik«.

Die Diagnosegruppe (F 45.X) gliedert sich in drei Störungen zum engeren Themenbereich somatoform, daneben werden auch Hypochondrie und Schmerz zur Gruppe F 45 gezählt. Das Messverfahren zur hypochondrischen Störung (F 45.2) ist der Whiteley-Index (WI) (deutsch: Hiller & Rief, 2004), der in ▶ Kap. 3.10.1 behandelt wird. Schmerz, F 45.41, und die diesbezüglichen Verfahren SES (▶ Kap. 3.16.1) und FESV (▶ Kap. 3.16.2) wurden ebenfalls bereits zuvor besprochen.

Das Messverfahren, welches hier vorgestellt wird, ist der Fragebogen *SOMS (Screening für Somatoforme Störungen)* (Rief & Hiller, 2019). Somatoforme Störungen im engeren Sinne unterteilt man in die Somatisierungsstörung (F 45.0) mit multiplen Körperbeschwerden und einer Mindestdauer von zwei Jahren, die Undifferenzierte Somatisierungsstörung (F 45.1), die der Somatisierungsstörung ähnelt, aber weniger beklagte Symptome und als Zeitkriterium nur mindestens sechs Monate erfordert, und schließlich die Somatoforme autonome Funktionsstörung, die mindestens zwei Symptome in verschiedenen Bereichen des vegetativen Nervensystems (z. B. gastrointestinal, respiratorisch etc.) verlangt. Laut einer Übersicht (Martin & Henningsen, 2021) leiden bis zu 0,8 % der Bevölkerung, also hierzulande gut eine halbe Million Personen, gegenwärtig an einer manifesten, klinisch relevanten somatoformen Problematik (Verhältnis Frauen/Männer = 2:1). Wichtige Themen in der psychotherapeutischen Behandlung sind der Abbau von Hoffnungslosigkeit und des Gefühls, ausgeliefert zu sein, das Finden einer akzeptierenden Haltung, ferner der Abbau von Befürchtungen, auch von Hypervigilanz, vor allem jedoch der Wiederaufbau bisheriger defizitär gewordener Aktivitäten. Die Behandlungserfolge werden als mittelgut und im Vergleich niedriger als in der Behandlung von Angst oder Depression eingestuft (Martin & Henningsen, 2021, S. 248). Die Autoren raten darüber hinaus eher zu einem ambulanten als zu einem stationären Behandlungsrahmen. Stationäre Aufenthalte implizieren die Gefahr der Regression bzw. Verfestigung der Krankenrolle durch ungünstige Randbedingungen.

3.18.1 Das Screening für Somatoforme Störungen (SOMS)

Der Fragebogen *SOMS* wurde 1997 von Winfried Rief (Universität Marburg) und Wolfgang Hiller (Universität Mainz) vorgelegt, zwischenzeitlich neu normiert und überarbeitet (Rief & Hiller, 2019). Das Verfahren liegt in vier Versionen vor: Je zwei Versionen für das amerikanische Diagnostische und Statistische Manual psychischer Störungen (DSM) und für die internationale ICD-10. Für beide existieren die Varianten »im Laufe der vergangenen 2 Jahre« und für »die vergangenen 7 Tage«.

Der Bogen besteht aus 47 Items, die sowohl von Frauen als auch von Männern beantwortet werden sollen, sowie fünf Items nur für Frauen und eines nur für Männer. Die Items bestehen nicht aus Sätzen oder ausformulierten Fragen, sondern aus der Aufzählung körperlicher Symptome, z. B. Kopf- und Gesichtsschmerzen, Übelkeit, häufiger Stuhldrang oder Muskelschwäche. Den Items ist auf dem Bogen die Überschrift der jeweiligen Variante vorangestellt, z. B. für die 7-Tages-Variante: »Ich habe in den vergangenen 7 Tagen unter folgenden Beschwerden gelitten …«. Die Symptomstärke wird mittels einer fünfstufigen Skala von 0 = »gar nicht« bis 4 = »sehr stark« eingeschätzt. Für die Bearbeitungsdauer geben die Autoren etwa drei bis zehn Minuten an. Für die Auswertung bezeichnen sie die Ermittlung eines SOMS-Intensitätsindex (Skalenwert) als die zentrale Variable, die aus der Summe der zwischen 0 und 4 beantworteten Items besteht (Rief & Hiller, 2019, S. 21).

Für unsere Zwecke der Beurteilung des Therapieerfolgs ist der SOMS-Intensitätsindex in der Variante sieben Tage am besten geeignet. Die Autoren bieten darüber hinaus auch weitere Alternativen zur Wertermittlung an. Bei der Addition der Items können Frauen maximal 208 Punkte erreichen, Männer (vier Items weniger) 192 Punkte. Für die Auswertung, Interpretation und Dokumentation sind fünf bis sieben Minuten zu veranschlagen. Der Unterschied in der Wertespanne zwischen Frauen und Männern wird nicht diskutiert. Eine Re-Skalierung wäre möglich gewesen, deren Notwendigkeit bzw. Umsetzung wird aber im Manual nicht thematisiert. Messwerte von Männern und Frauen sind daher nicht vergleichbar und Ergebnisse von Gruppenstudien (Frauen und Männer) kaum interpretierbar.

Zeitrahmen: Wir benötigen zum Zweck der Therapieerfolgsbestimmung die Version für ICD-10 und diese in der Variante sieben Tage (SOMS-7 T).

Dimensionale Struktur: Die aufgelisteten Beschwerden wurden ursprünglich den im DSM-III-R vorgegebenen Symptomen entnommen, nachfolgend auf die ICD angepasst bzw. gemäß der späteren Version IV des DSM (APA, 2000) fortgeschrieben. Es liegen ansonsten keine theoretisch-konzeptuellen Vorarbeiten zugrunde. Auch in weiteren Entwicklungsschritten wurden Analysen zur dimensionalen Struktur nicht durchgeführt. Es ist zu vermuten, dass intendiert war, die Symptomliste möglichst nah an der DSM-Symptombeschreibung zu belassen. Die Empfehlung von Rief und Hiller (2019), den Skalenwert aus der Summe aller Itemwerte zu bilden, lässt auf die Annahme einer eindimensionalen Struktur schließen. Künftige Forschungsarbeiten sollten jedoch datengestützte Strukturanalysen durchführen.

Zuverlässigkeit: Zur Homogenität der Skala wird Alpha = 0,88 (N = 484 Patient:innen) angegeben. Die Retestkorrelation beträgt für eine 4-monatige Wartezeit vor Beginn einer stationären psychosomatischen Behandlung r_{tt} = 0,76 (N = 34 Patient:innen).

Validität: Für die Skala wurden korrelative Zusammenhänge mit inhaltsverwandten Maßen ermittelt, die als Validitätshinweise dienen. Die Korrelation des SOMS-Fragebogens mit der Skala »Somatisierung« der *SCL-90-R* beträgt r = 0,76 und mit der Skala »Körperbeschwerden« des *FPI-R* $r = 0{,}51$ ($N = 484$ Patient:innen). Ferner wurde ein Zusammenhang in Höhe von $r = 0{,}70$ für den SOMS mit einer Interviewvariante zu somatoformen Beschwerden ermittelt. Der Fragebogen kann zwischen Patient:innen und gesunden Personen differenzieren (Rief & Hiller, 2019, S. 33–36).

Änderungssensitivität: In einer Therapiestudie an $N = 325$ Patient:innen wurden bei einem mehrwöchigen stationären Aufenthalt zwischen Aufnahme und Entlassung signifikante Reduktionen um durchschnittlich 9,5 Punkte auf der Skala erzielt. Einschränkend ist anzumerken, dass bei einer Wertespanne von 0 bis 208 (bzw. 192) zum Aufnahmezeitpunkt nur geringe Symptomausprägungen gemessen wurden, nämlich $M = 33{,}3$ ($SD = 22{,}9$), die Stichprobe hinsichtlich einer somatoformen Problematik also offenbar wenig selektiv war (Werte bei Entlassung: $M = 23{,}8$ Punkte, $SD = 19{,}4$).

Richtwerte/Normen: Für unsere der Therapieerfolgsbestimmung dienende Variante *SOMS-7 Tage* stehen Prozentrangnormen zur Verfügung, die aus Tabelle B 1 (Rief & Hiller, 2019, S. 55) ablesbar sind. Dabei muss jeweils die Tabellenspalte »Intensitätsindex« herangezogen werden, nicht eine daneben befindliche Spalte »Beschwerdenanzahl«. Die Stichprobenbasis für Richtwerte/Normen ist mit $N = 142$ Patient:innen nicht sonderlich groß. Überdies ist es ein Manko, dass die Werte von Frauen und Männern gemeinsam behandelt werden, obwohl die Wertespanne sich im Maximalwert um 16 Punkte unterscheidet. Die Prozentrangwerte sind nicht für Frauen und Männern getrennt, sondern nur gemeinsam aufgelistet. Da die SOMS-Variante für Männer vier Items weniger enthält, können auf diese Weise niedrigere Rohwerte resultieren. Auch für die Trait-Variante *SOMS-2 Jahre* gilt dies. Eine gesonderte bevölkerungsrepräsentative Untersuchung (Rief & Hiller, 2019, S. 41–42) hatte einen Stichprobenumfang von $N = 2538$. Für diese ist anzunehmen, dass es sich in der Regel um gesunde Personen ohne typische somatoforme Symptomatik handelte (Grundrate somatoform gemäß Martin & Henningsen, 2021, bei 0,8 %). Überraschenderweise sind die Prozentränge in diesem Fall für Frauen und Männern separat angegeben (Rief & Hiller, 2019, Tabelle B 4, S. 58–59).

Kritische Differenzen: Zur Berechnung gemäß Kritische-Differenz-Formel stehen aus dem Manual mit $SD = 22{,}9$ und $SD = 19{,}1$ zwei verschiedene Standardabweichungen aus klinischen Gruppen zur Verfügung. Unter Einbezug der Homogenität von Alpha = 0,88 wird daraus einmal eine kritische Differenz von 21,9 (gerundet: 22) und im anderen Fall von 18,3 (gerundet: 18) Punkten im Skalenwert errechnet. Bezogen auf die Wertespanne von 0 bis 208 (bzw. 192) erscheinen diese Werte nicht als sehr groß. Die im Abschnitt Änderungssensitivität berichteten mittleren Veränderungen auf Gruppenebene (Vorher-Nachher-Unterschied $M = 9{,}5$ Punkte) fielen allerdings – trotz therapeutischer Behandlung in einer Klinik – geringer aus. Ein typisches Gruppenmitglied dieser Untersuchung hätte also das Kriterium der kritischen Differenz nicht erreicht.

Vertrauensintervall um individuelle Messwerte: Bei der Interpretation der erhaltenen Messwerte ist das Vertrauensintervall zu berücksichtigen, dieses aufgrund der Angaben aus zwei klinischen Gruppen einmal 15,3 (gerundet: 15) und einmal 12,8 (gerundet: 13) Punkte.

Cut off: Zur Beurteilung, ob Patient:innen nach Abschluss der Therapie weiterhin im Bereich somatoforme Störung oder dann im Bereich ohne Störung liegen, beziehen wir uns auf Cut off 1, die Mitte der klinischen und nichtklinischen Mittelwerte. Der Grenzwert beträgt für Frauen 14 und für Männer 15 SOMS-Punkte. Zur Veranschaulichung: Die im Manual angegeben Werte der analysierten Patient:-innengruppe einer Klinik lagen am Therapieende bei $M = 23{,}8$. Wäre dieser Wert am Ende einer Einzeltherapie gemessen worden, könnte ein Therapieerfolg – wie es auch bei der kritischen Differenz (s. o.) der Fall war – nicht aufgezeigt werden.

Empfehlung: Zur Messung und Therapieerfolgsbeurteilung bei Somatoformen Störungen kann der Fragebogen SOMS in der Variante »7 Tage« mit Abstrichen zum Einsatz empfohlen werden. Einschränkungen beziehen sich auf die deutlich zu schmale Datenbasis in puncto Änderungssensitivität (kritische Differenz, Cut off), auf die noch nicht geklärte dimensionale Struktur sowie die unterschiedliche Itemzahl und den sich daraus ergebenden unterschiedlichen Wertepsannen für Männer und Frauen. Daraus folgt die Nichtvergleichbarkeit von Standardwerten für Frauen und Männer.

Eine grundsätzliche Problematik, körperliche Symptome als somato-*form* zu werten, bleibt darüber hinaus bestehen. »Ich habe 13 Jahre lang als Internistin gearbeitet, daher kann ich sagen: Man sollte als Mediziner nicht zu schnell organische Ursachen ausschließen, nur weil man keine findet .... (daher) finde ich es falsch, wenn man Patienten, wie es leider mitunter passiert, leichtfertig in die Psychosomatik-Ecke abschiebt, ohne dafür ausreichend Evidenz vorzulegen« (Ciesek, 2023). Gerade innerhalb der Psychosomatik aber ist ein Beurteilungs-Bias zugunsten der somato-*formen* F 45.0/45.1/45.3-Diagnosen nicht immer auszuschließen. So könnten etwa Psychosomatiker:innen mit Distanz zur somatischen Medizin voreilig psychogene Bedingungsfaktoren annehmen oder diese zumindest einseitig betonen und so möglicherweise Behandlungen einsetzen, die nicht schlüssig und zu wenig wirksam sind.

Bezug: Das Verfahren ist in einer Mappe über die Testzentrale www.testzentrale.de (Suchfeldeingabe SOMS) erhältlich. Neben dem Manual und der hier besprochenen Fragebogen-Variante »7 Tage« für ICD-10 sind weitere Bestandteile der Mappe eine Variante »zwei Jahre« (ICD-10); zwei Varianten »DSM IV« (7 Tage und zwei Jahre) sowie ein Befindlichkeitstagebuch.

Tab. 3.34: Steckbrief Somatoforme Störungen (SOMS)

Steckbrief	
Name	Somatoforme Störungen (SOMS)
Bezug	Manual und Untersuchungsunterlagen über die Testzentrale
Umfang	Skala mit 52 Items für Frauen bzw. 48 Items für Männer
Messwerte	Skalenwert (Summe der Itemwerte, Wertespanne für Frauen von 0 bis 208, für Männer von 0 bis 192)

Tab. 3.34: Steckbrief Somatoforme Störungen (SOMS) – Fortsetzung

Steckbrief	
Richtwerte/Normen	Für Variante »7 Tage«: Prozentränge für psychosomatische Patient:innen (N = 142) Prozentränge für Allgemeinbevölkerungsstichprobe (N = 2538)
Kritische Differenz	22 bzw. 18 Punkte im Skalenwert
Vertrauensintervall	+/-15 bzw. 13 Punkte Skalenwert
Cut off	Frauen 14 Punkte, Männer 15 Punkte im Skalenwert

3.19 Soziale Phobie

Die Soziale Phobie (ICD-10 F40.1; WHO, 2010) als häufigste Form der Angststörung ist gekennzeichnet durch eine anhaltende und unangemessene Furcht vor und Vermeidung von sozialen Bewertungssituationen wie öffentlichem Sprechen oder Prüfungen. Zum Teil bestehen lediglich Furcht und Erwartungsangst vor den auslösenden Situationen, zum Teil weisen Betroffene aber auch objektive Defizite in sozialen Fertigkeiten und Kompetenzen auf. Mit der Aktualisierung des Diagnosesystems DSM-IV (APA, 2000) zu Version 5 (DSM-5, 2018) ergeben sich Unterschiede hinsichtlich möglicher Subtypen der sozialen Angststörung. So wird im DSM-IV zwischen einem auf wenige einzelne soziale Auslösesituationen beschränkten Typus (einfache Soziale Phobie) und einem auf viele verschiedene soziale Auslösesituationen generalisierten Typus (generalisierte Soziale Phobie) unterschieden. Im DSM-5 wird zusätzlich eine Unterform spezifiziert, bei welcher sich die Ängste auf Leistungssituationen beschränken, ohne dass soziale Interaktionssituationen als bedrohlich erlebt werden.

Um eine Abbildung dieser unterschiedlichen Formen der sozialen Angststörung in Instrumenten der standardisierten Fragebogendiagnostik möglich zu machen, fassen die *Skalen zur Sozialen Angststörung* (*SOZAS*; Consbruch, Stangier & Heidenreich, 2016) mehrere Instrumente zusammen:

1. *SPIN:* Die Hauptzielsetzung des *Soziale-Phobie-Inventars (SPIN)* besteht im Screening des Vorliegens einer sozialen Angststörung. Die Items beziehen sich inhaltlich auf (a) Angst in verschiedenen sozialen Situationen (z. B. »Partys und soziale Veranstaltungen ängstigen mich.«), (b) Vermeidung in verschiedenen sozialen Situationen (z. B. »Ich vermeide es, Reden halten zu müssen.«) und (c) physiologische Symptome (z. B. »Es macht mir etwas aus, vor anderen zu erröten.«), welche jedoch zu einem gemeinsamen Skalenwert zusammengefasst werden.
2. *SIAS:* Der Schwerpunkt der *Soziale-Interaktionsangst-Skala (SIAS)* liegt auf Angst in sozialen Situationen, in welchen von Betroffenen ein wechselseitiger Aus-

tausch verlangt ist (Itembeispiel: »Ich glaube immer, dass ich beim Reden etwas Peinliches sagen könnte.«).

3. *SPS:* Bei der *Soziale Phobie-Skala (SPS)* steht die Angst vor negativer Bewertung in öffentlichen Leistungssituationen im Vordergrund (Itembeispiel: »Ich mache mir Sorgen, dass ich zittern könnte, wenn ich von anderen Personen beobachtet werde.«).
4. *LSAS:* Die *Liebowitz Soziale Angst-Skala (LSAS)* wurde zuerst als Fremdeinschätzungsinstrument entwickelt, die Anwendung in der Selbsteinschätzungsform kam später hinzu. Bezogen auf insgesamt 24 Auslösesituationen, in welchen entweder die soziale Interaktion oder die öffentliche Leistungsbewertung im Vordergrund steht, werden sehr verhaltensnah (a) das Ausmaß von Angst/Furcht wie auch (b) das Ausmaß von Vermeidungsverhalten eingeschätzt (Itembeispiele in ► Kap. 3.19.1).

Für die primäre Zielsetzung der möglichst ökonomischen, validen und änderungssensitiven Verlaufsmessung sozialphobischer Ängste soll sich die folgende Darstellung auf die LSAS als Selbsteinschätzungsinstrument konzentrieren.

3.19.1 Die Liebowitz-Soziale-Angst-Skala (LSAS)

Die *Liebowitz-Soziale-Angst-Skala (LSAS*; Original: Liebowitz, 1987; deutsch Stangier & Heidenreich, 2015) wurde von ihrem Namensgeber Michael R. Liebowitz, Gründer der Anxiety Disorders Clinic am New York State Psychiatric Institute, zunächst als Fremdbeurteilungsinstrument zur Erfassung von Angst und Vermeidung in sozialen Situationen entwickelt. Die Instruktion und Itembeispiele finden sich im folgenden Kasten.

Itembeispiele der Liebowitz Soziale Angst Skala (LSAS; Consbruch et al., 2016)

»Bitte beurteilen Sie, wie stark Sie in den angegebenen Situationen (bezogen auf die letzte Woche) Angst erlebt haben. Bitte beurteilen Sie jeweils, wie groß die Angst/Furcht in dieser Situation war und wie häufig diese Situation vermieden wurde. Falls die Situation längere Zeit nicht mehr aufgesucht wurde, tragen Sie bitte die Punktzahl ein, die zutreffen würde, wenn sie heute aufgesucht würde.«

- »... in der Öffentlichkeit essen«
- »... mit einem Vorgesetzten oder einer Autoritätsperson sprechen«
- »... einen Raum betreten, in dem andere bereits sitzen«
- »... an einem Test teilnehmen«
- »... vor einer Gruppe einen vorbereiteten mündlichen Bericht geben«

Mittlerweile wird aufgrund hoher Übereinstimmungen mit Fremdeinschätzungen auch die Verwendung als Selbstbeurteilungsinstrument empfohlen (Bandelow et al.,

2021; Fresco et al., 2001; Hoyer, Helbig & Margraf, 2005). In der Durchführung werden 24 Situationen (13 Leistungssituationen und 11 soziale Interaktionssituationen) sowohl in Bezug auf das Ausmaß von Angst/Furcht als auch das Ausmaß des Vermeidungsverhaltens eingeschätzt (4-stufige Antworten von 0 = »keine« bzw. »nie« bis 3 = »stark« bzw. »fast immer (67 bis 100 %)«). Das Verfahren ist schnell und einfach durchzuführen, leicht auszuwerten und liefert psychotherapeutisch gut nutzbare Informationen. Für die Durchführung werden ca. zehn Minuten benötigt, für die Auswertung etwa weitere zehn Minuten.

In der Auswertung können im Prinzip mehrere Skalen (jeweils als Summen verschiedener Itemwerte) gebildet werden: (a) vier Skalenwerte, jeweils getrennt für die beiden Situationsarten (soziale Interaktionen vs. Leistungssituationen) und die beiden Reaktionsarten (Ausmaß der Angst/Furcht versus Ausmaß des Vermeidungsverhalten), (b) zwei Skalenwerte für Angst/Furcht-gesamt bzw. Vermeidungsverhalten-gesamt sowie (c) ein Gesamtskalenwert für alle Auslösesituationen und Angstreaktionen.

Zeitrahmen: Es werden Einschätzungen »bezogen auf die letzte Woche« erhoben.

Dimensionale Struktur: Für die deutsche Version der LSAS fehlen eigene Angaben zur faktoriellen Validität. Ergebnisse der amerikanischen Originalversion an 167 Patient:innen mit Sozialer Phobie, welche an einem spezifischen Behandlungszentrum für Soziale Phobie der State University New York in Albany in Behandlung waren, konnten die Skalen nicht gut replizieren (Safren, Turk & Heimberg, 1998). Daher wird nur die Verwendung des Gesamtskalenwertes empfohlen, auch wenn die therapeutische Nutzung der spezifischen Skalenwerte nützlich sein kann, beispielsweise eine Unterscheidung von Angst/Vermeidung in sozialen Interaktionen versus in Leistungssituationen (Consbruch et al., 2016, S. 39).

Zuverlässigkeit: Im Handbuch (Consbruch et al., 2016, auf Basis der Arbeit von Stangier, Schramm, Heidenreich, Berger & Clark, 2011) wird für die Gesamtskala eine hohe Reliabilität von Alpha = 0,94 berichtet. Für die Skala »Angst/Furcht-gesamt« (Alpha = 0,83) bzw. »Vermeidungsverhalten-gesamt« (Alpha = 0,87) werden geringfügig niedrigere Werte erreicht (N = 117 Ambulanzpatient:innen mit Sozialer Phobie; Stangier et al., 2011). Als Retestkorrelation des LSAS-Gesamtskalenwertes wird im Testhandbuch ein Wert von r_{tt} = 0,84 nach 20 Wochen genannt, entsprechend der Wartezeit einer Wartekontrollgruppe (Stangier et al., 2011). Hierbei ist zu berücksichtigen, dass bei einem derart langen Zeitintervall auch von der Reliabilität des Instrumentes unabhängige Merkmalsschwankungen in die Retestkorrelation eingehen (s. Ausführungen in ▶ Kap. 2.1.2). Für die amerikanische Originalversion werden vergleichbar hohe interne Konsistenzen für die Gesamtskala (Alpha = 0,96) wie auch für die spezifischen Skalen (Alpha von 0,81 bis 0,92) berichtet (N = 382 Patient:innen mit Sozialer Phobie einer zusammengesetzten Stichprobe; Heimberg et al., 1999).

Validität: Belege für die konvergente Validität ergeben sich aus Zusammenhängen der LSAS-Gesamtskala mit Selbsteinschätzungen im Soziale Phobie Inventar (SPIN; r = 0,70), der Sozialen Phobie Skala (SPS; r = 0,60) und der Sozialen Interaktions-Angst-Skala (SIAS; r = 0,76). Zum Beleg der diskriminanten Validität werden niedrigere Zusammenhänge mit dem Beck Depressions-Inventar (BDI; r = 0,33) und der Hamilton Depressions-Skala (HAMD, r = 0,22) angegeben. Für die englischsprachige Originalversion finden sich weitere Angaben zur konvergenten und diskriminanten Validität bei Heimberg et al. (1999), beispielsweise ein Zusammenhang von $r = 0{,}73$ mit dem Fragebogen SIAS.

Änderungssensitivität: Als Hinweis auf die Änderungssensitivität der LSAS liegen Ergebnisse einer kontrollierten Therapieevaluationsstudie (Stangier et al., 2011) an $N = 108$ Patient:innen mit Sozialer Phobie vor, welche signifikante Veränderungen im Gesamtskalenwert zwischen Prätest ($M = 66{,}1$; $SD = 24{,}3$) und Posttest ($M = 48{,}0$; $SD = 25{,}7$; Effektstärke $d = 0{,}72$) am Behandlungsende ergab. Auf den Einzelfall bezogen entspräche dieser Behandlungseffekt einer bedeutsamen Veränderung (kritische Differenz, s. u.), jedoch würde ein nicht-pathologischer Wert gemäß Cut-off-Kriterium nicht erreicht (s. u.).

Richtwerte/Normen: Für die deutsche Version liegen bislang keine Normwerte vor. Als Richtwerte liegen Verteilungskennwerte einer Patient:innengruppe mit Sozialer Phobie (N = 108) vor, mit Mittelwert $M = 66{,}1$ und Streuung $SD = 24{,}3$ (Stangier et al., 2011). Gelegentlich werden Schweregradeinteilungen anhand des Gesamtskalenwertes empfohlen, für welche jedoch nach unserer Kenntnis empirische Belege fehlen.

Kritische Differenzen: Zur Beurteilung der Signifikanz einer individuellen Veränderung kann aus den Verteilungskennwerten der Studie von Stangier et al. (2011; Standardabweichung der klinischen Gruppe vor Behandlung $SD = 24{,}3$) und der internen Konsistenz von Alpha = 0,94 eine kritische Differenz = 16,5 (gerundet: 17) berechnet werden. Um eine Veränderung, z. B. infolge von Therapie, als zuverlässig bewerten zu können, sollte somit eine Differenz von mindestens 18 Punkten (Wertespanne von 0 bis 144) erreicht werden.

Vertrauensintervall um individuelle Messwerte: Auf Grundlage von Reliabilität und Standardabweichung der Patient:innengruppe kann ein Vertrauensintervall von +/- 11,7 (gerundet: 12) für den Gesamtskalenwert berechnet werden.

Cut off: Zur Unterscheidung pathologischer und nicht-pathologischer Werte anhand von Verteilungskennwerten liegen unserer Kenntnis nach nur Mittelwerte und Standardabweichungen von Patient:innen mit Sozialer Phobie vor, nicht jedoch Werte gesunder Vergleichsgruppen. Aus dem Mittelwert der klinischen Gruppe ($M = 66{,}1$) minus zwei Standardabweichungen (2 x $SD = 24{,}3$) kann ein Cut off 3 = 17,5 (gerundet: 18) im Gesamtskalenwert der LSAS bestimmt werden. Dieser Wert liegt bedeutsam niedriger als der im Testhandbuch empfohlenen Werte auf Grundlage der englischen LSAS (Consbruch et al., 2016, S. 40), welche anhand von ROC-Analysen (▶ Kap. 2.2.2) bestimmt wurde ($N = 364$ Patient:innen mit Sozialer Phobie; Mennin et al., 2002). Dort wird für den Gesamtskalenwert Cut off = 30 empfohlen.

Empfehlung: Die Liebowitz Soziale-Angst-Skala (LSAS) erlaubt die Erfassung von klinisch bedeutsamen zentralen Merkmalen sozialer Angst und des Vermeidungsverhaltens in sozialen Interaktionen bzw. Leistungssituationen. Wegen bestehender Schwächen wie einer fehlenden Normierung und wenig Evidenz für Cut-off-Werte kann das Instrument zur Erfolgsbeurteilung der Behandlung sozialer Angststörungen derzeit nur mit Einschränkungen empfohlen werden.

Bezug: Eine Mappe *Skalen zur Sozialen Angststörung* (*SOZAS*; Consbruch et al., 2016) ist über die Testzentrale verfügbar (www.testzentrale.de; Suchfeldeingabe

SOZAS). Die Liebowitz Soziale-Angst-Skala (LSAS) ist in dieser Mappe enthalten, daneben die eingangs des Kapitels genannten weiteren Skalen.

Tab. 3.35: Steckbrief Liebowitz-Soziale-Angst-Skala (LSAS)

Steckbrief	
Name	Liebowitz-Soziale-Angst-Skala (LSAS)
Bezug	Manual und Testbögen (Consbruch et al., 2016) als Bestandteil der *Skalen zur Sozialen Angststörung (SOZAS)* über die Testzentrale verfügbar
Umfang	48 Items (24 soziale Situationen) und deren Beurteilung in Bezug auf das Ausmaß von Angst bzw. das Ausmaß der Vermeidung
Messwerte	Gesamtskalenwert (Summe der Itemwerte, Wertespanne von 0 bis 144), weitere Skalenwerte zu therapeutischen Zwecken nutzbar
Richtwerte/Normen	Keine Normwerte Patient:innen mit Sozialer Phobie: M = 66,1; SD = 24,3
Kritische Differenz	17 Punkte im Gesamtskalenwert
Vertrauensintervall	+/- 12 Punkte im Gesamtskalenwert
Cut off	30 Punkte im Gesamtskalenwert

3.20 Trauer

Trauer und der Trauerprozess per se sind im Allgemeinen patho-psychologisch weniger relevant, sondern gelten gewissermaßen als Teil des normalen Lebens. Trauer als zum Leben dazugehörend ist deshalb keine psychische Störung mit einer eigenen ICD-10-Ziffer.

Bei einem Teil der Trauernden gestalten sich Ausmaß, Charakteristik und Verlauf andererseits außergewöhnlich komplex und fortdauernd, Schätzungen gehen hier von 2,5 bis 10 % an trauernden Personen mit einer langanhaltenden, intensiven Trauer aus (Rosner et al., 2015). Man sprach zunächst – auch international – von Komplizierter Trauer (Complicated Grief), heute wird die Bezeichnung Anhaltende Trauerstörung (Prolonged Grief) verwendet. Ausgeprägte Trauerreaktionen erhalten in diesem Fall die ICD-10 Ziffer F 43.28 (WHO, 2010; auch F 43.21 ist prinzipiell möglich), die ansonsten für Anpassungsstörung steht. Im künftigen ICD-11 (WHO, 2019) ist für eine besonders gravierende Trauerthematik eine eigene Ziffer vorgesehen. Die genaue Unterscheidung zwischen dem, was als normal und als anhaltend anzusehen ist, wird einer Einschätzung der Trauerforscherin Birgit Wagner zufolge allerdings weiter in der Diskussion bleiben (Wagner, 2016).

Bestandteile von klinisch relevanter Trauer sind überstarkes Sehnen nach dem/der Verstorbenen, Nichtakzeptieren-Können, Sinnentleerung, Verbitterung, Schwierigkeiten in der Fortführung des weiteren Lebens bis hin zu noch ausgeprägteren Formen wie den Tod zu leugnen, emotionale Taubheit oder ausgeprägte Vermeidungsrituale, die die Erinnerung oder frühere Gemeinsamkeiten betreffen. Die Anhaltende Trauerstörung wird psychotherapeutisch behandelt. Sie ist eine genehmigungsfähige Leistung (Rosner et al., 2015). Im Allgemeinen ist bei der Diagnosestellung bzw. für den intendierten Therapiebeginn ein zeitlicher Abstand von 13 Monaten zum Todesfall sinnvoll, da der Jahrestag als besonders intensiv erlebter, andererseits dennoch normal-kritischer Zeitpunkt abgewartet werden sollte. Manche Autor:innen plädieren jedoch auch für sechs Monate als relevanten Zeitpunkt für einen Psychotherapiebeginn (Wagner, 2016, S. 253).

3.20.1 Das Inventory of Complicated Grief (ICG-D)

Als Verfahren der Wahl zur Beurteilung des Therapieerfolgs dient die deutsche Version des *Inventory of Complicated Grief (ICG-D).* Die englischsprachige Version, mit dem damals gebräuchlichen Attribut »complicated« versehen, wurde 1995 von der Medizinsoziologin und Trauerforscherin Holly Prigerson vom Weill-Cornell Medical College New York publiziert (Prigerson et al., 1995); Gudrun Lumbeck (Psychotherapeutische Praxis, München), Monika Brandstätter (Psychotherapeutische Praxis, Victoria, British Columbia) und Edgar Geissner (LMU München) legten die deutsche Erstvalidierung vor (Lumbeck, Brandstätter & Geissner, 2012, 2022). Das Inventar gilt international als Standard und erfüllt die Anforderungen inhaltlich und mit kleineren Abstrichen auch psychometrisch. Es dient in der Psychotherapie als Routineverfahren zum Thema. Der heute nicht mehr gebräuchliche Begriff »complicated« wurde in Anlehnung an die amerikanische Version im Deutschen beibehalten, trotz Weiterentwicklung der Terminologie.

Das ICG-D (D steht für deutsch) ist ein 19-Item-Fragebogen (Brandstätter, Lumbeck & Geissner, 2015; Lumbeck et al., 2012), der die Charakteristik der anhaltenden Trauer abbildet. Itembeispiele sind: »Ich bin so in Gedanken bei der verstorbenen Person, dass es mir schwerfällt, Dinge zu tun, die ich normalerweise tue«, »Ich will noch immer nicht wahrhaben, was passiert ist« oder »Ich sehe die verstorbene Person bildlich vor mir«. Die Antwortskala ist 5-stufig von 0 = »nie« bis 4 = »immer«. Der Skalenwert (ICG-Globalwert) wird durch Summierung der 19 Itemwerte gebildet (Wertespanne der Skala von 0 bis 76). Die Instruktion lautet: »Kreuzen Sie bitte bei jeder Feststellung die Zahl an, die Ihre jetzige Lage am besten beschreibt.« Bearbeitungszeit durch den/die Patienten/Patientin und Auswertungs-/Interpretationszeit durch den/die Untersuchungsleiter:in betragen jeweils nicht mehr als fünf Minuten.

Zeitrahmen: Durch die Instruktion »jetzige Lage« ist ein konsequenter State-Bezug realisiert und das Instrument prinzipiell sehr gut zur mehrfachen Messwiederholung geeignet.

Der Einsatz des Fragebogens wurde an Personen zwischen 17 und 80 Jahren geprüft.

Dimensionale Struktur: Lumbeck et al. (2012; $N = 117$) führten detaillierte Skalenanalysen durch, sie konnten eine eindimensionale Struktur belegen. Der globale ICG-Skalenwert (als Summe aller Itemwerte) ist somit der korrekte Messwert für das Ausmaß einer anhaltenden Trauerproblematik.

Zuverlässigkeit: Die interne Konsistenz des ICG-D beträgt Alpha = 0,87 (Lumbeck et al., 2012), sie ist damit etwas niedriger als jene des amerikanischen Originals (Alpha = 0,94; Prigerson et al., 1995). Die Retestkorrelation (Zeitabstand ca. vier Wochen, psychosomatischer Klinikaufenthalt ohne thematisch gezielte Trauer-Therapie) ist nicht allzu hoch, sie beträgt $r_{tt} = 0{,}69$ (das amerikanische Original erreicht dagegen – nach sechs Monaten – $r_{tt} = 0{,}80$).

Validität: Von den korrelativen Befunden sind diejenigen zwischen ICG und Depression von Interesse. Der Zusammenhang ist mit $r = 0{,}38$ (ICG-D und Beck Depressions-Inventar) bzw. $r = 0{,}32$ (ICG-D und Depressionsskala der SCL-90-R; Lumbeck et al., 2012) als nur mittelhoch zu bezeichnen. Die Autor:innengruppe berichtet darüber hinaus Befunde aus Studien anderer Arbeitsgruppen, dort wurden Korrelationen von $r = 0{,}67$ bis $r = 0{,}75$ für ICG und BDI/BDI II ermittelt. Die Korrelation mit einem – konzeptuell allerdings uneindeutigen – SCL 90-Gesamtskalenwert betrug $r = 0{,}37$. Im Gruppenvergleich zwischen Teilnehmer:innen einer spezifischen Psychotherapiegruppe »Trauer« und Patient:innen, die dieses Angebot nicht hatten, ergaben sich nach Beendigung des 4-wöchigen Programms deutliche Verbesserungen für die Gruppe »Trauertherapie«. Die anderen Patient:innen stagnierten im ICG-Skalenwert. Hingegen verbesserten sich Patient:innen mit und ohne Teilnahme an dieser Gruppe gleichermaßen in Depression, was das ebenfalls eingesetzte BDI II belegte. Ist eine Intervention zur Trauerbearbeitung vorgesehen, so muss dabei vorrangig das ICG-D zur Evaluation eingesetzt werden. Denn Instrumente wie BDI/BDI II oder SCL-90 könnten diesbezügliche Erfolge nicht präzise aufzeigen (Rosner, Lumbeck & Geissner, 2011; zu Details der Therapiedurchführung Rosner et al., 2015).

Änderungssensitivität: Das ICG-D erwies sich als änderungssensitiv. Während vor Beginn der o. g. Therapiegruppe »Trauer« ein mittlerer ICG-Skalenwert von $M = 38{,}8$ ($SD = 11{,}5$; $N = 50$) ermittelt wurde, ergab die Messung nach Abschluss der Therapie einen Wert von $M = 25{,}4$ ($SD = 10{,}7$), was einer signifikanten Reduktion mit einer Effektstärke von $d = 1{,}22$ entspricht. In der internationalen Trauerforschung ist es ferner üblich, einen ICG-Skalenwert von 25 oder niedriger zum Ausschluss nichtpathologischer Werte anzusetzen (Prigerson et al., 1995; Rosner et al., 2011), um Personen ohne anhaltende Trauerproblematik bei Datenanalysen auszuschließen. In der Studie von Rosner et al. (2011) mussten dieser Konvention entsprechend vier Patient:innen (= 8 %) ausgeschlossen werden, bei Prigerson et al. (1995) 20 %.

Die durchschnittlichen ICG-Skalenwerte bei Rosner et al. (2011) lauteten nach diesem Ausschluss $M = 41{,}1$ ($SD = 9{,}4$) zu Beginn und $M = 25{,}9$ ($SD = 10{,}9$) nach Beendigung der Therapie, die Veränderung war also noch etwas ausgeprägter ($d = 1{,}51$) als bei der weitergefassten Stichprobe ohne Ausschluss von Patient:innen mit ICG-Skalenwerten < 25. Der Gruppenmittelwert bei Rosner et al. (2011) erreichte am Therapieende somit nahezu den Wert von 25, der zugleich auch dem Ausschluss nichtpathologischer Fälle dienen würde.

Richtwerte/Normen: Für das ICG-D wurde bisher keine Normierung vorgenommen. Die Stichprobenbasis ist mit $N = 117$ (Lumbeck et al., 2012) und $N = 50$ (Rosner et al., 2011) noch zu klein. Als Richtwerte für Fälle ohne Therapie bzw. vor deren Beginn sind jene Kennwerte zu empfehlen, die nach Ausschluss nichtpathologischer Werte (d. h. bei ICG-Skalenwert < 25) aus der erwähnten Therapiestudie resultierten (Rosner et al., 2011, Tabelle V, S. 216), das sind $M = 41$ und $SD = 9$ (gerundet).

Kritische Differenzen: Die kritische Differenz beträgt 8,9 Punkte (gerundet: 9). Dieser Wert muss bei Vorher-Nachher-Messungen erreicht oder überschritten werden, um von einer zuverlässig gemessenen Veränderung ausgehen zu können. Wären die im Abschnitt Änderungssensitivität berichteten Gruppenmittelwerte bei der Vorher-Nachher-Messung in einer Einzeltherapie gewonnen worden, so könnte das Kritische-Differenz-Kriterium als klar erfüllt bezeichnet werden.

Vertrauensintervall um individuelle Messwerte: Bei der Interpretation der erhaltenen Messwerte ist das Vertrauensintervall zu berücksichtigen, in welches Standardabweichung und Homogenität der Skala einfließen. Das Vertrauensintervall beträgt hier +/- 6,3 Punkte (gerundet: 6).

Cut off: Zum ICG-D liegen keine Angaben von Personen ohne klinische Trauerproblematik vor, so dass das Kriterium Cut off 3 herangezogen werden muss, klinischer Mittelwert minus 2 x *SD.* Daraus errechnet sich ein Cut-off-Wert von 23. Dieser Wert liegt in der Nähe des auch von Prigerson definierten ICG-Skalenwertes von 25, der beim Ausschluss nichtklinischer Fälle anzulegen ist.

Empfehlung: Zur Messung und Therapieerfolgsbeurteilung bei Anhaltender Trauerstörung wird das Inventory of Complicated Grief – deutsche Version (ICG-D) zum Einsatz empfohlen. Eine Einschränkung bezieht sich auf die noch relativ schmale Stichprobenbasis und die fehlende Normierung.

Bezug: Das ICG-D kann über das Testarchiv des Zentrums für Psychologische Information und Dokumentation-ZPID kostenfrei bezogen werden: www.testarchiv.eu. Eine dort downloadbare PDF-Datei enthält den Fragebogen (zwei Seiten) sowie eine Verfahrensdokumentation (neun Seiten).

Tab. 3.36: Steckbrief Inventory of Complicated Grief-deutsch (ICG-D)

Steckbrief	
Name	Inventory of Complicated Grief-deutsch (ICG-D)
Bezug	Manual und Untersuchungsunterlagen über das Testarchiv des Zentrums für Psychologische Information und Dokumentation-ZPID (www.testarchiv.eu)
Umfang	19 Items
Messwerte	Skalenwert (Summe der Itemwerte, Wertespanne von 0 bis 76)
Richtwerte/Normen	Keine Normwerte verfügbar Klinischen Stichprobe: $M = 41$, $SD = 9$
Kritische Differenz	9 Punkte im Skalenwert
Vertrauensintervall	+/- 6 Punkte im Skalenwert

Tab. 3.36: Steckbrief Inventory of Complicated Grief-deutsch (ICG-D) – Fortsetzung

Steckbrief	
Cut off	23 Punkte im Skalenwert empirisch, 25 Punkte gemäß a priori Festlegung bei Prigerson et al., 1995

3.21 Zwangsstörungen

Zwangsstörungen (ICD-10 F42.x; WHO, 2010) treten mit einer Lebenszeitprävalenz von 1–3 % in der Allgemeinbevölkerung auf. Mit Einführung der ICD-11 (WHO, 2019) werden sie der eigenen Diagnosegruppe Zwangsstörungen und verwandte Störungen (ICD-11 06B2x) zugeordnet, welche dann auch z. B. Hypochondrie, Körperdysmorphe Störung, Trichotillomanie (Haareausreißen), Dermatillomanie (Skin Picking) und pathologisches Horten umfassen wird. Aktuell befinden sich einige der Störungen noch im Bereich Abnorme Gewohnheiten und Störungen der Impulskontrolle (ICD-10 F63.x).

3.21.1 Das Obsessive-Compulsive Inventory (OCI-R)

Eine Möglichkeit zur differenzierten Erfassung verschiedener Arten und Schweregrade von Zwängen ist das *Obsessive-Compulsive Inventory (OCI-R*; Gönner, Ecker & Leonhart, 2009a). Der mehrdimensionale zwangsstörungsspezifische Fragebogen basiert auf den Arbeiten der amerikanischen Arbeitsgruppe um Edna Foa an der University of Pennsylvania in Philadelphia (OCI: Foa, Kozak, Salkovsis, Coles & Amir, 1998; OCI-revidiert: Foa et al., 2002) und wurde unter Beibehaltung des englischen Originaltitels von Sascha Gönner, Willi Ecker und Rainer Leonhard (Freiburg) ins Deutsche übersetzt. Die psychometrische Überprüfung erfolgte u. a. auf Basis von Routinedaten, erhoben bei 175 Zwangspatient:innen einer psychosomatischen Klinik und einer Reihe kooperierender ambulanter Psychotherapiepraxen (Gönner et al., 2009a).

Hauptziel des Obsessive-Compulsive Inventory (OCI-R) ist die spezifische Erfassung der Schwere von Zwangsstörungen und deren Unterscheidung von anderen psychischen Störungen. Um auch der Heterogenität der verschiedenen klinischen Erscheinungsbilder von Zwängen gerecht zu werden, wurde ein mehrdimensionales Instrument entwickelt, welches die Messung verschiedener Unterformen von Zwängen erlaubt. Und schließlich wurde eine möglichst hohe Änderungssensitivität angestrebt. Mit der Revision des englischsprachigen Originals OCI-R (Foa et al., 2002) erfolgte vor allem eine Kürzung des Fragebogens von ursprünglich 42 Items (sechs Skalen a sieben Items) auf neu 18 Items (sechs Skalen a drei Items, s. nachfolgender Kasten); darauf beruht auch die deutsche Übersetzung. Mittels 5-stufiger Einschätzungen von 0 = »gar nicht« bis 4 = »sehr stark« werden Beeinträchtigung bzw. Leidensdruck durch bestimmte Zwangssymptome erhoben. Zur Auswertung können Skalenwerte (Summe der Itemwerte einer Skala, Wertespanne von 0 bis 12) sowie eine Gesamtskalenwert (Summe aller Itemwerte, Wertespanne von 0 bis 72) berechnet werden. Für die Beantwortung des Fragebogens werden etwa fünf Minuten benötigt, für die Auswertung zwei Minuten.

Skalen und Itembeispiele des Obsessive-Compulsive Inventory (OCI-R)

- *Waschen* (3 Items): »Ich wasche meine Hände länger und öfter als nötig.«
- *Kontrollieren* (3 Items): »Ich kontrolliere Dinge öfter als notwendig.«
- *Ordnen* (3 Items): »Für mich müssen Dinge in einer bestimmten Weise geordnet sein.«
- *Zwangsgedanken* (3 Items): »Ich fühle mich durch unangenehme Gedanken beunruhigt, die mir gegen meinen Willen in den Sinn kommen.«
- *Horten* (3 Items): »Ich bewahre so viele Gegenstände auf, dass sie mich behindern.«
- *Mentales Neutralisieren mit Zahlen* (3 Items): »Ich fühle mich gezwungen, bestimmte Zahlen zu wiederholen.«

Zeitrahmen: In der Instruktion wird als Zeitrahmen »im vergangenen Monat« vorgegeben.

Dimensionale Struktur: Die Skalen der deutschen Version konnten anhand konfirmatorischer Faktorenanalysen bestätigt werden (Gönner, Leonhart & Ecker, 2007), deren globale Fit-Indizes eine gute Passung des Modells belegen. Auch spezifische Fit-Indizes auf Ebene der einzelnen Merkmale ergaben eine sehr gute Passung des Modells, zumindest für fünf der sechs Skalen. Die Skala »Mentales Neutralisieren« mit Zahlen schnitt etwas schwächer ab. Die sechs Skalen korrelierten untereinander gering bis mittelgradig ($r = 0{,}01$ bis 0,51; Gönner et al., 2009a, S. 31). Für die Originalversion von Foa et al. (2002) werden kulturübergreifend wie auch für verschiedene klinische und nicht-klinische Gruppen stabile Faktoren berichtet (Gönner et al., 2009a; S. 13).

Zuverlässigkeit: Überprüfungen der deutschen Version (Gönner et al., 2009a; S. 29 f.) ergaben interne Konsistenzen für die Skalen bei klinischen Gruppen im guten bis sehr guten Bereich (Alpha von 0,85 bis 0,94), der Wert für Neutralisieren von Zahlen fiel etwas schwächer aus (Alpha = 0,78). Angesichts der Kürze der Skalen (drei Items) sind diese Ergebnisse als ausgesprochen gut zu bewerten. Die Werte entsprechen jenen der amerikanischen Originalversion (Foa et al., 2002; Gönner et al., 2009a; S. 13 ff.), für welche ebenfalls eine hohe interne Konsistenz der Skalen berichtet wird (Alpha 0,81 bis 0,91). Bezüglich der Retestkorrelation (2-Wochen-Intervall) werden für die Gesamtskala Werte von $r_{tt} = 0{,}67$ bis 0,93 berichtet (für die Skalen überwiegend $\geq 0{,}75$).

Validität: In mehreren Validierungsstudien der deutschen Version (Gönner, Leonhart & Ecker, 2008; Gönner, Hahn, Leonhart, Ecker & Limbacher, 2009b; zusammenfassend: Gönner et al., 2009a) korrelierte die OCI-R-Gesamtskala hoch mit anderen Zwangsstörungsinstrumenten (z. B. dem Vancouver Obsessional-Compulsive Inventory [VOCI-R, Gönner, Schmid, Gönner, Leonhart & Ecker, 2013]; r = 0,88). Zusammenhänge mit der Y-BOCS-SR (Gesamtskalenwert; ▶ Kap. 3.21.2) fielen vergleichsweise moderat aus (r = 0,43), was darauf zurückgeführt wird, dass in der Y-BOCS als allgemeiner Schweregradbeurteilung nicht zwischen verschiedenen Arten von Zwängen unterschieden wird.

Zusammenhänge der OCI-R-Gesamtskala mit Ängstlichkeit (Beck Angst-Inventar: r = 0,30 bis 0,52), Sorgen (Penn State Worry Questionnaire r = 0,37 bis 0,48) und Depression (Beck Depressions-Inventar r = 0,27 bis 0,41) fielen erwartungsgemäß niedriger aus (diskriminante Validität). Ein ähnliches Muster konnte auch auf Ebene der Skalen gezeigt werden.

Gruppenunterschiede: Im OCI-R-Gesamtkalenwert (Wertespanne von 0 bis 72) fanden sich bedeutsame Mittwelwertsunterschiede zwischen Zwangserkrankten (M = 26,3; SD = 13,5) und Patient:innen mit Depression (M = 14,2; SD = 12,0), mit Angststörungen (M = 9,3; SD = 10,9) bzw. der gesunden Allgemeinbevölkerung (M = 11,3; SD = 6,4).

Änderungssensitivität: Für die englischsprachige Originalversion konnte eine gute Änderungssensitivität gezeigt werden, mit Behandlungseffekten (Gesamtskala) in Höhe von d = 1,4. Dieser Wert ist vergleichbar mit der Höhe des Behandlungseffekts beim Verfahren Y-BOCS (d = 1,7) (Abramowitz, Tolin & Diefenbach, 2005; ▶ Kap. 3.21.2). Etwas niedrigere Behandlungseffekte auf der Gesamtskala werden u. a. damit erklärt, dass in den Messwert unterschiedliche Komponenten der Zwangsstörung eingehen, die bei Zwangspatient:innen nicht immer alle erhöht sein müssen, weswegen Veränderungen weniger deutlich hervortreten könnten.

Richtwerte/Normen: Im Manual (Gönner et al., 2009a) werden für die Gesamtskala Prozentrangnormen für Zwangspatient:innen (N = 175) wie auch Gesunde (N = 320) berichtet. Daneben finden sich Prozentrangnormen für die sechs Skalen in Bezug auf die Allgemeinbevölkerung (N = 320) sowie spezifische Normen für die Skala »Waschen« bezogen auf Zwangspatient:innen mit Kontaminationsbefürchtungen (N = 47) und für die Skala »Kontrollieren« bezogen auf Zwangspatient:innen mit Hauptsymptom Kontrollzwänge (N = 60). Ferner werden Referenzwerte für verschiedene klinische und gesunde Vergleichsgruppen angeboten (Gönner et al., 2009a, S. 43 f.). Der Mittelwert der Gesamtskala einer klinischen Referenzgruppe von Zwangspatient:innen lag bei M = 26,3 (SD = 13,5), jener einer gesunden Vergleichsgruppe bei M = 11,3 (SD = 6,4).

Kritische Differenzen: Ausgehend von der Reliabilität der Gesamtskala (Alpha = 0,85; Gönner et al., 2007) und einer Streuung von SD = 13,5 (klinische Gruppe von Zwangspatient:innen) kann eine kritische Differenz = 14,5 berechnet werden (gerundet: 15). Mit anderen Worten: Der individuelle Gesamtskalenwert einer Patientin bzw. eines Patienten (Wertespanne von 0 bis 72) sollte im Verlauf einer Therapie um mindestens 15 Punkte abnehmen, um die Behandlung als wirksam bewerten zu können.

Vertrauensintervall um individuelle Messwerte: Auf Grundlage von Reliabilität (Alpha = 0,85) und Standardabweichung in der Patient:innengruppe (SD = 13,5) wird ein Vertrauensintervall von +/- 10,3 (gerundet: 10) für einen individuellen OCI-R-Gesamtskalenwert ermittelt.

Cut off: Die oben genannten Richtwerte erlauben die Berechnung eines Cut off 1 = 18,8 (gerundet: 19) als Mitte zwischen dem Mittelwert der gesunden Gruppe und dem Mittelwert der Patient:innengruppe. Von den Testautoren selbst wurden an 113 Zwangspatient:innen und 320 gesunden Kontrollpersonen mittels ROC-Analysen (► Kap. 2.2.2) optimale Cut-off-Werte zur Unterscheidung pathologischer und nicht-pathologischer Werte bestimmt, welche mit einem Gesamtskalenwert von 18 einen Cut off in ähnlicher Höhe finden. In die Bestimmung von Cut-off-Werten der einzelnen Skalen gingen jeweils Teilstichproben mit entsprechenden Zwängen ein (► Tab. 3.37; Gönner et al.; 2009b).

Tab. 3.37: Cut-off-Werte zur Unterscheidung pathologischer und nicht-pathologischer Werte im OCI-R

	Optimaler Cut-off-Wert	Sensitivität	Spezifität
Gesamtskala	18	84 %	82 %
Skala Waschen	3	98 %	91 %
Skala Kontrollieren	5	92 %	92 %
Skala Ordnen	7	100 %	93 %
Skala Zwangsgedanken	5	89 %	89 %
Skala Horten	5	100 %	76 %
Skala Neutralisieren mit Zahlen	3	83 %	91 %

Anmerkungen: Wertespanne der Gesamtskala von 0 bis 72, Wertespanne der Skalen von 0 bis 12

Empfehlung: Das Obsessive-Compulsive Inventory (OCI-R; Gönner et al., 2009a) kann als primäres Erfolgskriterium bei der störungsspezifischen Verlaufsmessung von Zwangsstörungen empfohlen werden. Es erlaubt die valide Bestimmung von Schwere und therapeutischen Veränderungen sowie die Unterscheidung von unauffälligen und pathologischen Ausprägungen von Zwangsstörungen und ihrer Unterformen anhand des Gesamtskalenwertes und der sechs einzelnen Skalenwerte.

Bezug: Das Manual der OCI-R wurde von Gönner, Ecker und Leonhard (2009) im Verlag Pearson veröffentlicht und ist zusammen mit Testbögen über die Testzentrale verfügbar (www.testzentrale.de; Suchfeldeingabe OCI-R).

Tab. 3.38: Steckbrief Obsessive-Compulsive Inventory (OCI-R)

Steckbrief	
Name	**Obsessive-Compulsive Inventory (OCI-R)**
Bezug	Manual von Gönner, Ecker und Leonhard (2009a) mit Testbögen über die Testzentrale verfügbar
Umfang	18 Items

Tab. 3.38: Steckbrief Obsessive-Compulsive Inventory (OCI-R) – Fortsetzung

Steckbrief	
Messwerte	Gesamtskalenwert (Summe aller Itemwerte, Wertespanne von 0 bis 72) sowie 6 Skalenwerte (je 3 Items, Wertespanne von 0 bis 12): Waschen, Kontrollieren, Ordnen, Zwangsgedanken, Horten, Mentales Neutralisieren mit Zahlen
Richtwerte/Normen	Prozentrangnormen für die Gesamtskala für *N* = 175 Zwangspatient:innen, *N* = 320 Personen ohne Zwang sowie entsprechende Prozentrangnormen für die sechs Skalen Gesamtskalenwert Zwangspatient:innen: *M* = 26,3; *SD* = 13,5 Gesamtskalenwert Personen ohne Zwang: *M* = 11,3; *SD* = 6,4
Kritische Differenz	15 Punkte im Gesamtskalenwert
Vertrauensintervall	+/- 10 Punkte im Gesamtskalenwert
Cut off	18 Punkte Gesamtskalenwert Daneben Cut-off-Werte für die 6 Salen verfügbar

3.21.2 Die Yale-Brown Obsessive Compulsive Scale (Y-BOCS)

Die *Yale-Brown Obsessive Compulsive Scale (Y-BOCS*; amerikanische Originalversion von Goodman et al., 1989a) ist das international in wissenschaftlichen Untersuchungen am weitesten verbreitete Instrument zur Bestimmung der allgemeinen Schwere einer Zwangserkrankung, unabhängig von der Art und Anzahl der vorliegenden Zwänge. Die Durchführung als halbstrukturiertes Interview (von den Autoren der amerikanischen Originalversion autorisierte deutschen Version: Büttner-Westphal & Hand, 1991; Hand & Büttner-Westphal, 1991) erfordert etwa 30 bis 60 Minuten sowie klinische Erfahrung mit Zwängen.

Zunächst wird anhand der Yale-Brown Obsessive Compulsive Scale – Checklist (Y-BOCS-CL; Büttner-Westphal & Hand, 1991) das aktuelle bzw. frühere Vorliegen eines breiten Spektrums verschiedener Arten von Zwangsgedanken und -handlungen abgefragt, bevor im Anschluss anhand der Yale Brown Obsessive Compulsive Scale – Selbstrating (Y-BOCS-SR, s. u.) zusammenfassend deren Schwere beurteilt wird.

Der Bereich Zwangsgedanken umfasst z. B. aggressive Zwangsgedanken, auf Verschmutzung bezogene Zwangsgedanken, Zwangsgedanken mit sexuellem Inhalt, auf Symmetrie und Genauigkeit sowie auf den eigenen Körper (Missempfindungen, mögliche Erkrankung oder eine mögliche körperliche Abweichung/Dysmorphophobie) bezogene Zwangsgedanken. Im Bereich Zwangshandlungen werden beispielsweise das Vorliegen von Reinigungs- und Waschzwängen, Kontrollzwängen, Wiederholungszwängen, Zählzwängen, Ordnungszwängen und Sammel- bzw. Aufbewahrungszwängen abgefragt. Eine umfangreiche Analyse an über 9000 Zwangspatient:innen (Hunt, 2020) untersuchte systematische Unterschiede bzw. die Verbreitung der anhand der Y-BOCS-CL erfassten Arten von Zwängen in Bezug auf Alter, kulturelle Regionen und Geschlecht. Die häufigsten Arten von Zwängen traten vergleichbar universell in allen Altersgruppen, Kulturbereichen und Geschlechtern auf. Einzig sexuelle Zwangsgedanken kamen beim männlichen Geschlecht häufiger vor.

Neben der Durchführung der Y-BOCS als halbstrukturiertes Interview ist in der diagnostischen Praxis wie auch in wissenschaftlichen Studien ihre Verwendung als Selbstrating (Y-BOCS-SR; Baer, 1993) verbreitet. Aus jeweils fünf Items mit Antwortstufen von 0 = »nicht vorhanden« bis 4 = »extreme Ausprägung« kann ein Skalenwert (Summen der Itemwerte) für den Schweregrad von Zwangsgedanken (Wertespanne von 0 bis 20) sowie ein entsprechender Skalenwert für den Schweregrad von Zwangshandlungen (Wertespanne von 0 bis 20) bestimmt werden. Die Bewertungskriterien beziehen sich dabei auf den Zeitaufwand, das Ausmaß der Beeinträchtigung bei Alltagsaktivitäten, den Leidensdruck, das Ausmaß des Widerstands und die Kontrollierbarkeit der Zwangsgedanken bzw. der Zwangshandlungen. Außerdem wird in der Praxis häufig auch aus den insgesamt zehn Items ein Gesamtskalenwert (Summer der Itemwerte, Wertespanne von 0 bis 40) gebildet.

Weitere drei Items betreffen Einschätzungen klinisch relevanter Merkmale der Zwänge (d. h. das Ausmaß des Vermeidungsverhaltens, das Ausmaß der Einsicht in die Zwangsgedanken und -handlungen und das Ausmaß von Entscheidungsschwierigkeiten), welche jedoch nicht in den Gesamtskalenwert einbezogen werden. Die Mehrzahl der Studien zur psychometrischen Güte der Y-BOCS beziehen sich auf die Variante des halbstrukturierten Interviews (z. B. Goodman et al., 1989a; Goodman et al., 1989b). Für die entsprechende Eignung der Y-BOCS-SR finden sich vergleichsweise spärliche Hinweise.

Zeitrahmen: Der zu bewertende Zeitraum bezieht sich auf »die vergangenen sieben Tage«.

Dimensionale Struktur: Faktorenanalysen von Messwerten, die mit dem halbstrukturierten Interview gewonnen wurden, erbrachten für die Teilskalen »Zwangsgedanken« und »Zwangshandlungen« ein uneindeutiges Ergebnisbild. Zwar konnten McKay, Danyko, Neziroglu und Yaryura-Tobias (1995) die angenommene 2-faktorielle Struktur empirisch belegen, und diese war auch über verschiedene ethnische Gruppen vergleichsweise stabil (Garnaat & Norton, 2010). Jedoch waren bei anderen Analysen (z. B. Moritz et al., 2002) neben einem Faktor für die Schwere der Zwangsgedanken (4 Items) und einem Faktor Zwangshandlungen (4 Items) die zwei Items zum Widerstand gegen die Zwänge nicht eindeutig zuzuordnen. Auch in konfirmatorischen Faktorenanalysen erwiesen sich vor allem die beiden Items des Widerstands gegen die Zwangsgedanken bzw. des Widerstands gegen die Zwangshandlungen als problematisch (Fatori et al., 2020). Ein Grund liegt vermutlich darin, dass auch aus therapeutischer Sicht ein hoher Widerstand gegen Zwangsgedanken und -handlungen nicht eindeutig für eine höhere Schwere der Zwänge sprechen muss. In der Praxis ist trotz dieser Befunde die Berechnung der beiden Skalenwerte Schwere der Zwangsgedanken (Items 1 bis 5) und Schwere der Zwangshandlungen (Items 6 bis 10) sowie des Gesamtskalenwertes (Items 1 bis 10) verbreitet. Angesichts der beschriebenen Befundlage zur faktoriellen Validität ist diese Praxis aus messtheoretischer Sicht allerdings nicht ganz unproblematisch.

Zuverlässigkeit: Die Reliabilität des halbstrukturierten Interviewverfahrens ist mit einer Inter-Rater-Übereinstimmung im Y-BOCS-Gesamtskalenwert von $r = 0{,}90$ sehr gut. Die interne Konsistenz der Gesamtskala ist mit Alpha = 0,80 etwas niedriger

(Jacobsen, Kloss, Fricke, Hand & Moritz, 2003). Für das englischsprachige Original wird für die Gesamtskala eine Reliabilität von Alpha = 0,89 berichtet (Goodman et al., 1989a), allerdings niedrigere interne Konsistenzen für die Skala »Zwangsgedanken« (Alpha = 0,77) und die Skala »Zwangshandlungen« (Alpha = 0,51; Woody, Steketee & Chambless, 1995). Für die Reliabilität der Selbsteinschätzungsskala (Y-BOCS-SR) berichten Federici und Kollegen (2010) eine gute interne Konsistenz für die Gesamtskala von Alpha = 0,88 sowie zufriedenstellende bis gute Werte für die Skala »Zwangsgedanken« (Alpha = 0,77) und die Skala »Zwangshandlungen« (Alpha = 0,87).

Validität: Mehrere Studien untersuchten die Übereinstimmung der Y-BOCS-SR mit dem halbstrukturierten Interview (Hausschild, Dar, Schröder & Moritz, 2019; Schaible, Armbrust & Nutzinger, 2001). Eine davon analysierte die Übereinstimmung zu mehreren Zeitpunkten einer Interventionsstudie. Dabei fanden sich mittlere bis hohe Zusammenhänge der beiden Varianten des Instruments ($r = 0,60$ bis 0,86 für die Gesamtskala; Hausschild et al., 2019) Die Korrelationen nahmen interessanterweise im Verlauf der längsschnittlichen Untersuchung zu. Weiterhin zeigte sich, dass die Messwerte der Selbstbeschreibung niedriger waren als die Messwerte der Fremdbeschreibungen der Expert:innen im klinischen Interview. Die Übereinstimmung von Selbst- und Fremdeinschätzungen fiel für den Bereich Zwangshandlungen höher aus als für Zwangsgedanken.

Validitätsbelege liegen auch für das halbstrukturierte Interview vor mit guter konvergenter Validität in Bezug auf alternative Zwangsstörungsinventare (z. B. $r =$ 0,53 mit der Maudsley Obsessive Compulsive Scale, MOCI; Goodman et al., 1989b; Woody et al., 1995) und globale klinische Beurteilungen (Kim, Dysken & Kuskowski, 1990). Allerdings sind die Belege zur diskriminanten Validität weniger gut, denn die Korrelation zwischen der Y-BOCS-Gesamtskala und der Hamilton Rating Scale for Depression betrug $r = 0,60$ (Goodman et al., 1989b; Woody et al., 1995).

Änderungssensitivität: Für das halbstrukturierte Interview konnte eine sehr gute Änderungssensitivität gezeigt werden (Goodman et al., 1989b; Kim et al., 1990; van Oppen, Emmelkamp, van Balkom & van Dyck, 1995). Die Y-BOCS-SR hat sich sowohl zur Evaluation individueller Therapieverläufe wie auch in Forschungsstudien zur Veränderungsmessung bewährt, so dass mehrere Metaanalysen sowohl das halbstrukturierte Interview wie auch das Selbseinschätzungsversion der Y-BOCS einbeziehen (Ferrando & Selai, 2021; Olatunji, Davis, Powers & Smits, 2013).

Richtwerte/Normen: Es gibt keine Normwerte im Sinne von Prozentrang- oder *T*-Werten. Allerdings liegen als Richtwerte für die deutsche Selbsteinschätzungsversion (Y-BOCS-SR) Verteilungskennwerte für die Y-BOCS-Gesamtskala vor ($M = 24,0$; $SD = 6,2$), welche an $N = 99$ Zwangspatient:innen in stationärer Behandlung bestimmt wurden (Gönner et al., 2009b; S. 253). Richtwerte für Zwangsgedanken und für Zwangshandlungen (Federici et al., 2010) werden in ▶ Tab. 3.39 mitgeteilt. Ausserdem finden auch Schweregradstufen (halbstrukturiertes Interview zur Y-BOCS) in der Praxis eine gewisse Anwendung: Demnach liegen Gesamtskalenwerte von 0 bis 13 im subklinischen Bereich, Werte zwischen 14 und 21 gelten als Indikator für leichtgradige und Werte zwischen 22 und 29 als Indikator für mittelgradige Zwänge. Werte zwischen 30 und 40 weisen dieser Stufenempfehlung gemäß auf schwergradige Zwänge hin. Diese Referenzwerte basieren auf der Auswertung eines internationalen Datensatzes von über 5000 Zwangspatient:innen durch Cervin und Kollegen (2022). Als Kriterium des Schweregrades wurden dabei Expert:inneneinschätzungen anhand der Clinical Global Impression-Severity (CGI-S; Busner & Targum, 2007) verwendet.

Kritische Differenzen: Zur Bestimmung kritischer Differenzen in der Selbsteinschätzungsversion Y-BOCS-SR liegen Verteilungskennwerte einer kanadischen Patient:innenstichprobe vor ($N = 86$; Federici et al., 2010, ▶ Tab. 3.39). Aus diesen Kennwerten ergibt sich, dass zur Feststellung einer statistisch bedeutsamen Veränderung nach Therapie eine Besserung im Gesamtskalenwert um mindestens 6,7 Punkte (gerundet: 7; bzw. mindestens gerundet 5 Punkte in Zwangsgedanken und in Zwangshandlungen) erreicht werden sollte.

Tab. 3.39: Verteilungskennwerte und Reliabilität der YBOCS-SR (nach Federici et al., 2010) sowie hieraus zu bestimmende kritische Differenzwerte

	Mittelwert (*M*)	**Streuung (*SD*)**	**Reliabilität (*Alpha*)**	**Kritische Differenz ($Diff_{krit}$)**
Skala Zwangsgedanken	10,8	3,2	0,77	4,3
Skala Zwangshandungen	10,3	4,6	0,87	4,6
Gesamtskala	21,1	7,0	0,88	6,7

Anmerkungen: Wertespanne der Skalen von 0 bis 20, Wertespanne der Gesamtskala von 0 bis 40

Bei Mataix-Cols et al. (2016) werden Empfehlungen zur Definition einer Response auf Basis prozentualer Veränderungen in Relation zum Ausgangswert gegeben. Aus methodischer Sicht ist von einem solchen Vorgehen jedoch abzuraten, da beim vorliegenden Skalenniveau (Intervallskalierung) die Bestimmung solcher Verhältnisaussagen (z. B. Besserung ≥ 35 %) mathematisch nicht zulässig wäre.

Vertrauensintervall um individuelle Messwerte: Auf Grundlage von Reliabilität und Standardabweichung der Patient:innengruppe kann für die Gesamtskala ein Vertrauensintervall von +/- 4,8 (gerundet: 5) berechnet werden, bzw. +/- 3,01 (gerundet: 3) für Zwangsgedanken und +/- 3,3 (gerundet: 3) für Zwangshandlungen.

Cut off: Bislang wurden keine Verteilungskennwerte für gesunde Vergleichsgruppen berichtet, so dass hieraus keine Cut-off-Werte im Sinne von Cut off 1 oder Cut off 2 ermittelt werden können. Anhand von Verteilungskennwerten einer klinischen Stichprobe ($M = 24{,}0$; $SD = 6{,}2$) kann Cut off 3 berechnet werden (Mittelwert minus zwei Standardabweichungen). Es ergibt sich ein Grenzwert von 11,6 (gerundet: 12). Oder mit anderen Worten: Nach Abschluss einer erfolgreichen Behandlung sollte der individuelle Wert Gesamtskalenwert einer Patientin bzw. eines Patienten einen Cut off = 12 unterschreiten. Dieser Wert stimmt mit dem aktuellen Stand der Expert:innenempfehlungen überein (s. u.). Entsprechend kann auf Basis der Referenzwerte von Federici et al. (2010, ▶ Tab. 3.39) für Zwangsgedanken ein

Cut off 3 = 4,4 (gerundet: 4) und für Zwangshandlungen ein Cut off 3 = 1,1 (gerundet: 1) berechnet werden.

Ein Gesamtskalenwert von 16 (Wertespanne: von 0 bis 40) galt unter Expert:-innen lange als etablierter kritischer Wert. Bei ausschließlichem Vorliegen von Zwangsgedanken wurde ein korrigierter Grenzwert von 10 empfohlen. Die Studie von Cervin et al. (2020) bestimmte als aktualisierte Empfehlung für die Grenze zwischen dem pathologischen und nicht-pathologischen Bereich Cut off = 14. Zur Bewertung der Therapieresponse liegen darüber hinaus als Ergebnis einer internationalen Expert:innenbefragung Empfehlungen vor, welche einen Gesamtskalenwert von 12 als Kriterium der Remission empfehlen (▶ Tab. 3.40, nach Mataix-Cols et al., 2016). Dieser Cut off wird auch in der aktuellen deutschen S3-Behandlungsleitlinie für Zwangsstörungen empfohlen (AWMF; 2022, S. 253).

Tab. 3.40: Empfehlungen zur Bewertung der Therapieresponse im Y-BOCS-Gesamtskalenwert (modifiziert in Anlehnung an Mataix-Cols, 2016)

Behandlungs-stadium	***Erläuterung***	***Kriterium***
Response	klinisch bedeutsame Besserung relativ zum Ausgangswert vor Behandlung	Reduktion des Gesamtskalenwertes um mindestens 7 Punkte für die Dauer von mindestens einer Woche
Remission	Symptomreduktion in den nicht-pathologischen Bereich	Gesamtskalenwert ≤ 12 für die Dauer von mindestens einer Woche
Recovery	geheilt	Gesamtskalenwert ≤ 12 für die Dauer von mindestens einem Jahr
Rückfall	Symptomverschlechterung in den pathologischen Bereich	Gesamtskalenwert > 12 für die Dauer von mindestens einem Monat

Empfehlung: Zusammenfassend kann das Verfahren Y-BOCS-SR zur Erfolgsbestimmung von Psychotherapie mit Einschränkungen empfohlen werden. In wissenschaftlichen Studien ist die Durchführung der Y-BOCS als halbstrukturiertes Interview Standard, was aber in der klinischen Routinediagnostik oft nicht zu realisieren ist. Insgesamt wird deutlich, dass entgegen ihrer Verbreitung für die Anwendung als Selbsteinschätzungsverfahren (Y-BOCS-SR) nur vergleichsweise wenige Nachweise zur psychometrischen Eignung vorliegen. Wo immer möglich sollte in der Einzelfalldiagnostik das halbstrukturierte Interview verwendet werden (Schaible et al., 2001). Bei Verwendung der Selbsteinschätzungsvariante muss bei einem unvollständigen Verständnis der Patient:innen für die Begriffe Zwangsgedanken und Zwangshandlungen mit einer eingeschränkten Validität gerechnet werden. Auch die praktische Erfahrung mit der Anwendung der Y-BOCS-SR zeigt, dass sie vor allem zu Behandlungsbeginn zu einer Unterschätzung der Schwere der Zwänge führen kann (s. a. Deacon & Abramowitz, 2005). Ein gewisser Vorteil liegt aus praktischer Sicht jedoch darin, dass sie mit vergleichsweise geringem Aufwand eine erste Gesamteinschätzung erlaubt. Insofern kann sie als Ergänzung zu einem Standardverfahren wie OCI-R (▶ Kap. 3.21.1) nützlich sein. Ein Praxisbeispiel für Zwischenmessungen mit Y-BOCS-SR im Rahmen der stationären Zwangsexpositionsbehandlung wird in ▶ Kap. 7.6 beschrieben (s.a. Koch, Bähring & Voderholzer, 2023).

Bezug: Für das Instrument gibt es kein Testmanual. Items, Instruktionen und ein Auswertungsbogen zum halbstrukturierten Interview sind in der Originalarbeit von Büttner-Westphal und Hand (1991) verfügbar. Außerdem findet sich der Fragebogen auch im Behandlungsmanual von Lakatos und Reinecker (1999) sowie bei Ertle (2012; Checkliste und halbstrukturierter Interviewleitfaden auch in Fricke, 2016).

Tab. 3.41: Steckbrief Yale-Brown Obsessive Compulsive Scale – Selbstrating-Version (Y-BOCS-SR)

Steckbrief	
Name	**Yale-Brown Obsessive Compulsive Scale – Selbstrating-Version (Y-BOCS-SR)**
Bezug	Abgedruckt verfügbar z. B. in Büttner-Westphal und Hand (1991) sowie in Baer (1993), Lakatos und Reinecker (1999) und Ertle (2012)
Umfang	10 Items
Messwerte	Gesamtskalenwert (Summe der Itemswert, Wertespanne von 0 bis 40) Skala Schwere der Zwangsgedanken und Skala Schwere der Zwangshandlungen (Wertespanne jeweils von 0 bis 20)
Richtwerte/Normen	Keine Normwerte verfügbar Gesamtskalenwert *M* = 24,0; *SD* = 6,2 Skala Zwangsgedanken *M* = 10,8; *SD* = 3,2 Skala Zwangshandlungen *M* = 10,3; *SD* = 4,6
Kritische Differenz	7 Punkte im Gesamtskalenwert 5 Punkte für Zwangsgedanken, 5 Punkte für Zwangshandlungen im jeweiligen Skalenwert
Vertrauensintervall	5 Punkte im Gesamtskalenwert Jeweils 3 Punkte im Skalenwert Zwangsgedanken und Zwangshandlungen
Cut off	12 Punkte im Gesamtskalenwert 4 Punkte im Skalenwert Zwangsgedanken 1 Punkt im Skalenwert Zwangshandlungen

4 Störungsübergreifende Verfahren zur Therapieerfolgsbeurteilung

In diesem Kapitel stellen wir vier Verfahren vor, die anders als die Messinstrumente in Kapitel 3 nicht störungsspezifisch, sondern störungs*übergreifend* sind. Dabei handelt es sich um das Outcome Questionnaire-45 (OQ-45), den Fragebogen Positive Affect and Negative Affect Schedule (PANAS), den Veränderungsfragebogen des Erlebens und Verhaltens samt der modernisierten Fassung Bochumer Veränderungsbogen (VEV, BVB) sowie schließlich den Zufriedenheitsfragebogen-8 (ZUF-8). In bewährter Weise werden die Verfahren beschrieben, kritisch überprüft und auf ihre Eignung zur Beurteilung des Therapieerfolgs eingeschätzt.

4.1 Das Outcome Questionnaire (OQ-45)

Das *Outcome Questionnaire (OQ-45)*, im Deutschen manchmal auch als Ergebnisfragebogen (EB-45) bezeichnet (Haug et al., 2004), ist ein von dem Psychotherapieforscher Michael Lambert, Brigham Young University (Provo, Utah) ursprünglich für den Rahmen einer Studierendenberatungsstelle konzipierter Fragebogen (Lambert et al., 1996), der nicht im engeren Sinne einen Störungsbezug gemäß ICD oder DSM hat, sondern auch Elemente wie Soziales und Interpersonelles thematisieren wollte. Den Autoren des Originals war daran gelegen, dass der Fragebogen Beratungs-/Behandlungseffekte abbilden kann, er sollte überdies nicht nur vor Beginn und am Ende, sondern auch im Verlauf einer Beratung/Behandlung einsetzbar und dabei kurz genug sein, um die mehrmalige Durchführung in der Praxis zu ermöglichen. Lamberts Engagement in der Society for Psychotherapy Research (SPR) und in deren Publikationsorgan Psychotherapy Research (PR) führte seit der Jahrtausendwende zu einer internationalen Verbreitung des OQ-45. Das Verfahren liegt in 30 Übersetzungen vor, im Deutschen im Wesentlichen durch die Arbeitsgruppe um Hans Kordy, Heidelberg, befördert. Wie der Name schon nahelegt, umfasst das Instrument 45 Items, weswegen man beim ursprünglich intendierten Kriterium der Kürze im Vergleich zu anderen hier besprochenen Verfahren auch ein Fragezeichen setzen könnte. Die Items sind in einer mit »Ich fühle/bin/habe …« beginnenden Aussageform gefasst und haben eine fünfstufige Skalierung von 0 = »nie« bis 4 = »fast immer«. Neun Items sind positiv formuliert und müssen für eine Wertermittlung umgepolt werden.

Lambert et al. (1996) postulierten die drei Bereiche »Symptom Distress«, »Social-Role Functioning« und »Interpersonal Relationships«, für die entsprechend drei Skalen aus 22 bzw. 9 bzw. 11 Items konstruiert wurden. Daneben thematisieren drei Items Alkoholkonsum. Sie gehören zwar zu keiner der drei Skalen, sind aber Bestandteil des OQ-45-Gesamt. Theoretische Überlegungen, warum diese drei Bereiche angenommen (und mit unterschiedlich langen Skalen gemessen) werden, sind nicht mehr eruierbar. Anzumerken ist, dass entgegen der Bezeichnung des Verfahrens (Outcome) ein Ergebnisbezug im Sinne von zeitlich verankerten Vergleichen nicht besteht. Klient:innen und Patient:innen werden also nicht gefragt, wie ihr Befinden »diese Woche in Relation zu vor … Wochen« ist. Statt einer solchen direkten Veränderungsmessung erfolgt die Outcome-Beurteilung – wie bei jedem anderen störungsbezogenen Maß – indirekt durch Vergleich von unabhängigen Messungen, die zu zwei oder mehr Zeitpunkten realisiert wurden. Eine Outcome-Bestimmung in Relation zu einem früheren Zeitpunkt führt somit der/die Auswerter:in durch, nicht – wie es bei einer direkten Messung wäre– der/die Patient:in.

Die Skala »Symptom Distress« umfasst eine aus heutiger Sicht relativ heterogene Auflistung aus Depressionsitems und Items zu den Themen geringer Selbstwert, Angst, Nervosität, auch somatische Beschwerden wie empfindlicher Magen. Beispiele für Symptom Distress sind: »Ich bin niedergeschlagen« oder »Ich bin nervös«. Die Skala »Social-Role«, im Deutschen als Soziale Integration bezeichnet (Haug et al., 2004), thematisiert Arbeitsbelastung in Studium und Beruf. Beispiel: »Ich fühle mich von der Arbeit gestresst«. Die Items sind auf Belastung, mangelnde Entspannung bzw. zu wenig Freizeit fokussiert, die Bezeichnung Social-Role daher missverständlich. Die Skala »Interpersonal Relations« enthält Items wie »Ich komme gut mit anderen aus« (umgekehrte Polung) oder »Ich streite mich häufig«. Die Items des OQ-45 werden nicht blockweise, sondern bezüglich der drei Bereiche in gemischter Reihenfolge vorgegeben.

Die Wertermittlung soll zum einen skalenweise durch Aufsummieren der skalenspezifischen Itemwerte erfolgen, zum anderen durch Aufsummieren aller Itemwerte zu einem Gesamtskalenwert (»Total Score« einschließlich der Alkohol-Items). Die Antwortkästchen verfügen an Ort und Stelle nicht über die Zahlenwerte 0 bis 4, dadurch wird die Summenbildung in der Praxis erschwert. Für die Bearbeitung durch Patient:innen werden fünf bis zehn Minuten angegeben. Für die Auswertung muss wegen fehlender Bezifferung der Antwortmöglichkeiten, aufwändiger Item-Skalenzuordnung und Umpolung der neun positiven Items mit fünfzehn Minuten gerechnet werden. Die Wertespanne für den in der heutigen Praxisanwendung etwas üblicheren Gesamtskalenwert erstreckt sich von 0 bis 180.

Zeitrahmen: Der Zeitrahmen lautet »in der letzten Woche (einschließlich heute)«. Allerdings sind die Items in Form überdauernder Eigenschaften formuliert (z.B. »Ich bin ein glücklicher Mensch«: »nie« bis »fast immer«), was konzeptuell inkonsistent bis widersprüchlich ist: Das Zeitfenster »letzte Woche« und demgegenüber eine grundsätzlichere Einschätzung der eigenen Person passen nicht zusammen.

Die Skala wird ab einem Alter von 18 Jahren zum Einsatz empfohlen.

Dimensionale Struktur: In einer deutschsprachigen Analyse zur dimensionalen Struktur (Lambert et al., 2002; $N = 247$[3]) konnte die ursprünglich postulierte Gliederung empirisch nicht bestätigt werden. Eine überzeugende Zuordnung der Items, auch zu alternativ vorgeschlagenen Faktorlösungen, gelang nicht. Internationale Arbeiten unter Nutzung fortgeschrittener Analyseverfahren mussten die ursprünglich von Lambert et al. (1996) postulierte Struktur ebenfalls verwerfen (Kim, Beretvas & Sherry, 2010; $N = 4200$), die Anpassungsgüte konfirmatorischer Faktormodelle war nicht akzeptabel. Eine Studie zur weitgehenden Neustrukturierung der vorhandenen Items führte zwar zu zwei Kurzskalen (a) Angst und somatische Symptome sowie (b) Depression und Interpersonelle Probleme, jedoch waren zwei Drittel der Items des Originals dabei keiner Skala mehr zuordenbar. Letztendlich verwarfen Kim et al. (2010) diese Variante wieder, da zu weit von der ursprünglichen Fasssung entfernt. Auch im deutschsprachigen Bereich wurden die Schwächen erkannt. Um das Verfahren für den Praxiseinsatz gewissermaßen zu retten, wurde für seine Anwendung die Variante OQ-Gesamtskala vorgeschlagen (Haug et al., 2004; Otto, 2012; s. auch die folgenden Ausführungen).

Zuverlässigkeit: Die Homogenität der deutschen 45-Item-Gesamtversion beträgt Alpha = 0,93 (Haug et al., 2004). Die Retestkorrelation – Zeitabstand zwei Wochen – beträgt $r_{tt} = 0{,}88$. Die hierzu durchgeführte deutsche Erhebung fand an 232 Bewohner:innen eines Studierendenwohnheims und an zufälligen Straßenpassant:innen statt (Lambert et al., 2002). Dies steht zwar im Einklang mit dem Einsatzbereich der Erstversion in einem nicht primär klinischen universitären Setting, ist jedoch als Basis für Anwendungen in der Psychotherapie nicht ausreichend. Reliabilitätsanalysen mit psychotherapeutischen oder psychiatrischen Daten stehen im Deutschen noch aus. Die beachtlich hohe Homogenität geht zum einen auf die Gesamtlänge der Skala zurück, zum anderen wurden für die 232 Studierenden und Passant:innen sehr niedrige Fragebogenwerte gewonnen, insbesondere bei Items der ursprünglichen Bereiche Social-Role und Interpersonal Relations. Übereinstimmend niedrige Itemwerte wirken sich jedoch günstig auf die Korrelation der Items untereinander und damit auf Alpha aus, da die Verteilung der Items ähnlich sein wird. Die ermittelten Reliabilitätsbefunde verwundern insofern nicht.

Validität: Lambert et al. (2002) ermittelten – anhand der gesunden $N = 232$-Stichprobe – zur konvergenten Validität Korrelationen von $r > 0{,}70$ sowohl zwischen der OQ-45-Gesamtskala und dem Globalen Symptomindex der SCL-90 (▶ Kap. 5.3) als auch zwischen OQ-45-Gesamtskala und – negativ – einer Skala »Lebenszufriedenheit«. In der klinischen Studie von Haug et al. (2004) lagen die Korrelationen (OQ-45-Gesamtskala mit SCL-Globalindex bzw. – negativ – mit Lebenszufriedenheit) für $N = 670$ ambulante Psychotherapie- und für $N = 960$ stationäre Psychosomatik-Patient:innen mit $r = 0{,}35$ allerdings deutlich niedriger.

Gruppenunterschiede – hier zwischen der Gruppe ambulanter Psychotherapiepatient:innen und $N = 615$ Personen ohne Psychotherapie – waren wie folgt (Haug et al., 2004): Die ambulanten Patient:innen und die Kontrollgruppenpersonen unterschieden sich in der zentralen Tendenz bei der Wertespanne von 0 bis 180 mit

3 Lambert war in die deutsche Studie eingebunden und fungierte in der Autorengruppe mit W. Hannöver, K. Nisslmüller, M. Richard und H. Kordy als Erstautor

einem Medianwert *Md* = 74 (Patient:innen) versus *Md* = 42 (Kontrollpersonen). Es bestehen geringfügige Zusammenhänge mit dem Merkmal Geschlecht, Frauen erzielten drei Punkte mehr als Männer. Der von Haug et al. (2004) berichtete Median bei den ambulanten Psychotherapiepatient:innen entspricht in der Größenordnung dem arithmetischen Mittel einer Stichprobe von 266 Patient:innen der stationären Psychiatrie (*M* = 79; Otto, 2012).

Eine amerikanische Studie, die die Eignung des OQ-45 für verschiedene Diagnosegruppen untersuchte, gelangte zu dem Ergebnis, dass das Verfahren in erster Linie für Personen mit Depression geeignet ist, nicht jedoch beispielsweise für Angstpatient:innen (Levy et al., 2018).

Änderungssensitivität: Haug et al. (2004) setzten das OQ-45 bei den o. g. 670 ambulanten Psychotherapiepatient:innen vor Beginn und am Ende der Behandlung ein (Zeitspanne im Durchschnitt 18 Monate) und konnten eine Reduktion des Medianwerts um 10 Punkte (von rund 70 auf 60) zeigen. Bei den 960 stationären Psychosomatikpatient:innen ihrer Studie wurde zwei Wochen nach Aufnahme eine Zwischenmessung durchgeführt, es ergab sich ein Rückgang des Medianwerts von *Md* = 74 (Aufnahme) über *Md* = 65 (Zwischenmessung) auf *Md* = 58 Punkte bei Entlassung (Aufenthaltsdauer ca. sechs bis acht Wochen). Die stationären Psychiatriepatient:innen in der Studie von Otto (2012) erzielten bei Aufnahme einen durchschnittlichen Gesamtskalenwert von *M* = 79, der sich bei Entlassung auf *M* = 56,8 verringerte. Alle drei Stichproben lagen am Ende somit bei ungefähr 58 Punkten, nur die Eingangswerte differierten zwischen ihnen.

Richtwerte/Normen: Aus der Studie von Haug et al. (2004) liegen nur Medianwerte vor. Otto (2012) berichtet einen Mittelwert von *M* = 79 und eine Standardabweichung von *SD* = 27,28. Weitere Anhaltspunkte, die als Richt- oder Normwerte für klinische Fragestellungen dienen könnten, liegen nicht vor. Für den Bereich gesunder Personen sind der Arbeit von Lambert et al. (2002) die Kennwerte *M* = 46 und *SD* = 18,5 entnehmbar (Haug et al., 2004, für Gesunde *Md* = 42).

Kritische Differenzen: Aus der Studie von Otto (2012, *N* = 266 Psychiatriepatient:innen) ergibt sich eine kritische Differenz von exakt 20 Punkten für klinische Fälle (Wertespanne von 0 bis 180). Für die Gruppe der gesunden Personen (Lambert et al., 2002) beträgt die kritische Differenz 13 Punkte. Aus der Studie von Haug et al. (2004) fehlen notwendige Basiswerte zur Ermittlung der kritischen Differenz. Je nach eigener Fragestellung muss also entweder die kritische Differenz der Psychiatriestichprobe oder jene der Personen ohne Störung herangezogen werden. In den zitierten Interventionsstudien (Haug et al., 2004; Otto, 2012) liegen die durchschnittlichen Vorher-Nachher-Reduktionen auf Basis der Gruppenmittelwerte bei 10, 12 bzw. 16 Punkten. Bezogen auf die Einzelfallebene in Psychotherapien würden so ermittelte Differenzen nicht als zuverlässig gemessen interpretiert werden können. Für den typischen Einzelfall wären diese (durchschnittlichen) Veränderungen nicht ausreichend, um einen Fortschritt zu belegen.

Vertrauensintervall um individuelle Messwerte: Bei der Interpretation der erhaltenen Messwerte ist das Vertrauensintervall zu berücksichtigen, in welches Standardabweichung und Homogenität der Skala einfließen. Für den Gesamtskalenwert (Wertespanne von 0 bis 180) beträgt das Vertrauensintervall exakt +/- 14 Punkte (Psychiatriestichprobe, Otto, 2012).

Cut off: Zur Bestimmung von Cut off 1 ziehen wir die Kennwerte der Normalstichprobe aus der Studie von Lambert et al. (2002; $M = 46$) und jene der klinischen Stichprobe von Otto (2012; $M = 79$) heran und ermitteln für den Gesamtskalenwert gerundet 63 Punkte als Grenze (Wertespanne von 0 bis 180).

Empfehlung: Aufgrund konzeptueller Unklarheiten und Schwächen dürfte das OQ-45 für die Therapieerfolgsbeurteilung weniger in Betracht kommen. Die Dimensionen, die empirisch identifiziert wurden, korrespondieren nicht mit dem ursprünglichen Konzept. Für die Praxis ist nur ein heterogener und somit wenig aussagekräftiger Gesamtskalenwert vertretbar. Die Skalen korresponderen auch nicht mit dem Störungsansatz von ICD oder DSM. Erhebungen an gesunden Personen ergaben sehr niedrige Messwerte, diese sind für klinische Gruppen nicht repräsentativ. Der Einsatzbereich – über den ursprünglichen studentischen Beratungskontext hinaus – erwies sich als begrenzt. Levy et al. (2018) empfehlen den OQ-45 – wenn überhaupt – ausschließlich für den Störungsbereich Depression.

Die Skala »Symptom Distress« enthält eine Sammlung inhaltlich gemischter Items (was die inhaltliche Validität mindert), deren Auswahl und Zusammensetzung unklar bleibt. Für ICD-bezogene Syndrome und Störungen gäbe es dagegen (▶ Kap. 3) geeignete Instrumente mit spezifischem Zuschnitt. Die durch den Titel »Outcome« nahegelegte Ergebnisbilanzierung im Sinne von Vergleichen heute versus Therapiebeginn (direkte Veränderungsmessung) ist nicht angedacht. Mit 45 Items kann die Skala nicht als kurz gelten. In der Auswertung ist sie unhandlich.

Bezug: »Kein Aufwand, keine Kosten, keine Copyright Gebühren« (Haug et al., 2004, S. 142), dies ist unzutreffend. Die offiziellen Kosten beim amerikanischen Rechte-Inhaber, der Firma OQ-Measures (Recherchedatum 16.10.2023), belaufen sich auf 175 Dollar zur Lizenzerteilung für eine US-Einzeltherapiepraxis, international werden 250 Dollar in Rechnung gestellt. Damit liegen die Kosten für eine rechtlich korrekte Verwendung des Instruments und den Erwerb einer Manualbroschüre sehr weit oberhalb aller in diesem Band vorgestellten verlagspublizierten Verfahren.

Für den deutschsprachigen Raum kann zum Thema »Bezug – aber unter Risiko-Vorbehalt« gelten: Das OQ-45 findet sich als Arbeitsübersetzung im Anhang der Studie von Stephan Otto (2012, S. 88–89; beispielsweise Google-Suchfeldeingabe von Fragebogenname, Autor und Ort [Ulm]). Die fehlende 0-bis-4-Bezifferung der Antwortskalen gestaltet sich als nachteilig bei der Auswertung; dieses Manko trifft aber auch auf das kostenpflichtige Original zu. Ist man ungeachtet der Einwände bezüglich der Dimensionen an einer skalenweisen Zuordnung der Items interessiert (bei Otto, 2012, nicht beschrieben), so kann hierfür auf die arabische Internetseite Psychological Scales zurückgegriffen werden (https://scales.arabpsychology.com), die den englischen Wortlaut, wenn auch nicht als Fragebogen formatiert, und die Skalenzuordnung gemäß Lambert et al. (1996) wiedergibt. Eine 30-Item-Kurzform zu Forschungszwecken wird ferner in der Arbeit von Lutz et al. (2006) erwähnt, müsste aber unmittelbar bei dieser Autorengruppe individuell angefordert werden.

4.2 Der Fragebogen Positive Affect and Negative Affect Schedule (PANAS)

Bei negativer Affektivität und einem Defizit an positiver Affektivität handelt es sich – ähnlich wie bei den Merkmalen, die das zuvor (▶ Kap. 4.1) besprochene OQ-45 erfasst – nicht um eigenständige psychische Störungen nach ICD oder DSM. Allerdings werden viele psychische Störungen (z. B. Depressionen, Angststörungen, Schmerz, Trauer) von negativen Affekten und einem Mangel an positiven Affekten begleitet (Barnes-Horowitz et al., 2024). Deshalb ist die Erfassung positiver und negativer Affekte störungsübergreifend von Bedeutung. Sie kann wertvolle Zusatzinformationen zur Ausprägung und zum Verlauf spezifischer Störungen liefern und somit auch zur Beurteilung des Erfolgs psychotherapeutischer Maßnahmen beitragen.

Das weltweit am häufigsten verwendete Instrument zur Messung positiver und negativer Affekte ist der *Fragebogen Positive Affect and Negative Affect Schedule (PANAS)* von Watson, Clark und Tellegen (1988), die an renommierten Universitäten (Watson und Clark: University of Notre Dame, Indiana; Tellegen: University of Minnesota) geforscht haben. Der PANAS-Fragebogen wurde in viele Sprachen übersetzt und in unzähligen Studien zu Ursachen, Folgen und Korrelaten des affektiven Wohlbefindens verwendet. Von der Mainzer Arbeitsgruppe Krohne, Egloff, Kohlmann und Tausch (1996) wurde die Skala ins Deutsche übertragen. Die bislang gründlichste Analyse der Messeigenschaften dieser deutschen Version stammt von Breyer und Bluemke (2016). Durchgeführt wurde sie mit den Daten einer großen ($N > 4000$) und bevölkerungsrepräsentativen Stichprobe der GESIS (Leibniz-Institut für Sozialwissenschaften, ehemalige Bezeichnung Gesellschaft Sozialwissenschaftlicher Infrastruktureinrichtungen, Mannheim). Die Erhebung der Daten erfolgte in der zweiten Welle des Panels 2014. Dieser mustergültigen Analyse sind die meisten der folgenden Angaben zu den Messeigenschaften des deutschsprachigen PANAS entnommen.

Das Instrument besteht aus einer gemischten Liste von zehn positiven (z. B. aktiv, interessiert, begeistert) und zehn negativen Adjektiven (z. B. bekümmert, verärgert, feindselig), die zentrale Komponenten des affektiven Erlebens erfasst. Die Stärke der jeweiligen Empfindung wird auf einer fünfstufigen Antwortskala von 1 = »gar nicht« bis 5 = »äußerst« eingeschätzt. Skalenwerte für die positive bzw. negative Affektivität bildet man durch Mittelung der zehn positiven bzw. der zehn negativen Items, so dass die Skalierung beider Skalen jener der Items entspricht (Wertespanne von 1 bis 5). Der PANAS-Fragebogen lässt sich in einer Minute beantworten. Die Auswertung dauert ebenfalls nur wenige Minuten und ist wegen der offensichtlichen Zuordnung der Items zu den beiden Affektskalen selbsterklärend.

Zeitrahmen: Eine Besonderheit und Stärke des PANAS besteht in der Möglichkeit, per Instruktion einen von vier unterschiedlich langen Zeiträumen vorzugeben, auf den sich die Selbsteinschätzungen beziehen sollen: im Moment, in den letzten Tagen, in den letzten Wochen, im letzten Jahr. Mit diesen Optionen lässt sich die Änderungssensitivität steuern (s. entsprechender nachfolgender Abschnitt). Für die

Evaluation von Psychotherapien dürften die beiden mittleren Zeiträume in der Regel besser geeignet sein als die beiden extremen.

Dimensionale Struktur: Die theoretisch postulierte Struktur von zwei unabhängigen Faktoren ließ sich in zahlreichen explorativen und konfirmatorischen Faktorenanalysen bestätigen. Deren Replizierbarkeit übertrifft die der drei- und vierfaktoriellen Lösungen, die in der Literatur ebenfalls berichtet werden. In der Untersuchung von Breyer und Bluemke (2016) korrelierten positive und negative Affektivität schwach negativ (r = -0,15 auf der Ebene manifester Skalen; r = -0,19 auf der Ebene latenter Faktoren). Diese geringen negativen Korrelationen bedeuten, dass positive und negative Affekte unabhängig voneinander auftreten können und von starker negativer Affektivität nicht automatisch auf geringe positive Affektivität oder umgekehrt geschlossen werden kann. Die beiden Skalen sind also wenig redundant, und beide zusammen sind informativer, als es stark korrelierte Skalen wären.

Zuverlässigkeit: Breyer und Bluemke (2016) berichten für beide Skalen eine interne Konsistenz von Alpha = 0,86. Retestkorrelationen der deutschen PANAS-Version wurden von Krohne et al. (1996) ermittelt, und zwar getrennt in zwei verschiedenen Stichproben für die beiden extremen zeitlichen Instruktionen (im Moment, N = 73; im Allgemeinen, N = 125). Das Retest-Intervall betrug eine Woche. Folgende Retestkorrelation r_{tt} werden berichtet: 0,19 (PA, im Moment); 0,19 (NA, im Moment); 0,66 (PA, im Allgemeinen); 0,54 (NA, im Allgemeinen). Diese Zahlen demonstrieren eindrücklich wichtige Prinzipien, die bei der Evaluation von Psychotherapie zu beachten sind und die wir in ► Kap. 2 bereits erörtert haben.

Erstens kann die zur Berechnung kritischer Differenzen erforderliche Reliabilität eines Instruments stark davon abhängen, ob diese über seine interne Konsistenz oder seine Retestkorrelation geschätzt wurde. Zweitens unterschätzt die Retestkorrelation bei veränderlichen Merkmalen die Reliabilität von Instrumenten, da die Retestkorrelation nicht nur durch (reliabilitätsrelevante) Messfehler, sondern auch durch (reliabilitätsirrelevante) wahre Veränderungen beeinflusst wird. Drittens hängt die Änderungssensitivität eines Instruments u. a. von der zeitlichen Instruktion ab (s. unten).

Validität: Der PANAS-Fragebogen wurde in der Literatur mit vielen Referenzkonstrukten in Zusammenhang gebracht, um seine Validität abzuschätzen. Am häufigsten repliziert wurden Korrelationen von positiver Affektivität mit Extraversion (r = 0,30 bei Breyer & Bluemke, 2016; r = 0,53 bei Krohne et al., 1996) und von negativer Affektivität mit Neurotizismus (r = 0,28 bei Breyer & Bluemke, 2016; r = 0,66 bei Krohne et al., 1996). Wie diese Befunde zeigen, kann die Höhe validitätsrelevanter Korrelationen so stark variieren, dass sie entweder als Beleg für die konvergente oder im Gegenteil als Beleg für die diskriminante Validität des PANAS gewertet werden kann. Ein solches Befundmuster ist bei der Validierung von psychologischen Messinstrumenten nicht unüblich und zeigt die Abhängigkeit geschätzter Validitäten von der Zusammensetzung und Größe der untersuchten Stichproben und den Instrumenten, die zur Messung der Validierungskorrelate verwendet wurden. Insgesamt betrachtet sprechen die Korrelationen mit Persönlichkeitseigenschaften, mit Befindlichkeitsstörungen wie Depressivität und Ängstlichkeit, mit Lebenszufriedenheit und mit weiteren theoretisch einschlägigen Referenzkonstrukten für die Konstruktvalidität des PANAS. Weitere Belege hierfür ergeben sich aus der häufigen Verwendung des PANAS als Manipulationskontrollmaß in Studien, in denen positiver und negativer Affekt experimentell manipuliert werden.

Beachtlich ist schließlich, dass aus den wenigen klinischen Stichproben, in denen der PANAS eingesetzt wurde, ähnliche Validitätskoeffizienten berichtet werden wie aus klinisch unauffälligen Stichproben. Aus einer großen spanischen Stichprobe ($N = 595$) von Patient:innen mit einer Angst-, Depressions- oder Anpassungsstörung berichten Diaz-Garcia et al. (2020) die folgenden Korrelationen für PA und NA mit Extraversion, Neurotizismus, Depression (gemessen mit dem BDI-II, ► Kap. 3.6.1) und Angst (gemessen mit dem BAI, ► Kap. 3.1.2): *r*(PA, Extraversion) = 0,44; *r*(PA, Neurotizismus) = -0,39; *r*(PA, Depression) = -0,56; *r*(PA, Angst) = -0,23; *r*(NA, Extraversion) = -0,24; *r*(NA, Neurotizismus) = 0,65; *r*(NA, Depression) = 0,63; *r*(NA, Angst) = 0,58. Diese Ergebnisse sind aus zwei Gründen bemerkenswert. Erstens sind die Korrelationen zwischen PA und Extraversion sowie NA und Neurotizismus nahezu identisch mit denen, die von Krohne et al. (1996) für den deutschen PANAS und gesunde Personen berichtet wurden. Zweitens unterstreichen die Korrelationen von PA und NA mit Depression und Angst unsere einleitende Feststellung, dass negative Affekte und ein Mangel an positiven Affekten transdiagnostische Begleiterscheinungen psychischer Störungen sind und deshalb ihre Miterhebung bei der Evaluation von Psychotherapien empfohlen werden kann.

Änderungssensitivität: Die erfolgreiche Verwendung des PANAS als Manipulationskontrollmaß in Studien mit experimenteller Affektinduktion spricht für ihre Änderungssensitivität. Daten zur Beurteilung der Sensitivität für Veränderungen durch Psychotherapie stammen aus der spanischen Studie von Diaz-Garcia et al. (2020, Tabelle 8). Dort wurden drei Gruppen von Patient:innen mit unterschiedlichen Störungen psychotherapeutisch behandelt. Die durchschnittliche Effektstärke der Behandlung betrug $d = 0,72$ bei PA und $d = 1,02$ bei NA. Negative Affektivität nahm somit im Verlauf der Therapie um eine Standardabweichung ab.

Dieses Ergebnis ist umso bemerkenswerter, als in der Studie von Diaz-Garcia et al. (2020) die Trait-Version des PANAS verwendet wurde (Zeitraum im Allgemeinen). Die Retestkorrelationen von Krohne et al. (1996; s. o.) lassen vermuten, dass sich bei Vorgabe eines kürzeren Zeitraums noch stärkere Interventionseffekte hätten nachweisen lassen. Hierfür sprechen auch Befunde, die bereits bei der Vorstellung des PANAS von Watson et al. (1988) berichtet wurden. Denn schon damals wurde die Abhängigkeit der Änderungssensitivität – definiert als Retestkorrelation – von der zeitlichen Instruktion differenziert untersucht. Einer Stichprobe von 101 Proband:innen wurde der PANAS in sieben aufeinanderfolgenden Wochen mit sieben verschiedenen Zeiträumen (im Moment, heute, in den letzten Tagen, in der letzten Woche, in den letzten Wochen, im letzten Jahr, im Allgemeinen) zur Beantwortung vorgelegt. Nach einwöchiger Pause wurde die Prozedur wiederholt. Für jeden Zeitraum betrug das Messintervall somit acht Wochen. Die Retestkorrelationen nahmen tendenziell, allerdings nicht stetig, mit der Länge des Zeitraums zu, die Änderungssensitivität entsprechend ab.

Der PANAS-Fragebogen wurde nach seiner Veröffentlichung in so vielen Untersuchungen mit Messwiederholung eingesetzt, dass Leue und Lange (2011) eine

Metaanalyse ihrer Änderungssensitivität in Abhängigkeit vom vorgegebenen Zeitraum durchführen konnten. Bei negativer Affektivität stieg die Höhe der Retestkorrelation stetig mit der Länge des Zeitraums an. Bei positiver Affektivität gab es einen Ausreißer aus diesem Trend. Zusammengefasst kann festgestellt werden, dass sich die Änderungssensitivität des PANAS durch Vorgabe unterschiedlicher Zeiträume für die Selbsteinschätzung steuern lässt. Durch Vorgabe längerer Zeiträume lassen sich träge Schwankungen der Befindlichkeit abbilden, durch Vorgabe kürzerer Zeiträume schnellere Veränderungen. Für die Evaluation der Wirkung psychotherapeutischer Interventionen sind die beiden mittleren Zeiträume am besten geeignet, also »in den letzten Tagen« bzw. »in den letzten Wochen«.

Richtwerte/Normen: Der deutsche PANAS wurde von Breyer und Bluemke (2016) differenziert normiert. Die große und bevölkerungsrepräsentative Stichprobe machte es möglich, getrennte Normen für zwei Geschlechtsgruppen (männlich und weiblich), drei Altersgruppen (< 40; 40–54; ≥ 55) und drei Bildungsgruppen (gering, mittel, hoch) zu berechnen. Für die gesamte Stichprobe (N = 4138) betragen die Mittelwerte (M) und Standardabweichungen (SD): PA (M = 3,17; SD = 0,63); NA (M = 1,71; SD = 0,57) – bei einer Wertespanne von 1 bis 5. Diese Werte zeigen, dass positive Affektivität in der Normalbevölkerung durchschnittlich stark und negative Affektivität durchschnittlich schwach ausgeprägt sind. Für eine Übertragung der beiden Skalen-Rohwerte in Standardwerte (T-Werte) anhand der in ▶ Kap. 2 vorgestellten Formel verwendet man die Mittelwerte und Standardabweichungen aus der Normierung von Breyer und Bluemke (2016). Dabei muss man entscheiden, welche Referenzgruppe für die eigene Fragestellung angemessen ist (Geschlecht, Alter, Bildungsstand). Die nötigen Informationen sind online zugänglich: https://zis.gesis.org/skala/Breyer-Bluemke-Deutsche-Version-der-Positive-and-Negative-Affect-Schedule-PANAS-(GESIS-Panel).

Referenzwerte für den deutschen PANAS aus klinischen Stichproben sind uns nicht bekannt. Hilfsweise können die Befunde von Diaz-Garcia et al. (2022, Tabellen 5 und 6) für die spanische PANAS-Version herangezogen werden. Dort ergaben sich folgende Mittelwerte (M) und Standardabweichungen (SD) für Patient:innen mit Depressionen (N = 238): PA (M = 1,85; SD = 0,61); NA (M = 2,89; SD = 0,81); für Patient:innen mit Angststörungen (N = 284): PA (M = 2,14; SD = 0,71); NA (M = 2,93; SD = 0,83); für Patient:innen mit Anpassungsstörungen (N = 74): PA (M = 2,10; SD = 0,78); NA (M = 2,87; SD = 0,78). Diese Werte zeigen, dass positiver Affekt in klinischen Stichproben etwa zwei Standardabweichungen niedriger und negativer Affekt ungefähr zwei Standardabweichungen höher ausgeprägt sind als in der Normalbevölkerung.

Kritische Differenzen: Verwendet man die für beide Skalen geschätzte Reliabilität von jeweils Alpha = 0,86 sowie die Standardabweichungen der Normierungsstichprobe von Breyer und Bluemke (2016) zur Berechnung kritischer Differenzen, ergibt sich für positive Affektivität eine kritische Differenz von 0,65 und für negative Affektivität von 0,59 (Wertespanne von 1 bis 5). Diese Werte ändern sich geringfügig, wenn man die Standardabweichungen der verschiedenen Gruppen verwendet, für die spezifische Normen vorliegen. Verwendet man die mittleren Standardabweichungen und die geschätzten Reliabilitäten aus den klinischen Stichproben der spanischen Studie von Diaz-Garcia (2022), fallen die kritischen Differenzen für positiven Affekt mit 0,58 kleiner, für negativen Affekt mit 0,81 größer aus.

Vertrauensintervall um individuelle Messwerte: Aus den Standardabweichungen und Reliabilitäten der beiden Skalen in der Normierungsstichprobe (gesamt) ergibt sich ein Vertrauensintervall von 0,46 für PA und von 0,42 für NA.

Cut off: Grenzwerte sind bei (einem Mangel an) positiver Affektivität und negativer Affektivität nur mit Einschränkungen sinnvoll, da geringes affektives Wohlbefinden keine eigenständige psychische Störung ist, sondern eine Begleiterscheinung von Störungen wie Depression, Angst, Schmerz oder Trauer. Um zuverlässige Änderungen der affektiven Befindlichkeit durch psychotherapeutische Behandlungen psychischer Störungen festzustellen, sollten deshalb im Falle des PANAS-Fragebogens kritische Differenzen herangezogen werden. Außerdem können als grobe Richtwerte für psychologisch bedenkliche Einschränkungen des affektiven Wohlbefindens die Mittelwerte und Standardabweichungen der Normierungsstichprobe von Breyer und Bluemke (2016) und die entsprechenden Kennwerte der Studie von Diaz-Garcia et al. (2022) herangezogen werden.

Bildet man aus den Mittelwerten der drei klinischen Stichproben von Diaz-Garcia et al. (2022) einen Gesamtmittelwert, ergeben sich für Cut off 1 (Mitte zwischen den Mittelwerten der gesunden und der klinischen Stichprobe, Wertespanne von 1 bis 5) Grenzwerte von 2,6 für PA und von 2,3 für NA. Diese Grenzwerte setzen Messäquivalenz (skalare Invarianz) voraus. Da die Gültigkeit dieser Voraussetzung unbekannt ist, empfiehlt sich die Anwendung eines zweiten Cut-off-Kriteriums. Dieser Vergleich ergibt, dass sich die Cut-off-1-Werte nur unwesentlich von den Cut-off-2-Werten ($M + SD$ der gesunden Stichprobe) unterscheiden, wobei bei der Berechnung von Cut off 2 im Falle von PA deren positive Polung berücksichtigt werden muss (Cut off 2 = $M - SD$): Cut off 2 (PA) = 2,54; Cut off 2 (NA) = 2,28.

Empfehlung: Wegen seiner Bekanntheit, Ökonomie, guten Reliabilität und Validität kann der PANAS-Fragebogen empfohlen werden, um abzuschätzen, ob sich im Zuge der therapeutischen Behandlung einer psychischen Störung das affektive Wohlbefinden verbessert hat. Der PANAS kann die in ▶ Kap. 3 vorgestellten störungsspezifischen Messinstrumente nicht ersetzen, aber wertvolle Zusatzinformationen liefern. Deshalb halten wir die kombinierte Verwendung eines störungsspezifischen Messinstruments und des störungsunspezifischen PANAS für ein besonders empfehlenswertes Vorgehen bei der Beurteilung von Therapieerfolg. Für diese Kombination spricht auch das Argument, dass psychische Störungen und der mit ihnen verbundene Leidensdruck von positiven und negativen Affekten begleitet werden, diese als zentrale Bestandteile des subjektiven Wohlbefindens gelten und häufig mit dem PANAS gemessen werden (Folk & Dunn, 2023).

Bezug und Hinweise zur Verwendung: Der PANAS-Fragebogen ist unter https://md.psych.bio.uni-goettingen.de/mv/unit/transformation/panas/panas_questionnaire_german_version.pdf frei zugänglich.

4.3 Der Veränderungsfragebogen des Erlebens und Verhaltens (VEV) mit Bochumer Veränderungsbogen (BVB-2000)

Der *Veränderungsfragebogen des Erlebens und Verhaltens (VEV)* wurde in den 1970er Jahren von Manfred Zielke und Christiane Kopf-Mehnert am Hamburger Institut für Psychologie entwickelt. Er wurde nach Zeitschriftenbeiträgen Anfang bis Mitte der 1970er-Jahre sodann 1978 mit Manual bei einem Testverlag publiziert. Eine erste Version von Christiane Mehnert stammt von 1969. Der Fragebogen erfuhr im Laufe der Zeit von Fragebogenautorin und -autor, aber auch von anderen Autor:innen Überarbeitungen. Die aktuelle (modernisierte) Version stammt von Ulrike Willutzki, Universität Witten-Herdecke, und einer Arbeitsgruppe der Universität Bochum. Für diese Überarbeitung wurde mit dem *Bochumer Veränderungsbogen (BVB-2000)* ein neuer Name gewählt (2000 zeigt das Jahr dessen erstmaliger Vorstellung auf einer Fachtagung an; Willutzki, Ülsmann, Schulte & Veith, 2013). Der Fragebogen VEV wurde im Zuge der Revision und Neubezeichnung als BVB-2000 von 42 auf 26 Items gekürzt. Hier soll zunächst auf die Version VEV und danach auf die modernisierte Version BVB-2000 eingegangen werden.

Hintergrund: Es ist recht spannend, zunächst etwas über den Hintergrund zu erfahren. Der VEV war vom Geist der Gesprächspsychotherapie getragen (auch bezeichnet als klientenzentrierte Methode oder personenzentrierte Therapie und Beratung), die Ende der 1960er und Anfang der 1970er Jahre in einer beachtlichen Welle nach Deutschland kam und hier Verbreitung fand. Die dabei initial maßgeblichen pädagogischen Psychologen Reinhard und Anne-Marie Tausch, Universität Hamburg, lernten bei Forschungsaufenthalten in den USA Carl Rogers, Begründer dieses Ansatzes, kennen. Rogers baute nach einer Tätigkeit als Lehrer und in der Schulberatung sowie einer anschließenden Professur an der University of Wisconsin in den frühen 60er Jahren in La Jolla, einem Vorort von San Diego/Kalifornien, die Bildungsstätte Center for Studies of the Person auf. Dort durchgeführte sogenannte Encountergruppen (Variante der Selbsterfahrungsgruppen) zur Förderung eines persönlichen Wachstums wurden nicht primär beim Vorliegen einer psychischen Störung angeboten, sondern waren an jedwede Person mit von ihr selbst eingeschätztem Bedarf gerichtet. Die Prinzipien der Wertschätzung, Echtheit und Akzeptanz entwickelten sich zu einer Haltung und einem Interaktionsstil, welche für die Behandlung prägend sind.

Reinhard und Anne-Marie Tausch betrieben – zurück in Deutschland – fürderhin keine pädagogisch-psychologische Forschung mehr, sondern widmeten sich diesem neuen Ansatz und gewannen hierzulande eine enorme, auch mediale Publicity. Ein Störungsbezug im klinisch-psychopathologischen, psychiatrischen oder gar ICD-/DSM-Sinne wurde nicht nur nicht hergestellt, sondern gemäß der Haltung von Rogers sogar abgelehnt. Weder Rogers noch Tausch konnten auch aufgrund ihrer pädagogisch-psychologischen Herkunft und früheren Lehrer-Tätigkeit als explizite Kliniker bezeichnet werden.

Kernmerkmale der gesprächstherapeutischen Behandlung waren z. B. die Entwicklung und Entfaltung des Selbst innerhalb der eigenen Möglichkeiten, die Förderung der Kongruenz zwischen Real- und Idealselbstwert, im Grunde aber meist die Akzeptanz und Aussöhnung mit dem Bestehenden – dabei sollten Reflexion und Emotions»arbeit« helfen. Die Adressaten der Behandlung wurden nicht als Patient:innen, sondern als Klient:innen bezeichnet. Eine grundlegende Änderung im Verhalten oder an den Verhältnissen stand nicht im Vordergrund – heute vermutlich als Innerlichkeits-Rollback zur gesellschaftskritischen 1968er-Zeit zu sehen.

Im Unterschied zu Vertretern der Tiefenpsychologie erkannten gesprächspsychotherapeutische Forscher:innen in stärkerem Ausmaß den Sinn eines empirisch-datengestützten Vorgehens an. Als Kriterien waren ihnen dabei nicht die objektive oder objektivierbare Verbesserung der Störung wichtig, sondern die Entwicklung der Person hin zu einem Zustand, mit dem sie ausgeglichen leben konnte. Messverfahren zur Feststellung diesbezüglicher Schritte galten als ein zentrales Element – neben den ebenfalls großgeschriebenen Bögen zur Beurteilung der Beziehungsgüte zwischen Klient:in und Berater:in/Therapeut:in. Die Initialstudie zum Veränderungsfragebogen des Erlebens und Verhaltens (VEV) basierte daher auf diesen Überlegungen: »Konstruktion eines Fragebogens zur Erfassung von Änderungen bei Klienten nach Gesprächspsychotherapie« (Mehnert, 1969).

Der Glanz des Rogers'schen Ansatzes ist inzwischen deutlich verblasst, auch wenn Methoden guter Gesprächsführung in heute gängige Therapieformen positiv eingeflossen sind und eine von Vertreter:innen der Gesprächspsychotherapie beanspruchte Personenzentrierung hoffentlich bei allen Richtlinienverfahren Gültigkeit besitzt. Nach Beschluss des Psychotherapeutentags am 17./18. 11. 2023 gilt die Gesprächspsychotherapie als nicht genügend wissenschaftlich anerkannt, so dass sie nicht in die Musterweiterbildungsordnung Psychotherapie aufgenommen wurde (43. Psychotherapeutentag, Mitteilungen Bundespsychotherapeutenkammer, 2023). Die Angelegenheit scheint jedoch noch nicht endgültig geklärt, denn Interessenverbände und einzelne Landeskammern setzen sich offenbar dafür ein, diesen Beschluss zu revidieren.

Messmethodische Grundidee: Im Unterschied zu den bisher in diesem Handbuch besprochenen Messverfahren besteht der spezifische Ansatz des VEV in der sogenannten direkten Veränderungsmessung. In diesem Fall wird von den untersuchten Personen verlangt, selbst eine Unterschiedsbeurteilung – etwa zwischen heute und einem zurückliegenden Zeitpunkt – vorzunehmen. Beispiel: »Im Vergleich zu vor drei Monaten bin ich heute viel entspannter«. Fachlich angemessen formuliert, müssen alle Aussagen in Form einer komparativen subjektiven Einschätzung der Veränderung (besser/schlechter) durch die Probanden selbst durchgeführt werden (Willutzki et al., 2013, S. 257). Die Beurteilung von Fort- oder Rückschritt erfordert auf Seiten der bearbeitenden Person somit gründliches Nachdenken, wenn es auf mehr als eine Spontanreaktion aus dem Bauch heraus ankommen soll. Dieser Ansatz ist nicht ohne Fallstricke.

Im Unterschied zu Verfahren der direkten Veränderungsmessung beruhen Methoden der indirekten Veränderungsmessung darauf, dass zu zwei oder mehr Messzeitpunkten das dabei vorhandene Ausmaß des jeweiligen Erlebens- oder Verhaltensaspekts einzustufen ist, und zwar ohne Vergleich zu früher. Dies mutet weniger anspruchsvoll an als die gedankliche Verankerung mit Ausprägungen zu vorangegangenen Zeitpunkten, ist aber weniger fehleranfällig und somit aussagekräftiger. Bei der indirekten Methode erfolgt die Feststellung eines Fortschritts, Rückschritts oder Gleichstands bezogen auf mindestens zwei Messungen durch den/die Auswerter:in, also nicht durch den Patienten bzw. die Patientin. Gemäß der Übersicht von Lutz et al. (2021) basieren Instrumente zur Beurteilung von Therapieerfolg mit wenigen Ausnahmen auf dem Konzept indirekter Veränderungsmessung.

Entwicklung: Zielke und Kopf-Mehnert (1978) hatten ihren Ansatz der direkten Veränderungsmessung folgendermaßen umgesetzt. Der Zeitanker zum Vergleich von heute mit zurückliegend wurde nicht von vorneherein auf ein bestimmtes Intervall fixiert, sondern gemäß klientenzentriertem Verständnis mit der behandelten Person besprochen. Faktisch ist den Arbeiten der Autoren jedoch zu entnehmen, dass sich das Intervall auf ca. zwei Monate einpendelte. Beim VEV werden 46 Items präsentiert, die grundsätzlich in der Formulierung selbst bereits den Vergleich enthalten. Diese sind in der Komparativform mit Bezug auf Ausprägung (»heiter-er«, »frei-er«, »ausgeglichen-er«) oder Häufigkeit (»häufig-er«) des jeweiligen Erlebens- oder Verhaltensaspekts vorgegeben. Entsprechende Einschätzungen sollen auf einer 7-stufigen Skala mit 0 als »gleichgeblieben« und je drei Stufen »besser geworden« bzw. »schlechter geworden« vorgenommen werden.

Die Items für die Fragebogenentwicklung wurden anlässlich von Behandlungsstunden aus Klient:innenäußerungen gesammelt und durch Aussagen aus anderen Fragebögen ergänzt, in welchen Selbstwahrnehmung ein Thema war. Items, die mit Erleben zu tun haben, dominieren gegenüber solchen mit Bezug zu Verhalten klar im Verhältnis 44:2. Veränderung im Verhalten gilt in diesem Ansatz als weniger wichtig, es wird gemäß konsequenter Anwendung nach Rogers eher als Folge einer positiven Erlebensveränderung vermutet. Die Daten entstammten zwei kleinen Stichproben, zusammengefasst 45 Klient:innen, die als Therapiegruppe bezeichnet wurden (eine klinische Globalangabe zum Behandlungsanlass lautete etwas uneindeutig: neurotische Störung), sowie 45 Personen einer Wartegruppe (Zielke & Kopf-Mehnert, 1978, S. 10 bzw. S. 22). Die Analyse der Messeigenschaften des Instruments war durch die vergleichsweise geringe Datenbasis erschwert. Überarbeitungen bzw. Weiterentwicklungen lagen nahe.

Modernisierung (Willutzki et al., 2013): Bei der Weiterentwicklung des VEV zum *Bochumer Veränderungsbogen (BVB-2000)* wurde die messmethodische Grundidee der direkten Veränderungsmessung beibehalten, die Instruktion und das Format aber vereinfacht und der Fragebogen auf 26 Items gekürzt. Die Autor:innen führen aus, dass es beim Original-VEV häufig zu Verständnisproblemen und falschen bzw. unvollständigen Beantwortungen gekommen sei, was die Aussagekraft gemindert habe. Die Items der revidierten Form haben folgende Inhalte: Fünf Items thematisieren Stress versus Entspannung, vier Items Sinn des Lebens und Zufriedenheit, vier Items Zielperspektiven, 11 Items Stimmung/Selbstwert/Selbstsicherheit, und zwei Items sind keinem Bereich zugeordnet.

Zeitrahmen: Das Zeitfenster ist fest vorgegeben und lautet »heute im Vergleich zum Zeitpunkt vor Beginn der Therapie«.

Die Items des BVB-2000 sind bipolar formuliert, z. B. »… fühle ich mich sicherer« versus »… fühle ich mich unsicherer« (7-stufige Skala). Es wird die Summe über die Itemwerte gebildet und durch die Anzahl der Items dividiert (also in der Regel durch 26). Die Wertespanne des so gewonnenen Skalenwertes erstreckt sich von 1 (»sehr deutliche Verschlechterung«) bis 7 (»sehr deutliche Verbesserung«). Die Skalenmitte von 4 repräsentiert »keine Veränderung«. Bearbeitungszeit und Auswertezeit betragen jeweils fünf bis sieben Minuten. Die Stichprobe, an der die im Weiteren berichteten Analysen durchgeführt wurden, setzte sich aus $N = 205$ ambulanten Psychotherapiepatient:innen der Universität Bochum zusammen (47 % Angst, 35 % Depression; Median der Anzahl der Therapieeinheiten $Md = 37$). Der Mittelwert des BVB betrug dort $M = 5{,}54$ ($SD = 0{,}98$) und lag damit oberhalb der Skalenmitte von 4, die keiner Veränderung entspricht. In einer Wartegruppe aus Personen, die später Psychotherapie erhielten, betrug der Mittelwert $M = 3{,}88$ ($SD = 0{,}83$), lag also knapp unterhalb der Mitte der Skala. Die Instruktion für die Wartegruppe war dabei angepasst und lautete nicht »Zeitpunkt vor Beginn der Therapie«, sondern »Zeitpunkt bei Anmeldung«.

Dimensionale Struktur: Willutzki et al. (2013, S. 260) berichten von einer im ersten Schritt durchgeführten exploratorischen Faktorenanalyse, die eine 3-faktorielle Lösung ergab. Diese konnte im zweiten Schritt (konfirmatorische Faktorenanalyse), über die die Arbeit von 2013 berichtet, nicht repliziert werden. Als Ergebnis daraufhin folgender Re-Analysen mit dem Ergebnis eines dominanten Hauptfaktors plädierten sie schlussendlich, ungeachtet vorangegangener Überlegungen bzw. der 3-faktoriellen Lösung, für die Verwendung des BVB-2000 als Gesamtskala und Ermittlung eines Skalenwertes (Wertespanne von 1 bis 7).

Zuverlässigkeit: Die interne Konsistenz des BVB-2000 ist hoch und beträgt Alpha = 0,96. Retestkorrelationen werden nicht berichtet.

Validität: Willutzki et al. (2013) belegten die Validität der Skala wie folgt. Der BVB-2000 korrelierte mit der Vorher-Nachher-Reduktion des Brief Symptom Inventory-Gesamtskalenwertes (▶ Kap. 5.3.2) in Höhe von $r = 0{,}47$. Wurde nicht die Reduktion dieses Globalwerts betrachtet, sondern seine Ausprägung bei der Messung am Ende der Therapie, war der (dann negative) Zusammenhang mit $r = -0{,}59$ etwas enger. Für verschiedene Maße, die in der Messung von Therapieerfolg gängig sind, wurden hohe Korrelationen ermittelt: BVB und die Beurteilung »Habe meine Ziele erreicht« $r = 0{,}69$ bzw. »Bin mit dem Therapieergebnis zufrieden« $r = 0{,}73$. Diese Beurteilungen haben eine sichtliche Ähnlichkeit mit einigen Fragen des BVB selbst, ein enger Zusammenhang ist daher nicht überraschend. Als weiteres Validierungskriterium wurde das Beck Depressions-Inventar herangezogen, das bei allen Untersuchungsteilnehmer:innen eingesetzt worden war. Nur bei 35 % der Stichprobe lag allerdings eine Depression vor. Der BVB und die Vorher-Nachher-Reduktion im BDI korrelierten zu $r = 0{,}38$. Zwischen der Vorher-Nachher-Verbesserung im Inventar interpersoneller Probleme IIP und der BVB-Skala betrug die Korrelation $r = 0{,}44$.

Gruppenunterschiede: Der Unterschied zwischen Patient:innen in der Behandlungsphase ($M = 5{,}54$; $SD = 0{,}98$) und jenen, die angemeldet waren, aber zunächst warten mussten ($M = 3{,}88$; $SD = 0{,}83$), war signifikant. Dagegen war der Unterschied im BVB zwischen Patient:innen mit geringerer Sitzungsanzahl von im Mittel 26

Therapiestunden und solchen mit höherer Sitzungszahl (im Mittel 54 Stunden) mit $M = 5.57$ versus $M = 5.50$ nicht signifikant: Therapiedauer allein macht nicht zufriedener oder entspannter oder hebt den Selbstwert an.

Änderungssensitivität: Der Beleg der Änderungssensitivität spielt auch bei direkten Veränderungsmaßen eine Rolle. Anders als bei Maßen zur indirekten Messung von Veränderungen kann er aber nicht durch Messwiederholung erbracht werden, sondern durch die gewonnenen Skalenwerte selbst und ihren Unterschied zwischen behandelten und nicht-behandelten Patient:innen.

Wenn eine Intervention erfolgreich war, zeigt sich dies bei änderungssensitiven direkten Veränderungsmaßen in einer Abweichung des Messwertes von der Skalenmitte, die für »keine Veränderung« steht. Dabei muss freilich auch die Richtung der Abweichung mit der Richtung der Veränderung übereinstimmen, also bei erfolgreicher Therapie im Bereich positiver Veränderungen liegen. Die zuvor berichteten Unterschiede in den Mittelwerten der BVB-Skala zwischen den ambulanten Psychotherapiepatient:innen der Universität Bochum ($M = 5{,}54$) und der Wartegruppe aus Personen, die später Psychotherapie erhielten ($M = 3{,}88$), spricht für die Sensitivität des BVB, Veränderungen zu messen, und daher, was bereits festgestellt wurde, für seine Validität. Denn bei direkten Veränderungsmaßen sind Validität und Änderungssensitivität gekoppelte Gütekriterien.

Richtwerte/Normen: Es liegen Mittelwerte und Standardabweichungen aus der $N =$ 205-Analysestichprobe vor, die als erste Richtwerte dienen können (Willutzki et al., 2013, S. 261–262).

Kritische Differenzen und Vertrauensintervall: Bei der indirekten Veränderungsmessung ist die kritische Differenz das Vertrauensintervall individueller Differenzwerte um den Differenzwert Null (= keine Veränderung). Die individuelle Differenz muss signifikant von Null abweichen, damit eine Veränderung als zuverlässig gelten kann. Bei der direkten Veränderungsmessung – hier mit dem BVB – ist die Skalenmitte »4 = keine Veränderung« das Äquivalent zur Vorher-Nachher-Differenz von Null bei der indirekten Veränderungsmessung. Folglich kann man bei der direkten Veränderungsmessung von einer zuverlässigen Änderung sprechen, wenn der individuelle Messwert außerhalb des 95 %-igen Vertrauensintervalls um den Wert 4 liegt. Es wird also nicht, wie bei der indirekten Veränderungsmessung, das Vertrauensintervall um die individuelle Messwertdifferenz von Null benötigt, sondern das Vertrauensintervall des individuellen Messwertes um die neutrale Skalenmitte von 4.

Zur Bestimmung der kritischen Differenz im vorliegenden Fall des BVB müssen somit dessen Reliabilität und Standardabweichung in die Formel für das Vertrauensintervall um individuelle Messwerte eingesetzt werden (▶ Kap. 2). Nehmen wir die Kennwerte aus der klinischen Stichprobe von Willutzki et al. (2013), nämlich für die Streuung $SD = 0{,}98$, und für die Reliabilität Alpha = 0,96, ergibt sich ein Vertrauensintervall von +/- 0,38 (Wertespanne von 1 bis 7). Ein individueller BVB-Wert > 4,38 bedeutet somit, dass es bei einer Person zu einer signifikanten (zuverlässig gemessenen) Verbesserung gekommen ist. Entsprechend würde ein individueller BVB-Wert < 3,62 bedeuten, dass es bei der Person zu einer signifikanten Verschlechterung gekommen ist.

Cut off: Gemäß den Ausführungen im vorangegangenen Abschnitt muss auch der Cut off den BVB-Wert von 4,38 haben. Dieser Wert oder ein höherer muss nach Beendigung der Therapie erreicht sein, damit die Behandlung als erfolgreich im Sinne wahrgenommener Verbesserungen in Relation zum Zeitpunkt vor der Therapie gewertet werden kann. Willutzki et al. (2013) sind geringfügig liberaler und plädieren dafür, dass die Interpretation als erkennbare Veränderung generell Werte > 4 auf dem BVB verlangt. Der Mittelwert von $M = 5,54$ (Therapieteilnehmer:innen), über den oben berichtet wurde, erfüllt diese Forderung klar.

Empfehlung: Gegen die Methode der direkten Veränderungsmessung wurden in der Literatur verschiedene Einwände vorgebracht (vgl. Willutzki et al., 2013). So besteht etwa die Gefahr von Gedächtnis-, Beurteilungs- und Bezugssystemfehlern. Personen könnten sich nicht mehr korrekt an den Ausgangszustand erinnern. Sie könnten, vom aktuellen Status und von der aktuellen Zufriedenheit oder Unzufriedenheit ausgehend, verzerrte Differenzen angeben. Auch könnte ein sogenannter Response Shift stattfinden, wenn der Beurteilungsmaßstab des Patienten bzw. der Patientin sich inhaltsfremd ändert. Dieser letztgenannte Aspekt träfe etwa dann zu, wenn der BVB nicht nur am Ende, sondern auch im Verlauf eingesetzt würde.

Neben den positiven Korrelationen zwischen dem BVB als direktem Veränderungsmaß und Vorher-Nachher-Differenzen bei indirekten Veränderungsmaßen liegen auch Korrelationen zwischen dem BVB und Störungsausprägungen vor Beginn der Intervention vor, und diese lagen bei Null (Willutzki et al., 2013, S. 265). Offenbar spielt es somit bei der Veränderungsbeurteilung am Ende der Intervention kaum eine Rolle, ob am Anfang ein hohes oder ein niedriges Leidensausmaß bestand – dies müsste künftig weiter untersucht werden. Schließlich sollte auch das Verhältnis von Veränderungsfragebogen und Zielerreichungsskalen weiter inspiziert werden (Informationszugewinn?). Geklärt werden müsste des Weiteren, ob es bei im BVB vorgegebenen Merkmalen wie Befinden, Sinn des Lebens, Selbstwert/Selbstsicherheit eher auf die absolute Ausprägung oder auf die Veränderung derselben ankommt.

Direkte Maße der Veränderung können eine ergänzende Rolle in der Beurteilung von Therapieerfolg spielen. Zu beachten ist, dass relative Urteile (»heute viel entspannter als vor zwei Monaten«) absolute Urteile keinesfalls ersetzen können. Sie sagen nicht genug über definierte klinische Kriterien aus, so dass einem »viel entspannter« dennoch ein »aber immer noch krank« gegenüberstehen kann.

Bezug: Das Fragebogenformular des BVB-2000 kann von der Plattform (mit Dokumentenserver) Research Gate heruntergeladen werden: Auf dieser sind die entsprechenden Texte frei verfügbar. Eine einfache Eingabe des vollständigen Fragebogennamens, gefolgt von der Wahl der dortigen Unterkategorie Research, führt unaufwändig zum Ziel. Ein verlagspubliziertes Manual des BVB-2000 gibt es nicht. Die relevante Publikation »Direkte Veränderungsmessung in der Psychotherapie – Der Bochumer Veränderungsbogen-2000 (BVB-2000)« ist 2013 in der Zeitschrift für Klinische Psychologie und Psychotherapie, Band 42, Heft 4 (S. 256–268; Willutzki et al.) erschienen. Die dortigen Informationen benötigt man bei der Arbeit mit dem BVB-2000 über die auf Research Gate erhältlichen Unterlagen hinaus. Mit vorhandener Zugangsberechtigung zu wissenschaftlichen Bibliotheken erhält man die dort vom Verlag freigegebene Datei des Artikels. Alternativ, wenn kein entsprechender universitärer Bibliothekszugang besteht, wird für die direkte Bestellung beim Verlag eine geringe Gebühr berechnet. Der BVB-2000 ersetzt den VEV in vollem Umfang. Der VEV wäre aber prinzipiell weiterhin bei der Testzentrale www.testzentrale.de (Suchfeldeingabe VEV) erhältlich.

4.4 Der Zufriedenheitsfragebogen (ZUF-8)

Zufriedenheitsmessungen im Rahmen der Beurteilung des Psychotherapieerfolgs zählen ebenfalls zu den störungsübergreifenden Verfahren. Sie können unter bestimmten Bedingungen der Methode der direkten Veränderungsmessung zugeordnet werden, würden somit den zuvor besprochenen Fragebögen VEV und BVB-2000 (▶ Kap. 4.3) ähneln. Diese Ähnlichkeit ist etwa dort gegeben, wo sich das Zufriedenheitsurteil gezielt auf Veränderungen (Verbesserung vs. Verschlechterung z. B. des gesundheitlichen Zustands) bezieht. Bei Zufriedenheitsmessungen in der Psychotherapie wird ein Zeitanker für den gewünschten Beurteilungszeitraum anders als bei VEV/BVB-2000 meist nicht explizit vorgegeben. Das Zufriedenheitsurteil ist in der Regel bereits auf eine konkrete Behandlung bzw. im stationären Setting auf einen konkreten Aufenthalt mit Aufnahme- und Entlasszeitpunkt ausgerichtet.

Erwähnenswert ist der Umstand, dass Zufriedenheitsbeurteilungen klassischerweise dem kaufmännischen Bereich, genauer dem Marketing bzw. der Konsumentenforschung entstammen. Dort geht es beispielsweise um die Beurteilung eines Produkts oder um Dienstleistungen wie Hotellerie oder Gastronomie. Ein Ziel der Anbieter kann darin bestehen, eine Rückmeldung zwecks Optimierung zu erhalten, ein wichtigeres heutzutage aber in der Veröffentlichung (Stichwort Weiterempfehlung) mit der Absicht der Umsatz- und Ergebnissteigerung bzw. der Schaffung neuer Märkte und Kundenkreise. Anzumerken ist schließlich, falls ein betriebliches Abhängigkeitsverhältnis besteht, dass dieses Instrumentarium für eine interne Leistungsrückmeldung genutzt werden kann: Lob/Kritik, auch Begründung und ggf. Rechtfertigung von Umständen für das jeweilige – negative? – Ergebnis. Zufriedenheitsurteile im Rahmen der Psychotherapie sind in ihrer Aussagekraft, Funktion und ihren Konsequenzen umstritten.

In der Messung der Patient:innenzufriedenheit dominiert in Deutschland das Verfahren *Zufriedenheitsfragebogen (ZUF-8)*, welches – der Name deutet bereits darauf hin – in Form eines 8-Itembogens Merkmale der Zufriedenheit mit Behandlungsgesichtspunkten, mehr noch mit einem Klinikaufenthalt insgesamt misst. Im ambulanten Bereich wird der Fragebogen weniger eingesetzt (obwohl dies möglich wäre und dafür eine eigenständige Version existiert), dagegen häufiger im Bereich psychosomatischer Kliniken und stationärer Rehabilitationseinrichtungen.

Das Verfahren wurde im Deutschen federführend von J. Schmidt, Gesellschaft für Qualität im Gesundheitswesen (GfQG), Karlsruhe, entwickelt (Kriz et al., 2008; Schmidt, Kriz, Kaiser & Nübling, 2018; Schmidt, Lamprecht & Wittmann, 1989). Die GfQG ist ein privatwirtschaftliches Unternehmen der Gesellschafter Udo Kaiser,

Rüdiger Nübling und Jürgen Schmidt, welches u.a. Aufträge der Rentenversicherungsträger und der gesetzlichen Krankenkassen einwirbt und Befragungen an jenen Kliniken vornimmt, die von Trägern und Kassen mit Patient:innen belegt werden (vgl. GfQG-Internetauftritt). Dies gilt nicht nur für das hier interessierende Gebiet der Psychosomatik (Anm.: Seit einigen Jahren werden die Begriffe Psychosomatik und stationäre Psychotherapie weitgehend synonym verwendet), sondern auch für Orthopädie, Kardiologie und Onkologie, also medizinische Fachgebiete mit ebenfalls beträchtlichen stationären Belegungsraten. Im Rahmen einer solchen Zusammenarbeit zum Thema Zufriedenheit könnte, das sei kritisch angemerkt, auf längere Sicht ein fachfremder weiterer Zufriedenheitsgesichtspunkt hinzutreten: Nicht nur Patient:innen könnten – mit den Klinikaufenthalten – zufrieden sein, sondern Auftraggeber mit der erbrachten Leistung eines beauftragten Instituts. Dies impliziert die Gefahr der Lieferung »zufriedenstellender« Ergebnisse, um Interessen des Auftragsgebers zu befriedigen. Neben der Präsentation guter Zufriedenheitsratings in Kommunikation und Marketing (Kliniken) könnten künftige Mittel für weitere Zufriedenheitsbefragungen abgesichert werden (beauftragtes Institut).

Interessanterweise stammt die erste Beschäftigung mit der Thematik im Rahmen klinischer Fragestellungen aus dem ambulanten Bereich der Community Mental Health Centers in den USA, die den zuständigen Behörden mittels Besucher:innenbewertungen über Sinn und Akzeptanz der Einrichtung zu berichten hatten – wovon die weitere Finanzierung abhing. Ein initiales Instrument für diese Zwecke war das Client Satisfaction Questionnaire von Attkinson und Zwick (1982). Dieses bildete die Grundlage für eine deutschsprachige Entwicklung hin zum späteren ZUF-8 (Schmidt, Lamprecht & Wittmann, 1989).

Der Fragebogen ist in maximal zwei Minuten zu bearbeiten bzw. auszuwerten und enthält Items wie: »Würden Sie einem Freund/einer Freundin unsere Klinik (Wortlaut im ambulanten Bereich hier: .... meine Behandlung) empfehlen, wenn er/sie eine ähnliche Hilfe benötigen würde?« oder »Wie zufrieden sind Sie mit der Behandlung, die Sie erhalten haben, im Großen und Ganzen?« Die Antwortmöglichkeiten sind 4-stufig: Zwei Stufen sind negativ (Wert 1 und 2), z.B. »würde eindeutig nicht empfehlen« und »Ich glaube, ich würde nicht empfehlen«. Zwei Stufen sind positiv (Wert 3 und 4), z.B. »Ja, würde ich eindeutig empfehlen« und »Ja, ich glaube, ich würde empfehlen«. Die spezifische Instruktion variiert von Item zu Item leicht im Wortlaut. Eine neutrale Weder-noch-Antwortmöglichkeit gibt es nicht. Ebenso gibt es keine Frage zur Begründung: »Warum [nicht] empfohlen?«.

Die Wertermittlung geschieht durch Aufsummierung der Itemwerte zu einem Skalenwert mit einer Wertespanne von 8 bis 32. Die Einstufung als insgesamt zufrieden soll ab einem Wert von 24 gelten, dieser Wert wird in den Erläuterungen auch als Grenzwert empfohlen. Werte von 16 und darunter gelten als Indiz für eindeutige Unzufriedenheit. Werte zwischen 16 und 24 geben Hinweise auf eine weniger stark ausgeprägte Unzufriedenheit. Der Wortlaut der einzelnen Items ist einander recht ähnlich und in der Semantik eher global gehalten. Bezüglich der Zufriedenheit wird »Art der Behandlung«, »im Großen und Ganzen« und »Gesamtbeurteilung der Qualität« erfragt, was Korrelationen zwischen den Items von bis zu $r = 0{,}60$ erklären dürfte. (Nur) auf den ersten Blick überrascht es etwas, dass lediglich eines von acht Items näherungsweise die Beurteilung des Therapieerfolgs anspricht: »Hat die Behandlung, die Sie hier erhielten, Ihnen dabei geholfen, angemessener mit Ihren Problemen umzugehen?« Der ZUF-8 erfragt, wie ersichtlich, den Aufenthalt – und nicht den Therapiefortschritt bezogen auf die Störung (Implikation der vagen Beschreibung »angemessen umzugehen«).

Zeitrahmen: In der Instruktion des ZUF-8 wird ein Rückblick auf die Gesamtzeit des stationären Aufenthalts (im ambulanten Setting auf die Gesamtzahl der Therapiestunden) erbeten. Die Erhebung findet in der Regel zu einem Messzeitpunkt gegen Ende statt, Vergleiche zwischen Ergebnissen zu mehreren Messzeitpunkten sind im Routinevorgehen nicht vorgesehen.

Angaben zum Altersbereich des ZUF-8 lauten ab 16 Jahre (GfQG-Homepage).

Dimensionale Struktur: Aufgrund ausführlicher Analysen wird Eindimensionalität der Items angenommen und für die Bildung eines Skalenwertes als Summe der Itemwerte plädiert (Kriz et al., 2008, S. 70).

Zuverlässigkeit: Es liegen Datensätze aus einer N > 50 000-Stichprobe vor (alle Krankheitsgruppen), die Skalenhomogenität beträgt Alpha = 0,90. Beschränkt man sich innerhalb dieses Datensatzes auf die als Studienstichprobe Psychosomatik bezeichneten Patient:innen (N = 664), ist die Homogenität mit Alpha = 0,93 nochmals höher (Kriz et al., 2008, S. 75). Retestkorrelationen werden nicht berichtet.

Validität: Korrelationen zwischen dem ZUF-8 und inhaltsverwandten anderen Qualitätsbeurteilungen wie Behandlung allgemein, Verpflegung, Unterbringung, Freizeit sowie Anzahl und Qualität der Therapien sind mittelhoch bis hoch, es wurden Koeffizienten zwischen r = 0,50 und r = 0,70 ermittelt. Mit einer Kurz-Skala, die den Gesichtspunkt Besserung zum Thema hat (nur im internen Gebrauch der Autoren; inhaltsverandt mit VEV/BVB-2000), besteht ein Zusammenhang von r = 0,57. Signifikante Mittelwertsunterschiede zwischen großen Erkrankungsgruppen liegen vor, sind aber im Grunde unbedeutend, denn selbst auf Gruppenebene sind die Stichprobengrößen ausgesprochen hoch (Gruppe Orthopädie z. B. N > 20 000). Schon trivial geringe Mittelwertsunterschiede, klinisch nicht relevant, werden bei dieser Größenordnung signifikant. Bei einer Wertespanne von 8 bis 32 beträgt der Mittelwert für Psychosomatik M = 25,1 (SD = 4,63); zum Vergleich: für Kardiologie M = 27,8 (SD = 3,28), für Onkologie M = 27,3 (SD = 3,37) und für Orthopädie M = 27,4 (SD = 3,82). Die Werte blieben auch in Folgestudien (Mestel, 2023; Schmidt et al., 2018) weitgehend in dieser Größenordnung und liegen durchgehend nicht niedriger als der Kriteriumswert, den die Autoren auf 24 festlegen. Es bestehen keine Geschlechts-, aber leichte Altersunterschiede (zugunsten eines höheren Lebensalters).

Zwischen Zufriedenheit mit dem psychosomatischen Aufenthalt und Veränderungen im Störungsausmaß bestehen praktisch keine Zusammenhänge (Kriz et al., 2008). Dies belegt unmissverständlich, dass Zufriedenheitsurteile zur Evaluation von Psychotherapie untauglich sind. Hierzu lagen Daten bei Entlassung und aus einer 1-Jahres-Katamnese (Drop out = 1/3) von vier störungsbezogenen, aber nicht störungsspezifischen Maßen vor: Der SCL-90-Gesamtskalenwert (▶ Kap. 5.3), ferner ein Wert für Lebenszufriedenheit, ein Wert für interpersonale Probleme und eine Angabe zum gesundheitlichen Status. Die Korrelationen der genannten Maße mit dem ZUF-8 fielen sehr niedrig aus, angegeben sind im Folgenden die Korrelationen zwischen Zufriedenheitsurteil und Statuswerten der Referenzmaße: Zufriedenheit korrelierte mit dem SCL-Gesamtskalenwert zu $r = 0{,}22$ (Katamnese $r = 0{,}17$), mit Lebenszufriedenheit zu $r = 0{,}18$ (Katamnese $r = 0{,}\ 15$), mit interpersonalen Problemen zu $r = 0{,}10$ (Katamnese $r = 0{,}11$) und mit dem gesundheitlichen Status bei Entlassung zu $r = 0{,}40$, bei Katamnese aber analog zu den anderen Maßen in Höhe von $r = 0{,}15$.

Diese Ergebnisse decken sich mit Zusammenhängen zwischen Zufriedenheit und Fremdbeurteilungen (Psycholog:in bzw. Arzt/Ärztin) zur psychischen Beeinträchtigung. Hier betrug die Korrelation mit dem ZUF-8 $r = 0{,}10$. Eine unabhängige Analyse (Jahresstatistik, *N* pro Jahr > 800; Mestel, 2023) bestätigt diese Befunde. Schmidt et al. (2018) analysierten daneben auch Prädiktoren für Zufriedenheit: Als wichtig erwiesen sich Anzahl und Art der Psychotherapie- bzw. der medizinischen Kontakte, das Gefühl einer als »allgemein« bezeichneten Verbesserung und das (sic) Freizeitangebot. Summa summarum bestehen keine Zusammenhänge zwischen Aufenthaltszufriedenheit und Störungsausmaß. Änderungen im Störungsausmaß über die Zeit sind ebenfalls nicht angegeben. Entsprechende Belege wären allerdings zu fordern. Derzeit muss daher angenommen werden, dass gute Therapieerfolge unabhängig davon eintreten, ob Zufriedenheit oder Unzufriedenheit mit einem Aufenthalt bestand.

Änderungssensitivität: Es liegen keine Daten vor, das Instrument ZUF-8 wird nur am Ende des stationären Aufenthalts oder einer ambulanten Behandlung ein Mal eingesetzt.

Richtwerte/Normen: Für Psychosomatikpatient:innen gesamt, also ohne weitere diagnosebezogenen Untergruppen, liegen bei einer Wertespanne von 8 bis 32 mit $M = 25{,}12$ und $SD = 4{,}63$ grobe Richtwerte vor (Kriz et al., 2008). Die Verteilung ist linksschief und weist rechtsgipflig zwei Zustimmungsspitzen auf, zum einen beim Wert 24, zum anderen beim Maximalwert 32. Die Autoren diskutieren weder diese Auffälligkeit noch die deutliche Abweichung von einer Normalverteilung. Für den ambulanten Bereich werden keine eigenständigen Richtwerte angegeben.

Kritische Differenzen und Vertrauensintervall: Aufgrund der Idee, dass sich Zufriedenheit mit einer Behandlung nur einstellen sollte, wenn diese zu positiven Veränderungen geführt hat, könnte der ZUF-8 als direktes Veränderungsmaß eingestuft werden. Die kritische Differenz lässt sich dann nach dem Vorgehen, das wir beim BVB-2000 beschrieben haben, als Vertrauensintervall um einen neutralen Wert auf der Skala berechnen. Anders als beim BVB fällt die neutrale Skalenmitte (weder zufrieden noch unzufrieden) beim ZUF-8 wegen der geraden Anzahl der möglichen Messwerte (8–32 = 24) nicht mit einem Skalenwert zusammen, sondern liegt genau zwischen den beiden Skalenwerten 20 und 21 = 20,5. Deshalb muss das Vertrauensintervall um diesen Wert gelegt werden.

Setzen wir als Standardabweichung den Wert von $SD = 4{,}63$ und als Reliabilität den Wert von Alpha = 0,93 (Studienstichprobe Psychosomatik) in die Formel ein, resultiert ein Intervall von +/- 2,40 Punkten. Ein individueller ZUF-8-Messwert muss also mindestens 23 betragen, damit eine signifikante Verbesserung der Befindlichkeit festgestellt werden kann. Dieser Wert kann allerdings nur als grobe Orientierung gelten, da die Verteilung der ZUF-8-Werte sehr deutlich von einer Normalverteilung abweicht. Dennoch ist dieser Grenzwert plausibel, da er mit einer der beiden Verteilungsspitzen (Wert 24) zusammenfällt und der Empfehlung der Autoren entspricht.

Cut off: Cut off und kritische Differenz fallen hier zusammen, der Cut off beträgt ebenfalls 23. Auch hier geht dies im Prinzip einher mit Berechnungen der Autoren, die den Wert 24 vorschlagen (Kriz et al., 2008; vgl. Mestel, 2023).

Empfehlung: Zur Beurteilung des ZUF-8 für den Einsatz in der Psychotherapie, genauer der dortigen Erfolgsbeurteilung, gelten einige der bei VEV/BVB-2000 erwähnten Einschränkungen analog. Es besteht die Gefahr von Erinnerungsfehlern, von Ausstrahlungseffekten, von Kontextfehlern und von Response shift. All dies kann die Zufriedenheitsbeurteilung beeinträchtigen. Die (auch) bei Schmidt et al. (2018) als »Hotel-Items« apostrophierten Fragen können zu einem Zufriedenheitsgefühl und infolgedessen zu einer scheinbar wahrgenommenen Verbesserung in der klinischen Symptomatik führen. Dies gilt aber auch umgekehrt bezüglich Unzufriedenheit. Andererseits ist jedwede Spekulation hinfällig, da Zufriedenheit und Reduktion des Störungsausmaßes nicht korrelieren.

Die durchgängig recht ähnlich formulierten Zufriedenheits- und Befindensfragen begünstigen die Antworttendenz im Sinne der gleichen Beantwortungsrichtung aller Items ohne Rücksicht auf deren Inhalte. Die beiden Verteilungsspitzen bei den Werten 24 und vor allem 32 (vgl. Abschnitt Richtwerte/Normen) werden durch diese Antworttendenz bedingt sein.

Auffällig sind hohe Rücklaufausfälle in den berichteten Datensätzen: Ein Viertel zwischen Austeilen und Rückgabe des Fragebogens innerhalb der Klinik, ein weiteres Drittel nochmals zwischen Rückgabe in der Klinik und Rücklauf aus Katamnesen, dies entspricht insgesamt mehr als 50 % Drop out.

Haben also nur die Zufriedenen geantwortet? An die hohe Rate an Maximalantwortern, also Personen mit einem ZUF8-Wert von 32, wäre hier nochmals zu erinnern. Offenbar sind die Items für einen Teil der Patient:innen nicht geeignet, differenzierte Urteile abzugeben bzw. die Items sind einander zu ähnlich. Für den ambulanten Bereich wird zwar eine Fragebogenvariante zur Verfügung gestellt, aber es liegen keine Daten vor, die Hinweise auf die Brauchbarkeit belegen könnten. Hier fehlte evtl. eine entsprechende Beauftragung, wie sie durch stationäre Kostenträger initiiert wurde.

Für die Eignungsbewertung des Verfahrens im Rahmen der Therapieerfolgsbeurteilung bleiben viele Fragen offen: Zu diskutieren ist der geringe Zusammenhang zwischen Zufriedenheit und Störungsausmaß am Ende der Therapie. Unerlässlich wären deshalb künftig überzeugende Daten zum Zusammenhang zwischen Zufriedenheit und Vorher-Nachher-Änderungen. Auswertungen bei Schmidt et al. (2018) weisen darauf hin, dass zwar Zufriedenheit (als Kriterium) vorhergesagt wird durch die Prädiktoren Psychotherapie-/Medizinkontakte, Gefühl der Verbesserung und Freizeitangebot. Die Zufriedenheit ihrerseits ist in ihrer prädiktiven Bedeutung für die Reduktion einer Störung jedoch nicht belegt. Das reine Zufriedenheitsurteil bleibt nach derzeitiger Befundlage in seiner Bedeutung unklar.

Dass Zufriedenheitsbeurteilung als Kriterium in Psychotherapien kritisch zu sehen ist, zeigt auch ein anderes Beispiel:

Zufriedenheitsurteile und Therapieerfolg korrelieren nicht

Die kritischen Einwände zum ZUF-8 bzw. zum Rang von Zufriedenheitsurteilen in Psychotherapien können durch anderenorts gewonnene Ergebnisse untermauert werden. Der Erfolg einer stationären Behandlung bei Angsterkrankungen hing auch dort nicht mit der Zufriedenheitsbewertung – erhoben zu einem absolvierten Angstbehandlungskurs der Patient:innen – zusammen. In diesem Fall waren, anders als bei Kriz et al. (2008), Daten aus Vorher-Nachher-Messungen verfügbar. Geissner, Bach und Ivert (2010) ermittelten bei 200 erfolgreich behandelten Fällen mit Agoraphobie/Panikstörung am Ende des Aufenthalts folgende Korrelationen für ein Merkmal Zufriedenheit mit dem Angstbehandlungskurs auf der einen und Vorher-Nachher-Reduktion der Angstausprägung auf der anderen Seite: mit ACQ-Angstkognitionen $r = 0{,}06$, mit BSQ-körperlichen Angstsymptomen $r = 0{,}07$, mit MIB-Mobilitätseinschränkung, wenn in Begleitung $r = 0{,}10$, mit MIA-Mobilitätseinschränkung, wenn allein $r = 0{,}00$, und mit BAI (Beck Angst Inventar) $r = 0{,}00$. Ob Patient:innen mit dem Kurs zufrieden waren oder nicht, spielte in Bezug auf den Therapieerfolg (hier die Angstreduktion) in dieser unabhängigen Studie keine Rolle. Dass die Therapie erfolgreich war, konnte hingegen belegt werden (Geissner & Ivert, 2019).

Diskussion: Warum Zufriedenheitsbeurteilungen? Offenbar steht die Beurteilung des Therapieerfolgs bei der Behandlung einer Störung, wenn lediglich Zufriedenheitsangaben erbeten werden, nicht im Vordergrund. Erinnert sei hier an die obige Feststellung zur Herkunft der Zufriedenheitsmessung aus Marketing und Konsumentenbefragungen. Betten müssen auch künftig belegt sein. Hierbei zählen Wiederaufnahmen nach nichterfolgreichen Erstaufenthalten aus kaufmännischer Sicht genauso mit wie erstmalig angemeldete Fälle. Daher ist eine Stagnation beim klinischen Störungsausmaß kaufmännisch gesehen kein Nachteil. Kriz et al. (2008, S. 77–78) beschließen ihren Beitrag zum Rang des ZUF-8-Fragebogens mit der Hervorhebung seines Nutzens im Rahmen einer so bezeichneten »Dienstleistungsqualität«. Zufriedenheit im Sinne vorzeigbarer Weiterempfehlungsraten sei »wettbewerbsrelevant« und ermögliche einen »Ergebnisvergleich« (… der Kliniken untereinander). In dieser Deutlichkeit hätte man es in einem psychologisch-diagnostischen Fachartikel so nicht vermutet.

Daher: Kostenträger (Kassen, Rentenversicherer) erhalten Ratings, aufgrund derer Kliniken gemäß Zufriedenheitsergebnis mit Patient:innen beschickt werden. Kriterien sind dabei nicht die (häufig gar nicht erfragten) Heilungserfolge, sondern etwa Hotel- und Aufenthaltscharakteristika, wichtig stets die Weiterempfehlungsrate. Das formale Angebot eines Therapieprogramms mag auch eine Rolle spielen, zu dessen Wirksamkeit findet sich jedoch wenig. Im Benchmark zwischen den Kliniken kommt es zum – freilich »kostenbewussten« – Ausstattungswettbewerb hinsichtlich Lage, Zimmer, Essen, Freizeit und noch hinreichender Personalausstattung. Kostenträger ihrerseits können der Versichertengemeinschaft/der Öffentlichkeit vermelden: Qualitätsmessung wird gemacht.

In diesem Sinne ist es kein Nachteil, wenn Zufriedenheitsfragen unspezifisch genug gehalten sind (Beispielitem aus dem ZUF-8: »geholfen, angemessener mit Problem umzugehen«). So sagt eine Zufriedenheitsmessung klinisch-störungsbezogen praktisch nichts aus (Geissner, Bach & Ivert, 2010). Sie gerät zur Reklameformel. Auch das Befragungsinstitut ist nicht unzufrieden, es erhält mit der Vorlage guter Ergebnisse weitere Aufträge. Nicht zuletzt sind Kliniken einverstanden, wenn sie – bei erwähnter »Kostenbewusstheit« – im ZUF den Wert 23–24 erreichen. Homepage-Infos signalisieren »Tripadvisor-Zufriedenheit und -Weiterempfehlung«, auf die die Aufmerksamkeit potentieller Patient:innen und Einweiser:innen gelenkt wird. Sind weitere Erfolgsinformationen zu vermelden, gar zur Heilung oder Besserung? Ein unsicheres Terrain, welches allzu häufig umgangen wird.

Auch einige interne Gesichtspunkte von Zufriedenheitsergebnissen seien abschließend genannt. Der Benchmark-Vergleich »mit den Besten« spielt nicht nur extern eine Rolle – also Wettbewerb mit fremden Klinikträgern und -konzernen im Kampf um Patient:innen –, sondern auch intern: Vergleiche der Kliniken innerhalb einer Gruppe/eines Trägers, zwischen Stationen, zwischen dem Ergebnis in diesem Jahr und jenem aus dem Vorjahr.

Rückmeldungen zu Verbesserungspotential können prinzipiell angebracht sein, verhindern z. B. manchmal die weitere Reduktion des Verpflegungsbudgets oder der Personalausstattung. Wenn sie im Dienste der Bettenauslastung und Umsatzsteigerung liegen – hinzuweisen ist auch auf das kaufmännische Kriterium des Anteils an Privatversicherten mit hohen Tagessätzen – ist dies aus wirtschaftlicher Sicht interessant, aber im Sinne der wirksamen Krankenbehandlung unbrauchbar. Hier wird Quasi-Empirie betrieben.

Vollends ungute Effekte bekommen Zufriedenheitsmessungen in Kliniken, wenn die Ergebnisse mit Mitarbeitersteuerungs- und -disziplinierungsmaßnahmen verknüpft sind: Aufforderungen, weniger gute Ergebnisse zu rechtfertigen, harsche Vorgaben zur hausinternen Ziel- und Erfolgserreichung (»Steigerung des ZUF-Wertes, insbesondere auf Item xy ...«), Inszenierung einer – auch – finanziellen Drohkulisse und, falls »erforderlich«, deren Umsetzung. In heutigen »BWL-dominierten« Klinikunternehmen (De Ridder, Schöne-Seifert, Stier & Stürzebecher, 2023) hat dies seit geraumer Zeit Einzug gehalten. Ergebnisse aus Zufriedenheitsbefragungen derart zu funktionalisieren, fördert das Arbeitsklima nicht nur nicht, im Gegenteil, sie vergiften es. Dieses Risiko wird aber offensichtlich in Kauf genommen oder als »zum Besten der Patient:innen« verklärt.

Angesichts der unrühmlichen Rolle, die Verfahren wie der ZUF-8 dabei spielen, kann man für diese nur den Daumen senken.

Bezug: Per Internet-Eingabe GfQG, Auswahlfeld Forschung, Auswahl Assessment, dort ZUF-8. Es erscheint ein Beschreibungstext, an dessen Ende eine gratis Downloadmöglichkeit für den Fragebogen platziert ist. Auch sind Unterlagen erhältlich über die Plattform (mit Dokumentenserver) Research Gate mit Eingabe ZUF-8, sodann Auswahlfeld Research, dort sind mehrere Dateien zum Thema downloadbar.

Fazit zu Kapitel 4

Zum Einsatz in der Beurteilung des Therapieerfolgs kann ergänzend zu den jeweiligen *störungsspezifischen* Instrumenten (▶ Kap. 3) das Verfahren PANAS (Positive Affect – Negative Affect Schedule) aus Kapitel 4 empfohlen werden, OQ-45, VEV/BVB und ZUF-8 jedoch nicht.

5 Multidimensionale Verfahren zur Therapieerfolgsbeurteilung

In diesem Kapitel stellen wir multidimensionale Verfahren vor. Sie thematisieren anders als die Verfahren, die in ▶ Kap. 3 besprochen wurden, jeweils mehr als nur eine Störung. Wir bewerten auch diese Verfahren hinsichtlich der Eignung zur Erfolgsbeurteilung in der Psychotherapie.

Drei Verfahren nehmen in gewisser Weise Bezug auf die Symptom-Checklist-90 (SCL-90), die hier – einschließlich ihrer kürzeren Variante Brief-Symptom-Checklist (BSCL) – ebenfalls vorgestellt wird (▶ Kap. 5.3). Immer sind Bestandteile dieser mehrdimensionalen Verfahren Angst, Depression und eine somatoforme Symptomatik, je nach Autor:innen auch weitere Störungsbereiche, von denen angenommen wird, dass sie im klinischen Rahmen typisch sind. Die Bezugnahme auf die Symptom- Checklist-90 besteht zum Teil aus einer Kritik an deren Konzeption (z. B. wird angeführt: Nicht optimal auf die ICD [WHO, 2010] passend), ihren Messeigenschaften oder schlicht ihrer als zu stark empfundenen Dominanz im Feld. Nichtsdestoweniger lehnen sich die Verfahren an die Mehrdimensionalität der SCL an: Die Überlegung, sich erst einmal einen Überblick zu verschaffen, steht dabei häufig im Vordergrund, weniger die Intention zur Therapieevaluation. Eine solche Haltung ist im Prinzip atheoretisch bezüglich der Auswahl der Dimensionen, die ja in der SCL und anderen feststehen, zum Teil auch etwas willkürlich bzw. im jeweiligen Einzelfall häufig gar nicht passend – was sich, sollte doch an eine Evaluation gedacht sein, als Nachteil erweisen kann. Zugunsten von mehrdimensionalen Verfahren wird manchmal argumentiert, dass die zu messenden Störungen simultan vorkommen können – aber auch hier gilt, dass die Bandbreite vorgegebener Dimensionen manchmal eingeschränkt, manchmal zu unspezifisch sein dürfte.

Ergänzend zu homogenen Skalen, die mehrere Items umfassen, sind auch sogenannte Zusatzitems ein nicht unüblicher Bestandteil hier vorgestellter mehrdimensionaler Verfahren. Nachweise für akzeptable Messeigenschaften solcher zusätzlichen Einzelitems liegen jedoch in der Regel nicht vor. Damit mag das Ziel, ein möglichst großes Spektrum der ICD-Syndrome abzudecken, zwar formal erreicht sein. Andererseits ergibt sich aus einem solchen Aufbau ein Zwittercharakter des Verfahrens: Auf der einen Seite sollen viele Items – auch über Skalen hinausgehende Zusatzitems – für eine inhaltliche Breite sorgen, die die klinische Exploration und Beobachtung ergänzen. Gleichzeitig geht es um die möglichst exakte Quantifizierung des Ausmaßes einer (oder mehrerer) Störung(en), was nur mittels messgenauer Skalen möglich ist, aber nicht mit einzelnen Zusatzitems ungeklärter psychometrischer Güte. Die erforderliche Messgenauigkeit ist, wenn, dann am ehesten für die Störungsbereiche Angst, Depression und somatoforme Symptomatik realisiert, für andere Störungsbereiche hingegen unterschiedlich gut gelöst.

Anzumerken ist im Übrigen, dass eine Störungsausprägung nur bei Patient:innen gemessen werden kann, bei welchen die entsprechende Störung auch vorhanden ist. Hieraus ergibt sich eine prinzipielle Schwierigkeit mehrdimensionaler Verfahren. Denn es werden Skalen vorgelegt, die auch Störungen thematisieren, unter denen Patient:innen gar nicht leiden. Dies erhöht die Gefahr von Zufallsbefunden. Skalen mit guten psychometrischen Eigenschaften dienen nicht nur der genauen Einordnung eines Störungsausmaßes, sondern bei bestehender Änderungssensitivität auch zur Beurteilung der Vorher-Nachher-Veränderung. Für die Beurteilung der Besserung einer Störung besteht bei mehrdimensionalen Verfahren die Gefahr, dass neben der Messung relevanter Dimensionen Fehlbeurteilungen bei anderen Dimensionen resultieren, weil Patient:innen mangels Relevanz für sich selbst keine validen Antworten geben können.

5.1 Die Hamburger Module zur Erfassung allgemeiner Aspekte psychosozialer Gesundheit für die therapeutische Praxis (HEALTH-49)

Die Hamburger Module zur Erfassung allgemeiner Aspekte psychosozialer Gesundheit für die therapeutische Praxis (HEALTH-49) von Rabung, Harfst, Koch und Schulz (2007, 2016) haben das Ziel, die psychosoziale Gesundheit umfassend, zugleich auch zeitökonomisch zu erfassen.

Der Fragebogen besteht aus sechs Modulen und neun Skalen. Das erste Modul umfasst drei Skalen, ein weiteres Modul zwei Skalen, und vier Module bestehen aus je einer Skala. Modul A besteht aus einer Skala »Phobische Angst« (5 Items, z. B. »Angst oder Furcht vor offenen Plätzen oder auf die Straße zu gehen«), einer Skala »Depressivität« (6 Items, z. B. »Niedergeschlagenheit oder Traurigkeit«) und einer Skala »Somatoforme Beschwerden« (7 Items, z. B. »Schwächegefühl in einzelnen Körperteilen«). Neben diesen drei Skalen schlagen die Autoren auch eine Gesamtskala vor, die alle 18 Items enthält und als »Globale psychische Belastung« bezeichnet wird. Da die Skala nur drei Störungsbereiche einschließt, ist die Charakterisierung als »global« aus klinischer Sicht nicht optimal. Außerdem gelten zusammengefasste Werte eigentlich unabhängiger Merkmale als etwas problematisch.

Modul B besteht aus der Skala »Wohlbefinden« (4 Items; z. B. »Ich fühle mich ausgeruht«), Modul C aus der Skala »Interaktionelle Schwierigkeiten« (7 Items, z. B. »Schwierigkeiten, jemandem zu sagen, dass er mich nicht belästigen soll«), Modul D aus der Skala »Selbstwirksamkeit« (5 Items, z. B. »Trotz meiner Beschwerden bin ich in der Lage, meine persönlichen Ziele, die ich mir setze, zu erreichen«) und Modul E aus der Skala »Aktivitäten« und »Partizipation« (6 Items, z. B. »Ich habe weniger geschafft, als ich wollte«). Modul F schließlich enthält zwei Skalen: »Soziale Unterstützung« (4 Items, z. B. »Wie häufig ist jemand da, wenn Sie ihn/sie brauchen?«)

und »Soziale Belastung« (4 Items, z. B. »Werden Ihre Schwierigkeiten und Probleme von anderen heruntergespielt?«). Eine Erläuterung zum Modul-Konzept liegt nicht vor.

Die Instruktionen sind nicht durchgehend gleichlautend, die typische Instruktion (z. B. bei Modul A) bittet um die Einschätzung »Wie sehr litten Sie in den letzten zwei Wochen unter …«. Die fünfstufige Skalierung der Items reicht von 0 = »nicht« bis 4 = »sehr« bzw. von 0 = »nie« bis 4 = »immer«. Anhand eines Auswertungsblatts (www.hamburger-module.de) werden Skalenwerte gebildet (Summe der Items dividiert durch die Anzahl der Items der Skala), so dass die Wertespanne jeweils von 0 bis 4 reicht. Auf dem Auswertungsblatt findet sich auch die Anweisung zur Umpolung mancher Items, dies betrifft die Skalen Wohlbefinden, Selbstwirksamkeit (in beiden Fällen komplette Umpolung) und Modul F Sozial (Umpolung in diesem Fall bei der Hälfte der Items, die andere Hälfte verbleibt original). Ein hoher Wert indiziert stets hohes Leiden bzw. eine negative Einschätzung der jeweiligen Komponente, ein niedriger Wert bedeutet kein oder kaum bestehendes Leiden bzw. eine positive Einschätzung des jeweiligen Aspekts. Dies ist z. B. bei Wohlbefinden oder Selbstwirksamkeit zunächst irritierend, denn ein hoher Wert bei Wohlbefinden bedeutet geringes Wohlbefinden.

Zeitrahmen: Es wird eine Beurteilung bezogen auf die letzten zwei Wochen erbeten.

Das Verfahren wurde für den Altersbereich von 16 bis 96 Jahren geprüft. Es sei in einer Reihe von Reha-Kliniken im Routineeinsatz. Als Bearbeitungszeit werden 10 bis 15 Minuten angegeben.

Dimensionale Struktur: Eine theoretisch überzeugende Ableitung zu den in der Bezeichnung des Verfahrens genannten Aspekten psychosozialer Gesundheit, ihrer Einzelkomponenten, deren Interdependenzen und relativen Gewichtungen gibt es nicht. Basierend auf einem 79-Item-Grundstock wurde nach einer exploratorischen Faktorenanalyse mit anschließender Itemselektion eine 49-Item-Version erarbeitet und diese einer konfirmatorischen Faktorenanalyse unterzogen.

Stichprobe 1 bestand aus $N = 5125$ Besucher:innen von Hausarztpraxen, die wegen internistisch-kardiologischer Wiederholungsuntersuchungen (Wiedervorstellungstermin) den Fragebogen HEALTH-49, aber auch andere Messinstrumente bearbeiteten. Über spezifische psychische Störungen liegen ebensowenig Angaben vor wie über die Akuitität der kardiologischen Problematik. Man kann eine Verteilung gemäß Prävalenzen in der Allgemeinbevölkerung vermuten. Stichprobe 2 bestand aus $N = 1523$ Patient:innen von, wie es heißt, zwölf psychosomatischen Kliniken. Sie bearbeiteten einen vergleichbaren Fragebogensatz zu Beginn und am Ende des Aufenthalts. Über die Kliniken und deren psychotherapeutisches Konzept liegen keine weiteren Angaben vor. Es findet sich die Information, dass 36 % der Patient:innen unter Depressionen litten, 18,7 % unter Anpassungsstörungen, auffällig geringe 9,6 % unter Ängsten und 8,1 % unter somatoformen Symptomen (Übrige 28 %).

Die explorativ gewonnene, aus 9 Faktoren bestehende Lösung (Grundlage für die Skalen) konnte für beide Stichproben konfirmatorisch repliziert werden. Die Autoren werten die Ergebnisse als gute, aber noch nicht optimale Modellanpassung. Insbesondere die drei für klinische Fragestellungen wichtigeren Dimensionen

Angst, Depressivität und somatoforme Symptome konnten gut identifiziert werden, für einige weitere Dimensionen mit schwächeren Befunden (z. B. Selbstwirksamkeit oder Soziale Belastung) werden von den Autoren teils missverständliche Instruktionen und Itemformulierungen als mögliche Ursache genannt.

Zuverlässigkeit: Für unsere Fragestellung – Beurteilung von Therapieerfolg – ziehen wir die aus der klinischen Stichprobe ($N = 1523$) gewonnenen Ergebnisse heran. Es werden folgende Homogenitäten berichtet: Angst Alpha = 0,86, Depressivität Alpha = 0,88, somatoforme Symptome Alpha = 0,82, Wohlbefinden Alpha = 0,87, Interaktionelle Schwierigkeiten Alpha = 0,90, Selbstwirksamkeit Alpha = 0,87, Aktivität und Partizipation Alpha = 0,83, Soziale Unterstützung Alpha = 0,83, Soziale Belastung Alpha = 0,73. Retestkorrelationen sind nicht angegeben.

Validität: Faktorielle Validität ist gegeben, s. Abschnitt Dimensionale Struktur (Rabung et al., 2009). Hohe Korrelationen mit inhaltlich vergleichbaren Referenzmaßen konnten bei der klinischen Stichprobe ermittelt werden für Angst, Depressivität, Somatoforme Symptome, Interaktionelle Schwierigkeiten und Aktivitäten/Partizipation, für die anderen Dimensionen waren diese nur mittelhoch bis niedrig. Ausgeprägte Gruppenunterschiede bestehen zwischen der Gruppe Hausarzt-Besucher:innen und stationäre Psychosomatikpatient:innen (Ausnahme Soziale Unterstützung – d. h. Hilfe und seelischer Beistand, wenn dies als nötig empfunden wird). Die Autoren berichten Effektstärken von $d = 0{,}80$ und höher. Es bestehen keine Zusammenhänge mit dem Alter, jedoch geringe Geschlechtsunterschiede (bei Frauen durchschnittlich etwas höhere Skalenwerte als bei Männern), die aber für die Praxis als nicht wesentlich bezeichnet werden.

Änderungssensitivität: Zur Beurteilung der Änderungssensitivität des Verfahrens wurden die Vorher-Nachher-Veränderungen bei 1357 Patient:innen der genannten zwölf Kliniken herangezogen. Die Befundlage ist weniger zufriedenstellend. Es werden auch keine konkreten Nachher-Mittelwerte und -Streuungen berichtet, sondern nur Effektstärken, diese sind graphisch dargestellt (Rabung et al., 2009, Abb. 1). Dadurch ist ein Vergleich der durchschnittlichen Veränderungen mit kritischen Differenzen und Cut-off-Werten bei Behandlungsende erschwert.

Aus den dargestellten Befunden kann für die Skala »Wohlbefinden« (Effektstärke $d = 1{,}20$) die Eignung zur Änderungsmessung erschlossen werden. Insbesondere für Angst und die beiden Soziale-Unterstützungs-Skalen ist die Eignung zur Veränderungsmessung mit $d = 0{,}34$ und $d < 0{,}20$ aber klar nicht gegeben. Depressivität und somatoforme Symptome rangieren mit Effektstärken um $d = 0{,}50$ im Bereich mittlerer Veränderungen. Auch dies dient nicht als überzeugender Hinweis auf Eignung für Änderungsbeurteilungen.

Über das Behandlungskonzept der Kliniken ist nichts bekannt. Daher wäre zugunsten des HEALTH-49 einzuwenden, dass dortige Therapien möglicherweise nicht erfolgreich sind. Geringe Effekte (Ausnahme Wohlbefinden) könnten somit entweder nicht gegebene Änderungssensitivität des HEALTH-49 anzeigen oder geringe Erfolgsraten der Kliniken. Anzumerken ist, dass keine störungsspezifischen Testungen durchgeführt wurden: Die Eignung als änderungssensitives Instrument hätte womöglich etwas besser aufgezeigt werden können, wenn die Skala »Depressivität« nur bei depressiven Personen, die Skala »Angst« nur bei Ängstlichen etc. untersucht worden wäre.

Richtwerte/Normen: Die Autoren bieten ein ausführliches Normenwerk an (www.hamburger-module.de). Dort werden *T*-Werte und Prozentränge für die neun Skalen und die – theoretisch allerdings zu hinterfragende – Summe aus Skala 1 bis 3 angegeben. Die Werte sind gegliedert nach Normen für Psychotherapiepatient:innen (Stichprobenbasis $N = 1523$) und Besucher:innen von Hausarztpraxen (Stichprobenbasis $N = 5125$).

Kritische Differenzen: In der Homepage-Dokumentation der Autoren (www.hamburger-module.de, revidierter Stand 25.11.2016) werden kritische Differenzen berichtet, die ungünstigerweise auch Angaben aus den Hausarztpraxen mit einschließen. Da dies für den klinischen Kontext ungeeignet ist, führten wir eine Neuberechnung durch, indem wir allein auf die Psychosomatikstichprobe zurückgriffen. Es ergeben sich bei einer Wertespanne von 0 bis 4 folgende kritische Differenzen: Angst 0,95, Depressivität 0,98, somatoforme Symptome 1,08, Wohlbefinden 0,76, Interaktionelle Schwierigkeiten 0,93, Selbstwirksamkeit 0,92, Aktivität und Partizipation 1,02, Soziale Unterstützung 1,02, Soziale Belastung 1,15.

Vertrauensintervall um individuelle Messwerte: Bei der Interpretation der erhaltenen Messwerte ist das Vertrauensintervall zu berücksichtigen, in welches Standardabweichung und Homogenität der Skala einfließen. Die Vertrauensintervalle lauten für Angst +/- 0,66 Punkte, für Depressivität +/- 0,68, für somatoforme Symptome +/- 0,75, für Wohlbefinden +/- 0,53, für Interaktionelle Schwierigkeiten +/- 0,65, für Selbstwirksamkeit +/- 0,64, für Aktivität und Partizipation +/- 0,71, für Soziale Unterstützung +/- 0,71 und für Soziale Belastung +/- 0,80 (Wertespanne von 0 bis 4).

Cut off: Die Homepage-Dokumentation der Autoren (www.hamburger-module.de) ermöglicht auf Basis der Daten der Psychosomatikkliniken und jener der Hausarztpatient:innen die Berechnung der Werte für Cut off 1 (Mitte zwischen Mittelwert Klinikgruppe und Mittelwert Hausarztgruppe). Zu beachten ist dabei, dass auch die Skalenwerte der Psychosomatikpatient:innen niedrig ausfallen. Auffällig ist hier insbesondere der sehr niedrige Skalenwert $M = 0{,}79$ für Phobische Angst, der Fragen zur Validität der Angst-Items aufwirft. Da nur 9,6 % der Fälle eine Angststörung hatten (s. o.), könnte der Wert bezogen auf die klinische Stichprobe weniger relevant sein. Auch die anderen Skalenmittelwerte (Ausnahme Wohlbefinden und Selbstwirksamkeit) rangieren jedoch unterhalb der Skalenmitte von 2, was nicht für ein hohes Störungsausmaß der stationären Patient:innen spricht.

Bei einer Wertespanne von 0 bis 4 sind die Cut offs bei Angst 0,50, bei Depressivität 1,10, bei somatoforme Symptome 1,23, bei Wohlbefinden 1,92, bei Interaktionelle Schwierigkeiten 1,25, bei Selbstwirksamkeit 1,57, bei Aktivität und Partizipation 1,39, bei Soziale Unterstützung 1,50 und bei Soziale Belastung 1,44.

Durch die nicht sehr hohen Werte der klinischen Gruppe (Psychosomatische Kliniken) resultieren insgesamt niedrige Cut-off-Werte. Erzielen in der Praxis der Einzeltherapie Patient:innen hoch ausgeprägte klinische Werte, könnte dies ein Nachteil sein: Das Cut-off-Kriterium wäre trotz erkennbarer Behandlungsfortschritte schwierig zu erreichen.

Empfehlung: Die Autoren selbst werfen einige kritische Fragen auf (Rabung et al., 2009). Etwa: Müssen in der Evaluation und Qualitätssicherung bei Einzeltherapien mehrdimensionale Verfahren sein? Welche Dimensionen über die Erfassung/Messung des eigentlichen Hauptleidens hinaus sollen noch gemessen werden? Führt eine Kombination mehrerer Dimensionen (nach welchen Kriterien erfolgt diese) nicht zu Inkonsistenzen und Redundanzen? Ist ein solches Instrumentarium evtl. zu umfangreich? Und sollten alle Dimensionen für Vorher-Nachher-Vergleiche herangezogen werden? Wenn nein, welche wären auszuwählen?

Für klinische Fragestellungen gemäß ICD kämen im Prinzip die Dimensionen Angst, Depressivität und somatoforme Symptome in Betracht. Die Skala »Angst« weist allerdings eine nicht optimale Itemauswahl auf (Beschränkung nur auf Situationen, dagegen keine Erfassung der Angstgefühle). Für Angst und für somatoforme Störungen war die Analysestichprobe darüber hinaus relativ schmal. So verbleibt Depressivität, hier steht andererseits ein gutes Angebot ausgereifter und differenzierter Verfahren zur Verfügung. Interessant scheinen die Ergebnisse zu Wohlbefinden, der Skala mit den besten Eigenschaften. Aus den Befunden der klinischen Vorher-Nachher-Messung (Rabung et al., 2009, Tabelle 1, Effektstärken) kann abgeleitet werden, dass Angst, somatoforme Symptome und Depressivität sich am Ende des stationären Aufenthalts zwar vergleichsweise wenig gebessert haben, die Patient:innen aber erkennbare Fortschritte im Wohlbefinden berichteten (Wohlbefinden dort konkretisiert als Sich-gelöst-Fühlen, Sich-Wohlfühlen, Entspannt-ein, Sich-ausgeruht-Fühlen und Genießen-Können). Anscheinend ist dies ein wichtiger Effekt stationärer Aufenthalte: Die Symptomatik ändert sich nicht bzw. nicht sehr stark, aber die Patient:innen fühlen sich am Ende des Aufenthalts damit wohler. Dies wäre als Ziel andererseits durchaus diskutabel: Sollte Wohlbefinden dauerhafter erhalten bleiben, könnte dies das Ausmaß symptomatischen Leidens reduzieren – was zu überprüfen wäre.

Im Sinne der evaluationsbezogenen Sparsamkeit und Zielgerichtetheit ist der HEALTH-49-Fragebogen in Einzeltherapien nicht zwingend zu empfehlen. Die Zunahme an Werten im Wohlbefinden kann aufgezeigt werden, für den Nachweis von Therapieerfolg bei psychischen Störungen ist die Eignung des Fragebogens dagegen nicht optimal. Die Bedeutung der sechs nicht störungsbezogenen Skalen und deren Auswahl bleibt überdies unklar und macht das Verfahren im Einsatz unhhandlich.

Die Eignung für die Erfassung allgemeinerer Aspekte psychosozialer Gesundheit (s. Bezeichnung des Fragebogens) außerhalb von Therapien, etwa bei gesundheitspsychologischen oder Präventionsfragestellungen wurde hier nicht begutachtet, sie könnte gleichwohl gegeben sein, andererseits fokussieren die Autoren im Titel des Verfahrens jedoch dezidiert auf die therapeutische Praxis.

Bezug: Alle Informationen sind über den bereits erwähnten Link www.hamburger-module.de kostenfrei erhältlich. Die Arbeit »Psychometrische Überprüfung einer verkürzten Version der Hamburger Module zur Erfassung allgemeiner Aspekte der psychosozialen Gesundheit für die therapeutische Praxis HEALTH-49« (Rabung et al., 2009) enthält den Skalenbericht mit vielen wichtigen psychometrischen Angaben und ist über die Plattform (mit Dokumentenserver) Research Gate downloadbar. Daneben ist dort auch ein gleichlautender Tagungsbeitrag verfügbar, der eine Kurzversion der Studie von Rabung et al. (2009) darstellt.

5.2 Das ICD-10-Symptom-Rating (ISR)

Der Fragebogen *ICD-10-Symptom Rating (ISR)* wurde entwickelt, um die Bandbreite der in ICD-Kapitel F (WHO, 2010) beschriebenen Syndrome (ohne Kinderbereich) abzudecken. Das Anliegen war u. a. auch motiviert durch die Unzufriedenheit mit der Symptom-Checklist-90 (SCL-90), die in ▶ Kap. 5.3 besprochen wird. An der SCL-90 wurde die uneindeutige Passung bezüglich der ICD F-Diagnosen moniert, außerdem sei eine wahrgenommene Dominanz im klinischen Feld nicht gerechtfertigt, zudem würden hohe Kosten anfallen (vgl. hierzu Ende des Abschnitts). Eine ärztliche Arbeitsgruppe der Deutschen Gesellschaft für Psychosomatische Medizin initiierte unter Hinzuziehung der Psychologin Karin Tritt (Regensburg und Schrobenhausen) die Entwicklung eines 29-Item-Fragebogens, der wichtige Syndrome (mittels Skalen) und Symptome (mittels Einzelitems) abdecken sollte. Deren Auswahl erfolgte vorab durch Feststellung, Konsensfindung und Beschluss in einer Expert:innenrunde. Es war beabsichtigt, ein unkompliziertes und kurzes Instrument zu entwickeln. Ein Gremium vorwiegend tiefenpsychologisch orientierter Ärztlicher Direktoren Psychosomatischer Kliniken und Abteilungen beschloss im Anschluss daran den Einsatz des Fragebogens im stationären Routinebetrieb. Daraus resultierte seit 2010 eine entsprechend beachtlich hohe Fallzahl.

Der Fragebogen stellt eine Kombination aus Skalen und Einzelitems dar. 17 Items sind Skalen zugeordnet, 12 Items nicht. Die Skalen sind kurz und sollen folgende Störungen messen: Depression (4 Items), Angst (4 Items), Zwang (3 Items), somatoforme Beschwerden (3 Items) und Essstörungen (3 Items). Die 12 Einzelitems decken von hirnorganischen Störungen bis sexuelle Funktionsstörungen die unterschiedlichsten Bereiche des ICD-Kapitels F ab. Alle Items sind in Aussageform gehalten, etwa: »Meine Stimmung ist gedrückt/niedergeschlagen« für Depression. Die fünfstufige Antwortskala reicht von 0 = »trifft nicht zu« bis 4 = »trifft extrem zu«.

Die Instruktion ist nicht unproblematisch und wurde zurecht kritisiert: So findet sich darin der Satz »Damit bei Ihnen kein Leiden übersehen wird, bitten wir Sie, eine Vielzahl möglicher Beschwerden zu beurteilen«. Dies birgt die Gefahr der Aggravation, da der Satz dahingehend missverstanden werden kann, dass die Patient:innen schlicht eine Vielzahl als zutreffend beantworten sollen. Offen bleibt, welche genau sie angeben sollen: Jene zu ihrem psychischen Leiden, zu ihrem Aufnahmegrund in die Klinik, auch geringfügige Leiden, die sie sonst im Alltag nicht bemerken? Die Konnotation *mögliche* Beschwerden bietet viel Raum bei der Beantwortung der Items. Leiden, die im Moment der Fragebogenbearbeitung nur bei besonders genauer Introspektion spürbar wären, könnten so evoziert werden. Diese wenig glückliche Instruktion impliziert a priori die Gefahr einer Schieflage bei den so erzielten Messergebnissen. Sie werden höher sein als ohne eine solche explizite Aufforderung. Hier wären mögliche Implikationen zu diskutieren, z. B. im Hinblick auf den allgemeineren Versorgungskontext bzw. den Zweck. Sind hohe Ratings gewünscht, um stationäre Aufnahmen sicherzustellen und sie gegenüber Dritten zu legitimieren?

Die Auswahl bzw. Formulierung der Items ist teilweise nicht optimal, und Zustimmungen zu den Aussagen sprechen nicht zwingend für eine Störung, sondern können eine normale und funktionale Reaktion sein. Beispiele: So werden in zwei der vier Angstitems reguläre Alltagssachverhalte vorgegeben, die die meisten Menschen auch ohne klinische Problematik bejahen, etwa Situationen versuchen zu vermeiden, die Angst machen. Gleiches trifft auf den Bereich somatoforme Symptome zu, denn jeder Mensch wird zum Arzt gehen, wenn er im Alltag Beschwerden wahrnimmt, die ihn irritieren oder die ihm unerklärlich sind. Im Übrigen wird ein Hypochondrie-Item »Krankheitsüberzeugungen« fälschlich der somatoformen Skala zugeordnet, so dass – bei nur drei Items – ein Skalenwert mit unklarer Bedeutung resultiert. Wenig spezifische Formulierungen finden sich darüber hinaus bei Essstörungen (z. B. sich damit beschäftigen, Gewicht abzunehmen). Auch hieraus resultieren erhöhte Messwerte, die nicht nur für Patient:innen mit einer ICD-Diagnose, sondern im Prinzip für die meisten Menschen kennzeichnend sind.

Die Ermittlung der Skalenwerte geschieht durch Aufsummierung der jeweiligen Itemwerte und Division durch die Anzahl der Items einer Skala, so dass sich Skalenwerte mit einer Spanne von 0 bis 4 ergeben. Die 12 Einzelitems werden für die (Vorher-Nachher-)Auswertung nicht verwendet. Wenn ein Gesamtskalenwert über alle 29 Items bestimmt werden soll – die Testautor:innen diskutieren dies als eine Möglichkeit –, dann sollen die Einzelitems doppelt gewichtet werden (Manual, Abschnitt 2.3, ohne weitere Erläuterung; Tritt et al., 2014).

Zeitrahmen: Der in der Instruktion vorgegebene Zeitrahmen lautet in den letzten zwei Wochen.

Der geprüfte Altersbereich ist ab Jugendalter.

Dimensionale Struktur: Das ISR-Handbuch (Tritt et al., 2014) berichtet faktorenanalytische Befunde, die eine Lösung nahelegen, in der die Faktoren mit den durch Expert:innen vorab festgelegten Skalen korrespondieren. Eine konfirmatorische Analyse (Bolbeth, Ziegler & Fehm, 2021) konnte ein Messmodell mit fünf spezifischen Faktoren (vergleichbar den o. g. Skalen) plus einem übergeordneten Generalfaktor bei akzeptabler Passungsgüte bestätigen.

Zuverlässigkeit: Aus Studien an $N = 12265$ Patient:innen resultieren Homogenitäten für Depression in Höhe von Alpha = 0,87, für Angst Alpha = 0,87, für Zwang Alpha = 0,80, für somatoforme Symptome Alpha = 0,82 und für Essstörungen Alpha = 0,84. Die Retestkorrelationen wurden an einer Stichprobe von $N = 51$ Patient:innen ermittelt (Zeitabstand fünf bis acht Tage): Depression $r_{tt} = 0{,}86$, Angst $r_{tt} = 0{,}81$, Zwang $r_{tt} = 0{,}74$, somatoforme Symptome $r_{tt} = 0{,}70$, Essstörungen $r_{tt} = 0{,}94$.

Validität: Die fünf Skalen korrelieren hoch mit inhaltsverwandten Referenzmaßen. Insbesondere für ISR-Depression wurden Korrelationen um $r = 0{,}80$ mit mehreren bekannten Depressionsskalen gefunden. Für die anderen ISR-Skalen fielen die Korrelationen mit jeweils inhaltsverwandten Maßen etwas niedriger aus (Tritt et al., 2014). Gruppenunterschiede werden aus Vergleichen zwischen Patient:innen mit Indexdiagnose der jeweiligen Skala und Patient:innen, die diese Diagnose nicht hatten, berichtet (Fischer, Tritt, Klapp & Fliege, 2010).

Änderungssensitivität: Die ISR-Gesamtskala ist nicht änderungssensitiv. Bei den Einzelskalen ist Änderungssensitivität im Falle der Depressionsskala gegeben. Gruppenstudien weisen für die übrigen Skalen nur geringe und klinisch nicht bedeutsame Effektstärken aus (Tritt et al., 2014). Für Depression gilt: Brandt et al.

(2015) analysierten Vorher-Nachher-Veränderungen (achtwöchiger stationärer tiefenpsychologischer Behandlungsansatz) bei $N = 949$ Depressiven, dabei kam ausschließlich die 4-Item-Depressionsskala zum Einsatz. Die prinzipielle Wirksamkeit des dortigen Behandlungsprogramms vorausgesetzt, konnten die Therapiefortschritte durch die Depressionsskala angezeigt werden. Die Effektstärke war groß und betrug $d = 1,6$. Würden die dortigen Gruppenmittelwerte in Einzelpsychotherapien bei Depressiven erzielt, wäre sowohl das Kritische Differenzkriterium erreicht (s. u.) als auch der Cut-off-Wert unterschritten (s. u.).

Richtwerte/Normen: Für das ISR liegen repräsentative Bevölkerungsnormen ($N = 2512$) und klinische Normen ($N = 12\,265$) vor. Die Rohwerte werden in Prozentränge transformiert.

Kritische Differenzen: Die kritischen Differenzen bei Tritt et al. (2014) wurden von den Autoren dieses Handbuchs nachberechnet. Sie sind für Depression, Angst und Essstörung geringer und somit leichter zu erreichen, als im Originalmanual beschrieben. Für Zwang und somatoforme Störungen fielen sie größer aus. Folgende korrigierten kritischen Differenzen gelten somit bei einer Wertespanne von 0 bis 4: Depression 1,02, Angst 1,04, Zwang 1,37, somatoforme Störungen 1,31 und Essstörung 0,91.

Vertrauensintervall um individuelle Messwerte: Bei der Interpretation der erhaltenen Messwerte ist das Vertrauensintervall zu berücksichtigen, in welches Standardabweichung und Homogenität der Skala einfließen. Die Vertrauensintervalle betragen für Depression +/- 0,71 Punkte, für Angst +/- 0,72, für somatoforme Störungen +/- 0,95, für Zwang +/- 0,92 und für Essstörung +/- 0,63, Wertespanne von 0 bis 4.

Cut off: Für die Cut-off-Ermittlung wurden die Messwerte der Patient:innengruppen ($N = 12265$), und zwar jeweils der Untergruppe mit der entsprechenden Diagnose, und die Werte der Bevölkerungsstichprobe herangezogen (Tritt et al., 2014; Anm.: Es fanden sich Doppeldiagnosen, so dass die Größen der Untergruppen in Summe jene der Gesamtgruppe überstieg). Die Teilstichprobe Depressive umfasste $N = 8892$ Patient:innen (Bevölkerungsstichprobe $N = 2512$). Bei einer Wertespanne von 0 bis 4 beträgt Cut off 1 auf der Depressionsskala 1,41. Die Teilstichprobe Angst umfasste $N = 2320$ Patient:innen, der errechnete Cut off 1 beträgt auf der Angstskala 1,46. Die Stichprobe Zwang bestand aus $N = 456$ Patient:innen, dort beträgt Cut off 1 auf der Zwangsskala 1,32. Für $N = 2833$ Patient:innen mit berichteten somatoformen Symptomen lautet der Grenzwert 0,80 auf der entsprechenden Skala. Schließlich wurde bei $N = 2303$ Patient:innen eine Essstörungsthematik festgestellt, Cut off 1 auf der entsprechenden Skala beträgt 1,13.

Empfehlung: Von den 29 Items des ISR sind 12 Einzelitems, sie kommen aus psychometrischer Sicht für eine Therapieevaluation nicht in Betracht. Von den fünf Skalen mit psychometrisch akzeptablen Eigenschaften ist nur eine änderungssensitiv (Depression). Zur Messung und Therapieerfolgsbestimmung bei Depression liegen allerdings geeignete spezifische Verfahren vor. Therapieerfolge bei Patient:innen mit anderen Störungen können mithilfe des ISR nicht verlässlich aufgezeigt werden.

Die Instruktion für die Patient:innen bei der Bearbeitung des ISR erzeugt zu hohe Werte, da sie ein Ankreuzen (zu) vieler Symptome suggeriert. Dies gilt auch für den Gesichtspunkt der (zu) einfachen Bejahungsmöglichkeit klinisch unspezifischer, alltagsnaher Items. Die Auswahl der über die häufig vorkommenden Syndrome Depression und Angst hinausgehenden Syndrome ist nicht zwingend, denn diese anderen Bereiche kommen in der Praxis seltener vor. In Erwägung zu ziehende Syndrome wie Soziale Phobie, aber auch Posttraumatische Belastungs- oder Borderline-Persönlichkeitsstörung fehlen. Zur Beurteilung des Therapieerfolgs hat das ISR unter dem Strich betrachtet zu viele Nachteile.

Bezug: Das Instrument kann über das Institut für Qualitätsentwicklung in der Psychotherapie und Psychosomatik (IQP) bezogen werden (https://www.iqp-online.de). Per Download sind nicht nur der Fragebogen und eine Auswahl von Beschreibungen und Publikationen erhältlich, sondern auch die Geschäftsordnung des Instituts, die dort über den weiteren Link »Psy-Bado Benchmarking Mustervertrag« abrufbar ist. In Publikationen von Tritt und Kollegen wurde moniert, dass der Einsatz des konkurrierenden Verfahrens Symptom-Checklist-90 mit finanziellem Aufwand verbunden sei, zu welchem auch konkrete Kosten beziffert wurden (u. a. Fischer et al., 2010). Das ISR-Fragebogenformular sei dagegen beim IQP frei herunterladbar. Einerseits ist dies zutreffend, andererseits muss das dazugehörende und in der Anwendung benötigte Manual käuflich erworben werden. Überdies liefert das IQP die Organisation, Auswertung und Dokumentation beim breiteren Einsatz des Verfahrens – hierfür wird eine Gebührenauflistung im erwähnten Mustervertrag beschrieben.

5.3 Die Symptom-Checklist-90 (SCL-90-S) mit Brief-Symptom-Checklist (BSCL)

Vorbemerkung: Sowohl im Amerikanischen als auch im Deutschen existieren mehrere Versionen des Verfahrens, nicht gänzlich unerwartet lagen und liegen dem auf beiden Seiten des Atlantiks lizenzrechtliche Diskussionen und (divergierende) kommerzielle Interessen zugrunde. In diesem Handbuch wird die *Symptom-Checklist-90®-Standard*, Abkürzung *SCL-90®-S*, besprochen, auch ihre Kurzform *Brief-Symptom-Checklist*, Abkürzung *BSCL*. Es ist auf die Verwendung dieser Bezeichnungen zu achten. Daneben existieren u. a. Versionen mit den Kürzeln HSCL, SCL-90 und SCL-90-R (sowie bei der Kurzform eine Version BSI), die sich nur in Nuancen unterscheiden und von unterschiedlichen Verlagen oder copyrightbesitzenden Einrichtungen vertrieben bzw. eingesetzt werden (Anm.: Buchstabe H in einer der Versionen steht für Hopkins und weist auf die Johns Hopkins Universität in Baltimore hin, s. u.). Ausschlaggebend für die hier getroffene Auswahl aus den verschiedenen Versionen der SCL war vor allem die Kontinuität und forscherische Intensität, mit der sich die deutsche Autorin Gabriele Helga Franke seit langem (Franke, 1992, 1995, 2014, 2017) den Verfahren widmet, nicht die Bevorzugung eines bestimmten Verlagshauses/Rechteinhabers.

5.3.1 Die Symptom-Checklist-90 (SCL-90-S)

In der Entwicklung dieses weltweit verbreiteten Verfahrens gab es seit Mitte der 50er Jahre des letzten Jahrhunderts verschiedene Vorstufen, einen Wechsel von Fremd- zu Selbsteinschätzung und interessante inhaltliche Wendungen. Der Fragebogenname ist bis heute eng mit dem Hauptautor Leonard R. Derogatis verbunden. Über dessen Werdegang ist bekannt, dass er als Psychologe an einem biometrischen Labor der George Washington Universität in Washington DC arbeitete, 1965 promovierte, bald darauf eine Autostunde weiter nordöstlich an die Medizinische Fakultät der Johns Hopkins Universität wechselte und dort viele Jahrzehnte für die psychologische Diagnostik zuständig war. Eine erste stimmige und psychometrisch akzeptable Version der Symptom-Checklist in Selbstratingform umfasste 58 Items und maß Depression, Ängstlichkeit, Somatisierung, soziale Unsicherheit und Zwang (Derogatis et al., 1971; Franke, 2014). Dies sind für Psychotherapie nicht untypische Bereiche – es existieren einige Verfahren mit im Großen und Ganzen ähnlicher Strukturierung bzw. Störungsbezeichnung.

Der Schwerpunkt an der Medizinfakultät der Johns Hopkins Universität lag andererseits eher auf Psychopharmakawirksamkeitsforschung. Die Weiterentwicklung der SCL ging im Verlauf daraufhin stärker in psychiatrische Richtung, denn die Bereiche Paranoides Denken, Psychotizismus und Aggressivität/Feindseligkeit kamen hinzu. Phobische Angst kam ebenfalls hinzu, sie enthält Angst*situationen* – im Gegensatz zu den Angst*gefühlen*, die mittels der ursprünglichen Skala »Ängstlichkeit« erfasst wurden (Derogatis et al., 1973; Franke, 2014). Im Amerikanischen wurde die – dann 90 Items umfassende und damit namensgebende – Skala 1977 an rund 1000 ambulanten Psychiatriepatient:innen normiert, diese Richtwerte gelten dort bis heute (Derogatis, 1977; Derogatis & Cleary, 1977; Franke, 2014). In den 1970er Jahren gelangte die SCL-90 über Kongresspräsentationen nach Deutschland. Der Fokus lag auch hier zunächst nicht auf Psychotherapie, sondern auf klinischen Studien zur Psychopharmakawirksamkeit. Die Early Clinical Drug Evaluation Unit des National Institutes of Mental Health (NIMH) förderte hierzulande die Gründung (1974) eines ebensolchen Gremiums, nämlich des Collegium Internationale Psychiatriae Scalarum CIPS, welches 1977 ein gleichnamiges Handbuch – als »die CIPS-Skalen« bekannt – herausgab. Eine SCL-90 Version war darin enthalten. Dieses aus Statistiker:innen, Psycholog:innen und Pharmakolog:innen bestehende Gremium forschender Pharmaunternehmen und -institute widmet sich der Verträglichkeits- und Wirksamkeitsprüfung von psychiatrischen, auch neurologischen Medikamenten.

Gabriele Helga Franke (Rehabilitationspsychologie, Hochschule Stendal) führte unabhängig von diesem Gremium seit Anfang der 1990er Jahre eigene Untersuchungen mit der SCL-90 durch und überprüfte das Verfahren u. a. an HIV- bzw. an Psychotherapiepatient:innen, daneben vergleichend an Personen ohne Störung einschließlich Studierender. Hierzu stellte sie auch deutsche Normen vor und publizierte das Verfahren samt ausführlichem Manual bei einem Verlag (Franke, 1992, 1995; mit umfassender Neunormierung: Franke, 2014). Der Hauptzweck ihrer Forschung lag nicht auf der Wirksamkeit neuer Pharmaka, sondern auf der Erhebung einer Bandbreite möglicher psychischer Probleme sowie der Feststellung bestimmter Störungsprofile. Etwa zeitgleich fand die SCL-90 Eingang in die Diagnostik der stationären Psychotherapie an psychosomatischen Kliniken (z. B. Rief & Fichter, 1992; Rief, Greitemeyer & Fichter, 1991).

Franke (2014) zufolge besteht ein wichtiges Einsatzgebiet der SCL-90-S im Screening sowohl innerhalb von Ambulanzen und Beratungsstellen als auch bei der Aufnahme in psychiatrische und psychosomatische Settings. Die Eignung als Evaluationsinstrument wird ebenfalls genannt, auch wenn dies empirisch nicht als gesichert galt (s. u.). Der Fragebogen besteht aus neun Skalen zusammen mit sieben Zusatzitems, nachfolgend in alphabetischer Reihenfolge skizziert. In einigen Fassungen der SCL ist die Reihenfolge abweichend.

Skala 1 »Aggressivität/Feindseligkeit« umfasst sechs Items. »In der ursprünglichen Fassung wurde die Skala ... konstruiert, da psychiatrische Patienten im stationären Rahmen häufig ärgerlich-zornig und feindselig auftreten« (Franke, 2014, S. 20; Beispiel: »Wie sehr litten Sie in den letzten 7 Tagen unter dem Drang, jemanden zu schlagen, zu verletzen oder ihm Schmerzen zuzufügen?«). Ein Zusammenhang mit einer konkreten psychischen Störung wird nicht angegeben. Ein hoher Wert auf der Skala soll eher der Vorwarnung für psychiatrisches oder forensisches Personal dienen, wenn ein Potential zur Gewalteskalation besteht. Im Rahmen der ambulanten Psychotherapie oder Beratung ist dies hingegen nicht vordringlich.

Drei Skalen messen Angst: Skala 2 »Ängstlichkeit« (zehn Items, »Herzklopfen/Herzjagen«), Skala 5 »Phobische Angst« (sieben Items, »Furcht auf offenen Plätzen oder auf der Straße«) und Skala 8 »Unsicherheit im Sozialkontakt« (neun Items, »starke Befangenheit im Umgang mit anderen«).

Dagegen wird Depression (Original »depression«, im Deutschen unzutreffend als »Depressivität« bezeichnet) nur mit einer Skala gemessen (13 Items, »Schwermut«, »Gefühl, sich für nichts zu interessieren«; Skala 3).

Ebenfalls mit einer Skala wird »Somatisierung« gemessen (12 Items, davon vier Mal Schmerz. Dieser ist etwas unspezifisch einer Somatisierung zugeordnet, ansonsten »Kribbeln«, »Kloßgefühl«, Skala 7).

Die Skala 9 »Zwang« (Originalbezeichnung »obsessive-compulsive«, im Deutschen nicht mit Zwang, sondern mit Zwanghaftigkeit übersetzt, zehn Items) enthält eine Mischung aus Zwangsverhaltensweisen, Aufmerksamkeitsstörungs- und Prokrastinationssymptomen.

Schließlich enthält der Fragebogen auch zwei Skalen zur ICD-Gruppe F 2 (Schizophrenie; wahnhafte Störung), nämlich Paranoides Denken mit sechs Items (»Gefühl, dass andere Sie beobachten oder über Sie reden«, Skala 4) und Psychotizismus mit zehn Items (»Hören von Stimmen, die sonst keiner hört«, Skala 6).

Aus welchem Grund von den sieben Zusatzitems die Fragen zu Schuldgefühlen, Gedanken an den Tod, Schlafstörungen oder Appetitverlust nicht zu Depression zählen, wird nicht mitgeteilt.

Die vorgelegten Symptome sind auf fünfstufigen Antwortskalen von 0 = »überhaupt nicht« bis 4 = »sehr stark« zu beantworten. Die Items werden in gemischter Reihenfolge, nicht blockweise pro Störung, vorgegeben (s. u.). Als Bearbeitungszeit für Patient:innen werden 15 Minuten angegeben, die Auswertung hingegen kann je nach Fragestellung länger dauern, da eine Anzahl an Kennwerten berechenbar ist, sofern diese Option genutzt werden soll. Auswertungsschablonen, Auswertungsbögen und Profilbögen stehen zur Verfügung. Für unsere Zwecke wichtig: Die Berechnung von Messwerten geschieht durch Aufaddieren der Itemwerte pro Skala (Summenwertbildung, unterschiedliche Minima und Maxima aufgrund unterschiedlicher Skalenlängen) und durch Division des Summenwerts einer Skala durch die Anzahl ihrer Items (Skalenwertbildung, dadurch gleiche Minima und Maxima, nämlich wie bei den Items mit einer Wertespanne von 0 bis 4).

Als untere Altersgrenze wird 12 Jahre empfohlen.

Das ausführliche Tabellenwerk am Ende des Manuals erleichtert die Ermittlung von Standardwerten, da Skalenwerte (Rohwerte) und Standardwerte spaltenweise nebeneinander aufgeführt und einfach ineinander überführbar sind. Daneben werden auch weitere Auswertungsmöglichkeiten vorgeschlagen, z. B. sogenannte Globale Kennwerte (u. a. ein Gesamtskalenwert als Summe aller Itemwerte, des Weiteren ein Globaler Symptomindex GSI = Division der Gesamtskalenwertes durch die Anzahl der Items). Dieser Gesamtskalenwert bzw. der Globalindex sind aber weder klinisch noch messtheoretisch sinnvoll, auch wenn beide in Praxis und Fachliteratur immer wieder vorgefunden werden. Von weiteren Ausführungen zu den Globalwerten wird hier Abstand genommen.

Skalen, Items und Wertermittlungen sind mit folgenden Problemen behaftet: Die einzelnen Skalen sind unterschiedlich lang, hier sechs Items der Skala Aggressivität oder der Skala Paranoides Denken, dort 13 Items der Depressionsskala. Depression wird auf Itemebene also viel differenzierter gemessen, mündet aber ebenso in einen Skalenwert zwischen 0 und 4 wie die kürzeren und damit globaleren Skalen. Bei einer Gegenüberstellung der Skalen und der Bildung von Störungsprofilen sollte dieser Gesichtspunkt beachtet werden. Weitere vier Depressionsitems sind nur ZusatzIltems und werden nicht für Depression verrechnet – dem Depressionspatienten bzw. der Depressionspatientin, der/die sein/ihr Leiden gewissenhaft beschreiben will, ist dies jedoch nicht bekannt.

Ähnlich wie für Items gilt auch für Skalen: Der Bereich Angst wird differenzierter, nämlich mit drei Skalen, gemessen, Depression hingegen nur mit einer. Dies kann ein verzerrtes Bild bei der gemeinsamen Betrachtung der Störungsbereiche erzeugen. Dieser Gesichtspunkt spielt u. a. eine Rolle für die – hier zwar nicht empfohlene, aber anderenorts gelegentlich geschilderte – Interpretation von globalen Messwerten wie dem Globalen Symptomindex.

Eine Anzahl von Items ist den Skalen darüber hinaus etwas willkürlich zugeordnet: Für vier Items zum Thema Schmerz etwa wird unterstellt, Patient:innen würden »somatisieren«, also bei der Einschätzung des somatischen Krankheitsgeschehens aggravieren oder täuschen. Dies anzunehmen ist nicht ausreichend fundiert, wahrscheinlich unrichtig, auch gegenüber Schmerzpatient:innen unangemessen. Es fehlt eine eigenständige Schmerzskala. Auch bei Skala 9 »Zwang« bestehen konzeptuelle Fragen, denn ein Teil der Items misst etwas anderes. Mehrere Items sind einander semantisch relativ ähnlich, gehören aber zu unterschiedlichen Skalen.

An dieser Stelle kommt der Gesichtspunkt blockweise versus gemischte Itemvorgabe ins Spiel. Die Autorin spricht sich für eine gemischte Vorgabe aus (Franke & Stäcker, 1995). Dies hat Vorteile, aber auch gravierende Nachteile. Der Vorteil besteht in der Vermeidung von sogenannten Antworttendenzen: Eine blockweise

Vorgabe könnte dazu führen, dass das erste Item des Blocks Ausstrahlungseffekte auf die Beantwortung aller nachfolgenden Items hätte. Ein Nachteil gemischter Vorgabe besteht aber in der Irritation bzw. im Misstrauen gegenüber dem Verfahren als Ganzes. Der/die Patient:in weiß nicht, worauf der Fragebogen mit gemischt vorgegebenen Items hinauswill. Sehr klinisch formulierte Aussagen könnten betont zurückhaltend beantwortet werden. Die blockweise Vorgabe würde hier inhaltlich größere Klarheit schaffen: »Aha, hier geht es um Depression«, dagegen »Aha, hier geht es um Angst« etc. Die blockweise Itemvorgabe hätte auch ihre sinnvolle Entsprechung in den störungsspezifischen Verfahren (▶ Kap. 3), da deren Items von vorneherein inhaltlich klar definiert und – was in der Natur der Sache liegt – in einem Block vorgegeben sind. Die gemischte Itemvorgabe dagegen steht eher in der Tradition der Differentiellen Psychologie zur Vermeidung von inhaltsfremden Beantwortungstendenzen.

Die Unklarheit in der Zuordnung der Items zu spezifischen Störungsbereichen kann anhand einiger Beispiele verdeutlicht werden: »Einsamkeit, selbst wenn in Gesellschaft« gehört zur Skala »Psychotizismus«, »Einsamkeitsgefühle« dagegen zur Skala »Depression«; »Gefühl, dass man den meisten Leuten nicht trauen kann« gehört zur Skala »Paranoides Denken«, »Gefühl, dass die Leute unfreundlich sind oder Sie nicht leiden können« zur Skala »Unsicherheit«. »Gedächtnisschwierigkeiten«, »Leere im Kopf«, »Konzentrationsschwierigkeiten« sind der Skala »Zwang« zugeordnet, »Gedanken, dass mit dem Verstand etwas nicht in Ordnung ist« der Skala »Psychotizismus«; »Gefühl, dass schlimme und *eigenartige* (sic) Dinge passieren« zählt zur Skala »Ängstlichkeit«. »Gedanken an den Tod und ans Sterben« zählt gar nicht mit, vor allem nicht bei der infrage kommenden Depression und ist lediglich ein Zusatzitem.

Wegen dieser fragwürdigen Zuordnungen kann sich der/die betreffende Patient:in leicht falsche Messwerte auf den Skalen einhandeln, z. B. fälschlich erhöhte Psychotizismus- oder Paranoiditätswerte erzielen oder bei Depression einen zu niedrigen. Bei klarerer Gliederung könnte das Verfahren durch den Verzicht auf semantisch ähnliche Items gekürzt werden, und bei blockweiser Vorgabe der Items wäre der jeweilige erfragte Bereich verständlicher und transparenter.

Im regulären Psychotherapiealltag sind die Psychose- und Paranoiditätsskalen untypisch – im Psychiatriezusammenhang hingegen nicht. Beide Bereiche in einem Gesamtfragebogen zusammenzufassen, ist nicht optimal und könnte im Psychotherapierahmen zu Missverständnissen oder Unmut führen – und infolgedessen unsorgfältige Beantwortungen erzeugen. Auf die Skala »(Warnung vor) Aggressionsausbrüche(n)« wurde bereits eingegangen. Dieser Aspekt wird bei ambulanten Psychotherapiepatienten:innen selten vorkommen, aber sie könnten denken, Aggressionsausbrüche würden ihnen zugetraut.

Zeitrahmen: Bezüglich des Zeitrahmens lautet die Instruktion »Wie sehr litten Sie in den letzten 7 Tagen unter …«.

Dimensionale Struktur: Die Item-Skalen-Zuordnung der SCL-90 muss im Grunde als a priori festgelegt bezeichnet werden, sie wurde von Derogatis nur ein Mal zu Anfang faktorenanalytisch näherungsweise gestützt. Später wurde sie nicht mehr repliziert. Mehrere nachfolgend durchgeführte Analysen anderer Forscher:innen erbrachten abweichende und unter diesen wiederum uneinheitliche Ergebnisse.

Zum Beispiel luden inhaltlich ähnliche Items auf einem gemeinsamen Faktor, obwohl sie bei der Fragebogenentwicklung für die Messung unterschiedlicher Störungen gedacht waren und folglich unterschiedlichen Skalen zugeordnet sind. Ungeachtet all dessen wurde die erste Zuordnung beibehalten.

Es zeigte sich auch, dass die verschiedenen faktorenanalytischen Lösungen stichprobenabhängig waren. Und vor allem wurde eine beachtliche Anzahl an Studien nur an Nichtpatient:innen durchgeführt, was die Übertragbarkeit ihrer Ergebnisse auf klinische Kontexte in Frage stellt. Eine sehr frühe Strukturierung (Derogatis et al., 1971; Franke, 2014) bezog sich auf die 58-Item-Variante, die dortige 5-Faktorenlösung ist prinzipiell nachvollziehbar. Später wurde – dann zur 90-Item-Endversion – von den meisten Forscher:innen in der Tendenz nur ein inhaltlich gemischter Generalfaktor mit sehr vielen Items ermittelt, gefolgt von einer unterschiedlichen Anzahl spezifischer Faktoren in meist unsystematischer Zusammensetzung. Die zahlreich referierten Studien lassen jedenfalls keinen stimmigen Trend erkennen (Franke 2014, S. 50–54).

Modernere und der postulierten Struktur angemessenere Modelltestungen wurden nicht genutzt, auch wenn entsprechende Programme wie LISREL seit Mitte der 1980er Jahre prinzipiell bekannt waren (Ausnahme Carpenter & Hittner, 1995; s. a. Franke, 2014, S. 51; die ihr postuliertes Modell jedoch verwerfen mussten). Durch die zwischenzeitliche große Verbreitung der SCL war vermutlich irgendwann nicht mehr gewünscht, abweichende Lösungen zu verfolgen, die zu stark in Länge, Inhalt und a-priori-Struktur eingegriffen hätten. Varianten einer solchen revidierten SCL hätten wohl auch die internationale Forschungskommunikation erschwert, Journal-Reviewer hätten die inzwischen dominierende SCL-Originalversion verlangen können und Varianten davon nicht akzeptiert. Insofern gestalten sich Überblick und Wertung bezüglich einer empirischen Stützung der Skalen-/Itemstruktur von Derogatis unter dem Strich nicht nur als unbefriedigend und wenig ergiebig, sondern im Grunde als nicht (mehr) sonderlich relevant.

Zuverlässigkeit: Franke (2014, S. 47) berichtet sechs nach Stichproben getrennte Reliabilitätsanalysen. Wir ziehen nur die Ergebnisse aus der klinischen Stichprobe heran, die aus 1263 Psychotherapiepatient:innen besteht (die Autorin verwendet die ältere Bezeichnung »Klienten«). Diese Teilnehmer:innen befanden sich in einer stationären psychosomatischen Rehabilitation (drei Kliniken), zu Diagnosen und Erhebungszeitpunkten (Anmeldung, Aufnahme, Entlassung) liegen keine Informationen vor. Die Alpha-Koeffizienten sind als befriedigend bis gut zu bezeichnen, der höchste Wert beträgt Alpha = 0,89 für die 13-Item-Skala »Depression«, der schlechteste Wert liegt mit Alpha = 0,76 für die 6-Item-Skala »Aggressivität« vor (übrige: Ängstlichkeit Alpha = 0,87, Paranoidität Alpha = 0,81, Phobien Alpha = 0,87, Psychotizismus Alpha = 0,80, Somatisierung Alpha = 0,86, Unsicherheit Alpha = 0,88 und Zwang ebenfalls Alpha = 0,88). Es kann vermutet werden, dass die vergleichsweise etwas schlechteren Homogenitäten für Aggressivität, Paranoidität und Psychotizismus damit zusammenhängen, dass stationären Psychosomatikpatient:innen diese Bereiche fremd waren und zu Zufallsantworten führten. Befunde aus psychiatrischen Stichproben werden nicht berichtet.

Retestkorrelationen für klinische Stichproben liegen nicht vor. Eine kleinere Stichprobe (N = 76) beantworteten den Fragebogen zweimal im Abstand einer

Woche, die dabei ermittelten Werte rangieren von r_{tt} = 0,74 bis r_{tt} = 0,87. Bei den Teilnehmer:innen handelte es sich allerdings um Studierende, die keine diagnostizierte Störung hatten.

Validität: Faktorielle Validität ist nicht nachgewiesen (s. o.). Korrelative Befunde – zwischen SCL-Skalen und einschlägigen Referenzmaßen – sind uneinheitlich und können die Validität der SCL-90-S nicht gut stützen. Andere Depressionsmaße etwa korrelierten relativ hoch mit der SCL-Skala »Depression«, aber ungünstigerweise auch hoch mit anderen SCL-Skalen wie Angst, Zwang, Aggressivität und Psychotizismus.

Aus dem Spektrum der übrigen Skalen außer Depression liegen für vier Skalen Ergebnisse vor: Patient:innen mit hohen Werten auf SCL-Unsicherheit erzielten mittelhohe Werte auf Skalen zu interpersonellen Problemen bzw. zum Wunsch nach sozialer Unterstützung. Für SCL-Somatisierung wurde der Zusammenhang mit Schmerz untersucht, dort fanden sich sehr geringe Korrelationen, obwohl SCL-Somatisierung vier Schmerz-Items enthält. Erstaunlich schwach sind vor allem die Zusammenhänge zwischen SCL-Somatisierung und einem Fragebogen zu somatoformen Störungen. Allerdings wurde auch hier die Studie nur an N = 293 Studierenden durchgeführt. Diese hatten keine somatoformen Probleme. Für die SCL-Skala »Aggressivität« liegen mittelhohe Korrelationen mit zwei Ärger-Skalen vor. Für ein Bündel differentiell-psychologischer – also nicht klinischer – Merkmale wurden keine gerichteten Hypothesen formuliert (SCL-90-Merkmal X soll positiv/negativ mit dem externen Merkmal Y korrelieren). Mittelhohe Korrelationen wurden zwischen einzelnen SCL-Skalen und einem Maß für Neurotizismus des Fünf-Faktoren-Modells der Persönlchkeit ermittelt, wiederum nur an einer studentischen Stichprobe ohne klinische Ausprägungen. Die Gesamthäufigkeit angegebener SCL-Symptome scheint darüber hinaus mit dem Ausmaß an Neurotizismus einherzugehen.

Befunde aus dem Vergleich verschiedener Krankheitsgruppen werden nicht berichtet, dies darf eigentlich gefordert werden. Darüber hinaus werden keine Ergebnisse aus Psychotherapien mitgeteilt, obwohl das Verfahren in Kliniken zum Einsatz kommt. Summa summarum müssen die Validierungsarbeiten und -befunde aus klinischer Sicht als unzureichend eingestuft werden.

Änderungssensitivität: »Die SCL-90-S wird vor allem erfolgreich im Bereich der Evaluation ambulanter oder stationärer Psychotherapie eingesetzt« (Franke, 2014, S. 19). Diese Charakterisierung ist nicht zutreffend. Befunde zur Änderungssensitivität werden nicht angegeben. Wo wurde die Skala »erfolgreich« eingesetzt, was wurde mit welchem Ergebnis evaluiert, wie konnte diese Aussage – etwa in Publikationen – belegt werden? Es ist nicht ausgeschlossen, dass im klinisch-psychotherapeutischen Rahmen anderenorts erzielte Änderungen auch mittels Vorher-Nachher-Einsatz der SCL-90-S aufgezeigt werden konnten. Hierüber werden jedoch keine Informationen mitgeteilt. Für den universitären Beratungskontext, der im Manual (Franke, 2014) eine größere Rolle spielt, dürfte die Eignung als änderungssensitives Instrument schwierig zu erreichen sein, da eine klinische ICD-Symptomatik dort nicht übermäßig häufig anzunehmen ist, befragte Personen also a priori bereits sehr niedrige Werte erzielen werden.

Im Manual sind kritische Differenzen angegeben, und eine Cut-off-Beurteilung (s. u.) ist aufgrund vorliegender Bevölkerungs- versus Psychotherapiedaten möglich. Künftige Untersuchungen könnten daher Ergebnisse zur Änderungssensitivität prinzipiell liefern.

Richtwerte/Normen: Die SCL-90-S wurde repräsentativ an einer *N* = 2025-Stichprobe der Normalbevölkerung durch ein Sozialforschungsinstitut normiert (Franke, 2014, S. 36–37). Im Amerikanischen haben wir also Referenzwerte von Patient:-innen der Psychiatrieambulanz aus dem Jahr 1977, im Deutschen zwar deutlich aktuellere Angaben – aber hier bezogen auf Personen ohne diagnostizierte Störung. Dies lässt internationale Vergleiche nicht zu. Für die deutsche SCL-90-S werden *T*-Werte (nur Normalbevölkerung) angegeben. Skalenweise in neun Tabellen sind der jeweilige Skalenwert (Rohwert) und der zugeordnete *T*-Wert nebeneinander aufgelistet. Aus dem überaus umfangreichen, 110-seitigen Tabellenanhang genügen hierbei die Tabellen von Seite 153 bis 163 (Franke, 2014), daraus jeweils die ersten drei Spalten.

Wichtig zu erwähnen: Die Normierung wurde nicht für klinische Stichproben vorgenommen. Dies führt dazu, dass im klinischen Kontext erhaltene Werte gemessen an den Bevölkerungsnormen extrem hoch ausfallen können und eine tatsächliche Einschätzung ihres klinischen Ausmaßes dadurch nicht möglich ist. Auch zahllose Erfahrungswerte aus dem klinischen Praxisalltag (E.G. und S.K.) belegen hier erhebliche Ausschläge, teils bis zu *T*-Werten von 30 oberhalb des Mittelwerts von *T* = 50, also drei Standardabweichungseinheiten. Ein solch hoher Wert wird bei normalverteilten Skalenwerten nur von 0,15 % der Normierungsstichprobe aus *N* = 2025 Personen erreicht. Dies entspricht drei Personen daraus.

Ein Vergleich eines individuell erhaltenen Messwertes eines Psychotherapiepatienten bzw. einer Psychotherapiepatientin, der von nur so wenigen gesunden Personen erreicht wird, ist nicht sinnvoll interpretierbar. Werte in diesen Extrembereichen sind außerdem weniger zuverlässig als Werte im Mittelbereich: Hier wird nicht abschließend klar, was die Intention des Fragebogens ist. Denn verschiedentlich wird eher auf einen universitären Beratungskontext (Besprechen von Prüfungsängsten? Von Ablösungsproblemen von zu Hause?) Bezug genommen bzw. auf Studien an HIV-Patient:innen, bei denen zwar die Auseinandersetzung mit der Krankheit eine Rolle spielt, aber eine psychische Störung im Sinne von ICD 10-Kapitel F (WHO, 2010) nicht gegeben sein muss.

Eine zusammengesetzte Stichprobe in beachtlicher Größe (*N* = 1263 Psychotherapiepatient:innen, ungünstigerweise nicht nach Diagnosen gegliedert) wurde von der Autorin an Kliniken organisiert (Franke, 2014, S. 39). Dies hätte die Ermittlung von zumindest globalen klinischen Normen ermöglicht, auch – vorausgesetzt, die Kliniken behandeln wirksam – Hinweise auf Änderungssensitivität. Die Werte für die dortigen Patient:innen werden nur in Form nichtnormierter Skalenwerte (*M*, *SD*) tabelliert. Die *T*-Werte müssen ersatzweise den Normierungstabellen für Personen ohne Störung entnommen werden (Anhang A, Tabellen 7a und 8a, Franke, 2014, S. 79–80). In für Kliniken typischeren Störungsbereichen wie Depression, Angst, Unsicherheit oder Zwang rangieren die Patient:innen bereits 1,5 Standardabweichungen über dem Mittelwert der Normalbevölkerung. Dies bedeutet umgekehrt, dass nur 7 % der Normalbevölkerung Werte erreichen, die jenen der Patient:innen entsprechen – Vergleichbarkeit daher sehr fraglich.

Zur weiteren Veranschaulichung ein Beispiel: Ein als depressiv diagnostizierter Patient erzielt bereits dann einen *T*-Wert von 70 (= 2 Standardabweichungen über dem Mittelwert der Normalbevölkerung), wenn er die 13 Depressionsitems jeweils mit einem Wert von nicht höher als 2 = »ziemlich« beantwortet hätte. Von in einem solchen Fall nicht gänzlich unwahrscheinlichen Werten wie 3 = »stark« oder 4 = »sehr stark« ist dabei noch gar nicht die Rede gewesen. Bei der Anwendung der Bevölkerungsnormen im klinischen Kontext gilt es also, Interpretationen höchst zurückhaltend vorzunehmen. Im Grunde ist es stimmiger, gar nicht mit den Bevölkerungsnormen, sondern besser mit Skalenwerten zu arbeiten. Für Kliniken mit hohen jährlichen Behandlungszahlen würde sich auch die Aufstellung eigener Normen lohnen, sollten sie sich für den Routineeinsatz dieses Instruments entscheiden. In Entlassbriefen aus Kliniken *T*-Werte von 70, 80 oder mehr zu berichten, ist meist inhaltlich problematisch und bietet für eine Weiterbehandlung keine sinnvolle Information.

Kritische Differenzen: Um das Vorgehen auch im Falle der SCL-90-S einheitlich zu handhaben, wurden kritische Differenzen von den Autoren dieses Handbuchs nachberechnet. Die bei Franke berichteten kritischen Differenzen und die hier nachberechneten Angaben weichen voneinander ab, die neuen Werte fielen gegenüber den Manual-Angaben um ein bis zwei *T*-Wertpunkte strenger aus. Wir bezogen uns auf Patient:innen der o. g. klinischen Stichprobe, Tabelle 9.1 (Franke, 2014, S. 47) und Tabelle 7a (Franke, 2014, S. 79, Anhang A). Die angegebenen Werte stellen Skalenwerte (Wertespanne von 0 bis 4) und – in Klammern – gerundete *T*-Werte dar. Global gesprochen, sollten Werte zwischen zwei Messungen mindestens eine Standardabweichungseinheit (10 *T*-Wert-Punkte) auseinander liegen (Ausnahme Skala »Aggressivität«, dort mehr), um von einem verlässlich gemessenen Unterschied ausgehen zu können.

Die korrigierten kritischen Differenzwerte lauten im Einzelnen: Aggressivität 1,00 (T = 14 Punkte), Ängstlichkeit 0,82 (T = 10), Depression 0,76 (T = 9), Paranoidität 1,03 (T=12), Phobien 0,92 (T = 10), Psychotizismus 0,80 (T = 12), Somatisierung 0,77 (T = 10), Unsicherheit 0,86 (T = 10) und Zwang 0,79 (T = 10).

Vertrauensintervall um individuelle Messwerte: Bei der Interpretation der erhaltenen Messwerte ist das Vertrauensintervall zu berücksichtigen, in welches Standardabweichung und Homogenität der Skala einfließen. Die Werte hierfür lauten im Einzelnen: Aggressivität +/- 0,70 Punkte, Ängstlichkeit +/- 0,57, Depression +/- 0,76, Paranoidität +/- 0,72, Phobien +/- 0,64, Psychotizismus +/- 0,56, Somatisierung +/- 0,54, Unsicherheit +/- 0,60 und Zwang +/- 0,55 (Wertespanne von 0 bis 4).

Cut off: Das Manual gibt keine Auskunft über Vorher-Nachher-Messungen bei Psychotherapien oder nach Klinikaufenthalten. Zur Bestimmung von Cut-off-Werten stehen Angaben aus der N = 2025 (nichtklinischen) Normierungsstichprobe und aus der zusammengesetzten N = 1263 Patient:innen-Stichprobe der psychosomatischen Rehakliniken zur Verfügung. Wir stellen nur die Werte bezogen auf den jeweiligen Skalenwert (von 0 bis 4) gemäß Cut off 1 vor (Mitte zwischen Normalpersonenmittelwert und Patient:innenmittelwert). *T*-Werte können auf dieser Grundlage in einem zweiten Schritt aus Anhang D 1 bis D 9 abgelesen werden, resultieren aber – wie erläutert – aus den Berechnungen der Normalpersonenstichprobe.

Als Unklarheit erwies sich: Die in Tabelle 1 C (Anhang A) berichteten Mittelwerte der Normierungsstichprobe haben in den *T*-Wert-Spalten D 1 bis D 9 *nicht den Wert 50*, den sie definitionsgemäß haben müssten, sondern meist einen höheren Wert. Von daher ist nicht sicher, welche Stichprobengrundlage für die *T*-Wertberechnung im Manual herangezogen wurde oder ob Darstellungs- bzw. Berechnungsfehler vorliegen.

Die Cut offs für die Skalen lauten: Aggressivität 0,66, Ängstlichkeit 0,80, Depression 1,06, Paranoidität 0,53, Phobien 0,78, Psychotizismus 0,50, Somatisierung 0,82, Unsicherheit 0,90, Zwang 1,01 (für eine Wertespanne von 0 bis 4).

Die Tabellierungen im Manual sind teilweise fehlerhaft. Die offensichtliche Verwechslung der Angaben für Paranoidität und Phobien wurde berücksichtigt.

Empfehlung: Letztendlich dürfte man mit dem Einsatz der SCL-90-S im Rahmen der praktischen Psychotherapieauswertung nicht froh werden, die Nachteile überwiegen sehr deutlich. Es spricht wenig für die Verwendung des Instruments, denn selbst die Eignung als Screeninginstrument, um vorab einen Überblick zu gewinnen, ist fraglich. Auch hier schlagen die Validitätsprobleme durch und bergen die Gefahr psychodiagnostischer Fehlschlüsse. Insbesondere dominieren Validitätsangaben aus Studierendenstichproben, die im klinischen Kontext kaum brauchbar sind. Von der Verwendung eines Gesamt-Summenscores (Globaler Symptomindex [GSI]) ist abzuraten, es besteht kein ICD-Bezug. Die fehlende Normierung für den klinischen Kontext gilt als besonders gravierender Nachteil. Die Regel sind dadurch bei Psychotherapiepatient:innen künstlich erhöhte Ausprägungen auf den *T*-Skalen – mit eingeschränkter Aussagekraft. Vor allem ist die Änderungssensitivität nicht belegt. Mit Hilfe der SCL-90 kann der Therapieerfolg in der Behandlung einer Störung also nicht verlässlich beurteilt werden.

Der Einsatz über ein Screening hinaus (zwei oder mehr Messungen) wäre auch praktisch unhandlich, da Bereiche in der Messwiederholung erneut erhoben würden, die zuvor unproblematisch waren. In seltenen Fällen mögen zwischen der ersten und der nächsten Messung neue Probleme aufgetreten sein, für die der/die Patient:in nun höhere Messwerte aufweisen würde. Dies wäre in einem solchen Fall klinisch sorgfältig zu eruieren und könnte – wenn tatsächlich Hinweise vorliegen sollten – deutlich einfacher erhoben werden.

Für die Einzelfallpraxis bietet sich der Einsatz der SCL-90-S als Instrument zur Therapieerfolgsbeurteilung somit nicht an.

Bezug: Die Symptom-Checklist-90 in der Variante »S« (S steht für Standard) ist beim Verlag Hogrefe erschienen und über die Testzentrale www.testzentrale.de (Suchfeldeingabe SCL-90-S) erhältlich. Darüber hinaus ist eine weitere Variante, als »Symptom-Checklist-90 R« bezeichnet (R = revised), bei der deutschen Niederlassung des Pearson Verlags (Homepage) verfügbar. Diese Version wird – abweichend zu weiteren Produkten von Pearson – bei der Testzentrale nicht angeboten.

5.3.2 Die Brief Symptom Checklist (BSCL)

Im Amerikanischen durch Derogatis und Melisaratos seit 1983 und später im Deutschen durch Franke (2000, 2017) steht eine 53-Item-Variante der SCL-90-S zur Verfügung. Die offizielle deutsche Bezeichnung lautet *Brief-Symptom-Checklist (BSCL)* (Franke, 2017). In der Forschung ist für diese Variante auch der ursprüngliche Name Brief Symptom Inventory BSI verbreitet. Die US-Autoren und die deutsche Autorin Franke empfehlen die Anwendung dann, wenn im Rahmen von Untersuchungen noch weitere Messinstrumente im Einsatz sind. Das Verhältnis der Bestellungen von SCL-90-S zu BSCL liegt bei ca. 5:1, die kürzere Variante spielt also im deutschsprachigen Raum eine sehr untergeordnete Rolle im Vergleich zur Standardversion. Beide Versionen des Fragebogens, wie er den Patient:innen vorgelegt wird, sind bis auf die Kürzung von 90 auf 53 Items in der Gestaltung ähnlich. Der Zeitgewinn beträgt etwa fünf Minuten.

Unabhängig vom gleichen Formular gibt es Gemeinsamkeiten und Unterschiede zwischen der SCL-Standardversion und der BSCL. Eine Gemeinsamkeit ist der gleiche Aufbau: Auch die BSCL besteht aus neun Skalen, sie tragen die gleichen Benennungen bei der SCL-Standardform. Details zur Frage der Kürzungen bei den Items pro Skala werden im Amerikanischen und im Deutschen nicht angegeben. Dies ist ein gewisses Manko, denn die Kürzungen fallen bei den einzelnen Skalen in Art und Umfang recht unterschiedlich aus. Eine Folge ist die teilweise deutliche Veränderung der einzelnen Skalen. Die Skala »Aggressivität« wurde um ein Item gekürzt und umfasst in der Kurzform fünf Items, bei den weiteren Skalen (alphabetische Reihung) sind die Kürzungen und die neuen Itemzahlen wie folgt: Ängstlichkeit minus vier auf sechs Items, Depression minus sieben (!) auf sechs Items, Paranoidität minus eins auf sechs Items, Phobien minus zwei auf sieben Items, Psychotizismus minus fünf auf fünf Items, Somatisierung minus fünf auf sieben Items, Unsicherheit minus fünf auf vier Items und Zwang minus vier auf sechs Items. Auch in der BSCL gibt es Zusatzfragen (minus drei auf vier Items). Drei der beibehaltenen Zusatzfragen hätten eine Passung mit Depression, sollen aber analog zur SCL-90 auch im Falle der BSCL nicht mitverrechnet werden.

Das Binnenverhältnis verändert sich also im Vergleich zum Original. Einige Skalen wurden um mehr als die Hälfte gekürzt (Depression, Unsicherheit), andere nur um ein Item (Aggressivität, Paranoidität). Bei der Skala »Somatisierung« wurden von vier Schmerzitems der SCL-Standardversion in der BSCL drei Items herausgenommen. Diese Skala bekommt dadurch einen anderen inhaltlichen Schwerpunkt. Da sich die Kürzungen insgesamt mehrheitlich auf eher psychotherapienahe Störungsbereiche beziehen, verschiebt sich der Gesamtcharakter der Skala in Richtung psychiatrischer Inhalte. Dies war in Entwicklungsstadien der SCL-90 Anfang der 1970er-Jahre ähnlich. Die Eignung der BSCL könnte also nochmals stärker auf die Pharmakaverträglichkeits- und -wirksamkeitsforschung ausgerichtet sein. Für die Gebiete Psychotherapie und Psychosomatik wäre jedenfalls festzuhalten, dass Paranoiditäts-, Psychotizismus- und Aggressivitätsitems von diesen Patient:innen in der Regel weniger stark (oder gar nur nach Zufall) angekreuzt werden dürften. Aus all dem folgt, dass eine inhaltliche Vergleichbarkeit zwischen SCL-90-S (Vollversion) und der Variante BSCL nur eingeschränkt besteht, anders als dies in der Charakterisierung »brief« suggeriert wird.

Die Datenbasis der deutschen Fassung hat sich teilweise geändert. Gleichgeblieben ist die Eichstichprobe: Es sind dieselben N = 2025 Personen eines Instituts für Sozialforschung wie bei der Entwicklung der SCL-90-S, und auch im Amerikanischen wurde in der dortigen Variante BSI auf die alte Stichprobe der Langform zurückgegriffen (Derogatis, 1977). Die statistischen Analysen waren also nicht unabhängig. Probanden haben das Formular nicht selbst in der 53-Item-Version ausgefüllt. Aus dem Pool der schon existierenden (und beantworteten) 90 Items wurden allein die 53 Items für die BSCL zur Datenanalyse herausgefiltert. Da Items in Itemlisten nicht unabhängig voneinander hätten beantwortet sein können, ist dies nicht unproblematisch, mindert Aussagekraft und Wertigkeit der neuen skalenbezogenen Richtwerte/Normen.

Des Weiteren: Im Deutschen hat sich die klinische Referenzgruppe geändert. Lagen der Analyse der SCL-90-S noch die Werte von N = 1263 stationären Psychotherapiepatient:innen (3 psychosomatische Kliniken) zugrunde, so dienten nun N = 3200 *ambulante* Psychotherapiepatient:innen (Institutsambulanz der Technischen Universität Dresden) als klinische Datengrundlage. Wie dies bereits für Patient:-innen bei der SCL-90-S als Mangel konstatiert wurde, gibt es auch bei der BSCL keine klinischen Normen, obwohl hier die 3200 Patient:innen eine gute Basis gewesen wären. Das Manual berichtet daneben über Stichproben aus rund 500 Schüler:innen und 1600 Studierenden, beide Gruppen ohne diagnostizierte Störungen. Sie sind im vorliegenden Zusammenhang daher ohne Bedeutung.

Dimensionale Struktur: Die Darstellungen im Abschnitt zur SCL-90-S gelten für die BSCL entsprechend.

Zuverlässigkeit: Die Alpha-Homogenitäten (Stichprobenbasis N = 3200 ambulante Psychotherapiepatient:innen, Franke, 2017, S. 46) liegen um 0,05 bis 0,10 unter jenen der Langform SCL-90-S (s. o.). Für Alpha-Koeffizienten sind Reduktionen in dieser Größenordnung nicht vernachlässigbar.

Retestkorrelationen aus klinischen Stichproben liegen für die BSLC nicht vor. N = 343 Studierende ohne Störung füllten die BSCL zweimal im Abstand einer Vorlesungswoche aus (r_{tt} = 0,64 bis r_{tt} = 0,82).

Validität: Die Darstellungen im Abschnitt zur SCL-90-S gelten für die BSCL weitgehend entsprechend. Die Binnenvergleichbarkeit der SCL-Standardform und der BSCL wurde so untersucht: Anhand der Bevölkerungsstichprobe wurden Korrelationen zwischen den Skalen der SCL-Standardversion und jenen der 53-Item-Variante berechnet. Die 53 Items wurden in derselben Stichprobe *mit sich selbst* korreliert, einmal als Bestandteil der Skalen der Standardversion und einmal herausgefiltert, aber sonst identisch für die Skalen der BSCL. Es resultierten dabei – wenig verwunderlich – hohe Korrelationen: r = 0,93 bis r = 0,98. Dieses Vorgehen zur Validitätsanalyse ist zumindest fragwürdig.

Gruppenunterschiede: Patient:innen (N = 642) der Stichprobe TU Dresden mit Depressionsdiagnosen unterschieden sich in ihren BSCL-Depressionswerten von den übrigen Patient:innen der dortigen Stichprobe, die andere Diagnosen aufwiesen. Analog unterschieden sich Patient:innen mit Angstdiagnosen (N = 918) in ihren

BSCL-Angstwerten von den anderen Patient:innen ohne Angst. Die Effekte wurden als mittelgut gewertet.

Änderungssensitivität: Anders als bei der SCL-90-S liegen für den BSCL-Fragebogen Angaben aus Vorher-Nachher-Messungen vor, die die Psychotherapieambulanz der TU Dresden der Autorin überlassen hatte. Innerhalb dieser $N = 3200$ Stichprobe stehen 1555 Datensätze (48 %) zur Verfügung, bei welchen die BSCL auch am Therapieende bearbeitet wurde. $N = 1645$ Teilnehmer:innen machten keine Angaben (Abbrecher, Fragebogenverweigerer, Misserfolg?). Im Mittel fanden 34 Behandlungssitzungen statt ($SD = 16$ Sitzungen; Franke, 2017, S. 49). Bei keiner der neun Skalen lag der Mittelwert der Gruppe am Therapieende niedrig genug, als dass er – bezogen auf eine Einzelfallauswertung – das Kriterium »Außerhalb der kritischen Differenz« (s. u.) erreicht hätte. Insofern wären Reduktionen (im Einzelfall) nicht gegen Messfehler und zufällige Schwankungen abgesichert.

Eine Teilauswertung wurde auch für jene $N = 1110$ Patient:innen (34 %) durchgeführt, die von der Dresdener Psychotherapieambulanz als besonders belastet bezeichnet wurden. Diese hatten bei der Vorher-Messung höhere BSCL-Werte. Übertragen auf einen Einzelfall kann die BSCL aber auch für diese Unterstichprobe keine Veränderung anzeigen, die außerhalb der kritischen Differenz liegt. Messwertveränderungen eines typischen Patienten bzw. einer typischen Patientin verbleiben auch hier nach 34 Therapiestunden im Bereich von Messfehlern und zufälligen Schwankungen.

Die bei Franke (2017, S. 12) erwähnten Belege aus Evaluationsstudien anderer deutscher Ambulanzen beziehen sich auf eine BSCL-Gesamtsumme und geben keine Auskunft zu den Skalen der BSCL. Es kann daher bisher nicht von verlässlichen Hinweisen auf eine Eignung für die Therapieerfolgsbeurteilung (störungsbezogen/skalenbezogen) ausgegangen werden.

Richtwerte/Normen: In Anhang D 1 bis D 9 (Franke, 2017, S. 135–141) werden den Rohwerten der BSCL-Skalen *T*-Werte zugeordnet. Die Normierungsstichprobe ist identisch mit jener des SCL-90-S. Sie besteht nicht aus klinischen Fällen. Die Normen sind für Personen ohne Störungen geeignet. Die durchschnittlichen Messwerte der klinischen Stichprobe TU Dresden würden gemäß dieser Normierung eine Standardabweichungseinheit über dem Mittelwert der Stichprobe ohne Störung liegen.

Kritische Differenzen: Die kritischen Differenzen (Basis: Patient:innen der Stichprobe TU Dresden) fallen aufgrund der etwas schlechteren Homogenitätswerte der BSCL-Skalen größer aus als jene für die Standardform SCL-90-S. Sie lauten im Einzelnen (*T*-Werte in Klammern): Aggressivität 1,08 (14), Ängstlichkeit 1,04 (12), Depression 0,90 (10), Paranoidität 1,13 (13), Phobien 1,12 (13), Psychotizismus 1,15 (15), Somatisierung 0,91 (13), Unsicherheit 1,27 (13) und Zwang 1,04 (12). Die Wertespanne reicht von 0 bis 4. Die Differenz muss – Ausnahme Depression und Somatisierung – erkennbar über dem Wert von 1 liegen bzw. auf *T*-Werte bezogen 1 bis 1,5 Standardabweichungseinheiten betragen.

Vertrauensintervall um individuelle Messwerte: Bei der Interpretation der erhaltenen Messwerte ist das Vertrauensintervall zu berücksichtigen, in welches Standardabweichung und Homogenität der Skala einfließen. Das Vertrauensintervall beträgt bei einer Wertespanne von 0 bis 4 für Aggressivität +/- 0,75 Punkte, für Ängstlichkeit

+/- 0,72, für Depression +/- 0,63, für Paranoidität +/- 0,79, für Phobien +/- 0,78, für Psychotizismus +/- 0,80, für Somatisierung +/- 0,63, für Unsicherheit +/- 0,88 und Zwang +/- 0,72 Punkte.

Cut off: Basis für die Cut-off-Bestimmung waren $N = 2025$ Personen ohne Störung der Eichstichprobe und $N = 3200$ Patient:innen der Psychotherapieambulanz TU Dresden. Es wird der Cut off 1, die Mitte zwischen den beiden Stichprobenmittelwerten, angegeben (Wertespanne von 0 bis 4): Aggressivität 0,69, Ängstlichkeit 0,79, Depression 0,87, Paranoidität 0,74, Phobien 0,51, Psychotizismus 0,56, Somatisierung 0,61, Unsicherheit 0,92 und Zwang 0,97.

Zu beachten ist hier: Insbesondere durch die relativ geringen Mittelwerte der Eichstichprobe ohne Störung wird der Cut-off-1-Wert nach unten gedrückt. Dies könnte es in der Psychotherapiepraxis mit Einzelpatient:innen erschweren, bei der Abschlussmessung unter die Grenze für die relevante Skala zu gelangen.

Empfehlung: Die bei der Besprechung der SCL-90-S erläuterten Kritikpunkte gelten für die BSCL im Prinzip analog. Darüber hinaus sind die Skaleneigenschaften (kürzere Skalen) etwas schlechter. Die Äquivalenz zwischen beiden Versionen ist wegen der neuen Item-/Skalenzusammensetzung deutlich eingeschränkt. Die Daten aus einer Vorher-Nachher-Messung bei Therapien konnten eine Änderungssensitivität nicht belegen (Kriterium kritische Differenzen). Das Problem der Normen nur für Personen ohne Störung besteht auch hier. Für die Einzelfallpraxis gelten die zur SCL-90-S gemachten Einwände analog.

Bezug: Die Brief-Symptom-Checklist (BSCL) ist beim Verlag Hogrefe erschienen und über die Testzentrale www.testzentrale.de (Suchfeldeingabe BSCL) erhältlich. Darüber hinaus gibt es eine Variante, die auch im Deutschen den Namen Brief Symptom Inventory (BSI) trägt (über die deutsche Niederlassung des Pearson Verlags – dortige Homepage verfügbar).

5.4 Das Verhaltensdiagnostiksystem 90 (VDS90)

Im Grunde ist die Bezeichnung Verhaltensdiagnostiksystem ein sogenannter Misnomer, denn es geht weniger um Verhalten als vielmehr – ähnlich wie beim ISR-Fragebogen – um 26 psychopathologische Syndrome gemäß ICD 10 (WHO, 2010). Serge Sulz, Hauptautor, Begründer des Centrums für Integrative Psychotherapie München (CIP), hatte unter dem Label VDS mehrere Fragebögen und Interviewschemata mit unterschiedlicher Bezifferung vorgelegt, so dass der Name VDS aus Gründen des einheitlichen Auftritts als Label belassen wurde. Die ausgeschriebene Form ist weniger gebräuchlich, eher gängig ist die Bezeichnung *VDS90-Symptomliste.* Wie leicht ersichtlich, machte sich das Verfahren die Bekanntheit der Symptom-Checklist-90 zunutze, in dem es auf eben diese Buchstaben-Zahlen-Kombination setzt. Ausgangspunkt der Entwicklung der VDS90 war die auch anderenorts festgestellte geringe Passung der SCL-90 mit den Diagnosesystemen ICD (WHO, 2010) und DSM (2018; APA, 2000), des Weiteren die konzeptuelle Uneindeutigkeit und fragliche Validität ihrer Skalen. Zunächst war bei der VDS90-Symptomliste nur an ein Screeninginstrument gedacht worden (laut Sulz & Grethe, 2005, eine Alternative zur SCL-90 für die ambulante Psychotherapiepraxis), aber eine kontinuierliche Weiterarbeit daran ermöglicht inzwischen, wenn auch erst in Teilen, prinzipiell den Einsatz bei der Evaluation (Sulz et al., 2009). Organisatorisch-praktische Erwägungen standen zunächst im Vordergrund, etwa die Gewinnung eines schnellen Überblicks durch Ausfüllen eines Bogens im Wartebereich des Instituts, später auch ergänzt um die elektronische Erfassungs- und Auswertungsmöglichkeit. Ein Zwitter-Charakter aus einer eher kategorialen Abfrage klinischer Syndrome auf der einen Seite und einer Messung im Sinne quantitativer psychologischer Diagnostikverfahren auf der anderen ist bei der VDS90-Symptomliste ähnlich wie bei der ISR zu konstatieren: Die Entwicklung ist hier sicher noch nicht abgeschlossen. Formale Ähnlichkeiten mit der SCL-90 betreffen den Umfang von 90 Items, die 5-stufige Antwortskalierung (von 0 = »nicht« bis 4 = »stark ausgeprägt«) und den Zeitrahmen mit in den letzten 7 Tagen.

Neben den in der ambulanten Psychotherapie gängigen Störungsbereichen wie Depression, Angst/soziale Unsicherheit, somatoforme Beschwerden, auch Zwang und Essstörungen – diese werden jeweils mittels mehrerer Items untersucht – werden verschiedene andere Störungsbereiche mit nur wenigen, meist sogar nur mit einem Item abgefragt, etwa Körperdysmorphe Störung, Bipolare Störung oder Medikamentenmissbrauch. Insbesondere dort ist das Verfahren rein auf Screening begrenzt und nicht für die Therapieerfolgsbestimmung geeignet. Die Items sind in Aussageform gehalten: »Ich fühle mich bedrückt, traurig und niedergeschlagen«, »Ich habe Angst in engen, umschlossenen Räumen oder Situationen, aus denen Flucht nicht sofort möglich ist (U-Bahn, Tunnel, Warteschlange, Brücken, Türme)«. Die Items werden blockweise vorgegeben – ein Vorteil im Vergleich zur SCL-90. Depression (13 Items), Angst (10) und somatoforme Symptome (14) werden mit vergleichsweise längeren Skalen gemessen, daneben ein als Erschöpfung-Apathie bezeichneter Bereich (7 Items) und Essstörungen (8 Items). Von Interesse, weil sonst in der klinischen Forschung nicht häufig berichtet, erscheint Erschöpfung-Apathie mit der Beschreibung einer allgemeinen Müdigkeit, Langsamkeit bei den alltäglichen Erledigungen, Langsamkeit im Denken und dem Gefühl der Erschöpfung.

Die Skala »Essstörungen« muss bis auf weiteres für Zwecke der Vorher-Nachher-Messung zurückgestellt werden, denn es stehen keine Daten aus einer zweiten Messung zur Verfügung. Insofern werden im Weiteren nur vier der fünf genannten Skalen inspiziert.

Die Itemwerte werden skalenweise aufsummiert und durch die jeweilige Anzahl der Items dividiert. So resultieren Skalenwerte mit einer Wertespanne von 0 bis 4. Als Bearbeitungszeit werden 15 Minuten angegeben. Die Auswertung, wenn bezogen auf die genannten längeren Skalen, beträgt nur wenige Minuten.

Zeitrahmen: Der in der Instruktion vorgegebene Zeitrahmen lautet »in den letzten 7 Tagen«.

Der Fragebogeneinsatz ist ab einem Alter von 17 Jahren geprüft.

Dimensionale Struktur: Sulz und Grethe (2005) ermittelten eine Faktorenlösung aus 12 Faktoren ($N = 342$ Patient:innen). Die stärksten fünf Faktoren daraus speisen die Bereiche mit pro Skala sieben und mehr Items.

Zuverlässigkeit: Die Werte zur internen Konsistenz der Skalen lauten für Depression Alpha = 0,89, für Angst Alpha = 0,84, für somatoforme Symptome Alpha = 0,82 und für Erschöpfung-Apathie Alpha = 0,89 (N = 953 Patient:innen, Sulz et al., 2009, S. 226). Die Retestkorrelationen, Zeitabstand zehn Tage, betrugen für Depression r_{tt} = 0,87, für Angst r_{tt} = 0,88, für somatoforme Symptome r_{tt} = 0,80 und für Erschöpfung-Apathie r_{tt} = 0,89 (N = 138 Patient:innen, Sulz et al., 2009, S. 227).

Validität: Korrelative Zusammenhänge wurden nur zwischen Skalen der VDS90-Symptomliste und inhaltlich ähnlichen Skalen der SCL-90 berechnet, und zwar für die jeweiligen Depressionsskalen in Höhe von r = 0,76, für Angst r = 0,61 und r = 0,58 (SCL-Ängstlichkeit bzw. SCL-Phobische Angst) sowie für somatoforme Symptome r = 0,67. Für Erschöpfung-Apathie gibt es keine direkte Entsprechung bei der SCL-90. Die VDS90-Symptomliste kann gut zwischen Gruppen unterscheiden: Für N = 166 gesunde Personen und N = 953 Patient:innen ergaben sich substantielle Unterschiede auf den vier relevanten Skalen.

Änderungssensitivität: Für Depression, Angst, somatoforme Symptome und Erschöpfung-Apathie wurde die Eignung zur Messung von Änderungen nach Psychotherapie untersucht. N = 82 Patient:innen bearbeiteten die Skalen zu Beginn und nach Abschluss der ambulanten Psychotherapie (Angaben zur Sitzungszahl liegen nicht vor). Die Effektstärke für Depression ist gut (d = 1,10), für Angst, somatoforme Symptome und Erschöpfung-Apathie dagegen weniger hoch. Allerdings erfolgte die Auswertung nicht diagnosespezifisch, sondern global für alle untersuchten Fälle.

Richtwerte/Normen: Es werden Mittelwerte und Standardabweichungen für N = 953 Psychotherapiepatient:innen und für N = 166 gesunde Personen angegeben (Sulz et al., 2009, Tab 12, S. 227).

Kritische Differenzen: Bezugsstichprobe sind N = 953 Psychotherapiepatient:innen. Die kritischen Differenzen lauten bei einer Wertespanne von 0 bis 4 für Depression 0,63, für Angst 0,63, für somatoforme Symptome 0,57 und für Erschöpfung-Apathie 0,77. Würden die Vorher-Nachher-Differenzen der Studienmittelwerte als Veränderungen bei einer individuellen Therapie erreicht, so lägen sie für die Skala »Depression« außerhalb der kritischen Differenz. Für die Skalen Angst und somatoforme Symptome gilt dies nicht. Bei der Skala »Erschöpfung-Apathie« würde das Kriterium außerhalb der kritischen Differenz knapp verfehlt.

Vertrauensintervall um individuelle Messwerte: Bei der Interpretation der erhaltenen Messwerte ist das Vertrauensintervall zu berücksichtigen, in welches Standardabweichung und Homogenität der Skala einfließen. Das Vertrauensintervall beträgt bei einer Wertespanne von 0 bis 4 für Depression +/- 0,44 Punkte, für Angst +/- 0,44, für somatoforme Symptome +/- 0,39 und für Erschöpfung-Apathie +/- 0,53.

Cut off: Die Cut-off-1-Werte (Mitte zwischen Mittelwert der Patient:innengruppe und Mittelwert der Gruppe ohne Störung) betragen bei einem Wertespanne von 0 bis 4 für Depression 0,76, für Angst 0,62, für somatoforme Symptome 0,42 und für Erschöpfung-Apathie 0,72. Nach diesem Kriterium wäre die Psychotherapie in der Studie von Sulz et al. (2009, Tabelle 14, S. 230; N = 82 Patient:innen) erfolgreich gewesen, wenn es sich um einen Einzelfall gehandelt hätte. Die dortigen Gruppenmittelwerte am Ende der Therapie waren niedriger als der Cut off: Depression M = 0,40, Angst M = 0,44, somatoforme Symptome M = 0,36 und Erschöpfung-Apathie M = 0,43.

Empfehlung: Vier Skalen der VDS90-Symptomliste kämen prinzipiell für die Auswertung von Psychotherapien in Betracht, nämlich Depression, Angst, somatoforme Symptome und Erschöpfung-Apathie. Im engeren Sinne gilt dies jedoch nur für die Skala »Depression«, weil nur bei dieser Skala die Änderungssensitivität (Kriterium kritische Diferenz) klar belegt ist. Andererseits würde der Cut-off-Wert bei Therapieende auch auf den anderen Skalen unterschritten (Sulz et al., 2009), hier müssten die Ausprägungen zu Behandlungsbeginn weiter analysiert werden. Validitätshinweise gibt es nur für Vergleiche mit SCL-90 Skalen (s. o.). Eine umfassend belegbare Eignung zur Therapieerfolgsbestimmung besteht für die 13-Item-Skala Depression. Der Einsatz des Komplett-Fragebogens mit 90 Items für Evaluationszwecke ist jedoch fraglich, da der Nutzen der 77 anderen VDS90-Items unklar bleibt. Insbesondere die hohe Zahl von 38 Einzel-Items daraus (42 % aller VDS90-Items), die für Auswertungszwecke nicht in Betracht kommen, ist in der Praxis bei Wiederholungsmessungen unhandlich.

Bezug: Die VDS90-Symptomliste ist über eupehs.org/wp-content/uploads/VDS90-Symptomliste.pdf verfügbar. Sollte der Einsatz des Verfahrens überlegt werden, so empfiehlt es sich eventuell, die Items der in Frage kommenden Skalen dort zu entnehmen und neu zu gestalten. Zum einen, um die nicht ausgewählten (Einzel-) Items bei Therapieende nicht nochmals vorgeben zu müssen, zum anderen aufgrund der nach heutigem Stand nicht mehr sehr ansprechenden graphischen Aufbereitung. Ein Manual gibt es nicht. Neben den Angaben im vorliegenden Text sollten die weiteren Praxishinweise der informativen Arbeit von Sulz et al. (2009) entnommen werden. Diese Studie ist mit Zugangsberechtigung für wissenschaftliche Bibliotheken downloadbar, sonst beim Verlag CIP-Medien (dortige Homepage) zu erfragen.

5.5 Multidimensionale klinische Persönlichkeitsverfahren

Persönlichkeitsstörungen kommen – entgegen einer anderenorts vorgenommenen Wertung (Roth & Steins, 2024; Schäfer, Schanz & Equit, 2022) – in der Psychotherapie als Behandlungsanlass wie auch als Haupt-/Erstdiagnose nicht sehr häufig vor. Wenn sie vorkommen, dann selten allein, sondern komorbid mit einer anderen berichteten Symptomatik im Vordergrund. Die Betroffenen leiden oft nicht per se an einer Persönlichkeitsstörung, sondern an (indirekten) Folgen – und mitunter leidet die soziale Umgebung mehr an deren Verhaltensweisen und Interaktionen. Personen mit einer etwa bestehenden narzisstischen Symptomatik werden jedwede diagnostische Zuschreibung von sich weisen (»Nicht ich habe das Problem, es sind die anderen«). Persönlichkeitsakzentuierungen und in ausgeprägterer Form Persönlichkeitsstörungen werden als prinzipiell ich-synton bezeichnet, d. h. sie werden nicht unmittelbar oder wenigstens nicht in einem höheren Ausmaß als mit einem

Leiden in Zusammenhang stehend gewertet. Anhaltspunkte für auffällige Persönlichkeitsausprägungen können sich im Verlauf der Probatorik oder einer Anfangsphase der therapeutischen Behandlung ergeben.

Eine Ausnahme stellt die Borderline-Persönlichkeitsstörung dar (▶ Kap. 3.4), die von entsprechend mit dieser Problematik belasteten Personen auch bereits am Therapiebeginn berichtet wird. Die Diagnostik einer Persönlichkeitsstörung kann für das Fallverständnis (Organismus-Variable des SORC-Modells), die Gestaltung der therapeutischen Beziehung (komplementäre Beziehungsgestaltung, vgl. Ausführungen zu FAMOS, ▶ Kap. 6) bzw. als aufrechterhaltender oder Risiko-Faktor für die Behandlung der primären Diagnose von Bedeutung sein. Nicht selten geht das komorbide Vorliegen einer Persönlichkeitsstörung mit einer schlechteren Behandlungsprognose einher. Daher ist es ratsam, sich bei gegebenen Ersthinweisen über entsprechende Ausprägungen ein Bild zu machen – wie auch den Verlauf im Rahmen der Therapie und nach deren Abschluss zu verfolgen.

Mestel (2023) ermittelt aus eigenen Jahresstatistiken (Klinik Bad Grönenbach; N > 800/Jahr) eine Rate von 7 % an stationären Patient:innen, bei welchen komorbid eine Persönlichkeitsstörungsdiagnose vergeben wurde. Die Untersuchung von Morf et al. (2016) findet für dieselbe Einrichtung 1 % an Personen mit einer komorbiden narzisstischen Persönlichkeitsstörung (dagegen keinen Fall mit einer entsprechenden Primärdiagnose). Generell kann gesagt werden, dass nennenswerte Raten am ehesten für die selbstunsicher-vermeidende Persönlichkeitsstörung (therapieerschwerend hier ein ich-syntoner Anteil auf der Komponente »vermeidend«) bestehen.

Anzumerken ist, dass viele Psychotherapeut:innen die Zuschreibung einer Persönlichkeitsproblematik zu einer Diagnose aus der F 6-Gruppe samt entsprechender Mitteilung als schwierig empfinden. Steht eine Primärdiagnose – meist aus den ICD-Bereichen F 3 bis F 5 – fest, wird häufig die Zusatzziffer Z 73.1 Akzentuierung von Persönlichkeitszügen angewandt. Zusatzziffern allein rechtfertigen jedoch keine genehmigungspflichtige Psychotherapie und gelten nur in Kombination mit einer F-Diagnose. Diese Variante gilt andererseits nicht, wenn das Krankheitsbild zwingend die Vergabe einer F 6-Diagnose erfordert und entsprechend das Gespräch mit dem/der Patient:in über die Thematik geboten ist.

Im Folgenden wird mit dem Assessment of DSM-IV Personality Disorders (ADP-IV) ein Screeninginstrument beschrieben, mithilfe dessen man einen Überblick zur Gesamtheit der ICD-Persönlichkeitsstörungen gewinnen kann. Anschließend wird ein Verfahren zur quantitativen Beurteilung von Ausprägungen der Persönlichkeit hinsichtlich des Stils oder der Störung – das PSSI – besprochen (▶ Kap. 5.5.2).

5.5.1 Der Fragebogen zur Erfassung von DSM-IV Persönlichkeitsstörungen (ADP-IV)

Zielsetzung des *Fragebogens zur Erfassung von DSM-IV Persönlichkeitsstörungen (ADP-IV*; Doering et al., 2007; Renn et al., 2008) ist das Screening zum Vorliegen einer von zwölf Persönlichkeitsstörungen (PS) nach DSM-IV (APA, 2000). Die Abkürzung des Instrumentes wurde vom englischen Originaltitel »Assessment of DSM-IV Personality Disorders (ADP-IV)« übernommen. Die dem ADP-IV zugrundeliegende Konzeption von Persönlichkeitsstörungen basiert auf den Kriterien nach DSM-IV. Die Unterschiede zur ICD-10 bestehen u. a. darin, dass die ICD-10 keine Cluster von Persönlichkeitsstörungen vorsieht, dass für einige Persönlichkeitsstörungen etwas andere Bezeichnungen verwendet werden und dass einige Persönlichkeitsstörungen dort unter Sonstige spezifische Persönlichkeitsstörungen (ICD-10 F60.8; WHO, 2010) zusammengefasst sind. Bislang fehlen vergleichbare, zur Individualdiagnostik normierte dimensionale Selbsteinschätzungsinstrumente auf Basis der neueren Klassifikationssysteme (DSM-5 und ICD-11). Erste diesbezügliche Entwicklungen für ICD-11 (Sellbom, Brown & Bach, 2023) werden sich noch bewähren bzw. zur Individualdiagnostik normiert werden müssen.

Der ADP-IV-Fragebogen ist die deutschsprachige Übersetzung und Validierung einer niederländischen Version (Schotte & De Doncker, 1996; Schotte, De Doncker, Vankerckhoven, Vertommen & Cosyns, 1998; Schotte et al., 2004) durch eine österreichische Arbeitsgruppe um Stephan Doering, Ärztlicher Leiter der Universitätsklinik für Psychoanalyse und Psychotherapie am AKH Universitätsklinikum Wien, und der in Tirol niedergelassenen Psychotherapeutin Daniela Renn. Besonderheit dieses Instruments und seine explizite Zielsetzung war die Entwicklung eines Selbsteinschätzungsverfahrens als Alternative zu den bislang verfügbaren, deutlich aufwändigeren standardisierten Interviewverfahren (z. B. SKID-II; Fydrich, Renneberg, Schmitz & Wittchen, 1997 bzw. SCID-5-PD; Beesdo-Baum, Zaudig & Wittchen, 2019). Darüber hinaus enthält der ADP-IV-Fragebogen abgestufte Selbsteinschätzungen, etwa im Unterschied zum Screening-Fragebogen des SKID-II, welcher nur dichotome Antworten vorsieht.

Der Fragebogen umfasst 94 Items, welche die insgesamt 94 Kriterien der zwölf Persönlichkeitsstörungen nach DSM-IV als Selbsteinschätzungen (Ich-Aussagen) formulieren. Die Proband:innen werden pro Item zu einer zweischrittigen Einschätzung instruiert: In einem ersten Schritt wird beurteilt »inwieweit die Ich-Aussagen für Sie zutreffen« (Trait-Rating; 7-stufige Einschätzungen von 1 = »überhaupt nicht« bis 7 = »ganz sicher«). Sofern diese Einschätzung einen erhöhten Wert von 5 = »eher schon« bis 7 = »ganz sicher« ergeben hat, erfolgt eine zweite Einschätzung »ob die Eigenschaft bei Ihnen oder anderen bereits zu Leiden oder Schaden geführt hat« (Distress-Rating; 3-stufige Einschätzung von 1 = »überhaupt nicht« bis 3 = »ganz sicher«).

Die Auswertung erfolgt anhand eines Auswertungsbogens, mit dessen Hilfe für die im folgenden Kasten aufgeführten zwölf Skalen (d. h. zwölf Persönlichkeitsstörungen; jeweils sieben bis zehn Items) Skalenwerte als Summen der jeweiligen Itemwerte berechnet werden. Auch ist eine Berechnung von Skalenwerten für die DSM-IV-definierten Cluster möglich: A für »sonderbar«, exzentrisch; B für »dramatisch, emotional, launisch« und C für »ängstlich, furchtsam«. Die jeweiligen Distress-Einschätzungen bleiben unberücksichtigt. Zusätzlich werden zwei unterschiedlich strenge Varianten der kategorialen Auswertung (d. h. Erfüllung der Diagnosekritierien) angeboten. Zu diesem Zweck werden die 7-stufigen Trait-Einschätzungen (Werte > 4 bzw. > 5) wie auch die 3-stufigen Distress-Einschätzungen (Werte > 1) dichotomisiert, wobei zur Erfüllung des jeweiligen Kriteriums beide im auffälligen Bereich liegen müssen. Die Bearbeitung erfordert laut Autoren ca. 30 Minuten. Für die Auswertung sind mit etwas Übung ca. 15 Minuten erforderlich.

Itembeispiele für Persönlichkeiststörungen (PS) – nach DSM-IV-Clustern gegliedert

Cluster A – sonderbar, exzentrisch

- Paranoide PS: »Ich gehe immer davon aus, dass andere mich ausnützen, verletzen oder hintergehen werden.«
- Schizoide PS: »Im Gegensatz zu den meisten anderen habe ich kein Bedürfnis nach Nähe oder tiefergehenden Beziehungen.«
- Schizotypische PS: »Es ist typisch für mich, dass meine Kontakte mit anderen gestört verlaufen: Andere finden zum Beispiel mein Benehmen oder Aussehen befremdend, exzentrisch oder sonderbar.«

Cluster B – dramatisch, emotional, launisch

- Antisoziale PS: »Ich verletze oft gesellschaftliche Regeln, Normen und Gesetze und habe oft Dinge getan, für die man mich hätte verhaften können, z. B. Sachbeschädigungen, Schlägereien, ...«
- Borderline-PS: »Meine Stimmung oder Laune ist sehr instabil und wechselhaft: Ich kann ganz normal gelaunt sein, mich jedoch im nächsten Moment wieder äußerst deprimiert, wütend, gereizt oder ängstlich fühlen.«
- Histrionische PS: »Ich fühle mich unwohl und unbeachtet, wenn ich nicht im Mittelpunkt stehe, und versuche mein Möglichstes, um Aufmerksamkeit zu erlangen.«
- Narzisstische PS: »Zu meiner Überraschung halten mich andere für selbstgefällig, obwohl ich doch über hervorragende Fähigkeiten verfüge und Außergewöhnliches leiste.«

Cluster C – ängstlich, furchtsam

- Vermeidend-selbstunsichere PS: »Aus Angst vor Kritik oder Zurückweisung vermeide ich bei der Arbeit oder in der Schule Tätigkeiten, die viel Kontakt mit anderen Menschen mit sich bringen.«
- Dependente PS: »Ich finde es schwierig, unabhängig selbst etwas anzugehen oder zu erledigen; durch mein mangelndes Selbstvertrauen meine ich immer Hilfe zu benötigen.«
- Zwanghafte PS: »Im Vergleich zu anderen Menschen bin ich extrem pflichtbewusst, präzise und äußert beharrlich, wenn es um Prinzipien, Regeln oder moralische Werte geht.«

Nicht näher bezeichnete PS

- Depressive PS: »Ich hatte nie ein positives Bild von mir: Ich empfinde mich als eine unzulängliche und wertlose Person und neige dazu, auf mich selbst herabzuschauen«
- Passiv-agressive PS: »Ich weigere mich, den Erwartungen anderer zu entsprechen: Gegen solche Verpflichtungen wehre ich mich versteckt oder auf passive Weise.«

Zeitrahmen: Zur Beginn des Fragebogens werden Proband:innen darüber informiert, dass Merkmale erfragt werden, die für Sie als Person charakteristisch sind.

Dimensionale Struktur: Ergebnisse einer Faktorenanalyse werden von Doering und Kollegen (2007, S. 119) berichtet. Nach einer ersten, weniger gut interpretierbaren Lösung wurde in Folgeanalysen eine Lösung mit 49,4 % Varianzaufklärung und elf Faktoren als vertretbar vorgeschlagen. Diese war inhaltlich teilweise gut interpretierbar, wich andererseits aber auch verschiedentlich von der a-priori-Struktur ab.

Zuverlässigkeit: Interne Konsistenzen der zwölf Einzelskalen ergaben in der deutschen Validierungsstichprobe ($N = 785$) mäßige bis zufriedenstellende Befunde (Alpha = 0,68 bis 0,87). In einer Teilstichprobe ($N = 41$) lagen die Retestkorrelationen (vier Wochen) im Mittel bei $r_{tt} = 0{,}76$ ($r_{tt} = 0{,}37$ bis 0,88).

Validität: Anhand einer weiteren Teilstichprobe ($N = 210$) konnten Übereinstimmungen mit dem SKID-II bestimmt werden. Zufriedenstellende Befunde ($r > 0{,}50$) ergaben sich für paranoide, selbstunsicher-vermeidende, zwanghafte, Borderline, histrionische und depressive PS. Als mäßig einzustufen ($0{,}50 > r > 0{,}40$) waren die Korrelationen bei dependent, antisozial und passiv-aggressiv, als gering ($0{,}40 > r > 0{,}30$) jene für schizoid, schizotypisch und narzisstisch (Doering et al., 2007). Die Sensitivität war relativ gering (Vorliegen mindestens einer Persönlichkeitsstörung bei 57,8 %), in der Spezifiät konnten etwas höhere Werte erreicht werden (Vorliegen mindestens einer Persönlichkeitsstörung bei 79,2 %). Das Instrument scheint besser zum Ausschluss einer Persönlichkeitsstörung geeignet zu sein als zur Bestätigung des Vorliegens einer solchen.

Änderungssensitivität: Das Verfahren diente bisher hauptsächlich dem Screening. Änderungssensitivität wurde bisher nicht gezielt untersucht.

Richtwerte/Normen: Es liegen Normen (*T*-Werte) aus einer diagnostisch gemischten klinischen Stichprobe und einer Bevölkerungsstichprobe vor (getrennt für Männer, Frauen und für beide Geschlechter gesamt; Normwerttabellen auf der Website der Medizinischen Universität Wien, s. a. Renn et al., 2008, S. 220). Die klinische Normierungsstichprobe bestand aus 400 ambulanten Psychotherapiepatient:innen. Von 210 Befragten dieser Gruppe lagen zusätzlich SKID-II-Angaben vor, in welchen 82 Patient:innen (39,0 %) die Diagnose einer Persönlichkeitsstörung aufwiesen (von $N = 0$ für schizotyp bis $N = 32$ für vermeidend-selbstunsichere PS). Im ADP-IV-Fragebogen selbst waren es etwas mehr. Die geringe Fallzahl bei den selteneren Persönlichkeitsstörungen (z. B. schizotyp, schizoid) bringt eine deutliche Limitation mit sich, was die Interpretation gewonnenener Befunde erschwert bzw.

verunmöglicht. Die Bevölkerungsstichprobe umfasste 385 Einwohner des Bundeslands Tirol (weitere Angaben s. Doering et al., 2007; Renn et al., 2008).

Kritische Differenzen: Kritische Differenzen werden nicht mitgeteilt und können wegen fehlender Angaben zu Standardabweichungen der Skalen von uns nicht berechnet werden.

Vertrauensintervall um individuelle Messwerte: Von den Testautoren selbst werden keine Vertrauensintervalle mitgeteilt. Aufgrund fehlender Angaben zu Standardabweichungen der Skalen konnten keine Vertrauensintervalle von uns berechnet werden.

Cut off: Da die vorliegenden Veröffentlichungen zur deutschen Version (Doering et al., 2007; Renn et al., 2008) für die berichtete Patient:innenstichprobe ($N = 400$) und die Bevölkerungsstichprobe ($N = 385$) keine Verteilungskennwerte (M, SD) berichten, ist keine eigene Berechnung von Cut-off-Werten möglich. Stattdessen bieten die auf der Website der Medizinischen Universität Wien verfügbaren Normwerttabellen für die zwölf Skalen anhand von ROC-Statistiken bestimmte Grenzwerte zur Unterscheidung pathologischer und nicht-pathologischer Wertebereiche (Renn et al., 2008, S. 221). Bei unterschiedlichen Wertespannen der Skalenwerte von 7 bis 49 (Skalen mit sieben Items) bis Wertespannen von 7 bis 70 (Skalen mit zehn Items) wurden Grenzwerte von 20 (antisoziale PS) bis 43 (Borderline-PS) berechnet.

Empfehlung: Mit dem ADP-IV liegt ein Selbsteinschätzungsinstrument zur Bestimmung der Kriterien der Persönlichkeitsstörungen vor, allerdings nur gemäß der älteren Version IV des DSM (APA, 2000). Diese Kategorien werden in DSM-5 noch weitgehend beibehalten. In ICD-11 wird das kategoriale Konzept der Persönlichkeitsstörungen durch ein dimensionales Modell abgelöst und um Schweregrade der Funktionseinschränkungen ergänzt. Bislang liegen jedoch noch keine deutschsprachigen, zur Individualdiagnostik zu empfehlenden Instrumente zur Messung von Persönlichkeitsstörungen nach ICD-11 vor (vgl. ausführlicher in ▶ Kap. 8.2.5). Normwerte und Cut-off-Werte sind bedingt verfügbar. Mit einem Umfang von 94 Items ist das Verfahren als noch praktikabel zu bezeichnen. Die Auswertung ist nicht unaufwändig (Auswertungsbogen). Die vorliegenden Grenzwerte erscheinen (Ausnahme schizoid, schizotyp und narzisstisch) geeignet, um Hinweise auf den Ausschluss einer Persönlichkeitsstörung gewinnen zu können. Immer empfiehlt sich jedoch ein klinisches Anamnesegespräch, ggf. ergänzt um ein Expert:inneninterview wie SKID-II.

Das Instrument kann jedoch nicht zur Therapieevaluation empfohlen werden, da noch keine Belege für die Änderungssensitivität vorhanden sind.

Bezug: Ein Manual gibt es nicht. Der Fragebogen selbst sowie Auswertungsbogen, Auswertungsanleitung, Normtabellen und zentrale Originalarbeiten zum Instrument sind online auf der Website der Medizinischen Universität Wien verfügbar.

5.5.2 Das Persönlichkeits-Stil- und Störungs-Inventar (PSSI)

Das *Persönlichkeits-Stil und Störungs-Inventar (PSSI)* von Kuhl und Kazén (2024, dritte Auflage) basiert auf der Annahme, dass Persönlichkeitsstile und Persönlichkeitsstörungen fließend ineinander übergehen. Eine stark erhöhte Ausprägung eines Persönlichkeitsstils kann, muss aber nicht bedeuten, dass eine Persönlichkeitsstörung vorliegt. Vielmehr hängt es von weiteren Merkmalen der Person ab, insbesondere ihrer Fähigkeit zur affektiven Selbstregulation, ob ein extrem ausgeprägter Persönlichkeitsstil maladaptiv ist oder im Gegenteil adaptives Entwicklungspotential birgt. Die 14 Konstrukte, die mit dem PSSI gemessen werden, decken alle in früheren und den aktuellen Versionen der ICD (WHO, 2010) und des DSM (DSM-5, 2018) beschriebenen Persönlichkeitsstörungen ab – und gehen über diese hinaus (Depressive Persönlichkeitsstörung, Selbstlose PS, Rhapsodische PS). Sie sind als quantitative Dimensionen konzipiert, in die Theorie der Persönlichkeits-System-Interaktionen (PSI-Theorie) von Kuhl (2001, 2009, Kuhl & Baumann, 2021) eingebettet und können gemäß dieser Theorie nur im Kontext kognitiver, motivationaler und affektiver Grundtendenzen sowie des Zusammenspiels von Systemen der Informationsverarbeitung, Verhaltenssteuerung und Selbstregulation verstanden werden. Die 14 Persönlichkeitsstile und -störungen sind:

- PN: eigenwilliger Stil (Paranoide Persönlichkeitsstörung)
- SZ: zurückhaltender Stil (Schizoide Persönlichkeitsstörung)
- ST: ahnungsvoller Stil (Schizotypische Persönlichkeitsstörung)
- BL: spontaner Stil (Borderline-Persönlichkeitsstörung)
- HI: liebenswürdiger Stil (Histrionische Persönlichkeitsstörung)
- NA: ehrgeiziger Stil (Narzisstische Persönlichkeitsstörung)
- SU: selbstkritischer Stil (Selbstunsichere Persönlichkeitsstörung)
- AB: loyaler Stil (Abhängige Persönlichkeitsstörung)
- ZW: sorgfältiger Stil (Zwanghafte Persönlichkeitsstörung)
- NT: kritischer Stil (Negativistische Persönlichkeitsstörung)
- DP: stiller Stil (Depressive Persönlichkeitsstörung)
- SL: hilfsbereiter Stil (Selbstlose Persönlichkeitsstörung)
- RH: optimistischer Stil (Rhapsodische Persönlichkeitsstörung)
- AS: selbstbestimmter Stil (Antisoziale Persönlichkeitsstörung)

Von der ersten und zweiten Auflage (1997, 2009) unterscheidet sich die dritte Auflage (2024) durch eine Reihe von Neuerungen und Weiterentwicklungen. Erhebungen mit dem PSSI sind online als Teil des Hogrefe-Testsystems (HTS) und klassisch mittels Papierfragebogen möglich. Anders als bisher erfolgt nun auch die Auswertung von Papierfragebögen computergestützt über das HTS. Hierzu müssen die Antworten in das HTS eingespeist werden (Datenschnelleingabe). Dabei kann die Polung der Items ignoriert werden, da das HTS negativ gepolte Items umpolt. Den Zugangscode für die Datenschnelleingabe erhält man mit dem Kauf des PSSI. Als Ausgabe erscheinen eine Graphik des Ausprägungsprofils der 14 Stile/Störungen, die 14 Skalenwerte, die ihnen entsprechenden *T*-Werte, die Vertrauensintervalle um die individuellen *T*-Werte sowie eine Beschreibung der Stile/Störungen.

Neu ist weiterhin, dass das PSSI in einer Langversion (PSSI), bestehend wie bisher aus 140 Items (zehn Items pro Skala), und einer Kurzversion (PSSI-K), bestehend aus 56 Items (vier Items pro Skala), vorliegt. Die Kurzversion bietet den Vorteil größerer Ökonomie. Erkauft wird er durch eine geringere Reliabilität. Für die Individualdiagnostik sollte deshalb grundsätzlich die Langversion verwendet werden. Bei beiden Versionen werden die Items auf einer vierstufigen Skala beantwortet (von 0 = »trifft gar nicht zu« bis 3 = »trifft ausgesprochen zu«). Die Spanne der Skalenwerte erstreckt sich folglich bei der Langversion von 0 bis 30, bei der Kurzversion von 0 bis 12. Die Beantwortung der Langversion dauert 15 bis 25 Minuten, die der Kurzversion 10 bis 15 Minuten. Für die Datenschnelleingabe in das HTS muss man bei der Langversion sechs bis acht Minuten pro Person veranschlagen, bei der Kurzversion drei bis vier Minuten. Die Auswertung durch das HTS erfolgt sekundenschnell.

Inhaltliche Veränderungen gegenüber der zweiten Auflage bestehen in der Neuformulierung von fünf Items (Kuhl & Kazen, 2024, Tabelle 6.1), einer Neunormierung der Langversion sowie einer erstmaligen Normierung der Kurzversion. Schließlich wurde das Manual überabeitet und erheblich erweitert. Es beschreibt und erörtert auch die Ergebnisse einschlägiger Studien, die nach dem Erscheinen der zweiten Auflage (2009) durchgeführt wurden. Last but not least werden im Anhang F Befunde zu den Gütekriterien auf die Checkliste der DIN Screen (Kersting, 2018) bezogen. Zu jedem für das Verfahren relevanten Checkpoint wird angegeben, in welchem Abschnitt des Manuals Informationen hierzu präsentiert werden.

Zeitrahmen: In der Instruktion des PSSI werden Proband:innen aufgefordert, jede Aussage danach zu beurteilen, wie sehr sie »im Allgemeinen« zutrifft.

Dimensionale Struktur: Eine Faktorenanalyse der 140 Items wird im Manual nicht berichtet und ist uns nicht bekannt. Deshalb können wir nicht beurteilen, wie gut die apriorische Zuordnung der Items zu den Skalen empirisch haltbar ist.

Eine Faktorenanalyse der 14 Skalen der Langversion mit den Daten der Normierungsstichprobe ($N = 1725$) ergab vier orthogonale Faktoren, die von den Autoren wie folgt interpretiert werden (in Klammern Skalen mit positiven Primärladungen): Faktor 1: Dämpfung positiver Affekte und Sensibilität für negative Affekte (Skalen »DP«, »BL«, »SU« und »AB«); Faktor 2: Positiver Affekt und Kontaktorientierung (Skalen »HI«, »RH«, »NA«, »AS« und »ST«); Faktor 3: Soziale und affektive Zurückhaltung (Skalen »AS«, »PN«, »SZ« und »NT«); Faktor 4: Sorgfalt/Zwanghaftigkeit und Selbstlosigkeit (Skalen »ZW« und »SL«). Elf der 91 Korrelationen zwischen den 14 Skalen sind gleich oder größer als $r = 0{,}50$. BL und DP weisen mit $r = 0{,}75$ die höchste Korrelation auf.

Außer den Ergebnissen einer Faktorenanalyse werden im Manual auch die Ergebnisse einer multidimensionalen Skalierung berichtet. Die beiden Dimensionen der von den Autoren präferierten Lösung werden als positiver Affekt und negativer Affekt interpretiert. Alle Stile/Störungen sind in diesem Strukturmodell durch das Ausmaß ihrer positiven und negativen Affektivität verortet.

Zuverlässigkeit: Die internen Konsistenzen reichen von Alpha = 0,77 (SZ) bis Alpha = 0,88 (BL) für die Skalen der Langversion und von Alpha = 0,65 (HI) bis Alpha = 0,79 (BL) für die Skalen der Kurzversion. Retestkorrelationen wurden an einer kleinen studentischen Stichprobe ($N = 61$) ermittelt. Sie rangieren zwischen $r_{tt} = 0{,}70$ (NT) und $r_{tt} = 0{,}88$ (ST, SZ) für die Skalen der Langversion, zwischen $r_{tt} = 0{,}64$ (SU) und $r_{tt} = 0{,}86$ (SZ) für die Skalen der Kurzversion.

Validität: Die Konstruktvalidität der PSSI-Skalen wurde primär im Rahmen der PSI-Theorie untersucht, auch experimentell. Zusätzlich wurden von den Autoren konventionelle Wege der Konstruktvalidierung beschritten, indem die PSSI-Skalen mit Maßen für theoretisch proximale (konvergente) und theoretisch distale (diskriminante) Referenzkonstrukte korreliert wurden, z. B. mit den Persönlichkeitseigenschaften des Fünf-Faktoren-Modells (Costa & Widiger, 1994). Dabei ergaben sich hohe Korrelationen einiger PSSI-Skalen mit Neurotizismus ($r = 0{,}79$ mit DP; $r = 0{,}73$ mit BL; $r = 0{,}69$ mit SU). Darüber hinaus werden im Manual Korrelationen mit Indikatoren der psychischen Gesundheit (bzw. der Symptomfreiheit) und des Wohlbefindens berichtet. Gemessen wurden diese Referenzkonstrukte u. a. mit einer eigenen Kurzversion der Symptom-Checklist (SCL, ► Kap. 5.3.2), bei der nur die drei trennschärfsten Items einer Skala verwendet wurden. Analysen der Daten einer großen Stichprobe von $N = 3455$ Personen ergaben einige hohe Korrelationen zwischen PSSI-K-Skalen und dem Globalen Symptomindex (GSI, ► Kap. 5.3.2) der SCL. So betrug die Korrelation zwischen SCL-GSI und PSSI-K-BL $r = 0{,}64$, jene zwischen SCL-GSI und PSSI-K-DP war mit $r = 0{,}69$ noch etwas höher.

Zum Beleg der Konstruktvalidität werden von den Autoren auch Korrelationen der PSSI-Skalen mit Basismotiven, der Emotionsregulation, der Handlungskontrolle sowie Gruppenunterschiede herangezogen. Zu den Kriteriumsgruppen, die mit der Normierungsstichprobe, einer Kontrollgruppe oder untereinander verglichen werden können, gehören Straftäter:innen, Personen mit und solche ohne Entfremdungserleben, Alkoholabhängige sowie Patient:innen mit einer Angststörung, Essstörung, Depression, Suchterkrankung oder Belastungsstörung. Die Aussagekraft von Unterschieden zwischen diesen Gruppen ist im Hinblick auf die Validität des Messinstruments jedoch eingeschränkt, da sich die Störungen, vielleicht mit Ausnahme der Depression, nicht unmittelbar auf bestimmte PSSI-Dimensionen beziehen lassen.

Aussagekräftiger zur Beurteilung der Validität der PSSI-Skalen wären Vergleiche zwischen gesunden Personen und Patient:innen mit Persönlichkeitsstörungen. Solche Vergleiche werden im Manual nicht erwähnt und sind uns nicht bekannt. Trotz dieser Einschränkungen sind die im Manual der dritten Auflage berichteten Befunde bemerkenswert umfangreich, vielfältig und überzeugend. Insgesamt kann die Konstruktvalidierung des PSSI wegen ihrer sorgfältigen Verankerung in der PSI-Theorie als vorbildlich gelten, gehen die Validitätsbelege doch weit über die sonst üblichen bivariaten Korrelationsmuster oft mäßiger Prägnanz hinaus.

Änderungssensitivität: Systematische Untersuchungen zur Änderungssensitivität des PSSI mittels Latent-State-Trait-Analysen sind uns nicht bekannt. Die Schätzung der Sensitivität für Therapieeffekte setzt klinische Stichproben mit Persönlichkeitsstörungen voraus, die den PSSI-Skalen entsprechen. Eine solche Studie wurde von Müller, Sachse, Langer, Claus und Bonnet (2022) durchgeführt. Die Stichprobe bestand aus $N = 173$ Patient:innen mit einer narzisstischen Persönlichkeitsstörung. Diese wurden mittels einer klärungsorientierten Psychotherapie (Variante der Gesprächspsychotherapie nach Rogers) behandelt. Es ergab sich ein Behandlungseffekt von $d = -0{,}60$ auf der relevanten PSSI-Skala »NA« ($M_{\text{Prä}} = 14{,}25$; $M_{\text{Post}} = 11{,}14$; $SD_{\text{Prä}} = 5{,}21$). Allerdings war der Behandlungseffekt auf drei weiteren PSSI-Skalen mit $d = -1$ (SU), $d = -0{,}94$ (DP) und $d = -0{,}67$ (PN) noch stärker, was entweder die spezifische Wirkung der Therapie oder die diskriminante Validität der PSSI-Skalen oder beides in Frage stellt.

Richtwerte/Normen: Das PSSI wurde aufwändig normiert. Im Anhang des Manuals werden die Mittelwerte und Standardabweichungen aller PSSI-Skalen der Lang- und der Kurzversion für die gesamte Normierungsstichprobe ($N = 1725$) aus der Normalbevölkerung sowie getrennt für zwei Geschlechter (männlich, weiblich), fünf Altersgruppen (15–17, 18–25, 26–45, 46–55, 56–89 Jahre) und alle Altersgruppen innerhalb der beiden Geschlechter mitgeteilt. Anders als früher wird auf eine tabellarische Zuordnung von Rohwerten (Skalenwerten) zu Standardwerten (*T*-Werten) verzichtet, da diese vom HTS automatisch berechnet und ausgegeben werden.

Kritische Differenzen und Vertrauensintervalle um individuelle Messwerte: Tabelle 5.1 enthält die kritischen Differenzen und Vertrauensintervalle der PSSI-Skalen der Lang- und der Kurzversion (► Tab. 5.1). Die Angaben sind den Tabellen 14.3 und 14.4. des Manuals (Kuhl & Kazén, 2024) entnommen.

Tab. 5.1: Kritische Differenzen und Vertrauensintervalle der PSSI-Skalen

	Kritische Differenz		Vertrauensintervall	
Skala	**Langversion**	**Kurzversion**	**Langversion**	**Kurzversion**
PN	5,53	3,13	+/- 3,91	+/- 2,21
SZ	4,83	2,78	+/- 3,42	+/- 1,96
ST	5,28	3,61	+/- 3,73	+/- 2,55
BL	8,77	4,45	+/- 6,20	+/- 3,14
HI	5,91	2,97	+/- 4,18	+/- 2,10
NA	7,75	3,84	+/- 5,48	+/- 2,71
SU	7,45	4,57	+/- 5,27	+/- 3,23
AB	8,12	4,07	+/- 5,74	+/- 2,88
ZW	7,94	4,09	+/- 5,61	+/- 2,90
NT	8,12	4,25	+/- 5,74	+/- 3,01
DP	6,88	3,96	+/- 4,87	+/- 2,80
SL	7,12	3,69	+/- 5,03	+/- 2,61
RH	5,91	3,28	+/- 4,18	+/- 2,32
AS	6,51	3,43	+/- 4,60	+/- 2,43

Cut off: Mangels Daten aus klinischen Stichproben mit Persönlichkeitsstörungen, die sich den Skalen des PSSI eindeutig zuordnen lassen (Ausnahme: Müller et al., 2022), können zur Berechnung von Grenzwerten nur die Mittelwerte und Standardabweichungen der Normierungsstichprobe herangezogen werden (Cut off 2: Mittelwert plus eine Standardabweichung). Es ergeben sich die folgenden gerundeten Grenzwerte für die Skalen (Langversion/Kurzversion): PN (21/9), SZ (18/8), ST (16/7), BL (15/7), HI (17/8), NA (16/7), SU (17/7), AB (18/8), ZW (22/10), NT (15/

7), DP (17/7), SL (19/8), RH (20/8), AS (15/7). Differenzierte Grenzwerte für Männer, Frauen und die fünf Altersgruppen lassen sich anhand der entsprechenden Mittelwerte und Standardabweichungen in den Tabellen A.1 und C.1 des Manuals berechnen.

Empfehlung: Als Screeningstrument kann das PSSI wegen seiner großen Bandbreite, guten Reliabilität und aufwändigen Konstruktvalidierung empfohlen werden. Es ist in diesen Stärken dem in letzten Abschnitt besprochenen ADP-IV eindeutig überlegen. Seine Eignung zur Beurteilung der Effektivität psychotherapeutischer Behandlungen spezifischer Persönlichkeitsstörungen ist bislang nicht nachgewiesen. Erstens ist die faktorielle Validität des Inventars eingeschränkt, die zur störungsspezifischen Beurteilung von Behandlungseffekten gegeben sein müsste (vgl. auch Rentzsch, Strobel & Strobel, 2022). Zweitens liegen zur Beurteilung der Änderungssensitivität des PSSI bislang kaum Studien an klinischen Stichproben mit Persönlichkeitsstörungen vor, die den Skalen des PSSI entsprechen und in denen das PSSI zur Abschätzung von störungsspezifischen Therapieeffekten verwendet wurde.

Bezug: Das PSSI kann bei der Testzentrale www.testzentrale.de (Suchfeldeingabe PSSI) erworben werden.

6 Skalen zur Messung von Einfluss- und Begleitfaktoren für das Therapieergebnis

Trivialerweise ist der stärkste Faktor für ein gutes Therapieergebnis eine gute Psychotherapie. Aber es kann darüber hinaus interessant sein, einen Blick auf Einfluss- und Begleitfaktoren zu werfen und deren Rolle während der Therapie und vor allem für den Therapieerfolg zu inspizieren. Wir führen einige Beispiele hierzu an, großteils aus eigenen Forschungsarbeiten. Aus Platzgründen muss es bei einer Auswahl bleiben, die die in den Kapitel 3 bis 5 vorgestellten Verfahren zur Messung des Therapieerfolgs ergänzen könnte.

Einfluss- und Begleitfaktoren kann man auf der Zeitachse in distale und proximale Faktoren sowie Faktoren des Verlaufs unterteilen. Distale Faktoren bestehen zeitlich vorgelagert bereits vor Beginn der Therapie, dies können etwa Persönlichkeitsstile, Einstellungen, motivationale Haltungen sein. Zeitlich proximale Faktoren stehen direkt mit dem Therapiebeginn in Zusammenhang, etwa die konkrete Änderungsabsicht bezogen auf ein Problem, eine Störung oder eine damit einhergehende Reaktionsweise – dies kann sich etwa während der Anamnese und Exploration ergeben. Verlaufsfaktoren schließlich sind meist gekennzeichnet durch Komponenten wie Einsatzfreude und Ausdauer im Hinblick auf eine Zielerreichung. Auch spielen sie eine Rolle beim Zuwachs an Kenntnissen und neuen Erfahrungen sowie deren Anwendung.

Bei den distalen Faktoren skizzieren wir zum einen die Annäherungs- und Vermeidungsziele für Psychotherapie/allgemein, zum anderen dysfunktionale Einstellungen bei Depression sowie schließlich den handlungs- versus lageorientierten Stil, hier bezogen auf Angst.

Proximale Faktoren sind im sogenannten Stadienmodell der Veränderung durch die Komponenten der Absicht repräsentiert, während die Komponenten der Ausführung und Erhaltung (zweiter Teil des Stadienmodells) Beispiele für Verlaufsfaktoren sind. Wir stellen diese ebenfalls am Beispiel Angst dar.

Anhand eines anderen Bereichs, nämlich bei chronischem Schmerz, werden Gesichtspunkte des Verlaufs besprochen, und zwar im Zusammenhang mit Erwerb und Anwendung von Bewältigungsstrategien.

Die Beschreibung der Messinstrumente in Kapitel 6 weicht von der Systematik in den vorangegangenen Kapiteln 3 bis 5 ab. Sie ist kürzer gehalten und zeitlich geordnet von »distal« über »proximal« zu »Verlauf«.

6.1 Distal: Allgemeine Annäherungs- und Vermeidungsziele für die Psychotherapie (FAMOS)

Der *Fragebogen zur Analyse Motivationaler Schemata (FAMOS)* von Martin Grosse Holtforth und Klaus Grawe (2002) dient der Erhebung der Annäherungs- und Vermeidungszielen von Psychotherapiepatient:innen am Beginn der Behandlung. Sie werden *als Determinanten* verstanden, ihre Kenntnis sollte den Autoren zufolge bereits bei der Planung der Intervention berücksichtigt werden. Dies sei auch nützlich bei der späteren Gestaltung der Therapeut:in-Patient:in-Beziehung. So soll beispielsweise einer autonomieorientierten Motivstruktur des Patienten/der Patientin seitens des Therapeuten/der Therapeutin durch Zulassen solcher Autonomietendenzen innerhalb der Psychotherapie komplementär entsprochen werden. Die Erhebung der Annäherungs- und Vermeidungsziele kann ferner wichtig sein, um die Wertigkeit von Therapiezielen des Patienten/der Patientin zu klären, Maßnahmen der Problembewältigung daraufhin zu justieren und prinzipiell vorhandene Patient:innen-Ressourcen nutzbringend einzuspeisen. Grosse Holtforths und Grawes Ansatz ist nicht störungsorientiert – sie sprechen von Psychotherapiepatient:innen/allgemein. Eine zentrale Rolle in diesem Ansatz spielt das Konsistenzprinzip psychischen Funktionierens, bei dem idealerweise Konkordanz zwischen Erfahrungen, Motiven und Zielen bestehen soll. Zu Störungen kann es demnach kommen, wenn diese Elemente im Konflikt stehen – mit dem Resultat einer Inkonsistenz, die wesentlich an der Problementstehung beteiligt sei.

Der FAMOS wurde in einer Abfolge von Patient:innen- und Expert:innenbefragungen sowie Vorversionen an der Psychotherapieambulanz der Universität Bern entwickelt. Die Autoren konnten für die Endform 14 Annäherungs- und neun Vermeidungsziele zusammentragen. Die Annäherungsziele umfassen Intimität/Bindung, Abwechslung, Affiliation/Geselligkeit, Altruismus, Anerkennung/Bestätigung, Selbstvertrauen, Status, Hilfe (bekommen und annehmen), Kontrolle, Leistung, Autonomie, Bildung, Glauben/Sinn und Selbstbelohnung.

Die Vermeidungsziele setzten sich zusammen aus Alleinsein/Trennung, Abhängigkeit/Autonomieverlust, Spannung/Streit, Geringschätzung, Versagen, Erniedrigung/Blamage, Hilflosigkeit, Schwäche/Kontrollverlust und Vorwürfe/Kritik (Grosse Holtforth & Grawe, 2002, S. 35–37).

Jedes Ziel wird mit vier Items erhoben (in Ausnahmen mit drei oder mit fünf Items). Für die Annäherungsziele gibt es insgesamt 57 Items, für die Vermeidungsziele 33 Items. Bei den Annäherungszielen wird gefragt: »Wie wichtig ist das Genannte (unabhängig, ob momentan realisiert)?«, bei den Vermeidungszielen: »Wie schlimm ist es für Sie (unabhängig, ob im Moment tatsächlich vermeidbar)«? Die Antwortskalierung ist 5-stufig von 1 = »überhaupt nicht« bis 5 = »außerordentlich«.

Als Altersbereich wird ab 18 Jahren angegeben, für Bearbeitung und Auswertung sind jeweils gut zehn Minuten zu veranschlagen. Es werden Skalenwerte (Summe der Itemwerte dividiert durch die Anzahl der Items) ermittelt, woraus sich eine

Wertespanne von 1 bis 5 pro Skala ergibt. Auswerte- und Profilbogen stehen zur Verfügung.

Testgütebefunde (zusammengefasst): Klinische Daten von $N = 169$ stationären Psychosomatikpatient:innen (Roswitha-Klinik Bad Gandersheim) und von $N = 248$ ambulanten Psychotherapiepatient:innen (Ambulanz der Universität Bern) liegen für die Testgüteanalyse vor, daneben nichtklinische Daten von ca. 1100 Personen ohne Störung (Bern und Umgebung). Die durchschnittliche Zuverlässigkeit der Annäherungsziel-Skalen (Basis: Daten der Patient:innen) betrug Alpha = 0,79, jene der Vermeidungsziel-Skalen Alpha = 0,78. Studierende ohne Psychotherapie ($N = 63$) füllten den Fragebogen im Abstand von einer Woche zweimal aus, die durchschnittlichen Retestkorrelationen betrugen $r_{tt} = 0{,}82$ (Annäherung) und $r_{tt} = 0{,}73$ (Vermeidung).

Zur Beurteilung der Validität stehen Binnenzusammenhänge und Ähnlichkeiten der Skalen untereinander zur Verfügung. Empirisch ist das Ergebnisbild uneinheitlich (Grosse Holtforth & Grawe, 2002, S. 78). Binnenkorrelationen des FAMOS fanden sich – im mittelhohen Bereich – im Wesentlichen für die Annäherungsziel-Skala »Anerkennung/Bestätigung« bzw. die Annäherungsziel-Skala »Autonomie« jeweils mit einer Anzahl anderer FAMOS-Skalen. Weitere Binnenkorrelationen rangierten nur im niedrigen Bereich. Die Gruppe der Annäherungsziel- und die Gruppe der Vermeidungsziel-Skalen sind nicht systematisch miteinander korreliert (Ausnahmen für höhere Korrelationen: Annäherungsziel Anerkennung mit Vermeidungsziel Geringschätzung $r = 0{,}59$ bzw. Annäherungsziel Autonomie mit Vermeidungsziel Abhängigkeit/Autonomieverlust $r = 0{,}55$).

Zwischen den FAMOS-Skalen und Skalen für Refenzmerkmale, nämlich Wohlbefinden (vier Merkmale), Kohärenzgefühl (drei Merkmale), SCL-90 (neun Merkmale), Soziale Unsicherheit (sechs Merkmale), Interpersonelle Probleme (acht Merkmale) und den Big-Five-Faktoren der Persönlichkeit bestehen fast durchgängig niedrige Korrelationen von (deutlich) unter $r = 0{,}30$. Die Untersuchungen wurden hier allerdings lediglich an Studierenden und Schüler:innen ohne klinische Problematik durchgeführt.

Nur die SCL-Skalen und die Unsicherheits-Skalen wurden von Patient:innenstichproben ($N = 63$, $N = 70$) bearbeitet. Für die SCL-90 Skalen Depression und Soziale Unsicherheit fanden sich dabei Korrelationen um $r = 0{,}30$ mit verschiedenen FAMOS-Vermeidungsziel-Skalen. Für die Skala »Fehlschlagangst« des Unsicherheitsfragebogens fanden sich Korrelationen um $r = 0{,}45$ mit den Vermeidungsziel-Skalen »Vorwürfe/Kritik«, »Blamage«, »Geringschätzung« und »Kontrollverlust« des FAMOS. Bei der Untersuchung von Zusammenhängen zwischen den FAMOS-Skalen und Persönlichkeitsmerkmalen wurden – anders als bei den Studierendenstichproben – substantielle Korrelationen zwischen dem FAMOS-Vermeidungsziel Spannung und der Big-Five-Skala »Verträglichkeit« bzw. dem FAMOS-Vermeidungsziel Autonomieverlust mit der Big-Five-Skala »Offenheit« ermittelt.

Insgesamt wurden 35 x 23 = 805 bivariate Korrelationen berechnet. Hierfür wurden kaum spezifisch gerichtete Zusammenhangshypothesen formuliert und geprüft. Bei dieser großen Zahl an Korrelationen sind circa 40 gemäß Zufall substantiell. Das Ergebnisbild sollte deswegen nicht überinterpretiert werden.

Mittelwertsunterschiede zwischen einer Gruppe aus 138 ambulanten Psychotherapiepatient:innen und 453 Personen ohne Psychotherapie fanden sich für die drei Annäherungsskalen »Hilfe bekommen«, »Anerkennung« und »Kontrolle« sowie für sieben der neun Vermeidungsskalen: In allen Fällen erzielten die Patient:innen durchschnittlich höhere FAMOS-Werte als Personen der nicht-klinischen Vergleichsgruppe. Den Patient:innen waren z. B. die Annäherungsziele in ihrer Wichtigkeit höherrangig als den Kontrollpersonen bzw. sie nahmen dort vermutlich eher ein Defizit wahr.

Zum prädiktiven Wert der FAMOS-Skalen im Hinblick auf das Psychotherapieergebnis führen Grosse Holtforth und Grawe (2002, S. 50) aus:

> »Es ist wichtig zu betonen, dass noch keine gesicherten empirischen Befunde über den Zusammenhang bestimmter Konstellationen motivationaler Ziele mit bestimmten psychischen Störungen existieren. … Es ist im Einzelfall zunächst dem Therapeuten überlassen, entsprechende Schlussfolgerungen aus den FAMOS-Ergebnissen im Rahmen der Therapieplanung zu ziehen.«

Angaben zur Änderungssensitivität, zu kritischen Differenzen und zu Cut offs können entfallen: Der Fragebogen wird nur ein Mal zu Beginn vorgegeben, und die dabei erhaltenen Ergebnisse sollen von Therapeut und Therapeutin in die Planung der Behandlung einbezogen werden (zeitlich distaler Einflussfaktor für Psychotherapie).

Richtwerte/Normen: Der FAMOS ist laut Autoren an drei als Gelegenheitsstichproben bezeichneten Samples mit insgesamt 1087 Normalpersonen – also nicht an Patient:innen – normiert (*T*-Wert-Normen; Grosse Holtforth & Grawe, 2002, S. 97 und S. 109–129). Bei der Durchführung von Psychotherapien in der eigenen Praxis stehen aus dem Manual Mittelwerte und Standardabweichungen entsprechender Patient:innenuntersuchungen zwecks Vergleich zur Verfügung (Grosse Holtforth & Grawe, 2002, S. 59).

Empfehlung: Hierfür geben wir den Autoren das Wort: »Die mit dem FAMOS erfassten Inhalte stellen eine repräsentative Sammlung der für die Psychotherapie relevanten motivationalen Ziele dar« (Grosse Holtforth & Grawe, 2002, S. 96).

Bezug: Ein Bezug ist über die Testzentrale www.testzentrale.de (Suchfeldeingabe FAMOS) möglich.

6.2 Distal: Dysfunctional Attitudes/dysfunktionale Einstellungen bei Depression (DAS 18)

Dysfunktionale Attitudes oder Einstellungen sind gemäß dem Depressionsmodell von Aaron T. Beck stereotype depressive Muster, im klinischen Kontext werden sie oft auch als Lebensregeln bezeichnet. Sie haben den Charakter fester Überzeugungen (Rojas, Geissner & Hautzinger, 2015) und sind häufig als relativ wenig verrückbare Wenn-dann-Aussagen präsent: »Wenn man etwas nicht richtig und perfekt tun kann, dann hat es überhaupt keinen Sinn, die Sache anzufangen«. Depressive Personen weisen deutlich mehr solcher dysfunktionalen Einstellungen auf als klinisch unauffällige Personen, und bei der Konfrontation mit Stress oder (täglichen) Ärgernissen können diese auch leichter ausgelöst werden (Rojas, Geissner & Hautzinger, 2014). Von den dysfunktionalen Einstellungen sind gemäß Beck die sogenannten automatischen Gedanken abzugrenzen, zwischen beiden wird aber eine sequentielle Beziehung angenommen. Dysfunktionale Einstellungen gelten als vorgeordnet. Wenn sie aktualisiert werden, fördern sie automatische negative (z. B. »mich versteht keiner«) und dämpfen automatische positive Gedanken.

Martin Hautzinger und Kollegen von der Universität Tübingen hatten eine amerikanische Langversion der *Dysfunctional Attitude Scale (DAS)* ins Deutsche übertragen und zunächst zwei Parallelversionen mit je 40 Items erarbeitet. Diese erwiesen sich bald als unhandlich, auch waren die psychometrischen Eigenschaften nicht optimal, so dass – ebenfalls in zwei Parallelformen – die *DAS 18, Form A und B,* daraus weiterentwickelt wurde (Rojas et al., 2015). Die Skala dient in der Depressionsbehandlung als Instrument, um die als Risikofaktor geltenden dysfunktionalen Einstellungen der Patient:innen vorab zu quantifizieren. Ergebnisse dazu können später während der Therapie jedoch aufgegriffen werden.

Die Itemwerte jeder Parallelform werden zu Skalenwerten aufaddiert. Bei der Entwicklung des Verfahrens wurde nochmals zwischen zwei Facetten unterschieden. Eine davon umfasst Einstellungen zum Thema Leistungsbeurteilung (s. Itembeispiel oben; bzw. auch »Wenn ich in meiner Arbeit versage, dann bin ich als ganzer Mensch ein Versager«), eine zweite besteht aus Einstellungen zum Thema Anerkennung durch andere (Itembeispiel »Es ist wichtig, wie andere über mich denken« oder »Mein Wert als Person hängt größtenteils davon ab, was andere von mir halten«). Bei der verwendeten 7-stufigen Antwortskala (von 1 = »totale Ablehnung« bis 7 = »totale Zustimmung«) ergeben sich jeweils Skalenwerte mit einer Wertespanne von 18 bis 126. Die beiden Parallelversionen dienen u. a. dazu, den Fragebogen kurz hintereinander zwei Mal vorgeben zu können, ohne dass beim zweiten Mal Erinnerungseffekte auftreten. Bei der Konstruktion wurde daher trotz verschiedener Items auf größtmögliche Ähnlichkeit der Skalen untereinander geachtet: die Korrelation zwischen Form A und Form B beträgt $r = 0{,}94$.

Zeitrahmen: Es gibt keinen Zeitrahmen. Die Patient:innen sollen so antworten, wie sie für gewöhnlich oder meistens denken.

Der geprüfte Altersbereich ist 18 bis 80 Jahre.

Dimensionale Struktur: Die Struktur mit einem Faktor Leistungsbeurteilung und einem Faktor Anerkennung durch andere konnte für Form A und Form B in einer explorativen und einer konfirmatorischen Faktorenanalyse belegt werden. In der Praxis werden die Items der Leistungsbeurteilung und der Anerkennung durch andere aber zusammengefasst.

Zuverlässigkeit: Die interne Konsistenz beträgt sowohl für Form A als auch für Form B Alpha = 0,89.

Validität: Es besteht ein positiver, jedoch in der Höhe geringer als erwarteter Zusammenhang mit Depression ($r = 0{,}57$; Beck Depressions-Inventar II), des Weiteren ein negativer Zusammenhang mit psychologischer Flexibilität ($r = -0{,}60$; gemessen mit einem Fragebogen zu Akzeptanz und Haltung; Rojas et al., 2015). Patient:innen unterschieden sich in ihren durchschnittlichen DAS-Werten deutlich von Personen ohne Depression.

Interessante Ergebnisse wurden in einer experimentellen Studie gewonnen, in welcher die dysfunktionalen Einstellungen vor und nach Abspielen eines traurigen Musikstückes – samt einem Check, ob die traurige Stimmung auch eintrat – erhoben wurden (Rojas et al., 2014). Die depressiven Patient:innen, die zuvor während eines stationären Therapieaufenthalts durchschnittliche Reduktionen um zehn Punkte in ihren dysfunktionalen Einstellungen erreichen konnten, waren nach Ende des Musikstückes fast wieder auf dem gleichen DAS-Niveau wie bei ihrer stationären Aufnahme (Anstieg um 8 Punkte). Die Kontrollgruppenteilnehmer:innen hatten durchschnittlich nicht nur um ca. 20 Punkte geringere Werte auf der DAS als depressive Patient:innen, sondern vor und nach Abspielen des traurigen Musikstücks auch beide Male ähnlich hohe DAS-Werte: Die traurige Stimmung aus dem Stück hatte sich nicht auf ihre Einstellungen niedergeschlagen. Ein weiteres, zur Therapieerfolgsbeurteilung wichtiges Ergebnis: Ausgeprägte dysfunktionale Einstellungen erwiesen sich bei den Depressiven als wichtiger Prädiktor für einen späteren depressiven Rückfall (Rojas et al., 2014; Rojas, Ilg, Geissner & Hautzinger, 2016).

Richtwerte/Normen: Es liegen Richtwerte in Form von Mittelwerten und Standardabweichungen sowohl für $N = 94$ Depressive ($M = 70{,}51$; $SD = 18{,}36$) als auch für $N = 110$ Personen ohne Störung ($M = 50{,}44$; $SD = 10{,}20$) vor. Form A und Form B sind weitestgehend äquivalent. Eine Normierung wurde bislang nicht realisiert.

Vertrauensintervall/Kritische Differenz/Cut off: Das Vertrauensintervall bei einer Messung beträgt 12 Punkte. Würde man den Fragebogen in einer Messwiederholung einsetzen, so wäre die kritische Differenz zwischen Anfangs- und Wiederholungsmessung (bei einer Wertespanne von 18 bis 126) 17 Punkte. Der Cut off 1, also die Mitte zwischen klinischem Stichprobenmittelwert und Kontrollgruppenmittelwert, liegt bei 60.

Empfehlung: Die Messung dysfunktionaler Einstellungen in der Behandlung Depressiver ersetzt die Messung der Depression (z. B. mittels Beck Depressions-Inventar, ▶ Kap. 3.6.1) nicht, kann sie jedoch sinnvoll ergänzen, denn dysfunktionale Einstellungen beeinflussen den Depressionsverlauf indirekt. Sie sind gemäß Beck eine Basis für automatische Gedanken/kognitive Verzerrungen, die ihrerseits konkreter Gegenstand der therapeutischen Arbeit mit Depressiven sind. Ausgeprägt dysfunktionale Einstellungen gelten als schwer zu beeinflussen. Ein sinnvolles erstes Therapieziel bestünde zunächst darin, auf deren Existenz und Ausmaß aufmerksam zu machen, Patient:innen also dafür zu sensibilisieren, wie das Denken und Handeln beeinträchtigt werden kann.

Hinweise auf positive Effekte einer solchen Thematisierung dysfunktionaler Einstellungen liefern Rojas, Behnke und Hautzinger (2022) sowie – bei der gezielten autobiografischen Klärung – die Ergebnisse einer Studie von Segal, Williams und Teasdale (2002).

Bezug: Der DAS 18-Fragebogen, Form A und Form B und alle wesentlichen Informationen sind über das Open Test Archive des Leibniz Instituts für Psychologie – Zentrum für Psychologische Information und Dokumentation erhältlich (www.testarchiv.eu, Suchbegriffeingabe DAS 18). Dort ist auch eine Verfahrensdokumentation verfügbar (Rojas, Geissner & Hautzinger, 2022). Beide DAS-Versionen sind zum Einsatz für die Therapie unmittelbar downloadbar.

6.3 Distal: Handlungsorientierung versus Lageorientierung (Beispiel Angstbehandlung; HAKEMP 90)

Das Konstrukt *Handlungsorientierung versus Lageorientierung* hat bisher insbesondere im Rahmen der Angstbehandlung eine Rolle gespielt (Geissner & Ivert, 2019; Hartung & Schulte, 1994; Schulte, 2015; Schulte, Hartung & Wilke, 1997). Die theoretische Grundlegung stammt von Julius Kuhl (Universität Osnabrück), der auch einen entsprechenden Fragebogen entwickelte (*HAKEMP 90*; Ivert, 2009; Kuhl, 1994). Aus psychotherapeutischer Perspektive geht es um die Hemmung und Blockierung bei der Erreichung von klinisch relevanten Therapiezielen versus deren Realisierung in Form von tatkräftigem Herangehen, also dem Aufbau störungsinkongruenter Verhaltensweisen. Die Relevanz des Konstrukts manifestiert sich häufig bei expositions- bzw. konfrontationsbasierten Therapieschritten, bei welchen Patient:innen in Konflikt geraten können, relevante Problemsituationen anzugehen oder nicht. Es wäre therapeutisch ein Fehler, Patient:innen hier zu drängen, die motivierte Entscheidung muss von ihnen selbst kommen (Schulte, 2015).

Lageorientierung mutet zunächst negativ an, muss es aber nicht in jedem Fall sein. Denn Lageorientierung bedeutet nachzudenken, die zur Diskussion stehende Thematik zu analysieren, die Wertigkeit des angestrebten Ziels abzuwägen, nichts zu überstürzen und noch keine Selbstverpflichtung zu einer Handlung einzugehen, deren Ergebnis man zunächst nicht absehen kann. Für Außenstehende könnte dies wie Unentschlossenheit wirken und – gerade auch im Bereich Angstbehandlung – als ein Anzeichen für Vermeidung gewertet werden.

Handlungsorientierung ist meist positiv konnotiert, aber auch dies kann eine unvollständige Einschätzung ihrer Funktion sein. Handlungsorientierung impliziert den Appell an sich selbst (»Ändere etwas«). Sie beendet weiteres – manchmal als Grübeln oder Zögern erscheinendes – Nachdenken. Die Entscheidung ist gefällt und soll nun mit Selbstverpflichtung umgesetzt werden. Mögliche Alternativen wurden bedacht, aber abgewählt, es soll losgehen. Nachteilig hierbei könnte auf der anderen Seite sein, dass der Entschluss übereilt oder unter Druck externer Faktoren gefasst wurde, nicht alle Konsequenzen der nachfolgenden Schritte durchdacht waren und ein gewisser Aktionismus die Ziele gefährdet. Es ist Aufgabe von Therapeut:innen, solche Prozesse zu beobachten, rückzumelden und ggf. korrigierend auf sie einzuwirken.

Zu beachten ist, dass grundlagenpsychologisch zwischen Motivation auf der einen und Volition auf der anderen Seite zu differenzieren ist. Die Unterscheidung geht auf Kurt Lewin (1926) zurück, der Motivation dem Wünschen und Sich-Ziele-

Vornehmen gleichsetzt, Volition hingegen dem Wollen und Umsetzen dieser Ziele in konkrete Handlungsschritte. Kuhl nimmt in seinen Arbeiten auf diese Unterscheidung Bezug.

Gemäß Kuhl ist Handlungsorientierung versus Lageorientierung als zeitlich distaler Motivationsstil konzipiert, also als eine vorherrschende Tendenz der Person. Beide Orientierungen sind als Pole einer gemeinsamen Dimension gedacht. Zur Messung der individuellen Position auf diesem Kontinuum dient das Instrument HAKEMP 90 (Kuhl, 1994). Das Kürzel bedeutet Handlungs-Kontrolle nach Erfolg, Misserfolg, prospektiv. Die Ziffer 90 bezeichnet das Publikationsjahr (eine Vorversion existierte bereits seit 1985; Sack & Witte, 1990). Kuhl differenziert das Konstrukt in Handlungs- versus Lageorientierung in der Planung (HOP), Handlungs- versus Lageorientierung in der Tätigkeitsausführung (HOT) und Handlungs- versus Lageorientierung bei der Verarbeitung von Misserfolgen (HOM). Diese Bereiche werden mit je 12 Items gemessen, die jeweils zwei alternative Aussagen beinhalten, von denen eine gewählt werden muss. Eine der beiden Alternativaussagen repräsentiert Handlungsorientierung, die andere Lageorientierung.

Ein Beispiel für HOP lautet: »Wenn ich weiß, dass etwas erledigt werden muss, fällt es mir leicht, es schnell hinter mich zu bringen« versus »... muss ich mir oft einen Ruck geben, um den Anfang zu kriegen«, ein Beispiel für HOT lautet »Wenn ich für etwas mir Wichtiges arbeite, dann gehe ich so in der Arbeit auf, dass ich lange Zeit dabei bleibe« versus »... unterbreche ich gern zwischendurch, um etwas Anderes zu tun«. Ein HOM-Item enthält z. B. die beiden Aussagen »Wenn ich etwas Wertvolles verloren habe und jede Suche vergeblich war, denke ich nicht mehr lange darüber nach« versus »... kann ich mich schlecht auf etwas Anderes konzentrieren«.

Die Antworten werden in Richtung Handlungsorientierung ausgewertet. Der Skalenwert entspricht der Anzahl handlungsorientierter Antworten, ein Minimalwert von Null bedeutet »keine Handlungsorientierung« (= maximale Lageorientierung), ein Maximalwert von 12 bedeutet »extreme Handlungsorientierung« (= minimale Lageorientierung). Die drei Skalenwerte werden getrennt interpretiert, sie sollen nicht zu einem Gesamtskalenwert zusammengefasst werden. In der Instruktion wird erbeten, »so anzukreuzen, wie Sie sich typischerweise entscheiden würden«.

Testgütebefunde: Diese liegen nur rudimentär vor. Die Skalenhomogenitäten sind befriedigend, für HOP wurde Alpha = 0,78 ermittelt, für HOT Alpha = 0,74 und für HOM Alpha = 0,70. Die Retestkorrelationen sind etwas geringer.

Die Korrelation zwischen HOP und HOM beträgt $r = 0{,}43$, HOT korreliert nicht mit HOP und nicht mit HOM. Obwohl der HAKEMP 90 aufgrund seiner guten Plausibilität in vielen Studien eingesetzt wurde (Schulte, 2015), ist seine psychometrische Güte eingeschränkt (Ivert, 2009; Sack & Witte, 1990). Für $N = 121$ Angstpatient:innen während eines stationären Aufenthalts wurden folgende Verteilungskennwerte in den ersten Tagen des Aufenthalts ermittelt: Für HOP $M = 4{,}45$ ($SD = 3{,}02$), für HOT $M = 8{,}29$ ($SD = 3{,}09$) und für HOM $M = 3{,}36$ ($SD = 2{,}31$) (Ivert, 2009).

Vertrauensintervall: Bei einmaliger Messung beträgt das Vertrauensintervall um das Messergebnis für HOP und HOT +/-3 Punkte, für HOM +/- 2 Punkte, Wertespanne von 0 bis 12.

Kritische Differenz und Cut off: Zwei- oder mehrmalige Messungen erübrigen sich, da das Konstrukt selbst keine Störung darstellt. Der relevante Zielwert wäre die Angstreduktion, zu deren Messung die geeigneten Verfahren in ▶ Kap. 3 besprochen wurden.

Handlungs- versus Lageorientierung als Einflussfaktor in der Psychotherapie: Interessante und psychotherapierelevante Effekte der Handlungs- versus Lageorientierung fanden Geissner und Ivert (2019) in einer Studie an $N = 125$ stationären Angstpatient:innen, in der neben einer Vorher-Nachher-Messung des Angstausmaßes auch eine 6-Monats-Katamnese erfolgte. In der Studie wurde der Einfluss von Handlungs- versus Lageorientierung auf den späteren Therapieverlauf bei Durchführung eines expositionsbasierten Behandlungsprogramms überprüft. Kriterium war das Ausmaß der Angst bei der Follow-up-Untersuchung nach sechs Monaten, gemessen mit den Instrumenten BSQ, ACQ, MI-A und MI-B des AKV-Sets (Ehlers & Margraf, 2001) sowie mit dem BAI (Margraf & Ehlers, 2007; s. Besprechung der Verfahren in ▶ Kap. 3). Diese Maße gingen auch – gemeinsam mit Handlungs- versus Lageorientierung und weiteren Variablen – am Aufnahmezeitpunkt als Prädiktoren bezogen auf das Zielkriterium »Angst in der Katamnese« in eine Regressionsanalyse ein. Zusätzlich gingen die Angstmaße zum Entlasszeitpunkt als Prädiktoren ein. Mit diesem Vorgehen konnte die isolierte Bedeutung, also der Netto-Einfluss, von Handlungs- versus Lageorientierung hinsichtlich eines nachhaltigen Therapieerfolgs ermittelt werden.

Handlungs- versus Lageorientierung erwies sich dabei als wichtiger eigenständiger Prädiktor für das Zielkriterium »Angst nach sechs Monaten« und somit als wichtiger Bedingungsfaktor des nachhaltigen Therapieerfolgs. Patient:innen mit einer hinreichend ausgeprägten Handlungsorientierung profitierten in einem sehr guten Ausmaß von der expositionsbasierten Angstbehandlung. Für Patient:innen mit vor Behandlungsbeginn gering ausgeprägter Handlungsorientierung (d. h. hoch ausgeprägter Lageorientierung) galt dies dagegen nicht.

Regressionsanalysen erlauben die Bestimmung des prozentualen Nettobeitrags eines Prädiktors zur Varianzaufklärung des Kriteriums. Das Ergebnis war wie folgt: Der Nettobeitrag von Handlungsorientierung zur Erklärung (der Varianz) des Therapieerfolgs nach sechs Monaten betrug beim Kriterium BSQ 13 %, bei ACQ 12 % und bei BAI 18 %. Für einen distalen Einflussfaktor gelten solche Nettobeiträge zur Erklärung der Varianz eines klinischen Zielkriteriums als durchaus hoch, sie unterstreichen die Bedeutsamkeit dieses Merkmals. Nur beim Kriterium »Mobilitätseinschränkung« (MI-allein und MI-in Begleitung) fiel der Nettobeitrag mit 6 % und 4 % niedriger aus, war aber dennoch statistisch bedeutsam.

Geissner und Ivert (2019) setzten ferner hypothetische Messwerte für die Prädiktoren in die Regressionsgleichungen ein, um den Einfluss von Handlungs- versus Lageorientierung weiter zu veranschaulichen. Wir kürzen hier etwas ab, verweisen auf die Originalarbeit und wählen nur den Unterschied im Zielkriterium »Angst nach sechs Monaten« (4 AKV-Maße plus BAI), wenn Handlungsorientierung einen höheren (definiert als Mittelwert plus eine Standardabweichungseinheit) versus einen niedrigeren Wert einnähme (Mittelwert minus eine Standardabweichungseinheit). Technischer Hinweis: Die übrigen Prädiktoren wurden konstant gehalten, indem in die Regressionsgleichung der jeweilige Mittelwert eingesetzt wurde.

Der Unterschied würde – hier bereits gemäß den Normierungsangaben der AKV- und BAI-Manuale in Prozentrangunterschiede umgerechnet – beim Kriteriumsmaß »BSQ nach sechs Monaten« 23 Prozentränge betragen. Konkret: Wenn ein/e Patient:in vor Beginn der Therapie eine schwach ausgeprägte (definiert als M-1 SD) Handlungsorientierung und durchschnittliche Messwerte bei den anderen (Angst-) Prädiktoren aufgewiesen hätte, würde bei der Katamnese ein BSQ-Prozentrang von 37 erreicht. Bei einer gut ausgeprägten (M + 1 SD) Handlungsorientierung wäre die Angst unter sonst gleichen Bedingungen bei Katamnese mit einem BSQ-Prozentrang von 14 deutlich geringer, die Therapie somit erfolgreicher.

Für Angstkognitionen (ACQ) und für das Beck Angst Inventar (BAI) wären die Unterschiede noch deutlicher (Prozentrangdifferenz = 40 beim Zielkriterium »ACQ«, Prozentrangdifferenz = 45 beim Kriterium »BAI«). Die Unterschiede in den Merkmalen MI-A und MI-B fielen etwas niedriger aus. Der Einfluss von hoch versus niedrig ausgeprägter Handlungsorientierung in Bezug auf die Angstbehandlung kann auf diese Weise sehr gut demonstriert werden.

Diskussion: Die Botschaft könnte daher wir folgt lauten. Patient:innen, die in dem distalen Motivationsstil »Handlungsorientierung« höhere Ausprägungen haben, profitieren von expositionsbasierter Angstbehandlung deutlich besser als Patient:innen, deren Motivationsstil eher lageorientiert ist. Dies bereits vorab zu berücksichtigen, könnte also bezogen auf die realistische Abschätzung des Therapieerfolgs eine wichtige Information sein. Es würde sich somit lohnen, das Ausmaß an Handlungsorientierung zu eruieren. Genügend hoch ausgeprägte Handlungsorientierung und expositionsbasierte Psychotherapie scheinen gut zu harmonieren, dies ist auch stimmig mit den theoretischen Grundprinzipien dieser Therapieform.

Wie hingegen sind die Aussichten bei einem vorab bestehenden lageorientierten Stil? Handlungs- versus Lageorientierung gelten als nur in Maßen veränderlich. Insofern lautet ein weiteres Fazit der Ergebnisse von Geissner und Ivert (2019), dass für betont lageorientierte Personen therapeutisch ein modifizierter Zugang vorteilhafter wäre. Dies könnte z. B. bedeuten, dass bei Start einer geplanten Intervention Zeit zum Reflektieren und Abwägen eingeplant werden sollte (Klärung der Vorteile und Nachteile der Zielerreichung und deren Folgen, Besprechung von Alternativen, Gewährleistung der motivierten Selbstverpflichtung beim Beschreiten der gewählten Alternative).

Die Praxis der Einzeltherapie lässt im Allgemeinen genügend Spielraum für solche Klärungen, er sollte genutzt werden. In Kliniken mit starrem Programm, organisatorischen Restriktionen und begrenzter Aufenthaltsdauer könnten hier Umsetzungsprobleme auftreten. In deren Folge könnten Patient:innen sich im ungünstigen Fall gedrängt fühlen und sich deshalb auch ganz gegen die Teilnahme an der spezifischen Intervention entscheiden – verbunden mit der entsprechenden Verbuchung als Misserfolgserlebnis. Drop-out-Raten von über 30 % bei eigentlich indizierter Intervention wurden berichtet (Geissner & Ivert, 2019) und stellen die Sinnhaftigkeit des stationären Aufenthalts in solchen Fällen etwas in Frage.

Ein anderes Vorgehen, wie es z. B. in akzeptanzbasierten Ansätzen realisiert wird (Rinner & Gloster, 2021), käme bei ausgeprägter Lageorientierung als Behandlungsalternative statt der geschilderten längeren Reflexionsphase vor Exposition in Betracht. Ergibt eine Klärungsphase nicht zwingend Verhaltensänderung und könnte die Problematik auch anders kompensiert werden (z. B. in Form einer bewusst akzeptierenden Haltung), so wäre dies ebenfalls ein möglicher Weg, der zu einem guten Therapieergebnis führt.

Empfehlung: Handlungs- versus Lageorientierung kann als wichtiger Einflussfaktor für Therapieverlauf und -ergebnis gelten. Zum Therapiebeginn die individuelle Ausprägung dieses Persönlichkeitsmerkmals zu erfassen, wäre eine sinnvolle Ergänzung im Sinne einer individualisierten Feinanalyse. Die dabei erhaltenen Ergebnisse können als nützliche Informationen bei der differenzierten Erfolgsbeurteilung dienen.

Bezug: Der Bezug des Fragebogens HAKEMP 90 ist folgendermaßen möglich, (a) aus einem etwas älteren Buchbeitrag von Kuhl (1994) oder (b) aus Anhang »G1–3« der Studie von Ivert (2009). Dieser Anhang ist Bestandteil einer elektronischen Datei der Universitätsbibliothek Bamberg und downloadbar unter https://fis.uni-bamberg.de/home, Suchfeldeingabe Ivert.

Aus der Bochumer Arbeitsgruppe unter Leitung von Dietmar Schulte wurde ebenfalls eine Skala vorgelegt, die das Konstrukt Handlungs- versus Lageorientierung – allerdings in einer vereinfachten und nur auf Angst zugeschnittenen Variante – misst (die Items des HAKEMP 90 sind allgemein, d. h. nicht störungsspezifisch formuliert). Dieses als HOLO-Angstskala bezeichnete Instrument (Hartung, 1995) ist über die Homepage Ther/Os als PDF verfügbar, Eingabefolge theros-online.de -> testos-> freie Tests-> Beschreibung-HOLO.

6.4 Proximal und Verlauf kombiniert: Stadienmodell der Absicht und Ausführung bei der Verhaltensänderung (Beispiel Angstbehandlung; AAVA)

Stadienmodelle thematisieren Komponenten der Problemabwehr, der Problemwahrnehmung einschließlich Bewusstmachung der Änderungsnotwendigkeit und eines Handlungsvorsatzes. Im Weiteren folgen die motivierte Aktivität, ein gewünschtes Ziel zu erreichen, ergänzt um Maßnahmen zu deren Erhaltung. Eine bestimmte Abfolge der Stadien wird postuliert: Ein Stadium soll sich aus dem unmittelbar vorangegangenen Stadium ergeben. Dabei sollen auch Wiederholungen dieser Sequenz möglich sein, etwa wenn die Wertung der Änderungsnotwendigkeit nachlässt, die Bedeutung eines Ziels aus dem Blick gerät bzw. mit anderen Zielen konkurriert, oder wenn der Aufwand bei der Umsetzung zu hoch erscheint. Stadien sind übergeordnete Konzepte vor und im Therapieverlauf, ihre Messung ersetzt die Therapieerfolgsbeurteilung nicht, kann die Therapie jedoch sinnvoll über die Zeit begleiten und differenzierende Hinweise liefern.

Das weltweit dominierende Stadienmodell ist das Stages-of-Change-Konzept, auch als Transtheoretisches Modell (TTM) bezeichnet, von James O. Prochaska,

University of Rhode Island, und Carlo DiClemente, University of Maryland. Prochaska und DiClemente konzentrierten sich in ihren Arbeiten etwas stärker auf die erste Stadienhälfte. Sie interessierten sich dafür, wie man auf schädliche, gesundheitsgefährdende, risikoreiche Verhaltensweisen oder Lebensstile aufmerksam machen, ein Änderungsbewusstsein schaffen und eine Änderungsabsicht erreichen kann. Angewendet wurde das Modell in einer großen Themenbreite, u. a. auf Rauchen und Alkoholkonsum, auf die Initiierung von Gesundheitsverhalten bzw. sportliche Bewegung, den Abbau übermäßiger Sonnenexposition, Compliance bei Diabetiker:innen oder Risikoverhalten im Zusammenhang mit HIV.

Prochaska und DiClemente (1982) beschreiben ein initiales Stadium »Sorglosigkeit«, dem die Stadien »Bewusstwerdung« und »Vorbereitung« (im Sinne von Handlungsintention) folgen. Diesem handlungsvorbereitenden Teil soll sich ein ausführender Teil anschließen. Er besteht den Autoren zufolge aus »Handlung«, »Aufrechterhaltung« und »Stabilität« im Sinne einer Etablierung der Änderung. Gemessen wurde das Konstrukt mithilfe des Fragebogens URICA (University of Rhode Island Change Assessment; McConnaughy, Prochaska & Velicer, 1983).

Im Verlauf der Stages-of-Change-Forschung kamen Fragestellungen hinzu, bei welchen weniger der Übergang von Sorglosigkeit zu Bewusstwerdung und Vorbereitung (Stadienhälfte 1) im Vordergrund stand. Denn auch wenn ein subjektives Leiden bereits vorliegt und nicht erst darauf aufmerksam gemacht werden muss (Beispiele: seit längerem bestehendes Übergewicht, chronischer Schmerz, ausgeprägte, das Leben massiv beeinträchtigende Phobien bei gleichzeitig hoher Vermeidung), ist die Beobachtung der entsprechenden Stadien von Interesse und kann Hilfestellung bei der wirksamen Zielverfolgung bieten (Stadienhälfte 2).

Am Freiburger Lehrstuhl für Rehabilitationspsychologie, Arbeitsgruppe Jürgen Bengel, wurde das Stadienkonzept auf die Thematik chronischer Schmerz angewendet und ausführlich untersucht (FF-STABS; Maurischat, Härter & Bengel, 2002). Ein Fragebogen aus 44 Items misst die Stadien – zusammenfassend nach Oberkategorien: einmal initiale Veränderungsmotivation und zum anderen Aufrechterhaltungsmotivation – für Schmerz und aus Schmerz resultierende Folgen wie Krankheitsrolle, Verhaltensreduktion, Disengagement. Inhaltliche Bezüge zum Rubikon-Modell der Motivation (Achtziger & Gollwitzer, 2010) und zu den Konzepten Klärung und Bewältigung im Therapiemodell von Grawe (2000) werden diskutiert.

Geissner und Ivert (2021) nahmen den FF-STABS-Fragebogen von Maurischat et al. (2002) als Grundlage, um Absicht und Ausführung im Prozess der Verhaltensänderung – in diesem Fall bezogen auf die Thematik Agoraphobie und Panikstörung – differenziert zu erfassen und deren Einfluss auf die Reduktion der Ängste und Vermeidungen zu analysieren.

Messung der Stadien im Rahmen der Angstbehandlung: Der entsprechende Fragebogen wurde nachfolgend als *AAVA (Absicht und Ausführung bei der Verhaltensänderung im Rahmen der Angstbehandlung)* bezeichnet (Geissner & Ivert, 2022). Er umfasst in der Endform drei Skalen im Bereich Absicht, nämlich »Problemexternalisierung« (sieben Items), »Initiales Problembewusstsein« (sechs Items) und »Handlungsabsicht« (sechs Items) sowie drei Skalen im Bereich Ausführung: »Lernen« (fünf Items), »Aufrechterhaltung« (sieben Items) und »Zuversicht« (vier Items).

Die Instruktion lautet, spontan so zu antworten, wie es am meisten stimmt. Der Bereich Absicht wird zu Beginn der Behandlung erhoben, der Bereich Ausführung bei bzw. nach Beendigung. Itembeispiele im Teil Absicht lauten etwa »Meine Ängste und Panikattacken sind ausschließlich ein medizinisches Problem und deswegen Sache von Ärzten.« (Problemexternalisierung) oder »Ich habe die ernsthafte Absicht, in naher Zukunft mit meinen Ängsten und Panikattacken anders als bisher umzugehen.« (Handlungsabsicht). Itembeispiele im Teil »Ausführung« sind »Ich lerne seit einigen Wochen verschiedene Strategien, um meine Ängste oder Panikattacken zu beeinflussen.« (Lernen) bzw. »Selbstverständlich sind Angstbewältigungsstrategien ein fester Bestandteil meines Alltags.« (Aufrechterhaltung).

Die Antwortskalierung ist 3-stufig von 1 = »trifft gar nicht zu« bis 3 = »trifft genau zu«. Die Items werden pro Skala aufsummiert und durch die Anzahl der Items der Skala dividiert (Bildung von Skalenwerten mit einer Wertespanne von 1 bis 3). Sowohl Bearbeitungs- als auch Auswertungszeit betragen jeweils wenige Minuten (Geissner & Ivert, 2022).

Testgütebefunde zu den Skalen (zusammengefasst): Die Skalen wurden mittels explorativer Faktorenanalysen an 120 Angstpatient:innen entwickelt. Die Homogenitätswerte sind als ausreichend bis noch gut zu bewerten: Problemexternalisierung Alpha = 0,78, Problembewusstsein Alpha = 0,73, Handlungsabsicht Alpha = 0,70, Lernen Alpha = 0,75, Aufrechterhaltung Alpha = 0,80 sowie Zuversicht Alpha = 0,68.

Problemexternalisierung korreliert niedrig bis mittelhoch positiv mit der Angstausprägung auf den vier AKV-Angstfragebögen BSQ, ACQ, MI-A und MI-B (► Kap. 3.1.1) sowie dem Fragebogen BAI (► Kap. 3.1.2). Keine Zusammenhänge bestehen zwischen Problembewusstsein bzw. Handlungsabsicht und Angst. Höhere Zuversicht wiederum geht einher mit niedrigeren Angstwerten. Keine Zusammenhänge mit Angst fanden sich für Lernen und Aufrechterhaltung. Dagegen gehen Lernen, Aufrechterhaltung und Zuversicht einher mit positiver Beurteilung der Aussagen »Die Therapiegruppe Angstbewältigung hat gut geholfen.« und »Ich habe meine Therapieziele erreicht«.

Einige Wochen vor Aufnahme in die Klinik und ein zweites Mal unmittelbar bei Behandlungsbeginn wurden die drei Skalen des Bereichs Absicht vorgegeben. Problemexternalisierung fiel bei der Messwiederholung zu Beginn der Behandlung substantiell niedriger aus als bei Anmeldung zur Klinik, Handlungsabsicht dagegen substantiell höher (für Problembewusstsein kein Unterschied).

Die drei Skalen des Bereichs Ausführung wurden am Behandlungsende und ein zweites Mal katamnestisch nach sechs Monaten erhoben. Der stärkste Effekt ergab sich für Aufrechterhaltung (deutliche Steigerung, Effektstärke d = 1,17). Lernen nahm bei der 6-Monats-Messung entsprechend signifikant ab. Dies ist stimmig, da der Gesichtspunkt Lernen dann keine Rolle mehr spielt (für Zuversicht keine Änderung im Verlauf).

Richtwerte/Normen: Für den AAVA-Fragebogen liegen keine Normen vor. Richtwerte ergeben sich aus den Mittelwerten und Streuungen der klinischen Angststichprobe (Geissner & Ivert, 2021, 2022), wobei die Wertespanne von 1 bis 3 reicht: Problemexternalisierung M = 1,72 (SD = 0,34), Problembewusstsein M = 2,54 (SD = 0,38), Handlungsabsicht M = 2,75 (SD = 0,34), Lernen M = 2,76 (SD = 0,31), Aufrechterhaltung M = 2,41 (SD = 0,44) und Zuversicht M = 2,56 (SD = 0,46).

Vertrauensintervall/kritische Differenz/Cut off: Das Vertrauensintervall um individuelle Messwerte beträgt für Problemexternalisierung und Lernen +/- 0,3 Punkte, für Problembewusstsein, Handlungsabsicht und Aufrechterhaltung +/- 0,4 Punkte und für Zuversicht +/- 0,5 Punkte.

Würde der AAVA-Fragebogen in der Behandlung zu zwei Messzeitpunkten vorgegeben, so würden die folgenden Kritischen-Differenz-Werte gelten: Für Problemexternalisierung 0,44, für Problembewusstsein 0,55, für Handlungsabsicht 0,52, für Lernen 0,43, für Aufrechterhaltung 0,54 und für Zuversicht 0,72 (Wertespanne 1 bis 3).

Cut-off-Werte sind im Falle des AAVA weniger sinnvoll. Das relevante Kriterium am Ende einer Psychotherapie wäre Angstreduktion (bzw. beim AAVA-Vorgänger FF-STABS analog Schmerzreduktion). Dabei kann sich eine genügend hoch ausgeprägte Änderungsabsicht einschließlich gezielter Anstrengungen und geeigneter Verhaltensweisen begünstigend bei der Problemlinderung auswirken.

Einfluss- und Begleitfaktoren in der Angstbehandlung: Die Angst zum Katamnesezeitpunkt sechs Monate nach der Behandlung fällt umso geringer aus, umso höher die Werte auf den AAVA-Skalen Aufrechterhaltung und Zuversicht am Therapieende (hier stationärer Aufenthalt) waren. Beide Merkmale beeinflussen die Angstreduktion auf längere Sicht. Dies ergibt sich aus den Ergebnissen von Regressionsanalysen, in welchen die Angstausprägung zum Follow-up-Zeitpunkt das Kriterium war (vier Angstmaße aus dem AKV-Set plus Fragebogen BAI) und die drei AAVA-Maße der Absicht (Therapiebeginn) sowie jene der Ausführung (Therapieende) als Prädiktoren eingingen (Angstausprägung zu Beginn und am Ende der Therapie dabei statistisch kontrolliert).

Der Nettobeitrag von Aufrechterhaltung und Zuversicht in Prozent der aufgeklärten Varianz des Kriteriums Angst zum Katamnesezeitpunkt betrug zwischen 14 % (beim Angstmaß BAI) und 26 % (beim Angstmaß Mobilitäts-Index). Dies ist ein inhaltlich plausibles Ergebnis: Angst wird auf lange Sicht reduziert, wenn weiterhin Maßnahmen zu ihrer Kontrolle praktiziert werden (Merkmal Aufrechterhaltung) und dies auf der Basis von Selbstvertrauen und Zuversicht geschieht (Merkmal Zuversicht). Vereinfacht gesagt: Erfolg beflügelt.

Die anderen Teilskalen des Stadienmodells sind Begleitfaktoren und dienen in der Behandlungspraxis der Verlaufsbeobachtung: Das Ausmaß an Lernen sollte während der Behandlung hinreichend ausgeprägt sein, nach Behandlungsabschluss wird es niedriger ausfallen. Beobachtet werden sollte des Weiteren, ob bei Beginn der Behandlung ein ausreichendes Ausmaß an Handlungsabsicht besteht. Motivationsförderlich für die anstehende Behandlung wäre schließlich eine geringe Externalisierung.

Empfehlung: Stadienmodelle und dazugehörende Messverfahren haben ihren Wert in der Feinanalyse des Therapieverlaufs. Sie liefern Erkenntnisse über zu gering bzw. adäquat ausgeprägte Motivation, sie sind nützlich bei der Kontrolle der Lernpraxis in der Phase des Verhaltenserwerbs und geben Hinweise zur Ausdauer auf dem Weg zur Zielerreichung. Somit ergänzen sie die nach Abschluss der Behandlung durchgeführte störungsspezifische Therapieerfolgsbeurteilung.

Bezug: Alle Unterlagen für den Praxiseinsatz sind beim Open Test Archive des Leibniz-Instituts für Psychologie – Zentrum für Psychologische Information und

Dokumentation erhältlich. Unter www.testarchiv.eu kann die Verfahrensdokumentation (Geissner & Ivert, 2022) heruntergeladen werden, gleiches gilt für den AAVA-Fragebogen selbst (separate Datei). Die Ergebnisse aus der zugrundeliegenden Studie finden sich bei Geissner und Ivert (2021) und sind u. a. über die Plattform (mit Dokumentenserver) Research Gate downloadbar.

6.5 Verlauf: Strategien der Schmerzbewältigung (FESV-Komponente 2)

In der Therapie bietet es sich häufig an, den Erwerb von Kenntnissen und Fertigkeiten begleitend mit zu untersuchen. Diese können ausschlaggebend dafür sein, ob ein Behandlungserfolg am Ende eintritt. Sie dienen Therapeut:innen als Rückmeldung, ob eine Vermittlung von Inhalten als gelungen gewertet werden kann, ob eventuell mehr Zeit auf die entsprechenden Behandlungselemente aufzuwenden wäre oder auch, ob ein Level erreicht ist, das zwar nicht als optimal gelten würde, mit dem man jedoch erst einmal zufrieden sein kann. In ▶ Kap. 3.16.1 dieses Bands haben wir beim Thema Schmerz die Schmerzempfindungs-Skala (SES) sowie aus dem Fragebogen zur Erfassung der Schmerzverarbeitung FESV die Skalen zur Messung der Schmerzbedingten psychischen Beeinträchtigung (z. B. schmerzbedingte Hilflosigkeit und Depression) porträtiert – dort als FESV-Komponente 1 bezeichnet (▶ Kap. 3.16.2).

Im Verständnis eines Gesamtschmerzgeschehens (Geissner, 1990) ist impliziert, dass nicht nur Schmerzempfindung und psychische Beeinträchtigung an Schmerz beteiligt sind, sondern auch Anstrengungen und Maßnahmen zu seiner Bekämpfung bzw. Kontrolle. Gerade bei chronifizierten Schmerzformen reichen medikamentöse oder physikalisch-therapeutische Behandlungen oft nicht aus, Schmerz ist in einem gewissen Ausmaß immer vorhanden oder tritt in Zeitabständen wiederkehrend auf (wiederkehrend z. B. bei Migräne oder bei rheumatischen Schüben).

Die *Komponente der psychologischen Schmerzbewältigung* wurde intensiv untersucht, eine Kurzübersicht findet sich u. a. bei Geissner (2001, S. 12–23). Grundlage ist das Mikro-/Makromodell persistierender oder intermittierender chronischer Schmerzen bzw. das vereinfachte Modell interdependenter Klassen aus (1) Schmerzerleben, (2) Schmerzbewältigung und (3) Schmerzbedingter psychischer Beeinträchtigung. Ausprägungen in der Komponente Schmerzbedingte psychische Beeinträchtigung können verstanden werden als Ergebnis mehr oder weniger gelungener Schmerzbewältigung, die wiederum durch das Vorhandensein von Schmerz initiiert wurde.

Messung: Es wird zwischen drei Formen kognitiver und drei Formen verhaltensbezogener Schmerzbewältigung unterschieden (Geissner, 2001, S. 25). Handlungsplanungskompetenzen (HPL), Kognitive Umstrukturierung (KU) und Kompetenzerleben (KE) sind die Formen kognitiver Schmerzbewältigung, während

Mentale Ablenkung (MA), Gegensteuernde Aktivitäten (GSA) und Ruhe- bzw. Entspannungstechniken (RE) die verhaltensbezogene Bewältigung repräsentieren. Die sechs entsprechenden Skalen umfassen jeweils vier Items (6-stufige Antwortskalierung von 1 = »stimmt überhaupt nicht« bis 6 = »stimmt vollkommen«). Aus der Summe der Itemwerte einer Skala resultiert eine jeweilige Wertespanne von 4 bis 24.

Ein Itembeispiel für Handlungsplanung ist: »Wenn ich Schmerzen habe, habe ich meist eine Anzahl von Möglichkeiten parat, sie zu bekämpfen.«, für Kognitive Umstrukturierung: »Wenn ich Schmerzen habe, sage ich mir, dass ich viel besser damit zurechtkomme als früher.«, für Kompetenzerleben: »Wenn ich Schmerzen habe, habe ich trotzdem das Gefühl, sie zu beherrschen«. Instruktion und Zeitrahmen lauten: »Beziehen Sie sich bei der Beantwortung auf Ihre typischen Schmerzen in den letzten Tagen«. In der Testmappe zum FESV befindet sich Schmerzbewältigung auf einem Bogen – Vorderseite: kognitive Schmerzbewältigung, Rückseite: verhaltensbezogene Schmerzbewältigung. Er trägt das Kürzel BW für Bewältigung. Davon abzuheben ist der in ▶ Kap. 3.16.2 besprochene Bogen Schmerzbedingte psychische Beeinträchtigung mit dem Kürzel BE für Beeinträchtigung.

Geprüfter Altersbereich ist 18 bis 80 Jahre. Die untersuchten Schmerzpatient:innen hatten medizinische Grunderkrankungen mit unterschiedlichen orthopädischen, neurologischen und internistischen Diagnosen.

Dimensionale Struktur: Das Modell der Schmerz-Verarbeitung (Schmerzbedingte psychische Beeinträchtigung und Schmerzbewältigung gemeinsam) und das Modell für Schmerzbewältigung/allein wurde in einer Abfolge aus explorativen und konfirmatorischen Faktorenanalysen in drei Phasen und an drei unabhängigen Stichproben geprüft. Die Ergebnisse sind in Abschnitt C des FESV-Manuals dargestellt (Geissner, 2001, S. 39–53). Die dortigen Belege indizieren die Anpassungsgüte der Modelle, Dimensionen werden durch die ihnen zugeordneten Items sinnvoll gemessen.

Zuverlässigkeit: Die Homogenitäts-Befunde zu den jeweils aus vier Items bestehenden Skalen sind bei Bewältigung/kognitiv als gut zu werten, bei Bewältigung/verhaltensbezogen unter Berücksichtigung der Kürze der Skalen als noch befriedigend. Die Werte für eine Stichprobe aus $N = 155$ Schmerzpatient:innen lauten: HPL Alpha = 0,85, KU Alpha = 0,82, KE Alpha = 0,81, MA Alpha = 0,74, GSA Alpha = 0,71 und RE Alpha = 0,81.

Für eine $N = 170$ Patient:innengruppe ohne Schmerzbehandlung wurden zwischen Anmeldung und Klinikaufnahme folgende Retestkorrelationen ermittelt: HPL $r_{tt} = 0{,}78$, KU $r_{tt} = 0{,}73$, KE $r_{tt} = 0{,}74$, MA $r_{tt} = 0{,}79$, GSA $r_{tt} = 0{,}81$ und RE $r_{tt} = 0{,}79$.

Validität: Befunde zur faktoriellen Validität, zur konvergenten Validität (Korrelation mit inhaltlich verwandten Maßen) und zu spezifischen Krankheitsgruppenausprägungen und -unterschieden werden im FESV-Manual erläutert (Geissner, 2001, S. 61–68).

Änderungssensitivität: Ein besonderes Augenmerk wurde bei der Fragebogenentwicklung auf die Änderungssensitivität gelegt, denn in der Psychotherapie ist eine Zunahme an kognitiver und verhaltensbezogener Schmerzbewältigung ein essentielles Element. Sieben unabhängige Studien wurden hierzu durchgeführt: Schmerzbewältigung nahm in jenen Studien bzw. Behandlungseinrichtungen substantiell zu, in welchen inhaltlich damit korrespondierende Interventionen etabliert waren. War dies nicht der Fall (keine psychologische Schmerztherapie bzw. nur ein Angebot unspezifischer Entspannungstrainings), konnte keine Zunahme in den sechs Bewältigungsmerkmalen belegt werden.

Eine vergleichende Analyse zur Reduktion von Schmerzen wurde auch simultan innerhalb einer Studie durchgeführt, und zwar an drei Interventionsansätzen und einer Kontrollbedingung. In dieser Studie konnte belegt werden, dass zwei Interventionen (a) kognitiv-behaviorale Schmerztherapie und (b) Visualisierungstraining schmerzreduzierend wirksam waren. Dort wurden höhere Werte in KU, KE, MA, GSA und RE am Ende der Programme ermittelt, und dies führte entsprechend zu substantiellen Schmerzreduktionen. HPL verbesserte sich ebenfalls überzufällig, allerdings im Ausmaß etwas geringer. In den beiden anderen Gruppen dieser Studie – (c) Entspannungsgruppe und (d) Kontrollgruppe ohne psychologische Behandlung – wurden praktisch keine Änderungen in Bewältigung erzielt, und die Schmerzen blieben demzufolge gleich hoch (Geissner, 2001, S. 74–77).

Richtwerte/Normen: Es liegen *T*-Wert-Normen auf der Basis einer Stichprobe von $N = 401$ Schmerzpatient:innen vor. Ergänzend sind im Tabellenwerk des Manuals neben den *T*-Werten auch Prozentränge angegeben (Geissner, 2001, S. 82–85).

Kritische Differenzen: Bei einer Wertespanne der Skalen von 4 bis 24 betragen die kritischen Differenzen ca. 6 Punkte. Die bei zwei verschiedenen Gelegenheiten gewonnenen Messwerte müssen im Einzelfall somit mindestens 6 Punkte auseinander liegen, um von einer zuverlässig gemessenen Differenz bzw. Veränderung ausgehen zu können. Im Einzelnen lauten die exakten Kritische-Differenz-Werte bei den sechs Skalen: für HPL 5,6, für KU 6,0, für KE 6,2, für MA 6,7, für GSA 5,5 und für RE 6,3. Anmerkung: Bei der Nachberechnung für diesen Band resultierten im Vergleich zu den Manualangaben – Geissner, 2001, S. 37 – leicht verbesserte Werte. Verbesserung meint, dass sich zuverlässige Änderungen aufgrund von Therapie im Einzelfall leichter belegen lassen. Im Manual war die Berechnungsgrundlage die Retest-Reliabilität, in diesem Handbuch die Alpha-Homogenität.

Zur Orientierung werden ergänzend auch die Mittelwerte und in Klammern die Standardabweichungen der Skalenangegeben angegeben: HPL $M = 13{,}36$ ($SD = 5{,}24$), KU $M = 14{,}36$ ($SD = 5{,}08$), KE $M = 15{,}60$ ($SD = 5{,}16$), MA $M = 10{,}36$ ($SD = 5{,}24$), GSA $M = 11{,}72$ ($SD = 4{,}56$) und RE $M = 12{,}72$ ($SD = 5{,}24$).

Vertrauensintervall: Der bei einer Messung gewonnene Wert hat für HPL, KU, KE und RE ein Vertrauensintervall von +/- 4 Punkten, für MA und GSA von +/- 5 Punkte (alle Werte gerundet, Wertespanne von 4 bis 24).

Cut-off-Werte für Maße der Bewältigung sind weniger bedeutsam, da die relevanten Kriterien für die Therapieerfolgsbeurteilung das Schmerzempfinden und die Schmerzbedingte psychische Beeinträchtigung sind (Messung mithilfe der Verfahren SES und FESV-Komponente 1, ▶ Kap. 3.16). Bei deren Reduktion wirkt sich Schmerzbewältigung je nach Ausprägung mehr oder weniger begünstigend aus. Die Reduktion in der Schmerzproblematik selbst (also im Schmerzempfinden und der psychischen Beeinträchtigung) ist wichtiger als das reine Anwenden der Bewältigungsstrategien.

Empfehlung: Schmerzbewältigung gilt in der Schmerzpsychotherapie als ein zentraler Bestandteil der Behandlung. Es ist sinnvoll, Vermittlung, Erwerb, Anwendung und Aufrechterhaltung entsprechender Strategien zu monitoren. Die Messung im Therapieverlauf mithilfe der entsprechenden Skalen des FESV (FESV-Komponente 2) liefert dabei wichtige Informationen. Bei längerer Therapiedauer bzw. nach Beendigung der Therapie sind wiederholte Messungen möglich. In der Arbeit mit Schmerzpatient:innen findet der Fragebogen FESV mit seinen beiden Komponenten Schmerzbewältigung und Schmerzbedingte psychische Beeinträchtigung im deutschen Sprachraum breite Anwendung.

Bezug: Die Skalen der Schmerzbewältigung sind Bestandteil des Fragebogens zur Erfassung der Schmerzverarbeitung FESV (auch ▶ Kap. 3 mit der Beschreibung der Komponente Schmerzbedingte psychische Beeinträchtigung) und bei der Testzentrale www.testzentrale.de unter Suchfeldeingabe FESV erhältlich.

Gibt es Beispiele für erfolgreiche Schmerzbewältigung? Hier der Bericht einer großen Persönlichkeit der Aufklärungszeit:

Immanuel Kant – ein guter Schmerzbewältiger

Ein Schmerzpatient mit Gicht(-anfällen) und zugleich ein guter Schmerzbewältiger war der berühmte Königsberger Immanuel Kant (1724–1804). In seiner Werksammlung findet sich 1798, also im Alter von 74 Jahren, folgender Eintrag:

> »... so fühlte ich seit etwa einem Jahr diese krampfichten Anwandelungen und sehr empfindliche Reize dieser Art (...), die ich nach der Beschreibung Anderer für gichtige Zufälle halten und dafür einen Arzt aufsuchen musste. Nun aber, aus Ungeduld, am Schlafen mich gehindert zu fühlen, griff ich bald zu meinem stoischen Mittel, meinen Gedanken mit Anstrengung auf irgendein von mir gewähltes gleichgültiges Object, was es auch sei, (z.B. auf den viel Nebenvorstellungen enthaltenden Namen Cicero) zu heften: mithin die Aufmerksamkeit von jener Empfindung abzulenken; dadurch diese dann und zwar schleunig stumpf wurde, und so die Schläfrigkeit sie überwog, und dieses kann ich jederzeit bei wiederkommenden Anfällen dieser Art in den kleinen Unterbrechungen des Nachtschlafs mit gleich gutem Erfolg wiederholen. Dass aber dieses nicht bloß eingebildete Schmerzen waren, davon konnte mich die des andern Morgens früh sich zeigende glühende Röthe der Zehen des linken Fußes überzeugen. – Ich bin gewiss, dass viele gichtische Zufälle, ... bei jeder neuen Anwandlung derselben durch diese Fertigkeit des Vorsatzes (seine Aufmerksamkeit von einem solchen Leiden abzuwenden) abgehalten und nach und nach gar gehoben werden könnte« (Preußische Akademie der Wissenschaften, 1902/1968, S. 106–107).

Der Schmerzpatient Kant wendet hier mit Erfolg die Bewältigungsstrategien HPL, KU, KE und MA an, mit Abstrichen RE, auch ohne ein psychologisches Schmerzbehandlungsprogramm absolviert zu haben. RE bleibt uneindeutig, da die Gedanken an Cicero ihn anregten (MA), aber dennoch auch beruhigten und er sodann einschlief. GSA kam in diesem Fall (Gichtanfälle beginnen meist nachts und beeinträchtigen die Bettruhe) offenbar zunächst nicht in Betracht. Aber er berichtet auch nur von einem Einzelereignis, während ein Gicht-Schub ein bis zwei Wochen anhalten kann – dabei wäre der Einsatz gegensteuernder Aktivitäten im Prinzip möglich. Wie auch immer: Im Ergebnis war die Schmerzbewältigung offenbar gut wirksam.

7 Therapieerfolgsbeurteilung in der Praxis

In diesem Kapitel werden praktische Anwendungsfragen behandelt. Von der konkreten Auswahl und ggf. Zusammenstellung spezifischer standardisierter Fragebogensets für bestimmte Diagnosegruppen (► Kap. 7.1) über die Wahl der Untersuchungszeitpunkte (► Kap. 7.2) und Abwägungen zur Häufigkeit von standardisierten Messungen (► Kap. 7.3) bis zur konkreten Durchführung, Auswertung und Interpretation der diagnostischen Ergebnisse Schritt für Schritt (► Kap. 7.4). In ► Kap. 7.5 schließlich werden verschiedene Bezugsquellen für Messinstrumente beschrieben. Dies sind Testverlage, deren käuflich zu erwerbende Verfahren in der Regel mit einem Handbuch oder Manual geliefert werden, wissenschaftliche Publikationen, in denen diagnostische Verfahren und Untersuchungen zu ihren Messeigenschaften beschrieben werden und schließlich Websites, auf denen Instrumente beschrieben und von denen sie häufig heruntergeladen werden können.

Anschließend sollen Anregungen zur Vermittlung der Untersuchungsergebnisse an die betroffenen Patient:innen (► Kap. 7.6) und zur Darstellung der Ergebnisse in Befundberichten gegeben werden (► Kap. 7.7). Behandelt wird sodann die Frage der angemessenen Therapiedauer, auch aus internationaler Sicht (► Kap. 7.8), und schließlich Gesichtspunkte der Vergütung (► Kap. 7.9).

7.1 Auswahl: Welche Instrumente sollen im konkreten Anwendungsfall eingesetzt werden?

Das vorliegende Handbuch verfolgt das Ziel, praktisch tätige Psychotherapeut:innen bei der Auswahl und Verwendung zu empfehlender Messinstrumente zu unterstützen. Neben ihrer wissenschaftlichen Eignung (d. h. Gütekriterien, Verfügbarkeit von Normen/Referenzwerten, kritische Differenzen, Cut-off-Werte etc.) wird auch die Verfügbarkeit dieser Instrumente und der zeitliche Aufwand für die Durchführung und Auswertung eine Rolle spielen. So wurden in ► Kap. 3 die spezifisch pro Störungsbereich zu empfehlenden Verfahren samt Bezugsmöglichkeit dargestellt.

Zur Messung des Therapieerfolgs muss mindestens ein störungsspezifisches Instrument für die gegebene Diagnose vor Beginn, bei Zwischenevaluationen und nach Behandlungsende bzw. Katamnese eingesetzt werden. Bei Hinweisen auf komorbide psychische Störungen sollen auch hierfür Vorher-, Zwischen- und Nachher-Messungen erfolgen. Außerdem können störungsübergreifende bzw. therapieverlaufsbezogene Verfahren ergänzt werden. Die Erhebungssystematik (Messzeitpunkte) wurde in ▶ Kap. 2.3 beschrieben, sie wird im nachfolgenden Unterkapitel (▶ Kap. 7.2, ▶ Kap. 7.3) nochmals aufgegriffen.

Beispiel: Bei einer Behandlung der Depression (Hauptdiagnose) mit begleitenden Schlafstörungen werden zur wiederholten Einschätzung der Schwere der depressiven Symptomatik das Beck Depressions-Inventar (BDI-II, ▶ Kap. 3.6.1) bzw. für die Schwere der Schlafstörungen der Insomnia Severity Index (ISI, ▶ Kap. 3.15.1) ausgewählt. Diese beiden Fragebögen werden in identischer Form zu folgenden Messzeitpunkten vorgelegt: Bei Anmeldung ($t_{01;}$ t_{02}), bei Aufnahme/Beginn der Therapie (t_1), am Behandlungsende (t_2) sowie in der katamnestischen Nachbefragung sechs Monate nach Entlassung (t_3). Zwischenuntersuchungen finden bei längerer Therapiedauer statt.

Neben der Messung der Störungsausprägung und des Therapieerfolgs haben die Verfahren ihre Bedeutung in der Kommunikation mit anderen Stellen. Geht es um einen Klinikaufenthalt, bezieht sich dies auf die vorherigen Ein- bzw. Zuweiser:innen. Ist nach Abschluss eines solchen Aufenthalts eine Weiterbehandlung geplant, dann entsprechend mit diesen nachfolgenden Therapeut:innen (▶ Kap. 7.7). Da mehrere Fachleute und Institutionen beteiligt sein können (Stichwort sektorenübergreifende Versorgung), ist eine einheitliche Verwendung von Vorteil. Anhand entsprechender Informationen kann beispielsweise bei Einweisungsbefunden in Kliniken der bis dahin erreichte aktuelle Stand der Therapie mitgeteilt werden. Dies gilt analog für stationäre Entlassungsberichte zur Rücküberweisung (ambulante Praxis) oder entsprechend bei der Übergabe in eine tagesklinische Behandlung oder Nachsorgeeinrichtung. Immer ist es nützlich, den jeweils aktuellen Stand der Therapie, d. h. den erreichten Behandlungserfolg objektiviert verfügbar zu haben.

7.2 Zeitpunkte: Wann soll man messen?

In ▶ Kap. 2.3 – Wahl geeigneter Messzeitpunkte – haben wir argumentiert, dass neben der zwingend erforderlichen Vorher-Nachher-Messung zur fairen Beurteilung des Therapieerfolgs weitere Untersuchungszeitpunkte notwendig sind (s. Beispiel in ▶ Kap. 7.1). Wir greifen diese Überlegungen noch einmal auf. Folgende Gesichtspunkte sind in der Praxis zu beachten:

Patient:innen-Angaben in Messinstrumenten verändern sich, auch ohne dass Therapie stattfindet (Geissner et al., 2021). Bei Anmeldung zur Therapie sind die Messwerte auf dem jeweiligen Störungsmaß im Allgemeinen höher als bei der Erhebung unmittelbar am Beginn der Therapie. Bei Anmeldung basiert die Entscheidung für eine Psychotherapie auf der Einschätzung einer dringenden Notwendigkeit zur fachlichen Hilfe (»Alleine geht es [so] nicht mehr weiter.«), die sich in besonders ausgeprägten Fragebogenwerten widerspiegelt.

Wieso sind die Werte am konkreten Beginn der Behandlung dann niedriger? Hierfür kommen unter anderem drei Faktoren in Betracht. Faktor 1 kann als unspezifische Erleichterung bzw. Hoffnung auf Erfolg aufgefasst werden: »Mein Therapieplatz ist sicher. Jetzt geht es los.« Faktor 2 wird als Sicherheits- oder Vertrauensfaktor verstanden: »Wenn mir etwas passiert, bin ich bei der Therapeutin oder dem Therapeuten in guten Händen. Ich bin nicht (mehr) allein.« Dies spielt bei vielen verschiedenen Störungen eine Rolle – ambulant und stationär. Als charakteristisches Beispiel mag hier die Furcht vor einer Panikattacke (»Das ist ein Herzanfall!«) bei Patient:innen mit Panikstörung und der entsprechenden Selbstaufmunterung stehen: »Ich würde ja geholfen bekommen.« Faktor 3 schließlich wäre der Kontext, der zu einer subjektiven Linderung beitragen kann, u. a. Mitpatient:innen. Deren Präsenz kann etwa in Gruppentherapien entlastend sein. Ein Beispiel hierfür wäre das Soziale Kompetenztraining bei extremer Sozialer Phobie, aber auch allgemeinere Rahmenbedingungen einer Klinik, Einrichtung oder Ambulanz (es könnte etwa bedeuten, nicht der/die Einzige zu sein mit einer psychischen Störung).

Fazit: Eine faire Beurteilung des Therapieerfolgs würde die Interpretation des Unterschieds zwischen Anmeldung und nach Therapieende beinhalten. Eine Messung erst unmittelbar zu Therapiebeginn könnte den tatsächlichen Erfolg sonst unterschätzen.

Ergänzend soll an dieser Stelle auch an den Gesichtspunkt der Regression zur Mitte erinnert werden, auf den wir in ▶ Kap. 2.3 eingegangen sind. Demzufolge könnte eine erste Messung besonders drastisch ausfallen (Signalisierung der Dringlichkeit), und eine zeitnahe Wiederholung dieser ersten Messung zwar immer noch hohe, aber doch etwas abgemilderte Werte erbringen. Dieses Phänomen ist aus zahlreichen Untersuchungen und Forschungsfeldern, auch außerhalb der Psychotherapie, bekannt und wird als Regression zur Mitte bezeichnet.

Als Lösungsmöglichkeit, die nicht vollständig sicher, aber in der Diagnostik- und Evaluationspraxis doch weitgehend anerkannt ist, gilt: Das betreffende Merkmal wird möglichst kurz aufeinanderfolgend (im Abstand weniger Tage) ein zweites Mal erhoben und das Ergebnis dieser zweiten Messung als relevanter Anker genommen. Dies gilt quasi als Kontrollmaßnahme für etwaige zu starke Ausschläge bei der erstmaligen Messung. Der Messzeitpunkt bei Anmeldung würde also aufgeteilt in t_{01} und t_{02}, und wir verwenden sodann t_{02} als Bezugsmaß für die korrekte Vorher-Nachher-Messung – mit t_2 als Therapieende und t_3 als Katamnesemessung (t_1 = Therapiebeginn). Als fairer Beurteilungszeitraum für die Erfolgserhaltung (t_3) gilt: nach frühestens sechs Monaten. Dies impliziert im Routinefall einer KZT 1 fünf Messungen (s. a. ▶ Kap. 7.9).

Die Thematik einer möglichen Messwertveränderung bereits vor Beginn konkreter Therapiesitzungen hat auch Implikationen für Studien, in welchen zur etwaigen Relativierung der Wirksamkeit einer Therapie(gruppe), deren Messwerte jenen einer Wartegruppe (gleiches Störungsausmaß, aber keine konkrete Behandlung) gegenübergestellt werden. Hierauf wird im Exkurs (Kasten) eingegangen.

Fragliche Bedeutung einer Wartephase in Studien

Zu Therapieevaluationen, bei welchen Therapieerfolg mittels des Vergleichs einer Interventionsgruppe und einer (Kontroll-)Gruppe mit Warte- und daran anschließender Behandlungsphase geprüft wird, eine Anmerkung: Ein solches nicht selten praktiziertes Procedere impliziert die Gefahr der Unterschätzung des Therapieeffekts, denn in einer Kontrollgruppe ohne die Indexbehandlung kann, wie aufgezeigt, bereits eine Reduktion der klinischen Werte eintreten. Dies geschieht etwa dann, wenn den Kontrollgruppenmitgliedern versprochen wird, dass sie später die Behandlung erhalten werden, um die es geht und für die sie sich eigentlich gemeldet hatten. Die In-Aussicht-Stellung der Behandlung war ja vermutlich der Anreiz, sich überhaupt als Kontrollgruppenmitglied bereitzuerklären. Die Problematik sollte dabei gemäß qualitativ akzeptablem Untersuchungsdesign – Stichwort Randomisierung – genauso ausgeprägt und dringlich gewesen sein wie bei den Interventionsgruppenteilnehmer:innen.

Bekommen die Mitglieder der Kontrollgruppe die Information, dass sie nur ein wenig warten müssen und dann die Therapie erhalten, so ist die Messung der Ausprägung ihrer Störung nach Ende der Wartephase dadurch beeinflusst. Die Hoffnung auf den Behandlungsplatz und die Erwartung des Erfolgs reduzieren das berichtete Störungsausmaß bereits, bevor die Therapie beginnt. Dies fließt ungünstig in den Vergleich Interventions- versus Kontrollgruppe ein.

Dieses Problem ist nur lösbar, wenn eine spätere Behandlung der Kontrollgruppe entweder nicht vorgesehen ist – dies impliziert freilich andere Probleme – oder es sie als solche noch nicht gibt. Eine mögliche Umsetzbarkeit schildern Rosner, Lumbeck & Geissner (2011).

7.3 Häufigkeit: Wie häufig soll man messen?

Eine besonders interessante Frage ist jene nach der sinnvollen Häufigkeit von Messungen. Im vorherigen Abschnitt sind wir bei der Frage »Wann soll man messen?« zur sauberen Beurteilung des Therapieerfolgs von fünf Messzeitpunkten ausgegangen. Die Thematik von Zwischenmessungen (z. B. im Falle von Langzeittherapien) war dabei noch nicht angesprochen. Für viele Psychotherapeut:innen mögen diese fünf Male im Rahmen der Versorgungspraxis bereits aufwändig und anspruchsvoll erscheinen, ist der Umfang doch weit mehr als eine auf den ersten Blick plausible Vorher-Nachher-Messung. In der Psychotherapieforschung geht die Entwicklung weiter, und es werden auch Argumente für häufigere Messungen, bis hin etwa zu jedem Therapietermin, formuliert (Lutz et al., 2019). Wir hatten dies in ▶ Kap. 2.3 angeschnitten.

Zunächst wäre Messung des Therapieerfofgs zu präzisieren, denn nicht gemeint sind hier Aufzeichnungen und Registrierungen (auch elektronisch) zu Dokumentationszwecken, also etwa zur Erfassung von Stimmung (Depression), Anspannung (Borderline-PS), Gewichts-, Essens- und Bewegungsparametern (Essstörungen) etc. Solche Messungen – im Übrigen nicht ohne Fallstricke – sind didaktische Mittel, oft als Auftrag für die Phase zwischen Behandlungsterminen gedacht, und eher Bestandteil der Therapie als ihrer Evaluation. Anders ist der Fall gelagert, wenn »umfangreichere (sic) Verlaufsmessungen mit einer Dauer von 20 Minuten« (Lutz et al., 2019, S. 64) bei jeder Sitzung implementiert sind, was durchaus Gegenstand einer Diskussion sein könnte, beispielsweise bezüglich Verfälschungsgefahr auf Seiten der Patient:innen oder Fehlinterpretation von Zufallsschwankungen auf Seiten der Therapeut:innen. Eingewandt wurde zudem ein relativ geringer Erkenntnisgewinn im Verhältnis zum zeitlichen (s. o.: »20 Minuten«) und organisatorischen Aufwand sowie für die Praxis der Psychotherapie eine nicht abbildbare Wirtschaftlichkeit (Geissner & Schmitt, 2023a). Andererseits ist nicht jede Kritik zutreffend, etwa das Argument, dass Patient:in und/oder Therapeut:in zu sehr auf die Symptomatik und zu wenig auf andere Wahrnehmungs- und Interpretationsbereiche fokussiert seien (Benecke & Volz, 2023).

Was spricht für häufig(er)es Messen? John C. Fortney und Team (2018) von der University of Washington in Seattle führen in ihrem Beitrag »A tipping point for Measurement-Based Care« aus, dass Therapien generell bei all jenen Patient:innen besser verlaufen, bei denen Messergebnisse häufig gewonnen und besprochen werden, als bei jenen, die – gleiches Störungsausmaß am Anfang vorausgesetzt – keine Messungen mit Rückmeldung erhalten. Messungen führen den Autoren zufolge per se zu klar besseren Ergebnissen als Behandlungen, bei welchen nicht gemessen wird. Der Ablauf dürfe dabei jedoch nicht zu sehr beeinträchtigt und das Messinstrument müsse nachvollziehbar sein. Die Messungen sollen nicht wöchentlich durchgeführt werden, aber öfter (s. u.), jedenfalls würden reine Screenings zu Beginn nicht genügen.

Als künftiges Projekt wird in diesem Zusammenhang anderenorts diskutiert, größere Datenbanken aus sitzungsbezogenen Messungen aufzubauen, deren Nutzen darin bestünde, eigene konkret durchgeführte Therapien mit Therapieverläufen und -ergebnissen anderer Therapeut:innen zu vergleichen, die sich in der Datenbank befinden. Zu Ausbildungszwecken werden solche Datenbanken vereinzelt an universitären Standorten angelegt. Psychotherapeutische Aus- und Weiterbildungsteilnehmer:innen können hier Rückmeldung erhalten, ob sie sich in der jeweiligen Sitzung – wie es heißt – »on track« oder »not on track« mit ihrem/ihrer Patienten/Patientin befinden. Bei Bedarf kann dann auf gezielte Unterstützungs-Tools (Lutz, 2023: »Clinical Support Tools zur Vermeidung von Abbrüchen«) zurückgegriffen werden. Offen bleiben dabei jedoch Qualität und Outcome des »tracks«. Im ungünstigen, aber prinzipiell nicht unmöglichen Fall wären etwa »tracks« denkbar, die durch vorherige Aus- und Weiterbildungskandidat:innen angelegt wurden, die aber mangels Erfahrung mit einer spezifischen Störung in der Behandlung ins Straucheln gerieten und weniger gute Ergebnisse für die Datenbank lieferten. Hier würden »Support Tools« in die Irre führen.

Ebenfalls zu bedenken wäre neben Mentoring und Coaching: KI-basierte Personal-Analytics-Programme großer Softwarenentwickler, zu welchen hier Bezüge bestehen, haben stets auch das Potential zur Überwachung, Kontrolle und gegebenenfalls Disziplinierung, wenn dienstliche oder andere Abhängigkeitsverhältnisse vorliegen. Sollte etwa derart in Arbeitsabläufe (hier Psychotherapien) qualifizierter und zertifizierter Mitarbeiter:innen per Vorgabe eingegriffen werden, wären arbeitsrechtlich relevante Tatbestände tangiert. Man denke nur an Anordnungen von Vorgesetzten, wissenschaftlich fragwürdige oder empirisch nichtgesicherte Methoden in der Arbeit mit Patient:innen anzuwenden (z.B. für die Erstellung solcher Datenbanken oder die Ableitung diesbezüglicher Umsetzungsforderungen, um dann beobachtbar »on track« zu sein). Dilemmata fachlicher versus dienstlicher Art wären vorprogrammiert.

Häufiges Messen ist ein Thema auch im Rahmen der sogenannten Personalisierung. Wir unterscheiden Behandlungs*anpassung* (Beispiel zur Anpassung: die Unterstützung bei »not on track«) und Behandlungs*empfehlung:* Bei Behandlungsempfehlung sollen Patient:innen in einer anfänglichen Verlaufsphase gemonitort und dann für eine bestimmte Variante einer Behandlung vorgeschlagen werden. Dies wurde etwa untersucht im Rahmen der Identifikation von Faktoren, die im Therapieverlauf eine Zuweisung depressiver Patient:innen für das Dritte-Welle-Verfahren CBASP indizieren würden, welches von entsprechenden Forscher:innengruppen favorisiert wird (Brakemeier, Guhn et al., 2023; Brakemeier & Herpertz, 2019). Ein solches Vorgehen ist noch nicht sehr ausgereift und könnte in der praktisch-therapeutischen Umsetzung präskriptiv wirken. Konsequent für konkrete Anwendungsfragestellungen weiterentwickelt wurde der Personalisierungsansatz durch eine Arbeitsgruppe der University of Louisville, Kentucky (Levinson, Christian & Becker, 2024), in dem offenere Einsatzmöglichkeiten beschrieben werden.

Das Thema »häufiges Messen« wird international in der Behandlungspraxis uneinheitlich umgesetzt. Dies liegt u.a. an großen Unterschieden in der Anzahl genehmigter und finanzierter Therapiestunden (▶ Kap. 7.8). So können z.B. drei Messungen dann als häufig gelten, wenn eine genehmigte Psychotherapie (wie in den USA nicht unüblich; Hatchett, 2021) circa zehn Stunden umfasst. Bei 30 und mehr Terminen hingegen würden drei Messungen nicht mehr als besonders häufig apostrophiert werden.

Als gute Praxis hierzulande wird vorgeschlagen, neben den in ▶ Kap. 7.2 (Messzeitpunkte) erwähnten fünf Messungen dann eine zusätzliche Messung zu ergänzen, wenn nach Kurzzeittherapie 1 weitere 12 Stunden für KZT 2 vorgesehen sind (Messung also auch nach Ende von KZT 1). Schließen sich daran nochmals 36 Termine – bei Systemischer Therapie etwas weniger – im Rahmen der Langzeittherapie (LZT) an, sollte innerhalb dieser eine weitere Zwischenmessung etwa zur Hälfte stattfinden. Unter dem Strich gilt daher die Empfehlung: (a) KZT 1 allein: fünf Messungen, (b) KZT 1 plus KZT 2: sechs Messungen, (c) KZT 1 plus KZT 2 plus LZT: acht Messungen. Es sei darauf hingewiesen, dass drei dieser Messungen stets vor Therapiebeginn liegen, nämlich zu t_{01}, t_{02} und t_1. Im selteneren Fall einer sogenannten Fortführung kämen ein bis zwei weitere Messungen hinzu. (Anmerkung: Die genehmigungsfähige Stundenquote bei Fortführung schwankt verfahrensabhängig zwischen 20 und 40 Stunden.) Würde bereits zu Anfang der Therapie sofort

LZT beantragt, wären die entsprechenden (Zwischen-)Messungen analog vorzunehmen (für Vergütungsgesichtspunkte ▶ Kap. 7.9).

Für die praktische Arbeit kann als grobe Faustregel daher gelten: Während des eigentlichen Therapieverlaufs sollte man ein Mal pro Quartal messen. Wöchentliches Messen ist dagegen weder zielführend noch erforderlich.

7.4 Durchführung, Auswertung und Interpretation Schritt für Schritt

Während in den vorausgegangen Abschnitten Fragen wie die Auswahl eines geeigneten Fragebogeninstruments, geeignete Messzeitpunkte und eine angemessene Frequenz der Messungen behandelt wurden, soll es im Folgenden um die praktische Durchführung und Anwendung der beschriebenen methodischen Standards gehen.

Durchführung: Der Einsatz standardisierter Fragebogeninstrumente erfordert standardisierte Untersuchungsbedingungen (s. Gütekriterium der Objektivität, ▶ Kap. 2.1.1). Sofern nicht im Testmanual anders definiert, ist hiermit in der Regel gemeint, dass Patient:innen instruiert werden sollten, die standardisierten Fragen möglichst selbständig und ungestört zu beantworten. Beispielsweise sollten Ablenkung, Unterbrechungen und Beeinflussung durch andere Personen ausgeschlossen werden, um Antworttendenzen der sozialen Erwünschtheit, Aggravation, Dissimulation oder schlicht willkürliche Antwortmuster auszuschließen. In diesem Sinne ist auch die Versicherung von Vertraulichkeit und Befolgung von Datenschutzrichtlinien wichtig, insbesondere bei der digitalen Bearbeitung von Fragebögen. Gelegentlich treten Verständnisfragen auf, welche möglichst knapp und ohne weitere Einflussnahme beantwortet werden sollten (anderenfalls Verletzung des Gütekriteriums der Objektivität).

Auswertung: In den meisten Fällen werden Skalenwerte gebildet, indem die Itemwerte aufsummiert werden. Manchmal wird dieser Summenwert auch durch die Anzahl der Items dividiert. Dies hat den Vorteil, dass der Skalenwert nicht von der Anzahl der Items abhängt, sondern in der gleichen Skalierung vorliegt wie die Itemwerte. Bei den hier empfohlenen Instrumenten wurde an entsprechender Stelle die Auswertung beschrieben.

Einige Instrumente, welche eine komplexere Auswertung verlangen, stellen dafür auch Auswertungsschablonen oder Auswertungsbögen bereit. Sollte die Auswertung an Assistent:innen delegiert werden, ist auf eine entsprechende Einarbeitung zu achten. Für die Anwendungspraxis sollte dabei auch der Umgang mit fehlenden Werten festgelegt werden, d. h. bis zu welcher maximalen Anzahl fehlender Werte eine Auswertung möglich ist oder ggf. der Fragebogen erneut vorgelegt werden muss. Einige Testmanuale geben hierzu spezifische Empfehlungen. Bei der Berechnung von Summenwerten sind fehlende Werte besonders problematisch, da sie zu einer Unterschätzung des Gesamtskalenwertes führen können.

Interpretation: Die Interpretation der Testergebnisse auf Basis der in Kapitel 3 bis Kapitel 6 dargestellten Fragebogenmerkmale kann nicht an Assistent:innen delegiert werden, sie erfordert spezifische Kenntnisse psychometrischer Grundlagen (▸ Kap. 2, ▸ Kap. 8.4).

Die folgende Darstellung fasst Schritt für Schritt das Vorgehen der Interpretation von Testergebnissen für einen Anwendungsfall der Therapieerfolgsmessung zusammen. Die Darstellung geht (hier etwas vereinfacht) von folgender Ausgangssituation aus: Es wurde eine Messung bei Anmeldung, eine Messung zu Behandlungsbeginn und mindestens eine weitere Messung (bei Behandlungsende) mit identischen Instrumenten durchgeführt. Die Interpretation orientiert sich an den in ▸ Kap. 3 dargestellten zentralen Fragebogenmerkmalen, auch an den dortigen Steckbriefen. Wir gehen davon aus, das Instrument wurde korrekt ausgewertet, und es liegen die Skalenwerte von mindestens zwei Messzeitpunkten vor.

- *Schritt 1: Bestimmung und Interpretation der Normwerte (T-Wert, Prozentrangwert PR) bzw. Referenzwertvergleich*
  Sofern Normwerttabellen verfügbar sind, wird der mit dem individuellen Messwert (Rohwert) korrespondierende Normwert abgelesen, welcher z.B. Auskunft darüber gibt, ob der individuelle Messwert im unterdurchschnittlichen Bereich (PR < 16 bzw. *T*-Wert < 40), durchschnittlichen Bereich (PR 16 bis 84; *T*-Wert 40 bis 60) oder überdurchschnittlichen Bereich (PR > 84 bzw. *T*-Wert > 60) liegt. Sind keine Normwerte verfügbar, so ist der Vergleich mit Referenzwerten wie Mittelwerten und Standardabweichungen gesunder und klinischer Vergleichsgruppen möglich: Liegt der individuelle Messwert näher am Mittelwert der gesunden Gruppe oder näher am Mittelwert der Patient:innengruppe?
- *Schritt 2: Bestimmung des Vertrauensbereichs um den individuellen Messwert*
  Für den individuellen Messwert wird der Vertrauensbereich (Konfidenzintervall) bestimmt, z.B. Messwert: 10, Vertrauensbereich: +/- 3. D.h. unter Berücksichtigung des Messfehlers liegt der wahre Messwert des Patienten/der Patientin mit 95-%-iger Wahrscheinlichkeit innerhalb des individuellen Vertrauensbereichs von 7 bis 13.
- *Schritt 3: Bewertung der Veränderung in Bezug auf die kritische Differenz*
  Fällt die Differenz der individuellen Messwerte, z.B. zwischen Behandlungsbeginn und Abschlussuntersuchung, höher aus als die kritische Differenz des Instrumentes, so kann die Veränderung als zuverlässig bewertet werden. Andernfalls ist nicht auszuschließen, dass die beobachtete Veränderung nur durch den Messfehler des Instrumentes oder zufällige Messwertschwankungen bedingt ist.
- *Schritt 4: Bewertung des individuellen Messwertes in Bezug auf den Cut off des Instrumentes*
  Liegt der individuelle Messwert über dem Cut-off-Wert des Instruments, d.h. im pathologischen Bereich, oder unterhalb des Cut offs, d.h. im gesunden Bereich? Und schließt der individuelle Vertrauensbereich den Cut-off-Wert mit ein? Die folgenden Fälle können unterschieden werden:
  a) Liegt der individuelle Messwert inklusive seinem Vertrauensintervall unterhalb des Cut-off-Wertes im nicht-pathologischen Bereich, dann kann der in-

dividuelle Messwert als *gesichert im nicht-pathologischen Bereich liegend* (kein pathologisches Ausmaß der Störung mehr vorhanden) interpretiert werden.

b) Liegt der individuelle Messwert unterhalb des Cut-off-Wertes im nicht-pathologischen Bereich, das Vertrauensintervall jedoch schließt den Cut-off-Wert mit ein, dann kann der individuelle Messwert als *wahrscheinlich im nicht-pathologischen Bereich liegend* interpretiert werden.

c) Liegt der individuelle Messwert im pathologischen Bereich, das Vertrauensintervall jedoch schließt den Cut-off-Wert mit ein, dann kann der individuelle Messwert als *wahrscheinlich (noch) im pathologischen Bereich liegend* interpretiert werden.

d) Liegt der individuelle Messwert inklusive seinem Vertrauensintervall über dem Cut-off-Wert im pathologischen Bereich, dann kann der individuelle Messwert als *gesichert im pathologischen Bereich liegend* (pathologisches Ausmaß der Störung ist noch vorhanden) interpretiert werden.

- *Schritt 5: Zusammenfassende Bewertung*
  Zusammengefasst kann eine Reduktion des individuellen Messwertes, die größer ist als die kritische Differenz, als statistisch bedeutsame Besserung (Response) auf die Behandlung interpretiert werden. Eine statistisch bedeutsame Besserung plus Erreichen eines nicht-pathologischen Wertes unterhalb des Cut off kann als Heilung (Remission; Hiller & Schindler, 2011) bezeichnet werden.

Der folgende Kasten geht darüber hinaus auf den praktischen Umgang mit nicht-pathologsichen Werten ein.

Wenn Messwerte bei Anfangsmessungen im nichtpathologischen Bereich liegen

Ungeachtet unserer Argumentation, dass bei den ersten Messungen der Störungsausprägung (t_{01}, t_{02}) meist sehr hohe Werte registriert werden – das Ausmaß des Leidens ist hoch und wird zusätzlich akzentuiert, um seine Dringlichkeit zu unterstreichen –, kann es hin und wieder vorkommen, dass auch überraschend niedrige Werte ermittelt werden. Unter Umständen sind diese so niedrig, dass sie gemäß dem angelegten Cut-off-Kriterium nicht im klinischen Bereich liegen. Solche sogenannten nichtpathologischen Eingangswerte sind bei der Beurteilung von Therapieerfolg problematisch: Ein nichtpathologischer Wert kann nach erfolgreicher Psychotherapie zwar nochmals numerisch niedriger ausfallen, aber dies wäre insofern nicht relevant, als bereits vor Behandlungsbeginn keine Störung mithilfe des Messinstruments festgestellt werden konnte. Im Allgemeinen wird deshalb auch das Kritische-Differenz-Kriterium nicht erfüllt sein – die Messungen wären also nicht gegen zufällige Veränderungen abgesichert, und das Cut-off-Kriterium ist ohnehin bereits zu Beginn der Therapie unterschritten.

Nichtpathologische Werte können im Prinzip zunächst dann resultieren, wenn die Person keine Störung aufweist. Diesen Fall wollen wir einmal zurückstellen. Solche Werte können sich aber auch finden, wenn das Messinstrument entweder generell oder im fraglichen Einzelfall nicht valide misst oder aber, wenn der/die Therapeut:in ungenau exploriert und klinisch beurteilt hat: Das klinische (ICD-)Urteil und das Ergebnis des verwendeten Messinstruments stimmen dann nicht überein. Solche Inkonsistenzen bedürfen der sorgfältigen Aufklärung. Auf Seiten des Therapeuten/der Therapeutin muss die ICD-Diagnostik überprüft werden, z. B. durch die Gewinnung ergänzender Explorations-, Beobachtungs- und fremdanamnestischer Daten. Auf Seiten des Messinstrumentes muss dessen Validität reflektiert und u. U. ein alternatives Messinstrument mit besseren Messeigenschaften verwendet werden.

Inhaltliche Gründe für Validitätseinschränkungen des verwendeten Messinstruments können darin bestehen, dass es den vom Patienten/von der Patientin benannten Leidensaspekt nicht gut erfasst. Hierzu drei Beispiele:

1. Bei einem Angstpatienten wurde das Beck Angst Inventar (BAI) eingesetzt, das vorwiegend (körperliche) Angstreaktionen misst. Klinisch relevant seien aber bei diesem Beispielpatienten ausgeprägte Vermeidungen gewesen. Diese erfasst das BAI nicht, was niedrige(re) Angstwerte ergeben würde. Ein validerer Befund könnte jedoch mithilfe des Mobilitätsinventars (MI) aus dem Fragebogen-Set Körperbezogene Ängste, Kognitionen und Vermeidung (AKV) ermittelt werden. Das MI hätte hier ein realistischeres Störungsausmaß geliefert.
2. Ein weiterer möglicher Grund für Validitätseinschränkungen besteht in der inhaltlichen Feinabstimmung des Messbereichs. So könnten Iteminhalte aus dem Beck Depressions Inventar (BDI-II) bei manchen Personen mit einer höchstens mittleren Depression als zu hart empfunden und aufgrund einer defensiven Haltung so niedrig eingestuft werden, dass es dem klinischen Bild nicht mehr entspricht. Besser wäre in diesem Fall die Verwendung etwa der Allgemeinen Depressionsskala (ADS) gewesen, die aufgrund milderer Itemformulierungen die generelle Akzeptanz besser gewährleistet. Man würde eine aussagekräftigere, nicht durch Abwehrhaltung beeinflusste Selbsteinschätzung der Depression erzielen, die dem tatsächlichen Leiden besser entspricht.
3. Aus dem Diagnosebereich Hypochondrie: Angenommen, es kam der Fragebogen Whiteley Index (WI) zum Einsatz, und es wurde ein Gesamtskalenwert gebildet. Skala 2 des Fragebogens misst aber – eine Schwäche dieses Instruments – nicht Hypochondrie, sondern Somatisierung. Hypochondrie wird nur mit Skala 1 (Krankheitsängste) und Skala 3 (Krankheitsüberzeugungen) gemessen. Der Gesamtskalenwert des WI bildet die Hypochondrie nicht stimmig ab, es fließen Symptome einer anderen Störung ein, deren Vorliegen aber nicht gegeben war. Ein Gesamtskalenwert unterschätzt somit die Ausprägung der Hypochondrie, könnte also ebenfalls zu einer Wertung als nichtpathologisch führen. Schon allein der auf Skala 1 « Krankheitsängste« erzielte Wert wäre exakter gewesen, da er die wahre Höhe der Hypochondrie angemessener abgebildet hätte als der (zu) globale Gesamtskalenwert.

Gerade auch beim Einsatz mehrdimensionaler Verfahren (z. B. SCL-90) resultieren nichtpathologische Werte häufig – und zwar dann, wenn angesichts der Fülle vorgegebener, für den Einzelfall gar nicht relevanter Items ein Verneinungsmuster aufgebaut wird, welches auf die eingestreuten klinisch tatsächlich bedeutsamen Items ausstrahlt.

Neben dem Gesichtspunkt des validen inhaltlichen Zuschnitts sollte auch geprüft werden, ob die niedrigen Werte aufgrund eines ungünstigen methodischen Zugangs resultierten. In manchen Fällen kann es beispielsweise sinnvoll sein, Selbstratings durch Fremdratings zu ersetzen oder zu ergänzen (s. etwa die in ▶ Kap. 3 beschriebenen Beispiele zur ADHS im Erwachsenenalter oder der Computerspielsucht). Nichtpathologische Werte können auch durch Einschränkungen der Objektivität der Messung entstanden sein, etwa durch konzentrationsmindernde Störbedingungen oder Beeinflussung des Patienten/der Patientin durch Dritte.

Als weitere mögliche Erklärungen für nichtpathologische Werte wurden u. a. genannt: schwankender, zum Zeitpunkt der Fragebogenbearbeitung wieder schwächer ausgeprägter Leidensdruck; Scham und Befangenheit bei als peinlich empfundenen Iteminhalten (z. B. Sexual Behaviour Questionnaire, ▶ Kap. 3.17.1); generelle Unvertrautheit mit Medium und Systematik des Fragebogens selbst; Zeitdruckgefühl (den Fragebogen schnell abgeben zu sollen oder zu wollen); datenschutzbezogene Vorbehalte (»Was geschieht mit meinen Angaben dann weiter?«).

Weniger für die ambulante Einzelpraxis als vielmehr den stationären Rahmen gilt mitunter: Nichtpathologische Werte resultieren aus einem möglicherweise bestehenden prinzipiellen Widerwillen des Patienten/der Patientin gegen die Klinikaufnahme (geschickt worden zu sein); oder die Datenerhebung war von abschätzigen, den Sinn der Erhebung infrage stellenden Signalen und Kommentaren dritter Personen begleitet; oder Fragebogenpakete von 60 und mehr Seiten – z. B. »für die Forschung« – führten zu Ermüdungs- und Panel-Conditioning-Effekten (unaufmerksames oder gar sabotierendes Ankreuzen, »um endlich fertig zu werden«).

Abschließend ist also sowohl für den ambulanten als auch den stationären Bereich festzuhalten: Sollen Behandlungsfälle aggregiert werden, etwa im Rahmen von Auswertungen für Jahresberichte, Dokumentationen oder Studien, dürfen Fälle mit nichtpathologischen Eingangswerten nicht mit eingeschlossen werden. Sie beeinflussen das Ergebnisbild negativ im Sinne einer Unterschätzung des Behandlungseffekts. Außerdem verfälschen sie die Berechnung von Cut-off-Werten (Cut off 1 und Cut off 3). In Kliniken kann von bis zu 15 % nichtpathologischer Fälle bei der Eingangsmessung ausgegangen werden (Geissner & Schmitt, 2023a). Vorsicht ist deshalb auch beim Vergleich eigener Ergebnisse mit jenen aus anderen Studien geboten. Denn dort können nichtpathologische Werte unkontrolliert eingeflossen sein, ohne dass dies berichtet wurde. Eine Darstellung der Thematik findet sich auch bei Geissner und Schmitt (2023b).

7.5 Anwendungsbeispiele

Für die in diesem Handbuch empfohlenen Selbsteinschätzungsinstrumente können prinzipiell drei Bezugsquellen unterschieden werden, welche im Folgenden jeweils anhand eines Fallbeispiels erläutert werden sollen:

1. Fragebogeninstrumente mit Testmanual (z. B. das Beck Depressions-Inventar BDI-II; Bezugsquelle in diesem Fall www.testzentrale.de oder Verlag Pearson[4])
2. In wissenschaftlichen Originalarbeiten oder Buchpublikationen veröffentlichte Fragebogeninstrumente (z. B. der Insomnia Severity Index [ISI]; Bezugsquelle: Dierck et al., 2018)
3. Auf Websites zur Verfügung gestellte Instrumente (z. B. die Borderline Symptomliste BSL-23; Bezugsquelle: Website des Zentralinstituts für Seelische Gesundheit, Mannheim)

7.5.1 Anwendungsbeispiel 1: Fragebogeninstrumente mit Manual

Eine Reihe von Instrumenten sind mit Manual, Testbögen und gegebenfalls Auswertungsbögen bei Testverlagen verfügbar. Ein Vorteil der in Testverlagen veröffentlichten Instrumente liegt darin, dass die wesentlichen zur Durchführung und Interpretation erforderlichen Angaben im Manual systematisch gegliedert und detailliert dargestellt sind.

In diesem Sinne exemplarisch ist das Beck Depressions-Inventar (BDI-II; Hautzinger et al., 2009, 2023, vgl. ► Kap. 3.6.1) als eines der im deutschsprachigen Bereich besonders häufig eingesetzten standardisierten Instrumente. Im folgenden Kasten wird der Aufbau des Manuals beschrieben.

Aufbau des Manuals des Beck Depressions-Inventars (BDI-II; Hautzinger et al., 2009, 2023)

Kapitel 1	Entwicklung
Kapitel 2	Durchführung und Auswertung
Kapitel 3	Psychometrische Eigenschaften des deutschen BDI-II
Kapitel 4	Normwerte

In Kapitel 1 des BDI (Entwicklung) wird zunächst der theoretische Hintergrund des englischsprachigen Originals erläutert. Zudem werden die Fragebogenkonstruktion der deutschen Version und zentrale internationale Befunde zu psychometrischen

4 Einige hier besprochene Verfahren sind frei downloadbar, z. B. von der Website des Testarchivs des Zentrums für psychologische Information und Dokumentation (ZPID) – Leibniz Institut für Psychologie (https://www.testarchiv.eu) oder bei GESIS.

Gütekriterien dargestellt. Das darauffolgende Kapitel 2 (Durchführung und Auswertung) beschreibt die wichtigsten Bedingungen der standardisierten Anwendung und gibt Hinweise zur Interpretation des Gesamtskalenwertes. Das anschließende Kapitel 3 (Psychometrische Eigenschaften des deutschen BDI-II) referiert nochmals ausführlicher die vorliegenden psychometrische Befunde zur deutschen Fragebogenversion. Hier finden sich beispielsweise detaillierte Angaben zu Kennwerten der Reliabilität (Alpha, Retestkorrelationen) und Mittelwerte verschiedener Vergleichsgruppen als mögliche Referenzwerte für unterschiedliche Patient:innengruppen. Schließlich werden Angaben zur Validität berichtet, welche auch zur Interpretation individueller Testergebnisse nützlich sein können, beispielsweise Zusammenhänge des BDI-II-Skalenwertes mit alternativen Depressionsinstrumenten, Lebensqualität und Selbstwirksamkeit oder auch Zusammenhänge mit demographischen Merkmalen wie Alter, Schulbildung und Geschlecht. Kapitel 4 (Normierung) schließlich liefert Angaben zu Normwerten wie Prozenträngen. Außerdem wird die Berechnung der kritischen Differenz beschrieben. Das folgende Fallbespiel illustriert eine Praxisanwendung der BDI-II.

Fallbeispiel

Anna P., eine 46-jährige verheiratete Apothekerin, wurde mit Verdacht auf eine depressive Symptomatik vom Hausarzt überwiesen. Zum Ende des Erstgesprächs in der psychotherapeutischen Praxis legte ihr die Therapeutin den BDI-II vor. Unmittelbar nach Bearbeitung durch die Patientin konnte die Therapeutin durch Aufsummieren der 21 Antworten einen Skalenwert von 24 bestimmen. Dies entsprach den Angaben im Testmanual gemäß einem Prozentrang (PR) von 55 in Bezug auf die depressive Vergleichsgruppe. Ein PR von 55 bedeutet, dass 55 % der Patient:innengruppe einen kleineren oder gleich hohen BDI-II-Skalenwert erreichten. Der individuelle BDI-II-Skalenwert der Patientin entsprach somit einem mittelgradigen klinischen Wert. Auf die gesunde Vergleichsgruppe bezogen entspricht der Skalenwert von 24 einem PR von 95. Ein PR von 95 bedeutet, dass 95 % der gesunden Vergleichsgruppe einen kleineren (oder gleich hohen) BDI-II-Skalenwert wie Anna P. erreichten. Dieser Messwert war, auf eine gesunde Vergleichsgruppe bezogen, als sehr stark erhöhter Wert zu interpretieren.

Die Objektivierung ihrer Symptome einer depressiven Symptomatik und direkte Rückmeldung ihrer Fragebogenergebnisse erlebte Anna P. als entlastend. Sie habe selbst schon länger den Eindruck gehabt, dass es sich nicht nur um eine einfache Erschöpfung handle und sei froh, nun professionelle Unterstützung zu erhalten.

7.5.2 Anwendungsbeispiel 2: In wissenschaftlichen Originalarbeiten veröffentlichte Fragebogeninstrumente

Eine weitere verbreitete Bezugsquelle für Fragebogeninstrumente sind wissenschaftliche Originalarbeiten. Ein typisches Beispiel ist der Insomnia Severity Index

(ISI) (Dierck et al., 2018). Bei dieser Bezugsquelle ist zu berücksichtigen, dass der Zugang zu den Volltexten wissenschaftlicher Arbeiten zum Teil auf universitäre Einrichtungen (Berechtigung für dortige Bibliotheken) beschränkt ist, andernfalls wird vom copyrightbesitzenden Verlag eine geringe Gebühr verlangt. Manchmal kann alternativ auch etwas zusätzliche Recherchearbeit lohnenswert sein. In einigen Fällen wird zur wissenschaftlichen Bewertung eines Fragebogeninstruments mehr als eine Originalquelle benötigt. In diesen Artikeln finden sich in der Regel weniger Angaben zur standardisierten Testanwendung und -auswertung als in den in ▶ Kap. 7.5.1 erwähnten Manualen. Informationen bezüglich Normierung beschränken sich häufig auf Referenzwerte aus einzelnen wissenschaftlichen Studien, d. h. es wird oft keine Normierung anhand einer großen Eichstichprobe berichtet. Entsprechend selten sind in solchen Arbeiten Tabellen, anhand derer Messwerte (Rohwerte) in Standardwerte wie *T*-Werte, Stanine-Werte oder Prozentränge transformiert werden können. Für die in diesem Handbuch empfohlenen Fragebogeninstrumente wurden, soweit möglich, entsprechende Kennwerte wie Referenzwerte, kritische Differenzen, Vertrauensintervalle und Cut-off-Werte (neu) berechnet.

In diesem Sinne exemplarisch ist der Insomnia Severity Index (ISI), dessen deutsche Version in der Fachzeitschrift Somnologie veröffentlicht wurde. Ein in englischer Sprache verfasster Artikel beschreibt zunächst sehr knapp den theoretischen Hintergrund dieses international verbreiteten Selbsteinschätzungsbogens für Schlafstörungen nach den Kriterien des DSM-5. Items wie auch Antwortstufen der deutschen Fassung werden sodann berichtet (Dierck et al., 2018; Tabelle 2, S. 30). Für die ausführliche Beschreibung des Insomnia Severity Index (ISI) und der zur Interpretation erforderlichen Kennwerte (auch im Steckbrief) siehe ▶ Kap. 3.15. Das folgende Fallbespiel illustriert eine praktische Anwendung des Insomnia Severity Index (ISI).

Fallbeispiel

Hans L., ein 52-jähriger geschiedener Verwaltungsbeamter, wurde aufgrund einer depressiven Symptomatik in eine psychotherapeutische Fachklinik überwiesen. Bisherige ambulante Behandlungsversuche mit einer antidepressiven Medikation (225 mg Venlafaxin) wie auch ambulanter Verhaltenstherapie hatten keine zufriedenstellende Besserung erbracht. Er beschreibt, vor allem unter Schlafstörungen und einer anhaltenden Tagesmüdigkeit zu leiden, was Hauptgrund für seine seit knapp vier Monaten bestehende Dienstunfähigkeit sei. Die ambulante Therapie, in welcher Empfehlungen zu mehr positiven Aktivitäten und der Umgang mit depressiven Gedanken im Vordergrund gestanden hätten, habe daran auch nicht viel geändert. Mit der Diagnose einer Depression könne er sich weiterhin nicht so richtig identifizieren. Aufgrund seines Übergewichts (BMI = 32,4) lag es darüber hinaus nahe, das Vorliegen einer Schlafapnoe abzuklären. Hierbei ergab sich jedoch kein Anhaltspunkt für eine somatische Begründung der beschriebenen Schlafstörungen.

Im Fragebogenset bei Aufnahme erreichte Hans L. einen leicht erhöhten Skalenwert von 17 im Depressionsfragebogen BDI-II. Im Vergleich zu seiner depressiven Symptomatik erreichte Hans L. im Insomnia Severity Index (ISI) einen bedeutsam über dem Cut off von 10 liegenden Skalenwert von 19 (Vertrauensbereich: 16 bis 22). Vor allem in den Einzelfragen zu Einschlafstörungen (Frage 1) und Durchschlafstörungen (Frage 2) sowie dem Ausmaß an Sorgen durch die Schlafstörungen machte Hans L. hohe bzw. sehr hohe Angaben (Werte 3 bis 4 auf der Antwortskala, die von 0 bis 4 reicht).

In der Therapie wurden daraufhin – stärker als im Standardprozedere bei Depressionen vorgesehen – die Schlafstörungen fokussiert, z. B. Psychoedukation zum Thema Schlafstörungen, Führen eines Schlaftagebuchs und Bearbeitung schlafstörungsbezogener Kognitionen und Verhaltensgewohnheiten.

Im Verlauf der insgesamt 6-wöchigen Behandlung standen vor allem Gedanken und Verhalten in Bezug auf Schlaf, im weiteren Verlauf der Therapie dann auch körperliche Aktivierung und der Umgang mit leistungsbezogenen Gedanken und Überzeugungen im Vordergrund. Außerdem wurde die Medikation angepasst, mit leichter Reduktion der antidepressiven Medikation und Kombination mit einer trizyklischen Schlafmedikation. Zum Ende der Behandlung erreichte Hans L. im Insomnia Severity Index (ISI) mit dem Skalenwert 8 (Vertrauensbereich: 5 bis 11 Punkte) einen knapp unterhalb des Cut off (10 Punkte) liegenden, um 11 Punkte (kritische Differenz: 7) bedeutsam reduzierten Messwert, welcher nicht mehr im pathologischen Bereich für Schlafstörung liegt.

7.5.3 Anwendungsbeispiel 3: Auf Websites zur Verfügung gestellte Instrumente

Einige Einrichtungen und wissenschaftliche Arbeitsgruppen bieten Fragebogeninstrumente, die häufig von ihnen selbst entwickelt oder ins Deutsche übersetzt wurden, auf ihrer Website an. Bei diesen – oftmals zunächst als Forschungsinstrument konzipierten – Verfahren kann es mitunter vorkommen, dass die Angaben zu psychometrischen Gütekriterien, Referenzwerten und Normierung im Vergleich zu Manualen begrenzt dargestellt sind.

Exemplarisch ist etwa die Borderline Symptom-Liste (BSL) zu nennen (Bohus et al., 2001), die über die Website des Zentralinstituts für Seelische Gesundheit (ZI) zum Download zur Verfügung gestellt wird (Zentralinstitut für Seelische Gesundheit Mannheim, 2023). Eine Kurzform kann ebenfalls von dort bezogen werden (BSL-23; Bohus et al., 2009), einschließlich Quellenangaben zu wissenschaftlichen Originalarbeiten (auch Auswertungsbogen und Prozentrang-Normwerttabelle verfügbar). Für die ausführliche Beschreibung der Borderline Symptom-Liste (BSL-23) und der zur Anwendung erforderlichen Kennwerte (auch im Steckbrief) siehe ► Kap. 3.4.

Fallbeispiel

Lena B., 21-jährige Biologiestudentin, wurde im Rahmen einer akuten Krise alkoholisiert mit drängenden Suizidgedanken in der wohnortnahen Psychiatrie aufgenommen. Nach Stabilisierung auf der dortigen beschützten Station wurde sie zur Weiterbehandlung an die angegliederte Tagesklinik vermittelt. Beim

Aufnahmegespräch fiel dabei neben einer anhaltend gedrückten Stimmungslage vor allem das Ausmaß selbstberichteter Stimmungsschwankungen auf. Bei Rückfragen, beispielsweise zu den Umständen ihrer stationären Akutaufnahme, wird eine substantiell erhöhte Impulsivität, ebenso eine erhöhte körperliche Anspannung und eine Neigung zu extremen selbstabwertenden Gedanken deutlich (»Wenn Sie mich so direkt fragen: Ich halte mich für einen Totalausfall.«).

Der Überweisungsdiagnose ihres stationären Entlassungsberichts entsprechend (Verdacht auf emotional instabile Persönlichkeitsstörung vom Borderline-Typus, ICD-10 F60.31; WHO, 2010) erhält Frau B. zur Aufnahme die üblichen Anamnesefragebögen sowie die BSL-23. Die Auswertung (Aufsummierung der 23 Itemwerte und Berechnung eines Skalenwertes [Division der Summe durch die Anzahl der Items]) ergab 1,96 mit einem Vertrauensbereich (+/- 0,31) von 1,65 bis 2,27. In der Prozentrangtabelle entspricht der Wert von 1,96 einem Prozentrang von 44. Somit wiesen 44% der klinischen Vergleichsgruppe von Patient:innen mit Borderline-Persönlichkeitsstörung niedrigere oder gleich hohe Werte auf (bzw. 56% höhere Werte). Bei einer Normstichprobe der gesunden Allgemeinbevölkerung wäre ein Prozentrang von 44 als ein durchschnittlicher, klinisch unauffälliger Wert zu interpretieren gewesen. In Bezug auf die vorliegende klinische Vergleichsgruppe ist der Wert der Patientin hingegen als deutlicher Hinweis auf das Vorliegen einer Borderline-Symptomatik von mittlerem Schweregrad zu interpretieren.

Dem klinischen Bild und den objektivierenden Selbsteinschätzungen entsprechend wurde Lena B. in den dialektisch-behavioralen Behandlungsschwerpunkt der Tagesklinik aufgenommen. Im Verlauf der folgenden Wochen besuchte sie die zweimal wöchentlich stattfindende Skillsgruppe, in welcher Fertigkeiten der Emotionsregulation zur Abwendung von selbstschädigendem Verhalten vermittelt wurden.

Zum Ende der Behandlung bearbeitete Lena B. erneut die BSL-23, mit dem Ergebnis eines Skalenwertes von 1,52 (Prozentrang nun bei 30), d. h. einer Reduktion des Messwertes um minus 0,44. Diese Veränderung fiel knapp größer aus als die für den BSL-23 gültige kritische Differenz von 0,43. Lenas Entlassungswert von 1,52 lag damit jedoch inkl. Vertrauensbereich weiterhin über dem Cut-off-Wert von 0,64. Entsprechend wurde sie mit bedeutsamer Besserung, jedoch anhaltend deutlich im pathologischen Bereich liegender Borderline-Symptomatik in ambulante Weiterbehandlung entlassen.

7.6 Rückmeldung und therapeutische Nutzung von Behandlungsergebnissen

Die Rückmeldung der Fragebogenergebnisse an Patient:innen entspricht dem Standard moderner Psychotherapie, welcher u. a. eine Transparenz des Vorgehens und die Beteiligung der Betroffenen an therapeutischen Entscheidungen (shared decision making) fordert.

Auch können Fragebogenergebnisse, besonders bei Einbezug standardisierter Zwischenmessungen, für die Behandler:innen – etwa im Rahmen von Supervision bzw. Intervision – ein nützliches Feedback liefern.

Bei der Rückmeldung der Fragebogenbefunde ist auf eine verständliche Wortwahl, einen sparsamen Umgang mit Fachbegriffen und die Möglichkeit zu Rückfragen zu achten. Wissenschaftliche Standards sollten bei der Interpretation der Ergebnisse eingehalten werden, beispielsweise die Berücksichtigung der Messgenauigkeit (Vertrauensintervall) und wissenschaftlich überprüfte Kennwerte wie Cut off und kritische Differenz. Das folgende Beispiel basiert auf dem in ► Kap. 7.5.2 dargestellten Fall, bei dem das Verfahren Insomnia Severity Index (ISI, vgl. ► Kap. 3.15.1) zum Einsatz kam (Verlaufsbeurteilung von Schlafstörungen).

Beispiel für die Rückmeldung von Fragebogenbefunden durch den Therapeuten/die Therapeutin

»Vielen Dank für die Bearbeitung Ihrer Abschlussfragebögen. Gerne möchte ich Ihnen die Ergebnisse kurz erläutern: Sie haben nun zum Ende Ihrer Behandlung erneut wissenschaftlich überprüfte Bögen ausgefüllt, welche uns erlauben, Ihr Behandlungsergebnis zu beurteilen. Dieses Vorgehen ist durchaus vergleichbar mit der Bestimmung von Laborwerten bei Ihrem Hausarzt – beispielsweise bei der Kontrolle Ihrer Leberwerte im Rahmen einer medikamentösen Behandlung oder einer Messung Ihres Blutdrucks bei Eindosierung eines Medikaments gegen Bluthochdruck.

Sie haben u. a. den sogenannten Insomnia Severity Index – kurz ISI – bearbeitet, d. h. das aktuelle Ausmaß Ihrer Schlafstörungen beurteilt. Anhand von sieben Fragen wird hier ein Gesamtwert bestimmt, welcher Werte von 0 bis 28 erreichen kann. Ein Wert von 0 bedeutet, dass Sie keinerlei Schwierigkeiten beim Schlaf angegeben haben. Ein Wert von 28 bedeutet, dass Sie in allen Fragen das schwerstmögliche Ausmaß an Schlafstörungen angegeben haben. Dieses Instrument ist eines der international am häufigsten verwendeten Standardverfahren zur Beurteilung von Schlafstörungen. So wissen wir aus wissenschaftlichen Untersuchungen, dass Patient:innen mit Schlafstörungen einen Gesamtwert von 10 und höher erreichen.

Sie selbst hatten bei Aufnahme einen Gesamtwert von 16 erreicht. Unter Einbezug der bei allen Arten der Messung zu bedenkenden Fehlertoleranz haben Sie somit einen Wert zwischen 13 und 19 erreicht. Dieser Wert lag damit bedeutsam über dem Grenzwert von 10 – entsprechend waren Schlafstörungen eines der Themen in unserer Therapie. Sie erinnern sich beispielsweise, dass Sie für mehrere Wochen ein Schlafprotokoll geführt haben. Heute, zum Ende Ihrer Behandlung, haben Sie in demselben Instrument einen Gesamtwert von 7 erreicht. Dieser Wert liegt gesichert unterhalb des kritischen Wertes von 10. Eine Besserung von 16 auf 7, d. h. eine Reduktion um 9 Punkte im Gesamtwert, kann als bedeutsame Besserung ihrer Schlafstörungen bewertet werden. Mit anderen Worten: Sie haben erfolgreich auf die Behandlung angesprochen, eine Veränderung, die für Sie selbst auch spürbar sein dürfte. Entspricht dies Ihrem Eindruck, beispielsweise wenn Sie an das aktuelle Ausmaß Ihrer Alltagseinschränkungen durch Schlafstörungen denken?«

Erfahrungsgemäß stimmt das Ergebnis meist mit der spontanen Selbsteinschätzung des Patienten/der Patientin gut überein. Abweichungen sind jedoch möglich und bedürfen der Aufklärung. Ein Beispiel für Abweichungen von Fragebogen und klinischem Bild der Symptomatik wäre, dass Patient:innen im Fragebogen (z. B. Beck Depressions-Inventar [BDI-II]) ein höheres Ausmaß an depressiven Symptomen berichten als in der mündlichen Exploration. Ein Grund dafür kann eine Dissimulationstendenz während der mündllichen Exploration sein, beispielsweise weil sich der/die Betroffene für die eigene Symptomatik schämt oder sie als eigenes Versagen bewertet. Oder weil erlernte Überzeugungen der Inanspruchnahme von Hilfe entgegenstehen (»… weil man sich nicht so anstellen sollte«).

Aus dem Einsatz standardisierter Fragebogeninstrumente ergeben sich wertvolle therapeutische Implikationen, u. a. weil dadurch ein professionelles und auf wissenschaftlichen Standards basierendes Vorgehen vermittelt wird. Auch kann verzerrten Befürchtungen seitens der Patient:innen entgegengewirkt werden (z. B. »Ich könnte nicht verstanden werden.« oder »Meine Probleme werden als irrelevant abgetan.«). Von zentraler Bedeutung ist jedoch, dass anhand von Therapieerfolgsmessungen positive Veränderungen veranschaulicht und das Selbstwirksamkeitserleben gefördert werden. Schließlich können durch die Verwendung von standardisierten Instrumenten auch die Psychotherapeut:innen ihrerseits wertvolle Erfahrungen sammeln. Diese Erfahrungen können wiederum in die Therapie eingebracht werden, z. B. bei der Interpretation der Messwerte (z. B. »Sie hatten bei Aufnahme einen vergleichsweise hohen Wert.«) oder bei der Information über zu erwartende Veränderung (z. B. »Im Durchschnitt erreichen 75 % der Depressionspatient:innen eine bedeutsame Verbesserung im Skalenwert des BDI-II in der Therapie.«). Rückmeldungen des Behandlungsfortschritts anhand störungsspezifischer Instrumente hinaus können darüber hinaus um Feedback zum Behandlungsprozess ergänzt werden (siehe der folgende Kasten).

Therapeutische Nutzung von standardisiertem Feedback zum Therapieprozess

Die Ergebnisse der empfohlenen störungsbezogenen Instrumente zur Veränderungsmessung können auch um Einschätzungen des Behandlungsprozesses ergänzt werden, etwa bei den oben besprochenen Messzeitpunkten: Als wie relevant und hilfreich wurden die besprochenen therapeutischen Inhalte erlebt? Konnte eine Verbessserung von Alltagsfähigkeiten erreicht werden? Anregungen hierzu liefert z. B. der Ansatz des Feedback Informed Treatments (Prescott, Maeschalck & Miller, 2017). Auf diesem basierend steht eine Outcome Rating Scale zur Verfügung (Miller, Duncan, Brown, Sparks & Claud, 2003; vgl auch Duncan et al., 2023).

Messungen nach Behandlungsabschnitten wie KZT 1 oder KZT 2 bzw. Zwischenmessungen im stationären Setting helfen zudem, ungünstig verlaufende Therapiephasen zu identifizieren und eine Anpassung des therapeutischen Vorgehens vorzunehmen. Bei der Fallsupervision bietet sich die Nutzung von Ergebnissen aus (Zwischen-)Messungen ebenfalls an.

Das folgende Fallbespiel illustriert die Nutzung von Therapieerfolgsmessungen innerhalb der Behandlung, hier am Beispiel der Zwangsstörung mittels der Yale-Brown Obsessive Compulsive Scale (Y-BOCS SR) (vgl. ▶ Kap. 3.21.2) dargestellt.

Beispiel für die therapeutische Nutzung von Zwischenmessungen

Barbara F. (41 Jahre, Ordnungszwänge) zeichnete sich zu Beginn ihrer stationären Behandlung dadurch aus, dass sie sich alle Mühe gab, gut in der Therapie mitzumachen. Sie hatte sich vorab informiert, was sie in der Verhaltenstherapie von Zwängen erwartet. So wurde unter günstigen Voraussetzungen in der zweiten stationären Behandlungswoche mit den Zwangsexpositionen begonnen.

Dem üblichen therapeutischen Vorgehen entsprechend begann Barbara F. mit Zwangsexpositionen im mittleren Schwierigkeitsbereich (Schwierigkeitsgrad 40 einer Zwangshierarchie von 0–100). Ihre ersten Expositionen bestanden darin, in Begleitung ihrer Therapeutin in ihrem Zimmer Unordnung zu machen, ohne im Anschluss alles direkt wieder penibel aufzuräumen. Als nächsten höheren Schwierigkeitsgrad begann Barbara, auch Mitpatient:innen in ihr Zimmer zu lassen: Sie konnte auf diese Weise ihre Befürchtungen überprüfen, dass die Mitpatient:innen sie angesichts des Zustandes ihres Zimmers für schlampig und für einen schlechten Menschen halten könnten. Der typischen Erfahrung mit Expositionstherapien entsprechend bedeutet gerade der Einstieg in die Expositionen eine große Überwindung.

Wie eine Zwischenmessung anhand von Y-BOCS-Selbsteinschätzung zeigte, hatte eine temporär erhöhte emotionale Belastung auch eine temporäre Zunahme der Symptomatik zur Folge. Dies war eine für den weiteren Behandlungsfortschritt kritische Phase der Therapie, welche unterstützt durch die Ergebnissse der Zwischenmessung auch in der Supervision besprochen wurde. Es wurde festgehalten: Auch wenn die Zwischenmessung eine Zunahme der Zwangsgedanken und neutralisierenden Zwangshandlungen bestätigte, war dies jedoch nicht als Verschlechterung der Zwänge, sondern als zu erwartende Folge des reduzierten Vermeidungs- und Sicherheitsverhaltens der Patientin zu interpretieren. Die ausführliche Reflexion der Behandlungsschritte bewahrte Barbara F. davor, die bei Exposition ausgelösten unerwünschten Gedanken und Emotionen als Misserfolg oder als Bestätigung dysfunktionaler Annahmen zu werten (den Zwängen, hilflos ausgeliefert zu sein, oder die Skepsis, dass Zwangsexpositionen überhaupt helfen könnten), sondern diese als Fortschritt in Richtung eines gesunden Umgangs mit Angst und Unsicherheit zu sehen.

Mit weiteren begleiteten und zunehmend selbständigen Expositionen konnte die Patientin insgesamt eine deutliche Besserung ihrer Zwänge erreichen. So konnte eine Reduktion der Zwänge anhand eines Y-BOCS-Gesamtskalenwertes (Wertespanne von 0 bis 40) von 24 bei Aufnahme (Vertrauensintervall +/- 5, d. h. 19 bis 29) auf einen Messwert von 15 bei Entlassung (Vertrauensintervall 10 bis 20) objektiviert werden, d. h. eine bedeutsame Reduktion um 9 Punkte (bei einer kritischen Differenz von 7). Gleichwohl lag der Entlasswert noch im pathologischen Bereich (Cut off = 12) und begründete die Weiterführung der bereits vor der Klinikaufnahme bestehenden ambulanten Psychotherapie.

7.7 Darstellung fragebogendiagnostischer Ergebnisse in Befund- und anderen Berichten

Die Erfassung und Beurteilung des Therapieerfolgs durch geeignete Messinstrumente und zu geeigneten Messzeitpunkten ist Bestandteil der Behandlung, dient der Dokumentation und, wie aufgezeigt, der Besprechung mit dem Patienten/der Patientin. Auch nach Beendigung einer Behandlungsphase kann der Einsatz standardisierter Fragebögen wichtig sein bei der Entscheidung, ob weiterhin Therapie erforderlich ist (Planung einer KZT 2 oder einer LZT). Außerdem müssen Erfolgsbeurteilungen auch in Befundberichte einfließen, zum einen bei der Anmeldung eines ambulanten Falles für eine (teil-)stationäre Maßnahme, zum anderen bei dessen Rücküberweisung an den/die ambulante Psychotherapeut:in. Bei stationären Maßnahmen ist die Erstellung eines Entlassberichts für den/die Einweiser:in obligatorisch. Meist geht auch eine Kopie an weitere Behandler:innen (routinemäßig häufig an Hausarzt/Hausärztin), vereinzelt wird ein Exemplar für gutachterliche Fragen (Medizinischer Dienst) benötigt. Sollte schließlich erneut eine stationäre Maßnahme nötig sein, ist es ohnehin wichtig, Unterlagen über frühere Behandlungen verfügbar zu haben. Auch innerhalb von Klinikaufenthalten kann etwa bei der Frage einer Verlängerung die datengestützte Begründung beim Kostenträger nützlich sein. Immer müssen in diesbezüglichen Berichten psychometrische Zwischen-, vor allem aber Vorher-Nachher-Ergebnisse vorliegen.

Darstellung: Die Dokumentation der Schwere der Symptomatik, gemessen mit störungsspezifischen Fragebögen, erfüllt zum einen die Funktion der Begründung einer Behandlungsnotwendigkeit am Anfang, zum anderen die Objektivierung des Behandlungsergebnisses nach Abschluss bzw. in bestimmten Fällen nach Zwischenetappen. Bei der Berichterstellung werden die Ergebnisse standardisierter Messungen in aller Regel in einem separaten Abschnitt berichtet (z. B. unter der

Überschrift »Ergebnisse psychometrischer Fragebögen«). Um dem/der adressierten Fachkollegen/Fachkollegin eine vollständige Beurteilung der Ergebnisse zu erlauben, sollte ein solcher Abschnitt pro Fragebogeninstrument die folgenden Angaben enthalten:

1. *Kurzdarstellung des Instruments:* vollständiger Name des Instruments, erfasste Symptomatik, Skalen, Messwerte (mit Wertespanne und Vertrauensbereich), Cut off für klinisch auffällige Werte, kritische Differenz zum Erreichen einer bedeutsamen Veränderung.
2. *Messergebnisse des Patienten/der Patientin pro Untersuchungszeitpunkt:* Datum der Testung, Messwerte (Rohwerte und Normwerte, soweit verfügbar), Bewertung in Bezug auf das Erreichen pathologischer oder nicht-pathologischer Werte (Cut off) unter Berücksichtigung des Vertrauensintervalls.
3. *Wertung:* Bewertung der Ergebnisse des Patienten/der Patientin in Bezug auf die Bedeutsamkeit der Veränderung (individuelle Veränderung im Messwert größer oder kleiner als die kritische Differenz), ggf. Begründung von Abweichungen zum klinischen Eindruck.

Dem folgenden Kasten kann ein Beispieltext zur Befunddarstellung bei Aufnahme in und Entlassung aus stationärer Psychotherapie – wiederum anhand des Insomnia Severity Index (ISI, s. ausführlich in ▶ Kap. 3.15.1) – entnommen werden. Die erforderlichen spezifischen Angaben zur Formulierung vergleichbarer Befundtexte zu den in diesem Band empfohlenen Instrumenten finden sich bei ihrer jeweiligen Darstellung, insbesondere in ▶ Kap. 3.

Beispiel-Befundtext zum Insomnia Severity Index (ISI)

Der Insomnia Severity Index (ISI) erfasst die selbsteingeschätzte Schwere von Schlafstörungen anhand eines Gesamtskalenwertes (Wertespanne von 0 bis 28, Vertrauensbereich +/- 3). Werte höher als ein Cut off von 10 können auf klinisch auffällige Schlafstörungen hinweisen. Für eine bedeutsame Veränderung muss eine kritische Differenz > 7 erreicht werden.

Ergebnisse vom [Datum]: Bei Aufnahme weist [Pat.] einen Gesamtwert von 16 auf, dies indiziert Schlafstörungen im klinisch auffälligen Bereich.

Ergebnisse vom [Datum]: Bei Entlassung weist der ISI für [Pat.] einen Wert von 7 auf, was indiziert, dass das Ausmaß an Schlafstörungen im unauffälligen Bereich liegt.

Wertung: Die Ergebnisse sprechen für eine bedeutsame Besserung von [Pat.] bezüglich der zu Behandlungsbeginn klinisch auffälligen Werte für Schlafstörungen; bei Entlassung wird ein unauffälliger Wert erreicht.

7.8 Messung von Therapieerfolg: Wie lange sollte eine Therapie dauern (Sitzungen, Umfang)?

Ohne Zweifel kann die Situation in Deutschland mit einer kassenfinanziert garantierten und gutachterfreien Addition aus Sprechstunde, Probatorik, KZT 1 und 2, also 30 Sitzungsterminen, im internationalen Vergleich als ausgesprochen gut bezeichnet werden (Flückiger et al., 2020; Priebe & Wright, 2006). Und oftmals werden recht unproblematisch Erweiterungen in Form von Langzeittherapie (plus 36 Stunden) oder sogar, wenn auch seltener, von sogenannter Fortführung (verfahrensabhängig plus weitere 20 bis 40 Stunden) – in diesen beiden Fällen nach Votum einer externen Begutachtung – genehmigt. Je nach Problemschwere und -breite kann sich auch eine mehrwöchige stationäre Psychotherapie (z. B. in einer psychosomatischen Klinik) anschließen. Verbliebene Reststunden der ambulanten Behandlung würden danach fortgesetzt.

Im Allgemeinen sehen die Krankenkassen nach genehmigter und durchgeführter ambulanter Psychotherapie eine zweijährige Karenzzeit vor, in dieser Phase ist eine Kostenübernahme nicht vorgesehen. Sollte dennoch Psychotherapie erforderlich sein, muss dies fachlich gesondert begründet werden und unterliegt wiederum der Begutachtung. In krisenhaften Problemlagen kann beispielsweise die Modalität der 12-stündigen »Akutbehandlung« genutzt werden. Manchmal wird auch für einen Verfahrenswechsel plädiert, etwa von Verhaltens- zu tiefenpsychologischer Therapie oder umgekehrt. Dies ist inhaltlich selten besonders schlüssig, wird aber gelegentlich als Kompromiss in Betracht gezogen. Nach Ablauf der zwei Jahre könnte eine neuerliche Richtlinien-Psychotherapie dann wieder regulär beantragt werden (Hinweise u. a. unter dem Link https://www.kbv.de/html/psychotherapie.php der kassenärztlichen Bundesvereinigung).

Finanzierte Langzeittherapie und die weiteren Möglichkeiten gelten im internationalen Vergleich im Grunde als einmalig innerhalb des Leistungsspektrums eines Gesundheitsversorgungssystems. Aus wissenschaftlicher Perspektive stellt sich andererseits die Frage der klinischen Notwendigkeit und damit auch jene, wie lange indizierte Psychotherapie dauern bzw. welchen Umfang sie haben sollte.

Die internationale Psychotherapieforschung ist hier von deutschen Gepflogenheiten relativ unabhängig und hat u. a. zur Frage der sinnvollen Sitzungsanzahl untersucht, ab wann ein hinreichendes und als »gut genug« zu bezeichnendes Level erreicht ist, nach wie vielen Sitzungen Fortschritte nur noch unwesentlich sind oder ob längere Therapien tatsächlich bessere Ergebnisse bewirken als kürzere. Dies kann festgestellt werden, wenn im Rahmen von Studien eine entsprechende Anzahl an Messungen durchgeführt wird. Im Rahmen der alltäglichen Therapiepraxis wäre der Aufwand hierfür schwierig zu realisieren, weswegen in ► Kap. 7.3 z. B. auch als Faustregel für den Therapieverlauf nur eine (Zwischen-)Messung pro Quartal empfohlen wird.

Gemäß einer relativ frühen – aber in der Grundaussage mehrfach replizierten – Studie des Psychotherapieforschers Kenneth Howard aus dem Jahr 1986 (Howard, Kopta, Krause & Orlinsky, 1986) verlaufen Verbesserungen aufgrund von Psychotherapie nicht linear. Der gemessene Fortschritt bei der Reduktion der Störung ist am Anfang meist schneller und verlangsamt sich dann. Howard und Kollegen konnten in verschiedenen Analysen aufzeigen, dass bereits nach acht bis 26 Sitzungen ein Level erreicht ist, ab dem Messungen nur noch geringere weitere Fortschritte anzeigen. Dies ist eine relativ große Spannweite, und sie mag als konkrete Empfehlung etwas schwammig erscheinen. Dennoch deutet die Aussage darauf hin, dass spätestens ab einer Sitzungszahl von 26 eine darüber hinausgehende Steigerung des Therapieerfolgs relativ schwer belegbar wäre. Dies wird als Dose-Effect bezeichnet (Lutz et al., 2022). Das Konzept des Good-Enough-Levels – von Michael Barkham eingeführt (Barkham et al., 1996; Lutz et al., 2021) – ergänzt und differenziert den Dose-Effect-Ansatz, da es das a priori bestehende Störungsausmaß, die besondere Beeinträchtigung bei manchen Diagnosen (z. B. schwere PTSD) und etwaige Startschwierigkeiten (Early Non-Responding) bei der jeweils sinnvollen Gesamtsitzungszahl gezielter mitberücksichtigt.

Anhand eigener Analysen zeigen Lutz et al. (2021), dass bei 50% der Patient:innen nach 21 Sitzungen die klinischen Störungskriterien nicht mehr erfüllt sind, und dass weitere 20% an Patient:innen 35 Sitzungen für deren Unterschreiten benötigen.

Die Beobachtung, dass nach circa 20 bis 35 Sitzungen (Lutz et al., 2021) ein zusätzlicher Therapiefortschritt in den meisten Fällen nur noch schwer messbar ist, kann bedeuten, dass weitere Psychotherapiestunden nicht mehr zwingend nötig sind. Patient:innen ohne Erfolg bis zur 35. Sitzung würden auch nach weiteren Sitzungen nur noch in Ausnahmen Fortschritte erzielen. Dies bedeutet nicht, dass die Erkrankung nicht behandelt werden kann; es würde aber bedeuten, dass es in diesem Fall womöglich nicht mehr hilft, Psychotherapie-Einzelsitzungen fortzusetzen, um messbare Verbesserungen zu erreichen.

Freilich könnte Psychotherapie trotzdem weiter in Anspruch genommen werden, und auch stützende Gespräche zur Erhaltung des erreichten Levels kämen in Betracht. Nur wäre dies nicht mehr als Krankenbehandlung im engeren Sinne zu werten. Anders gesagt: Die Zielsetzung wäre dann eine andere – etwa Vermeidung von Rückfällen bzw. von aufwändigen Klinikaufenthalten. Im Rahmen des medizinethischen Gesichtspunkts der Patientendienlichkeit (De Ridder et al., 2023) wäre dies mit den Betroffenen offen zu besprechen.

Was die Anzahl an Therapiestunden im Routinebetrieb betrifft, scheint international eine gewisse Bandbreite zu bestehen, dies gilt vor allem auch in Bezug auf finanzielle Regelungen. Pendelt sich der Modalwert an Sitzungen über eine Reihe von Ländern hinweg und unabhägig von Abrechnungsaspekten grob zwischen 25 und 30 Einheiten ein (Flückiger et al. 2020; Priebe & Wright, 2006), so gilt vor allem Nordamerika als Ausnahme. Dort werden von Krankenversicherungen, wenn überhaupt, die Kosten für nur wenige Einheiten übernommen (die Zahlen deuten – vertragsabhängig – auf ca. fünf bis zehn hin). Etwaige zusätzliche Sitzungen müssen dann bezahlt oder nach Dringlichkeit und Problemtiefe individuell bzw. gemäß Versicherungsvertrag neu verhandelt werden. Einen Sonderfall stellt der Militärbereich einschließlich Veteranenversorgung dar (Penix-Smith, Swift, Li, Bingham & Hapke, 2024). Hier werden im Routinebetrieb ca. 20 Sitzungen übernommen, meist zur Traumabehandlung, wobei das Gruppenformat (Doppelstunden) in diesem Fall offenbar besser angenommen wird als das Einzelformat.

Da US-amerikanische und kanadische Forscher nicht unbeträchtlich am internationalen Publikationsvolumen beteiligt sind, sind entsprechende Studien in ihrer Aussagekraft sorgfältig abzuwägen. Bugatti, Owen et al. (2023) sowie Hatchett (2021) weisen für die USA auf den interessanten Umstand hin, dass Patient:innen in der Praxis von Niedergelassenen häufig weniger Sitzungen wahrnehmen als in drittmittelfinanzierten universitären Forschungsprojekten zu Psychotherapie (in Deutschland im Allgemeinen umgekehrt), da diese nicht im gleichen Umfang von ihren Versicherungen übernommen würden. Die Teilnahme an Studien sei für Patient:innen i. d. R. kostenfrei und impliziere eine oftmals genügend hohe Stundenzahl. Die genannten Autor:innen können andererseits aufzeigen, dass auch die Therapien Niedergelassener sich der Benchmark wissenschaftlicher Projekte oft annähern (ob zusätzliche Stunden privat finanziert werden, wird nicht berichtet). Generell ist zu berücksichtigen, dass bei beiden Modalitäten, also hier Praxis, dort wissenschaftliche Studie, Therapien in Nordamerika im internationalen Vergleich eher kurz sind. Dies sollte bei der Messung von Therapieerfolg und auch dem Vergleich eigener Befunde mit jenen aus nordamerikanischen Studien berücksichtigt werden.

Diese geringeren und in der Erstattungsfähigkeit begrenzten Sitzungszahlen haben zwei nicht unwichtige Implikationen: In kassenfinanzierten Systemen wie in Deutschland mit relativ hoher Sitzungszahl könnte sich die Durchführung häufiger Messungen mitunter so auswirken, dass Patient:innen Ergebnisse zum Anlass nehmen, für lange Therapien zu plädieren (»Offenbar sagen die [Zwischen-]Befunde, dass ich das Therapieziel noch nicht erreicht habe.«, daher »stehen mir weitere Sitzungen zu – wird auch so von der Kasse abgedeckt.«). Für Nordamerika konnte dagegen ein umgekehrter Trend belegt werden: Patient:innen werten – zu vergleichbaren Zeitpunkten erhobene – Messungen anders, nämlich dass die Ergebnisse doch eigentlich für die Beendigung der Therapie ausreichten, auch wenn der/die Therapeut:in noch Bedarf gesehen hätte (Bugatti, Owen et al., 2023; Hatchett, 2021). Messung und Messergebnis sind also immer im Kontext, hier u. a. hinsichtlich der finanziellen und versicherungsrechtlichen Rahmenbedingungen zu sehen.

Die zweite Implikation der in Nordamerika üblichen kürzeren Therapien bezieht sich auf die mögliche Überschätzung der Therapeut:in-Patient:in-Beziehung in der Psychotherapieforschung (Hatchett, 2021). Wenn Therapien dort nur zehn Sitzungen umfassen, ist ein Behandlungsprogramm aus gründlicher Reflexion und Klärung, aus Information, Schulung, Verhaltensänderung und Ressourcenaktivierung kaum durchführbar. Dies benötigt häufig einen Umfang von 20 bis 30 Sitzungen. Anfangssitzungen beinhalten generell zunächst den Beziehungsaufbau; Behandlungen mit wenigen Sitzungen bestehen sodann oft aus stützendem Gespräch und Beratung. Werden Patient:innen aus Studien mit wenigen Behandlungseinheiten in Abschlussmessungen befragt, was die wichtigste Rolle in der Behandlung gespielt hat, liegt die Vermutung nahe, dass »Relationship«, »positive Regard«, »Empathy« und »Collaboration« (Hatchett, 2021) genannt werden – was auch sonst. Dies könnte die Befunde von Wampold und Imel (2015) in ein ganz anderes Licht rücken, sie sehen bekanntlich in Faktoren der Beziehung die deutlich stärkere Wirksamkeit als in indizierten störungsbezogenen Behandlungsprogrammen. Eine solche Einschätzung muss jedoch nicht stimmen. Faktoren wie Klärung, Veränderung oder Ressourcenaktivierung könnten sich in einer so deutlich reduzierten Sitzungszahl nicht messbar durchgesetzt haben oder kamen erst gar nicht zur Anwendung.

Was uns zur Frage »Kürzere oder längere Therapiedauer?« führt: Eine dänische Forschergruppe (Juul et al., 2023) untersuchte diese Frage und zwar in einer Metaanalyse, für die sie jene Studien herausfilterte, in welchen dies innerhalb des Untersuchungsdesigns der Studie selbst verglichen wurde (in diesen Studien fand eine Zufallszuweisung der Patient:innen zu den Therapiebedingungen »kurz« versus »lang« statt). Aus vielen hundert gesichteten Primärstudien verblieben 19 in der Analyse, die diese strenge Voraussetzung erfüllten. Global gesagt fanden sich den Autoren zufolge keine Unterschiede hinsichtlich der Bedingung »kürzer« oder »länger« in der jeweiligen Studie. Schlussfolgerungen daraus sind jedoch erst bedingt möglich. Die Sitzungszahl in den einzelnen Primärstudien war teilweise unterschiedlich definiert, weswegen »kürzer« oder »länger« über die Studien hinweg verschieden ausfiel. So galt eine bestimmte Sitzungsanzahl in einer Studie als »kurz«, die in etwa ähnliche Sitzungszahl in einer anderen dagegen als »lang«. Meist hingegen blieben beide Bedingungen, also »kürzer« *und* »länger«, im Vergleich zu unseren oben besprochenen Stundenumfängen noch in einem relativ niedrigen Bereich.

So kann als Alternativerklärung für die von Juul et al. (2023) analysierten Nicht-Unterschiede angenommen werden, dass in der Bedingung »länger« nur ein erstes Zwischenplateau erreicht war, was sich zwar nicht von der Bedingung »kürzer« unterschied, bei dem sich jedoch in einer weiteren, sich anschließenden Therapiephase ein messbarer Fortschritt hätte zeigen können. Die Datenlage erwies sich hier leider als noch zu begrenzt (u. a. ist ein Mangel an dezidiert als »lang« zu bezeichnenden Therapien in den gesichteten Studien zu konstatieren), so dass die Ergebnisse trotz des interessanten Ansatzes nur als vorläufig und auch nur auf die spezifisch getestenen Programme bezogen interpretiert werden sollten.

Dass »viel« nicht unbedingt »viel hilft« bzw. »viel« einem »weniger« nicht überlegen ist, unterstreichen andere Befunde zur Bedeutung von Therapieumfang und -dauer. Im Aufwand sparsame ambulante Behandlungen mit wöchentlich einem Termin, umgrenzter Gesamtsitzungszahl und nicht allzu langer zeitlicher Erstreckung erwiesen sich gegenüber 6- bis 8-wöchigen stationären Psychosomatik-Aufenthalten mit einer beträchtlich höheren Anzahl an Behandlungseinheiten als nicht weniger wirksam. Bei vergleichbarem Störungsausmaß vor Behandlungsbeginn waren die Therapiefortschritte tatsächlich sehr ähnlich.

Darauf deuten etwa im Falle der eher breiten Diagnose Depression die Messergebnisse im Beck Depressions-Inventar (BDI-II) hin. Ambulante Patient:innen mit einer KZT 1 bis maximal KZT 2 (hier als »wenige Termine« charakterisiert) erzielten in der Vorher-Messung BDI-II-Werte um durchschnittlich 26 und in der Nachher-Messung Werte um durchschnittlich 15. Für Patient:innen aus stationären Stichproben (also »viele Termine«: wöchentlich neben Einzeltherapie[n] ein Spektrum verschiedenartiger Gruppenangebote in einem umfassenden Stundenplan) wurden in Vorher-Messungen BDI-II-Werte im Mittel zwischen 25 und 29 festgestellt, in

Nachher-Messungen zwischen 13 und 15. Die durchschnittliche Reduktion im BDI-II-Skalenwert betrug einmal 11 Punkte (Bedingung »ambulant«) und einmal 13 Punkte (Bedingung »stationär«). Für »stationär« galt dies bei einem eher psychodynamischen Ansatz (Franz et al., 2015; Seidler et al., 2019) wie auch bei einem eher verhaltenstherapeutischen Ansatz (Voderholzer, Koch, Hillert & Schlegl, 2012). Die Angaben zum ambulanten Setting sind Schindler & Hiller (2010) bzw. Schindler, Hiller & Witthöft (2011) entnommen.

Zur Nivellierung der Befunde trägt ungeachtet der therapeutischen Ausrichtung und des Settings die große Bandbreite beteiligter Therapeut:innen (einschließlich weiterer therapeutischer Dienste/Angebote) im stationären Rahmen bei. Dies entspricht häufig einer tradierten Praxis, auch wenn hierfür eine empirische Evidenz bezogen auf die behandelte Störung fehlt. Das mag ein Grund sein, dass ein Zusatzgewinn im Vergleich zur ambulanten Therapie nicht belegt werden kann.

Summa summarum geht der Trend international in Richtung kürzerer Behandlungen mit umgrenzter Sitzungszahl (stationäre Angebote sind – Ausnahme Psychiatrie – international selten). In sinnvollen Abständen erfolgende Messungen zum jeweils erreichten Stand dienen dazu, Fortschritte zu beurteilen und, falls erforderlich, eine Behandlung adaptiv fortzusetzen. Dose-Effect-Relationen und Good-Enough-Levels sind dabei nützliche Entscheidungskriterien.

Die in Deutschland im Anschluss an Sprechstunde und Probatorik gesetzlich-administrativ festgelegte Zahl von 12 plus 12 Sitzungen (plus evtl. LZT) könnte als alleiniges Kriterium schematisch wirken – mit der Gefahr einer Übergewichtung administrativer gegenüber inhaltlich-klinischen Gesichtspunkten (Stichwort: Das verfügbare bzw. erlaubte Kontingent ausfüllen). Andererseits überschreiten hierzulande mehr als zwei Drittel der in der ambulanten Praxis durchgeführten Psychotherapien den KZT 1-/KZT 2-Umfang nicht (Lubisch, 2024). Hierbei sind Vergütungsgesichtspunkte nicht gänzlich unbeteiligt (Übersicht: KBV-Psychotherapie, 2022). International gelten 25 bis 30 Behandlungstermine als gängiger Richtwert für die Praxis – allerdings mit einer bei sechs Behandlungseinheiten (Kanada; Priebe & Wright, 2006) beginnenden Bandbreite. Bezüglich des Aufwands der Behandlungsmodalität »stationär« im Verhältnis zur Modalität »ambulant« wäre die Kosten-/Nutzenfrage zu stellen.

Welche Unterschiede in der erfolgreichen Krankenbehandlung bei einer Kombination aus Staat, Versorgungssystem, Behandlungssetting und Sitzungsmaxima gemessen werden können – und ob überhaupt Unterschiede bestehen –, bliebe zu untersuchen. Die Verordnung überflüssiger Behandlungsmaßnahmen und -zeiten in gewinnorientierten Kliniken, verbunden mit *moral distress* auf Seiten der Therapeut:innen an der Front, ist inzwischen ein Thema der Medizinethik (De Ridder et al., 2023), die Fehlentwicklungen und Fehlanreize kritisch unter die Lupe nimmt.

7.9 Therapieerfolgsbeurteilung und Vergütungsgesichtspunkte

Messungen zur Erfolgsbeurteilung durchgeführter Psychotherapien werden vergütet. Ausschlaggebend ist die Gebührenordnungsposition 35600 des Einheitlichen Bewertungsmaßstabs EBM, Abschnitt 35.3 (Psychodiagnostische Testverfahren). Innerhalb der Kurzzeittherapie (KZT) dürfen drei Messungen durchgeführt werden, innerhalb der Langzeittherapie (LZT) sieben Messungen. Und: »In der Probatorik- und in der Schluss-Phase können beliebig viele psychologische Testverfahren abgerechnet werden« (Psychotherapie-Vereinbarung, Teil D – Abrechnung: »EBM-Wie oft abrechenbar«).

Entscheidend hierbei ist der Aufwand für den/die Psychotherapeuten/Psychotherapeutin, nicht die Bearbeitungszeit durch den/die Patienten/Patientin. Der Zeitaufwand ist in Einheiten a fünf Minuten festgelegt. Eine Fünfminuteneinheit wird – Stand Mai 2024 – mit 4,06 Euro vergütet. Die in ▶ Kap. 7.2 (Wann soll man messen?) besprochene und empfohlene Anzahl an Messungen wäre somit vollständig begründbar. Für KZT 1 und 2 ist zu beachten, dass die vorgegebene Anzahl von drei Messungen während der Kurzzeittherapie den Therapieabschnitt KZT 2 mit einschließt. Daher müssen die abrechenbaren drei Messungen präzise geplant sein und zu Beginn von KZT 1, zu Beginn von KZT 2 und am Ende von KZT 2 erfolgen. Die Bestimmungen für Probatorik- und Schlussphase sind davon nicht berührt.

Der Aufwand für den/die Psychotherepeuten/Psychotherapeutin setzt sich aus Instruktion, Auswertung, Interpretation (Richt- und Normwertabgleich) und Veränderungsbeurteilung (kritische Differenz, Cut off zwischen klinischer versus nichtklinischer Ausprägung – unter Berücksichtigung des Vertrauensintervalls) zusammen. Auch die Verschriftlichung (Dokumentation, Tabelleneintragung) ist zu berücksichtigen. Im Falle beispielsweise der Anwendung des Beck Depressions-Inventars (BDI-II) ist pro Erhebung eine Fünfminuteneinheit gerechtfertigt, in einigen Fällen, etwa auch bei Abschluss der Behandlung, können es zwei sein.

Insgesamt ist auch der maximale Punktwert pro Quartal zu beachten. Es gilt eine Deckelung bei 1098 Punkten für Erwachsene ab 22 Jahren und bei 1636 Punkten für 21-Jährige und darunter. Eine Fünfminuteneinheit der Therapeut:innenzeit entspricht 34 Punkten. Pro Quartal resultieren daraus 32 Einheiten bei erwachsenen Patient:innen (ungefähr 130 Euro) oder 48 Einheiten bei Patient:innen im Alter von 21 Jahren und jünger (ungefähr 195 Euro). Stellschrauben sind also neben den Messzeitpunkten die benötigten Fünfminuteneinheiten, die Auswahl der Verfahren (an unserem Beispiel zu klären: Nur BDI-II oder zusätzlich auch weitere Fragebögen?) und deren Aufwand für den/die Therapeuten/Therapeutin. Eine Übersicht findet sich auf den Websites https://psydix.org/abrechnung bzw. https://kbv.de/Ambulantes Versorgungsangebot.

Für privatversicherte Patient:innen gelten andere Sätze. Hier wird gemäß Ziffer 855 der Gebührenordnung für Psychotherapeut:innen GOP abgerechnet. Die Systematik weicht etwas von den GKV-Regelungen ab. Für die Neuregelung der seit

1995 bestehenden Sätze wurden 2024 von Bundesärztekammer und Bundespsychotherapeutenkammer Anpassungsempfehlungen ausgearbeitet, die – auch wenn eine ministerielle Absegnung noch aussteht – (Bundespsychotherapeutenkammer, 2024c) in Praxis bereits greifen und zu einer nicht unerheblichen Verbesserung geführt haben (Informationen z. B. unter https://vpp.org/cms/images/2024/2024-06-18_GOP_Abrechnungsempfehlungen_Informationsveranstaltung_BPtK_NM.pdf).

In den anderen deutschsprachigen Ländern Österreich, Schweiz und Luxembourg gelten für die Vergütung von Messungen eigene Regelungen.

8 Künftige Themen mit Auswirkung auf die Therapieerfolgsbeurteilung

8.1 G-BA und Qualitätssicherung (QS)

Am Ende von ► Kap. 1.3 sind wir im Vertiefungskasten »G-BA auf Qualitätssicherungswegen« auf verbindlich vom Gemeinsamen Bundesausschuss (G-BA) vorgegebene Regelungen zur Qualitätssicherung (QS) eingegangen, wie sie künftig für ambulante Psychotherapie gelten sollen. Die Regelungen traten zunächst in einem modellprojektartigen Vorhaben, am 1. Januar 2025, in Kraft, sind auf sechs Jahre befristet und regional auf das Bundesland Nordrhein-Westfalen beschränkt. Dies betrifft den Bereich Einzeltherapie bei Erwachsenen innerhalb der gesetzlichen Krankenkassen und greift darin für alle richtliniengemäßen KZT- und LZT-Therapien, die zu diesem Datum oder später beendet werden, also auch mit Therapiebeginn bereits 2024. Nicht eingeschlossen sind die Modalität Akutbehandlung, die neuropsychologische Therapie, der Kinder- und Jugendbereich, das Format Gruppentherapie, Therapien bei Patient:innen mit Intelligenzminderung oder Demenz sowie der Bereich der Selbstzahler:innen und Privatversicherten. Die Umsetzung findet in zwei Etappen statt, wobei in den ersten beiden Jahren etwas liberalere Anwendungsregelungen gelten, danach gelten die Regelungen in vollem Umfang.

Dies steht in einer Abfolge der sogenannten datengestützten einrichtungsübergreifenden Qualitätssicherung (DeQS-RL) des Bundes aus dem Jahr 2018. Der Gemeinsame Bundesausschuss wurde mit Umsetzung und Feinabstimmung beauftragt. Nach 15 zuvor umgesetzten Maßnahmen in der somatischen Medizin sind nun die Psychologischen und Ärztlichen Psychotherapeut:innen an der Reihe. Nach Beendigung der Erprobungsphase in NRW werden künftig – dann bundesweit – mehrere zehntausend Kassensitze betroffen sein.

Sowohl Psychotherapeut:innen als auch deren Patient:innen müssen in diesem Rahmen Qualitätssicherungsbögen bearbeiten (jeweils ca. 40 Items). Patient:innen bearbeiten sie zum Zeitpunkt Therapieende, Therapeut:innen bereits ab Behandlungsbeginn mit mehreren (Zwischen-)Zeitpunkten. Laut Informationen, die die Berufsverbände DPtV und DGVT auf ihren Homepages zur Verfügung stellen, wird es kontrollierbar sein, ob und inwieweit die jeweilige Psychotherapie gemäß QS-Regeln begleitet wurde (ausgelöst wird dies durch Eingabe von Ziffer 88130/88131 am Therapieende). Säumige oder unvollständig ausfüllende Patient:innen werden nicht gemahnt. Wohl aber erhalten Psychotherapeut:innen bei eigenen Bearbeitungsmängeln eine kritische Rückmeldung. Patient:innenangaben werden nur in vollständig anonymisierter Form weitergegeben. Aus ihren Angaben kann im Einzelnen nicht auf Ergebnisse einer Praxis rückgeschlossen werden.

Was gilt als Therapie? Bereits eine Sitzung Richtlinienpsychotherapie gilt als Therapie, Sprechstunde, Probatorik und stützende Gespräche dagegen – im QS-Sinne – nicht. Verbände und Kammern haben erreicht, dass dieses Qualitätssicherungsverfahren nicht sofort flächendeckend eingeführt wird. »Gewählt wurde vom G-BA das Land NRW, prinzipiell hätte es auch jedes andere größere Bundesland treffen können« (Deutsche Psychotherapeuten Vereinigung, 2024). Es ist vorgesehen, dass die Therapeut:innen der Erprobungsregion nach Ablauf von jeweils zwei Jahren Zwischenergebnisse erhalten.

8.1.1 Welche Fragen kommen auf die Psychotherapeut:innen zu?

Zunächst werden Stammdaten erfragt wie Betriebsstätten- bzw. Arzt-/Psychotherapeutennummer und das jeweilige Richtlinienverfahren. Eine Gruppe von nachfolgenden Fragen widmet sich den Themen Informationsvermittlung, Patient:innenaufklärung, Suizidalitätsabklärung, Diagnosefeststellung, auch ob ein erstes Bedingungs- und Arbeitsmodells besprochen wurde. Ein eigener Abschnitt thematisiert Therapieziele und die Frage nach deren Erreichung, auch in Zwischenetappen bzw., falls erforderlich, nach deren Anpassung im weiteren Verlauf. Daran schließen sich Fragen zu parallelen Behandlungen durch andere Fachgebiete an, zum kollegialen Austausch und zur diesbezüglichen Ergebnisdokumentation. Spezifisch erfragt werden auch zusätzliche, etwa sozialpsychiatrische Angebote, die unter Umständen bei der jeweiligen Behandlung notwendig waren. Fragen gegen Therapieende hin thematisieren den fachgerechten Abschluss, die Abschätzung des Erfolgs, die Erreichung der Therapieziele und die Beurteilung sinnvoller bzw. notwendiger weiterer Therapieangebote. Das Antwortformat ist in der Regel zweistufig mit 0 = »nein« und 1 = »ja«. Das Datum der Bearbeitung der jeweiligen Frage muss eingetragen werden, hierfür besteht ein inhaltlich sinnvoller Ablauf. Die globale, summarische Bearbeitung nach Abschluss der Behandlung ist dagegen nicht vorgesehen. Die Beantwortung der Frage(n) zu einem jeweiligen Zeitpunkt umfasst in der Regel weniger als eine Minute.

8.1.2 Welche Rolle spielen psychometrische Fragebögen zur inhaltlichen Therapieerfolgsbeurteilung?

Im Sinne des Anliegens dieses Handbuchs, den Therapieerfolg störungsbezogen und inhaltlich-psychologisch zu erfassen, existieren an drei Positionen des Dokumentationsbogens Berührungspunkte: Item 26 erfragt: »Wurde ein dem individuellen Behandlungsfall angemessenes psychodiagnostisches Testverfahren durchgeführt?« In Item 26.1 wird erbeten anzugeben, ob dieses »standardisiert«, in Item 26.2, ob es »psychometrisch« war. Item 26.3 erfragt Gründe bei etwaiger Nichtdurchführung. Eine Spezifizierung, um welches Verfahren es sich gehandelt hatte, wird nicht gefordert (► Kap. 3 dieses Handbuchs würde hier sinnvolle Hilfestellung leisten). Die Items 26.x betreffen den Zeitpunkt bei Beginn der Behandlung, ein Datum muss eingetragen werden. In einem späteren Itemblock zum Abschnitt Therapieverlauf werden die Fragen nochmals wortgleich vorgegeben (Items 32.x), auch hier ist ein Datum einzutragen. Ein Zeitabstand für die Messwiederholung ist nicht genannt. Im Abschnitt zur Abschlussphase der Therapie lautet Item 35 »Wurde der patientenindividuelle Therapieverlauf überprüft?« und Item 35.1 »Wurden die für diesen Behandlungsfall relevanten Dimensionen überprüft?« Die Antwortmöglichkeiten lauten »ja« und »nein«. Katamneseerhebungen sind im Dokumentationsbogen nicht vorgesehen.

8.1.3 Welche Fragen kommen auf die Patient:innen zu?

Der Fragebogen, den die Patient:innen erhalten, umfasst formale und inhaltliche Gesichtspunkte. Patient:innen sollen z. B. angeben, ob sie ausreichend über Ablauf und Struktur, Art und Aufbau, Ziele, Risiken, Notfallhilfen und wesentliche Merkmale des Therapieansatzes informiert wurden (knapp 20 Fragen). Ferner sollen sie Einschätzungen über Verlaufscharakteristika der Behandlung abgeben (Gesprächsklima, Beziehung, Vertrauen, Engagement, Abgleichung von Zielen; ca. 10 Fragen). Einige Fragen sind wesentlichen Lebensbereichen und einer Ergebniseinschätzung aus Patient:innensicht gewidmet. Angaben zu soziodemographischen Kernmerkmalen schließen die Befragung ab (www.dgvt-bv.de; Patientenfragebogen). Die Befragung erfolgt am Therapieende, die Bearbeitungszeit dürfte 15 Minuten meist nicht überschreiten.

8.1.4 Fazit

Aus evaluationsmethodischer Sicht sind Ansinnen und erster Versuch einer regelhaften Bewertung des Therapieerfolgs nach spezifischen Kriterien prinzipiell akzeptabel und begrüßenswert. Der inhaltlich anspruchsvollen Beurteilung zur erfolgreichen Behandlung einer psychischen Störung genügt das Vorhaben jedoch bislang nicht.

Grundständige Daten zur Psychotherapie verbindlich zu erfassen und sich nicht mit einem subjektiven Eindruck des/der Behandlers/Behandlerin zu begnügen, gilt sicher als Minimum. Ein modernes Gesundheitssystem, Patient:innen und Kostenträger benötigen entsprechende Standards, sie gewähren Sicherheit und Verlässlichkeit. Für die Behandler:innen (im Fachjargon: Leistungserbringer) stellen sie überdies ein sinnvolles Rückmeldesystem dar. Die in ▶ Kap. 7 beschriebenen Kriterien (u. a. Messzeitpunkte, Messhäufigkeit) werden damit jedoch nicht erreicht. Gänzlich unzureichend ist das Fehlen gezielter Leitlinien zum Einsatz störungsspezifischer Messinstrumente, insbesondere bei Behandlungsende und zum Katamnesezeitpunkt.

Mit den vom G-BA verlangten Messungen kann der Therapieerfolg hinsichtlich Heilung oder Linderung der Störung somit nicht verlässlich angegeben werden. Hier wären weitere Entwicklungen und Abstimmungen notwendig, um QS und Therapieerfolgsmessung künftig besser miteinander zu verschränken (vgl. auch ▶ Kap. 8.5 Prinzipien der anspruchsvollen Beurteilung von Therapieerfolg).

8.2 Ausblick auf die 11. Revision der International Classification of Diseases (ICD-11)

Die von der Weltgesundheitsorganisation (WHO) herausgegebene International Classification of Diseases (ICD) formuliert international einheitliche Diagnosekategorien für somatische wie auch psychische Erkrankungen und bildet damit eine zentrale Grundlage für die Erforschung psychischer Störungen und ihrer Behandlung. Psychotherapeut:innen ist das Klassifikationssystem der ICD-10 (WHO, 2010) als Grundlage ihrer fachlichen Kommunikation und der Wahl der richtigen Behandlungsansätze vertraut. Für das Gesundheitssystem ist die ICD-Klassifikation beispielsweise für die Bereitstellung von Ressourcen auf Basis der Prävalenzen der einzelnen Erkrankungen und nicht zuletzt die Abrechnung ihrer Behandlungskosten von Bedeutung.

8.2.1 Hintergrund der Revision

Rund 30 Jahre wissenschaftlicher und praktischer Erfahrungen mit der aktuell gültigen Version der ICD-10 (WHO, 2010) machten unter anderem aufgrund der folgenden Kritikpunkte eine Revision erforderlich: Eine mangelnde Validität einiger diagnostischer Kategorien; eine artifizielle Dichotomisierung von in Wahrheit dimensionalen Merkmalen; die in der Praxis sehr häufige Verwendung der Kategorien »Sonstige (ICD-10 x.8)« bzw. »nicht näher spezifiziert (ICD-10 x.9)«; eine ausgeprägte Heterogenität der Symptomatik innerhalb einiger diagnostischer Kategorien und schließlich ein bei vielen diagnostischen Kategorien mangelnder Bezug zu spezifischen Behandlungsansätzen (Rief et al., 2023). Mit der ICD-11 (WHO, 2019) werden zum Teil deutliche Änderungen der Kategorienzuordnung vorgenommen.

Dies kann für die Aufteilung des bisherigen ICD-Kapitels Neurotische, Belastungs- und somatoforme Störungen (ICD-10 F4) aufgezeigt werden, dort wird es künftig Diagnosegruppen wie etwa Angst oder furchtbezogene Störungen (6B0), Zwangsstörung oder zwangsverwandte Störung (6B2), Störungen, die spezifisch Stress-assoziiert sind (6B4) und Störungen der körperlichen Belastung oder des körperlichen Erlebens (6C2) geben. Darüber hinaus werden eine ganze Reihe neuer Diagnosen aufgenommen (▶ Kap. 8.2.4) und einige Diagnosebereiche aus dem Kapitel der psychischen Störungen in andere Kapitel verschoben, unter anderem die nicht-organischen Insomnien, die Schmerzstörungen, die sexuellen Funktionsstörungen, die Genderinkongruenz und die Ticstörungen.

Mit Einführung der ICD-11 findet im Bereich »06 – Psychische Störungen, Verhaltensstörungen oder neuromentale Entwicklungsstörungen« eine deutliche Annäherung an das Diagnostische und Statistische Manual Psychischer Störungen (DSM-5) (2018) statt. Durch die revidierte ICD-Fassung wird auf eine Reihe von Kritikpunkten an der bisherigen Fassung eingegangen, beispielsweise indem dimensionale Konzepte verwendet werden oder der Bereich Persönlichkeitsstörungen neu konzipiert wurde vgl. ▶ Kap. 8.2.5).

8.2.2 Aktueller Stand der ICD-11

Im Mai 2019 wurde die 11. Revision der International Classification of Diseases (ICD-11; WHO, 2019) von der World Health Assembly verabschiedet. Eine noch unvollständige deutsche Übersetzung kann auf der Website des Bundesinstituts für Arzneimittel und Medizinprodukte (BfArM, online) eingesehen werden. Die ICD-11 ist zum 01.01.2022 inkraft getreten und im Prinzip einsetzbar, auch wenn weiterhin die alte Fassung im deutschen Gesundheitssystem Standard ist und mit ihr in der Behandlungspraxis abgerechnet wird. Die verbindliche Einführung der neuen Fassung ist nach aktuellem Stand nicht vor 2027 in Aussicht (Hartig, 2024a; Rief et al., 2023). Interessante Neuerung auch: Die ICD-11 wird ausschließlich online verfügbar sein und als dynamisches System regelmäßig aktualisiert werden.

8.2.3 Zentrale Merkmale der ICD-11

Mit der ICD-11 (WHO, 2019) wird die bisherige Form eines alphabetischen Verzeichnisses aufgegeben und durch ein alphanumerisches Kodierungssystem mit neuen Kodes bzw. Kodekombinationen ersetzt, welches eine höhere Anzahl an Diagnosegruppen möglich macht. Für die bisherige englische Version (https://icd.who.int/browse/2024-01/mms/en) sind im Bereich der psychischen Störungen darüber hinaus Beschreibungen der Symptomatik, Diagnosekriterien, zum Teil Spezifikationen (sogenannte *Specifier*) zur Präzisierung der individuellen Symptomatik und Merkmale der differenzialdiagnostischen Abgrenzung formuliert (sogenannte Clinical Descriptions and Diagnostical Requirements, CDDR; vgl. First et al., 2015).

8.2.4 Welche neuen Diagnosen bzw. neuen Diagnosebereiche wird die ICD-11 beinhalten?

In der neuen ICD-11 (WHO, 2019) finden sich eine Reihe von Diagnosebereichen, welche grundlegend überarbeitet wurden, beispielsweise der Bereich neuronale Entwicklungsstörungen, hier z.B. die Autismus-Spektrum-Störung (ICD-11 6 A02; in ICD-10 [WHO, 2010] unter den tiefgreifenden Entwicklungsstörungen F84.x), und die Aufmerksamkeitsdefizit- und Hyperaktivitätsstörung (ICD-11 6 A05; in ICD-10 unter Verhaltens- und emotionale Störungen mit Beginn in der Kindheit und Jugend F90.x). In den neugeschaffenen Bereich Zwangsstörungen oder verwandte Störungen werden neben der Zwangsstörung (ICD-11 6B20; in ICD-10 F42.x) u.a. die Hypochondrie und die Körperdysmorphe Störung (ICD-11 6B21 und 6B23; in ICD-10 F45.2) sowie die körperbezogenen repetitiven Verhaltensstörungen wie die Trichotillomanie und das Skin Picking (ICD-11 6B25; in ICD-10 im Bereich Impulskontrollstörungen) integriert. Neu eingeführt bzw. grundlegend überarbeitet werden auch die Somatische Belastungsstörung (ICD-11 6C20; in ICD-10: Somatoforme Störungen F45.x) und der Bereich der Störungen durch Verhaltenssüchte (ICD-11 6C50/6C51; in ICD-10 im Bereich Impulskontrollstörungen F63.x).

Schließlich wurden in die ICD-11 eine Reihe von Diagnosen aufgenommen, welche bereits Eingang in die Praxis gefunden haben, in der ICD-10 jedoch bislang nicht explizit als eigene diagnostische Kategorie enthalten waren, z. B. die Trennungsangststörung (ICD-11 6B05), das pathologische Horten (ICD-11 6B24), die Komplexe Posttraumatische Belastungsstörung (ICD-11 6B41), die Anhaltende Trauerstörung (ICD-11 6B42), die Binge-Eating-Störung (ICD-11 6B82) und die Computerspielsucht (ICD-11 6C51). Für eine ausführlichere Übersicht siehe z. B. Hartig (2024a; 2024b) bzw. Walter, Husemann und Hölzel (2024). In ▶ Kap. 3 werden an entsprechender Stelle bereits für einige der hier genannten Diagnosen spezifische Instrumente dargestellt.

8.2.5 Neukonzeption des Bereichs Persönlichkeitsstörungen in ICD-11

Mit dem neuen Klassifikationssystem ICD-11 (WHO, 2019) wird im Bereich der Persönlichkeitsstörungen die Entwicklung von einem kategorialen System wie ICD-10 (WHO, 2010) und DSM-IV (APA, 2000) zu einer dimensionalen Sichtweise vollzogen (Bach & First, 2018; Hartig, 2024b). Diese Entwicklung zeichnete sich bereits im DSM-5 (2018) ab. Für diese Entwicklung sprachen u. a. Studien wie auch klinische Erfahrungen, welche anstelle der bisherigen kategorialen Konzeption von Persönlichkeitsstörungen ein Kontinuum zwischen normalen und pathologischen Persönlichkeitsmerkmalen und eine hohe Überlappung der bisherigen Kategorien von Persönlichkeitsstörungen nahelegen. Ferner soll einer mit dem Diagnosebegriff der Persönlichkeitsstörung verbundenen Stigmatisierung entgegengewirkt werden.

In der ICD-11 werden im Bereich Persönlichkeitsstörungen und zugehörige Persönlichkeitsmerkmale (ICD-11 6D10) drei Schweregrade von Funktionsbeeinträchtigungen unterschieden (leicht, mittel, schwer). Des Weiteren erfolgt die inhaltliche Beschreibung anhand von fünf Merkmalsdomänen (ICD-11 6D11.0 bis 6D11.4): negative Affektivität, Distanziertheit, Dissozialität, Enthemmung und Anankasmus[5]). Außerdem ist die Spezifikation einer Borderline-Persönlichkeitsstörung (ICD-11 6D11.5) möglich, da für diese Persönlichkeitsstörung sehr viel spezifische Forschung und spezifische Behandlungsansätze vorliegen. Für die Schweregrade der Funktionsstörungen (6D10) wie auch die Merkmalsdomänen (6D11) liegen entsprechende klinische Beschreibungen und diagnostische Richtlinien vor (Bach & First, 2018; bzw. online https://icd.who.int/browse/2024-01/mms/en#37291724). Für die weiteren bislang etablierten Persönlichkeitsstörungen werden Übersetzungen (Cross Walks) in die neuen Merkmalsdomänen beschrieben (Bach & First, 2018). Eine ausführlichere Darstellung der Diagnostik von Persönlichkeitsstilen und -störungen nach ICD-11 und deren therapeutische Implikationen findet sich bei Renneberg und Herpertz (2021).

Unsicher ist noch, ob der neue dimensionale Ansatz wirklich zu einer verbesserten Berücksichtigung der Persönlichkeitsstörungen und zugehöriger Persön-

5 Die fünf Merkmalsdimensionen haben ihren theoretischen Hintergrund im Fünf-Faktoren-Modell der Persönlichkeit, den Big Five (Costa & McCrae, 1992).

lichkeitsmerkmale in Diagnostik und Therapieplanung führen wird. Mit dem neuen Ansatz kompatibel ist etwa das Messinstrument Persönlichkeitsinventar für DSM-5 und ICD-11 PID5PF+. (Kerber et al., 2020 [online verfügbar]), welches in der Phase der empirischen Bewährung steht.

8.3 Hierarchical Topography of Psychopathology (HiTOP)

Trotz der unstrittigen Bedeutung der ICD und des DSM für die klinische Psychologie und die Psychiatrie wurde das kategoriale Klassifikationsmodell, auf dem beide Taxonomien auch in den aktuellen Versionen überwiegend beruhen, immer wieder in Frage gestellt. Die Kritik richtete sich zunächst gegen die Klassifikation von Persönlichkeitsstörungen (Hopwood et al., 2018), blieb aber nicht auf diese beschränkt, sondern tangiert die kategoriale Konzeptualisierung aller psychischen Störungen grundsätzlich. Als wichtigste, empirisch gut belegte und im letzten Abschnitt (► Kap. 8.2.5 – Neukonzeption des Bereichs Persönlichkeitsstörungen in ICD-11, WHO, 2019) teilweise bereits erwähnte Einwände gegen kategoriale Modelle psychischer Störungen werden in der Literatur die folgenden genannt (z. B. Ruggero et al., 2019):

1. geringe Reliabilität: Bei einem Großteil der kategorialen Störungsdiagnosen sind die Übereinstimmungsraten zwischen zwei oder mehr Expert:innen gering und wiederholte Diagnosen instabil (Markon et al., 2011).
2. hohe Komorbidität: Häufig werden bei einem Patienten/einer Patientin mehrere Störungen gleichzeitig diagnostiziert, was auch daher rührt, dass zu ihrer Diagnose teilweise die gleichen Symptome verwendet werden (Forbes et al., 2023).
3. große Heterogenität: Da zur Diagnose einer Störung nur ein Teil ihrer Symptome vorliegen muss, kann sich die Symptomatik von Patient:innen trotz gleicher Diagnose stark unterscheiden bis hin zu dem extremen Fall, dass sie kein einziges Symptom teilen (Hopwood et al., 2020).
4. eingeschränkte prädiktive Validität: Künftige Verläufe der psychischen Gesundheit und ihrer Auswirkungen auf die Biographie einer Person lassen sich anhand kategorialer Störungsdiagnosen nur schlecht vorhersagen (Waszczuk et al., 2022).

Wegen dieser Schwächen kategorialer Diagnosesysteme wird seit Jahrzehnten immer wieder gefordert, sie durch quantitativ-dimensionale Modelle zu ersetzen oder sie zumindest um solche Modelle zu ergänzen. Besonders radikal und nachdrücklich wird diese Forderung vom HiTOP-Konsortium erhoben, das 2015 gegründet wurde und dem inzwischen mehr als 200 namhafte Expert:innen aus Psychologie, Psychiatrie und den Neurowissenschaften angehören. Zwei Jahre nach Gründung des Konsortiums wurde HiTOP im renommierten Journal of Abnormal

Psychology der Fachöffentlichkeit vorgestellt (Kotov et al., 2017). Seitdem sind Dutzende von Publikationen zu diesem Modell erschienen. Hinweise auf diese Publikationen sowie wichtige Informationen und Ressourcen stellt das Konsortium auf seinen folgenden Internetportalen bereit:

- Portal des HiTOP Consortium: https://www.hitop-system.org/the-consortium
- Portal der University of North Texas: https://hitop.unt.edu/introduction
- Portal der Stony Brook University: https://medicine.stonybrookmedicine.edu/HITOP

Rief et al. (2023) und Zimmermann et al. (2024) geben einen informativen Überblick über den HiTOP-Ansatz, seine wesentlichen Annahmen sowie die wichtigsten Unterschiede zu den konventionellen Diagnosesystemen ICD und DSM. Die zentrale Annahme des HiTOP-Ansatzes lautet, dass pathologisches Erleben und Verhalten besser anhand kontinuierlicher Dimensionen als anhand von Kategorien beschrieben werden kann. Weiterhin wird angenommen, dass Dimensionen des gestörten Erlebens und Verhaltens hierarchisch strukturiert sind. Das wichtigste methodische Werkzeug des Ansatzes ist die Faktorenanalyse, die in mehreren Schritten angewendet wird. Damit teilt HiTOP die wesentlichen Annahmen und die wichtigste Methodik der Differentiellen und Persönlichkeitspsychologie. Deren bekannteste Modelle sind das Fünf-Faktoren-Modell der Persönlichkeit (Big Five; Costa & McCrae, 1992) und das Intelligenzmodell CHC (Cattell, Horn, Carroll; McGrew, 2005).

Die Grundidee des HiTOP-Ansatzes und seine Methodik entsprechen nicht nur der multivariaten Persönlichkeits- und Intelligenzforschung, sondern auch vielen Vorläufern in der klinischen Psychologie selbst. Diese reichen bis in die 1930er Jahre zurück (Moore, 1930) und wurden am konsequentesten bei der Entwicklung des Minnesota Multiphasic Personality Inventory (MMPI; Hathaway & McKinley, 1942) umgesetzt – auch wenn dieses Instrument trotz seiner Weiterentwicklungen (Ben-Porath & Tellegen, 2008) nicht unumstritten ist und zuweilen als veraltet bezeichnet wird. Mit dem alternativen Modell für Persönlichkeitsstörungen ist der quantitativ-dimensionale Ansatz auch in das aktuelle DSM-5 (2018) eingeflossen, allerdings bislang nur für den Bereich der Persönlichkeitsstörungen und nur probeweise. Auch die neue Version der ICD-11 (WHO, 2019; ▶ Kap. 8.2.5) hat diese Entwicklung im Bereich der Persönlichkeitsstörungen vollzogen.

Das HiTOP-Konsortium fordert und betreibt die vollständige Abkehr vom kategorialen Modell und dessen Ersatz durch ein hierarchisch-dimensionales Modell. In der aktuellen Fassung besteht die Hierarchie aus fünf Ebenen. Auf der untersten Ebene 1 sind klar umgrenzte Symptome als die kleinsten psychopathologischen Einheiten angesiedelt, z. B. Angst vor Spinnen. Ähnlichkeitsbeziehungen zwischen den Symptomen werden faktorenanalytisch ermittelt. Ähnliche Symptome werden auf der nächsten Ebene (Ebene 2) zu maladaptiven Traits gebündelt, z. B. Angst vor Tieren. Auch zwischen diesen dysfunktionalen Traits bestehen korrelative Beziehungen, die erneut faktorenanalytisch sichtbar gemacht werden. Ähnliche Traits werden auf Ebene 3 zu Subfaktoren zusammengefasst, z. B. Angst.

Im nächsten Schritt werden Ähnlichkeiten zwischen den Subfaktoren faktorenanalytisch bestimmt. Ähnliche Subfaktoren ergeben auf Ebene 4 die sogenannten Spektren. In der aktuellen Fassung der HiTOP werden sechs Spektren unterschieden: (1) Somatoforme Störungen, (2) Internalisierung, (3) Denkstörungen, (4) Verschlossenheit, (5) enthemmte Externalisierung und (6) antagonistische Externalisierung. Da die sechs Spektren positiv untereinander korreliert sind, werden sie auf der höchsten Ebene 5 zu einem einzigen Faktor zusammengefasst, der in Anlehnung an den Generalfaktor »g« der Intelligenz als »p« (Psychopathologischer Generalfaktor) bezeichnet wird.

Das Konsortium beschreibt HiTOP als »work in progress«. Damit soll auf den vorläufigen Charakter des Modells hingewiesen werden und auf die Notwendigkeit, es in weiterer Forschung und aufgrund von Erfahrungen mit dem Modell in der klinischen Anwendungspraxis kontinuierlich weiterzuentwickeln. Die Notwendigkeit weiterer Forschung sieht das Konsortium vor allem beim ersten Spektrum der Somatoformen Störungen, das noch unter dem Vorbehalt spärlicher empirischer Belege stehe.

Um die Erprobung und Weiterentwicklung des HiTOP-Modells effektiv zu organisieren, wurden Arbeitsgruppen gebildet, die für verschiedene Aufgaben zuständig sind (https://www.hitop-system.org/workgroups). Eine dieser Arbeitsgruppen ist für die Thematik des vorliegenden Bandes von besonderem Interesse, die Measures Development Workgroup (https://www.hitop-system.org/measures-development-workgroup). Wie der Name sagt, besteht die Aufgabe dieser Gruppe darin, Messinstrumente für die Dimensionen des HiTOP-Modells zu entwickeln, und zwar für alle Einheiten auf allen Ebenen.

Diese Aufgabe wird arbeitsteilig und schrittweise angegangen. Jede von sechs Untergruppen ist für ein Spektrum zuständig und untersucht in einem ersten Schritt vorhandene Störungsinstrumente (und somit auch solche, die in diesem Handbuch besprochen wurden) dahingehend, wie gut sie sich für die Messung der Dimensionen des jeweiligen Spektrums eignen (Wendt et al., 2022). Dies kann jedoch nur eine vorläufige Lösung sein. In einem zweiten Schritt müssen die Items vorhandener Instrumente und ggf. zusätzliche Items zu neuen Skalen zusammengestellt werden, die optimal auf die einzelnen Dimensionen zugeschnitten sind. Erste Ergebnisse der Arbeitsgruppe wurden 2022 in einem Sonderheft der Zeitschrift Assessment, 29(1), publiziert (Simms et al., 2022; Zimmermann et al., 2022).

Die beschriebenen Arbeiten sind zunächst für die Forschung wichtig (Conway et al., 2019). Forschungsziele sind dabei (a) die Untersuchung der Messgüte vorhandener und neu entwickelter Instrumente, (b) die Entwicklung eines besseren Verständnisses der Zusammenhänge zwischen Störungen, (c) die Ermittlung von Risikofaktoren psychischer Störungen auf allen Ebenen und (d) die Optimierung von Regeln der Zuordnung psychotherapeutischer Verfahren zu Störungen auf den verschiedenen Hierarchieebenen.

Das letzte der genannten Forschungsanliegen ist unmittelbar relevant für die Weiterentwicklung psychotherapeutischer Ansätze sowie für das Thema des vorliegenden Bandes, die Evaluation von Psychotherapie. Denn HiTOP verfolgt das Ziel einer systematischen, empirisch begründeten Zuordnung von Störungen auf allen Ebenen der Hierarchie, Messinstrumenten für diese Störungen, Interventionsverfahren zu ihrer Behandlung sowie Ansätzen zur Beurteilung der Wirksamkeit von Interventionsmaßnahmen anhand passender Störungsinstrumente.

Die kontinuierliche Ablösung der tradierten Kategoriensysteme ICD und DSM durch HiTOP würde nicht ohne Folgen für die Organisation von Psychotherapie in Kliniken und Praxen bleiben. Unter anderem würde die Abrechnung von Behandlungsmaßnahmen mit Krankenkassen und Versicherungen umgestellt werden müssen. Trotz dieser Herausforderungen scheint es, wie erste Studien nahelegen, dass Praktiker:innen gegenüber HiTOP aufgeschlossen sind, die Vorteile des Modells erkennen und nicht, wie befürchtet werden könnte, starke Widerstände gegen einen Paradigmenwechsel von kategorialen zu dimensionalen Diagnosemodellen entfalten (Balling et al., 2023).

Das dritte der oben genannten Forschungsziele, die Ermittlung von Risikofaktoren psychischer Störungen auf allen Ebenen, verlangt die Verknüpfung der empirisch induktiv (agnostisch) ermittelten, deskriptiven Störungshierarchie des HiTOP-Modells mit kausalen Modellen. Diskutiert wird zurzeit etwa die Verknüpfung von HiTOP mit den Research Domain Criteria RDoC (Hagerty, 2023), die wir im nächsten Abschnitt beschreiben.

8.4 Research Domain Criteria (RDoC)

Ähnliche Argumente gegen die ICD- und DSM-Taxonomie wie aus der HiTOP-Arbeitsgruppe wurden einige Jahre zuvor auch von führenden Neurowissenschaftler:innen, Psychiater:innen und Psycholog:innen des National Institute of Mental Health (NIMH) (Bethesda, Maryland) formuliert, mit einer stärker biologischen Grundlegung. Ein Strategieplan des NIMH aus dem Jahr 2008 forderte dazu auf, den bisherigen kategorialen Ansatz in Richtung eines dimensionalen Ansatzes weiterzuentwickeln. Dort geäußerte Einwände gegen den kategorialen Ansatz waren – ähnlich wie bei ICD 10/ICD 11 oder in Vorbereitung von HiTOP – etwa: zu deskriptiv und theorielos, stark überlappende und für verschiedene Störungen gleichermaßen geltende Symptomatik, aber wiederum auch Unterdifferenziertheit bei anderen Diagnosen, forschungspraktisch daneben auch, dass störungsübergreifende Grundlagenprojekte schwierig zu fördern seien.

Die Vorgabe war, durch die Erforschung neurobiologischer Systeme die bisherigen Zuordnungen zunächst aufzulösen und sie sodann anhand einer multidimensionalen Matrix aus Domänen, Systemen und Ebenen neu zu gliedern, dabei auch grundlegende Gemeinsamkeiten von bisher als verschieden aufgefassten Syndromen zu berücksichtigen. Von einer (neuro-)biologischen Basis ausgehend seien verhaltens- und eigenschaftsbezogene Merkmale auf erscheinungsbildlicher Ebene neu zu konzipieren. Ein wichtiges erstes Positionspapier dazu wurde von Thomas R. Insel, dem damaligen Leiter des NIMH und Kollegen 2010 im American Journal of

Psychiatry publiziert (Insel et al., 2010), das auch Hintergründe und Entwicklungen der seinerzeitigen Research Diagnostic Criteria der 1970er nachzeichnete.

Zwar werden psychische, soziale und Umweltfaktoren für psychische Störungen bei Insel et al. (2010) benannt, aber der Akzent liegt – in dieser Reihenfolge – auf Genen, Molekülen, Zellen, (neuronalen) Schaltkreisen und Physiologie. Behavior und Self Report kommen erst am Ende der Reihung, und Mental Disorders werden primär als Brain Disorders mit einem Ursprung in »dysfunctional brain neural circuits« verstanden (Insel et al., 2010). Dies löste Diskussionen und auch Widerspruch aus. Die Frage, ob psychische Störungen (nur) besonders extreme Ausprägungen auf einem Kontinuum darstellten oder etwas qualitativ Verschiedenes, war und ist ein solcher Diskussionspunkt. Beklagt wurden ferner eine (neuro-)biologische Einseitigkeit mit entsprechenden Defiziten beim Einbezug des lebensweltlichen Kontextes, die Nichtfestlegung der biologischen und psychosozialen Gewichtungen untereinander und das weitgehende Fehlen einer zielgenauen Zuweisung zu Behandlungen (Rief et al., 2023, S. 16).

Cuthbert (2022; insbes. Abb. 1, S. 109) beschreibt den Aufbau des RDoC-Ansatzes in einer neueren Arbeit. Kennzeichnend sind neben den o. g. sieben Dimensionen auch sechs sogenannte Domänen, nämlich (1) Negative Valenzen (z. B. Angst, Verlust), (2) Positive Valenzen (z. B. Belohnung), (3) Kognitive Systeme (z. B. Wahrnehmung, Denken, Gedächtnis), (4) Soziale Prozesse (z. B. Kommunikation), (5) Erregung/Modulation (z. B. Schlaf-Wach) und (6) Sensomotorik (z. B. Bewegung, [motorische] Handlung). Gemeinsam mit den Dimensionen in der o. g. Reihung von Genen bis Self Report ergibt sich eine Matrix aus Korrelaten, die zugleich ein Forschungsprogramm darstellt, innerhalb dessen sich Projekte verorten können. Für Domäne (1) Negative Valenz »Furcht« wären Untersuchungsfragestellungen etwa bei der Molekül-Dimension: Cortisol, Dopamin, Neuropeptide; bei der Zell-Dimension: die GABA- und die pyramidale Ebene; bei der neuronalen Dimension: der präfrontale Cortex, Pons und PAG; bei der Physiologie-Dimension: Augenbewegung, Herzrate, Atmung, Schreckreflex; bei der Verhaltens-Dimension: reduziertes Schmerzempfinden, Vermeidung, Freezing, Gesichtsausdruck und schließlich bei der Self Report-Dimension: Antworten auf Listen von Angst- oder Stresssituationen (Dimension der Gene nicht beschrieben).

Einen Versuch zur Integration von HiTOP und RDoC einschließlich der Präsentation einiger praktisch klinischer Ideen unternimmt Sarah Hagerty, Medizindepartment der Stanford University. Anhand korrespondierender klinischer Symptome, die sowohl bei Depression als auch bei PTSD kennzeichnend seien, arbeitet sie exemplarisch Schlüsselkomponenten und mögliche gemeinsame Fragestellungen für ein über ICD/DSM hinausgehendes Verständnis heraus und skizziert, wie HiTOP- und RDoC-Konzepte zusammengefügt werden könnten (Hagerty, 2023).

Rief et al. (2023) billigen RDoC in ihrem Resümee das Potential zu, die bisherige primär deskriptive Ebene auf explikative zentrale Faktoren und Prozesse bei psychischen Störungen auszuweiten. Dabei äußern sie die Ansicht, dass viele Versprechungen bislang, also seit 2010, nicht erfüllt seien und hinterfragen, ob dies überhaupt möglich sei: Die Fortschritte bei den neurowissenschaftlichen Anteilen wären eher kleinteilig und langwierig. Auch sei zu fragen, wie neurobiologische Ergebnisse in die Behandlung psychischer Störungen oder Erkrankungen – besser als bisher – einfließen könnten. Beispielsweise hätte der Ansatz auf der Ebene pharmakologischer Behandlungen mit niedrigen bis mittleren Effekten wenig spezifischen Impact.

Bruce Cuthbert (2022), psychologischer Leiter der RDoC-Arbeitseinheit und einer der NIMH-Direktoren, unterstreicht das große Interesse an den bisherigen Arbeiten zu RDoC. Er nennt 150 000 Treffer auf Google Search und 500 laufende Grundlagenforschungsprojekte, mehrheitlich NIMH-gefördert. Es sei ein Programm für mindestens weitere zehn Jahre. Welche Auswirkungen auf neue Diagnosesysteme dies hätte, könne noch nicht abgeschätzt werden. Kommentierte weitere Literaturempfehlungen finden sich am Ende des Überblicks von Cuthbert (2022; auch www.nimh.nih.gov/rdoc).

Ist ein ICD 11-Start in Deutschland frühestens für 2027 avisiert, so sind konkretere Ergebnisse und Auswirkungen für die Praxis bezogen auf HiTOP und RDoC wenn, dann überhaupt erst auf deutlich längere Sicht zu erwarten. Dennoch kann es sinnvoll sein, sich mit Begrifflichkeiten und Grundideen vertraut zu machen. Sollten sich neue Störungsentitäten ergeben und auch ein Wechsel von kategorialen zu dimensionalen Nosologien aufgrund der skizzierten Entwicklungen stattfinden, so hätte dies Auswirkungen auf die Messung von Therapieerfolg: Neue oder geänderte Evaluationsverfahren für die RDoC-Dimensionen Verhaltensweisen und Self-Report wären zu entwickeln.

Derzeit sind noch viele Fragen offen. (neuro-)biologische Wellen gab es auch in der Vergangenheit – etwa in der Folge einer stark psychosozial-gesellschaftskritisch akzentuierten Perspektive Ende der 1960er/Anfang der 1970er Jahre. Welchen Rang nimmt diese jetzige Initiative ein? Hat das RDoC-Programm nur eine Binnenrelevanz für (neuro-)biologische Forschungsanträge an das NIMH? Ist die Dimension Physiologie nicht bereits jetzt recht gut umgesetzt? Sind die RDoC-Dimensionen Verhaltensweisen und Self Report eher Anhänge, die als vorwiegend strategisch einzustufen sind? Wären – neben etwaigen neuen pharmakologischen Behandlungsansätzen – tatsächlich substantielle Auswirkungen auf Psychotherapie zu erwarten? Würde die WHO (194 Staaten) und mit ihr das ICD den Entwicklungen eines einzelnen Staates (USA) folgen?

8.5 Zusammenfassung – Prinzipien der anspruchsvollen Messung und Beurteilung von Psychotherapieerfolg

Abschließend sollen die Prinzipien der Messung und Beurteilung von Psychotherapieerfolg nochmals in Grundzügen zusammengefasst werden :

- Outcome-Messungen sind essentiell, um den Erfolg einer durchgeführten Psychotherapie zu bewerten.
- Outcome-Messungen sind darüber hinaus dringend angeraten, um negative Effekte zu identifizieren (Lutz et al., 2022: Not-on-track-Konzept; Strauss, Gawlytta, Schleu & Frenzl, 2021).
- Eine Outcome-Messung muss störungsspezifisch und darf zusätzlich störungsübergreifend sein. Sie kann ergänzend verlaufsbezogene Elemente – z. B. als Prädiktoren – mit umfassen. Die Störungsspezifität erfordert bei komorbid vorhandenen Störungen die Hinzuziehung weiterer störungsspezifischer Messinstrumente.
- Alle Richtlinienverfahren sollen den Therapieerfolg messen.
- Der Erfolg von Psychotherapie unmittelbar bei Behandlungsende ist ein erster Schritt. Entscheidend ist jedoch die Erfolgserhaltung, diese soll katamnestisch untersucht werden (sechs Monate oder später).
- Outcome-Messungen sollen daher bei einem Umfang von Sprechstunde plus Probatorik plus KZT 1 und unter Mitberücksichtigung der Katamneseuntersuchung fünf Mal stattfinden.
- Bei Erweiterung um KZT 2 soll die Anzahl sechs Messungen betragen, bei LZT acht Messungen (bei weiteren Fortführungen, Setting- oder Verfahrenswechsel entsprechend mehr). Die Messungen sind – unter Beachtung des Quartalspunktwerts – erstattungsfähig (▶ Kap. 7.9).
- Psychotherapeutische Behandlung sollte die Prinzipien Störungsspezifität und personbezogene Differenzierung beachten und (daher) an den durch Messungen empirisch belegten Fortschritten ausgerichtet sein. Die bisherigen Regelungen zu Behandlungslänge und -umfang sind relativ schematisch. Sie sind noch nicht genug an internationalen Konventionen (z. B. Good-Enough-Level) orientiert. Häufigeres Messen würde bei der gezielten Festlegung des Umfangs und des Behandlungssettings weiterhelfen.
- Zufriedenheitsindizes, (marketingorientierte) Weiterempfehlungsraten und reine Verlaufsbeurteilungen (Tages-/Wochen-Protokollierungen) reichen für die Einschätzung des Therapieerfolgs nicht aus, da sie das Störungsausmaß und dessen Linderung nicht thematisieren.
- Wenn die Therapie (z. B. bei Verlängerung) in das Gutachterverfahren geht, sollen Gutachter:innen Ergebnisse aus Outcome- bzw. thearapieabschnittsbezogenen Zwischenmessungen berücksichtigen. Die Ergebnisse einschließlich ihrer Interpretation sollen im Antrag an den/die Gutachter:in mitgeteilt werden, so dass sich daraus Hinweise für eine fachlich indizierte Erhöhung der Stundenzahl ergeben.
- Würde eine erneute Therapie angestrebt oder nötig sein, die laut derzeitiger Karenzzeitregelung zwei Jahre nach Ende der letzten Behandlung beginnen dürfte, so sollen die Auswertungen aus vorangegangenen Behandlungen einschließlich Katamnese Berücksichtigung finden.
- Dies gilt analog für den Settingwechsel von ambulant auf (teil-)stationär. Anhand der Untersuchungsergebnisse zu bisher durchgeführten Maßnahmen wie ambulante Kurz- oder Langzeittherapie soll erkennbar sein, dass ein umfassenderer Behandlungsansatz erforderlich ist.

- (Teil-)Stationäre Einrichtungen ihrerseits sollen den Erfolg ihrer Maßnahmen dokumentieren, um den spezifischen psychotherapeutischen Mehr-Nutzen gegenüber ambulanten Maßnahmen zu belegen (Aufwand, Wirtschaftlichkeit innerhalb des Gesundheitssystems). Auch hier gilt analog die Anforderung zur Messung der Erfolgserhaltung (Katamneseuntersuchung). Wichtig wäre – etwa für neuerliche Aufenthalte – die Beachtung des Dose-Effect-Kriteriums nach Howard et al. (▶ Kap. 7.8).
- Jahresdokumentationen abgeschlossener Therapien sind sinnvoll, dienen als Rückmeldung zum eigenen Tun und entsprechen einer guten psychologischen bzw. psychotherapeutischen Berufspraxis. Hierfür sind Therapieerfolgsbeurteilungen in aggregierter Form (alle Patient:innen einer bestimmten Störung in einem definierten Zeitraum) eine nützliche Grundlage. Sie können auch in Intervision/Supervision einfließen – zur Klärung der Frage, ob und wo Verbesserungsbedarf besteht.
- Weitere Maßnahmen der Qualitätssicherung auf globalerer Ebene und in angemessenen Zeitabständen wären perspektivisch zu fordern. Die *Durchführung* von Evaluationen (nicht die Ergebnisse selbst) sollte dabei eine wichtige Rolle spielen.
- Die Therapieerfolgsbeurteilung geht auch einher mit Forderungen von Medizinethiker:innen an Kliniken und das Gesundheitssystem: Überflüssige Behandlungen aufgrund finanzieller Fehlanreize müssten erkannt werden. Dem *moral distress* bei den Gesundheitsberufen, nämlich bei zwar lukrativen, aber fachlich nicht indizierten Maßnahmen mitwirken zu sollen, müsse begegnet werden. Fachlich ungerechtfertigte Gewinnstrategien privater Anbieter seien zu verhindern. Der ambulante Bereich müsse gestärkt werden und vor allem die Gleichbehandlung im Solidarsystem sichergestellt sein (De Ridder et al., 2023).
- In mehrjährigen Intervallen sollte der internationale Forschungsstand bezüglich Störungen, Behandlungsverfahren und deren Rahmenbedingungen (Setting, Stundenzahl) aufgearbeitet werden, um Notwendigkeit, Wirksamkeit und Wirtschaftlichkeit praktizierter Verfahren anhand des aktuellen Wissensstands zu bewerten. Unwirksame Maßnahmen bzw. unpassende Settings gehören auf den Prüfstand. Verfahrensregeln für den Umgang mit diesbezüglich kritischen Ergebnissen und deren Implikationen wären zu entwickeln. Auch hier sind – neben den großen stichprobenbasierten und kontrollierten Studien – Ergebnisse aus Therapieerfolgsbeurteilungen hilfreich (Barlow, Bullis, Comer & Ametay, 2013).
- Die sachgerechte Outcomebestimmung erfordert Kenntnisse in Statistik, Testtheorie, Diagnostik und Evaluation. Dies ist in der Regel durch ein Masterstudium der Psychologie gewährleistet. Wo dies nicht gegeben ist (andere, ebenfalls an psychotherapeutischer Versorgung beteiligte Berufsgruppen), wären Nachqualifizierungen erforderlich.

Abschließend ist festzuhalten, dass die Situation der Psychotherapie in Deutschland im weltweiten Vergleich als ausgesprochen gut bezeichnet werden kann (Flückiger et al., 2020; Priebe & Wright, 2006). In den letzten drei Jahrzehnten sind gewaltige Fortschritte fachlich-inhaltlicher wie auch versorgungsbezogener Art erzielt worden. Dies sollte trotz empfundener punktueller Widrigkeiten (Beispiele: G-BA Vorgabe; zu wenige Kassensitze; Umsetzungsschwierigkeiten in der Fachpsychotherapeutenweiterbildung) mitbedacht werden. Die Profession leistet erfolgreiche Arbeit auf einem hohen Standard. Möglichkeiten, solche Erfolge zu belegen und auch, Outcome zu nutzen, um Therapien im Sinne des Patientenwohls weiterzuentwickeln, wollten wir in diesem Buch aufzeigen (Berry, Hite, Sloper & Umans, 2024).

Literatur

Abramowitz, J. S., Tolin, D. & Diefenbach, G. (2005). Measuring change in OCD: Sensitivity of the Obsessive-Compulsive Inventory – Revised. *Journal of Psychopathology and Behavioral Assessment, 27*, 317–324.

Achtziger, A. & Gollwitzer, P. M. (2010). Motivation und Volition im Handlungsverlauf. In J. Heckhausen & H. Heckhausen (Hrsg.), *Motivation und Handeln* (S. 309–335). Berlin, Heidelberg: Springer.

Altman, E., Hedeker, D., Peterson, J. & Davis, J. (1997). The Altman Self Rating Mania Scale ASRM. *Biological Psychiatry, 42*, 948–955.

APA American Psychiatric Association (2000). *Diagnostic and Statistical Manual of Mental Disorders – DSM-IV-TR* (4th Edition, Text Revision). Washington DC: APA.

Arbeitsgemeinschaft Wissenschaftlicher Medizinischer Fachgesellschaften (AWMF, 2017). *S3-Leitlinie ADHS bei Kindern, Jugendlichen und Erwachsenen (Registriernummer 028–045)*. Zugriff am 03.06.2024 unter: www.awmf.org/leitlinien/detail/ll/028-045.html.

Arbeitsgemeinschaft der Wissenschaftlichen Medizinischen Fachgesellschaften (AWMF, 2021). *S3-Leitlinie Screening, Diagnostik und Behandlung alkoholbezogener Störungen, Version 3.1*, Langfassung (Koordinator F. Kiefer). Zugriff am 08.01.2024 unter: https://register.awmf.org/de/leitlinien/detail/076-001.

Arbeitsgemeinschaft Medizinisch-Wissenschaftlicher Fachgesellschaften (AWMF, 2022). *S3-Leitlinie Zwangsstörungen – Langversion: Erste Revision im Juni 2022.* Zugriff am 19.01.2025 unter https://register.awmf.org/de/leitlinien/detail/038-017.

Arndt, A., Patzelt, J., Andor, T., Hoyer, J. & Gerlach, A. L. (2011). Psychometrische Gütekriterien des Metakognitionsfragebogens MKF-30. *Zeitschrift für Klinische Psychologie und Psychotherapie, 40, 2*, 107–114.

Arntz, A., van den Hoorn, M., Cornelis, J., Verheul, R., van den Bosch, W. M. C. & de Boer, S. F. (2003). Reliability and validity of the borderline personality disorder severity index. *Journal of Personality Disorder, 17*, 45–59.

Attkisson, C. & Zwick, R. (1982). The client satisfaction questionnaire. Psychometric properties and correlations with service utilization and psychotherapy outcome. *Evaluation and Program Planning, 5*, 3, 233–237.

Bach, B. & First, M. B. (2018). Application of the ICD-11 classification of personality disorders. *BMC Psychiatry*, 18:351.

Backhaus, J., Junghanns, K., Broocks, A., Riemann, D. & Hohagen, F. (2002). Test-retest reliablility and validity of the Pittsburgh Sleep Quality Index in primary insomnia. *Journal of Psychosomatic Research, 53*, 737–740.

Baer, L. (1993). *Alles unter Kontrolle – Zwangsgedanken und Zwangshandlungen überwinden.* Bern: Huber.

Baldwin, S. A. & Goldberg, S. B. (2021). Methodological foundations and innovations in quantitative psychotherapy research. In M. Barkham, W. Lutz & L. G. Castonguay (Eds.), *Bergin and Garfield's Handbook of Psychotherapy and Behavior* (pp. 19–49). Hoboken, NJ: John Wiley & Sons Inc.

Balling, C. E., South, S. C., Lynam, D. R. & Samuel, D. B. (2023). Clinician perception of the clinical utility of the Hierarchical Taxonomy of Psychopathology (HiTOP) system. *Clinical Psychological Science, 11*, 1108–1121.

Baltruschat, N., Geissner, E. & Bents, H. (2006). Expositionsverfahren in der Behandlung der Bulimia nervosa – Evaluation eines verhaltenstherapeutischen Intensivansatzes. *Zeitschrift für Klinische Psychologie und Psychotherapie, 35,* 1, 1–11.

Bandelow, B., Aden, I., Alpers, G.W., Benecke, C., Beutel, M.E., Deckert, J., Domschke, K., et al. (2021). *Deutsche S3-Leitline Behandlung von Angststörungen, Version 2.* Zugriff am 19.01.2025 unter: https://register.awmf.org/de/leitlinien/detail/051-028.

Barbor, T., Higgins-Biddle, J., Saunders, J. & Monteiro, M. (2001). *AUDIT – The Alcohol Use Disorders Identification Test. Guidelines for Use in Primary Care.* WHO – Formal Publication (S. 1–41; https://www.who.int/publications/i/item/WHO-MSD-MSB-01.6a).

Barke, A., Korwisi, B., Nilges, P., Rief, W. & Treede, R.-D. (2023). Alles anders? Chronische Schmerzen sind in der ICD-11 keine psychische Störung mehr! *Psychotherapeutenjournal, 22,* 1, 4–12.

Barkham, M. (2023). Personalization: Definitions, delivery, detection, and dissimination. *Symposium »Improving outcome of psychotherapy by personalization«.* Zweiter Psychotherapiekongress – DGPs, Unith und DPtV, Berlin, 10.–13.05.2023.

Barkham, M., Hardy, G. & Startup, M. (1996). The IIP-32: A short version of the inventory of interpersonal problems. *British Journal of Clinical Psychology, 35,* 1, 21–35.

Barkham, M., Rees, A., Stiles, W. B., Shapiro, D. A., Hardy, G. E. & Reynolds, S. (1996). Dose–effect relations in time-limited psychotherapy for depression. *Journal of Consulting and Clinical Psychology, 64,* 5, 927–935.

Barlow, D. H., Bullis, J. R., Comer, J. S. & Ametaj, A. A. (2013). Evidence-based psychological treatments: an update and a way forward. *Annual Review of Clinical Psychology, 9,* 1–27.

Barnes-Horowitz, N. M., Metts, A., Rosenfield, D., Yarrington, J. S., Treanor, M., Echiverri-Cohen, A., Ritz, T., Meuret, A. E. & Craske, M. G. (2023). Changes in positive and negative affect in psychotherapy for depression and anxiety. *Journal of Consulting and Clinical Psychology, 92,* 249–259.

Bastien, C. H., Vallières, A. & Morin, C. M. (2001). Validation of the Insomnia Severity Index as an outcome measure for insomnia research. *Sleep Medicine*, 2, 297–307.

Beck, A. T. & Steer, R. A. (1987). *Beck Depression Inventory (BDI) – Manual.* San Antonio: The Psychological Corporation Inc.

Beck, A. T. & Steer, R. A. (1993). *Beck Anxiety Inventory – Manual.* San Antonio: The Psychological Corporation.

Beck, A. T., Steer, R. & Brown, G. (1996). *Beck Depression Inventory – Second Edition. Manual.* San Antonio: The Psychological Corporation.

Becker, E. & Margraf, J. (2002). *Generalisierte Angststörung: Ein Therapieprogramm.* Weinheim: Beltz.

Beesdo-Baum, K., Zaudig, M. & Wittchen, H.-U. (Hrsg.) (2019). *Strukturiertes Klinisches Interview für DSM-5 – Persönlichkeitsstörungen.* Göttingen: Hogrefe.

Ben-Porath, Y. S., & Tellegen, A. (2008). *MMPI-2- RF: Manual for administration, scoring and interpretation.* Minneapolis: University of Minnesota Press.

Benecke, C. & Volz, M. (2023). Qualitätsmerkmale und Versorgungsrelevanz psychodynamischer Ausbildungsambulanzen: Das QVA-Projekt. *Zeitschrift für Psychosomatische Medizin und Psychotherapie, 69,* 4, 345–368.

Bernhard, B. & Meyer, T. (2012). Bipolare Störungen. In G. Meinlschmidt, S. Schneider & J. Margraf (Hrsg.), *Lehrbuch der Verhaltenstherapie, Band 4: Materialien für die Psychotherapie* (S. 323–333). Berlin: Springer.

Bernstein, E. M. & Putnam, F. W. (1986). Development, reliability, and validity of a dissociation scale. *Journal of Nervous and Mental Disease*, 174, 727–735.

Berry, T., Hite, B., Sloper, M. & Umans, H. (2024). The role of evaluation theory and practice in narrowing the Research-to-Practice Gap. *American Journal of Evaluation, 45,* 4, 502–518.

Beutel, M.E., Hoch, C., Wölfling, K. & Müller, K. W. (2011). Klinische Merkmale der Computerspiel- und Internetsucht am Beispiel der Inanspruchnehmer einer Spielsuchtambulanz. *Zeitschrift für Psychosomatische Medizin und Psychotherapie*, 57, 77–90.

BfArM – Bundesinstitut für Arzneimittel und Medizinprodukte (2022). *Einblick in die erste Version der deutschen ICD-11-Übersetzung.* BfArm-Mitteilungen 3/22 vom 16.03.2022. Zugriff am 03.06.2024 unter: www.bfarm.de/SharedDocs/Pressemitteilungen/DE/2022/pm03-2022.html.

Bierhoff, H.-W., Brailovskaia, J. & Rohmann, E. (2019). Diagnostische Verfahren zur Messung des Narzissmus. *PiD – Psychotherapie im Dialog, 20,* 3, 38–43.

Blevins, C. A., Weathers, F. W., Davis, M. T., Witte, T. K. & Domino, J. L. (2015). The Posttraumatic Stress Disorder Checklist for DSM-5 (PCL-5): Development and initial psychometric evaluation. *Journal of Traumatic Stress, 28,* 489–498.

Bohus, M., Kleindienst, N., Limberger, M. F., Stieglitz, R.-D., Domsalla, M., Chapman, A. L., et al. (2009). The short version of the Borderline Symptom List (BSL-23): Development and initial data on psychometric properties. *Psychopathology, 42,* 1, 32–39.

Bohus, M., Limberger, M. F., Frank, U., Chapman, A. L., Kühler, T. & Stieglitz R.-D. (2007). Psychometric Properties of the Borderline Symptom List (BSL). *Psychopathology*, 40, 126–132.

Bohus, M., Limberger, M.F., Frank, U., Sender, I., Gratwohl, T., Stieglitz, R.-D., et al. (2001). Entwicklung der Borderline-Symptom-Liste. *Psychotherapie, Psychosomatik, Medizinische Psychologie, 51,* 201–211.

Bohus, M. & Wolf-Arehult, M. (2012). *Interaktives Skillstraining für Borderline-Patienten: Das Therapeutenmanual* (2. überarbeitete Aufl.). Stuttgart: Schattauer.

Bolbeth, A., Ziegler, M. & Fehm, L. (2021). Störungsübergreifende Fragebogendiagnostik in der Psychotherapie: Ein Vergleich des Brief Symptom Inventory und des ICD-10 Symptom Rating. *Psychotherapie, Psychosomatik, Medizinische Psychologie, 71,* 5, 202–208.

Borkenau, P. & Ostendorf, F. (1993). *NEO-Fünf-Faktoren Inventar (NEO-FFI) nach Costa & McCrae* (Testmanual). Göttingen: Hogrefe.

Böse, R. (2002). *Body-Image-Therapie bei Anorexia nervosa.* Regensburg: Roderer.

Böse, R., Beisel, S. & Geissner, E. (2005). Konfrontationsverfahren in der stationären Therapie bei Anorexia und Bulimia nervosa. In P. Neudeck & H.-U. Wittchen (Hrsg.), *Konfrontationstherapie bei* psychischen Störungen – Theorie und Praxis (S. 303–332). Göttingen: Hogrefe.

Bovin, M. J., Marx, B. P., Weathers, F. W., Gallagher, M.W., Rodriguez, P., Schnurr, P. P. & Keane, T. M. (2016). Psychometric properties of the PTSD checklist for diagnostic and statistical manual of mental disorder – fifth edition (PCL-5) in veterans. *Psychological Assessment, 28,* 1379–1391.

Brakemeier, E.-L. et al. (2023). Resümee des zweiten Deutschen Psychotherapiekongresses für den Schirmherren des Kongresses, Bundesgesundheitsminister Prof. Dr. Karl Lauterbach. Bericht (S. 1–13). DGPs, UNITH und DPtV.

Brakemeier, E.-L., Guhn, A., Stapel, S., Reinhard, M. A., & Padberg, F. (2023). Stationäre Psychotherapie depressiver Störungen: Möglichkeiten und Herausforderungen. *Der Nervenarzt, 94,* 3, 213–224.

Brakemeier, E.-L. & Herpertz, S. C. (2019). Innovative Psychotherapieforschung: Auf dem Weg zu einer evidenz- und prozessbasierten individualisierten und modularen Psychotherapie. *Der Nervenarzt, 90,* 11, 1125–1134.

Brandstätter, M., Lumbeck, G. & Geissner, E. (2015). Erfassung der Trauersymptomatik mit der deutschen Version des Inventory of Complicated Grief. In R. Rosner, G. Pfoh .... E. Geissner, *Anhaltende Trauerstörung – Manuale für die Einzel- und Gruppentherapie* (S. 30–31 und S. 172). Göttingen: Hogrefe.

Brandt, W., Loew, T., von Heymann, F., Stadtmüller, G., Georgi, A., Tischinger, M., Strom, F., Mutschler, F. & Tritt, K. (2015). Das ICD-10 Symptomrating ISR: Validierung der Depressionsskala an einer klinischen Stichprobe. *Psychotherapie, Psychosomatik, Medizinische Psychologie, 65,* 6, 234–237.

Braun, L., Göllner, R., Rieger, S., Trautwein, U., & Spengler, M. (2021). How state and trait versions of self-esteem and depressive symptoms affect their interplay: A longitudinal experimental investigation. *Journal of Personality and Social Psychology, 120,* 206–225.

Breyer, B. & Bluemke, M. (2016). Deutsche Version der Positive and Negative Affect Schedule PANAS. *Zusammenstellung sozialwissenschaftlicher Items und Skalen (ZIS).* Mannheim: GESIS.

Bruch, H. (1978). *The golden cage.* Cambridge: Harvard University Press.

Bruch, H. (1982). *Der goldene Käfig. Das Rätsel der Magersucht.* Frankfurt: Fischer.

Büttner-Westphal, H. & Hand, I. (1991). Yale-Brown Obsessive-Compulsive Scale (Y-BOCS). *Verhaltenstherapie*, 1, 226–233.

Bugatti, M., Owen, J., Reese, R. J., Richardson, Z., Rasmussen, W. & Newton, D. A. (2023). The effectiveness of psychotherapy for depression in private practice: Benchmarking and trajectories of change. *Professional Psychology: Research and Practice, 54*, 5, 327–335.

Bundesärztekammer. (o.J.). *AUDIT Fragebogen und AUDIT Auswertungsschema.* Zugriff am 03.06.2024 unter: www.bundesaerztekammer.de/fileadmin/user_upload/_old-files/downloads/AlkAuditAuswertung.pdf.

Bundesgesetzblatt (2019). *Gesetz zur Reform der Psychotherapeutenausbildung vom 15. November 2019.* Bundesanzeiger Verlag (S. 1604–1621).

Bundesgesetzblatt (2020). *Approbationsordnung für Psychotherapeutinnen und Psychotherapeuten* vom 4. März 2020. Bundesanzeiger Verlag (S. 448–483).

Bundespsychotherapeutenkammer (2024a). *Aktuell: Das QS-Verfahren Ambulante Psychotherapie startet eine zunächst regionale Erprobung.* Digitaler Newsletter 1–2024. Zugriff am 19.06.2024 unter: https://www.bptk.de/newsletter/1-2024/das-qs-verfahren-ambulante-psychotherapie-startet-eine-zunaechst-regionale-erprobung/.

Bundespsychotherapeutenkammer (2024b). Mitteilungen der Bundespsychotherapeutenkammer. *Psychotherapeutenjournal 23*, 2, 172–173 und 210.

Bundespsychotherapeuenkammer (2024c). Mitteilungen der Bundespsychotherapeutenkammer. *Psychotherapeutenjournal 23*, 3, 299 und 301.

Bundespsychotherapeutenkammer (2025). Handanweisung Elektronische Patientenakte. *Praxis-Info Bundespsychotherapeutenkammer* (S. 1–18)

Busner, J. & Targum, S. D. (2007). The clinical global impressions scale: applying a research tool in clinical practice. *Psychiatry (Egmont)*, *4*, 7, 28–37.

Buysse, D. J., Reynolds, C. F., Monk, T. H., Berman, S. R. & Kupfer, D. J. (1989). The Pittsburgh Sleep Quality Index: a new instrument for psychiatric practice and research. *Psychiatry Research*, 28, 193–213.

Camden, A. A., Petri, J. M., Jackson, B. N., Jeffirs, S. M. & Weathers, F. W. (2023). A psychometric evaluation of the International Trauma Questionnaire (ITQ) in a trauma-exposed college sample. *European Journal of Trauma & Dissociation*, 7, 1, 100305.

Cameron, L. M., Crawford, J. R., Lawton, K. & Reid, I. C. (2008). Psychometric comparison of PHQ-9 and HADS for measuring depression severity in primary care. *British Journal of General Practice, 58*, 32–36.

Campbell, D. T. & Fiske, D. W. (1959). Convergent and discriminant validation by the multitrait-multimethod matrix. *Psychological Bulletin, 56*, 81–105.

Carpenter, K. & Hittner, J. (1995) D. *Journal of Clinical Psychology*, *51*, 383–390. Zugriff am 21.06.2024 unter: https://www.researchgate.net/publication/15639257_Dimensional_characteristics_of_the_SCL-90-R_Evaluation_of_gender_differences_in_dually_diagnosed_in patients?_tp=eyJjb250ZXh0Ijp7ImZpcnN0UGFnZSI6InByb2ZpbGUiLCJwYWdlI joicHJvZmlsZSJ9fQ.

Cervin, M., Consortium, O.S. B., Arumugham, S., Lochner, C., Cervin, O., Crowley, J., do Rosário, M., Jaisoorya, T., Batistuzzo, M., & Wallert, J. (2022). Empirical severity benchmarks for obsessive-compulsive disorder across the lifespan. *World Psychiatry*, *21*, 2, 315–316.

Chmielewski, M., Clark, L. A., Bagby, R. M. & Watson, D. (2015). Method matters: Understanding diagnostic reliability in DSM-IV and DSM-5. *Journal of Abnormal Psychology, 124*, 764–769.

Christen, D., Killikelly, C., Maercker, A. & Augsburger, M. (2021). Item Response Model Validation of the German ICD-11 International Trauma Questionnaire for PTSD an CPTSD. *Clinical Psychology in Europe, 3*, 4.

Christiansen, H., Hirsch, O., Abdel-Hamid, M., Kis, B., Conners, C. K. & Erhardt, D. et al. (2014). *Conners Skalen zu Aufmerksamkeit und Verhalten für Erwachsene CAARS*; deutschsprachige Adaption der Conners' Adult ADHD Rating Scales (CAARS) von C. Keith Conners, Drew Erhardt und Elizabeth Sparrow; Manual. Bern: Huber.

Christiansen, H., Kis, B., Hirsch, O., Matthies, S., Hebebrand, J., Uekermann, M., Abdel-Hamid, M., Kraemer, M. Wiltfang, J., et al. (2012). German validation of the Conners Adult

ADHD Rating Scales (CAARS) II: Reliability, validity, sensitivity and specificity. *European Psychiatry*, *27*, 321–328.

Christiansen, H., Kis, B., Hirsch, O., Philipsen, A., Henneck, M., Panczuk, A., Pietrowsky, R., Hebebrand, J. & Schimmelmann, B.G. (2011). German validation of the Conners Adult ADHD Rating Scales-selfr-report (CAARS-S) I: factor structure and normative data. *European Psychiatry*, 26, 100–107.

Ciesek, S. (2023). Prof. Sandra Ciesek im Interview. Felix Hütten – *Süddeutsche Zeitung, Seite Wissen*, 21.10.2023, S. 35.

CIPS Collegium Internationale Psychiatriae Scalarum (Hrsg.) (1977). *Internationale Skalen für Psychiatrie.* Weinheim: Beltz Test Gesellschaft.

CIPS Collegium Internationale Psychiatriae Scalarum (Hrsg.). (1996). *Internationale Skalen für Psychiatrie* (vierte, überarbeitete Auflage). Weinheim: Beltz Test Gesellschaft.

Cloitre, M., Hyland, P., Prins, A. & Shevlin, M. (2021). The international trauma questionnaire (ITQ) measures reliable and clinically significant treatment-related change in PTSD and complex PTSD. *European Journal of Psychotraumatology*, 12, 1930961.

Cloitre, M., Shevlin, M., Brewin, C. R., Bisson, J. I., Roberts, N. P., Maercker, A., Karatzias, T. & Hyland, P. (2018). The International Trauma Questionnaire: development of a self-report measure of ICD-11 PTSD and complex PTSD. *Acta Psychiatrica Scandinavica*, *138*, 6, 536–546.

Cohen, J. (1988). *Statistical power analysis for the behavioral sciences* (2nd ed.). Hillsdale, NJ: Erlbaum.

Conners, C. K., Erhardt, D. & Sparrow, E. (1999). *Conners' Adult ADHD Rating Scales (CAARS).* Toronto: Multi-Health Systems.

Consbruch, K., Stangier, U. & Heidenreich, T. (2016). *SOZAS – Skalen zur Sozialen Angststörung.* Göttingen: Hogrefe.

Conway, C. C., Forbes, M. K., Forbush, K. T., Fried, E. I., Hallquist, M. N., Kotov, R., Mullins-Sweatt, S. N., Shackman, A. J., Skodol, A. E., South, S. C., Sunderland, M., Waszczuk, M. A., Zald, D. H., Afzali, M. H., Bornovalova, M. A., Carragher, N., Docherty, A. R., Jonas, K. G., Krueger, R. F., Patalay, P., Pincus, A. L., Tackett, J. L., Reininghaus, U., Waldman, I. D., Wright, A. G. C., Zimmermann, J., Bach, B., Bagby, R. M., Chmielewski, M., Cicero, D. C., Clark, L. A., Dalgleish, T., DeYoung, C. G., Hopwood, C. J., Ivanova, M. Y., Latzman, R. D., Patrick, C. J., Ruggero, C. J., Samuel, D. B., Watson, D. & Eaton, N. R. (2019). A Hierarchical Taxonomy of Psychopathology Can Transform Mental Health Research. *Perspectives on Psychological Science*, *14*, 419–436.

Conway, C. C., Kotov, R., Krueger, R. F. & Caspi, A. (2023). Translating the hierarchical taxonomy of psychopathology (HiTOP) from potential to practice: Ten research questions. *American Psychologist, 78*, 873–885.

Costa, P. T. & McCrae, R. R. (1992). The five-factor model of personality and its relevance for personality disorders. *Journal of Personality Disorders*, *6*, 343–359.

Costa, P. T. & Widiger, T. A. (1994). *Personality disorders and the five-factor model of personality.* Washington, D.C.: American Psychological Association.

Cuthbert, B. N. (2022). Research Domain Criteria RDoC: Progress and Potential. *Current Directions in Psychological Science, 31*, 2, 107–114.

Cwik, J. C. & Woud, M. & Schnyder, U. (2020). *Clinician-Administered PTSD Scale for DSM-5 (German translation).* Zugriff am 19.01.2025 unter: https://www.researchgate.net/publication/343524111_Clinician-Administered_PTSD_Scale_for_DSM-5_German_translation.

Dakwar, E., Mahony, A., Pavlicova, M., Glass, A., Brooks, D., Mariani, J. J., Grabowski, J. & Levin, F. R. (2012). The utility of attention-deficit/hyperactivity disorder screening instruments in individuals seeking treatment for substance use disorder. *Journal of Clinical Psychiatry*, *73*, 11, e1372-e1378.

Deacon, B. J. & Abramowitz, J. S. (2005). The Yale-Brown Obsessive-Compulsive Scale: factor analysis, construct validity, and suggestions for refinement. *Journal of Anxiety Disorders*, *19*, 573–585.

De Ridder, M., Schöne-Seifert, B., Stier, M. & Stürzebecher, S. (2023). Mehr Patientendienlichkeit – Neun Forderungen aus Sicht der Medizinethik. *Süddeutsche Zeitung*, 6.09.2023, S. 12.

Derogatis, L. R. (1977). *SCL-90-R: Administration, scoring and procedures manual.* Baltimore: Clinical Psychometric Research.

Derogatis, L. R. & Cleary, P. A. (1977). Confirmation of the dimensional structure of the SCL-90: A study in construct validation. *Journal of Clinical Psychology, 33,* 4, 981–989.

Derogatis, L. R., Covi, L., Lipman, R. S., Davis, D. M. & Rickels, K. (1971). Social class and race as mediator variables in neurotic symptomatology. *Archives of General Psychiatry, 25,* 1, 31–40.

Derogatis, L. R., Lipman, R. S. & Covi, L. (1973). SCL-90: an outpatient psychiatric rating scale –preliminary report. *Psychopharmacological Bulletin, 9,* 1, 13–28.

Derogatis, L. R., & Melisaratos, N. (1983). The Brief Symptom Inventory: An introductory report. *Psychological Medicine, 13,* 3, 595–605.

Deutsche Gesellschaft für Psychiatrie, Psychotherapie, Psychosomatik und Nervenheilkunde (DGPPPN, 2019). *S3-Leitlinie Diagnostik und Therapie Bipolarer Störungen, Version 2.1.,* Langfassung (Koordinatoren M. Bauer, A. Pfennig). Zugriff am 08.01.2024 unter https://www.dgppn.de/_Resources/Persistent/ef9214009e20d260d4f5a6e6932f3fb7f914efbb/S3_Leitlinie%20Bipolar_V2.1_Update_20200504.pdf

Deutsche Gesellschaft für Verhaltenstherapie – Berufsverband (DGVT-BV) (2024). *QS-Verfahren NRW.* Homepageveröffentlichung am 13.05.2024. Zugriff am 19.06.2024 unter :https://www.dgvt-bv.de/aktuell/news-details/neue-homepage-zum-qs-verfahren-nrw/

Deutsche Psychotherapeuten Vereinigung (DPtV) (2023). *Mythos »Leichte Fälle«: Oft wiederholt, längst widerlegt.* Pressemitteilung am 8.2.2023.

Deutsche Psychotherapeuten Vereinigung (DPtV) (2024). *Im Fokus: Das QS-Verfahren Ambulante Psychotherapie:* Zugriff am 19.06.2024 unter: https://www.dptv.de/im-fokus/qualitaetssicherung/

Deutscher Ethikrat (2016). *Patientenwohl als ethischer Maßstab für das Krankenhaus*, Kapitel 3.3.2 – Qualitätsmessung. Berlin: Deutscher Ethikrat.

Deutscher Psychotherapeutentag (2020). *Empfehlungen der BPtK für die Dokumentation psychotherapeutischer Behandlungen in der psychotherapeutischen Versorgung.* Bundespsychotherapeutenkammer (14.11.2020) (bptk.de).

Deutscher Psychotherapeutentag (2021). *Muster-Weiterbildungsordnung Psychotherapeut:innen.* Bundespsychotherapeutenkammer am 24.04.2021 (bptk.de).

Deutscher Psychotherapeutentag (2023). Neufassung der Musterweiterbildungsordnung. *Psychotherapeutenjournal – Abschnitt Mitteilungen der Bundespsychotherapeutenkammer, 22,4,* 393.

De Zwaan, M., Gruß, B., Müller, A., Graap, H., Martin, A., Glaesmer, H., Hilbert, A. & Philipsen, A. (2012). The estimated prevalence and correlates of adult ADHD in a German community sample. *European Archives of Psychiatry and Clinical Neuroscience*, 262, 79–86.

DGPPN (Hrsg.) *S3-Leitlinie Borderline-Persönlichkeitsstörung.* Langversion der DGPPN-Leitliniengruppe, Fassung vom 14.11.2022. Zugriff am 24.02.2024 unter: https://register.awmf.org/de/leitlinien/detail/038-015

Díaz-García, A., González-Robles, A., Mor, S., Mira, A., Quero, S., García-Palacios, A., Baños, R. M., & Botella, C. (2020). Positive and Negative Affect Schedule (PANAS): Psychometric properties of the online Spanish version in a clinical sample with emotional disorders. *BMC Psychiatry, 20,* 56. https://doi.org/10.1186/s12888-020-2472-1

Dieck, A., Morin, C. M. & Backhaus, J. (2018). A German version of the Insomnia Severity Index – Validation and identification of a cut-off to detect insomnia. *Somnologie*, 22, 27–35.

Doering, S., Renn, D., Höfer, S., Smrekar, U., Janecke, N., Schatz, D., Schotte, C., de Doncker, D. & Schüßler, G. (2007). Validierung der deutschen Version des Fragebogens zur Erfassung von DSM-IV Persönlichkeitsstörungen (ADP-IV). *Zeitschrift für Psychosomatische Medizin und Psychotherapie, 53,* 2, 111–128. (Fragebogen verfügbar unter: https://psychoanalyse-psychotherapie.meduniwien.ac.at/en/forschung/forschungsinstrumente-downloads/; Zugriff vom 19.01.2025).

DSM-5® (2018). *Diagnostisches und Statistisches Manual Psychischer Störungen der American Psychiatric Association APA.* Deutsche Ausgabe bearbeitet von P. Falkai, H.-U. Wittchen, M. Döpfner, W. Gaebel, W. Maier, W. Rief, H. Saß & M. Zaudig (2., korrigierte Auflage). Göttingen: Hogrefe.

Duncan, B. L., Miller, S. D., Sparks, J. A., Claud, D. A., Reynolds, L. R., Brown, J. & Johnson, L. D. (2003). The Session Rating Scale: Preliminary Psychometric Properties of a »Working Alliance Measure«. *Journal of Brief Therapy, 3*, 1, 3–12.

Dybek, I. (2008). *Screeningverfahren zur Entdeckung alkoholbezogener Störungen in Allgemeinarztpraxen.* Dissertation. Medizinische Fakultät, Universität zu Lübeck. D-nb.info/995572267/34.

Dybek, I., Bischof, G., Grothues, J., Reinhardt, S., Meyer, C., Hapke, U., John, U., Broocks, A., Hohagen, F. & Rumpf, H.-R. (2006). The reliability and validity of the Alcohol Use Disorders Identification Test AUDIT in a German general practice population sample. *Journal of the Study on Alcohol and Drugs, 67*, 3, 473–481.

EBM – Einheitlicher Bewertungsmaßstab (o.J.). *35600 – Standardisierte Testverfahren.* Kassenärztliche Bundesvereinigung. Zugriff am 13.05.2024 unter: www.kbv.de/tools/ebm/html/35600_2901017718635900154912.html

Eder, S. (2023). Kummer verdrängt Depression. *Frankfurter Allgemeine Zeitung*, 28.01.2023, S. 1.

Ehlers, A. & Margraf, J. (2001). *AKV – Fragebogen zu körperbezogenen Ängsten, Kognitionen und Vermeidung.* Manual. Zweite überarbeitete und neunormierte Auflage. Göttingen: Beltz Test bei Hogrefe.

Eid, M., Gollwitzer, M. & Schmitt, M. (2015). *Statistik und Forschungsmethoden.* Weinheim: Beltz.

Eid, M. & Schmidt, K. (2014). *Testtheorie und Testkonstruktion.* Göttingen: Hogrefe.

Ertle, A. (2012). Zwangsstörung. In G. Meinlschmidt, S. Schneider & J. Margraf (Hrsg.), *Lehrbuch der Verhaltenstherapie. Bd. 4: Materialien für die Psychotherapie* (Kapitel 33). Berlin: Springer.

Eysenck, S. B. G., Daum, I., Schugens, M. M. & Diehl, J. M. (1990). A cross-cultural study of impulsiveness, venturesomeness and empathy: Germany and England. *Zeitschrift für Differentielle und Diagnostische Psychologie, 11*, 209–213.

Fatori, D., Costa, D. L., Asbahr, F. R., Ferrão, Y. A., Rosário, M. C., Miguel, E. C., Shavitt, R. G., & Batistuzzo, M. C. (2020). Is it time to change the gold standard of obsessive-compulsive disorder severity assessment? Factor structure of the Yale-Brown Obsessive-Compulsive Scale. *Australian & New Zealand Journal of Psychiatry*, 54, 7, 732–742.

Federici, A., Summerfeldt, L. J., Harrington, J. L., McCabe, R. E., Purdon, C. L., Rowa, K. & Antony, M. M. (2010). Consistency between self-report and clinician-administered versions of the Yale-Brown Obsessive-Compulsive Scale. *Journal of Anxiety Disorders*, 24, 729–733.

Ferrando, C. & Selai, C. (2021). A systematic review and meta-analysis on the effectiveness of exposure and response prevention therapy in the treatment of obsessive-compulsive disorder. *Journal of Obsessive-Compulsive and Related Disorders*, 31, 100684.

Festl, R., Scharkow, M. & Quandt, T. (2013). Problematic computer game use among adolescents, younger and older adults. *Addiction, 108*, 3, 592–599.

Feuerlein, W., Ringer, C., Küfner, H. & Antons, K. (1977) Der Münchener Alkoholismus Test MALT. *Münchener Medizinische Wochenschrift, 119*, 1275–1282 (ab 1979 Weinheim: Beltz Test Gesellschaft).

Fichter, M., Quadflieg, Crosby, R. D. & Koch, S. (2017). Long term outcome of anorexia nervosa – Results from a large clinical longitudinal study. *International Journal of Eating Disorders, 50*, 1018–1030.

Fichter, M., Quadflieg, N. & Hedlund, S. (2008). Long term course of binge eating disorder and bulimia nervosa – Relevance for nosology and diagnsotic criteria. *International Journal of Eating Disorders, 42*, 577–586.

First, M. B., Reed, G. M., Hyman, S. E. & Saxena, S. (2015). The development of the ICD-11 clinical descriptions and diagnostic guidelines for mental and behavioural disorders. *World Psychiatry, 14*, 1, 82–90.

Fischer, H. F., Tritt, K., Klapp, B. & Fliege, H. (2010). Faktorstruktur und psychometrische Eigenschaften des ICD-10-Symptom-Rating ISR an Stichproben psychosomatischer Patienten. *Psychotherapie, Psychosomatik, Medizinische Psychologie, 60*, 8, 307–315.

Flor, H., & Turk, D. C. (2011). *Chronic Pain: An Integrated Biobehavioral Approach.* Seattle: IASP Press.

Flückiger, C., Wampold, B., Delgadillo, J., Rubel, J., Vislä, A. & Lutz, W. (2020). Is there an evidence-based number of sessions in outpatient psychotherapy? – A comparison of naturalistic conditions across countries. *Psychotherapy and Psychosomatics, 89*, 333–335.

Foa, E. B. (1995). *Posttraumatic Stress Diagnostic Scale: Manual.* Minneapolis: National Computers Systems.

Foa, E. B., Huppert, J. D., Leiberg, S., Langner, R., Kichic, R., Hajcak, G., & Salkovskis, P. M. (2002). The Obsessive-Compulsive Inventory: development and validation of a short version. *Psychological Assessment, 14*, 4, 485–496.

Foa, E. B., Kozak, M. J., Salkovskis, P. M., Coles, M. E. & Amir, N. (1998). The validation of a new obsessive-compulsive disorder scale: The Obsessive-Compulsive Inventory. *Psychological Assessment, 10*, 206–214.

Foa, E. B., Riggs, D. S., Dancu, C. V. & Rothbaum, B. O. (1993). Reliability and validity of a brief instrument for assessing post-traumatic stress disorder. *Journal of Traumatic Stress, 6*, 459–473.

Folk, D. & Dunn E. (2023). A systematic review of the strength of evidence for the most commonly recommended happiness strategies in mainstream media. *Nature Human Behavior, 7*, 1697–1707.

Forbes, M. K., Neo, B., Nezami, O. M., Fried, E.I., Faure, K., Michelsen, B., Twose, M. & Dras, M. (2023). Elemental psychopathology: distilling constituent symptoms and patterns of repetition in the diagnostic criteria of the DSM-5. *Psychological Medicine*, 1–9.

Fortney, J. C., Unützer, J., Wrenn, G., Pyne, J. M., Smith, G. R., Schoenbaum, M. & Harbin, H. T. (2018). A Tipping Point for Measurement-Based Care. *Focus American Psychiatry Online, 16*, 3, 341–350.

Franke, G. H. (1992). Eine weitere Überprüfung der Symptom-Check-Liste SCL-90-R als Forschungsinstrument. *Diagnostica, 38*, 2, 160–167.

Franke, G. H. (1995). *SCL-90-R. Die Symptom-Checkliste von Derogatis – Deutsche Version.* Göttingen: Beltz Test bei Hogrefe.

Franke, G. H. (2000). *BSI Brief Symptom Inventory von L. R. Derogatis.* Göttingen: Beltz Test bei Hogrefe.

Franke, G. H. (2014). *SCL-90-S: Symptom-Checklist-90-Standard. Manual.* Göttingen: Hogrefe.

Franke, G. H. (2017). *BSCL Brief-Symptom-Checklist. Manual.* Göttingen: Hogrefe.

Franke, G. H. & Stäcker, K.-H. (1995). Reliabilität und Validität der Symptom-Check-Liste (SCL-90–R; Derogatis, 1986) bei Standardreihenfolge versus inhaltshomogener Itemblockbildung. *Diagnostica, 41*, 4, 349–373.

Franz, M., Seidler, D., Jenett, D., Schäfer, R., Wutzler, U. et al. (2015). Stationäre tiefenpsychologisch orientierte Psychotherapie bei depressiven Störungen (STOP-D) – Erste Befunde einer naturalistischen, multizentrischen Wirksamkeitsstudie. *Zeitschrift für Psychosomatische Medizin und Psychotherapie, 61*, 19–35.

Fresco, D. M., Coles, M. E., Heimberg, R. G., Liebowitz, M. R., Hami, S., Stein, M. B. & Goetz, D. (2001). The Liebowitz Social Anxiety Scale: a comparison of the psychometric properties of self-report and clinician-administered format. *Psychological Medicine, 31*, 1025–1035.

Fricke, S. (2016). *Therapie-Tools Zwangsstörungen.* Weinheim: Beltz.

Funke, W., Funke, J., Klein, M. & Scheller, R. (1987). *Trierer Alkoholismusinventar TAI. Handanweisung.* Göttingen: Hogrefe.

Fydrich, T., Renneberg, B., Schmitz, B. & Wittchen, H.-U. (1997). *Strukturiertes Klinisches Interview für DSM-IV Achse II: Persönlichkeitsstörungen.* Interviewheft. Göttingen: Hogrefe.

Garnaat, S. L. & Norton, P. J. (2010). Factor structure and measurement invariance of the Yale-Brown Obsessive-Compulsive Scale across four racial/ethnic groups. *Journal of Anxiety Disorders, 24*, 7, 723–728.

Garner, D. (1991). *Eating Disorder Inventory 2 – Manual.* Odessa, Florida: Psychological Assessment Resources.

Garner, D. M. & Garfinkel, P. E. (1979). The Eating Attitude Test: An index of the symptoms of anorexia nervosa. *Psychological Medicine, 9*, 273–279.

G-BA Gemeinsamer Bundesausschuss (2021). *Richtlinie über die Durchführung der Psychotherapie (Psychotherapie-Richtlinie)*, zuletzt geändert am 20. November 2020. Bundesanzeiger – BAnzAT 17.02.2021 B1.

G-BA Gemeinsamer Bundesausschuss (2024). *Richtlinie zur datengestützten einrichtungsübergreifenden Qualitätssicherung: Themenspezifische Bestimmungen für ein Verfahren 16 – ambulante psychotherapeutische Versorgung gesetzlich Krankenversicherter (QS ambulante Psychotherapie).* Beschlussdatum: 18.01.2024. Digitale Veröffentlichung zur Qualitätssicherung Psychotherapie, Zugriff am 19.06.2024 unter: https://www.g-ba.de/beschluesse/6421/

Gehring, A. & Blaser, A. (1993). *MMPI. Minnesota Multiphasic Personality Inventory.* Deutsche Kurzform für Handauswertung. Bern: Huber.

Geissner, E. (1988). *Schmerzerleben, Schmerzbewältigung und psychische Beeinträchtigung.* Regensburg: Roderer.

Geissner, E. (1990). Psychologische Schmerzmodelle: Einige Anmerkungen zur Gate-Control-Theorie sowie Überlegungen zu einem mehrfaktoriellen prozessualen Schmerzkonzept. *Der Schmerz – Konzepte, Klinik und Forschung, 4,* 4, 184–192.

Geissner, E. (1996). *Die Schmerzempfindungs-Skala (SES) – Handanweisung.* Göttingen: Hogrefe.

Geissner, E. (2001). *Fragebogen zur Erfassung der Schmerzverarbeitung (FESV) – Manual.* Göttingen. Hogrefe.

Geissner, E., Bach, U. & Ivert, P. (2010). Globale Therapie- und Zielerreichungsbeurteilungen als unaufwändige und valide Hilfsmittel in der Evaluation psychotherapeutischer Behandlungen. *28. Kongress der Fachgruppe Klinische Psychologie und Psychotherapie der Deutschen Gesellschaft für Psychologie.* Mainz, 13.–15.5.2010.

Geissner, E., Bauer, C. & Fichter, M. (1997). Videogestützte Konfrontation mit dem eigenen körperlichen Erscheinungsbild als Behandlungselement in der Therapie der Magersucht und Bulimia Nervosa. *Zeitschrift für Klinische Psychologie, 26,* 3, 218–225.

Geissner, E. & Hütteroth, A. (2018). Beck Anxiety Inventory deutsch – Ein reliables, valides und praxisgeeignetes Instrument zur Messung klinischer Angst. *Psychosomatik, Psychotherapie und medizinische Psychologie, 68,* 3, 118–125.

Geissner, E., Hütteroth, A. & Schröder, A. (2003). Der STAI ist eher ein valides Depressions- als ein valides Angstmaß. *Tagungsband, 7. Tagung Differentielle Psychologie und Psychologische Diagnostik*, Halle (Saale), 29.–30.9.2003.

Geissner, E. & Ivert, P. (2019). Motivationale Faktoren in der Gruppenpsychotherapie am Beispiel Angst: So wichtig wie das Interventionsprogramm selbst. *Psychotherapie, 24,*1, 252–268.

Geissner, E. & Ivert, P. (2021). Absicht und Ausführung im Prozess der Verhaltensänderung – Am Beispiel Angstbehandlung. *Verhaltenstherapie und Verhaltensmedizin,42,* 1, 5–19.

Geissner, E. & Ivert, P. (2022). AAVA – »Absicht« und »Ausführung« bei der Verhaltensänderung im Rahmen der Angstbehandlung. Verfahrensdokumentation und Fragebogen. *Zentrum für Psychologische Information und Dokumentation ZPID – Leibniz-Institut für Psychologie.* Trier: ZPID (Open Test Archive).

Geissner, E., Ivert, P. & Schmitt, M. (2021). Geeignete Messzeitpunkte in der Psychotherapieevaluation – Ein Vorschlag. *Verhaltenstherapie*, Serie Expertengespräch, *31*, 248–254.

Geissner, E. & Koch, S. (2021). Von A wie Angst bis Z wie Zwang – Störungsspezifische Messinstrumente zur Evaluation von Psychotherapie (Erwachsene). *Psychotherapeutenjournal, 20, 4,* 312–322. Plus ausführliches elektronisches Literatursupplement unter *psychotherapeutenjournal.de.*

Geissner, E. & Schmitt, M. (2023a). Fug und Unfug in der Auswertung von Psychotherapien – Tipps und Empfehlungen für die Praxis. *Verhaltenstherapie und Psychosoziale Praxis, 55, 1*, 9–108.

Geissner, E. & Schmitt, M. (2023b). Psychotherapieerfolg fair beurteilen: Ausschluss nichtpathologischer Eingangswerte muss sein. *Verhaltenstherapie und Psychosoziale Praxis, 55,* 3, 657–661.

Gerber, M., Lang, C., Lemola, S., Colledge, F., Kalak, N., Holsboer-Trachsler, E., Pühse, W. & Brand, S. (2016). Validation of the German version of the insomnia severity index in adolescents, young adults and adult workers: results from the cross-sectional studies. *BMC Psychiatry, 16,* 174.

Gerhold, M., Huss, M. & Luecke, M. (1999). *PANSS – Deutsche Übersetzung von Interviewleitfaden, Beurteilungskriterien und Profilform.* Multi-Health Systems MHS (www.mhs.com).

Gerlach, A. L. (2023). *Persönliche Mitteilung an E.G.,* E-Mail am 10.08.2023.

Gerlach, A. L., Andor, T. & Patzelt, J. (2008). Die Bedeutung von Unsicherheitsintoleranz für die Generalisierte Angststörung – Modellüberlegungen und Entwicklung einer deutschen Version der Unsicherheitsintoleranz-Skala. *Zeitschrift für Klinische Psychologie und Psychotherapie, 37, 3,* 190–199.

Gerlach, A. L. & Stevens, S. (2014). *Generalized anxiety disorder: Assessment and treatment.* Hoboken: Wiley.

Glöckner-Rist, A. & Rist, F. (2014). Deutsche Version des Penn State Worry Questionnaire PSWQ-d. *Zusammenstellung sozialwissenschaftlicher Items und Skalen ZIS.* Mannheim: GESIS – Leibniz Institut für Sozialwissenschaften (gesis.org/zis).

Gollwitzer, M., Pohl, S. & Jäger, R. (2023). *Evaluation kompakt.* Weinheim: Beltz.

Gönner, S., Ecker, W. & Leonhart, R. (2009a). *OCI-R Obsessive-Compulsive Inventory – Revised. Manual.* Frankfurt: Pearson Assessment & Information GmbH.

Gönner, S., Hahn., S., Leonhart, R., Ecker, W. & Limbacher, K. (2009b). Identifikation der Hauptsymptome von Zwangspatienten anhand von Symptomskalen: Kriteriumsvalidität und diagnostische Genauigkeit des OCI-R. *Verhaltenstherapie, 19,* 251–258.

Gönner, S., Leonhart, R. & Ecker, W. (2007). Das Zwangsinventar OCI-R – die deutsche Version des Obsessive-Compulsive Inventory-Revised. *Psychotherapie, Psychosomatik, Medizinische Psychologie, 57,* 395–404.

Gönner, S., Leonhart, R. & Ecker, W. (2008). The Obsessive-Compulsive Inventory – Revised: Validation of the German Version in a sample of patients with OCD, anxiety disorders and depressive disorders. *Journal of Anxiety Disorders,* 22, 734–749.

Gönner, S., Schmid, J., Gönner, S., Leonhart, R. & Ecker, W. (2013). Das Vancouver Obsessional Compulsive Inventory-Revised (VOCI-R). *Zeitschrift für Klinische Psychologie, 42,* 1, 14–23.

Goodman, W. K., Price, L. H., Rasmussen, S. A., Mazure, C., Delgado, P., Heninger, G. R., & Charney, D. S. (1989b). The Yale-Brown Obsessive Compulsive Scale: II. Validity. *Archives of General Psychiatry, 46,* 11, 1012–1016.

Goodman, W. K., Price, L.H., Rasmussen, S. A., Mazure, C., Fleischmann, R. L., Hill, C. L., Heninger, G. R., & Charney, D. S. (1989a). The Yale-Brown Obsessive Compulsive Scale: I. Development, Use, and Reliability. *Archives of General Psychiatry, 46,* 11, 1006–1011.

Gottfredson, L. (1997). Mainstream science on intelligence. An editiorial with 52 signatories, history, and bibliography. *Intelligence, 24,* 13–23.

Gräfe, K., Zipfel, S., Herzog, W. & Löwe, B. (2004). Screening psychischer Störungen mit dem »Gesundheitsfragebogen für Patienten (PHQ-D)«. *Diagnostica, 50,* 4, 171–181.

Gratz, K. L. & Roemer, L. (2004). Multidimensional assessment of emotion regulation and dysregulation: Development factor structure, an initial validation of the difficulties in emotion regulation scale. *Journal of Psychopathology and Behavioral Assessment,* 26, *1,* 41–54.

Grawe, K. (2000). *Psychologische Therapie.* Göttingen: Hogrefe.

Gray, M., Litz, B., Hsu, J. & Lombardo, T. (2004). Psychometric properties of the Life Events Checklist, *Assessment, 11,* 330–341.

Grosse Holtforth, M. & Grawe. K. (2002). *FAMOS Fragebogen zur Analyse Motivationaler Schemata – Manual.* Göttingen: Hogrefe.

Hagerty, S. L. (2023). Toward Precision Characterization and Treatment of Psychopathology: A Path Forward and Integrative Framework of the Hierarchical Taxonomy of Psychopathology and the Research Domain Criteria. *Perspectives on Psychological Science, 18,* 1, 91–109.

Hahn, A. & Jerusalem, M. (2010). Die Internetsuchtskala (ISS): Psychometrische Eigenschaften und Validität. In D. Mücken, A. Teske, F. Rehbein & B. te Wildt (Hrsg.), *Prävention, Diagnostik und Therapie von Computerspielabhängigkeit* (S. 185–204). Lengrich: Pabst Science Publishers.

Hamilton, M. (1967). Development of a rating scale for primary depressive illness. *British Journal of Social and Clinical Psychology, 6,* 278–296.

Hand, I. & Büttner-Westphal, H. (1991). Die Yale-Brown Obsessive Compulsive Scale (Y-BOCS): Ein halbstrukturiertes Interview zur Beurteilung des Schweregrades von Denk- und Handlungszwängen. *Verhaltenstherapie, 1,* 223–225.

Hannan, C., Lambert, M. J., Harmon, C., Nielsen, S. L., Smart, D. W., Shimokawa, K. (2005). A lab test and algorithms for identifying clients at risk for treatment failure. *Journal of Clinical Psychology, 61*, 155–163.

Hartig, A. (2024a). ICD-11: Veränderungen und Trends. Eine Übersicht – Teil I. *Psychotherapeutenjournal, 23*, 1, 4–15.

Hartig, A. (2024b). ICD-11: Veränderungen und Trends. Eine Übersicht – Teil II. *Psychotherapeutenjournal, 23*, 2, 141–149.

Hartung, J. & Schulte, D. (1994). Action and state orientation during therapy of phobic disorders. In J. Kuhl & J. Beckmann (Hrsg.), *Volition and personality – action versus state orientation* (S. 217–232). Göttingen: Hogrefe.

Haslam, N., Tse, J. & De Deyne, S. (2021). Concept Creep and Psychiatrization, *Frontiers in Sociology, 6.* Doi10.3389/fsoc.2021.806147.

Hatchett, G. (2021). Implications of Clinically Significant Change Research for Evidence-Based Counseling Practice. *Journal of Counseling & Development, 99, 4*, 462–471.

Hatfield, D., McCullough, L., Plucinski, A. & Krieger, K. (2010). Do we know when our clients get worse? An investigation of therapists' ability to detect negative client change. *Clinical Psychology and Psychotherapy, 17*, 25–32.

Hathaway, S. R., & McKinley, J. C. (1942). *Minnesota Multiphasic Personality Inventory.* Minneapolis, MN: University of Minnesota Press.

Haug, S., Puschner, B., Lambert, M. J. & Kordy, H. (2004). Veränderungsmessung in der Psychotherapie mit dem Ergebnisfragebogen EB-45. *Zeitschrift für Differentielle und Diagnostische Psychologie, 25*, 3, 141–151.

Hauschildt, M., Dar, R., Schröder, J. & Moritz, S. (2019). Congruence and discrepancy between self-rated and clinician-rated symptom severity on the Yale-Brown Obsessive-Compulsive Scale (Y-BOCS) before and after a low-intensity intervention. *Psychiatry Research, 273*, 595–602.

Häuser, W., Schmutzer, G., Brähler, E. & Glaesmer, H. (2011). Maltreatment in childhood and adolescence: results from a survey of a representative sample of the German population. *Deutsches Ärzteblatt International, 108*, 17, 287–294. Zugriff am 03.06.2024 unter: https://www.comcan.de/fileadmin/downloads/2017_03_16_-_comcan_-_5-CTQ.pdf

Hautzinger, M. & Bailer, M. (1993). *Allgemeine Depressionsskala ADS.* Weinheim: Beltz Test Gesellschaft.

Hautzinger, M., Bailer, M., Hofmeister, D. & Keller, F. (2012) *ADS – Allgemeine Depressionsskala. Manual* (2., überarbeitete und neunormierte Auflage). Göttingen: Hogrefe.

Hautzinger, M., Keller, F. & Kühner, C. (2009/2023). *BDI II – Beck Depressions-Inventar Revision. Manual* (2./3. Auflage). Frankfurt: Pearson Assessment Deutschland.

Heimberg, R. G., Horner, K. J., Juster H. R., Safren, S. A., Brown, E. J., Schneier, F. R. & Liebowitz, M. R. (1999). Psychometric Properties of the Liebowitz Social Anxiety Scale. *Psychological Medicine, 29*, 199–212.

Heine, S. & Exner, C. (2021). Aufmerksamkeitsdefizit-/Hyperaktivitätsstörung (ADHS) im Erwachsenenalter: Eine Übersicht mit Schwerpunkt auf leitliniengerechter Diagnostik und Behandlung. *Zeitschrift für Neuropsychologie, 32*, 3, 141–157.

Herrmann, S. (2023). Ein bisschen Ich muss sein. *Süddeutsche Zeitung*, 1.6.2023, S. 12.

Herzog, P., Kaiser, T. & Brakemeier, E.-L. (2022). Praxisorientierte Forschung in der Psychotherapie. *Zeitschrift für Klinische Psychologie und Psychotherapie, 51*, 2, 127–148.

Heuser, J. & Geissner, E. (1998). Computer-Version der Schmerzempfindungs-Skala SES – Äquivalenzstudie. *Der Schmerz, 12, 3*, 205–208.

Hilbert, A. & Tuschen-Caffier, B. (2006). *Eating Disorder Examination-Questionnaire. Deutschsprachige Übersetzung.* Münster: Verlag für Psychotherapie.

Hilbert, A. & Tuschen-Caffier, B. (2016). *Eating Disorder Questionnaire. Deutschsprachige Übersetzung* (2. Auflage). Tübingen: DGVT Verlag.

Hilbert, A., Tuschen-Caffier, B., Karwautz, A., Niederhofer, H. & Munsch, S. (2007). Eating Disorder Examination-Questionnaire: Evaluation der deutschsprachigen Übersetzung. *Diagnostica, 53*, 3, 144–154.

Hiller, W. & Rief, W. (2004). *Internationale Skalen für Hypochondrie. Deutschsprachige Adaptation des Whiteley-Index (WI) und der Illness Attitude Scales (IAS).* Bern: Huber.

Hinkelmann, K. (2003). *Positive and negative syndrome scale (PANSS): Syndromale Struktur und klinische Korrelate.* Dissertation. Medizinische Fakultät der Universität Hamburg.

Höhner, G. (2022). Großer Ratschlag Qualitätssicherung in der ambulanten psychotherapeutischen Versorgung. *Psychotherapeutenjournal, 21,* 2, 204.

Hopwood, C. J., Kotov, R., Krueger, R. F., Watson, D., Widiger, T. A., Althoff, R. R., Ansell, E. B., Bach, B., Bagby, R. M., Blais, M. A., Bornovalova, M. A., Chmielewski, M., Cicero, D. C., Conway, C., De Clerq, B., De Fruyt, F., Docherty, A. R., Eaton, N. R., Edens, J. F., Forbes, M. K., Forbush, K. T., Hengartner, M. P., Ivanova, M. Y., Leising, D., Livesley, W. J., Lukowitsky, M. R., Lynam, D. R., Markon, K. E., Miller, J. D., Morey, L. C., Mullins-Sweatt, S. N., Ormel, J. H., Patrick, C. J., Pincus, A. L., Ruggero, C., Samuel, D. B., Sellbom, M., Slade, T., Tackett, J. L., Thomas, K. M., Trull, T. J., Vachon, D. D., Waldman, I. D., Waszczuk, M. A., Waugh, M. H., Wright, A. G. C., Yalch, M. M., Zald, D. H. & Zimmermann, J. (2018). The time has come for dimensional personality disorder diagnosis. *Personality and Mental Health, 12,* 82–86.

Hopwood, C.J., Bagby, R.M., Gralnick, T., Ro, E., Ruggero, C., Mullins-Sweatt, S., Kotov, R., Bach, B.S., Cicero, D.C., Krueger, R.F., Patrick, C.J., Chmielewski, M., DeYoung, C.G., Docherty, A.R., Eaton, N.R., Forbush, K.T., Ivanova, M.Y., Latzman, R.D., Pincus, A.L., Samuel, D.B., Waugh, M.H., Wright, A.G.C. & Zimmermann, J. (2020). Integrating psychotherapy with the hierarchical taxonomy of psychopathology (HiTOP). *Journal of Psychotherapy Integration, 30,* 477–497.

Howard, K. I., Kopta, S. M., Krause, M. S. & Orlinsky, D. E. (1986). The dose–effect relationship in psychotherapy. *American Psychologist, 41,* 2, 159–164.

Hoyer, J., Helbig, S. & Margraf, J. (2005). *Diagnostik der Angststörungen.* Göttingen: Hogrefe.

Hütteroth, A. (2002). *Die Überprüfung von Reliabilität und Validität der deutschsprachigen Version des Beck-Angstinventars.* Diplomarbeit. Fachbereich 8 (Psychologie) der Universität Landau.

Hunt, C. (2020). Differences in OCD symptom presentations across age, culture, and gender: A quantitative review of studies using the Y-BOCS Symptom Checklist. *Journal of Obsessive-Compulsive and Related Disorders, 26,* Article 100533.

Hyland, P., Shevlin, M., Brewin, C. R., Cloitre, M., Downes, A. J., Jumbe, S. et al. (2017). Factorial and discriminant validity of ICD-11 PTSD and CPTSD using the international trauma questionnaire. *Acta Psychiatrica Scandinavica,* 136, 231–338.

Insel, T., Cuthbert, B., Garvey, M., Heinssen, R., Pine, D. S., Quinn, K., Sanislow, C. & Wang, P. (2010). Research domain criteria RDoC: Toward a new classification framework for research on mental disorders. *The American Journal of Psychiatry, 167, 7,* 748–751.

IQTIG – Institut für Qualitätssicherung und Transparenz im Gesundheitswesen (2021). *Qualitätssicherung ambulante Psychotherapie – Abschlussbericht* (J. Pauletzki & F. Schoeler-Rädke). Im Auftrag des Gemeinsamen Bundesausschusses G-BA. Zugriff am 20.06.2024 unter: https://iqtig.org/veroeffentlichungen/ambpsycht-abschlussbericht/

Ivert, P. (2009). *Motivationale Aspekte in der Therapie der Agoraphobie mit und ohne Panikstörung.* Dissertation. Universität Bamberg, Fakultät Humanwissenschaften, Fachgebiet Psychologie.

Jacobi, C., Morris, L., Beckers, C., Bronisch-Holtze, J., Winter, J., Winzelberg, A. J. & Taylor, C. B. (2005). Reduktion von Risikofaktoren für gestörtes Essverhalten: Adaption und erste Ergebnisse eines Internet-gestützten Präventionsprogramms. *Zeitschrift für Gesundheitspsychologie – Themenheft Risikofaktoren und Präventionsmaßnahmen bei Essstörungen* (Themenheft-Editor E. Geissner), *13,* 2, 92–101.

Jacobsen, D., Kloss, M., Fricke, S., Hand, I. & Moritz, S. (2003). Reliabilität der deutschen Version der Yale- Brown Obsessive Compulsive Scale. *Verhaltenstherapie. 13,* 2, 111–113.

Jacobson, N. S. & Truax, P. (1991). Clinical significance: A statistical approach to defining meaningful change in psychotherapy research. *Journal of Consulting and Clinical Psychology, 59, 1,* 12–19.

John, U., Hapke, U. & Rumpf, H.-J. (2001). *Skala zur Erfassung der Schwere der Alkoholabhängigkeit SESA. Manual.* Göttingen: Hogrefe.

Juul, S., Jakobsen, J. C., Jørgensen, C. K., Poulsen, S., Sørensen, P. & Simonsen, S. (2023). The difference between shorter- versus longer-term psychotherapy for adult mental health disorders: A systematic review with meta-analysis. *BMC Psychiatry, 23, 1,* Article 438 (online).

Kaiser, U., Gärtner, A. & Nilges, P. (2023). Bedeutung spezifischer schmerzbezogener psychologischer und psychotherapeutischer Interventionen in der Schmerztherapie. *Psychotherapeutenjournal, 22,* 1, 13–20.

Karwen, B., Klinger, R., Hahn, B. & Apelt, M. (1999). Trigeminusneuralgie – Multidisziplinäre stationäre Intensivbehandlung in drei Phasen. In B. Kröner-Herwig, C. Franz, & E. Geissner, E. (Hrsg.) *Praxisfeld Schmerztherapie: Psychologische Behandlung chronischer Schmerzsyndrome* (S. 111–126). Stuttgart: Thieme.

KBV – Kassenärztliche Bundesvereinigung (2022). Psychotherapie / Das ambulante Versorgungsangebot / Akutbehandlung (und andere). Zugriff am 3.06.2024 unter: https://www.kbv.de/html/26956.php

Kay, S., Opler, L. & Fiszbein, A. (2000). *Positive and Negative Syndrome Scale PANSS.* Toronto: MHS Multi-Health Systems.

Kay, S. R., Opler, L. A. & Lindenmayer, J.-P. (1988). Reliability and validity of the positive and negative syndrome scale for schizophrenics. *Psychiatric Research, 23,* 99–110.

Kellner, R. (1986). *Somatization and Hypochondriasis.* New York: Praeger – Greenwood Publishers.

Kerber, A., Schultze, M., Müller, S., Rühling, R. M., Wright, A. G., Spitzer, C., Krueger, R. F., Knaevelsrud, C. & Zimmermann, J. (2020). Development of a short and ICD-11 compatible measure for DSM-5 maladaptive personality traits using ant colony optimization algorithms. *Assessment, 29, 3, 467–487.* Deutsche Version online. Zugriff am 03.06.2024 unter: https://www.ewi-psy.fu-berlin.de/psychologie/arbeitsbereiche/klinische_psychotherapie/Frageboegen/Persoenlichkeitsinventar-fuer-DSM-5-und-ICD-11_PID5BF__PID5BF_MDE/index.html.

Kersting, M. (2018). Zur Information über und Dokumentation von Instrumenten zur Erfassung menschlichen Erlebens und Verhaltens – Die DIN SCREEN Checkliste 1, Version 3 In: Diagnostik- und Testkuratorium (Hrsg.) *Personalauswahl kompetent gestalten: Grundlagen und Praxis der Eignungsdiagnostik nach DIN 33430* (S. 223–244). Berlin: Springer.

Kessler, R. C., Adler, L. A., Barkley, R., Biederman, J., Conners, C. K., Faraone, S. V., Greenhill, L. L., Jaeger, S., Secnik, K., Spencer, T., Ustün, T. B. & Zaslavsky, A. M. (2005). Patterns and predictors of attention deficit/hyperactivity disorder persistence into adulthood: results from the national comorbidity survey replication. *Biological Psychiatry, 57,* 1442–1451.

Kim, S.-H., Beretvas, S. N., & Sherry, A. R. (2010). A validation of the factor structure of OQ-45 scores using factor mixture modeling. *Measurement and Evaluation in Counseling and Development, 42,* 4, 275–295.

Kim, S. W., Dysken, M.W. & Kuskowski, M. (1990). The Yale-Brown obsessive-compulsive scale: A reliability and validity study. *Psychiatry Research* 34, 1, 99–106.

Kleindienst, N., Jungkunz, M., & Bohus, M. (2020). A proposed severity classification of borderline symptoms using the borderline symptom list (BSL-23). *Borderline Personality Disorder and Emotion Dysregulation*, 7, 11.

Kleindienst, N., Matthias, F., Limberger, M. F., Ebner-Priemer, U. W., Mauchnik, J., Dyer, A., Berger, M., Schmahl, C. & Bohus, M. (2011). Dissociation predicts poor response to Dialectical Behavioral Therapy in female patients with borderline personality disorder. *Journal of Personality Disorder, 25,* 432–447.

Klinger, R., Nutzinger, D. O., Geissner, E., Hafenbrack, K., Hahn, B. & Apelt, M. (1999). Follow up- Ergebnisse stationärer verhaltenstherapeutisch orientierter Schmerztherapie. *Zeitschrift für Klinische Psychologie, 28,* 4, 267–272.

Klinitzke, G., Romppel, M., Häuser, W., Brähler, E. & Glaesmer, H. (2012). Die deutsche Version des Childhood Trauma Questionnaire (CTQ) – psychometrische Eigenschaften, in einer bevölkerungsrepräsentativen Stichprobe. *Psychotherapie, Psychosomatik, Medizinische Psychologie, 62,* 47–51. Fragebogen online. Zugriff am 03.06.2024 unter: https://www.comcan.de/fileadmin/downloads/2017_03_16_-_comcan_-_5-CTQ.pdf.

Knouse, L. E., Teller, J. & Brooks, M. A. (2017). Meta-analysis of cognitive-behavioral treatments for adult ADHD. *Journal of Consulting and Clinical Psychology.* Advance online publication. http://dx.doi.org/10-1037/ccp0000216.

Koch, S., Bähring, D. & Voderholzer, U. (2023). *Ratgeber Zwangsstörungen: Effektive Strategien zur Bewältigung von Zwängen.* Göttingen: Hogrefe.

Köster, G., Dannigkeit, N. & Tuschen-Caffier, B. (2005). Indizierte Prävention von Essstörungen: Eine Pilotstudie zu einem ambulanten Gruppenprogramm. *Zeitschrift für Gesundheitspsychologie – Themenheft Risikofaktoren und Präventionsmaßnahmen bei Essstörungen* (Themenheft-Editor E. Geissner), *13, 2,* 102–107.

Kotov, R., Krueger, R. F., Watson, D., Achenbach, T. M., Althoff, R. R., Bagby, R. M., Brown, T. A., Carpenter, W. T., Caspi, A., Clark, L. A., Eaton, N. R., Forbes, M. K., Forbush, K. T., Goldberg, D., Hasin, D., Hyman, S. E., Ivanova, M. Y., Lynam, D. R., Markon, K., Miller, J. D., Moffitt, T. E., Morey, L. C., Mullins-Sweatt, S. N., Ormel, J., Patrick, C. J., Regier, D. A., Rescorla, L., Ruggero, C. J., Samuel, D. B., Sellbom, M., Simms, L. J., Skodol, A. E., Slade, T., South, S. C., Tackett, J. L., Waldman, I. D., Waszczuk, M. A., Widiger, T. A., Wright, A. G. C. & Zimmerman, M. (2017). The Hierarchical Taxonomy of Psychopathology (HiTOP): A dimensional alternative to traditional nosologies. *Journal of Abnormal Psychology, 126,* 454–477.

Kriz, D., Nübling, R., Steffanowski, A., Wittmann, W. & Schmidt, J. (2008). Patientenzufriedenheit in der stationären Rehabilitation: Psychometrische Reanalyse des ZUF-8 auf der Basis multizentrischer Stichproben verschiedener Indikation. *Zeitschrift für Medizinische Psychologie, 17,* 2, 67–79.

Kroenke, K., Spitzer, R. L. & Williams, J. B. (2001). The PHQ-9: Validity of a brief depression severity measure. *Journal of General Internal Medicine, 16, 9,* 606–613.

Kroenke, K., Strine, T. W., Spitzer, R. L., Williams, J. B., Berry, J. T. & Mokdad, A. H. (2009). The PHQ-8 as a measure of current depression in the general population. *Journal of Affective Disorders*, 114, 163–173.

Kröger, C., Vonau, M., Kliem, S., Roepke, S., Kosfelder, J. & Arntz, A. (2016). *BPDSI-IV. Borderline Personality Disorder Severity Index (Version IV) – deutsche Fassung* [Verfahrensdokumentation, Interviewleitfaden deutsch und englisch, Bewertungsbogen]. In Leibniz-Institut für Psychologie (ZPID) (Hrsg.), Open Test Archive. Trier: ZPID. Zugriff am 03.06. 2024 unter: www.testarchiv.eu/de/test/9007150.

Krohne, H. W., Egloff, B., Kohlmann, C.-W., & Tausch, A. (1996). Untersuchungen mit einer deutschen Version der »Positive and Negative Affect Schedule« (PANAS). *Diagnostica, 42,* 139–156.

Krüger-Gottschalk, A., Ehring, T., Knaevelsrud, C., Dyer, A., Schäfer, I., Schellong, J., Rau, H. & Köhler, K. (2022). Confirmatory factor analysis of the Clinician-administred PTSD-Scale (CAPS-5) based on DSM-5 vs. ICD-11 criteria. *European Journal of Psychotraumatology, 13,* 2010995.

Krüger-Gottschalk, A., Knaevelsrud, C., Rau, H., Dyer, A., Schäfer, I., Schellong, J. & Ehring, T. (2017). The German version of the Posttraumatic Stress Disorder Checklist for DSM-5 (PCL-5): psychometric properties and diagnostic utility. *BMC Psychiatry, 17,* 379. Fragebogen online verfügbar, Zugriff am 06.03.2024 unter: www.zep-hh.de/files/zep/pdf/PCL-5-with-LEC_German.pdf.

Krzikalla, C., Morina, N., Andor, T., Nohr, L. & Buhlmann, U. (2023). Psychological interventions for generalized anxiety disorders: Effects and predictors in a naturalistic outpatient setting. *PLOS ONE, 18, 3,* Article e0282902 (1–16; online).

Kuhl, J. (1994). Action versus state orientation – Psychometric properties of the Action Control Scale. In J. Kuhl & J. Beckmann (Hrsg.), *Volition and personality – Action versus state orientation* (S. 47–59). Göttingen: Hogrefe.

Kuhl, J. (2001). *Motivation und Persönlichkeit: Interaktionen psychischer Systeme.* Göttingen: Hogrefe.

Kuhl, J. & Baumann, N. (2021). Personality systems interactions (PSI theory). Toward a dynamic integration of personality theories. In J. F. Rauthmann (Ed.), *The Handbook of Personality Dynamics and Processes* (pp. 709–730). Amsterdam: Elsevier.

Kuhl, J. & Kazén, M. (2024). *Persönlichkeits-Stil-und-Störungs-Inventar (PSSI)* (3. Auflage). Göttingen: Hogrefe.

Lakatos, A. & Reinecker, H. (1999). *Kognitive Verhaltenstherapie bei Zwangsstörungen. Ein Therapiemanual.* Göttingen: Hogrefe.

Lambert, M. J., Hannöver, W., Nisslmüller, K., Richard, M. & Kordy, H. (2002). Fragebogen zum Ergebnis von Psychotherapie. Zur Reliabilität und Validität der deutschen Übersetzung des Outcome Questionnaire OQ-45.2. *Zeitschrift für Klinische Psychologie und Psychotherapie, 31*, 1, 40–46.

Lambert, M. J., Hansen, N. B., Umpress, V., Lunnen, K., Okiishi, J. & Burlingame, G. M. (1996). *Administration and Scoring Manual for the OQ-45.2.* American Professional Credentialing Services.

Lammers, C.-H. (2021). *Beziehungsgestaltung mit narzisstischen Menschen.* Köln: Psychiatrie Verlag.

Leucht, S., Kane, J. M., Etschel, E., Kissling, W., Hamann, J., Engel, R. R. (2006). Linking the PANSS, BPRS, and CGI: clinical implications. *Neuropsychopharmacology, 31*, 10, 2318–2325.

Leue, A. & Lange, S. (2011). Reliability generalization: An examination of the Positive Affect and Negative Affect Schedule. *Assessment, 18*, 487–501.

Levinson, C. A., Christian, C. & Becker, C. B. (2024). How idiographic methodologies can move the clinical-science field forward to integrate personalized treatment into everyday clinical care and improve treatment outcomes. *Clinical Psychological Science*, online first, doi.org.10.1177/21677026231217316.

Levy, H. C., Billingsley, A. L., Springer, K. S., Hannan, S., Das, A. & Tolin, D. F. (2018). Utility of the Outcome Questionnaire-45.2 in outpatient anxiety clinics: A comparison between anxiety patients with and without co-occurring depression. *Journal of Clinical Psychology, 74*, 9, 1570–1582.

Lewin, K. (1926). Vorsatz, Wille und Bedürfnis. *Psychologische Forschung, 7*, 330–385.

Lidzba, K., Christiansen, H. & Drechsler, R. (2008). *Conners Skalen zu Aufmerksamkeit und Verhalten – 3: Deutschsprachige Adaptation der Conners 3rd Edition von C. Keith Conners.* Bern: Hogrefe.

Liebowitz, M. R. (1987). Social Phobia. *Modern problems of pharmacopsychiatry*, 22, 141–173.

Lindauer, M., Linden, M. & Muschalla, B. (2022). Verständnis ambulanter Verhaltenstherapeuten von Belastungsreaktionen und PTBS. *Verhaltenstherapie*, *32*, 4, 185–186.

Linden, M. (2011). Die Traumaschwemme (Editorial). *Verhaltenstherapie*, *21*, 152–153.

Lindenmeyer, J. (2021). Stoffgebundene Suchterkrankungen. In W. Rief, E. Schramm & B. Strauß (Hrsg.), *Psychotherapie – Ein kompetenzorientiertes Lehrbuch* (S. 211–225). München: Elsevier.

Loehlin, J.C., Lindzey, G.& Spuhler, J.N. (1975). *Race differences in intelligence.* San Francisco, CA: Freeman and Company.

Löwe, B., Gräfe, K., Zipfel, S., Witte, S., Loerch, B., & Herzog, W. (2004a). Diagnosing ICD-10 depressive episodes: superior criterion validity of the Patient Health Questionnaire. *Psychotherapy and Psychosomatics*, 73, 6, 386–390.

Löwe, B., Kroenke, K., Herzog, W. & Gräfe, K. (2004b). Measuring depression outcome with a brief self-report instrument: sensitivity to change of the Patient Health Questionnaire (PHQ-9). *Journal of Affective Disorders, 81*, 1, 61–66.

Löwe, B., Müller, S., Brähler, E., Kroenke, K., Albani, C. & Decker, O. (2007). Validierung und Normierung eines kurzen Selbstratinginstrumentes zur generalisierten Angst (GAD-7) in einer repräsentativen Stichprobe der deutschen Allgemeinbevölkerung. *Psychotherapie, Psychosomatik und Medizinische Psychologie, 57*, A050.

Löwe, B., Spitzer, R. L., Gräfe, K., Kroenke, K., Quenter, A., Zipfel, S., Buchholz, C., Witte, S. & Herzog, W. (2004c). Comparative validity of three screening questionnaires for DSM-IV depressive disorders and physicians' diagnoses. *Journal of Affective Disorders*, *78*, 2, 131–140.

Löwe. B., Spitzer, R. L., Zipfel, S. & Herzog, W. (2002). *Gesundheitsfragebogen für Patienten (PHQ-D) Manual Komplettversion und Kurzform* (2. Auflage). Karlsruhe: Pfizer. Zugriff am 24.02.2024 unter: www.klinikum.uni-heidelberg.de/fileadmin/Psychosomatische_Klinik/download/PHQ_Manual1.pdf bzw. für die Kurzversion Zugriff unter: www.klinikum.uni-heidelberg.de/fileadmin/Psychosomatische_Klinik/pdf_Material/PHQ_Kurz_Fragebogen1.pdf

Lubisch, B. (2024). *Von der Konfession zur Profession.* Dritter Deutscher Psychotherapiekongress – DGPs, Unith und DPtV, Berlin, 11.–15–06.2024.

Lueger-Schuster, B., Knefel, M. & Maercker, A. (2018). *International Trauma Questionnaire (Deutsche Übersetzung).* Fragebogen online verfügbar. Zugriff am 03.06.2024 unter: https://

www.traumameasuresglobal.com/itq bzw. für Auswertungshinweise unter: www.psychologie.uzh.ch/dam/jcr:ad66be44-4cd9-44c3-9911-488253de04cc/ITQ-Fragebogen.pdf.

Lumbeck, G., Brandstätter, M. & Geissner, E. (2012). Erstvalidierung der deutschen Version des Inventory of Complicated Grief ICG-D. *Zeitschrift für Klinische Psychologie und Psychotherapie, 41,* 243–248.

Lumbeck, G., Brandstätter, M. & Geissner, E. (2022). *ICG-D. Inventory of Complicated Grief – deutsch* (Verfahrensdokumentation und Fragebogen). Zentrum für Psychologische Information und Dokumentation ZPID – Leibniz-Institut für Psychologie (Open Test Archive, doi.org/10.23668/psycharchives.5251). Trier: ZPID.

Lutz, W. (2023). *Ein optimistischer Blick auf die Zukunft der Psychotherapie: evidenzbasiert und personalisiert.* Zweiter Psychotherapiekongress – DGPs, Unith und DPtV, Berlin, 10.-13.05. 2023.

Lutz, W., deJong, K., Rubel, J. & Delgadillo, J. (2021). Measuring, predicting, and tracking change in psychotherapy. In M. Barkham, W. Lutz, & L. G. Castonguay (Eds.), *Bergin and Garfield's handbook of psychotherapy and behavior change: 50th anniversary edition* (S. 89–133). Hoboken, N.J., Wiley.

Lutz, W., Glombiewski, J., Deisenhofer, A.-K. & Rubel, J. (2021). Psychotherapieforschung. In W. Rief, E. Schramm & B. Strauss (Hrsg.), *Psychologische Psychotherapie – ein kompetenzorientiertes Lehrbuch* (S. 855–868). München: Elsevier.

Lutz, W., Neu, R. & Rubel, J. (2019). *Evaluation und Effekterfassung in der Psychotherapie.* Göttingen: Hogrefe.

Lutz, W., Schaffrath, J., Eberhardt, S.T., Hehlmann, I. M., Schwartz, B., Deisenhofer, A.-K., Vehlen, A., Schürmann, S. V., Uhl, J. & Moggia, D. (2023). Precision mental health and data-informed decision support in psychological therapy: An example. *Administration and Policy in Mental Health and Mental Health Services Research*, 1-12.

Lutz, W., Schwartz, B. & Delgadillo, J. (2022). Measurement-based and data-informed psychological therapy. *Annual Review of Clinical Psychology, 18,* 71–98.

Lyssenko, L., Schmahl, C., Bockhacker, L., Vonderlin, R., Bohus, M. & Kleindienst, N. (2018). Dissociation in psychiatric disorders: a meta-analysis of studies using the Dissociative Experiences Scale. *American Journal of Psychiatry, 175,* 1, 37–46.

MacDonald, S., Halliday, J., MacEwan, T., Sharkey, V., Farrington, S., Wall, S. & McCreadie, R. G. (2003). Sexual Behaviour Questionnaire SBQ. *British Journal of Psychiatry, 182, 1,* 50–56

Maercker, A., Hecker, T., Augsburger, M. & Kliem, S. (2018). ICD 11 Prevalence rates of posttraumatic stress disorder and complex posttraumatic stress disorder in a german nationwide sample. *The Journal of Nervous and Mental Disease, 206,* 4, 270–276.

Maercker, A. & Schützwohl, M. (1998). Erfassung von psychischen Belastungsfolgen: Die Impact-of-Event Skala – revidierte Version (IES-R). *Diagnostica, 44,* 3, 130–141.

Margraf, J. & Ehlers, A. (2012). *Beck Angst-Inventar BAI. Manual.* Frankfurt: Pearson Assessment Deutschland.

Markon, K. E., Chmielewski, M., & Miller, C. J. (2011). The reliability and validity of discrete and continuous measures of psychopathology: A quantitative review. *Psychological Bulletin, 137,* 856–879.

Martin, A. & Henningsen, P. (2021). Somatoforme Störungen, somatische Belastungsstörungen und Schmerzsyndrome. In W. Rief, E. Schramm & B. Strauß (Hrsg.), *Psychotherapie – Ein kompetenzorientiertes Lehrbuch* (S. 235–256). München: Elsevier.

Marx, B. P., Lee, D. J., Norman, S. B., Bovin, M. J., Sloan, D. M., Weathers, F. W., Keane, T. M., & Schnurr, P. P. (2022). Reliable and clinically significant change in the clinician-administered PTSD Scale for *DSM-* and PTSD Checklist for *DSM-5* among male veterans. *Psychological Assessment, 34,* 2, 197–203.

Mataix-Cols, D., Fernandez de la Cruz, L., Nordstetten, A. E., Lenhard, F., Isomura, K. & Simpson, H. B. (2016). Towards an international expert consensus for defining treatment response, remission, recovery and relapse in obsessive-compulsive disorder. *World Psychiatry, 15,* 1, 80–81.

Maurischat, C., Härter, M. & Bengel, J. (2002). Der Freiburger Fragebogen Stadien der Bewältigung chronischer Schmerzen – Faktorenstruktur, psychometrische Eigenschaften und Konstruktvalidierung. *Diagnostica, 48,* 190–199.

McConnaughy, E. A., Prochaska, J. O. & Velicer, W. F. (1983). Stages of Change in Psychotherapy: Measurement and Sample Profiles. *Psychotherapy – Theory, Research, and Practice, 20,* 368–375.

McGrew, K. S. (2005). The Cattell-Horn-Carroll Theory of Cognitive Abilities: Past, Present, and Future. In D. P. Flanagan & P. L. Harrison (Eds.), *Contemporary Intellectual Assessment: Theories, Tests, and Issues* (pp. 136–181). The Guilford Press.

McKay, D., Danyko, S., Neziroglu, F. & Yaryura-Tobias, J. A. (1995). Factor Structure of the Yale-Brown Obsessive-Compulsive Scale: A twodimensional measure. *Behavior Research and Therapy*, 33, 865–869.

McLeod, J. (2001). An administratively created reality: Some problems with the use of self-report questionnaire measures of adjustment in counselling/psychotherapy outcome research. *Counselling and Psychotherapy Research, 1*, 215–226.

McLeod, J. (2021). Why it is important to look closely at what happens when therapy clients complete symptom measures. *Philosophy, Psychiatry, & Psychology, 28*, 33–136.

Medizinische Universität Wien (online). *Diagnostik von Persönlichkeitsstörungen: Der Fragebogen zur Erfassung von DSM-IV Persönlichkeitsstörungen (ADP-IV).* Zugriff am 19.01.2025 unter: https://psychoanalyse-psychotherapie.meduniwien.ac.at/en/forschung/forschungsinstrumente-downloads.

Mehlum, L., Tormoen, A. J., Ramberg, M., Haga, E., Diep, L. M., Laberg, S. et al. (2014). Dialectical Behavior Therapy for adolescents with repeated suicidal and self-harming behavior: A randomized controlled trial. *Journal of the American Academy of Child and Adolescent Psychiatry, 53*, 1082–1091.

Mehnert, C. (1969). *Konstruktion eines Fragebogens zur Erfassung von Änderungen bei Klienten nach Gesprächspsychotherapie.* Diplomarbeit. Psychologisches Institut, Universität Hamburg.

Melzack, R. & Torgerson, W. (1971). The McGill pain questionnaire: from description to measurement. *Anesthesiology, 34, 50–59.*

Melzack, R. & Wall, P. D. (1965) Pain mechanisms: a new theory. *Science, 150 (3699)*, 971–979.

Mennin, D. S., Fresco, D. M., Heimberg, R. G., Schneider, F. R., Davies, S. O. & Liebowitz, M. R. (2002). Screening for social anxiety in the clinical setting: using the Liebowitz Social Anxiety Scale. *Anxiety Disorders, 16*, 661–673.

Mestel, R. (2023). *Veränderungen in Patientenstruktur und Behandlungserfolg/-zufriedenheit der Reha-Klinik Bad Grönenbach.* Bericht der Abteilung Forschung/Qualitätssicherung (S. 1–12). Bad Grönenbach: VAMED Klinikgruppe.

Meule, A., Hilbert, A., de Zwaan, M., Brähler, E., Koch, S. & Voderholzer, U. (2024). Cut off scores of the Eating Disorder Examination–Questionnaire for the German population. *International Journal of Eating Disorders, 24113.*

Meyer, T. D. (2021a). Manie und Hypomanie. In W. Rief, E. Schramm & B. Strauß (Hrsg.), *Psychotherapie – Ein kompetenzorientiertes Lehrbuch* (S. 99–108). München: Elsevier.

Meyer, T. D. (2021b). *Persönliche Mitteilung an E.G.*, E-Mail am 23.04.2021.

Meyer, T. D., Crist, N., LaRosa, N., Biyun, Y., Soares, J. & Bauer, I. (2020). Are Existing Self-ratings of Acute Manic Symptoms in Adults Reliable and Valid? A Systematic Review. *Bipolar Disorders, 22, 6, 558–568.*

Meyer, T. D. & Hautzinger, M. (2013). *Bipolare Störungen. Kognitiv-verhaltenstherapeutisches Behandlungsmanual.* Weinheim: Beltz – Psychologie Verlags Union.

Meyer, T. J., Miller, M. L., Metzger, R. L. & Borcovec, T. D. (1990). Development and Validation of the Penn State Worry Questionnaire. *Behaviour Research and Therapy, 28*, 487–495.

Michelini, G., Palumbo, I. M., DeYoung, C. G., Latzman, R. D. & Kotov, R. (2021). Linking RDoC and HiTOP: A new interface for advancing psychiatric nosology and neuroscience. *Clinical Psychology Review, 86*, Article 102025.

Miller, S. D., Duncan, B. L., Brown, J., Sparks, J. A. & Claud, D. A. (2003). The Outcome Rating Scale: A Preliminary Study of the Reliability, Validity, and Feasibility of a Brief Visual Analog Measure. *Journal of Brief Therapy*, 2, 2, 91–100.

Mörstedt, B., Corbisiero, S. & Stieglitz, R.-D. (2016). Normierung der Adult ADHD Self-report Scale-V1.1 und der ADHS-Selbstbeurteilungsskala an einer repräsentativen deutschsprachigen Stichprobe. *Diagnostica, 62*, 199–211.

Mohiyeddini, C., Hautzinger, M. & Bauer, S. (2002). *Eine Latent-State-Trait-Analyse zur Bestimmung der dispositionellen und zustandsbedingten Anteile dreier Instrument zur Erfassung von Depression: ADS, BDI und SDS. Diagnostica, 48,* 12–18.

Moore, T. V. (1930). The empirical determination of certain syndromes underlying praecox and manic-depressive psychoses. *American Journal of Psychiatry, 86,* 719–738.

Morey, L. C. (2007). *Personality Assessment Inventory professional manual* (2nd ed.). Odessa, FL: Psychological Assessment Ressources.

Morf, C. C., Schürch, E., Küfner, A., Siegrist, P., Vater, A., Back, M. D., Mestel, R. & Schröder-Abé, M. (2017). Expanding the nomological net of the Pathological Narcissism Inventory: German validation and extension in a clinical inpatient sample. *Assessment, 24,* 419–443.

Morin, C. M. (1993). *Insomnia: Psychological Assessment and Management.* New York: Guilford.

Morin, C. M., Belleville, G., Bélanger, L. & Ivers, H. (2011). The Insomnia Severity Index: psychometric indicators to detect insomnia cases and evaluate treatment response. *Sleep, 34,* 5, 601–608.

Moritz, S., Krieger, E., Bohn, F. & Veckenstedt, R. (2017). *MKT Plus – Individualisiertes Metakognitives Therapieprogramm für Menschen mit Psychose* (2. Auflage). Anhang Evaluationsinstrumente: PANSS (S. 149–152). Berlin: Springer.

Moritz, S., Meier, B., Kloss, M., Jacobsen, D., Wein, C., Fricke, S. & Hand, I. (2002). Dimensional Structure of the Yale-Brown Obsessive-Compulsive Scale (Y-BOCS). *Psychiatry Research, 109,* 193–199.

Müller, A. (2021). Stoffungebundene Suchterkrankungen: Verhaltenssüchte. In W. Rief, E. Schramm & B. Strauß (Hrsg.), *Psychotherapie – Ein kompetenzorientiertes Lehrbuch* (S. 227–233). München: Elsevier Deutschland.

Müller, G., Sachse, R., Langer, K., Claus, B. K. & Bonnet, U. (2022). Evaluation der Wirksamkeit der klärungsorientierten Psychotherapie bei Personen mit einer narzisstischen Persönlichkeitsstörung nach DSM-IV – eine naturalistische Längsschnittstudie mit prä-post Design. *Fortschritte der Neurologie – Psychiatrie, 90,* 396–405.

Müller, M. J. (2007). Development and Retest Reliability of a German Version of the Sexual Behaviour Questionnaire SBQ-G. *Archives of Andrology, 53,* 67–69.

Müller, M. J. (2016). *SBG-G Sexual Behaviour Questionnaire/Fragebogen zur Sexualität FZS.* Zentrum für Psychologische Information und Dokumentation ZPID – Leibniz Institut für Psychologie (testarchiv.eu/de/test/SBQ-G).

Müller, M. J., Rossbach, W., Davids, E., Wetzel, H. & Benkert, O. (2000) Evaluation eines standardisierten Trainings für die Positive and Negative Syndrome Scale PANSS. *Nervenarzt, 71,* 3, 195–204.

Münnich-Hessel, S. (2023). Qualitätssicherung Psychotherapie?! – Ein Update zum aktuellen Stand. *Psychotherapeutenjournal, 22,* 3, 333.

National Institute of Mental Health NIMH (2008). *The National Institute of Mental Health Strategic Plan.* NIMH, December 17, 2008. https://www.nimh.nih.gov/research/research-funded-by-nimh/rdoc/about-rdoc

Nilges, P., Rief, W., Treede, R. & Zenz, M. (2021). Chronischer Schmerz ist weder eine psychische noch eine funktionelle Störung, sondern (endlich) eine eigenständige Diagnose. *Nervenarzt, 92,* 716–717.

Nobis, H.-G., Rolke, R. & Graf-Baumann, T. (2020). *Schmerz – eine Herausforderung.* Berlin: Springer.

Olatunji, B. O., Davis, M. L., Powers, M. B. & Smits, J. A. J. (2013). Cognitive-behavioral therapy for obsessive-compulsive disorder: A meta-analysis of treatment outcome and moderators. *Journal of Psychiatry Research 47,* 1, 33–41.

Opler, L., Kay, S., Lindenmayer, J.-P. & Fiszbein, A. (1999). *SCI-PANSS. Structured Clinical Interview for Positive and Negative Syndrom Scale.* Toronto: MHS Multi-Health Systems.

Otto, S. (2012). *Patientenzufriedenheit und Therapeutenzufriedenheit bei Ergebnismonitoring und Ergebnismanagement in der stationären psychiatrischen Versorgung.* Dissertation. Medizinische Fakultät, Universität Ulm.

Paucke, M., Stark, T., Exner, C., Kallweit, C., Hegerl, U. & Strauß, M. (2018). Aufmerksamkeitsdefizit-/Hyperaktivitätssyndrom (ADHS) und komorbide psychische Erkrankungen:

ADHS-spezifische Selbstbeurteilungsskalen bei der Differenzialdiagnostik. *Nervenarzt, 89,* 11, 1287–1293.
Paul, T. & Thiel, A. (2005). *EDI 2 – Eating Disorder Inventory 2. Deutsche Version. Manual.* Göttingen: Hogrefe.
Penix-Smith, E. A., Swift, J. K., Li, A., Bingham, J. & Hapke, G. (2024). No client left behind: A meta-analysis of premature termination from psychotherapy in U.S. service members and veterans. *American Psychologist.* Zugriff am 13.05.2024 unter: doi.org/10.1037/amp0001320.
Percevic, R., Bauer, S., & Kordy, H. (2004). Was ist klinisch bedeutsam an klinisch bedeutsamer Veränderung? *Zeitschrift für Klinische Psychologie und Psychotherapie: Forschung und Praxis, 33,* 165–171
Philipsen, A., Jans, T., Graf, E., Matthies, S., Borel, P., Colla, M., Gentschow, L., Langner, D., Jacob, C., Groß-Lesch, S. et al. (2015). Effects of group psychotherapy, individual counseling, Methylphenidate, and placebo in the treatment of adult attention deficit/hyperactivity disorder. A randomized clinical trial. *JAMA Psychiatry*, 72, 12, 1199–1210.
Philipsen, A., Richter, H., Peters, J., Alm, B., Sobanski, E, Colla, M., Münzebrock, M. Scheel, C., Jacob, C., Perlov, E. et al. (2007). Structured group psychotherapy in adults with attention deficit and hyperactivity disorder: Results of an open multicenter study. *Journal of Nervous and Mental Disease, 195,* 12, 1013–1019.
Philipsen, A. & Rosen, H. (2020). Psychotherapie der ADHS im Erwachsenenalter. *PSYCHup2date, 14,* 171–186.
Pilowsky, I. (1967). *Abnormal Illness Behaviour.* Chichester: Wiley.
Pincus, A. L., Ansell, E. B., Pimentel, C. A., Cain, N. M., Wright, A. G. C. & Levy, K. N. (2009). Initial construction and validation of the Pathological Narcissism Inventory. *Psychological Assessment,* 21, *3*, 365–379.
Prescott, D., Maeschalck, C. & Miller, S. D. (Eds.) (2017). *Feedback Informed Treatment in Clinical Practice.* Washington, D.C.: American Psychological Association Press.
Preußische Akademie der Wissenschaften (1902/1968). *Kants Werke, Band VII: Der Streit der Fakultäten* (S. 106–107). Berlin: Verlag Walter De Gruyter.
Priebe, S. & Wright, D. (2006). The provision of psychotherapy: an international comparison. *Journal of Public Mental Health, 5,* 3, 12–22.
Prigerson, H., Maciejewski, P., Reynolds, C. et al. (1995). Inventory of Complicated Grief: A scale to measure maladaptive symptoms of loss. *Psychiatry Research, 59, 65–79.*
Prochaska, J. O. & DiClemente, C. C. (1982). Transtheoretical Therapy – Toward a more integrative model of change. *Psychotherapy – Theory, Research, and Practice, 19*, 390–395.
Psychotherapeutenkammer Bayern (2014). *Berufsordnung.* Psychotherapeutenkammer Bayern (ptk-bayern.de).
Psychotherapeutenkammer Bayern (2023a). *Logbuch als Richtlinie zum Zweck der Dokumentation der Weiterbildung gemäß Weiterbildung für die Psychotherapeut:innen Bayerns vom 01.01.2023 in der Fassung des Beschlusses des Vorstands der Psychotherapeutenkammer Bayern vom 30.03. 2023.* Psychotherapeutenkammer Bayern (ptk-bayern.de).
Psychotherapeutenkammer Bayern (2023b). *Neuerlass der Weiterbildungsordnung für die Psychologischen Psychotherapeutinnen und Psychologischen Psychotherapeuten. Amtliche Verlautbarung am 14.12.2023.* Psychotherapeutenkammer Bayern (ptk-bayern.de).
Psychotherapeutenkammer Berlin (2020). Qualität in der Psychotherapie – (Wie) sollte man sie messen? *Psychotherapeutenjournal 19,* 3, 292.
Pudel, V. & Westenhöfer, J. (1989). *Fragebogen zum Essverhalten.* Göttingen: Hogrefe.
Rabung, S., Harfst, T., Kawski, S., Koch, U., Wittchen, H. U. & Schulz, H. (2009). Psychometrische Überprüfung einer verkürzten Version der »Hamburger Module zur Erfassung allgemeiner Aspekte psychosozialer Gesundheit für die therapeutische Praxis« HEALTH-49. *Zeitschrift für Psychosomatische Medizin und Psychotherapie, 55, 2*, 162–179.
Rabung, S., Harfst, T., Koch, U. & Schulz, H. (2007). Hamburger Module zur Erfassung allgemeiner Aspekte psychosozialer Gesundheit für die therapeutische Praxis HEALTH – psychometrische Überprüfung eines neuen Selbstbeurteilungsinstruments zur multidimensionalen Erfassung psychosozialer Gesundheit. *Physikalische Medizin, Rehabilitationsmedizin, Kurortmedizin, 17,* 3, 133–140.

Rabung, S., Harfst, T., Koch, U. & Schulz, H. (2016). *Hamburger Module zur Erfassung allgemeiner Aspekte psychosozialer Gesundheit für die therapeutische Praxis (HEALTH) – Referenzdaten zur verkürzten 49-Item-Version.* Universitätsklinikum Hamburg-Eppendorf – Zentrum für psychosoziale Medizin (S. 1–4).

Radloff, L. (1977). The CES-D scale. A self-report depression scale for research in the general population. *Applied Psychological Measurement, 1,* 385–401.

Redican, E., Nolan, E., Hyland, P., Cloitre, M., McBride, O., Karatzias, T. et al. (2021). A systematic literature review of factor analytic and mixture models of ICD-11 PTSD and CPTSD using the international trauma questionnaire. *Journal of Anxiety disorders, 79,* 102381.

Regier, D. A., Narrow, W. E., Clarke, D. E., Kraemer, H. C., Kuramoto, S. J., Kuhl, E. A. & Kupfer, D. J. (2013). DSM-5 Field Trials in the United States and Canada, Part II: test-retest reliability of selected categorical diagnoses. *American Journal of Psychiatry, 170,* 59–70.

Rehbein, F., Baier, D., Kleinmann, M. & Mößle, T. (2015). *CSAS Computerspielabhängigkeitsskala: Ein Verfahren zur Erfassung der Internet Gaming Disorder nach DSM-5 (Manual).* Göttingen: Hogrefe.

Reinert, D. & Allen, J. (2007) The Acohol Use Disorders Identification Test AUDIT: An Update of Research Findings. *Alcoholism – Clinical and Experimental Research, 32,* 2, 185–199.

Reininger, K. & Briken, P. (2021). Sexualstörungen – Sexuelle Funktionsstörungen, Paraphilien, Geschlechtsidentitätsstörungen. In W. Rief, E. Schramm & B. Strauß (Hrsg.), *Psychotherapie – Ein kompetenzorientiertes Lehrbuch* (S. 303–321). München: Elsevier.

Renn, D., Höfer, S., Schüßler, G., Rumpold, G., Smrekar, U., Janecke, N. & Doering, S. (2008). Dimensionale Diagnostik mit dem Fragebogen zur Erfassung von DSM-IV Persönlichkeitsstörungen (ADP-IV). *Zeitschrift für Psychosomatische Medizin und Psychotherapie, 54,* 3, 214–226.

Renneberg, B. & Herpertz, S. C. (2021). *Persönlichkeitsstörungen.* Reihe: Fortschritte der Psychotherapie, Band 79. Göttingen: Hogrefe.

Renneberg, B. & Seehausen, A. (2010). Fragebogen zu Gedanken und Gefühlen (FGG): Ein Screening Instrument für Borderline-spezifisches Denken. *Zeitschrift für Klinische Psychologie und Psychotherapie, 39,* 3, 170–178. Zugriff am 24. 02. 2024 unter: https://www.ewi-psy.fu-berlin.de/psychologie/arbeitsbereiche/klinische_psychotherapie/Frageboegen/Fragebogen-zu-Gedanken-und-Gefuehlen-_FGG_/index.html

Rentzsch, K., Strobel, A. & Strobel, A. (2022). TBS-DTK-Rezension Persönlichkeits-Stil- und Störungs-Inventar (PSSI, 2. Aufl.). *Psychologische Rundschau, 73,* 133–158.

Retz-Junginger, P., Giesen, L., Phillip-Wiegmann, F., Rösler, M. & Rest, W. (2017). Der Wender-Remherr-Selbstbeurteilungsfragebogen zur Adulten ADHS. *Nervenarzt, 88,* 797–801.

Retz-Junginger, P., Retz, W., Blocher, D., Stieglitz, R.-D., Supprian, T., Wender, P. H. & Rösler, M. (2003). Reliabilität und Validität der Wender-Utah-Rating-Scale-Kurzform. *Nervenarzt, 74,* 987–993.

Retz-Junginger, P., Retz, W., Blocher, D., Weijers., H.-G., Trott, G.-E., Wender, P. H. et al. (2002). Wender-Utah Rating Scale (WURS-K): Die deutsche Kurzform zur retrospektiven Erfassung des hyperkinetischen Syndroms bei Erwachsenen. *Nervenarzt,* 73, 830–838.

Rief, W. (2023). Persönliche Mitteilung an E. G., E-Mail am 30. Juni 2023.

Rief, W. & Fichter, M. (1992). The Symptom Check List SCL-90-R and its ability to discriminate between dysthymia, anxiety disorders, and anorexia nervosa. *Psychopathology, 25, 3,* 128–138.

Rief, W., Greitemeyer, M. & Fichter, M. (1991). Die Symptom Check List SCL-90 R: Überprüfung an 900 psychosomatischen Patienten. *Diagnostica, 37, 1,* 58–65.

Rief, W. & Hiller, W. (2019). *SOMS – Screening für Somatoforme Störungen.* Dritter Nachdruck der zweiten vollständig überarbeiteten und neu normierten Auflage (Fragebogen »SOMS 2« und »SOMS – 7 T«). Göttingen: Hogrefe.

Rief, W., Hiller, W., Geissner, E. & Fichter, M. (1994). Hypochondrie – Erfassung und erste klinische Ergebnisse. *Zeitschrift für Klinische Psychologie, 23,* 1, 34–42.

Rief, W., Hofmann, S. G., Berg, M., Forbes, M. K., Pizzagalli, D. A., Zimmermann, J., Fried, E. & Reed, G. M. (2023). Do We Need a Novel Framework for Classifying Psychopathology? *Clinical Psychology in Europe, 5,* 4, 1–39.

Riemann, D. & Backhaus, J. (1996). *Behandlung von Schlafstörungen. Ein psychologisches Gruppenprogramm.* Weinheim: Beltz.

Riemann, D., Baglioni, C., Bassetti, C., Bjorvatn, B., Groselj, L. D., Ellis, J. G., et al. (2017). European Guideline for the diagnosis and treatment of insomnia. *Journal of Sleep Research, 26,* 675–700.

Riemann, D., Baum, E., Cohrs, S., Crönlein, T., Hajak, G., Hertenstein, E., et al. (2017). S3-Leitlinie Nicht erholsamer Schlaf/Schlafstörungen. *Somnologie, 21,* 2–44.

Rinner, M. T., & Gloster, A. T. (2021). Akzeptanz- und Commitment Therapie. In W. Rief, E. Schramm & B. Strauss (Hrsg.), *Psychotherapie – Ein kompetenzorientiertes Lehrbuch* (S. 578–585). München: Elsevier.

Rodrigues, T., Vaz, A. R., Silva, C., Conceição, E., & Machado, P. P. (2019). Eating Disorder-15 (ED-15): Factor structure, psychometric properties, and clinical validation. *European Eating Disorders* Review, *27,* 6, 682–691.

Rojas, R., Behnke, A. & Hautzinger, M. (2022). Stress events and changes in dysfunctional attitudes and automatic thoughts following recovery from depression in inpatient psychotherapy: Mediation analyses with longitudinal data. *Cognitive Therapy and Research, 46,* 3, 544–559.

Rojas, R., Geissner, E. & Hautzinger, M. (2014). Kognitive Reaktivität und Stressbelastung als Prädiktoren eines Rezidivs bei remittiert depressiven Patienten. *Zeitschrift für Klinische Psychologie und Psychotherapie, 43,* 1, 17–26.

Rojas, R., Geissner, E. & Hautzinger, M. (2015). DAS-18 Form A und Form B – Entwicklung und psychometrische Überprüfung von zwei vergleichbaren Kurzversionen der Skala Dysfunktionaler Einstellungen (DAS). *Diagnostica, 61,* 4, 173–183.

Rojas, R., Geissner, E. & Hautzinger, M. (2022). *DAS-18 Dysfunctional Attitude Scale 18 – deutsche Kurzfassung.* Verfahrensdokumentation und Auswertungsanleitung. Zentrum für Psychologische Information und Dokumentation ZPID – Leibniz-Institut für Psychologie. Trier: ZPID (open test archive doi.org/10.23668/psycharchives.5252)

Rojas, R., Ilg, T., Geissner, E. & Hautzinger, M. (2016). Auswirkungen von automatischen Gedanken und psychologischer Flexibilität auf die depressive Symptomatik und Rückfallwahrscheinlichkeit remittierter Depressiver. *Verhaltenstherapie, 26,* 270–277.

Rösler, M., Retz, W., Retz-Junginger, P., Thome, J., Supprian, T., Nissen, T. et al. (2004). Instrumente zur Erfassung der Aufmerksamkeits-/Hyperaktivitätsstörung im Erwachsenenalter: Selbstbeurteilungsskala (ADHS-SB) und Diagnose Checkliste (ADHS-DC). *Nervenarzt, 75,* 365–371.

Rösler, M., Retz, W., Thome, J., Schneider, M., Stieglitz, R.-D. & Falkai, P. (2006). Psychopathological rating scales for diagnostic use in adults with attention-deficit/hyperactivity disorder (ADHD). *European Archives of Psychiatry and Clinical Neuroscience*, 256, (Suppl. 1), I/3-I/11.

Rösler, M., Retz-Junginger, P., Retz, W. & Stieglitz, R.-D. (2021). *HASE – Homburger ADHS-Skalen für Erwachsene* (2., überarbeitete und ergänzte Auflage). Göttingen: Hogrefe.

Rosner, R., Lumbeck, G. & Geissner, E. (2011). Effectiveness of an Inpatient Group Therapy for Comorbid Complicated Grief Disorder. *Psychotherapy Research, 21, 2,* 210–218.

Rosner, R., Pfoh, G., Rojas, R., Brandstätter, M., Rossi, R., Lumbeck, G., Kotoucova, M., Hagl, M. & Geissner, E. (2015). *Anhaltende Trauerstörung. Manuale für die Einzel- und Gruppentherapie.* Göttingen: Hogrefe.

Roth, M. & Steins, G. (2025). Anmerkungen zur Problematik fehlender Psychotherapieplätze. *Psychologische Rundschau, 75,* 4, 289–300.

Ruggero, C. J., Callahan, J. L., Dornbach-Bender, A., Tackett, J., & Kotov, R. (2019). Disquiet in nosology: A primer on an emerging, empirically based approach to classifying mental illness and implications for training. *Behavior Therapist, 42,* 208–212.

Ruggero, C.J., Kotov, R., Hopwood, C.J., First, M., Clark, L.A., Skodol, A.E., Mullins-Sweatt, S.N., Patrick, C.J., Bach, B., Cicero, D.C., Docherty, A., Simms, L., Bagby, R.M., Krueger, R.F., Callahan, J.L., Chmielewski, M., Conway, C.C., De Clercq, B.J., Dornbach-Bender, A.,

Eaton, N.R., Forbes, M.K., Forbush, K.T., Haltigan, J.D., Miller, J.D. Morey, L.C., Patalay, P., Reininghaus, U., Shackman, A.J., Shteynberg, Y., Waszczuk, M.A., Watson, D., Wright, A.G.C., Zimmerman, J. (2019). Integrating the Hierarchical Taxonomy of Psychopathology (HiTOP) into clinical practice. *Journal of Consulting and Clinical Psychology*, *87*, 1069–1084.

Sack, P. M. & Witte, E. H. (1990). Untersuchungen zur Konstruktvalidität des HAKEMP 85 von J. Kuhl. *Zeitschrift für Differentielle und Diagnostische Psychologie, 11*, 17–26.

Safren, A. A., Sprich, S., Mimiaga, M. J., Surman, C., Knouse, L., Groves, M. & Otto, M.W. (2010). Cognitive behavioral therapy vs relaxation with educational support for medication-treated adults with ADHD and persistent symptoms: A randomized controlled trial. *JAMA*, 304, 8, 875–880.

Safren, S. A., Turk, C. L. & Heimberg, R. G. (1998). Factor structure of the social interaction anxiety scale and the social phobie scale. *Behavior Research and Therapy*, *36*, 4, 443–453.

Sauer, S., Ziegler, M. & Schmitt, M. (2013). Rasch analysis of a simplified Beck Depression Inventory. *Personality and Individual Differences, 54*, 530–535.

Schäfer, I., Gast, U., Hofmann, A., Knaevelsrud, C., Lampe, A., Liebermann, P., Lotzin, A., Maercker, A., Rosner, R. & Wöller, W. (2019). *S3-Leitlinie Posttraumatische Belastungsstörung.* Berlin: Springer.

Schaible, R., Armbrust, M. & Nutzinger, D. O. (2001). Yale-Brown Obsessive-Compulsive Scale: Sind Selbst-und Fremdrating äquivalent? *Verhaltenstherapie*, *11*, 4, 298–303.

Schermelleh-Engel, K., Moosbrugger, H. & Müller, H. (2003). Evaluating the fit of structural equations models: Tests of significance and descriptive goodness-of-fit measures. *Methods of Psychological Research 8*, 2, 23–74.

Schiepek, G., Kratzer, L., Hülsner, Y. & Bachler, E. (2019). Prozessmonitoring in der Psychotherapie, Anspruch und Nutzen. *Psychotherapeutenjournal, 18, 4*, 357–363.

Schindler, A. & Hiller, W. (2010). Therapieeffekte und Responseraten bei unipolar depressiven Patienten einer verhaltenstherapeutischen Hochschulambulanz. *Zeitschrift für Klinische Psychologie und Psychotherapie, 39*, 2, 107–115.

Schindler, A., Hiller, W. & Witthöft, M. (2011). Benchmarking of cognitive-behavioral therapy for depression in efficacy and effectiveness studies — How do exclusion criteria affect treatment outcome? *Psychotherapy Research, 21*, 6, 644–657.

Schmid, H. & Reicherts, M. (2015). Der psychometrische Ansatz in der Einzelfallanalyse. In M. Reicherts & A. G. Philippe (Hrsg.), *Einzelfallanalysen in der psychosozialen Forschung und Praxis* (S. 115–138). Weitramsdorf: ZKS-Verlag.

Schmidt, J. (2008). Fragebogen zur Messung der Patientenzufriedenheit – ZUF 8. In J. Bengel, M. Wirtz, C. Zwingmann & L. Lyssenko (Hrsg.), *Diagnostische Verfahren in der Rehabilitation* (S. 255–258). Göttingen: Hogrefe.

Schmidt, J., Kriz, D., Kaiser, U. & Nübling, R. (2018). Rehabilitandenzufriedenheit im Spiegel globaler und mehrdimensionaler Messungen. *27. Reha-Kolloquium – Deutscher Kongress für Rehabilitationsforschung*, Berlin, 26.–28.02.2018.

Schmidt, J., Lamprecht, F., & Wittmann, W. W. (1989). Zufriedenheit mit der stationären Versorgung. Entwicklung eines Fragebogens und erste Validitätsuntersuchungen. *Psychotherapie, Psychosomatik, Medizinische Psychologie, 39*, 7, 248–255.

Schmitt, M., Altstötter-Gleich, C., Hinz, A., Maes, J. & Brähler, E. (2006). Normwerte für das Vereinfachte Beck-Depressions-Inventar (BDI-V) in der Allgemeinbevölkerung. *Diagnostica, 52*, 51–59.

Schmitt, M., Beckmann, M., Dusi, D., Maes, J., Schiller, A. & Schonauer, K. (2003). Messgüte des vereinfachten Beck-Depressions-Inventars (BDI-V). *Diagnostica, 49*, 147–156.

Schmitt, M. & Gerstenberg, F. X. R. (2014). *Psychologische Diagnostik kompakt.* Weinheim: Beltz*PVU.*

Schmitt, M. & Maes, J. (2000). Vorschlag zur Vereinfachung des Beck-Depressions-Inventars (BDI). *Diagnostica, 46*, 38–46.

Schotte, C. K. W. & De Doncker, D. (1996). *ADP-IV Questionnaire: Manual and Norms.* University Hospital Antwerp.

Schotte, C. K. W., De Doncker, D., Dmitruk, D., van Mulders, I., D'Haenen, H. & Cosyns, P. (2004). The ADP-IV Questionnaiere: Differential validity and concordance with semi-structured interview. *Journal of Personality Disorders*, 18, 405–419.

Schotte, C. K. W., De Doncker, D., Vankerckhoven, C., Vertommen, H. & Cosyns, P. (1998). Self report assessment of the DSM-IV personality disorders. Measurement of trait and distress characteristics: the ADP-IV. *Psychological Medicine*, 28, 1179–1188.

Schütz, A., Marcus, B. & Sellin, I. (2004). Die Messung von Narzissmus als Persönlichkeitskonstrukt: Psychometrische Eigenschaften einer Lang- und einer Kurzform des Deutschen NPI Narcissistic Personality Inventory. *Diagnostica, 50, 4*, 202–218.

Schulte, D. (2015). *Therapiemotivation.* Göttingen: Hogrefe.

Schulte, D., Hartung, J. & Wilke, F. (1997). Handlungskontrolle der Angstbewältigung: Was macht Reizkonfrontationsverfahren so effektiv? *Zeitschrift für Klinische Psychologie, 26,* 2, 118–128.

Segal, Z. V., Williams, J. M. G. & Teasdale, J. D. (2002). *Mindfulness-based cognitive therapy for depression: A new approach to preventing relapse.* Guilford Press.

Seidler, D., Schäfer, R., Jenett, D., Hartkamp, N. & Franz, M. (2019). Langzeiteffekte tiefenpsychologisch fundierter stationärer Psychotherapie bei Depressionen – Katamnesebefunde der STOP-D-Studie. *Zeitschrift für Psychosomatische Medizin und Psychotherapie, 65,* 2, 198–211.

Sellbom, M., Brown, T. A. & Bach, B. (2023). Development and psychometric evaluation of the Personality Disorder Severity ICD-11 (PDS-ICD-11) Clinician-Rating Form. *Personality and Mental Health*, DOI: 10.1002/pmh.1596.

Simms, L. J., Wright, A. G. C., Cicero, D. C., Kotov, R., Mullins-Sweatt, S. N., Sellbom, M., Watson, D. C., Widiger, T. A., & Zimmermann, J. (2022). Development of measures for the Hierarchical Taxonomy of Psychopathology (HiTOP): A collaborative scale development project. *Assessment, 29,* 3–16.

Smyth, A. C. & Meier, S. T. (2019). Evaluating the psychometric properties of the Conners' adult ADHD Rating Scales. *Journal of Attention Deficit Disorders*, 23, 10, 1111–1118.

Spaderna, H., Schmukle, S. C. & Krohne, H. W. (2002). Bericht über die deutsche Adaptation der State-Trait Depression Scales (STDS). *Diagnostica, 48,* 80–89.

Spitzer, C., Mestel, R., Klingelhöfer, J., Gänsicke, M. & Freyberger., H. (2004). Screening und Veränderungsmessung dissoziativer Psychopathologie: Psychometrische Charakteristika der Kurzform des Fragebogens zu Dissoziativen Symptomen (FDS-20). *Psychotherapie, Psychosomatik, Medizinische Psychologie, 54,* 165–172.

Spitzer, C., Stieglitz, R.-D. & Freyberger, H.J. (2021). *Fragebogen zu dissoziativen Symptomen – Ein Selbstbeurteilungsverfahren zur syndromalen Diagnostik dissoziativer Phänomene* (4., korrigierte und aktualisierte Auflage). Bern: Hogrefe.

Spitzer, R. L., Kroenke, K., Williams, J. B., & Group, P. C. S. (1999). Validation and utility of a self-report version of PRIME-MD: the PHQ primary care study. *JAMA, 282*, 18, 1737–1744.

Spitzer, R. L., Kroenke, K., Williams, J. B., & Löwe, B. (2006). A brief measure for assessing generalized anxiety disorder: the GAD-7. *Archives of Internal Medicine, 166*, 10, 1092–1097.

Stangier, U. (2019). Prozessbasierte Kognitive Verhaltenstherapie. *Psychotherapeutenjournal, 18,* 3, 236–243.

Stangier, U. & Heidenreich, T. (2015). Liebowitz Social Anxiety Scale (LSAS). In: CIPS Collegium Internationale Psychiatriae Scalarum (Hrsg.), *Internationale Skalen für Psychiatrie* (6. überarbeitete und erweiterte Auflage, S. 307–315). Göttingen: Beltz Test.

Stangier, U., Schramm, E., Heidenreich, T., Berger, M. & Clark, D. M. (2011). Cognitive therapy vs. interpersonal psychotherapy in social anxiety disorder. *Archives of General Psychiatry, 68,* 7, 692–700.

Stanton, K. & Watson, D. (2016). An examination of the structure and construct validity of the Wender Utah Rating Scale. *Journal of Personality Assessment, 98, 5, 545–552.*

Steyer, R., Mayer, A., Geiser, C. & Cole, D. A. (2015). A theory of states and traits – revised. *Annual Review of Clinical Psychology, 11,* 71–98.

Steyer, R., Schmitt, M. & Eid, M. (1999). Latent state-trait theory and research in personality and individual differences. *European Journal of Personality, 13,* 389–408.

Stieglitz, R.-D. & Rösler, M. (2015). Diagnostik der ADHS im Erwachsenenalter: Eine Bestandsaufnahme. *Zeitschrift für Psychiatrie, Psychologie und Psychotherapie, 63,* 7–13.

Stiglmayr, C., Braakmann, D., Haaf, B., Stieglitz, R.-D. & Bohus, M. (2003). Entwicklung und psychometrische Charakteristika der Dissoziations-Spannungs-Skala akut (DSS-akut). *Psychotherapie, Psychosomatik, Medizinische Psychologie*, 53, 287–294.

Stiglmayer, C., Schinke, P. Wagner, T., Braakmann, D., Schweiger, U., Sipos., V., Fydrich, T., Schmahl, C., Ebner-Priemer., U. W., Bischkopf, J., Auckenthaler, A. & Kienast, T. (2010). Development and psychometric characteristics of the Dissociation Tension Scale. *Journal of Personality Assessment*, *92*, 269–277.

Stoeber, J. (1995). Besorgnis: Ein Vergleich dreier Inventare zur Erfassung allgemeiner Sorgen. *Zeitschrift für Differentielle und Diagnostische Psychologie*, *16*, 50–63.

Strauss, B. (2019). Innovative Psychotherapieforschung – Wo stehen wir und wo wollen wir hin? *Psychotherapeutenjournal, 18*, 3, 4–10.

Strauss, B., Gawlytta, R., Schleu, A., & Frenzl, D. (2021). Negative effects of psychotherapy: Estimating the prevalence in a random national sample. *BJPsych Open*, *7*, Article e186 (doi.org/10.1192/bjo.2021.1025)

Sulz, S., Beste, E., Kerber, A.-C., Rupp, E., Scheuerer, R. & Schmidt, A. (2009). Neue Beiträge zur Standarddiagnostik in Psychotherapie und Psychiatrie – Validität und Reliabilität der VDS90-Symptomliste und VDS30-Persönlichkeitsskalen. *Psychotherapie in Psychiatrie, Psychotherapeutischer Medizin und Klinischer Psychologie, 14*, *2*, 215–232.

Sulz, S. & Grethe, C. (2005). Die VDS90-Symptomliste – eine Alternative zur SCL90-R für die ambulante Psychotherapie-Praxis und das interne Qualitätsmanagement? *Psychotherapie in Psychiatrie, Psychotherapeutischer Medizin und Klinischer Psychologie, 10*, 1, 38–48.

Szasz-Janocha, C., Vonderlin, E. & Lindenberg, K. (2019). Die Wirksamkeit eines Frühinterventionsprogramms für Jugendliche mit Computerspiel- und Internetabhängigkeit: Mittelfristige Effekte der PROTECT+ Studie. *Zeitschrift für Kinder- und Jugendpsychiatrie und Psychotherapie*, *48*, 1, 1–12.

Szasz-Janocha, C. & Vonderlin, E. & Lindenberg, K. (2020). Treatment outcome of a CBT-based group intervention for adolescents with internet use disorders. *Journal of Behavioral Addictions*, *9*, 4, 978–989.

The International Trauma Consortium (2023). *International Trauma Questionnaire.* Zugriff am 24.02.2024 unter: www.traumameasuresglobal.com/itq

Thiele, C. M. (2017). *Fremd- und Selbstbewertungsskalen bei bipolarer Störung.* Dissertation. Medizinische Universität Graz (Online verfügbar).

Tritt, K., von Heymann, F., Zaudig, M., Probst, T., Loew, T., Klapp, B., Söllner, W. & Bühner, M. (2014). *Der Fragebogen ICD-10-Symptom-Rating ISR – Das Manual.* Institut für Qualitätsentwicklung in der Psychotherapie und Psychosomatik.

Van der Gaag, M., Hoffman, T., Remijsen, M. et al. (2006). The five-factor model of the Positive and Negative Syndrome Scale II. A ten-fold cross-validation of a revised model. *Schizophrenia Research, 85*, 280–287.

Van Oppen, P., Emmelkamp, P. M. G., van Balkom, A. J. L. M. & van Dyck, R. (1995). The sensitivity to change of measures for obsessive-compulsive disorder. *Journal of Anxiety Disorders*, *9*, 241–248.

Van Voorhees, E E., Hardy, K. K. & Kollins, S. H. (2011). Reliability and validity of self- and other-ratings of symptoms of ADHD in Adults. *Journal of Attention Disorders*, *15*, 3, 224–234.

Voderholzer, U., Koch, S., Hillert, A. & Schlegl, S. (2012). Response und Non-Response in der stationären Psychotherapie depressiver Patienten. *Die Psychotherapie, 57, 5*, 410–416.

Waadt, S., Laessle, R. & Pirke, K. M. (1993). *Bulimie: Ursachen und Therapie.* Berlin: Springer.

Wagner, B. (2016). Wann ist Trauer eine psychische Erkrankung? – Trauer als diagnostisches Kriterium in der ICD-11 und im DSM-5. *Psychotherapeutenjournal, 15*, 3, 250–255.

Walter, H., Husemann, R. & Hölzel, L. P. (2024). Psychische Störungen in der ICD-11. Ein Gesamtüberblick über die wichtigsten Änderungen. *Nervenheilkunde*, *43*, 167–176.

Wampold, B. E. & Imel, Z. E. (2015). *The great psychotherapy debate: The evidence for what makes psychotherapy work.* Routledge/Taylor & Francis.

Ward, M. F., Wender, P. H. & Reimherr, F. (1993). The Wender Utah Rating Scale: An aid in the retrospective diagnosis of childhood attention deficit hyperactivity disorder. *American Journal of Psychiatry*, 150, 885–890.

Waszczuk, M. A., Hopwood, C. J., Luft, B. J., Morey, L. C., Perlman, G., Ruggero, C. J., Skodol, A. E., Kotov, R. (2022). The prognostic utility of personality traits versus past psychiatric diagnoses: Predicting future mental health and functioning. *Clinical Psychology Science, 10*, 734–751.

Watson, D., Clark, L. A., & Tellegen, A. (1988). Development and validation of brief measures of positive and negative affect: The PANAS scales. *Journal of Personality and Social Psychology, 54*, 1063–1070.

Weathers, F. W., Blake, D. D., Schnurr, P. P., Kaloupek, D. G., Marx, B. P., & Keane, T. M. (2013). *The Life Events Checklist for DSM-5 (LEC-5).* Instrument available from the National Center for PTSD at www.ptsd.va.gov. Deutsche Version online verfügbar, Zugriff am 03.06. 2024 unter: www.zep-hh.de/files/zep/pdf/PCL-5-with-LEC_German.pdf

Weathers, F. W., Litz, B. T., Huska, J. A. & Keane, T. M. (1994). *PTSD-Checklist for DSM-IV (PCL).* Boston, MA: National Center for PTSD.

Weathers, F. W., Litz, B. T., Keane, T. M., Palmieri, P. A., Marx, B. P., & Schnurr, P. P. (2013). *PTSD Checklist for DSM-5 (PCL-5).* Zugriff 24.02.2024 unter: https://www.ptsd.va.gov/professional/assessment/adult-sr/ptsd-checklist.asp

Wells, A. (1994). A multidimensional model of worry: development and preliminary validation of the Anxious Thoughts Inventory. *Anxiety, Stress and Coping, 6*, 289–299.

Wells, A. (1995). Metacognition and worry: A cognitive model of generalizied anxiety disorder. *Behavioral and Cognitive Psychotherapy, 23*, 301–320.

Wells, A. & Cartwright-Hatton, S. (2004). The Thought Control Questionnaire: properties of the MCQ-30. *Behaviour Research and Therapy, 32*, 871–878.

Wendt, L. P., Jankowsky, K., Schroeders, U., Nolte, T., Fonagy, P., Montague, P. R., Zimmermann, J., Olaru, G. (2023). Mapping established psychopathology scales onto the Hierarchical Taxonomy of Psychopathology (HiTOP). *Personality and Mental Health, 17*, 117–134.

WHO (2010). *Taschenführer zur ICD-10-Klassifikation psychischer Störungen.* 5. überarbeitete Auflage unter Berücksichtigung der German Modification – GM, Bearbeitung international: J.E. Cooper, Bearbeitung deutsch: H. Dilling & H. J. Freyberger. Bern: Huber.

WHO (2019). *International Classification of Disorders 11, Chapter 6, Mental and Behavioural Disorders.* WHO. https://www.who.int/news/item/11-02-2022-who-s-new-international-classification-of-diseases-(icd-11)-comes-into-effect#:~:text=ICD%2D11%20was%20adopted%20at,that%20is%20posted%20online%20today

Willutzki, U., Ülsmann, D., Schulte, D. & Veith, A. (2013). Direkte Veränderungsmessung in der Psychotherapie: Der Bochumer Veränderungsbogen-2000 (BVB-2000). *Zeitschrift für Klinische Psychologie und Psychotherapie, 42*, 4, 256–268.

Willutzki, U. & Veith, A. (2000). *Bochumer Veränderungsbogen 2000 – Informationen zum Fragebogen und zur Auswertung.* https://psydix.org/psychologische-testverfahren/bvb-2000/

Wittchen, H., Zaudig, M. & Fydrich, T. (1997). *Strukturiertes Klinisches Interview für DSM-IV (SKID), Achse I.* Göttingen: Hogrefe.

Woody, S. R., Steketee, G. & Chambless, D. L. (1995). Reliability and validity of the Yale-Brown Obsessive- Compulsive Scale. *Behaviour Research and Therapy, 33, 5, 597–605.*

Wortmann, J. H., Jordan, A. H., Weathers, F. W., Resick, P. A., Dondanville, K. A., Hall-Clark, B., Foa, E. B., Young-McCaughan, S., Yarvis, J., Hembree, E. A., Mintz, J., Peterson, A. L. & Litz, B. T. (2016). Psychometric analysis of the PTSD Checklist-5 (PCL-5) among treatment-seeking military service members. *Psychological Assessment*, 28, 1392–1403.

Wu, J. S., Nankoo, M. M. A., Bucks, R. S. & Pestrell, C. F. (2023). Short form Conners' Adult Rating Scales: Factor structure and measurement invariance by sex in emerging adults. *Journal of Clinical and experimental Neuropsychology*, DOI: 10.1080/13803395.2023.2246213.

Zentralinstitut für Seelische Gesundheit Mannheim (2024). *Informationen und Downloads BSL-23/BSL-95 – Fragebögen.* Zugriff am 06.03.2024 unter: https://www.zi-mannheim.de/forschung/abteilungen-ags-institute/psm/psm-informationen-downloads.html

Zerssen, D. von (1976). *Depressivitäts-Skala DS.* Weinheim: Beltz Test Gesellschaft.

Zhao, Y., Chan, W. & Lo, B. C. Y. (2017). Comparing five depression measures in depressed Chinese patients using item response theory: an examination of item properties, measurement precision and score comparability. *Health and Quality of Life Outcomes, 15*, 60.

Zielke, M. & Kopf-Mehnert, C. (1978). *VEV Veränderungsfragebogen des Erlebens und Verhaltens.* Manual. Beltz Test Gesellschaft bei Deutsche Testzentrale.

Zigmond, A. S. & Snaith, R. P. (1983). The hospital anxiety and depression scale. *Acta Psychiatrica Scandinavica, 67*, 6, 361–370.

Zimmermann, J., Widiger, T. A., Oeltjen, L., Conway, C. C., & Morey, L. C. (2022). Developing preliminary scales for assessing the HiTOP detachment spectrum. *Assessment, 29*, 75–87.

Zimmermann, J., Witthöft, M., Cicero, D. C., Forbes, M. K., Hopwood, C. J., Kotov, R., Krueger, R. F., Sellbom, M. & Simms, L. J., Wright, C. G. C. & Reininghaus, U. (2024). Hierarchische Taxonomie der Psychopathologie (HiTOP): Ein neues Modell zur Beschreibung psychischer Probleme. *PsyArXiv Preprints:* Osf.io/preprints/psyarxiv/kp8yx

Zimmermann, P. & Fimm, B. (2017). *Testbatterie zur Aufmerksamkeitsprüfung, Version 2.3.1 (TAP).* Würselen: Psytest.

Zung, W. W. K. (1965). A self rating depression scale. *Archives of General Psychiatry, 13*, 361–367.

Stichwortverzeichnis

A

B

C

D

E

F

M

N

O

P

Q

R

S

T